Wilhelm Schmidt · Deutsche Sprachkunde

Wilhelm Schmidt

Deutsche Sprachkunde

EIN HANDBUCH
FÜR LEHRER UND STUDIERENDE
MIT EINER EINFÜHRUNG IN DIE PROBLEME
DES SPRACHKUNDLICHEN UNTERRICHTS

8. Auflage

IFB Verlag
2008

Bibliographische Information der Deutschen Bibliothek:
Die Deutsche Bibliothek verzeichnet diese Publikation in der Deutschen Nationalbibliographie: detaillierte bibliographische Daten
sind im Internet über http://dnb.ddb.de
abrufbar.

© Cornelsen Verlag GmbH & Co. OHG, Berlin
1978 erschienen im Volk und Wissen Verlag, Berlin
als 8. bearbeitete Auflage der Ausgabe von 1959

IFB Verlag, Paderborn
Redaktion: Myriam Grobe
Druck: Janus Druck, Borchen
ISBN 978-3-931263-77-5

Vorwort

Zu einem Zeitpunkt, da von Staat und Gesellschaft große Anstrengungen gemacht werden, um in den werktätigen Menschen, insbesondere aber in der Jugend das sozialistische Bewußtsein zu entwickeln, ohne das unsere geschichtliche Aufgabe, der Aufbau des Sozialismus, nicht zu lösen ist, erhält ein Wort von Karl Marx aus der „Deutschen Ideologie" eine unmittelbar aktuelle Bedeutung: „Die Sprache *ist* das praktische, auch für andre Menschen existierende, also auch für mich selbst erst existierende wirkliche Bewußtsein."

Es ist gerade heute besonders wichtig, unsere Sprache als die materielle Hülle des Denkens, als das Mittel des Gedankenaustausches, der Verständigung und des gesellschaftlichen Verkehrs auf das sorgfältigste zu pflegen und alle Angehörigen unseres Volkes zu befähigen, sie möglichst vollkommen zu beherrschen. Die Werktätigen unseres Arbeiter-und-Bauern-Staates stellen sich bei der Leitung des Staates und in der sozialistischen Produktion immer höhere Ziele. Damit wachsen naturgemäß auch die Anforderungen an das sprachliche Können jedes einzelnen; die Zahl der Menschen, die das komplizierte Instrument Sprache meistern müssen, wenn sie ihre Aufgaben erfüllen sollen, steigt unaufhörlich.

Vor allem aus diesem Grunde kommt der weiteren Verbesserung des muttersprachlichen Unterrichts entscheidende Bedeutung zu. Es ist wichtig, daß im Literaturunterricht die Erschließung des Inhalts literarischer Werke Hand in Hand geht mit der Betrachtung ihrer sprachlichen Form. Der Grammatikunterricht trägt vor allem dadurch zur sprachlichen Förderung der Schüler bei, daß er die Sprachinhalte zum Ausgangspunkt der Betrachtung macht. Dabei dürfen die Lehre vom Wort als dem Träger der Bedeutung und die übrigen, für die Sprachbeherrschung unerläßlichen Stoffe der angewandten, lebendigen Sprachgeschichte nicht vernachlässigt werden.

Die allgemeinbildende polytechnische Oberschule wird durch ihren praxisverbundenen Unterricht dieser Forderung Rechnung tragen. Dabei wird die Behandlung sprachkundlicher Stoffe eine wesentliche Rolle spielen. Allerdings bedarf der Lehrer der Anleitung und Hilfe, zumal die einschlägige Fachliteratur meist nur schwer zugänglich und vielfach überhaupt nicht greifbar ist. Diese Lücke will der Verfasser schließen helfen. Er unternimmt den Versuch, die Probleme der deutschen Wortlehre im Hinblick auf die Bedürfnisse des Unterrichts der allgemeinbildenden Schule auf der Grundlage der marxistischen Sprachwissenschaft zu behandeln und Beispielmaterial bereitzustellen, um dem Lehrer das zeitraubende Suchen nach Übungsstoffen wenigstens teilweise zu erleichtern. Das Buch möchte aber auch über den Bereich der Schule hinaus allen denen Berater und Helfer sein, die ihre praktische Sprachbeherrschung durch das theoretische Studium der sprachlichen Erscheinungen zu vervollkommnen streben.

Das Literaturverzeichnis nennt zahlreiche Spezialwerke, durch deren Studium der Leser seine Kenntnisse auf allen hier behandelten Gebieten erweitern und vertiefen kann.

So darf der Verfasser hoffen, daß es der „Deutschen Sprachkunde" gelingen könnte, an die Stelle der früher bei Lehrern und Studierenden beliebten Bücher von Edwin Wilke, Wilhelm Oppermann, Ferdinand Mentz, Albert Waag u. a. zu treten, denen er selbst viel verdankt. Neben diesen Arbeiten ist er vor allem den im Literaturverzeichnis aufgeführten Werken von Friedrich Seiler, Alfred Schirmer, Walter Henzen, Adolf Bach — um nur einige zu nennen — und ganz besonders dem Etymologischen Wörterbuch der deutschen Sprache von Friedrich Kluge verpflichtet.

Vorwort zur 3. Auflage

Der Umstand, daß die „Deutsche Sprachkunde" schon nach fünf Jahren ihre 3. Auflage erlebt, zeugt davon, daß sie eine gute Aufnahme gefunden hat. Ich möchte an dieser Stelle den Rezensenten sowie allen Lesern und Benutzern danken, von denen mir Hinweise und Verbesserungsvorschläge zugegangen sind; ich habe sie bei der Neubearbeitung weitgehend berücksichtigt.

Die neue Auflage weist zahlreiche Ergänzungen und Verbesserungen auf, vornehmlich in den Kapiteln über das Wort als lexikalische Grundeinheit und die Wortbildung. Außerdem habe ich sie, einem aus Kreisen der Deutschlehrer wiederholt geäußerten Wunsch entsprechend, um einen methodischen Anhang erweitert. Dieser Teil erhebt jedoch keineswegs den Anspruch, ein vollständiger und in sich geschlossener Lehrgang der Methodik des sprachkundlichen Unterrichts zu sein; er soll lediglich einige Anregungen für die unterrichtliche Behandlung von Stoffen geben, die in den vorausgehenden Kapiteln dargestellt sind.

W. Schmidt

Vorwort zur Neuauflage 2008

Sie haben sich nicht geirrt, verehrte Leserin, verehrter Leser. Vor Ihnen liegt die Neuauflage des Schmidts.

Eines Buches, welches zuletzt im Jahre 1982 in der damaligen DDR erschienen ist. Diejenigen unter Ihnen, die zuvor vom "Schmidt" noch nie etwas gehört oder gelesen haben, werden beim Lesen wahrscheinlich häufiger mit dem Kopf schütteln. Denn viele, ehedem praxisnahe, sprachliche Beispiele, aus denen sich Schmidts "Deutsche Sprachkunde" nährt, entstammen eben der DDR. Der ideologische Unterbau kann jedoch nicht als Maßstab für die Qualität eines solchen sprachwissenschaftlichen Meilensteins herhalten. Im Gegenteil: Die Sprachwissenschaft, insbesondere die germanistische, war schon immer etwas anfällig für gesellschaftspolitische Tendenzen und Strömungen. Und bei allem sozialistisch geprägten Beispielmaterial Schmidts, ist und bleibt dieses Buch etwas ganz Besonderes!

Sie ahnen schon, wie es nun weitergehen müsste! Schmidts „Deutsche Sprachkunde" müsste aus heutigem, postmodernen Blickwinkel theoretisch von dem ideologischen Ballast befreit werden, den es ohne Zweifel aus Zeiten der alten DDR noch beinhaltet. Diese Aufgabe will die Neuauflage jedoch nicht leisten.

Sie müssen also, verehrte Leser, über das ideologische Beiwerk hinweglesen, wenn Sie von den reichen Schätzen, die dieses Buch enthält, etwas haben wollen. Wenn Sie sich dafür entscheiden, entdecken Sie eine wahre Fundgrube sprachkundlichen Wissens. Unter diesen Voraussetzungen ist das Buch auch heute noch eine unverzichtbare Lektüre für alle, die sich in Studium und Beruf mit der deutschen Sprache befassen.

An dieser Stelle gebührt dem IFB Verlag ein herzliches Wort des Dankes für die unendlichen Mühen, die er sich bei der Erarbeitung der nunmehr vorliegenden Fassung des Buches gemacht hat. Vom optischen Eindruck her macht das Buch nun, in der Neuauflage, einen hervorragenden – eben frischen – Eindruck.

In dieser Form hat „der Schmidt" viele interessierte und kritische Leserinnen und Leser verdient!

Hagen, Juni 2008
Prof. Dr. Hermann Zabel

7

Vorwort des IFB Verlags

Der „volkseigene Verlag Volk und Wissen" hatte innerhalb der DDR Verlagslandschaft eine Sonderstellung. Zwar erschienen auch in den Verlagen „VEB Bibliographisches Institut", „VEB Verlag Enzyklopädie" und im nicht volkseigenen „Akademie-Verlag" kanonische sprachwissenschaftliche Werke, doch mussten die Texte bei „Volk und Wissen" ein Zusatzkriterium erfüllen. Sie sollten in besonderer Weise Wissenschaftlichkeit mit Lesbarkeit verbinden.

Weil die „Deutsche Sprachkunde" von Wilhelm Schmidt diese Anforderung ausnehmend ausgereift umgesetzt hatte, war sie nicht nur in den sozialistischen Staaten, sondern auch im „Westen" ausgesprochen erfolgreich. Man musste den Schmidt nicht mühevoll studieren, man konnte ihn recht entspannt lesen. Und man konnte sich anschließend einigermaßen entspannt auf seine Abschlussprüfung im Fach Germanistik vorbereiten, denn die Schmidtleser konnten sich eines soliden Grundwissens sicher sein. Die Sprachkunde vermittelte eine zuverlässige Darlegung der deutschen Sprache. Ein Meisterwerk.

Ein Meisterwerk, das seinen festen Platz nicht nur in allen Germanistikinstituten hatte, sondern bei allen Freunden der deutschen Sprache beliebt war. Zumindest bei denen, die sich nicht durch einige leninistische Floskeln im Vorwort abschrecken ließen. Der Schmidt war einfach gut.

Daher ist sein Verschwinden mit dem Untergang der DDR einfach unbegreiflich. Schmidts Sprachkunde gehörte wirklich zu den Vorzeigeprodukten, auf die sich ein ganzer Staat etwas einbilden durfte.

Wir sind sehr stolz, dieses Kleinod der Sprachwissenschaft wieder vorlegen zu können. Der Schmidt ist einfach gut.

Paderborn, Juni 2008
Myriam Grobe

Literaturnachweis

Literatur, die zum weiterführenden Studium besonders empfohlen wird

Ammer, Karl: Einführung in die Sprachwissenschaft. Bd. I. Halle 1958

Behaghel, Otto: Die deutsche Sprache. 9. Aufl., bes. von *Friedrich Maurer.* Halle 1950

Borchardt/Wustmann/Schoppe: Die sprichwörtlichen Redensarten im deutschen Volksmund nach Sinn und Ursprung erläutert. 7. Aufl., bearb. von *Alfred Schirmer.* Leipzig 1954

Chaßchatschich, F.J.: Materie und Bewußtsein. 5. Aufl. Berlin 1957

Fleischer, Wolfgang: Wortbildung der deutschen Gegenwartssprache. Leipzig 1969
  Geschichte der deutschen Sprache. Mit Texten und Übersetzungshilfen. Verfaßt von einem Autorenkollektiv unter Leitung von *Wilhelm Schmidt.* 2. Aufl. Berlin 1977

Hildebrand, Rudolf: Vom deutschen Sprachunterricht. Berlin 1952

Iskos, A./Lenkowa, A.: Deutsche Lexikologie. 2. Leningrad Aufl. 1963

Klemperer, Victor: LTI. Notizbuch eines Philologen. 2. Aufl. Berlin 1949

Lewkowskaja, X. A.: Lexikologie der deutschen Gegenwartssprache. Moskau 1968

Möller, Georg: Deutsch von heute. Leipzig 1961

Pätsch, Gertrud: Grundfragen der Sprachtheorie. Halle 1955

Riesel, Elise: Stilistik der deutschen Sprache. 2. Aufl. Moskau 1963

Wostrikow, A. W.: Die Klassiker des Marxismus-Leninismus über den Zusammenhang von Sprache und Denken. Deutsche Zeitschrift für Philosophie, Heft 1/1953, S. 132 ff.

Weitere Literatur/Quellenangaben

Andresen, Karl Gustav: Deutsche Volksetymologie. 7. Aufl. Leipzig 1919

Ammann, Hermann: Die menschliche Rede. Sprachphilosophische Untersuchungen. I. Die Idee der Sprache und das Wesen der Wortbedeutung. Lahr 1925

Arndt, Erwin: Luthers deutsches Sprachschaffen. Ein Kapitel aus der Vorgeschichte der deutschen Nationalsprache und ihrer Ausdrucksformen. Berlin 1962

Bach, Adolf: Geschichte der deutschen Sprache. 8. Aufl. Heidelberg 1965
  Deutsche Namenkunde, Bd. I, 1 u. 2: Die deutschen Personennamen. 2. Aufl. Heidelberg 1952 u. 1953. Bd. II, 1 u. 2: Die deutschen Ortsnamen. Heidelberg 1953 u. 1954. Bd. III: Sachweiser und Register, bearb. von *Dieter Berger.* Heidelberg 1956

Bähnisch, Alfred: Die deutschen Personennamen. Leipzig 1910

Bergmann, Karl: Deutsche Wortkunde in Bildern aus der deutschen Kultur. Leipzig 1924

Bulachowski, L. A.: Einführung in die Sprachwissenschaft. Teil II. Moskau 1953 (russisch)

Dornseiff, Franz: Bezeichnungswandel unseres Wortschatzes. Lahr i. B. 1955
  Der deutsche Wortschatz nach Sachgruppen. 5. Aufl. Berlin 1959

Engelmann, Susanne: Methodik des deutschen Unterrichts. Leipzig 1927

9

Engels, Friedrich: Der Anteil der Arbeit an der Menschwerdung des Affen. In: *Karl Marx, Friedrich Engels:* Werke. Bd. 20. Berlin 1962, S. 444 ff.

Erdmann, Karl-Otto: Die Bedeutung des Wortes. 4. Aufl. Leipzig 1925

Fahnemann, Franz: Der Deutschunterricht in der Volksschule. I. Teil. Sprache und Sprechen. Wolfenbüttel und Hannover 1948

Fischer, Rudolf/Eichler, Ernst/Naumann, Horst/Walther, Hans: Namen deutscher Städte. Berlin 1963

Fleischer, Wolfgang: Die deutschen Personennamen. Geschichte, Bildung und Bedeutung. Berlin 1964

Frings, Theodor: Grundlegung einer Geschichte der deutschen Sprache. 3. Aufl. Halle 1957

Frings, Th./Schmitt, L. E.: Der Weg zur deutschen Hochsprache. Jahrbuch der deutschen Sprache. 2. Bd. Leipzig 1944, S. 67 ff.

Geerdt (Herdt), A. A.: Das Neue im Wortschatz der deutschen Sprache der Gegenwart. Die Presse der Sowjetunion, Nr. 54/1952, S. 404 f.

Gernentz, Hans Joachim: Niederdeutsch — gestern und heute. Beiträge zur Sprachsituation in den nördlichen Bezirken der Deutschen Demokratischen Republik in Geschichte und Gegenwart. Berlin 1964

Goetsch, H.: Fremdlinge mit Heimatrecht in der deutschen Sprache. Muttersprache, Heft 4/1957, S. 129 ff.

Gottschald, Max: Deutsche Namenkunde. München-Berlin 1942

Grimm, Jacob: Deutsche Rechtsaltertümer. 4. Ausg. durch *Andreas Heusler* und *Rudolf Hübner.* Göttingen 1899, Neudruck 1922

Güntert, H./Scherer, A.: Grundfragen der Sprachwissenschaft. 2. Aufl. Heidelberg 1956

Händel, Oskar: Führer durch die Muttersprache. Berlin-Dresden-Leipzig 1918

Heintze, A./Cascorbi, P.: Die deutschen Familiennamen geschichtlich, geographisch, sprachlich. 6. Aufl. Halle 1925

Henzen, Walter: Schriftsprache und Mundarten. Ein Überblick über ihr Verhältnis und ihre Zwischenstufen im Deutschen. 2. Aufl. Bern 1954
Deutsche Wortbildung. 2. Aufl. Tübingen 1957

Hoschke, A./Vogelpohl, W.: Leben im Wort. Bilder aus der Sprachgeschichte und Wortkunde. Leipzig-Berlin 1935

Kainz, Friedrich: Psychologie der Sprache. I. Bd. Grundlagen der allgemeinen Sprachpsychologie. 4. Aufl. Stuttgart 1967

Kluge, Friedrich: Abriß der deutschen Wortbildungslehre. 2. Aufl. Halle 1925
Etymologisches Wörterbuch der deutschen Sprache. 19. Aufl., bearb. von *Walther Mitzka.* Berlin 1963

Krahe, Fritz: Indogermanische Sprachwissenschaft. 4. Aufl. Berlin 1962 (Teil I: Einleitung und Lautlehre)

Kretschmer, Paul: Wortgeographie der hochdeutschen Umgangssprache. Göttingen 1918

Kronasser, Heinz: Handbuch der Semasiologie. Heidelberg 1952

Lexer, Matthias: Mittelhochdeutsches Taschenwörterbuch. 26. Aufl. Leipzig 1952

Mackensen, Lutz: Die deutsche Sprache unserer Zeit. Heidelberg 1956

Maurer, F./Stroh, F.: Deutsche Wortgeschichte. Bd. 1 u. 2. 2. Aufl. Berlin 1957 bis 1959

Mentz, Ferdinand: Deutsche Ortsnamenkunde. 3. Aufl. Leipzig 1936

Mettke, Heinz: Mittelhochdeutsche Grammatik. Laut- und Formenlehre. Halle (Saale) 1964

Moser, Hugo: Deutsche Sprachgeschichte. 6. Aufl. Tübingen 1969
Deutsche Sprachgeschichte der älteren Zeit. Deutsche Philologie im Aufriß. 2. Aufl. Hg. von *Wolfgang Stammler,* Bd. I. Berlin 1957, Sp. 621 ff.

Müller, Lotte: Deutsche Sprachkunde in der Arbeitsschule. 2. Aufl. Leipzig 1925

10

Nerius, Dieter: Untersuchungen zur Herausbildung einer nationalen Norm der deutschen Literatursprache im 18. Jahrhundert. Halle (Saale) 1967

Oppermann, Wilhelm: Aus dem Leben unserer Muttersprache. 2. Aufl. Leipzig 1928

Otto, Ernst: Stand und Aufgabe der Allgemeinen Sprachwissenschaft. Berlin 1954
    Zur Grundlegung der Sprachwissenschaft. Bielefeld und Leipzig 1919

Paul, Hermann: Prinzipien der Sprachgeschichte. 5. Aufl. Halle 1920
    Deutsche Grammatik. Bd. V: Wortbildungslehre. Halle 1920
    Deutsches Wörterbuch. 5. Aufl., bearb. von *Alfred Schirmer.* Halle 1956/57

Porzig, Walter: Das Wunder der Sprache. 2. Aufl. Bern 1957

Reformatski, A. A.: Einführung in die Sprachwissenschaft. Moskau 1955 (russisch)

Reumuth, Karl: Der muttersprachliche Unterricht. Beiträge zur deutschen Spracherziehung. Bd. I. Deutsche Sprachkunde. Bonn 1950

Révész, G.: Ursprung und Vorgeschichte der Sprache. Bern 1946

Richter, Elise: Fremdwortkunde. Leipzig-Berlin 1919

Rutt, Theodor: Bild und Wort. Ratingen 1955

Schade, Oscar: Altdeutsches Wörterbuch. Halle 1866

Schippan, Thea: Einführung in die Semasiologie. 2. Aufl. Leipzig 1975

Schirmer, Alfred: Deutsche Wortkunde. Kulturgeschichte des deutschen Wortschatzes. 5. Aufl. von *Walther Mitzka.* Berlin 1965

Schmidt, Wilhelm: Zum Grundwortschatz und Wortbestand der deutschen Sprache. Deutschunterricht 8 (1955), S. 530 ff.
    Lexikalische und aktuelle Bedeutung. Ein Beitrag zur Theorie der Wortbedeutung (Schriften zur Phonetik, Sprachwissenschaft und Kommunikationsforschung Nr. 7). 4. Aufl. Berlin 1967
    Zur Theorie der funktionalen Grammatik. Zeitschrift für Phonetik, Sprachwissenschaft und Kommunikationsforschung 22 (1969), S. 135 ff.
    Zur Ideologiegebundenheit der politischen Lexik. Zeitschrift für Phonetik, Sprachwissenschaft und Kommunikationsforschung 22 (1969), S. 255 ff.
    Die Sprache als Instrument der Leitung gesellschaftlicher Prozesse. Deutschunterricht 22 (1969), S. 567 ff.
    Linguistische und philosophische Aspekte der Wirksamkeit politischer Rede. Zeitschrift für Phonetik, Sprachwissenschaft und Kommunikationsforschung 24 (1971), S. 301 ff.

Schröder, Edward: Deutsche Namenkunde. Göttingen 1938

Schwarz, Ernst: Deutsche Namenforschung. I. Teil: Ruf- und Familiennamen. Göttingen 1949. II. Teil: Orts- und Flurnamen. Göttingen 1950

Seidemann, Walter: Der Deutschunterricht als innere Sprachbildung. Heidelberg 1952

Seiler, Friedrich: Deutsche Sprichwörterkunde. München 1922
    Die Entwicklung der deutschen Kultur im Spiegel des deutschen Lehnwortes. 3. Aufl. Halle 1913 ff.

Simrock, Karl: Die deutschen Sprichwörter. 4. Aufl. Basel 1881

Smirnizki, A. I.: Die Wortbedeutung. Woprosy jazykoznanija, Heft 2/1955, S. 79 ff. (russisch)

Sperber, Hans: Einführung in die Bedeutungslehre. Bonn und Leipzig 1923

Stahlmann, Hans: Vom Werden und Wandel der Muttersprache. Leipzig 1940
    Deutsche Sprachkunde. Berlin 1956

Stepanowa, M. D.: Die Wortbildung der deutschen Sprache der Gegenwart. Moskau 1953 (russisch)

Stroh, Friedrich: Handbuch der germanischen Philologie. Berlin 1952

Stucke, Georg: Deutsche Wortsippen. 2. Aufl. Bühl i. B. 1925

Sweginzew, W. A.: Semasiologie. Moskau 1957 (russisch)

Treuheit, Fritz: Deutsche Sprachkunde für höhere Schulen. Bamberg 1953

Trier, Jost: Der deutsche Wortschatz im Sinnbezirk des Verstandes. Heidelberg 1931

Tschikobawa, A. S.: Einführung in die Sprachwissenschaft. Teil I. Moskau 1953 (russisch)

Tschirch, Fritz: Einführung in die Sprachwissenschaft. Lehrbrief für das Fernstudium der Oberstufenlehrer. Hg. von der Pädagogischen Hochschule Potsdam (o. J.)

Waag, Albert: Bedeutungsentwicklung unseres Wortschatzes. 5. Aufl. Lahr i. B. 1926

Wander, K. F. W.: Deutsches Sprichwörterlexikon. 5 Bde. Leipzig 1867—1880

Wasserzieher, Ernst: Leben und Weben der Sprache. 7. Aufl. Bonn 1953

Weisgerber, Leo: Die geschichtliche Kraft der deutschen Sprache. Düsseldorf 1950
Vom Weltbild der deutschen Sprache. 1. Halbband: Die inhaltbezogene Grammatik. 2. Aufl. Düsseldorf 1953; 2. Halbband: Die sprachliche Erschließung der Welt. 2. Aufl. Düsseldorf 1954

Wilke, Edwin: Deutsche Wortkunde. 6. Aufl. Leipzig 1924

Inhaltsverzeichnis

I. Einführung

II. Das Wort als lexikalische Grundeinheit

V. Die Wortbildung

VI. Die wichtigsten Etappen in der
historischen Entwicklung des Wortbestandes

wissenschaftlichen Entwicklung im 19. Jh. — § 109 Der Einfluß des Englischen — § 110 Zusammenstellung von fremdem Wortgut aus einigen außereuropäischen Sprachen — § 111 Der Einfluß der politischen, wirtschaftlichen und kulturellen Entwicklung nach dem zweiten Weltkrieg auf unseren Wortbestand

VII. Die Veränderungen der Wortgestalt

VIII. Die Veränderungen der Wortbedeutung

IX. Der Bildgehalt der Sprache

X. Die Eigennamen

Personennamen, Völkernamen, Standesbezeichnungen — § 219 Wörter, die den Ort nach ihm selbst innewohnenden Merkmalen näher bestimmen — § 220 Wörter, die außerhalb des Ortes liegende Merkmale angeben — § 221 sonstige — § 222 Unterscheidungszusätze bei Ortsnamen — § 223 Ortsnamen ohne Grundwörter — § 224 Vordeutsche Ortsnamen (keltische, lateinische, slawische)

§ 225 Personennamen als Gattungsnamen — § 226 Von Personennamen mit appellativischer Geltung gebildete Zusammensetzungen und Ableitungen — § 227 Länder- und Völkernamen als Gattungsnamen — § 228 Ortsnamen als Gattungsnamen — § 229 Monats- und Wochentagsnamen

XI. Anhang

Sprachkundlicher Unterricht

Das Zusammenwirken der Sprachkunde mit den übrigen Disziplinen des Deutschunterrichts — Aus der Geschichte des sprachkundlichen Unterrichts — Der sprachkundliche Unterricht im Dienste der Persönlichkeitsentwicklung der Schüler

Grundsätzliches — Arbeitsformen des sprachkundlichen Unterrichts

Der Bildgehalt der Sprache — Die Eigennamen — Die Wortbildung — Die Wortbedeutung und ihre Veränderungen — Die Entwicklung des Wortbestandes — Die Mundart

I. Einführung

1. Sprache and Gesellschaft

Daß sie die Sprache besitzen und gebrauchen, wird auch heute noch von vie- §1
len Menschen als das allerselbstverständlichste angesehen. Sie nehmen ihre
Muttersprache als etwas natürlich Gegebenes hin, ohne sich über ihr Vorhan-
densein, ihre Wirkweise und ihre Bedeutung Rechenschaft zu geben. Es sind
noch zu wenige, die sich mit der Erscheinung Sprache auseinandersetzen und
die allgemeine Unbekümmertheit in sprachlichen Dingen zugunsten einer bewußten Sprachhaltung ablegen.

Wir wissen aus der Geschichte der Sprachwissenschaft, daß die ersten Schritte
zur Überwindung der naiven Sprachhaltung keineswegs aus theoretischen An-
sätzen erfolgten, sondern unter dem Zwang praktischer Notwendigkeit. Im
alten Indien waren es die Bedürfnisse des Gottesdienstes, die zuerst dazu
zwangen, der Sprache Aufmerksamkeit und Interesse zuzuwenden, denn das
gesprochene Indisch entfernte sich immer weiter von dem Sprachstand der ältesten religiösen Hymnen und Opferformeln, die jedoch in Form und Inhalt unverändert wiedergegeben werden mußten, wenn sie nicht nach dem Glauben
der Menschen jener Zeit ihre Wirkung bei den Göttern verlieren sollten. Praktische Beweggründe waren es auch, die Gelehrte des antiken Griechenland
zur bewußten Beschäftigung mit der Sprache veranlaßten. Dabei ist es kennzeichnend, daß sich diese nur mit der eigenen Sprache befaßten, obwohl sie
ständig beobachten konnten, daß andere Gruppen von Menschen sich anderer
Sprachen bedienten. Die gebildeten Griechen und Römer des klassischen Altertums lehnten es grundsätzlich ab, von den Sprachen der zahlreichen Völkerschaften, die im römischen Reiche zusammengeschlossen waren, ernsthaft Notiz
zu nehmen, geschweige denn deren „barbarisches Gestammel" zu studieren
oder wissenschaftlich zu untersuchen.

Von den Blütetagen des alten Römerreiches trennen uns nun freilich zwei
Jahrtausende, und die wissenschaftliche Beschäftigung mit der Sprache hat besonders in den letzten 200 Jahren bedeutende Fortschritte gemacht. Trotzdem
stehen auch heute noch viele Menschen ihrer Sprache naiv und ohne jede Refle-
xion gegenüber. Dabei spielt die Sprache im gesellschaftlichen Leben

21

eine so entscheidende Rolle, daß sich diese Unbekümmertheit — um nicht zu sagen: Unachtsamkeit — natürlicherweise für den einzelnen wie für die Gesellschaft nachteilig auswirken muß.

§ 2   Welche Bedeutung hat nun die Sprache für den einzelnen und die Gesellschaft? Es ist gerade die oben gekennzeichnete Sprachhaltung, die uns in erster Linie daran hindert, daß wir diese Frage öfter stellen und richtig beantworten. Eben weil wir unsere Muttersprache als etwas selbstverständlich Gegebenes ansehen, weil wir sie unbewußt erlernen und ebenso unbewußt gebrauchen, können wir ihre Bedeutung für unser Leben gar nicht ermessen. Am ehesten erfaßt wohl den eine Ahnung von der gesellschaftlichen Rolle der Sprache, der sich plötzlich in eine fremdsprachige Umgebung versetzt sieht und mit einem Schlage der normalen Verständigungs- und Verkehrsmöglichkeit mit den Menschen seiner Umgebung beraubt ist. Und doch ist auch dieser Eindruck noch nicht geeignet, die ganze Wirkung des Sprachbesitzes bewußt werden zu lassen, denn unsere Versuchsperson besitzt in diesem Falle immer noch ihre eigene Muttersprache, sie ist selbst immer noch ein mit Sprache begabtes Wesen. Die Sprachbefähigung ist ein Wesensmerkmal des Menschen; und die Erkenntnis, daß die Sprache ein wesentliches Unterscheidungsmerkmal zwischen Mensch und Tier darstellt, ist schon uralt.

Was die Sprache ihrem Wesen nach ist und wie sie entstanden ist, darüber gibt es auch heute noch unterschiedliche Auffassungen. Es ist nicht meine Absicht, die Problematik der Frage nach dem Ursprung und dem Wesen der Sprache in ihrem ganzen Umfang aufzurollen. Ich kann hier nur in gedrängter Kürze die Lösungen darstellen, die die marxistisch-leninistische Sprachwissenschaft gegenwärtig zu geben in der Lage ist.

Die marxistisch-leninistische Sprachwissenschaft sieht das entscheidende Wesensmerkmal der Sprache in ihrer kommunikativen Funktion, d.h. in ihrer Rolle, den Menschen als Mittel der Verständigung und des gegenseitigen Verkehrs zu dienen. Damit richtet sich unser Augenmerk auf die bedeutungsvolle Grundtatsache, daß die Sprache ihrer Entstehung und ihrer Funktion nach gesellschaftlich bestimmt ist. Sie ist nicht als Mittel des Ausdrucks und der Darstellung der Individualität des Einzelwesens und als individuelle geistige Schöpfung entstanden, sondern aus den Bedürfnissen eines gemeinsam handelnden Gesellschaftskörpers. Die ersten Formen menschlicher Gesellschaft entwickelten sich, als sich die werdenden Menschen im Kampf mit der Natur zusammenschlossen; denn die Anstrengungen, die notwendig waren, um das Leben zu fristen und vor vielerlei Gefahren zu schützen, wurden erfolgreicher im gemeinsamen Handeln. Bei den Bemühungen um die Organisation dieses

22

gemeinschaftlichen Handelns, der gemeinsamen Arbeit, die das Individuum zur Ein- und Unterordnung zwang, entstand die Sprache als die neue, die menschliche Form des Verkehrs.

Was war es, was sich die werdenden Menschen in erster Linie zu sagen hatten? Der Hauptinhalt jener Gemeinschaften auf primitiver Entwicklungsstufe war die Sicherung der leiblichen Existenz der einzelnen Individuen. Sie war jedoch, wie schon erwähnt, nur im gemeinsam geführten Kampf ums Dasein möglich. Je besser man es lernte, die Erfahrungen des einzelnen und der Gemeinschaft auszunutzen und anzuwenden, um so erfolgreicher wurde dieser Kampf. Das Hauptziel des gesellschaftlichen Verkehrs war also die Verständigung über die lebenswichtigen Fragen der gemeinsamen Tätigkeit, der gesellschaftlichen Produktion. Produktionstätigkeit setzt aber, auch in ihren primitivsten Formen, das menschliche Denken voraus. Die gemeinsame Anfertigung und Anwendung der Arbeitsinstrumente waren die entscheidenden Faktoren bei der Menschwerdung, denn sie verlangten und bewirkten gleichzeitig die Vervollkommnung der Hand, die Ausbildung der Sprechorgane und die Entwicklung des Gehirns. Die Erfahrungen, die der Mensch bei seiner Auseinandersetzung mit der Außenwelt machte, wurden ihm in seinem Denken bewußt. Indem er aktiv handelnd lernte, die Gegebenheiten der Umwelt zu berücksichtigen und zu benutzen, eignete er sich Kenntnisse und Erkenntnisse von den Dingen an, drang in ihr Wesen ein und entdeckte ihre Zusammenhänge und Gesetzmäßigkeiten. Diese denkende Bewältigung der Wirklichkeit war unlöslich verbunden mit der Entwicklung der Arbeitstätigkeit und der Sprache. Die Sprache bot dem Menschen das Material, die materielle Hülle, in die er seine Gedanken kleiden konnte, sie wurde zur Trägerin seiner Gedanken. Da das abstrakte Denken nur auf der Grundlage der Sprache vor sich geht, war andererseits mit der Erhöhung der Denkfähigkeit automatisch eine Weiterentwicklung der Sprache verbunden. Naturgemäß führte die Verfeinerung des Denkens und der Sprache wiederum zu einer Verbesserung der Produktionstätigkeit. Die enge Wechselbeziehung zwischen den drei genannten Faktoren besteht darin, daß Sprache und Denken einmal das Ergebnis der produktiven Tätigkeit des Menschen, gleichzeitig aber auch ihre unabdingbare Voraussetzung sind, denn die gemeinsame gesellschaftliche Arbeit bedarf der bewußten Planung und der Organisation, die nur mit Hilfe des Denkens und der Sprache möglich sind.[1] Wir sind damit auf ein anderes Wesensmerkmal der Sprache gestoßen: Sprache liegt immer nur vor, wo es um die Vermittlung von Gedankli-

---

[1] Vgl. Friedrich Engels: Der Anteil der Arbeit an der Menschwerdung des Affen. In: Karl Marx/Friedrich Engels, Werke. Bd. 20. Berlin 1962, S. 444 ff.

chem geht. Man kann also lautliche Äußerungen erst dann als Sprache bezeichnen, wenn sie zum Ausdruck von gedanklichen Inhalten dienen.

Zu den eben besprochenen Funktionen der Sprache, als Kommunikationsmittel und Träger der Gedanken zu dienen, kommt nun noch ein weiteres Moment: Die Sprache ermöglicht es dem Menschen, seine individuelle Erfahrung zu fixieren und weiterzugeben. So kann die unmittelbare Erfahrung des einzelnen als mittelbare Erfahrung für alle Glieder der Gesellschaft nutzbar gemacht werden. Diese Wirkweise der Sprache ermöglicht aber überhaupt erst jeden gesellschaftlichen Fortschritt, denn dieser beruht ja darauf, daß die Erfahrungen, die Kenntnisse und das Wissen, das zahllose Einzelmenschen in ihrer Auseinandersetzung mit der sie umgebenden Welt erworben haben, gegenseitig ausgetauscht, aufbewahrt und weiterentwickelt werden. Die gewaltigen Leistungen der modernen Wissenschaft und Technik sind nur denkbar auf der Grundlage der Erfahrungen und Forschungsergebnisse der Vergangenheit. Besäßen die Menschen die Sprache nicht, so wären sie ewig gezwungen, die Auseinandersetzung mit der Natur und ihre Unterwerfung jeweils von vorn zu beginnen und auf eigene Faust zu betreiben. Es ist ohne weiteres verständlich, daß es dann keine menschliche Gesellschaft und keinen gesellschaftlichen Fortschritt gäbe.

Die bisherigen Ausführungen haben schon ergeben, daß die gesellschaftliche Funktion der Sprache sehr vielseitig ist. Wir sahen, daß sie den Menschen als Mittel des Verkehrs, des Gedankenaustausches und der gegenseitigen Verständigung dient, daß nur mit ihrer Hilfe das abstrakte Denken, die Entwicklung der Wissenschaften und überhaupt jeder gesellschaftliche Fortschritt zustande kommen können. Damit ist ihr Wirkungsbereich aber noch nicht voll ausgemessen. Das Wort von der kommunikativen Funktion der Sprache als ihrem entscheidenden Wesensmerkmal bedeutet nicht, daß sie etwa nur das Mittel der begrifflichen Mitteilung wäre. Wir verwenden die Sprache alle auch als Mittel der Selbstbesinnung und als Ausdrucksmittel eigener Willens- und Gefühlsinhalte. Ein Sprichwort sagt mit Recht: „Wes das Herz voll ist, des fließt der Mund über." Die Sprache dient also auch dazu, Intentionen (Strebungen) und Emotionen (Gefühle, Affekte) individuellen Charakters auszudrücken, Gemütserregungen durch Ausrufe zu entlasten u. a., und sie erlaubt es uns, den Gemütszustand eines Gesprächspartners zu erkennen. Oft liegt ja auch, wenn Menschen eine gegenseitige Verständigung anstreben, starke innere Anteilnahme der Sprechenden vor: Man will etwas erreichen, man wünscht oder fürchtet etwas, d. h., man ist an dem Sachverhalt nicht nur intellektuell, sondern auch gefühlsmäßig, mit seinem Wollen, seinen Gefühlen und Leiden-

24

schaften beteiligt. Insofern drückt die Sprache auch die verschiedensten seelischen Regungen aus. Aber das alles kann sie nur tun, weil sie von der Gesellschaft als Mittel der Verständigung entwickelt wurde.

Und doch wäre eine Auffassung, die sich darin erschöpft, daß die Sprache das Produkt der Gesellschaft ist, undialektisch und nur die halbe Wahrheit. Selbstverständlich wirkt auch die Sprache ihrerseits auf die menschliche Gesellschaft ein. Es besteht eine Wechselwirkung zwischen beiden. Wenn ich bei der Besprechung des Mitteilungscharakters der Sprache gezeigt habe, wie sich die Gesellschaft die Sprache als ihr Instrument geschaffen hat, so wurde umgekehrt auch schon sichtbar, daß die menschliche Gesellschaft ohne die Sprache nicht entstehen und nicht bestehen kann. Denn die Sprache ist das Mittel, mit dessen Hilfe die gemeinsame Produktionstätigkeit der Mitglieder der Gesellschaft organisiert wird. Ohne menschliche Sprache könnten keine gesellschaftliche Produktion und keine Gesellschaft existieren.

Diese Wirksamkeit der Sprache wird freilich nicht selten verabsolutiert und unrichtig beurteilt. So sucht z. B. der Bonner Linguist Leo Weisgerber die Sprache als geschichts- und gemeinschaftsbildende Kraft schlechthin zu erweisen. Er zählt die Sprachen mit W. v. Humboldt „zu den hauptsächlich schaffenden Kräften der Menschheitsgeschichte" und stellt sie in die nächste Nähe der „das Menschenleben bestimmenden Gemeinschaftsformen".[1] Damit stellt er aber die Wahrheit auf den Kopf. Die menschlichen Gemeinschaften konstituieren sich nicht primär als Sprachgemeinschaften, sondern nach anderen Kriterien als Stämme, territoriale Gemeinschaften oder Nationen. „Nicht die Sprache schafft Gemeinschaften von diesem oder jenem Umfang, sondern ihr Anwendungsbereich ist durch die Formen bedingt, nach denen sich die menschliche Gesellschaft aufbaut. Deshalb sprechen wir von Stammessprachen, Nationalsprachen usw."[2] Wir sehen die Wirksamkeit der Sprache im Hinblick auf die Gemeinschaftsformen nicht darin, daß sie als „aktive Kraft geistigen Gestaltens", als „eine das Leben durchwaltende Macht", die die Welt geistig gestaltet, menschliche Gemeinschaften ins Leben ruft, sondern darin, daß sie als Mittel der Kommunikation alle schöpferischen Kräfte der Menschen zur Wirkung bringt und so den Bestand und die Entwicklung der verschiedenen Formen der menschlichen Gesellschaft ermöglicht.

---

[1] Leo Weisgerber: Die geschichtliche Kraft der deutschen Sprache. Düsseldorf 1950, S. 245 f.
[2] Gertrud Pätsch: Grundfragen der Sprachtheorie. Halle 1955, S. 133.

2. Die charakteristischen Merkmale der Sprache

§ 3   Die Sprache hat zwei Hauptkomponenten: den Wortbestand und die Grammatik.

Alle Wörter, die es in einer Sprache gibt, bilden ihren **Wortbestand** (Wortschatz). Man darf jedoch den Wortbestand nicht einfach als die Ansammlung von Wörtern auffassen, die im Laufe der gesellschaftlichen Entwicklung zufällig und systemlos entstanden ist. Unter diesen Wörtern bestehen vielerlei und mitunter sehr komplizierte Verwandtschafts- und Abhängigkeitsverhältnisse, sowohl hinsichtlich ihrer morphologischen Struktur als auch hinsichtlich ihrer Bedeutung.

Zunächst läßt sich aus dem gesamten Wortbestand eine Anzahl von Wörtern herausheben, die nachweislich die Grundlage für die Bildung der übrigen Wörter abgegeben haben. Wir unterscheiden im Wortbestand sog. Wortfamilien, das sind Gruppen von Wörtern, die von einem Wort gebildet sind. Diese Kernwörter, die Basen der Wortfamilien, existieren meistens schon sehr lange in der Sprache und bezeichnen Gegenstände und Erscheinungen, die für die gesamte Sprachgemeinschaft, für die Angehörigen aller Klassen notwendig und bedeutungsvoll sind und deshalb auch allgemein gebraucht werden. Es liegt auf der Hand, daß diese Wörter eine wichtige Rolle spielen. Wir nennen sie nach ihrer besonderen Funktion als Wortbildungsbasis den Grundwortschatz.

Der Grundwortschatz umfaßt nur einen verhältnismäßig kleinen Teil des gesamten Wortbestandes. Er ist allerdings nichts völlig Einheitliches, denn er setzt sich aus Primärstammwörtern und Sekundärstammwörtern zusammen. Als Primärstammwörter oder Wurzelwörter bezeichnen wir solche, die aus einfachen (primären) Stämmen bestehen, d. h. nicht zusammengesetzt oder abgeleitet sind bzw. vom Standpunkt der Gegenwartssprache nicht als zusammengesetzt oder abgeleitet angesehen werden.[1] Diese Wurzelwörter bilden den Kern des Grundwortschatzes. Die zweite Schicht des Grundwortschatzes, die Sekundärstammwörter, sind selbst schon durch Zusammensetzung, Ableitung usw. aus Wurzelwörtern entstanden, sie weisen jedoch die charakteristischen Merkmale der Wörter des Grundwortschatzes (Allgemeingebräuchlichkeit, Unentbehrlichkeit, historische Stabilität u. a.) auf, und — was entscheidend ist —

---

[1] So ist das Wort *Faden* eigentlich eine -*ma*-Ableitung von der germanischen Wurzel ⁺*fap*- (zur ide. Wurzel ⁺*pet(ə)*- 'ausbreiten', besonders von den Armen; germ. ⁺*fap-ma*- bedeutete also 'Umspannung mit den Armen'; vgl. F r i e d r i c h K l u g e : Etymologisches Wörterbuch der deutschen Sprache. 18. Aufl. Berlin 1960, S.179), wir betrachten es heute jedoch als unabgeleitetes, als Wurzelwort.

sie treten selbst als Grundlage weiterer Wortbildung, d. h. als Basen von Wortfamilien auf.

Zur Verdeutlichung des besprochenen Verhältnisses möge folgende schematische Darstellung dienen:

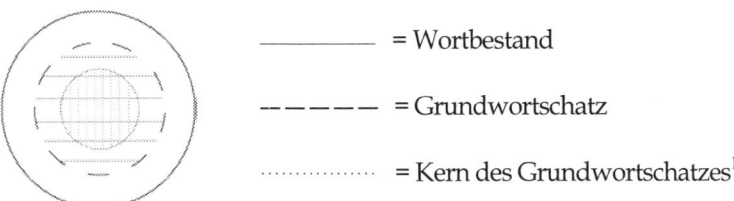

—————— = Wortbestand

— — — — — = Grundwortschatz

·················· = Kern des Grundwortschatzes[1]

Außer den Bezeichnungen für die wichtigsten und elementarsten Gegenstände und Erscheinungen der objektiven Realität, die von allgemeiner Bedeutung und während einer langen Zeit der sprachlichen Entwicklung verhältnismäßig stabil sind, umfaßt der Wortbestand jeder Sprache eine um ein Vielfaches größere Zahl von Wörtern, die nicht von allgemeiner Bedeutung sind und keine so hohe Stabilität besitzen oder andere wichtige Merkmale der Zugehörigkeit zum Grundwortschatz vermissen lassen. Das sind im wesentlichen:

1. die gesamte Spezialterminologie aus allen Gebieten der menschlichen Tätigkeit (Industrie und Landwirtschaft, Handel und Verkehr, Künste und Wissenschaften, verschiedene Sonderinteressen und Neigungen). Die Zahl dieser Wörter ist sehr groß; sie wächst ständig infolge der Weiterentwicklung auf allen Gebieten des gesellschaftlichen Lebens, denn die Neubildungen sind in jeder lebenden Sprache auf Grund der ständigen Vorwärts- und Aufwärtsentwicklung ungleich zahlreicher als die Wörter, die im Zuge eben dieser Entwicklung überflüssig werden und untergehen. Solche Spezialausdrücke sind: *Backbord, Atommeiler, Schleie, Sparren, Reichweite, Lautverschiebung; drillen, steppen, trudeln; sämig, mittelschlächtig* usw.
2. die meisten Fremdwörter, soweit sie sich der deutschen Sprache phonetisch und morphologisch nicht angeglichen haben und daher noch als fremdes Wortgut empfunden werden: *Philosoph, Necessaire, Attraktion, Restaurant; akzeptabel, variieren, filtrieren* usw.

---

[1] Eine ausführliche Darstellung gibt mein Aufsatz „Zum Grundwortschatz und Wortbestand der deutschen Sprache". „Deutschunterricht" 9 (1955), S. 530 ff.

3. Ausdrücke aus dem Sonderwortschatz der verschiedenen Gesellschaftsklassen, Berufs-, Interessen- und Altersgruppen: *Oberwasser, Kerbholz, Kohldampf, Jux; sattelfest, gerissen, keß; abhalftern, versohlen, ankreiden, blechen, büffeln, zwiebeln* usw.

4. Dialektwörter: *Ranft, Runks, Knust, Knubbe* (Brotrand), *Erdäppel* (Kartoffeln), *Mucken* (Launen); *klietschig* und *knatschig* (unausgebacken, teigig), *mäklig, schleckig* (wählerisch); *hutschen, sich hetschen* (schaukeln), *schlindern, glitschen, tschundern, klennern* usw.

5. Neologismen, das sind Neubildungen, die die ständige Weiterentwicklung auf allen Gebieten des gesellschaftlichen Lebens unmittelbar widerspiegeln: *Ultraschall, Fertigungslinie, Viehhalteplan, Jugendzug, Leitungsaktiv, Friedenskämpfer, Neuerer* usw.

6. Archaismen, das sind Bezeichnungen für Gegenstände und Erscheinungen, die infolge der gesellschaftlichen Entwicklung und der damit in Zusammenhang stehenden sich wandelnden Betrachtungsweise nur selten oder überhaupt nicht mehr benötigt oder durch andere Wörter ersetzt werden: *Rocken* (Spinngerät), *Marstall, Pferdebahn, Felleisen, Wams, Feuerstelle* (Herd); *Ferge* (Fährmann), *Schöne* (Schönheit); *steinicht, schwindlicht* usw.

7. Interjektionen und emotional gefärbte Ausdrücke, weil sie lautlichen und semantischen Veränderungen sehr leicht unterliegen: *o jehmine, herrje; Herzblatt, Herzblättchen, Herzel; Lausbub, Lauser* usw.

8. bildhafte und idiomatische (= mundartliche oder sondersprachliche) Ausdrücke: *Windbeutel* und *Windhund* (leichtsinniger Mensch); *kaltschnäuzig* usw.

§ 4   Mit dem Wortbestand allein erfassen wir jedoch das Phänomen Sprache nicht ganz; diese besitzt noch eine zweite Hauptkomponente: die **Grammatik**. Sprache liegt niemals in isolierten Wörtern vor; von Sprache kann erst die Rede sein, wenn Wörter nach bestimmten Regeln miteinander in Beziehung gesetzt und verbunden werden. Die Regeln für die Verbindung von Wörtern zu größeren Redeeinheiten betreffen nicht nur die Wortfolge, die Vereinigung der Wörter zu Wortgruppen im Satz und zu einander neben- oder untergeordneten Sätzen sowie die Betonung, sondern auch die morphologischen Änderungen, die die Wörter dabei erfahren. Wir unterscheiden demnach zwei Teilgebiete der Grammatik, die Syntax und die Morphologie. Die Syntax umfaßt die Regeln für die Deklination und Konjugation der Wörter. Da aber die Ausbildung des Wortbestandes nicht isoliert vor sich geht, sondern — auf Grund der Bedürfnisse konkreter kommunikativer Situationen — in der Rede, in Sätzen, besteht auch ein unmittelbarer Zusammenhang zwischen der Grammatik und der Wortbildung. Das kommt äußerlich darin zum Ausdruck, daß sich Morphologie und Wortbildung oft derselben Mittel bedienen; so haben zum Beispiel der Ablaut, der Umlaut und bestimmte Affixe sowohl wortbildende als auch formbildende Funktion.

Die Regeln der Grammatik sind das Ergebnis einer langen Entwicklung von sehr primitiven Anfängen bis zu der Stufe ihrer Allgemeingültigkeit und Durchgeformtheit, die wir bei den grammatischen Systemen hochentwickelter moderner Sprachen feststellen. So war beispielsweise noch in ahd. Zeit der Satzbau unserer Sprache recht ungelenk und einförmig. Die geringe Elastizität der grammatischen Struktur entsprach der niedrigen gesellschaftlichen Entwicklungsstufe des Sprachträgers.

Der Feststellung, daß auch die Entwicklung der Grammatik vom Niederen zum Höheren, vom Einfachen zum Komplizierten verläuft, scheint die Tatsache zu widersprechen, daß sich der Formenbestand unserer modernen Sprachen im Verlauf der Sprachentwicklung offensichtlich vereinfacht hat. Dies gilt beispielsweise in bezug auf die Mannigfaltigkeit der Kasus und die Buntheit der Kasusendungen, die sich seit der althochdeutschen Sprachperiode weitgehend abgeschliffen haben. Man darf dabei aber nicht aus dem Auge verlieren, daß die Beziehungen der Wörter im Satz, die früher durch die unterschiedlichen Kasusendungen angegeben wurden, eben seit der ahd. Zeit unter anderem auch durch den Artikel ausgedrückt werden, den es früher nicht gab.

Das Charakteristische der grammatischen Regeln liegt darin, daß sie unabhängig sind von der im besonderen Fall vorliegenden konkreten kommunikativen Situation und der Bedeutung der einzelnen Wörter oder dem Inhalt der Sätze. Völlig unabhängig von ihrer Bedeutung stehen die Substantive bei den Präpositionen *durch, für, ohne, um, gegen, wider* ausnahmslos im Akkusativ oder hinter den Präpositionen *mit, nach, nächst, nebst, samt, bei, seit, von, zu, zuwider, entgegen, gegenüber, außer, aus* im Dativ. Ebenso sind die Formen der Temporalsätze durch Regeln festgelegt, die ohne Rücksicht auf den konkreten Inhalt der betreffenden Temporalsätze gelten. So verhält es sich auch mit den Regeln für die Flexion der Wörter. Die Zugehörigkeit eines Wortes zu einem bestimmten grammatischen Muster beruht auf allgemeinen Merkmalen, ohne Rücksicht auf seine Bedeutung. Aus dem Gesagten wird klar, daß die Regeln der Grammatik eine hohe Leistung der menschlichen Abstraktionsfähigkeit, des menschlichen Denkens darstellen, die in einem lange währenden Prozeß aus einfachen und primitiven Anfängen hervorgegangen ist.

§ 5   Nach dieser knappen Charakteristik der beiden Hauptkomponenten der Sprache muß noch auf die Frage ihres **Entwicklungstempos** eingegangen werden. Es ist uns bekannt, daß sich die Sprache in ständiger Veränderung befindet. Ein Vergleich der Sprachform des Hildebrandliedes, des Nibelungenliedes, des „Simplicius Simplicissimus" und des Goetheschen „Faust" führt uns die großen Unterschiede deutlich vor Augen. Die genauere Untersuchung zeigt, daß sich die verschiedenen Komponenten der Sprache in unterschiedlichem Tempo verändern.

Am leichtesten veränderlich ist der W o r t b e s t a n d der Sprache, denn er registriert und spiegelt Veränderungen im gesellschaftlichen Leben s o f o r t und u n m i t t e l b a r wider. Das geschieht so, daß für neue Erscheinungen neue Wörter geprägt bzw. aus anderen Sprachen übernommen werden oder daß alte Wörter eine neue Bedeutung erhalten, während die Wörter für überlebte Erscheinungen zurücktreten oder ganz außer Gebrauch kommen. Entsprechend der gewaltigen Bereicherung aller Lebensgebiete durch den gesellschaftlichen Fortschritt ist die Zahl der zum Wortbestand neu hinzukommenden Wörter ständig größer als die der absterbenden, so daß der Wortbestand aller lebenden Sprachen, soweit ihre Träger sich frei entwickeln können, ständig anwächst.

Diese Beweglichkeit und Veränderlichkeit ist jedoch keineswegs für alle Schichten des Wortbestandes kennzeichnend. Der G r u n d w o r t s c h a t z erfährt nur verhältnismäßig geringe Veränderungen und bleibt in allem Wesentlichen erhalten, denn mit der Weiterentwicklung der Gesellschaft werden die verschiedenen Bezirke des gesellschaftlichen Seins zwar ständig bereichert und erweitert, aber bestimmte Grundlagen und Grundbeziehungen bleiben unverändert. Der Grundwortschatz wird also von dem ständigen Werden und Vergehen im Gesamtwortbestand verhältnismäßig wenig betroffen.

Noch s t a b i l e r als der Grundwortschatz der Sprache ist ihr g r a m m a t i s c h e s S y s t e m. Wir haben die Regeln der Grammatik als das Ergebnis eines jahrhundertelangen Prozesses der Abstraktion von den konkreten Einzelfällen der Sprachwirklichkeit kennengelernt. Wir haben gesehen, daß sie, unabhängig von dem konkreten Inhalt der Wörter und Sätze, Allgemeingültigkeit haben. Die Faktoren der gesellschaftlichen Entwicklung, die die eben charakterisierten Veränderungen im Wortbestand der Sprache, das Auftreten einer großen Zahl neuer Wörter und das Absterben anderer, bewirken, bleiben daher auf die Entwicklung des grammatischen Systems der Sprache ohne direkten Einfluß. Selbstverständlich verändert und vervollkommnet sich auch die grammatische Struktur der Sprache im Laufe ihrer Entwicklung. Dies geschieht jedoch nicht in direkter Abhängigkeit von einzelnen Fortschritten in der Produktion und den

30

übrigen Betätigungsgebieten des Menschen, sondern in indirekter, im Zusammenhang mit der allgemeinen Entwicklung der menschlichen Denkformen und auf Grund innersprachlicher Entwicklungsgesetze.

Grundwortschatz und grammatisches System sind also die Elemente der Sprache, auf denen ihre Stabilität beruht. Ihnen ist es zu verdanken, daß die Sprache, ungeachtet ihrer unmittelbaren Abhängigkeit von der gesellschaftlichen Entwicklung und der damit verbundenen ständigen Veränderungen besonders im Wortbestand, doch geeignet ist, der Gesellschaft durch mehrere historische Epochen als Mittel der Verständigung zu dienen, daß sie nicht nur jeweils für eine Generation verständlich ist, sondern für die Menschen vieler Generationen. So bereitet es heute einem durchschnittlich gebildeten Deutschen keine besonderen Schwierigkeiten, literarische Denkmäler zu verstehen, die vor 300 oder 400 Jahren geschrieben wurden („Simplicius Simplicissimus" oder die Schriften Luthers). Soweit sich aber wesentliche Abweichungen von unserem heutigen Deutsch bemerkbar machen, betreffen sie weniger das grammatische System oder den Grundwortschatz als vielmehr den speziellen Wortschatz. Wir betrachten also den Grundwortschatz und das grammatische System als die Grundlagen der Sprache.

3. Die Erscheinungsformen der Sprache

Sprache ist als gesellschaftliche Erscheinung an den Sprachträger (eine ethnische Einheit, eine Gesellschaftsgruppe) und seine Geschichte gebunden. Eine Sprache ist deshalb nicht etwas unter allen Umständen und in jeder Hinsicht Einheitliches. Unterschiedliche Bedingungen und Bedürfnisse der sprachlichen Kommunikation führen zu mannigfaltigen Differenzierungen: Das allgemeine Phänomen Sprache erscheint jeweils in besonderen konkreten Ausprägungen. Die Linguistik spricht von verschiedenen Erscheinungsformen (Existenzformen) einer Sprache. Wichtige Gesichtspunkte, unter denen die Aufgliederung des vielgestaltigen gesellschaftlichen Phänomens Sprache erfolgt, sind der territoriale (Geltungsbereich), der soziale (gesellschaftlicher Träger) und der Äußerungsaspekt (gesprochene und geschriebene Sprache). §6

Diese verschiedenen Aspekte kennzeichnen unterschiedliche Existenz- und Funktionsbedingungen der Sprache, sie sind jedoch nicht jeweils auf die eine oder die andere Erscheinungsform beschränkt, sondern sie überdecken sich gegenseitig. Bei der Einteilung der verschiedenen Erscheinungsformen der Sprache entscheidet ihre Dominanz: So dominiert beispielsweise beim Begriff der Mundart der territoriale Aspekt (ihr landschaftlich begrenzter Geltungsbereich); die Mundarten sind aber gleichzeitig auch unter dem Aspekt der Äußerung (gesprochene Sprache) und — historisch gesehen — wenigstens teilweise auch unter sozialem Aspekt (in der Neuzeit vorwiegend die Sprachform der werktätigen Bevölkerung auf dem Lande) bestimmbar.

Unter soziolinguistischem Aspekt werden die Unterschiede zwischen den einzelnen Erscheinungsformen einer Sprache darin sichtbar, daß jede von ihnen ihre eigene Norm besitzt. Wir verstehen unter Sprachnorm die zu einem bestimmten Zeitpunkt innerhalb eines Gesellschaftskörpers bzw. bestimmter gesellschaftlicher Gruppen anerkannte, in der Kommunikation aktualisierte, stabilisierte und fixierte Auswahl und Anwendung der im Sprachsystem als Potenz enthaltenen Ausdrucksmöglichkeiten. Die Sprachnorm entwickelt sich unter dem Einfluß der unterschiedlichen Bedürfnisse und Bedingungen der sprachlichen Kommunikation in verschiedenen sozialen und territorialen Bereichen. Bei der Beobachtung des tatsächlichen Sprachgebrauchs fällt uns auf, daß sich die Menschen bestimmter Landschaften, aber auch die Angehörigen verschiedener gesellschaftlicher Gruppen sprachlich voneinander unterscheiden, daß sie verschiedene Erscheinungsformen unserer Sprache verwenden.

§ 7   Unter den Erscheinungsformen der Sprache ist natürlich diejenige für uns von besonderem Interesse, die als Verständigungsmittel innerhalb der gesamten Sprachgemeinschaft fungiert, deren Sprachnorm als allgemeingültig anerkannt wird. Sie wird häufig **Gemeinsprache** oder **Standardsprache** genannt: Diese Bezeichnungen bringen den Charakter der allgemeinen Verbindlichkeit und Gültigkeit zum Ausdruck. Es ist also die für alle Gesellschaftsgruppen und in allen Teilen eines bestimmten Sprachgebietes als allgemeingültige, allen verständliche, den Kommunikationsbedürfnissen der gesamten Gesellschaft entsprechende, zum Ausdruck aller Inhalte geeignete, durch eine einheitliche und verbindliche lautliche, grammatische und lexikalische Norm charakterisierte Form der Sprache. Ihre Norm unterscheidet sich von denen der übrigen Erscheinungsformen der Sprache auch dadurch, daß sie kodifiziert ist (in Aussprachewörterbüchern, Grammatiken, Wörterbüchern usw.).

Die Norm der Gemeinsprache tritt allerdings in zwei verschiedenen Ausprägungen in Erscheinung, nämlich in einer gesprochenen und in einer geschriebenen Variante als Sprechnorm und als Schriftnorm, mit jeweils spezifischen Besonderheiten. In der traditionellen germanistisch-linguistischen Fachliteratur wird dementsprechend meist zwischen der **Hochsprache** und der **Schriftsprache** als den für den mündlichen und für den schriftlichen Gebrauch bestimmten

Formen der Gemeinsprache unterschieden. Allerdings ist diese Unterscheidung nicht konsequent durchgeführt, es finden sich auch beide Bezeichnungen in der Bedeutung von 'Gemeinsprache'.

In den letzten Jahren hat sich in der DDR, besonders unter dem Einfluß der sowjetischen Linguistik, anstelle der oben besprochenen Termini die Bezeichnung **Literatursprache** immer mehr durchgesetzt. In dieser Verwendung meint der Terminus also nicht etwa nur die Sprache der schönen Literatur, sondern die mündliche und schriftliche literarisch geformte Sprache im Sinne der oben definierten Termini Gemeinsprache oder Standardsprache.

Der Gemeinsprache, Standardsprache oder Literatursprache als der Erscheinungsform der Sprache, die die gesamtgesellschaftliche Norm realisiert, stehen die Mundarten und Dialekte gegenüber. Unter **Mundart** verstehen wir die auf wenige oder gar einzelne Ortschaften beschränkte, landschaftlich gebundene Form der gesprochenen Sprache. In einer Landschaft oder einem Lande gibt es also mitunter viele Mundarten, die sich durch größere oder geringere Besonderheiten in der Lautgebung, dem Formen- und Satzbau und im Wortgebrauch unterscheiden. Sie zeigen aber auch manche Gemeinsamkeiten. Durch diese Gemeinsamkeiten werden wiederum größere Gruppen von Mundarten als zusammengehörig erwiesen. Solche Mundartgruppen nennen wir Dialekte. Ein **Dialekt** ist also nicht eine tatsächlich in einem Gebiet gesprochene einheitliche Sprachform; der Begriff stellt vielmehr eine sprachwissenschaftliche Abstraktion der sprachlichen Gemeinsamkeiten einer Mundartgruppe dar. Wir sprechen also beispielsweise vom *obersächsischen, thüringischen, märkischen* oder *mecklenburgischen Dialekt,* aber von der *Schwarzenberger, Altenburger, Ruhlaer* und anderen *Mundarten.*[1]

§ 8

Die mundartliche Gliederung des deutschen Sprachgebiets ist wesentlich ein Reflex der territorialen Zersplitterung in der Zeit des Feudalismus. Aber obwohl sich unter den ökonomischen und politischen Bedingungen des Kapitalismus überregionale Erscheinungsformen der Sprache (siehe § 9) entwickeln, sterben die Mundarten zunächst noch nicht ab. Das hängt vor allem damit zusammen, daß die Umgestaltung der Produktionsweise nicht auf allen Gebieten gleich schnell fortschreitet. So steht den großen Städten als Industriezentren mit moderner Maschinenproduktion noch längere Zeit das Land mit kleinen und mittleren bäuerlichen und Handwerksbetrieben gegenüber. Damit bleibt auch der kulturelle Unterschied zwischen Stadt und Land zunächst noch weitgehend erhalten. Dieser Unterschied äußert sich unter anderem darin, daß die Mundar-

---

[1] Es muß allerdings darauf verwiesen werden, daß die hier vorgenommene Unterscheidung zwischen Mundart und Dialekt nicht allgemein durchgeführt ist. So werden die beiden Bezeichnungen auch gleichbedeutend verwendet.

ten auf dem Lande länger lebendig bleiben. Mit der fortschreitenden Entwicklung ist ihr Zurückweichen vor den überregional gültigen Erscheinungsformen der Sprache, insbesondere der Umgangssprache, jedoch ein unaufhaltsamer Prozeß.

§ 9 Zwischen der Literatursprache auf der einen und den Mundarten und Dialekten auf der anderen Seite steht eine weitere Erscheinungsform der Sprache, die Umgangssprache. In der Feudalgesellschaft herrschten im wesentlichen die Mundarten als Mittel der Verständigung. Mit der Entwicklung der mittelalterlichen Städte, der Konzentration bestimmter Produktionszweige in den Städten, der Übersiedlung von Teilen der bäuerlichen Bevölkerung in die Städte und mit der Entwicklung des Fernhandels kam es zur Ausbildung von sprachlichen Misch- und Ausgleichsformen, die als Stadtmundarten bezeichnet werden, und zur Ausbildung regionaler Verkehrssprachen. So entsteht die Umgangssprache, die auch heute als Ausgleichsprodukt zwischen Mundart einerseits und Literatursprache andererseits eine ständig steigende Bedeutung besitzt. Die Umgangssprache ist eine überregionale Form der vorwiegend gesprochenen Sprache. Sie weist verschiedene Schichten auf: eine, die den Mundarten noch verhältnismäßig nahe steht, und weitere Schichten, die sich der Literatursprache immer stärker annähern. Seit dem 19. Jh. kennen wir eine Variante der Umgangssprache, die *literarische* oder *gehobene Umgangssprache,* in der die landschaftlichen Eigenheiten bis auf ein ganz geringes Maß zurücktreten.

§ 10 Die Gliederung der Sprachgemeinschaft in soziale Gruppen (Gesellschaftsklassen, Berufs-, Interessen- und Altersgruppen), also die Betrachtung der Sprache nach dem Träger, liegt zugrunde, wenn von Gruppen-, Standes-, Fach- und Berufssprachen, von Klassensprachen oder Jargons die Rede ist. Es muß allerdings darauf verwiesen werden, daß es sich dabei niemals um selbständige Sprachen handelt, sondern weitgehend um Sonderwortschätze, d. h. spezielle Ausprägungen des allgemeinen Wortbestandes und der Phraseologie (Bestandteil an festen Redewendungen) einer bestimmten Sprache bei den obengenannten sozialen Gruppen. Entscheidend ist folgendes: Sprache als solche ist überall und zu allen Zeiten das allgemeine, allen Gliedern der Gesellschaft gemeinsame Mittel des Verkehrs und der Verständigung, ohne Rücksicht auf ihre soziale Stellung; sie dient allen Gruppen innerhalb der Gesellschaft in gleicher Weise. Die verschiedenen sozialen Gruppen treffen jedoch entsprechend ihren besonderen Bedürfnissen und Interessen aus dem allgemeinen Wortbestand der Gemeinsprache jeweils eine unterschiedliche Auswahl, sie benutzen bestimmte Wörter und Wendungen mit Vorliebe und meiden andere, sie bilden besondere Ausdrücke, übernehmen fremdes Sprachgut und verwenden manche Wörter und Wendungen in einer Bedeutung, die nicht selten vom allgemeinen Gebrauch abweicht. Sie schaffen sich auf diese Weise einen Sonderwortschatz, den sie in erster Linie in ihrem Kreise verwenden, der jedoch, je nach der Bedeutung und dem gesellschaftlichen Einfluß der betreffenden sozialen Gruppen, auch zu einem größeren oder geringeren Teil in den allgemeinen Sprachgebrauch übergehen kann. In der Klassengesellschaft ist diese Erscheinung besonders bei den Oberschichten der herrschenden Klassen festzustellen, die sich vom Volk isoliert haben. Aber nicht nur bei ihnen treten derartige Tendenzen auf, sondern auch bei anderen sozialen Gruppierungen. So ist allgemein bekannt, daß bestimmte Stände und Berufe einen eigenen, ihren Sonderwortschatz entwickelt haben (die Jäger und Bauern, die Fischer und Seeleute, die Handwerker und Soldaten, die Studenten und Schüler, die Juristen und Philosophen usw.).

Es wäre aber abwegig, hier allen Ernstes von verschiedenen Sprachen zu reden. Es handelt sich — wie schon erwähnt — jeweils in erster Linie um eine spezielle Ausprägung des Wortbestandes, dazu können gewisse syntaktische Besonderheiten treten; aber keine dieser sog. Sondersprachen verfügt über einen eigenen Grundwortschatz oder ein eigenes grammatisches System, und sie haben alle nur einen begrenzten Anwendungsbereich. Deshalb sind sie auch keine selbständigen Sprachen, die als Verständigungsmittel in allen Situationen und für die ganze Gesellschaft fungieren könnten. In der Terminologie besteht allerdings keine Einheitlichkeit.[1] Ich halte die folgende Regelung für zweckmäßig: Als Oberbegriff für alle speziellen Ausprägungen des Wortbestandes sollten die Termini **Sonderwortschatz** oder **Sondersprache** verwendet werden. Unter diesem Oberbegriff ist eine Zweiteilung nach folgenden Gesichtspunkten möglich:

1. Sonderwortschätze sozialer Gruppen mit gemeinsamen Lebensbedingungen. In solchen Gemeinschaften entsteht leicht das Bestreben, sich durch eine eigentümliche Ausdrucksweise von anderen Gruppen zu unterscheiden. Mitunter hat diese sprachliche Absonderung geradezu Tarnfunktion (Verbrechersprachen, Geheimsprachen). Der Gebrauch eines derartigen Sonderwortschatzes weist den Sprecher als Angehörigen der betreffenden sozialen Gruppe aus. Kennzeichnend für diese Sondersprachen ist es, daß ihre eigentümlichen Ausdrücke als Dubletten neben den gemeinsprachlichen stehen. Soziale Gruppen der hier gekennzeichneten Art bilden oder bildeten

---

[1] Einen Einblick in die verschiedenen Möglichkeiten, die Sonderwortschätze zu klassifizieren, vermittelt die Darstellung des Problems bei Friedrich Stroh: Handbuch der germanischen Philologie. Berlin 1952, S.334 ff., und Walter Porzig: Das Wunder der Sprache. 2. Aufl. Bern 1957, S. 212 ff.

u. a. Soldaten, Seeleute, Jäger, aber auch Verbrecher. Als geeignete Bezeichnung für diese Sonderwortschätze bietet sich das Fachwort **Gruppensprachen** an. Die Ausdrücke J a r g o n oder A r g o t meinen meist die Sondersprache der Verbrecher, die häufig auch als R o t w e l s c h (*rōt* = Bettler) bezeichnet wird;

2. Sonderwortschätze, deren Ausbildung nicht von der Zugehörigkeit zu einem bestimmten Personenkreis abhängt, sondern die von der Sache her bestimmt sind. Diese Sonderwortschätze dienen der genauen und differenzierten Bezeichnung von Gegenständen, Verhältnissen und Vorgängen auf einzelnen Sachgebieten. Ihre Ausdrücke stehen nicht als Dubletten neben entsprechenden gemeinsprachlichen Wörtern, sondern sie vertiefen, spezialisieren und erweitern den gemeinsprachlichen Wortbestand auf einem Teilgebiet. Hierher gehören die Sonderwortschätze der verschiedenen Berufe sowie der einzelnen Zweige der Technik und der Wissenschaften. Sie lassen sich alle unter dem Terminus **Fachsprachen** zusammenfassen; für die Sonderwortschätze der einzelnen Berufe ist auch der Ausdruck B e r u f s - s p r a c h e n gebräuchlich.

4. Unsere deutsche Muttersprache

§ 11   Wir haben bisher allgemein die gesellschaftliche Erscheinung Sprache und die wichtigsten Fragen behandelt, die auf alle Sprachen und ihr Verhältnis zur jeweiligen Sprachgemeinschaft in gleicher Weise Bezug haben. Im folgenden soll nun in erster Linie von unserer deutschen Muttersprache die Rede sein. Ich will zunächst, obwohl ich keineswegs die Absicht habe, spezielle Probleme der Sprachgeschichte zu untersuchen, wenigstens mit einigen groben Strichen die Stellung der deutschen Sprache unter den übrigen Sprachen der Erde umreißen.

Die Zahl der gegenwärtig auf der Erde gesprochenen Sprachen wird von verschiedenen Forschern sehr unterschiedlich angegeben, die letzten Schätzungen bewegen sich zwischen 3 000 und 4 000. Manche davon dienen nur einer kleinen Zahl von Menschen, andere wieder, wie Russisch, Englisch und Chinesisch, werden von vielen Millionen gesprochen. In dieser bunten Sprachenfülle hat die vergleichende Sprachwissenschaft in rund zweihundertjähriger Forschungsarbeit einige große Gruppen verwandter Sprachen festgestellt, die man gewöhnlich S p r a c h f a m i l i e n nennt. Alle Sprachen, die einer Sprachfamilie zugehören, werden jeweils auf eine gemeinsame Grundsprache zurückgeführt, aus der sie sich, oft im Laufe einer sehr langen Zeit, entwickelt haben, so wie etwa die romanischen Sprachen aus der lateinischen entstanden sind. Bis auf etwa hundert Einzelsprachen und Sprachgruppen, die noch nicht genügend erforscht sind oder deren Einordnung noch nicht gelungen ist, werden die Sprachen der Erde in verschiedene Sprachfamilien gegliedert, deren Zahl in unterschiedlicher Höhe angegeben wird. Neueste Schätzungen belaufen sich auf mindestens 50. Unsere Muttersprache gehört zur indoeuropäischen Sprachfamilie.

Von einer deutschen Sprache können wir jedoch erst seit etwa dem 7. Jh. u. Z. §12 sprechen. Natürlich ist sie damals nicht plötzlich entstanden, sondern sie ist das Ergebnis eines langen Entwicklungsprozesses, der bis in die Zeit zurückreicht, in der die Vorstufe des Deutschen zusammen mit den Vorstufen der übrigen mit ihm verwandten Sprachen eine Einheit gebildet haben muß. Wir dürfen diese sprachliche Gemeinsamkeit allerdings nicht so auffassen, als ob eine völlig einheitliche ide. Grundsprache bestanden hätte, wie das früher angenommen wurde. Die neueren Forschungen haben die Hypothese einer einheitlichen Grundsprache überhaupt in Frage gestellt. Man spricht heute höchstens von einer relativen Einheit, die vielleicht gar nicht als ursprünglich anzusehen ist, sondern eher aus verschiedenen älteren Sprachformen durch Ausgleich entstanden sein dürfte. Ein Anzeichen solcher alter — dialektaler — Unterschiede hat bei der Einteilung der ide. Sprachen eine Rolle gespielt, wobei es freilich umstritten ist, ob es sich um eine Erscheinung handelt, die für die Entwicklung dieser Sprachen von großer Bedeutung gewesen ist. So teilt man je nachdem, ob sich der alte palatale Gaumenverschlußlaut $\hat{k}$ in dem Zahlwort für hundert (ide. $^{+}\hat{k}\underset{\circ}{m}tóm$) erhalten oder in einen Reibelaut verwandelt hat, die ide. Sprachen in zwei große Gruppen, die Kentum- und die Satemsprachen, ein.[1] Zu den Kentumsprachen zählen vor allem die westlichen ide. Sprachen bzw. Sprachgruppen, und zwar das Griechische, das Italische (mit dem Lateinischen und seinen Tochtersprachen, den romanischen Sprachen: Italienisch, Sardisch, Französisch, Spanisch, Portugiesisch, Rumänisch, Rätoromanisch), das Keltische und das Germanische, außerdem die heute ausgestorbenen Sprachen Illyrisch (ehemals in Europa, besonders am Mittelmeer, und in Kleinasien), Tocharisch (in Ostturkestan), Hethitisch und Luvisch (beide in Kleinasien).

Zu den Satemsprachen gehören vorwiegend östliche ide. Sprachen und Sprachgruppen, und zwar das Indische, das Iranische, das Armenische, das Albanische, das Baltische (mit dem Litauischen, dem Lettischen und dem ausge-

---

[1] Dem ide. $^{+}\hat{k}\underset{\circ}{m}tóm$ entsprechen einerseits lat. *centum* (spr. kéntum), griech. *he-katón*, germ. *hund* (h entstand aus k auf Grund der ersten Lautverschiebung), air. *cēt* (spr. kēt), toch. *kānt,* andererseits aind. *śatá-,* avest. *śatem,* lit. *šiñtas,* abg. *sъto* (russ. *sto*).

storbenen Altpreußischen), das Slawische (mit den ostslawischen Sprachen: Groß-, Weiß- und Kleinrussisch oder Ukrainisch, den südslawischen: Altbulgarisch oder Kirchenslawisch und Neubulgarisch, Serbisch, Kroatisch, Slowenisch, und den westslawischen: Polnisch, Sorbisch, Tschechisch, Slowakisch und Polabisch oder Elbslawisch, das ausgestorben ist), das heute ebenfalls ausgestorbene Phrygische (in Kleinasien) und das Thrakische (auf dem Balkan).

Die Verwandtschaft der ide. Sprachen wurde auf Grund von Übereinstimmungen im Wortbestand, im Lautbestand und im grammatischen Bau festgestellt. Es folgen hier einige sogenannte Wortgleichungen, die die weitgehende Übereinstimmung zwischen den angeführten Sprachen zeigen. Dazu kommt selbstverständlich noch, daß sie auch in der Beugung der Nomina und Verba und in vielerlei syntaktischen Erscheinungen große Ähnlichkeit aufweisen.

aind.	*mātár-*	*tráyas*	*náva-*	*ásti*	*bhárami*[1]
toch.	*māčar*	*trē, tri*	*ñuwe*	—	—
griech.	*mḗtēr*	*treīs, tría*	*néos*	*estí*	*phérō*
lat.	*māter*	*trēs*	*novus*	*est*	*ferō*
got.	—	*preis*[2]	*niujis*	*ist*	*baíra*
nhd.	*Mutter*	*drei*	*neu*	*ist*	*(ge-)bäre*
engl.	*mother*	*three*	*new*	*is*	*bear*
abg.	*mati*	*trije*	*novъ*	*jestъ*	*bérǫ*
russ.	*матъ*	*три*	*новый*	*есть*	*беру*
lit.	*mótyna*	*trýs*	*naũjas*	*ẽsti*	—

Die sprachwissenschaftliche Hypothese von der ide. Grundsprache setzt auch einen Träger dieser Sprache, eine ide. ethnische Gruppe, voraus. Die Quellen, aus denen wir Kenntnisse über diese Sprachgemeinschaft schöpfen können, sind hauptsächlich vorgeschichtliche Funde und die Ergebnisse sprachwissenschaftlicher Forschung. Da aber die prähistorischen Funde nur selten sind und unsere sprachlichen Belege längst nicht weit genug zurückreichen, ist bis zum heutigen Tage über das ide. Urvolk keine Klarheit zu erzielen gewesen. Das betrifft natürlich auch die Frage nach der Urheimat der Indoeuropäer, die von manchen Forschern in Indien, von anderen in Nord- und Mitteleuropa gesucht

---

[1] Die ide. Wurzel *bher-* bedeutet 'tragen'.

[2] Hinweise zur Aussprache des Gotischen: *ei* spr. i, *ai* spr. e, *aú* spr. o, *q* spr. qu; *anlautendes h* spr. h, *h* im In- und Auslaut und in den anlautenden Verbindungen *hl-, hn-, hr-* spr. ch; *ƕ* ist ein dem Gotischen eigentümlicher Laut, spr. h + engl. w; *s* spr. ß, *z* spr. stimmhaftes s.

wurde. Es muß auch hier darauf hingewiesen werden, daß einige Vorgeschichts-forscher das Bestehen eines ide. Urvolkes überhaupt bestreiten.[1]

Andererseits haben wichtige Erkenntnisse der Indoeuropäistik ihre Gültigkeit unangefochten behalten, so daß keineswegs etwa die gesamte Konzeption dieser Wissenschaft unhaltbar geworden ist. Wir gehen also davon aus, daß es infolge der räumlichen Trennung und der Vermischung der Urindoeuropäer mit ande-ren ethnischen Gruppen im Laufe von vielen Jahrhunderten zu einer allmähli-chen Auflösung der ide. Spracheinheit kam. Man stellt sich diesen Vorgang als einen sehr differenzierten, lange andauernden, an verschiedenen Stellen mit ungleichem Tempo ablaufenden Prozeß vor. Als Ergebnis dieses Auflösungsprozesses entstanden nach und nach die ide. Sprachgruppen und Einzelsprachen.

§ 13

Die Herauslösung der gemeinsamen Vorstufe der heutigen germanischen Sprachen ist offensichtlich in den letzten beiden Jahrtausenden vor der Zeitwen-de erfolgt. Es gilt als feststehend, daß spätestens um die Mitte des letzten Jahr-tausends vor der Zeitwende sprachliche Veränderungen vollzogen waren, die es rechtfertigen, davon zu sprechen, daß gegenüber dem Urindoeuropäischen eine neue sprachliche Qualität erreicht war. Aus dem „vorgermanischen" Dialekt des Urindoeuropäischen war eine besondere, freilich keineswegs völlig einheitliche Sprachstufe entstanden, die wir das **Urgermanische** oder **Germanische** nennen. Die wichtigsten Neuerungen gegenüber dem bisherigen urindoeuropäischen Sprachzustand betreffen die Akzentverhältnisse, den Lautstand und die Flexion der Wörter. Am einschneidendsten wirkten von diesen sprachlichen Neuerun-gen die sogenannte erste oder germanische Lautverschiebung mit den Beson-derheiten, die wir als Vernersches Gesetz und grammatischen Wechsel be-zeichnen, und die Festlegung des im Indoeuropäischen frei beweglichen Wort-akzents auf die Stammsilbe. (Siehe § 123 f.)

§ 14

Dürften die im Gemeingermanischen zweifellos vorhandenen dialektalen Unterschiede vor der Zeitwende nicht sehr bedeutend gewesen sein, so erfuhren sie in den ersten Jahrhunderten unserer Zeitrechnung eine solche Vertiefung, daß man nach dem 3. Jh. nicht mehr vom Gemeingermanischen sprechen kann. Die gemeingermanische Spracheinheit löste sich in die einzelnen **germanischen Sprachen** auf. Ihre Träger waren die germanischen Stämme, die nach den Er-gebnissen der modernen Forschung folgende fünf Gruppen bildeten[2]:

---

[1] Vgl. Hugo Moser: Deutsche Sprachgeschichte der älteren Zeit. In: Deutsche Philologie im Aufriß. 2.Aufl. hrsg. von Wolfgang Stammler. Bd. I. Berlin 1957, Sp. 630 ff.

[2] Siehe Friedrich Maurer: Nordgermanen und Alemannen. 3. Aufl. Bern/München 1952.

1. Die Nordgermanen auf der Skandinavischen Halbinsel, von wo sie später auch Island besiedelten.
2. Die Ostgermanen oder Oder-Weichsel-Germanen, die sich um die Zeitwende von den Nordgermanen ablösten und zunächst die Gebiete an Oder und Weichsel besiedelten. Das sind die Goten, Wandalen und Burgunder.
3. Die Elbgermanen an der mittleren Elbe. Die wichtigsten Stämme waren die Semnonen (mit den Alemannen und Sueben), die Hermunduren, die Langobarden, die Markomannen und die Quaden.
4. Die Weser-Rhein-Germanen, das sind die späteren Franken und Hessen.
5. Die Nordseegermanen. Zu ihnen gehören die Friesen, Angeln und Sachsen.

Eine einheitliche westgermanische Gruppe und dementsprechend eine westgermanische Spracheinheit, wie man früher annahm, hat es nicht gegeben. Ebenso ist heute auch die ältere Auffassung von einer gemeinsamen „urdeutschen" Vorstufe des Hoch- und Niederdeutschen widerlegt.

§ 15 Nach der Völkerwanderung, in deren Verlauf sich die Grenzen des germanischen Siedlungsgebietes und die Wohnsitze der einzeln Stammesverbände sehr stark verschoben hatten, beginnt die eigentliche Geschichte der deutschen Sprache. Das frühe Deutsch tritt uns keineswegs als einheitliche Sprache, sondern in Form der Sprachen jener germanischen Stämme entgegen, die den Raum zwischen Nordsee und Alpen bewohnten. Das deutsche Sprachgebiet war zu Beginn des 7. Jh. u. Z. noch wesentlich kleiner als heute, es erweiterte sich jedoch in den folgenden Jahrhunderten bedeutend.

Der sprachliche Austausch, der innerhalb der einzelnen neuen Stammesgebiete und zwischen den Stammesverbänden auf Grund der wirtschaftlichen, politischen und kulturellen Bewegungen einsetzte, führte schließlich dazu, daß sich im 11. Jh. das Deutsche gegenüber den Sprachen der Nachbarvölker (Slawen, Romanen) als Ganzheit abhob. Doch war diese in sich sehr stark gegliedert. Die Aufgliederung des Deutschen in die drei großen Dialektgruppen Oberdeutsch, Mitteldeutsch (zusammen: Hochdeutsch) und Niederdeutsch und in viele einzelne Mundarten besteht bis auf den heutigen Tag im wesentlichen fort.

Für die althochdeutsche Sprachperiode (7. bis 11. Jh.) sind zahlreiche sprachliche Neuerungen gegenüber dem Germanischen charakteristisch; die wichtigsten davon sind die zweite oder ahd. Lautverschiebung und der I-Umlaut (siehe

§§ 125 u. 117). Die im 8. Jh. beginnende schriftliche Verwendung des Deutschen vollzog sich unter stärkstem Einfluß des Lateinischen, der nicht nur auf den Wortbestand, sondern auch auf den Satzbau und den Stil gewirkt hat.

Mit dem Aufblühen des Feudalismus und dem Entstehen einer weltlich- § 16 ritterlichen Kultur zu Beginn des hohen Mittelalters traten im letzten Drittel des 12. Jh. Bestrebungen zur Schaffung einer gemeindeutschen Literatursprache auf, die in der Kunstsprache des höfischen Epos und des Minnesangs ihre Verwirklichung fanden. Diese kultivierte Literatursprache entsprach zwar dem verfeinerten Formwillen einer dünnen Schicht der herrschenden feudalen Klasse, sie hatte sich aber losgelöst von der volkstümlichen Rede und lebte nur in den Dichtungen jener Zeit. Sie war keineswegs eine Gemeinsprache im vollen Wortsinn, und der Verfall des Rittertums und der ritterlichen Kultur hatte zwangsläufig auch den Untergang der sog. mittelhochdeutschen Dichtersprache zur Folge.

Unter den sprachlichen Neuerungen der **mittelhochdeutschen Sprachperiode** (1050-1350) sind die wichtigsten die Vokalschwächung in unbetonten Silben und die Fortführung und Ausweitung des I-Umlautes. (Siehe §§ 121 u. 117)

Etwa zwischen 1350 und 1650 vollzog sich der Übergang vom Mittelhoch- § 17 deutschen zum **Neuhochdeutschen.** Diese frühneuhochdeutsche Sprachperiode ist ebenfalls durch eine Reihe sprachlicher Neuerungen gekennzeichnet, von denen die Diphthongierung von *î, û, iu > ei, au, eu (äu)*, die Monophthongierung von *ie, uo, üe > ī, ū, ǖ*, die Vokalkürzung und Vokaldehnung und die Vokalausstoßung in Mittel- und Endsilben am wichtigsten sind. (Siehe § 119 ff.)

Seit dem 13. Jh. setzte sich das Deutsche als die Geschäftssprache der Kanzleien der großen Städte durch und verdrängte auch das Latein in der kaiserlichen und den fürstlichen Kanzleien. Mit der Entwicklung des Fernhandels und des Kaufmannskapitals entstand in Deutschland wie in den übrigen europäischen Ländern das Bedürfnis nach sprachlicher Vereinheitlichung. So ließ das ökonomische und politische Bedürfnis aus und über den verschiedenen „Kanzleisprachen" in den Haupthandelsgebieten Deutschlands zwischen dem 13. und 15. Jh. vier große überlandschaftliche Verkehrs- und Schriftsprachen (*Mittelniederländisch, Mittelniederdeutsch, Ostmitteldeutsch* und *Gemeines Deutsch*[1]) wachsen, die zunächst nebeneinander bestanden, ohne daß es einer von ihnen gelungen wäre, das Hemmnis der feudalen Zersplitterung zu überwinden und sich im ganzen deutschen Sprachgebiet durchzusetzen. Daran konnte auch die Erfindung des Buchdrucks nichts Wesentliches ändern, obwohl die Drucker naturgemäß an der sprachlichen Vereinheitlichung ein großes Interesse hatten.

---

[1] Im Südosten und Süden des deutschen Sprachgebietes.

Die Bestrebungen um die Schaffung einer deutschen Gemeinsprache erfuhren eine bedeutende Verstärkung durch die sozialen und nationalen Strömungen, die in der Reformation ihren ideologischen Ausdruck fanden. An der Spitze dieser großen Volksbewegung stand ein Mann, der, ohne es zunächst zu beabsichtigen, einen bedeutenden Beitrag zur Herausbildung der deutschen Literatursprache geleistet hat, indem er seine Sprachform, das Lutherdeutsch, durch seine Bibelübersetzung und seine Schriften über weite Gebiete Deutschlands verbreitete. Martin Luther gründete seine sprachliche Leistung auf das *Meißnische*, die Verkehrssprache seiner Heimat, deren Wortschatz und lautliche Eigentümlichkeiten er gebrauchte und weitgehend bewahrte. In Schreibweise und Morphologie schloß er sich in der Hauptsache der kursächsischen Kanzlei an. Indem er im Laufe der Zeit auch Besonderheiten der kaiserlichen Kanzlei übernahm, förderte er den Ausgleich zwischen dem Mittel- und Oberdeutschen.

Die *Ostmitteldeutsche Verkehrssprache*, die dem Meißnischen Kanzleideutsch zugrunde lag, war vermöge ihrer Geschichte vor allen anderen überlandschaftlichen Schriftsprachen als Grundlage für die das ganze deutsche Sprachgebiet einigende Gemeinsprache geeignet. 250 Jahre sprachlicher Entwicklung und ständigen Kampfes zwischen den einzelnen schriftsprachlichen Formen des Deutschen, besonders aber zwischen dem *Ostmitteldeutschen* und dem *Gemeinen Deutsch*, führten zur Herausbildung der nhd. Schriftsprache ostmitteldeutscher Prägung und ihrem endgültigen Sieg in ganz Deutschland.

Zu dieser Entwicklung haben auch die Sprachgesellschaften mit ihrem Kampf gegen die Vorherrschaft des Lateinischen und Französischen und die deutschen Grammatiker des 17. und 18. Jh. mit der Formulierung der Regeln der nhd. Schriftsprache und ihrer Rechtschreibung beigetragen. Von besonderer Bedeutung war es, daß die literarischen Wortführer des erstarkenden Bürgertums, die Dichter und Schriftsteller der Aufklärung und der Klassik, die nhd. Schriftsprache gebrauchten und ausbauten. In den Werken der deutschen Nationalliteratur, die im Kampf um den gesellschaftlichen Fortschritt und die politische und kulturelle Einigung der deutschen Nation entstand, entfaltete die nhd. Schriftsprache ihre volle Kraft und wurde zur Sprache der deutschen Nation.

§ 18 Das ist in großen Zügen eine knappe Übersicht über die wichtigsten Etappen der Geschichte unserer deutschen Sprache bis zur Mitte unseres Jahrhunderts.[1] Dieser geschichtliche Ablauf ist aber keineswegs ein Vorgang, der isoliert und

---

[1] Eine ausführliche Darstellung gibt die von einem Autorenkollektiv unter meiner Leitung verfaßte *Geschichte der deutschen Sprache*. Mit Texten und Übersetzungshilfen. 2. Aufl. Berlin 1976.

ausschließlich nach eigenen inneren Gesetzen erfolgt ist, sondern neben den inneren Entwicklungsgesetzen der Sprache hat darin auch die Geschichte des Sprachträgers ihren Niederschlag gefunden. Unsere Muttersprache ist wie jede andere Sprache direkt und unlöslich mit der gesellschaftlichen Entwicklung ihres Trägers verbunden, und die Veränderungen und Fortschritte auf allen Gebieten seines gesellschaftlichen Lebens finden ihren unmittelbaren Niederschlag in der deutschen Sprache. Wir sehen in unserer Sprache nicht nur das Mittel des Verkehrs, des Gedankenaustausches und der Verständigung innerhalb der Gesellschaft, sondern sie ist uns auch ein kostbarer Schatz, in dem das Erbe unserer nationalen Vergangenheit, die Ergebnisse und Erfahrungen des Lebens und der Arbeit unzähliger Sprachgenossen aus vielen Jahrhunderten, beschlossen liegen. So wie die Schöpfungen unserer nationalen Kultur, die ethnischen Eigenheiten, die Sitten, Gebräuche, Lebensgewohnheiten unseres Volkes das Ergebnis seiner historischen Lebensbedingungen sind, so ist auch die deutsche Sprache durch diese Faktoren bestimmt worden.

Dieses Verhältnis zwischen dem Leben der Gesellschaft und der Sprache besteht natürlich auch in der Gegenwart fort. Das bedeutet, daß sich die durch die gesellschaftliche Entwicklung bedingten entscheidenden Veränderungen, die sich nach dem zweiten Weltkrieg in den beiden deutschen Staaten vollzogen haben, auch auf die deutsche Sprache der Gegenwart ausgewirkt haben. Das Wiedererstarken der imperialistischen Kräfte in der monopolkapitalistischen westdeutschen Bundesrepublik auf der einen Seite und die Schaffung des sozialistischen deutschen Arbeiter-und-Bauern-Staates, in dem heute die entwickelte sozialistische Gesellschaft aufgebaut wird, auf der anderen Seite hatten zur Folge, daß die deutsche Sprache in der Gegenwart in der Deutschen Demokratischen Republik und in der BRD Differenzierungserscheinungen, besonders im Wortbestand, bei den Wortbedeutungen[1] und im System der gesellschaftlich anerkannten Stilnormen, aufweist. Die deutsche Sprache der Gegenwart, wie sie in dem sozialistischen deutschen Nationalstaat als das Mittel der gesellschaftlichen Kommunikation und der Leitung gesellschaftlicher Prozesse gebraucht wird, unterscheidet sich bereits deutlich von dem manipulierten Deutsch der monopolkapitalistischen Gesellschaft in der BRD. Es gilt also heute für uns, die neuen Züge unserer Sprache, die sie als das Kommunikationsmittel der sozialistischen Gesellschaft in der DDR entwickelt hat und weiterhin entwickelt, als Ausdruck der Wechselwirkung von Sprache und Gesellschaft richtig einzuschätzen.

§ 19

---

[1] Siehe W i l h e l m S c h m i d t : Zur Ideologiegebundenheit der politischen Lexik. Zeitschrift für Phonetik, Sprachwissenschaft und Kommunikationsforschung 22 (1969), S. 255 ff.; d e r s .: Die Sprache als Instrument der Leitung gesellschaftlicher Prozesse. „Deutschunterricht" 22 (1969), S. 567 ff.

Wer sich darüber klargeworden ist, daß unsere Sprache das Mittel ist, mit dessen Hilfe wir unsere Arbeit planvoll und erfolgreich gestalten, unseren Beitrag zum weiteren Aufbau des Sozialismus leisten und unser eigenes und das Leben unseres Volkes schöner und reicher machen, der wird auch keine Mühe scheuen, sie gründlich kennen und sinnvoll gebrauchen zu lernen, der wird sich bemühen, in ihr Wesen einzudringen, ihre Schönheit zu erfassen und sie möglichst vollendet zu meistern. Nur so kann es ihm auch gelingen, alle seine Kräfte, seine ganze Persönlichkeit zu entfalten zum eigenen Nutzen und zum Wohle unseres Staates.

II. Das Wort als lexikalische Grundeinheit

1. Wortgestalt und Wortinhalt

Jede Sprache verfügt über einen größeren oder geringeren Vorrat an Wörtern; §20
alle Wörter, die es in einer Sprache gibt, bilden ihren Wortbestand. Aber der
Wortbestand macht noch nicht die Sprache aus. Sprache tritt in der Wirklichkeit
nicht in Gestalt vereinzelter Wörter auf, sondern, mit Ausnahme von sog. Ein-
wortsätzen (Feuer! Einverstanden! Wirklich?), immer in größeren Redeeinheiten,
in Sätzen, die nach den Regeln der Grammatik aus Wörtern zusammengefügt
sind. Das Einzelwort, so wie es im Wörterbuch vorkommt, ist eigentlich eine Art
künstlichen Präparats, das zum Zwecke der wissenschaftlichen Betrachtung aus
dem lebendigen Redezusammenhang isoliert wird. In der Sprachwirklichkeit
stoßen wir auf das Wort als einen Teil der Rede, und zwar ist es der kleinste selbständige, als Einheit aufgefaßte Redeteil, die kleinste selbständige
sprachliche Einheit aus Lautkomplex und Bedeutung oder, wie man einfacher
sagen kann, der kleinste selbständige sprachliche Bedeutungsträger. Die Lautkomplexe b-a-u-m oder l-e-r-n-e-n sind also insofern Wörter, als
wir sie aus dem Zusammenhang der lebendigen Rede deutlich als Einheiten
isolieren können, die selbständig eine bestimmte Bedeutung tragen.

Um die Konturen des Begriffes **Wort** etwas schärfer zu umreißen, ist es erfor- §21
derlich, das Wort sowohl nach oben als auch nach unten, also gegen die nächst-
höheren und die nächstniederen sprachlichen Einheiten abzugrenzen. Es war
schon davon die Rede, daß das Wort aus der höheren sprachlichen Einheit, dem
Satz, ausgegliedert werden kann. Zwischen dem Einzelwort und dem Satz
stehen jedoch noch andere sprachliche Einheiten, die kleiner als der Satz, aber
größer als das Einzelwort sind. Wir unterscheiden Syntagmen und Wortgruppen im Satz (z. B. Artikel + Adjektiv + Substantiv: *der große Hörsaal*;
Substantiv mit Vergleichswort: *wie ein Zaunkönig*) und die sog. erstarrten
Wortverbindungen, die ihrer Struktur nach zwar aus zwei oder mehreren
Wörtern bestehen, aber jeweils eine unlösliche Bedeutungseinheit bilden (z. B.
linker Hand, Bilanz ziehen).

Kleinere sprachliche Einheiten als die Wörter sind die sog. Morpheme. Das
können Lautgruppen oder auch einzelne Laute sein. Morpheme sind die

45

kleinsten sprachlichen Einheiten, die eine Bedeutung tragen. Wenn wir diese Definition mit der des Wortes vergleichen, stellen wir folgenden Unterschied fest: Die Morpheme sind zwar ebenfalls Bedeutungträger, sie treten jedoch in der Rede nicht als selbständige Bezeichnungen von Gegenständen und Erscheinungen der Wirklichkeit auf, sondern nur als Bestandteile, als Bildungselemente von Wörtern und Wortformen. Wir unterscheiden je nach der Rolle, die sie bei der Konstituierung der Wörter und Wortformen spielen, folgende Arten von Morphemen: Stamm-, Wortbildungs- und grammatische Morpheme. So ist z. B. in der flektierten Wortform *(des) Fisch-er-s fisch-* Stammorphem, *-er-* Wortbildungsmorphem und *-s* grammatisches Morphem. Abgesehen davon, daß manche Wörter nur aus einem Stammorphem bestehen, d. h., daß manche Stammorpheme in der Funktion von Wörtern auftreten können (z. B. *Fisch, Tal, Berg, Halt* usw.), unterscheiden sich die Morpheme von den Wörtern also dadurch, daß sie nur als unselbständige Bestandteile von Wörtern vorkommen.

§ 22   Um das Funktionieren der Sprache zu verstehen, müssen wir uns vergegenwärtigen, daß alle sprachlichen Mittel und Einheiten zwei Seiten ihres Wesens zeigen. Die eine, die äußere, ist gegeben in ihrer materiellen Existenz, dem artikulatorisch-akustischen Komplex, dem Lautkörper, die zweite, innere, besteht in ihrem Inhalt, in der Bedeutung, die sie haben.

Für das Verständnis des Wesens der Wortbedeutung ist die Erkenntnis wichtig, daß die Wörter als sprachliche Zeichen für die Gegenstände und Erscheinungen der objektiven Realität gebraucht werden (siehe § 27 ff.). Die Wörter haben als sprachliche Zeichen in der Regel zwei Funktionen. Einmal weisen sie auf Einzelwesen und -erscheinungen hin, d. h., sie bezeichnen, benennen die Gegenstände und Erscheinungen der Wirklichkeit, und zum anderen dienen sie zum Ausdruck unserer Begriffe (und Vorstellungen) von diesen Dingen. Die Herausbildung dieses Sachverhaltes hat man sich so vorzustellen, daß zunächst ein Ding (im weitesten Sinne) mit einem bestimmten Lautkomplex verknüpft wird, der dadurch zu seinem Namen wird. Ding und Lautkomplex hängen fortan in der Weise miteinander zusammen, daß uns das Auftreten des Dinges den Lautkomplex ins Gedächtnis ruft und umgekehrt der Lautkomplex in unserem Bewußtsein eine Widerspiegelung des Dinges entstehen läßt. Diesen Bewußtseinsinhalt nennen wir die Bedeutung des Wortes.

Der Lautkomplex *Apfel* zum Beispiel ruft in uns jedoch nicht ein konkretanschauliches Bild hervor, das die individuellen Merkmale eines bestimmten Apfels enthält (hell- oder dunkelrote, gelbe oder grüne Farbe, glatte oder runzelige Haut, süßer oder saurer Geschmack usw.), so wie es bei der Wahrnehmung

46

und mit gewisser Abschwächung auch bei der Vorstellung der Fall ist, sondern er läßt ein verallgemeinertes Abbild entstehen, das nur die wesentlichen Merkmale widerspiegelt. Diese begrifflichen Bilder von den Dingen und Erscheinungen sind die konstitutiven Elemente der Wortbedeutungen. Wortbedeutung und Lautkomplex bilden zusammen das sprachliche Zeichen, das Wort.

Der begriffliche Inhalt eines Wortes ist an seine Morpheme gebunden. Die Morpheme verfügen zwar nicht über die Fähigkeit zu bezeichnen, sie können nicht selbständig als Benennung bestimmter Gegenstände und Erscheinungen auftreten, sie haben aber, wie schon erwähnt, eine Bedeutung, sie fungieren als Träger von Begriffen. Das Stammorphem *blum*[1] trägt den Begriff einer bestimmten Pflanzenart, ohne jedoch etwas darüber auszusagen, in welcher Erscheinungsform dieser Begriff in der Wirklichkeit realisiert ist. Die Wortbildungsmorpheme, die mit den Stammorphemen zusammen Wörter bilden, fügen ihnen jeweils ein weiteres begriffliches Element hinzu. Bei dem Hinzutreten des Wortbildungsmorphems *-e* an das Stammorphem *blum-* verbindet sich die dingliche oder stoffliche Bedeutung, die Sachbedeutung, des Stammorphems mit der Ableitungsbedeutung des Wortbildungsmorphems zur lexikalischen Bedeutung der Gegenstandsbezeichnung *Blume;* durch die Verbindung des Stammorphems *blum-* mit dem Wortbildungsmorphem *-ig* entsteht die Eigenschaftsbezeichnung *blumig,* indem der Begriffsinhalt des Stammorphems[2] durch das Wortbildungsmorphem in die Eigenschaftsqualität transponiert wird.

Der Unterschied zwischen Morphemen und Wörtern hinsichtlich ihrer Bedeutungsfunktion besteht also in folgendem: Die Morpheme sind Begriffsträger. Die begrifflichen Inhalte der Morpheme, die den Wörtern zugrunde liegen, werden im Sprechakt auf Gegenstände und Erscheinungen der Wirklichkeit bezogen und dabei auf verschiedene Weise, in Form der verschiedenen Wortarten, konkretisiert *(Blume, blumig, geblümt, unverblümt; Blumenbeet, Blumengärtner).*

Von hier aus kann auch die Frage nach dem Verhältnis von Lautgestalt und Bedeutung der Wörter geklärt werden. Besteht zwischen diesen beiden Seiten des Wortes ein natürlicher, notwendiger Zusammenhang der Art, daß die Bedeutung des Wortes aus seiner Lautgestalt, aus der Natur der

§ 23

---

[1] Man muß freilich beachten, daß die Herauslösung solcher Wortstämme das Ergebnis wissenschaftlicher Analyse ist und keiner unmittelbaren sprachlichen Realität entspricht. Ebenso kann man den Grundbegriff, den wir für einen Stamm ansetzen, nicht als etwas wirklich Gegebenes, sondern nur als eine Potenz betrachten.

[2] Die Stammorpheme werden mitunter terminologisch als S e m e m e oder S e m a n t e m e (griech. *sēma* = Zeichen) von den wort- und formbildenden Morphemen unterschieden.

47

einzelnen Laute organisch hervorgeht? Besteht also ein innerer, naturgegebener Zusammenhang zwischen bestimmten Lauten und einer bestimmten Bedeutung, so daß etwa der Laut *U* die Vorstellung der Stille und Unbewegtheit oder das Gefühl der Trauer hervorruft oder daß mit dem Anlaut *fl-* die Vorstellung einer raschen, schnellen und unregelmäßigen Bewegung (vgl. *flattern, flimmern, flitzen* u. ä.) von Natur aus verbunden ist?

Solche Ansichten sind keineswegs neu, sie finden sich bereits im Altertum. So lehrten schon die Stoiker[1], die Dinge seien ihrer N a t u r, ihrem W e s e n gemäß benannt, und in dem Platonischen Dialog *Kratylos* ist zu lesen, daß die Wörter, die eine Bewegung ausdrücken, immer ein *R* enthalten (z. B. *rheīn* = fließen), während beispielsweise der Laut *L* immer etwas Glattes oder Weiches bezeichne (z. B. *leíos* = glatt). Einer derartigen Auffassung des Verhältnisses von Lautgestalt und Bedeutung steht jedoch sehr vieles entgegen. Zunächst können wir tausendfach die Feststellung machen, daß Sprachen ein und derselben Sprachfamilie, zum Beispiel der indoeuropäischen, bestimmte Gegenstände und Erscheinungen der Wirklichkeit mit ganz verschiedenen Lautkomplexen bezeichnen (vgl. dt. *Baum* — engl. *tree* — lat. *arbor* — russ. *дерево* — tschech. *strom*). Ja, es gibt sogar in jeder Sprache für ein und dieselbe Sache Wörter von ganz unterschiedlicher Lautgestalt (vgl. dt. *Treppe* — *Stiege, Junge* — *Bub, fegen* — *kehren, anfangen* — *beginnen*), während andererseits bestimmte Lautkomplexe ganz verschiedene Bedeutungen haben können (vgl. *wāgen:* (der) Wagen — (die) Waagen — wagen (Verb); *mōr:* (der) Mohr — (das) Moor; *steuer:* (die) Steuer — (das) Steuer; *tūn:* hd. = machen — nd. = Zaun).

Wenn tatsächlich ein natürlicher Zusammenhang zwischen den Eigenschaften der Dinge und den Lauten der Sprache bestände, müßten aber die Bezeichnungen für ein und dieselbe Sache überall gleich sein, d. h., es könnte in einer Sprache für ein und dieselbe Sache nicht verschiedene Bezeichnungen geben, ja es könnte auf der Erde überhaupt nur eine einzige Sprache geben, zumal auch der Lautwandel, der im Laufe der Zeit zu starken sprachlichen Veränderungen führt, ausgeschlossen wäre. D a s V e r h ä l t n i s v o n L a u t k ö r p e r u n d B e d e u t u n g i s t a l s o n i c h t n a t u r g e g e b e n u n d z w a n g s l ä u f i g, s o n d e r n u n m o t i v i e r t, z u f ä l l i g, a u f g e s e l l s c h a f t l i c h e K o n v e n t i o n g e g r ü n d e t. Freilich wird die Einheit von Lautgestalt und Bedeutung der Wörter durch die gesellschaftliche Übereinkunft für die einzelnen Mitglieder der Sprachgemeinschaft fest und verbindlich; sie kann von ihnen nicht mehr beliebig geändert werden.

---

[1] Anhänger einer philosophischen Richtung im alten Griechenland; ihr Begründer war Z e n o n aus Kition (um 336-264 v. u. Z.).

48

Allerdings gilt das Prinzip der Unmotiviertheit des Verhältnisses von Lautkörper und Bedeutung nicht ausschließlich. Uneingeschränkte Geltung hat es
nur für die Morpheme. So haben zum Beispiel die Wörter *Weisheit, menschlich,
Arbeitslohn, fünfundzwanzig* zwar alle selbständige Bedeutungen, diese sind
jedoch etymologisch bestimmt durch die Bedeutungen ihrer einzelnen
Bestandteile, ihrer Morpheme *(Weis-heit, mensch-lich, Arbeit-s-lohn, fünf-und-
zwan-zig),* sie bedeuten also: 'die Eigenschaft *(-heit)* des Weiseseins; von der
Gestalt, Art und Weise *(-lich)* eines Menschen; Lohn der Arbeit; fünf und zweimal zehn'. Wir sprechen deshalb von einer **Motiviertheit** oder Motivation der
Bedeutung, was besagt, daß die Bedeutung der Wörter in der Bedeutung ihrer
Morpheme begründet ist. Eine Motivation der Bedeutung liegt aber nicht nur bei
allen Sekundärstammwörtern (Zusammensetzungen und Ableitungen) vor,
sondern auch bei all denen, die heute als Primärstammwörter[1] gelten, ohne es
vom historischen Standpunkt zu sein, ferner bei Wörtern mit übertragener Bedeutung. So ist beispielsweise auch die Bedeutung des Wortes *Brot* durch die
Morpheme motiviert, aus denen es besteht. Es ist nämlich eine *to*-Ableitung zu
der ide. Verbalwurzel *+bh(e)reu-* 'wallen, gären', die auch in nhd. *brauen* vorliegt; die etymologisch motivierte Bedeutung ist also 'aus Sauerteig Hergestell-
tes'. Die Bedeutung des Grundwortes der Zusammensetzung *Gebirgskamm* ist
durch die wörtliche Bedeutung des Wortes *Kamm* motiviert.

§ 24

Einen Sonderfall hinsichtlich des Verhältnisses von Lautgestalt und Bedeutung stellen die Wörter dar, die auf **Lautnachahmung** beruhen (z. B. *Glucke,
Hummel, Kiebitz, blöken, klirren, knistern, lispeln, piepsen, schnarchen, zwitschern* usw.). Bei ihnen besteht tatsächlich ein natürlicher, organischer
Zusammenhang zwischen der Lautgestalt und der Bedeutung.

§ 25

Die **Lautsymbolik** jedoch, die mitunter in poetischen Texten eine Rolle spielt,
ist nicht im Wesen der Sprache begründet, sondern sie wurde erst in sie hinein-
gelegt. Die Lautsymbolik beruht auf der weitverbreiteten Meinung, daß bestimmte Laute sinnbildlich bestimmte Bedeutungen vertreten können. Sie besitzt
in unserem Sprachgebrauch eine gewisse Realität, indem beispielsweise in lyri-
schen Dichtungen zur Erzielung bestimmter Wirkungen vorzugsweise Wörter
mit ganz bestimmten Lauten verwendet werden; ein ursprünglicher, wesenhaf-
ter Zusammenhang zwischen diesen Lauten und ihrer Wirkung besteht jedoch,
abgesehen von den lautmalenden Ausdrücken, nicht.[2]

---

[1] Über Primär- und Sekundärstammwörter siehe S. 26.

[2] So könnten in einem deutschen Gedicht Wörter mit *U* in der Absicht gehäuft werden, den Eindruck der Ruhe und Unbewegtheit zum Ausdruck zu bringen, aber schon das Synonym *Stille* und viele entsprechende Bezeichnungen anderer,
verwandter Sprachen weisen dieses *U* nicht auf: vgl. engl. *quiet, calm, stillness;* franz. *silence;* it. *silenzio;* russ. *тишина;*
tschech. *ticho, tichost.*

49

§ 26   Anders als um das Verhältnis von Lautgestalt und Bedeutung steht es freilich um die Beziehung zwischen der Wortbedeutung und der objektiven Realität. Wir definieren die Wortbedeutung als die mit einem Lautkomplex traditionell verbundene Widerspiegelung eines Gegenstandes, einer Erscheinung oder einer Beziehung der objektiven Realität in unserem Bewußtsein (siehe § 27). Die Wortbedeutungen, die Abbilder der objektiven Realität, sind von dieser unmittelbar abhängig.[1] Zwischen der objektiven Realität und der Wortbedeutung besteht ein direkter und ursächlicher Zusammenhang.

Dabei weist die Beziehung zwischen den Objekten und den Wörtern folgende Eigenart auf: Ein Wort bezeichnet nicht nur ein ganz bestimmtes Einzelobjekt, sondern es ist dazu bestimmt, Elemente einer Klasse zu bezeichnen. *Linde* ist nicht nur die Bezeichnung für einen ganz konkreten Baum, sondern das Wort gilt für jeden beliebigen Baum dieser Klasse. Es kommt nicht auf eine bestimmte Stärke und Höhe des Stammes, auf eine bestimmte Zahl der Äste, Zweige und Blätter usw. an, um einen Baum als Linde bezeichnen zu können. Die Wörter besitzen verallgemeinernden Charakter; indem wir sie, auf die zahllosen Einzelexemplare der verschiedenen Klassen von Gegenständen, Erscheinungen und Beziehungen anwenden, lassen wir die unwesentlichen und variablen Eigenschaften der konkreten Einzelobjekte jeweils außer Betracht.

2. Die Arten der Wortbedeutung

§ 27   Die Feststellung, ein Lautkomplex (ein Wort) habe eine Bedeutung, besagt, daß er imstande ist, in unserem Bewußtsein ein Abbild, eine Widerspiegelung der Wirklichkeit hervorzurufen, oder — nach den Worten des Physiologen I. P. Pawlow[2] — „als zweites Signal der Wirklichkeit" zu fungieren. Wir definieren also die Bedeutung eines Wortes als die mit einem Lautkomplex

---

[1] Allerdings sind die Wortbedeutungen keine photographischen Abbilder der objektiven Realität, sondern sie sind auf Grund der Subjekt-Objekt-Dialektik des Widerspiegelungsprozesses jeweils auch durch die konkreten Beziehungen der widerspiegelnden Subjekte zu den widergespiegelten Objekten, durch deren Interessen und Bedürfnisse, Erkenntnismöglichkeiten und -schranken mitbestimmt. Damit wird es auch möglich, daß es Wörter gibt, deren Bedeutungen die objektive Realität unrichtig und verzerrt widerspiegeln (vgl. *Marsbewohner, Donnergott* usw.).

[2] Der Lehre P a w l o w s von den bedingten Reflexen und dem zweiten Signalsystem verdanken wir den Beweis für die materialistische Lehre vom Bewußtsein als dem Produkt der hochorganisierten Materie (des Gehirns). P a w l o w hat nachgewiesen, daß der höchsten Nerventätigkeit der Tiere und des Menschen bedingte Reflexe zugrunde liegen, die in der Großhirnrinde entstehen. Die bedingt-reflektorische Tätigkeit des Gehirns der Tiere und Menschen nannte er Signaltätigkeit. Auf der Grundlage des ersten Signalsystems, das der Mensch mit den höher entwickelten Tieren gemeinsam besitzt und mit dessen Hilfe sich die höheren Lebewesen in der Umwelt orientieren, hat sich beim Menschen das zweite Signalsystem, die Lautsprache, entwickelt. „Aber das Wort bildet das zweite, speziell unser Signalsystem der Wirklichkeit, indem es das Signal der ersten Signale ist." (Pawlow).

traditionell verbundene Widerspiegelung eines Gegenstandes, einer Erscheinung oder einer Beziehung der Wirklichkeit im Bewußtsein der Angehörigen einer Sprachgemeinschaft.

Das Verhältnis der beiden Wesenskomponenten des Wortes – Lautkörper und Bedeutung – zueinander ist folgendes: Das W o r t ist nicht einfach die arithmetische Summe aus Lautkörper und Bedeutung, sondern ein organisches Ganzes, eine s t r u k t u r e l l e E i n h e i t v o n L a u t k ö r p e r u n d B e d e u - t u n g. Die Bedeutung ist sein Inhalt, seine innere Seite, und der Lautkörper ist seine äußere, seine materielle Hülle. Der Bedeutungsinhalt eines Wortes ist etwas recht Kompliziertes. Man spricht deshalb von dem B e d e u t u n g s g e f ü g e eines Wortes und meint damit die wechselseitige Verzahnung der verschiedenen Elemente der Wortbedeutung, durch die das Bewußtseinsphänomen bestimmt wird, das mit dem Lautkomplex verbunden ist.

Die Wortlehre beschäftigt sich in erster Linie mit der lexikalischen Bedeutung des Wortes. Die **lexikalische Bedeutung** eines Wortes wird von dem Stammmorphem und (bei abgeleiteten Wörtern) von den Wortbildungsmorphemen getragen, z. B. *Fisch-er, Blum-e, spar-sam, freund-lich*. Wir haben schon gesehen, daß die Morpheme als Begriffsträger fungieren und daß die Begriffe als Kern der Wortbedeutungen erscheinen. Und zwar bestimmt der Begriff, der vom Stammmorphem getragen wird, die s t o f f l i c h e, d i n g l i c h e oder S a c h b e d e u - t u n g des Wortes, während die Begriffselemente, die mit den Wortbildungsmorphemen hinzukommen und den Begriff des Stammorphems modifizieren, die D e r i v a t i o n s - oder A b l e i t u n g s b e d e u t u n g konstituieren. Sachbedeutung und Ableitungsbedeutung zusammen ergeben die l e x i k a l i s c h e B e d e u t u n g eines Wortes.[1] Diese kann aus folgenden drei K o m p o n e n t e n bestehen:

§ 28

1. Vorstellungs- und B e g r i f f s g e h a l t
2. Nebensinn
3. Gefühlswert oder Stimmungsgehalt[2]

Zu 1: Die Wörter können als „zweite Signale der Wirklichkeit" sowohl Vorstellungen als auch Begriffe tragen.

Die V o r s t e l l u n g ist ein subjektives Bild der objektiven Realität, das zwar nicht die Unmittelbarkeit und Vollständigkeit der Wahrnehmung aufweist, im

---

[1] Vgl. A. A. R e f o r m a t s k i : Einführung in die Sprachwissenschaft. Moskau 1955, S. 197 f. (russisch).
[2] Dieses Bedeutungsmodell geht auf Karl-Otto E r d m a n n (Die Bedeutung des Wortes. 4. Aufl. Leipzig 1925) zurück.

wesentlichen aber doch die sinnlich wahrgenommenen Formen des Gegenstandes beibehält.

Die Vorstellungen als die sinnlichen Abbilder der Wirklichkeit können sowohl ohne als auch mit Hilfe der Wörter, der „zweiten Signale der Wirklichkeit", zustande kommen.[1] Anders verhält es sich mit der Entstehung der Begriffe, die Widerspiegelungen der objektiven Realität auf höherer Ebene sind. Mit Hilfe des abstrakten Denkens, das sich in Begriffen vollzieht, schreitet der Mensch von der sinnlichen Widerspiegelung der Wirklichkeit, also von der Widerspiegelung der Erscheinungen, zu der Widerspiegelung ihres Wesens, das heißt ihrer inneren Gesetzmäßigkeiten, fort. Dieses Fortschreiten ist der sprunghafte Übergang von der unmittelbaren und äußeren, der sinnlichen Erkenntnis zur allgemeinen und inneren, der logischen Erkenntnis der Wirklichkeit. Die Begriffe unterscheiden sich von den Vorstellungen auch dadurch, daß sie nur mit Hilfe der verallgemeinernden Wirkung der Wörter zustande kommen können. Das abstrakte Denken ist nur mit Hilfe des zweiten Signalsystems möglich.

Die Lautkomplexe als Träger der Bedeutung, die Wörter, rufen also in uns Vorstellungen von den Gegenständen und Erscheinungen der Wirklichkeit hervor, indem sie uns ihre äußeren Eigenschaften signalisieren, und sie fungieren als Träger von Begriffen, indem sie allgemeine und wesentliche Merkmale der Gegenstände und Erscheinungen der Wirklichkeit ausdrücken. Die lexikalische Wortbedeutung umfaßt daher sowohl die Vorstellung als auch den Begriff von einem Gegenstand, die zwei (durch den Grad der Abstraktion) qualitativ verschiedene Formen der Widerspiegelung der Wirklichkeit sind. Vorstellung und Begriff sind weder in der Denktätigkeit des Menschen noch in der Bedeutung des Wortes voneinander zu trennen, sie sind unlöslich miteinander verbundene Elemente der Wortbedeutung.

Allerdings ist hier die Feststellung notwendig, daß die Vorstellungskomponente der Wortbedeutung nicht wesensbestimmend ist. Die Vorstellung an sich gehört noch dem ersten Signalsystem an (siehe oben) und ist auch manchen Tieren eigen; sie allein ist also noch nicht sprachschöpferisch. Das Wesensmerkmal der Wortbedeutung besteht darin, daß sie als begriffliche Abstraktion geprägt ist.

Aber auch hinsichtlich des Begriffsgehalts der Wortbedeutung muß eine einschränkende Bemerkung gemacht werden. Die Wortbedeutung enthält in der Regel keineswegs die Gesamtheit der allgemeinen und wesentlichen, der invarianten Merkmale einer bestimmten Klasse von Gegenständen in der gan-

---

[1] Allerdings unterscheiden sich die Bewußtseinsinhalte, die durch Lautkomplexe hervorgerufen werden, von jenen, die unmittelbar auf die sinnliche Wahrnehmung und damit auf die „ersten Signale der Wirklichkeit" (Pawlow) zurückgehen, durch geringere Anschaulichkeit und größere Allgemeinheit.

zen Komplexität der Zusammenhänge und Beziehungen dieser Merkmale untereinander, so wie sie sich uns, dem jeweils neuesten Stand der Wissenschaft entsprechend, darstellen. Das heißt einfacher ausgedrückt: Wenn wir davon sprechen, daß die Wörter als Träger von Begriffen fungieren, dann sind damit nicht Begriffe im streng logischen Sinn gemeint, sondern eine Art von Popularbegriffen, die nicht als Ergebnisse komplizierter und zielgerichteter Urteilsprozesse anzusehen sind und nicht selten an zufällige Merkmale anknüpfen.[1] Es gibt zwar eine Klasse von Wörtern, deren Bedeutungen mit logischen Begriffen in dem oben gekennzeichneten Sinn zusammenfallen, das sind die wissenschaftlichen Fachausdrücke oder Termini, doch bilden diese im Verhältnis zum Gesamtwortbestand nur eine kleine Gruppe.

Nun sind aber weder die Vorstellung noch der Begriff von einem Gegenstand oder einer Erscheinung der Wirklichkeit bei allen Sprachgenossen zu einem gegebenen Zeitpunkt gleich. Vorstellung und Begriff sind subjektive Abbilder der Wirklichkeit, abhängig von vielen individuellen Besonderheiten: der Erfahrung, dem Alter, der wissenschaftlichen Bildung u. a. Das heißt also, daß sich der Bedeutungsinhalt der Wörter bei verschiedenen Sprechern nicht immer deckt.[2] Deshalb spricht die Linguistik auch von der beabsichtigten Bedeutung, die der Sprecher einem Wort beilegt, und der hervorgerufenen, die sein Partner tatsächlich damit verbindet. Daß die Wörter trotzdem, ungeachtet ihres unterschiedlichen Bedeutungsinhaltes für die einzelnen Sprecher, erfolgreich zur gegenseitigen Verständigung verwendet werden, ist darauf zurückzuführen, daß ihr Bedeutungsumfang im allgemeinen einheitlich festliegt.[3]

Zu 2: Zu den oben aufgeführten Gründen für die Erscheinung, daß ein Wort nicht für alle Sprecher den gleichen Bedeutungsinhalt zu haben braucht, kommt noch, daß die Vorstellungen und Begriffe, die wir mit einem Lautkomplex verbinden, deswegen nicht einheitlich sind, weil sie je nach den individuellen Eigenheiten des einzelnen Sprechers mit unterschiedlichen Nebenvorstellungen und Nachbarbegriffen assoziiert sein können. So wird zum Beispiel der Name einer Stadt bei zwei Menschen, deren einem sie die Stätte einer glücklich verlebten Kindheit gewesen ist, während der andere lange leidvolle Jahre in ihr verbringen mußte, ganz natürlicherweise sehr verschiedene Begleitvorstellungen hervorrufen. Wenn solche Begleitvorstellungen nicht nur bei einzelnen Men

---

[1] Vgl. W. A. Sweginzew: Semasiologie. Moskau 1957, S. 111 ff., 143 (russisch).

[2] Jeder von uns hat wohl schon erlebt, daß bei der Erörterung eines Problems erst „die Begriffe geklärt" werden mußten!

[3] Unter Bedeutungsumfang verstehen wir den Kreis von Gegenständen, auf den wir ein Wort kraft seines Bedeutungsinhaltes anwenden können. Alle die Gegenstände, die wir mit dem Wort *Tisch* benennen können, machen den Bedeutungsumfang des Wortes *Tisch* aus. Tatsächlich wenden alle Deutschsprechenden im allgemeinen die Bezeichnung *Tisch* einheitlich an.

schen, sondern bei allen Sprachbenutzern oder wenigstens bei den Angehörigen bestimmter gesellschaftlicher Gruppen als Bedeutungskomponente auftreten, nennen wir sie mit Karl-Otto Erdmann den Nebensinn eines Wortes. So hat z. B. das Wort *Krieger* neben seinem etymologisch motivierten Vorstellungs- und Begriffsgehalt (als von *Krieg* abgeleitetes Nomen agentis bezeichnet es Menschen nach der Tätigkeit des Kämpfens, des Kriegführens) für uns alle ganz deutlich den Nebensinn des Unmodernen, obwohl diese Elemente durch die begriffliche Bedeutung der beiden zugrunde liegenden Morpheme nicht gestützt erscheinen. Wir können also von ägyptischen Kriegern des Königs Ramses III. oder von gallischen Kriegern zur Zeit Cäsars sprechen, wir empfänden es aber als unpassend oder als Ironie, wenn man Angehörige der bewaffneten Macht eines modernen Staates als Krieger bezeichnete. Während hier der Nebensinn des Wortes damit zusammenhängt, daß es den Charakter eines Archaismus hat, ist er in anderen Fällen durch den häufigen Gebrauch in bestimmten Kontexten bedingt. So verbindet sich die Bedeutung des Adjektivs *invalid(e)* (und des dazugehörigen Substantivs *Invalide*) 'durch körperlichen oder geistigen Schaden beeinträchtigt und (dauernd) arbeitsunfähig' mit dem Nebensinn 'durch den Krieg, durch Kriegseinwirkung verursacht', weil das Wort häufig in der Verbindung mit *Krieg (Kriegsinvalide)* und in Kontexten gebraucht wird, die auf Krieg Bezug haben.[1]

Unter dem Nebensinn verstehen wir also die Nachbarbegriffe und Begleitvorstellungen, mit denen der Vorstellungs- und Begriffsgehalt eines Wortes verbunden sein kann.

Zu 3: Die lexikalische Bedeutung kann noch ein weiteres Element enthalten: den Gefühlswert oder Stimmungsgehalt. Der Gefühlswert ist mit dem Nebensinn des Wortes eng verbunden und häufig seine unmittelbare Folge. Aber nicht jedes Wort hat einen Gefühlswert. Viele Wörter sind, was das Gefühl anbelangt, völlig neutral *(Federhalter, Tisch, Kugel, lesen, stehen, gerade, sechs, gestern),* andere dagegen enthalten neben der Vorstellungs- und Begriffskomponente einen mehr oder weniger starken Gefühlswert (*Vaterland, Knechtschaft, Freiheit, Folter, Held, kühn* usw.). Wir verstehen darunter die verschiedenen Nuancen von Billigung und Mißbilligung, Zuneigung und Abneigung, Wert- und Geringschätzung, die ein Wort zugleich mit seinem begrifflichen Inhalt ausdrücken kann.

---

[1] Siehe auch Th. Schippan: Einführung in die Semasiologie. 2. Aufl. Leipzig 1975, S. 80.

Das oben interpretierte Erdmannsche Bedeutungsmodell, das weithin Anerkennung gefunden hat, läßt sich noch präzisieren, indem die sogenannten konnotativen Bedeutungskomponenten, nämlich der Nebensinn und der Gefühlswert, genauer bestimmt und weiter aufgeschlüsselt werden. Ich gehe davon aus, daß viele Wörter neben und in Verbindung mit der begrifflichen Komponente, die den Kern der Wortbedeutung ausmacht, eine wertende und eine emotionale Komponente enthalten. Bei manchen Ausdrücken läßt sich auch eine voluntative Komponente nachweisen.

So enthält das Wort *Konzentrationslager* die begriffliche Bedeutungskomponente 'Einrichtung von Faschisten zur Internierung und physischen Vernichtung (politischer) Gefangener'. An die begriffliche Bedeutungskomponente ist unmittelbar eine negative Wertungskomponente gebunden: Die Konzentrationslager werden verurteilt. Von der begrifflichen und der Wertungskomponente hängt schließlich eine starke emotionale Bedeutungskomponente ab, die als 'Abscheu, Haß gegenüber der faschistischen Barbarei' charakterisiert werden kann. Für viele Menschen enthält das Wort auch eine voluntative Bedeutungskomponente, die als 'Aufgerufensein, Wille zur Abwehr, zum Widerstand' zu bestimmen ist.[1]

Bisher haben wir die Wörter immer noch außerhalb eines Sinnzusammenhanges betrachtet. Ich habe aber oben (S. 45) schon darauf hingewiesen, daß sie immer als Teile der Rede fungieren. Wenn die komplexe Erscheinung der Bedeutung von allen Seiten beleuchtet werden soll, muß das Wort im Kontext, im Zusammenhang der lebendigen Rede, untersucht werden. Dabei stoßen wir zunächst auf die allgemein bekannte Erscheinung, daß manche Wörter, je nach dem Sinnzusammenhang, verschiedene Bedeutungen haben, das heißt, daß sich die lexikalische Bedeutung in mehrere miteinander in Beziehung stehende **aktuelle** Bedeutungen aufspalten kann. So kann das Wort *Ring* Schmuckstücke aus verschiedenen Stoffen bezeichnen, die am Finger, um den Hals, den Arm, im Ohr usw. getragen werden, es kann auch eine Haltevorrichtung für Servietten, verschiedene technische Gegenstände von runder Form, eine rund um den Stadtkern laufende Straße u. a. m. bedeuten. Viele Wörter haben also mehrere Bedeutungen, die durch Modifizierung oder bildhafte Übertragung der ursprünglichen, der **Ausgangsbedeutung**[2] des Wortes, entstanden sind. So ist die Ausgangsbedeutung des Verbs *treiben* 'etwas vor sich hin bewegen, stoßen'. Sie

§ 29

---

[1] Zu dem Problem der Hierarchie der Komponenten der Wortbedeutung siehe Wilhelm Schmidt: Linguistische und philosophische Aspekte der Wirksamkeit politischer Rede. Zeitschrift für Phonetik, Sprachwissenschaft und Kommunikationsforschung 24 (1971), S. 301 ff.

[2] Statt „Ausgangsbedeutung" wird häufig „Grundbedeutung" verwendet; aber dieser Ausdruck ist nicht eindeutig, weil er auch im Sinne von „Hauptbedeutung" (siehe nächste Seite) verstanden werden kann.

liegt vor, wenn wir davon sprechen, daß jemand *Vieh treibt* oder daß das Wasser *die Turbine treibt.* Mit einer gewissen Modifikation der Grundbedeutung kann *treiben* für eine bestimmte Art und Weise der Bearbeitung von Metallen gebraucht werden *(getriebenes Silber).* Eine andere Variante der ursprünglichen Bedeutung entsteht, wenn durch Vertauschung der Ansatzstelle das eigentliche Objekt der Handlung zum Subjekt wird: *ein Stamm treibt in der Mitte des Stromes, Schnee treibt über die Felder* u. ä.

Das sind jedoch nicht die einzigen aktuellen Bedeutungen des Verbs *treiben.* So bedeutet es in den Kontexten *jemanden zur Arbeit treiben, jemanden zu einem Mord treiben, jemanden zum Äußersten treiben, etwas auf die Spitze treiben* nicht mehr die Veranlassung einer Fortbewegung, sondern die Veranlassung einer Tätigkeit. In bestimmten Verbindungen hat *treiben* seine Bedeutung zu 'sich mit etwas abgeben, beschäftigen' abgeschwächt: *Ackerbau, Sport, Scherz, ein falsches Spiel treiben* u. ä. Diese Bedeutungen des Verbs *treiben* unterscheiden sich von der in den zuerst angeführten Beispielen auftretenden durch einen höheren Grad der Abstraktion: Das Verb meint jetzt nicht mehr den Anstoß zur Fortbewegung im Raum, sondern die Verursachung einer Tätigkeit im allgemeinen; es tritt also in übertragener oder uneigentlicher Bedeutung auf. Je nachdem, ob die Wörter als direkte Bezeichnungen bestimmter Erscheinungen der objektiven Realität oder bestimmter sinnlich wahrnehmbarer Eigenschaften der Dinge fungieren oder ob ihre Bedeutungen durch kompliziertere Verallgemeinerungen auf höherer Abstraktionsebene zustande kommen, sprechen wir von **wörtlicher** oder **eigentlicher** und **übertragener** oder **uneigentlicher** **Wortbedeutung.**

Alle aktuellen Bedeutungen gehen in die lexikalische Bedeutung des Wortes ein, das heißt, die lexikalische Bedeutung enthält alle in der Rede auftretenden aktuellen Bedeutungen als Möglichkeit[1]. Welche der möglichen aktuellen Bedeutungen eines Wortes im besonderen Fall realisiert wird, hängt jeweils von dem Sinnzusammenhang, dem Kontext, ab. Unter den verschiedenen aktuellen Bedeutungen eines mehrdeutigen Wortes gibt es aber in der Regel jeweils eine, die zu einem gegebenen Zeitpunkt die gesellschaftlich wichtigste ist. Diese wird bei isolierter Nennung des Wortes im Bewußtsein der Sprachgenossen zuerst und vornehmlich realisiert. Ich nenne sie die **Hauptbedeutung.** Die Hauptbedeutung kann mit der Ausgangsbedeutung identisch sein, sie muß es aber nicht. So hat das Adjektiv *grün* heute die Hauptbedeutung 'eine Farbe des Sonnenspektrums, nämlich die Farbe lebendiger, wachsender Pflanzen', die ursprüngli-

---

[1] Ausführlicher dargestellt ist dieser Fragenkomplex in meiner Arbeit Lexikalische und aktuelle Bedeutung. Ein Beitrag zur Theorie der Wortbedeutung (Schriften zur Phonetik, Sprachwissenschaft und Kommunikationsforschung. Nr. 7). 4. Aufl. Berlin 1967, S. 19 ff.

che Bedeutung ist 'wachsend, sprießend, gedeihend'.[1] Weitere w ö r t l i c h e aktuelle Bedeutungen des Wortes sind:
'frisch', vgl. *grüne Ware* (= frisches Gemüse), *grünes Holz, grüne Bohnen;*
'unreif, unausgereift', vgl. *grünes Obst.*

Ü b e r t r a g e n e aktuelle Bedeutungen sind:
'frisch, roh' (im Gegensatz zu 'getrocknet, gesalzen, geräuchert, gekocht', kurz: 'konserviert'), vgl. *grüne Heringe, grüner Speck, grüne Klöße;*
'lebenskräftig, lebendig, hoffnungsvoll', vgl. *Gasthaus zur Grünen Hoffnung;*
'günstig, gewogen', vgl. *jemandem nicht grün sein, Mädele, ruck, ruck, ruck an meine grüne Seite* (Volkslied);
'charakterlich, geistig unreif', vgl. *grüner Junge, Grünschnabel.*

Es muß noch darauf verwiesen werden, daß man von den übertragenen Bedeutungen eines Wortes seine b i l d l i c h e n A n w e n d u n g e n unterscheiden muß. Eine einmalige oder gelegentliche metaphorische oder metonymische Anwendung eines Wortes[2] begründet keineswegs schon eine feste Bedeutung. Ein Dichter kann zum Beispiel einen Menschen, der in der härtesten Auseinandersetzung seinen Standpunkt unerschütterlich vertritt, einen *Fels* nennen. Es wäre jedoch falsch, etwa in einem erklärenden Wörterbuch unter „Fels" auch die Bedeutung 'standhafter Kämpfer' anzugeben.

Entsprechend der Gliederung der Sprache in die beiden Hauptkomponenten § 30 Lexik und Grammatik unterscheiden wir auch zwei Klassen von Bedeutungen: die lexikalischen und die grammatischen Bedeutungen. Die grammatischen Mittel der Sprache sind ebenfalls Einheiten aus Form und Bedeutung. Für die **grammatischen Bedeutungen** ist es charakteristisch, daß sie abstrahierte Bewußtseinsinhalte von hoher Allgemeinheit sind. Die grammatischen Bedeutungen überlagern die lexikalischen Bedeutungen; sie realisieren sich überwiegend auf der syntaktischen Ebene, aber teilweise auch unabhängig davon, als semantische Gehalte morphologischer Mittel. So ist z. B. der verallgemeinerte semantische Gehalt bestimmter Satzbaumuster und Intonationsfolgen 'Aussage, Frage, Aufforderung'; die Bedeutung des Numerus ist die Charakterisierung nach der Zahl, die des Tempus Darstellung des Geschehens aus der zeitlichen Perspektive des Sprechers.[3]

---

[1] Dem Wort liegt die germ. Wurzel *grō- zugrunde, die 'wachsen, gedeihen' bedeutet.
[2] Siehe auch § 165 ff. und § 169 ff.
[3] Zum Problem der grammatischen Bedeutung siehe W . S c h m i d t : Zur Theorie der funktionalen Grammatik. Zeitschrift für Phonetik, Sprachwissenschaft und Kommunikationsforschung 22 (1969), S. 144 ff.

III. Die Struktur des Wortbestandes

1. Wortsippen und Wortfelder

§ 31   Die Sprache ist mit allen Vorgängen und Erscheinungen des gesellschaftlichen Lebens unmittelbar verbunden. Unser Sinnen und Trachten, unser Lieben und Hassen, unser Fürchten und Sehnen, alles, was uns erfüllt, bewegt sich in Vorstellungen und Begriffen, die in der materiellen Hülle der Sprache existieren. Alle unsere Bewußtseinsvorgänge sind dadurch bestimmt, daß wir die Sprache besitzen. Wir fassen keinen Plan und führen keine Handlung aus, ohne uns dabei des Mittels der Sprache zu bedienen; die Tätigkeit des Arbeiters oder des Bauern ist ohne die Sprache ebenso undenkbar wie die des Wissenschaftlers oder des Künstlers.

Die Gesellschaft stellt ständig neue Anforderungen an die Sprache, denn jeder neue Gedanke muß formuliert, jeder neue Vorgang beschrieben, jedes neue Gerät benannt, jede Erfindung oder Entdeckung erläutert und begründet werden. Der Wortbestand der Sprache steht in erster Linie unter dem Gesetz der ständigen Anforderung durch die Entwicklung der Gesellschaft. Daher kommt es, daß er sich nach Umfang und Zusammensetzung — wenigstens was seine beweglicheren Schichten anbelangt (vgl. § 5) — in ständiger Bewegung befindet. Es ist ganz selbstverständlich, daß eine Sprachgemeinschaft mit der zunehmenden Differenzierung und Vervollkommnung ihrer Lebensweise und ihres Entwicklungsstandes auch ihre Sprache vervollkommnet. Das geschieht automatisch und zwangsläufig im Prozeß der ständigen Anwendung der Sprache als Mittel der gesellschaftlichen Kommunikation. Je weiter der Kreis der Tätigkeit und der Interessen der Angehörigen einer Sprachgemeinschaft gespannt ist, um so reicher und differenzierter ist auch der Wortbestand ihrer Sprache.

§ 32   Unsere Muttersprache verfügt wie andere Kultursprachen über einen sehr großen Wortbestand. Die Zahl der Wörter der deutschen Sprache wird gewöhnlich mit 300 000 bis 500 000 angegeben. Diese große Differenz ergibt sich, je nachdem ob man nur deutsche oder auch Lehn- und Fremdwörter, nur Stammwörter und einfache Ableitungen oder auch Zusammensetzungen, nur die lebendigen oder auch veraltete Wörter zählt. In dieser Zahl ist aber der überaus umfangreiche und ständig wachsende Wortschatz der verschiedenen Fachsprachen nicht oder nur zu einem geringen Teil berücksichtigt. Unter Einbeziehung dieser Fachwörter schätzt man den Gesamtwortbestand der deutschen Sprache auf 5 bis 10 Millionen Wörter.[1] Der Umfang des Wortvorrates unserer Gegenwartssprache entspricht der schier unüberschaubaren und von keinem einzelnen zu bewältigenden Weite des Wirkungsfeldes aller Deutschsprachigen. Natürlich kann auch niemand diesen riesigen Wortbestand völlig beherrschen. Jeder von uns verfügt, je nach dem Grad seiner Bildung und den Besonderheiten seiner beruflichen Tätigkeit und außerberuflichen Neigungen, nur über eine bestimmte Auswahl daraus; der Durchschnittssprecher verwendet jeweils nur einige tausend Wörter (6 000 bis 10 000), im Leben des Alltags kommen viele sogar mit wesentlich weniger Wörtern aus.[2] Das sind in erster Linie Wörter des Grundwortschatzes; dazu kommt noch eine kleine Zahl anderer Ausdrücke, die nicht dem Grundwortschatz angehören und mit der besonderen Tätigkeit und den besonderen Lebensbedingungen der sozialen Gruppe zusammenhängen, welcher der betreffende Sprecher angehört.

Bei der ständigen Ausweitung des Wissens und der Fertigkeiten der Menschen sollte man aber eine noch weit größere Zunahme an Wortneubildungen erwarten, als tatsächlich zu verzeichnen ist. Den Ausweitungstendenzen im Wortbestand wirken jedoch das Prinzip der Kraftersparnis, das überall im menschlichen Leben zu beobachten ist, und die Notwendigkeit, die Sprache verständlich und handlich zu halten, entgegen. Je mehr neue Bezeichnungen entstehen, um so komplizierter wird diese, um so weniger ist sie von allen Sprechern zu beherrschen. Das wichtigste Mittel zur Vermeidung einer solchen Inflation von neuen Wörtern, die die Verständlichkeit der Sprache schwer beeinträchtigen müßte, ist die Bedeutungsübertragung, die Metapher. So sind beispielsweise für viele technische Dinge keine neuen Ausdrücke geschaffen worden, sondern es traten bereits vorhandene Wörter dafür ein; da gibt es *Hähne, Wangen, Zähne, Gelenke, Köpfe, Fuchsschwänze, Storchschnäbel* (Geräte zum Übertragen von Zeichnungen in andere Maßstäbe), *Raupen* (Schlepper), *Schlangen, Schnecken, Eidechsen* (elektrische Förderkarren) usw.

Trotzdem ist auch die Deckung des Wortbedarfs durch Bedeutungsübertragung und andere ähnliche Mittel (siehe § 159 ff.) jedesmal mit einer Ausweitung des ohnehin schon riesigen Vorrats an Wörtern und Wortbedeutungen verbunden, und es ist auf den ersten Blick kaum verständlich, wie es möglich wird, daß wir uns in der gewaltigen Fülle des Wortmaterials unserer Sprache zurechtfin-

---

[1] Der Sprachdienst, Heft 11/1961, S. 162.
[2] Die Zahl der Wörter, die Schriftsteller und Dichter in ihren Werken gebrauchen, ist unterschiedlich. H o m e r hat etwa 9 000, G o e t h e etwa 20 000 und S h a k e s p e a r e etwa 23 000 Wörter verwendet.

den und die einzelnen Wörter richtig auffassen und verwenden. Die Orientierung innerhalb des Wortbestandes ist jedoch weitgehend durch seine Struktur erleichtert. Der Wortbestand ist keineswegs eine amorphe, ungegliederte Anhäufung einer großen Zahl von Wörtern, sondern er ist ein System, d. h. Gefüge von sprachlichen Zeichen, die untereinander in ganz bestimmten Beziehungen stehen und verschiedene Gruppen bilden.

§ 33   Zunächst unterscheiden wir in dem Wortbestand unserer Sprache eine große Anzahl sog. Wortfamilien oder **Wortsippen**. Das sind kleinere oder größere Gruppen von Wörtern, die auf Grund der Wortbildungsgesetze der deutschen Sprache von einem oder mehreren dem Grundwortschatz angehörenden Wörtern gebildet sind.

Es gibt in unserer Sprache Wortsippen von bemerkenswerter Ausdehnung. Von der Wurzel, die dem Zeitwort *ziehen* zugrunde liegt, lassen sich über 200 Ableitungen auffinden; die ganze Sippe wächst mit allen Zusammensetzungen auf über 1 000 Wörter an. Das „Deutsche Wörterbuch" weist ungefähr 1 000 Zusammensetzungen mit *Weib* und 730 mit *Land* auf. Es ist jedoch gewiß, daß es längst nicht alle Ausdrücke umfaßt, die es heute in unserer Sprache gibt. Als Beweis für diese Behauptung mag gelten, daß sich zu den 287 Zusammensetzungen mit dem Wort *Liebe,* die das „Deutsche Wörterbuch" verzeichnet, noch weitere 600 gefunden haben, die dort nicht stehen.

Wir sehen also, daß der gewaltige Wortreichtum unserer Sprache in gewisse Gruppen zu gliedern ist. Die Zugehörigkeit eines Wortes zu einer bestimmten Wortfamilie oder -sippe ist an der gemeinsamen Wortwurzel und in den meisten Fällen auch an der gemeinsamen Sachbedeutung, die ja von der Wortwurzel getragen wird, zu erkennen. Allerdings sind in den Ableitungen und Zusammensetzungen sowohl die Sachbedeutung wie auch die Lautgestalt der Wortwurzel mitunter so stark modifiziert bzw. verändert, daß die Zugehörigkeit mancher Wörter zu ihrer Wortfamilie für den sprachgeschichtlich Ungeschulten nicht mehr festzustellen ist. In der Regel ermöglicht aber die Ähnlichkeit der Wortgestalt und des Wortinhalts die Einordnung eines Wortes in die zuständige Wortfamilie und erleichtert so die geistige Aneignung und richtige Anwendung.

Ich gebe hier eine Zusammenstellung von Wörtern, die sich um das starke Zeitwort *ziehen,* mhd. *ziehen,* ahd. *ziohan* (zu der ide. Wurzel *⁺deuk-* 'ziehen', vgl. lat. *ducere* 'ziehen, führen'), gruppieren, und nenne zunächst die Ableitungen und Zusammensetzungen *beziehen, entziehen, erziehen, verziehen, zerziehen, abziehen, anziehen, aufziehen, ausziehen, beiziehen, darüberziehen, durchziehen, einziehen, fortziehen, hinziehen, hineinziehen, hinaufziehen, hinausziehen, hinunterziehen, hinüberziehen, herziehen, heranziehen, heraufziehen, herausziehen, herumziehen, herüberziehen, herunterziehen, losziehen, mitziehen, nachziehen, überziehen, umziehen, vollziehen, vorziehen, vorüberziehen, zuziehen, zurückziehen; Ziehung, Beziehung, Entziehung, Erziehung, Zieher, Bezie-*

her, Erzieher, Auszieher, Durchzieher, Einzieher, Einzieherei, Überzieher, Rückzieher, Drahtzieher, Korkzieher, Pfropfenzieher, Schraubenzieher; gezogen, ungezogen, Ungezogenheit.

Auf einer Ablautstufe zu *ziehen* beruht das Verbalabstraktum *Zug*. Dazu gehören die Zusammensetzungen *Atemzug, Vogelzug, Feldzug, Federzug, Flaschenzug, Gebirgszug, Gesichtszug, Heereszug, Kreuzzug, Namenszug, Streifzug, Winkelzug, Wagenzug, Eilzug, Eisenbahnzug, Güterzug, Personenzug, Schnellzug, Sonderzug;* ferner die Ableitungen bzw. Weiterbildungen *zugig, freizügig, Freizügigkeit, großzügig, Großzügigkeit* und die den oben bereits aufgeführten Verben *beziehen, durchziehen* usw. entsprechenden Substantive *Bezug, Entzug, Verzug, Abzug, Anzug, Aufzug, Auszug, Durchzug, Einzug, Umzug, Vollzug, Vorzug, Zuzug, Rückzug, Überzug;* außerdem *bezüglich, diesbezüglich, rückbezüglich, anzüglich, Anzüglichkeit, vorzüglich, bevorzugen, Auszügler, Nachzügler.* Ein weiteres Verbalabstraktum zu *ziehen,* von derselben Ablautstufe wie *Zug* gebildet, ist *Zucht* [1]. Um dieses Wort scharen sich u. a. folgende Ausdrücke: *Aufzucht, Inzucht, Unzucht, Bienenzucht, Blumenzucht, Fasanenzucht, Hühnerzucht, Obstzucht, Seidenraupenzucht, Viehzucht, Rinderzucht, Manneszucht, Kriegszucht, Schulzucht, Gezücht, Natterngezücht, Otterngezücht; züchten, Züchter, Bienenzüchter, Obstzüchter, Pferdezüchter, Schweinezüchter, Viehzüchter; züchtig, unzüchtig, züchtigen, Züchtigung.*

Zur Tiefstufe des Zeitwortes *ziehen* ist ferner das Substantiv *Zügel* mit dem Suffix für männliche Gerätenamen *(-el)* gebildet; es bedeutet demzufolge 'Gerät zum Ziehen'. Dazugehören *zügeln, ungezügelt, Zügelung, zügellos.*

Die gleiche Bedeutung wie *Zügel* hat das Wort *Zaum,* das ebenfalls von der Wurzel des Zeitwortes *ziehen* abgeleitet ist. Dazu gehören: *Laufzaum, Stangenzaum, Zungenzaum; zäumen, abzäumen, aufzäumen.*

Weitere Glieder der Wortsippe *ziehen* sind ferner *Herzog* und *Zögling. Herzog,* ahd. *herizogo* 'Heerführer', ist eine Lehnübersetzung [2] des griech. *stratēlátēs* 'Heerführer'. Mit seinem zweiten Teil stellt es sich zum Verbum *ziehen.* Dazu gehören *Erzherzog, Großherzog, Herzogin, Erzherzogin, Großherzogin, Herzogtum, Erzherzogtum, Großherzogtum, herzoglich, erzherzoglich, großherzoglich. Zögling* ist erst im 18. Jh. als Ersatzwort für das frz. *élève* gebildet worden. Es lehnt sich an die mhd. Formen *herzoge* 'Herzog' und *magezoge* 'Erzieher' an. Zusammensetzungen sind *Zöglingsheim, Zöglingskleidung* u. a.

Grammatischen Wechsel zeigen die von *ziehen* abgeleiteten Substantive *Zeug* und *Zeuge* sowie das schwache Verb *zeugen. Zeug* (< mhd. *ziuc,* älter *geziuc* < ahd. *geziug(i)* 'Stoff, Ausrüstung, Gerät, Aufwand') hat vielleicht die Grundbedeutung 'aus dem Rohzustand oder Rohstoff Gezogenes'. Es bildet viele Zusammensetzungen wie: *Hosenzeug, Lederzeug, Leinenzeug, Lumpenzeug, Seidenzeug, Wollzeug, Unterzeug, Fahrzeug, Handwerkszeug, Reißzeug, Rüstzeug, Sattelzeug, Schreibzeug, Zaumzeug, Silberzeug, Werkzeug* u. a. Zum Verb *zeugen* (< mhd. *ziugen* 'hervorbringen, verfertigen') gehören die Ableitungen *Zeugung, erzeugen, Erzeugung, Erzeugnis, Erzeuger.* Das Substantiv *Zeuge* (< spätmhd. *ziuc* 'Zeugnis, Zeuge', älter *geziuc, geziuge* 'Zeugnis, Zeuge') kommt von dem mhd. Verb *geziugen* 'durch Zeugnis beweisen', eigentlich 'Tatsachen hervorziehen, ans Tageslicht ziehen'. Es bedeutete daher zunächst 'das zum Beweis Hervorgezogene', also 'Beweismittel, Zeugnis' und dann erst 'die als Beweismittel dienende Person'. Hierher gehören ferner: *Augenzeuge, Blutzeuge, Gegenzeuge, Hauptzeuge, Kronzeuge* [3], *Ohrenzeuge, Trauzeuge; zeugen, bezeugen, überzeugen, Bezeu-*

---

[1] Das Wort bedeutet zunächst das Ziehen als urtümliche Geburtshilfe bei Haustieren, dann wird es ausgedehnt auf die durch den Menschen beeinflußte Fortpflanzung des Viehes (Paarung, Ernährung, Pflege) und der Pflanzen sowie auf die Ernährung und den Unterhalt von (jungen) Menschen. Schließlich meint es die Erziehung und ihre (strengen) Regeln und Maßnahmen.

[2] Siehe S. 81 f.

[3] *Kronzeuge* ist ursprünglich der nach englischem Rechtsbrauch durch den Anwalt des Staates, der „Krone“, als Zeuge gegen seine Mitschuldigen gebrauchte Verbrecher, der sich durch seine Aussage die Aussicht auf Begnadigung erwerben konnte. Er wurde dadurch zum „Hauptzeugen“. Diese Bedeutung hat das Wort im Deutschen.

gung, Überzeugung; Zeugnis, Abgangszeugnis, Armutszeugnis, Führungszeugnis, Gesundheitszeugnis, Leumundszeugnis, Reifezeugnis, Schulzeugnis, Staatsexamenszeugnis usw.

Endlich schließt unsere Wortsippe auch die Verben zögern, zucken und zücken ein. Das nhd. zögern geht über mnd. tögeren, das eine Weiterbildung zu nd. togen ist, zusammen mit dem mhd. zogen (< ahd. zogôn 'zerren, ziehen, gehen, hinhalten, [ver]zögern') auf eine gemeingermanische Intensivbildung[1] zum starken Zeitwort ziehen zurück. Es bildet weiter: hinzögern, hinauszögern, verzögern, Verzögerung. Zucken und zücken (ersteres ursprünglich obd., letzteres ursprünglich md.) gehen über mhd. zucken, zücken und ahd. zucken, zucchen auf eine germ. Grundform +tukkôn zurück, die eine Intensivbildung zu ziehen ist. Die Grundbedeutung ist also 'heftig, schnell ziehen'. Hierher gehören: Zuck, Zuckung, Achselzucken, durchzucken, verzucken, aufzucken, zuckeln 'in kurzen geschwinden Bewegungen, aber langsam ziehen', Zuckeltrab und auf Geistiges übertragen: verzücken, entzücken, Verzückung, Entzückung (eigentlich 'Fortreißung, Entrückung im Geiste').

Mit den hier aufgeführten Beispielen ist die Wortsippe ziehen freilich keineswegs erschöpfend dargestellt, doch dürften sie genügen, um erkennen zu lassen, wie reich gegliedert unsere Wortfamilien oder Wortsippen sein können.

Umfangreich und für den Nichtfachmann gar nicht leicht zu durchschauen ist die Wortsippe, die sich um die germanische Wurzel +bër- 'tragen' (< ide. +bher-, vgl. lat. fero, griech. phérō 'ich trage') schart.

Ich nenne zunächst das Substantiv Bahre, mhd. bâre, ahd. bâra, und seine Zusammensetzungen, z. B.: Krankenbahre, Mistbahre, Totenbahre, Tragbahre (Tautologie, beide Bestandteile des Kompositums besagen das gleiche); ferner die Verba gebaren und gebären. Von dem Verb gebaren, mhd. gebâren, -bæren, ahd. gibâren, gipârôn 'sich benehmen, sich betragen', ist im Neuhochdeutschen besonders der substantivierte Infinitiv das Gebaren gebräuchlich. Weiterbildungen von gebaren sind Gebärde (< ahd. gibârida) und sich gebärden. Das Zeitwort gebären (< mhd. gebërn, ahd. gibëran 'hervorbringen, gebären') bedeutet eigentlich 'zu Ende tragen'. Dazu gehören: geboren, hochgeboren, wohlgeboren, Geburt, Ausgeburt, Erstgeburt, Frühgeburt, Mißgeburt, Nachgeburt, Spottgeburt, gebürtig, ebenbürtig u. a.

Zur germ. Wurzel +bër- stellt sich auch das Adjektivsuffix -bar (mhd. -bære, ahd. -bâri). Es ist aus einem vollen Adjektiv mit der Bedeutung 'tragend, fähig zu tragen' entstanden und hat viele Ableitungen gebildet, z. B.: anwendbar, beweisbar, durchführbar, erfüllbar, eßbar, fühlbar, haftbar, teilbar, tragbar, spürbar, sonderbar, wunderbar usw., Beweisbarkeit, Durchführbarkeit, Erfüllbarkeit.

Ein interessantes Wort ist das nhd. Adjektiv urbar mit der Bedeutung 'bebaut, fruchtbar (vom Lande)'. Es heißt ursprünglich 'zinstragend, einträglich, Ertrag bringend' und ist vom Substantiv Urbar abgeleitet, das zunächst 'Ertrag', dann 'Ertrag bringendes Grundstück' und schließlich 'Verzeichnis der Grundstücke und Einkünfte, Zinsbuch' bedeutet.

Ein weiteres Mitglied unserer Wortsippe ist das Verb entbehren. Es ist aus mhd. enbërn, ahd. inbëran, eigentlich 'nicht tragen, nicht haben', also 'ermangeln' entstanden. Der erste Teil des Wortes ist eine alte Negation, ahd. ni, mhd. en, auch in-/en- vor dem Verb. Weiterbildungen (mit eingeschobenem t) sind: entbehrlich, unentbehrlich, Entbehrlichkeit, Unentbehrlichkeit, Entbehrung. Das Substantiv Barn, mhd. barn, ahd. barno, bedeutet 'Krippe, Raufe, Heustock (= oberer Teil der Scheuer zur Aufbewahrung des Heues)'. Seine ursprüngliche Bedeutung ist 'Träger', es gehört mit Bahre zu ein und derselben Wurzel.

Auch das Verbum gebühren (< mhd. gebürn, ahd. giburian) gehört zu dieser Wortsippe, denn das ahd. einfache burjan, burren bedeutet 'erheben'. Die neuere Bedeutung des Verbs gebühren ist 'sich ziemen, zuteil werden, rechtlich zufallen'. Das im 14. Jh. aus dem Zeitwort rückgebildete Substantiv

---

[1] Intensiva, Intensivbildungen, bringen ein verstärktes Geschehen zum Ausdruck.

Gebühr hat also die Bedeutung 'das für jemand zu Tragende, zu Leistende, das ihm Zukommende'. Dazu gehören weiter *gebührlich, ungebührlich, Ungebührlichkeit.*

Nahe verwandt mit *gebühren* sind *Börde* und *Bürde. Börde* ist seinem Ursprung nach nd., mnd. *börde,* älter *gebörde* 'was einem zukommt, zufällt'. Das Wort bezeichnet im Mittelniederdeutschen ein 'der Stadt(-kirche) zins- und steuerpflichtiges Landgebiet', später 'Gerichtsbezirk, Landschaft'. Heute ist es im niederdeutschen Gebiet die Bezeichnung für einen fruchtbaren Landstrich, eine Flußebene (vgl. *Magdeburger Börde*). *Bürde* (mhd. *bürde,* ahd. *burdî*) bedeutet ursprünglich 'was (auf einmal) getragen wird', also 'die Last'. Dazu gehören *aufbürden, überbürden, Überbürdung* u. ä.

Auf einer Ablautstufe zu dem ahd. Verb *bëran* beruht das Adverb *empor* (< frühnhd. *entbor,* mhd. *enbor(e),* ahd. *in bor* 'in die Höhe', *in bore* 'in der Höhe'). Ahd. und mhd. *bor* bedeutet 'Spitze, Höhe, oberer Raum'. Die oben erwähnten Verben ahd. *burjan,* mhd. *bürn* 'erheben' hängen damit zusammen. Zu *empor* gehören *Empore* 'erhöhter Raum', besonders in der Kirche, *Emporkirche* oder auch *Borkirche,* ferner Bildungen wie *Borscheune* 'erhöhter Scheunenboden über der Tenne' und *Borwisch,* ein runder Kehrbesen mit langem Stiel, mit dem man hoch oben kehren kann. Mit dem genannten ahd. *burjan* 'erheben', zu dem mhd. *bôr* 'Trotz' gehört, verbindet sich auch unser Zeitwort *empören* (mhd. *enbæren,* ahd. *anabôren*). Als Bewirkungszeitwort bedeutet es ursprünglich 'erheben machen'; dazu: *Empörer, Empörung, empörerisch.*

Das vorwiegend im Ostmitteldeutschen auftretende Wort *Rad(e)ber(e)* 'Schubkarren' zeigt ebenfalls die Wurzel *+bër-;* es bedeutet also eigentlich 'Tragbahre mit Rad'.

Zu der hier dargestellten Wortsippe sind auf dem Wege der Volksetymologie[1] noch drei weitere Wörter hinzugetreten, nämlich *Adebar, Eimer* und *Zuber.* In niederdeutschen und westdeutschen Gebieten ist *Adebar* die Bezeichnung für den Storch. Das Wort geht auf germ. *+uda-faran-* zurück, dessen erster Bestandteil die Bedeutung 'sumpfige Stelle, feuchte Wiese' hat; der zweite Teil gehört zu *faran* 'gehen'. Die Bezeichnung besagt also 'Sumpfgänger'. Das and. *+odafaro* wurde aber durch grammatischen Wechsel zu *odabaro,* und dieses konnte dann unter Anlehnung an asä. *ôd,* ahd. *ôt* 'Glück, Reichtum' und *boro* 'Träger' (zu *bëran*) als 'Segenbringer' gedeutet werden. So entstand auch der Glaube, der Storch bringe dem Hause Segen, auf dem er nistet. Eine besondere Entwicklung ist dann die zum 'Kinderbringer'.

Das Wort *Eimer* geht auf lat. *amphora* (zu griech. *am(phi)phoreús* 'Gefäß, das auf beiden Seiten einen Träger, Henkel hat') zurück, das im Volkslatein als *ampora* gesprochen wurde. Das Wort erscheint im Ahd. als *ambar,* im Ags. als *amber, ambor.* Daneben treten die jüngeren Formen ahd. *eim-, einbar* und asä. *êmbar* auf, die unter volksetymologischer Anlehnung an *ein* und *bëran* zustande gekommen sind, nachdem sich die zweiohrige Kruke zum Kübel mit einem Henkel gewandelt hatte. Die heutige Form *Eimer* ergibt sich durch Assimilation des *mb* > *mm* und weitere Vereinfachung zu *m.*

Unser *Zuber* erscheint im Ahd. als *zubar, zuibar, zuuipar* (zu *zwei* und *bar, bëran*) und bezeichnet demnach als Gegenwort zu *eimbar* ein Gefäß mit zwei Henkeln oder Traggriffen.

Um die Zahl der Beispiele zu erweitern, führe ich im folgenden noch einige Wortsippen lediglich mit ihren Hauptgliedern an. Auf die Angabe der etymologischen Beziehungen zwischen den aufgeführten Sippengliedern sowie die Aufzählung der dazu gebildeten Zusammensetzungen und Ableitungen muß hier leider verzichtet werden; doch dürfte es für den Leser nicht schwer sein, entsprechende Ergänzungen im Bedarfsfalle nach dem Muster der oben ausführlicher dargestellten Wortsippen selbst vorzunehmen.[2]

Unser Verbum *beißen* stellt sich zur ide. Wurzel *+bheid-* 'spalten'. Neben den zahlreichen Zusammensetzungen und Ableitungen von *beißen* gehören in diese Wortsippe die Substantive *Bissen, Biß*

---

[1] Über das Wesen der Volksetymologie siehe § 92.
[2] Eine gute Darstellung der Verwandtschaftszusammenhänge im deutschen Wortbestand bietet Georg Stucke: Deutsche Wortsippen. 2. Aufl. Bühl (Baden) 1925.

und das Diminutivum *bißchen*, ferner das Bewirkungszeitwort *beizen* (eigentlich: beißen machen) mit dem Substantiv *Beize*, das Adjektiv *bitter* (eigentlich: beißend, stechend, scharf, vom Geschmack gesagt) und die Substantive *Imbiß* (ahd. *inbiz*, zu dem Verb *enbîzan* 'essend oder trinkend genießen'), *Beil* (zur ide. Wurzel *+bhei-*) und *Bille* (Hacke, Pickel).

Um die germ. Wurzel *+bug-* (ide. *+bheug-*) gruppiert sich die Wortsippe **biegen** mit den abgeleiteten Substantiven *Bogen* (dazu u. a. *Ellenbogen*), *Bucht* (dazu die Verben *aus-, einbuchten* usw.), *Bügel* (dazu *bügeln*) und dem Faktitivum *beugen* (dazu *Beuge, Beugung* usw.) sowie dem Intensivum *bücken* (dazu *Bückling*).

Eine Wortsippe mit komplizierten Verwandtschaftsverhältnissen hat sich um die germ. Wurzel *+blik-/+blek-* (vorgerm. *+bhlig-/+bhleg-* 'heller Glanz') geschart. Sie wird gebildet von dem Adjektiv **bleich** (mit dem Subst. *Bleiche* und dem Verb *bleichen*), den Substantiven *Blick, Blitz, Blech* (eigentlich: Glänzendes), den Verben *blecken* (eigentlich: blicken lassen; Faktitivum zu urgerm. *+blikan*), *blaken* (Intensivum zu *+blikan*), *blinken, blinzeln* und den Adjektiven *blink* und *blank*.

Umfangreich ist auch die Wortsippe, die sich zu der germ. Wurzel *+far-* (ide. *+per-/+por-*) mit der Grundbedeutung 'Fortbewegung jeder Art' gebildet hat. Es gehören dazu das Verb **fahren** und sein Faktitivum *führen* mit allen Zusammensetzungen und Ableitungen, wie *Fahrer, Vorfahr, Verfahren, fahrig, Führer, Führung* usw., ferner die Substantive *Fahrt, Erfahrung, Fährte, Gefährt, Gefährte, Hoffart, Fähre* (mit *Fährmann*), *Ferge, Fuhre, Furt, Förde* und *Fjord, Ewer* (Flußfahrzeug der unteren Elbe; aus asä. *ênvaro* 'Schiff, das nur ein Mann führt') und das Adjektiv *fertig* (eigentlich: zur Fahrt bereit).[1]

Um ein germ. *+for-* (zu ide. *+per-/+pro-* 'vorwärts, voran') hat sich eine weitverzweigte Sippe mit den Gliedern **vor**, *ver-, vorn, vorder, fort, fürder, fordern, fördern, für, früh, Frühling, fromm* und *Fürst* (= der Erste, der Vorderste) und der großen Anzahl ihrer Weiterbildungen geschart.

Nhd. **fließen** stellt sich mit seiner Wortsippe zu der germ. Wurzel *+fleut-/+flut-* (ide. *+pleu-* 'rinnen, fließen, schwimmen'). Dazu gehören *Fluß, Floß, flößen, Flosse, flott* (= fließend, schwimmend), *Flotte, Fluder* 'Gerinne der Mühle', *Flut* und *Fleet* (= kleiner Fluß, schiffbarer Kanal in der Stadt).

Zum ide. Verbalstamm *+ĝhel-/+ĝhlē-/+ĝhlō-* 'schimmern' stellt sich die Wortsippe **Glas**, *Glanz, Glast, glosten, gleißen, glitzern, glatt, Glatze, gleiten, glitschen, glimmen* und *glühen*.

Die germ. Wurzel *+haf-/+hab-* (ide. *+qap-* 'fassen') ist der Kristallisationspunkt der ausgedehnten Wortsippe **heben**, *erhaben* (ursprünglich: Part. Perf. zu *erheben* = 'in die Höhe gehoben'), *Hefe* (= die Hebende), *Heber, Hebel, Hebamme* (durch volksetymologische Anlehnung an *Amme* aus ahd. *hevianna* 'die Hebende' entstellt), *Hub, Behuf* (= Erfordernis, Zweck), *Haft, -haft* (ursprünglich: behaftet, vgl. *schmerzhaft* = mit Schmerzen behaftet), *Heft* (eigentlich: Halter, Griff), *heften* (dazu seit dem 16. Jh. die Rückbildung *Heft* als 'Schreibheft, Druckheft'), *Heftel*, obd. *Hafen* (= Topf), dazu *Hafner*, nd. und dann nhd. *Hafen* (= Schiffsanlegeplatz; auch diese Bedeutung geht von ursprüngl. 'Behälter' aus), *Haff* (ursprünglich: sich Erhebendes, im Sinn von lat. *altum* 'hohe See'), *Habicht* (= der Fassende, Ergreifende, der Raubvogel). Dazu gehört ferner die Wortfamilie *haben* (der germ. Stamm *+habai* stellt sich als Durativ [= Verb, das die Dauer einer Handlung oder eines Zustands ausdrückt] mit grammatischem Wechsel zur Verbalwurzel *+haf-*) und vielleicht auch das Adjektiv *heftig* (nach Hermann Paul).

Der Wortsippe **können** liegt die germ. Wurzel *+knē/+knō-* (ide. *+ĝnē-/+ĝnō-*) zugrunde. Die ursprüngliche Bedeutung ist 'wissen, kennen, geistig vermögen'. Zu der Sippe gehören weiter: *kennen, kund, Kunde, Kundschaft, Urkunde, kunden, Kunst* und *kühn* (die Bedeutungsentwicklung dürfte von 'wohl wissend, erfahren', besonders 'im Kampf erfahren' [vgl. ahd. *in wîge kuoni*] ausgegangen sein).

---

[1] *Gefahr, Fährde, ungefähr, gefährlich* u. ä. gehören nicht zu dieser Wortsippe, sondern mit got. *+fêra* 'Nachstellung', griech. *peîra* 'Erfahrung, Versuch', lat. *periculum* 'Gefahr' u. a. zur ide. Wurzel *+per-* 'versuchen, wagen; Gefahr'.

Zur ide. Wurzel ⁺*mel*- 'zerreiben' gehört die Wortsippe um das Substantiv **Mehl** 'kleingeriebenes Getreide' und das Verb **mahlen**; weitere Glieder sind: *malmen*, *Malter* (Hohlmaß besonders für Getreide, ursprünglich: auf einmal gemahlene Getreidemenge), *Müll* und *Mull*, *Mulm* 'Stauberde', *Maulwurf* (mhd. *moltwërf*, *multwërf* stellt eine volksetymologische Anlehnung des ahd. *mûwërf*, das eigentlich mit ags. *mûga*, *mûwa* 'Hügel, Haufen' eins ist, an mhd. *molt[e]*, ahd. *molta* 'Staub, zerriebene Erde' dar[1]), *Milbe* (eigentlich: mahlendes, d. h. Mehl oder Staub machendes Insekt), *Mühle*, *Müller* und vielleicht auch *Meltau* (grauweißer Überzug auf Pflanzen im Sommer).

Die ide. Wurzel ⁺*reĝ*- 'gerade; recken, Richtung' ist die letzte Grundlage einer großen Wortsippe, zu der die Wörter **recht**, *Recht*, *rechts*, *rechten*, *gerecht*, *richtig*, *richten*, *Gericht*, *Nachricht*, *unterrichten*, ferner *rechnen*, *Rechenschaft*, *recken*, *rank* und vielleicht *strack*, *stracks*, *strecken* (als Nebenform zu *recken*) gehören.

Mit dem Adjektiv **scharf** gehören *schürfen* (ahd. *scurfen*, *scurphen* 'aufschneiden, ausweiden'), *Schurf* (Grube zum Aufsuchen eines Erzganges), *Schorf*, *Scherbe* (eigentlich: die Scharfkantige, Schneidende), *Scherflein* (Diminutiv zu *Scherf* = halber Heller, kleinste Münze), *schroff*, *schröpfen*, *schrappen* und *schrubben* zu der ide. Wurzel ⁺*(s)qereb(h)*-, die eine Labialerweiterung zum ide. Verbalstamm ⁺*(s)qer*- 'schneiden' darstellt, das in *scheren*, *Schere*, *Schermaus* (aus ahd. *skëro* 'der den Boden durchschneidet'), *(Pflug)schar*, *Scharte* und *Schur* vorliegt.

Ide. ⁺*(s)qeud*- 'werfen, schießen, hetzen; hervorschießen' liegt der Sippe von **schießen** zugrunde: *Schuß*, *Schöß* und *Schößling* (junger Trieb), *Schöß* (ursprünglich Bezeichnung des unteren Teiles eines Kleidungsstückes, dann auch des davon bedeckten Körperteiles), *Geschoß*, *Schütze*, *Geschütz*, *Schute* (Schiff mit weitausladendem, vorschießendem Vordersteven), *Schott* (Scheidewand, die das Schiff in eine Anzahl geschlossener Räume teilt, eigentlich: Eingeschossenes) und *Schot(e)* (Tau, womit ein Segel eingeholt wird; die unverschobene Form von *Schoß*: von der unteren Ecke des Segels ist der Name auf das daran befestigte Tau übergegangen).

Zum germ. Verbalstamm ⁺*set*- (ide. ⁺*sed*-) gehört das Verb **sitzen**. Die wichtigsten Glieder dieser Wortsippe sind *Sitz*, *seßhaft*, *Sessel*, *(Frei-)sasse*[2], *Gesäß*, *Truchseß* (eigentlich: Vorsitzer des Gefolges, ahd. *truhtsæze*; identisch damit ist auch das Substantiv *Droste* 'Amtshauptmann', das noch in Familiennamen erhalten ist), *Satz*, *setzen*, *Gesetz*, *Aussatz*, *entsetzlich*, *siedeln*, *Sattel*, *Satte* und *Sette* (Gefäß, in dem Milch aufgestellt wird, um sich zu setzen und sauer zu werden), *Nest* (< ⁺*ni-zdos*, vgl. aind. *ni-sad* 'sich niedersetzen, niederlassen'), *nisten* und *Inste* (= Häusler, nd. Form für hd. *Insasse*).

Umfangreich ist die Wortsippe **stehen**, die zu der ide. Wurzel ⁺*st(h)ā̆*-'stehen' gehört. Sie umfaßt die Glieder *Stand*, *stet*, *Staden* und *Gestade*, *Stadel*, *Statt* und *Stadt*, *Stätte*, *gestatten*, *stattlich*, *Stuhl*, *Stute* und *Stunde*.

Sehr nahe verwandt damit ist die Sippe des Substantivs **Stall**, das auf germ. ⁺*stalla*-, zur ide. Wurzel ⁺*st(h)el*- '(auf)stellen', hinweist. Die übrigen Glieder sind *stellen*, *bestallen*, *ungestalt*, *Gestalt*, *Anstalt*, *still* und *Stolle(n)*.

Eine vielschichtige Wortsippe gruppiert sich um die germ. Wurzel ⁺*wëg*- 'ziehen, fahren' (ide. ⁺*u̯eĝh*- 'bewegen, ziehen, fahren'). Hierher gehören: **Weg** (ursprünglich 'Raum, wo sich etwas bewegt, wo etwas fährt'), *weg*, *wegen* (gekürzt aus *von ... wegen*), *Wagen*, *Wiege*, *wägen*, *wiegen*, *gewogen*, *verwegen*, *Gewicht*, *Wucht* (eine Nebenform zu *Gewicht*), *Waage*, *wagen*, *Woge*, *bewegen*, *wackeln* und *watscheln*.

Zu der germ. Verbalwurzel ⁺*wënd*- 'drehen, wickeln, sich wenden' gehört die Sippe **winden**, *Gewand*, *wandeln*, *Wandel*, *wandern*, *wenden*, *auswendig*, *verwandt*, *Gewanne* (ursprünglich: Ackergrenze, an der der Pflug gewendet wird), *Wand* (Flechtwerk, aus dem die Hauswände hergestellt wurden), *Wanze* 'Wandlaus', *Want* (Tauwerk, das Masten und Stengen seitlich schützt).

---

[1] Siehe auch S. 107 und 144.
[2] Zu dem Substantiv *Sasse* gehört auch der Name *Holstein* (aus *Holtsaten* 'Leute, die im Holz, im Wald, sitzen').

Ausgedehnt ist auch die Sippe des Wortes *zwei* (zur ide. Wurzel *⁺d(u)μōμ-); es gehören dazu *zwie-, zwischen* (zu ahd. *zwisk* 'zwiefach, je zwei'), *zwier* (zweimal), *Zwiesel* (gabelförmiger Zweig), *Zwitter, Zwilling, Zwirn* (zweidrähtiger Faden), *Zwist* 'Entzweiung', *Zweifel, Zweig* 'Gabelung', *Geweih* (eigentlich: Geäst des Hirsches), *Twiete* (nd. 'enges Gäßchen', ursprünglich: schmaler Weg zwischen zwei Hecken), *zwölf* (ahd. *zwẹlif* = zwei darüber, nämlich über zehn), *zwanzig* (ahd. *zweinzug* = zwei Zehner), *Zuber* 'zweiträgiges Gefäß' (siehe auch S. 63).

§ 34   Die hier angeführten Beispiele zeigen, daß uns die Zugehörigkeit eines Wortes zu einer bestimmten Wortsippe keineswegs immer bewußt ist. Bei vielen Wörtern ist die Sippenzugehörigkeit verdunkelt; andere wieder haben, wenn sie aus einer fremden Sprache übernommen worden sind, nie eine solche Bindung an eine Wortsippe der Gastsprache besessen. Aber auch in diesem Falle stehen sie nicht völlig isoliert unter der großen Zahl der übrigen sprachlichen Zeichen, denn es gibt noch eine andere Form der Verknüpfung und Gruppierung der Wörter innerhalb des Wortbestandes: die Wortfelder.

Das menschliche Denken schafft bei der Auseinandersetzung mit den Gegenständen und Erscheinungen der Welt bestimmte Einteilungen, Ordnungen, Kategorien. So wird z. B. die Tierklasse der Pferde nach bestimmten Gesichtspunkten eingeteilt. Man unterscheidet nach dem Geschlecht der Tiere den *Hengst* und die *Stute* (ein verschnittener Hengst heißt *Wallach*); nach dem Alter das *Fohlen* oder *Füllen*, die *Mähre* (altes Pferd) und den *Twenter* (zwei Winter altes Pferd); nach den körperlichen Eigenschaften und dem Wert für den Menschen das *Roß* (schönes, edles Pferd), das *Pferd* und den *Gaul* oder *Klepper* und auch die *Mähre* oder *Kracke*, alle vier unansehnliche, minderwertige Tiere; nach der Farbe den *Rappen*, den *Schimmel (Apfel-, Rot-, Fliegen-, Hechtschimmel)*, den *Falben*, den *Fuchs*, den *Braunen*, den *Scheck*, die *Blesse* (mit blasser Stirn); nach der Gangart den *Zelter, Traber* und *Renner*.[1]

Oder ein anderes Beispiel: Unsere Schriftsprache kennt neben anderen folgende Bezeichnungen für akustische Eindrücke: *Hall – Schall – Laut – Klang – Ton – Geräusch – Gepolter – Gerassel – Geprassel – Getöse – Getümmel*. Diese Wörter bezeichnen jedes eine andere akustische Qualität. Zusammen mit den übrigen, hier nicht genannten Ausdrücken bilden sie ein Gefügeganzes, ein Wortfeld, wie die Sprachwissenschaft sich ausdrückt. Das Wesen der Wortfelder und überhaupt aller sprachlichen Felder besteht darin, daß sie einer Sprachgemeinschaft dazu dienen, auf einer bestimmten Entwicklungsstufe der Sprache einen bestimmten Ausschnitt aus der objektiven Realität, so wie er sich im Bewußtsein der Sprachträger widerspiegelt, sprachlich aufzuglie-

---

[1] Das hier umrissene Gefüge der Ausdrücke unterliegt freilich je nach der Sprachlandschaft gewissen Verschiebungen; so sind in manchen obd. Mundarten die Bezeichnungen *Roß* oder *Gaul* völlig neutral und bedeuten dasselbe wie *Pferd* in der Literatursprache (siehe auch S. 70).

dern. Alle Wörter unserer Gegenwartssprache für akustische Eindrücke bilden ein Wortfeld. Die Bestandteile des Wortfeldes decken — wie die Steinchen eines Mosaiks — den Sinnbezirk „akustische Eindrücke" ab. Jedes Wort bestimmt so die Bedeutung der umliegenden Wörter mit, wie es selbst ebenfalls durch seine begrifflichen Nachbarn bestimmt und begrenzt wird. Kennt ein Sprecher nicht alle Wörter des ganzen Wortfeldes oder ist ihm der Gefügewert einzelner Ausdrücke nicht genau bekannt, so ist er nicht in der Lage, die sprachlichen Möglichkeiten bis ins einzelne zu nutzen. Er wird gewisse akustische Wahrnehmungen nur ungenau oder gar nicht bezeichnen können.

Es liegt auf der Hand, daß sich die Gestalt und die Struktur der Sinnbezirke ändern, je weiter die Menschen in der gedanklichen Erschließung der Welt fortschreiten. Deshalb sind auch die Wortfelder, die die begriffliche Aufgliederung der objektiven Realität zu einem ganz bestimmten Zeitpunkt widerspiegeln, Veränderungen unterworfen. Die Wortfelder ein und derselben Sprache decken sich also auf verschiedenen Stufen der gesellschaftlichen Entwicklung insoweit nicht, als sich die gedanklichen Abbilder von den betreffenden Wirklichkeitsausschnitten verändern. So wird im Deutschen noch in mhd. Zeit die Tierwelt nach der Bewegungsart gegliedert: *fisch* ist alles, was schwimmt, *vogel* alles, was fliegt, *wurm* alles, was kriecht, und *tier* alles, was läuft. Herausgehoben erscheint zunächst nur das Haustier, das *vihe*. Einen Oberbegriff im Sinne unseres nhd. *Tier* gibt es noch nicht. Diese Gliederung des Tierfeldes wurde jedoch, besonders durch die Fortschritte der Naturwissenschaft im 18. Jh., immer mehr erschüttert, in dem z. B. die Klassen der Amphibien und der Insekten dazukamen.[1]

Aber die Wortfelder verschieben sich nicht nur im Laufe der gesellschaftlichen Entwicklung, sondern sie decken sich auch nicht immer in allen Landschaften eines größeren Sprachgebietes. Durch das landschaftlich begrenzte Auftreten von Mundartausdrücken kann sich das Gefüge eines Wortfeldes verschieben, wie ich das oben bei der Besprechung des Wortfeldes *Pferd* für manche obd. Mundartgebiete schon angedeutet habe. Noch öfter kommt es vor, daß ein bestimmtes Sinngebiet bei verschiedenen Völkern gedanklich und sprachlich unterschiedlich aufgegliedert wird, und zwar werden die Abweichungen um so deutlicher sein, je weiter die Lebensbedingungen und die Erfahrungswelt der betreffenden Kommunikationsgemeinschaften auseinandergehen; denn die Struktur eines Wortfeldes ist nicht nur abhängig von der zugrunde liegenden

---

[1] Vgl. Leo Weisgerber: Vom Weltbild der deutschen Sprache. 2. Halbband. Die sprachliche Erschließung der Welt. 2. Aufl. Düsseldorf 1954, S. 80.

objektiven Realität, sondern auch von den speziellen Bedingungen, unter denen sich eine Kommunikationsgemeinschaft mit ihr auseinanderzusetzen hat.

Die Lehre von den Wortfeldern, die heute besonders in der bürgerlichen Sprachwissenschaft eine große Rolle spielt, ist erst in unserem Jahrhundert entstanden. Sie enthält ohne Zweifel einen realen Kern. Man darf sich jedoch die Sache nicht so vorstellen, als ob das Bedeutungssystem der Sprache nach einem vorgefaßten Plan entstanden sei und ausgebaut werde, der von irgendwelchen geheimnisvollen geistigen Kräften der Sprachgemeinschaft geformt wird. Was in den Wortbestand einer Sprache eingeht und was darin untergeht, ist in erster Linie von den Vorgängen des gesellschaftlichen Lebens des Sprachträgers und seinen besonderen historischen Bedingungen abhängig. Da auch die Sprache, wie jede gesellschaftliche Erscheinung, unter dem Gesetz der Ökonomie steht, findet unter den Wörtern der Sinnbezirke ständig eine gewisse Ausbalancierung der Wortinhalte statt. Die Glieder eines Wortfeldes teilen gewissermaßen die zu leistende Aufgabe untereinander auf.

2. Synonyme und Antonyme

§ 35   Daß sich der Wortbestand einer Sprache nach Sachgebieten gliedern läßt, ist freilich keine neue Erkenntnis. Schon im Altertum gab es Wörterbücher, die die einzelnen Ausdrücke nach ihrer sachlichen Zusammengehörigkeit anordneten und nicht, wie es heute meistens üblich ist, in alphabetischer Reihenfolge. Bei einem solchen Verfahren zeigt es sich deutlich, daß in jeder Sprache ganze Gruppen von Wörtern auftreten, die nur unterschiedliche Bezeichnungen für ein und dieselbe Sache sind. So gibt es in verschiedenen Gebieten für *Heidelbeere* u. a. noch folgende Bezeichnungen: *Blaubeere, Bickbeere, Schwarzbeere, Krähenbeere, Roßbeere, Mehlbeere, Moosbeere, Heubeere, Waldbeere, Kugelbeere, Gandelbeere, Brustbeere, Griffelbeere, Mombeere, Mostbeere, Staudelbeere, Grambeere, Jakobsbeere, Margaretenbeere, Häselbeere, Walbite, Kuhzitze* oder *Besing* (= kleine Beere). Der *Kohlweißling* heißt noch *Butterfliege* (vgl. engl. *butterfly*), *Buttervogel, Falter, Feifalter, Figvogel, Flackvogel, Flattermaus, Flintermaus, Kalitte, Leiendecker, Maivogel, Molkendieb, Pannenvogel, Piffel, Schmantleckert, Schnifelter, Sommervogel, Sonnenvogel, Spannenvogel, Ziegenmelker, Zwicker* u. a.

Von den etwa 500 Wörtern und Wendungen, die verschiedene Bevölkerungsgruppen für das *Trinken* kennen, sollen hier nur einige wenige angeführt werden.

68

den: *zechen, kneipen, bechern, bürsten, genehmigen, schmettern, schmoren, lecken, saugen, schlürfern, schlucken, pitschen, picheln, saufen, verlöten, verhaften, hinter die Binde gießen, ins Glas gucken, in die Kanne steigen, auf die Lampe gießen* usw.

Solche Wörter nennt die Sprachwissenschaft **Synonyme**. Sie pflegen gemeinhin als Wörter von unterschiedlicher Lautgestalt mit gleicher oder ähnlicher Bedeutung definiert zu werden. Treffender erscheint das Wesen der Synonyme jedoch erfaßt, wenn man bei der Bestimmung ihres Wesens davon ausgeht, daß sie verschiedene Bezeichnungen für eine bestimmte Sache sind, die kraft der besonderen und unterschiedlich gearteten Elemente ihrer Bedeutungen verschiedene Eigenschaften der betreffenden Sache hervorheben. Obwohl also die durch zwei oder mehrere Synonyme bezeichnete Sache ein und dieselbe ist, decken sich doch die mit den betreffenden Ausdrücken verbundenen Bewußtseinsinhalte (= Bedeutungen) nicht vollständig. Die Unterschiede, die durch die einzelnen Bezeichnungen hervorgehoben werden, können entweder begrifflicher oder auch stilistischer Art sein. Wir unterscheiden deshalb b e g r i f f l i c h e (oder i d e o g r a p h i s c h e) und s t i l i s t i s c h e S y n o n y m e.

I d e o g r a p h i s c h e S y n o n y m e sind beispielsweise *töricht* und *albern*. Während *töricht* zu mhd. *tôre* 'Irrsinniger, Tauber' gehört, geht *albern* auf ahd. *ála-wâri* 'gütig, freundlich, zugeneigt' (daneben auch 'ganz aufrichtig') zurück. Beim Übergang zu mhd. *álwære* wandelt sich seine Bedeutung '(allzu)-gütig' zu 'dumm'. Heute unterscheidet sich *albern* von *töricht*, das auch 'dumm' bedeutet, darin, daß es wesentlich auf das Unschickliche im Benehmen und das Unfertige, Unausgereifte, Unernste in der Haltung geht. *Schlaf* und *Schlummer* unterscheiden sich begrifflich insofern voneinander, als *Schlummer* in der Regel nur für einen leichten Schlaf gebraucht wird.

Kavallerie und *Reiterei* sind dadurch unterschieden, daß *Reiterei* den Charakter eines Historismus hat. Man wendet es in der Regel nur auf die berittenen Streitkräfte des Altertums oder des Mittelalters an, während die entsprechende Truppengattung der Neuzeit nur als *Kavallerie* bezeichnet wird.

Mitunter macht sich der Unterschied zwischen zwei oder mehreren ideographischen Synonymen nicht im Bedeutungsinhalt, sondern im B e d e u t u n g s - u m f a n g bemerkbar. So bedeuten sowohl *verstehen* als auch *begreifen* das richtige Erfassen eines geistigen Zusammenhanges. Aber *begreifen* kann auch soviel wie 'merken' besagen („er begriff, daß man ihm nicht traute"), während *verstehen* auch im Sinne von 'Verständnis für etwas haben, eine Sache billigen' gebraucht werden oder in der Wendung *sich zu etwas verstehen* die Bedeutung 'sich zu etwas bereit erklären' annehmen kann.

Unter stilistischen Synonymen verstehen wir solche Wörter, die je nach dem Stilgenre bzw. der Sprachschicht, in der wir uns bewegen, ein und denselben Gegenstand oder Begriff bezeichnen können. So stehen die Ausdrücke *sich verheiraten, sich verehelichen, ein Weib heimführen, sich beweiben* für ein und denselben Vorgang. Während *sich verheiraten* der angemessene Ausdruck der Alltagssprache und des Sprachstils des alltäglichen Verkehrs ist, gehört *sich verehelichen* in den sog. Amtsstil. *Ein Weib heimführen* ist heute bereits veraltet und muß, wenn es in der Alltagsrede erscheint, ironisierend oder pathetisch verzerrt wirken. *Sich beweiben* dürfte heute nur in etwas burschikoser Redeweise auftreten.

Die Reihe *Haupt – Kopf – Schädel* zeigt die stilistischen Synonyme der gewählten, neutralen und derben Stilfärbung. Andere stilistische Synonyme sind für die Schriftsprache (nicht für die Mundarten!) die Wörter *Roß – Pferd – Gaul – Mähre – Klepper*. *Roß* ist der Ausdruck mit gehobener Stilfärbung („*Streitroß*"; es bezeichnet ein edles Tier), *Pferd* ist als der allgemeine Ausdruck stilistisch neutral. Die restlichen drei Bezeichnungen setzen die Linie nach unten fort, sind aber zugleich ideographische Synonyme zu *Pferd,* indem sie besonders abgearbeitete, abgetriebene Tiere bezeichnen. Hier sei noch darauf hingewiesen, daß *Roß,* mhd. *ros,* ahd. *(h)ros(s),* ein germanisches Wort ist, während *Pferd* aus mlat. *paravērēdus* 'Postpferd' entlehnt wurde, das zu kelt. *rēda* 'vierrädriger Reisewagen' gehört. *Pferd* wird besonders im Norden und Westen und *Roß* im Süden des deutschen Sprachraumes gebraucht, während manche mitteldeutsche und oberdeutsche Mundarten *Gaul* als die gewöhnliche Bezeichnung kennen (siehe auch S. 66 f.).

Es kommt nur selten vor, daß zwei absolute Synonyme längere Zeit nebeneinander in Gebrauch sind. Meistens endet die Rivalität zweier gleichbedeutender Wörter damit, daß eines von ihnen seine Bedeutung verändert oder aus dem Sprachgebrauch verschwindet. So hat heute das Wort *Flugzeug* das ältere *Aeroplan* endgültig verdrängt, nachdem die beiden Wörter eine Zeitlang nebeneinander gebräuchlich waren; ebenso wurden *Tramway* und *Tram* mit der Zeit durch *Straßenbahn* ersetzt, und heute befindet sich *Auto* (aus *Automobil*) merklich im Zurückweichen vor *Kraftwagen* oder *Wagen.* Die Beispiele zeigen außerdem, daß oftmals in dem Maße, wie die betreffenden neuen Gegenstände nach und nach zu allgemeinen Einrichtungen werden, an die Stelle der fremden Bezeichnungen einheimische Wörter treten.

Die Beseitigung des Nebeneinanders von absoluten Synonymen durch Bedeutungsdifferenzierung, und zwar hinsichtlich der Stilfärbung, beobachten wir in folgenden Wortpaaren:

70

Als neben das alte germanische Wort *Haupt* (ahd. *houbit,* mhd. *houb(e)t*) das Lehnwort *Kopf* trat, fand eine Funktionsteilung in der Weise statt, daß *Haupt* nur noch im gehobenen Stil und fast nie mit Rücksicht auf die geistigen Funktionen verwendet wird, deren Sitz man in den *Kopf* verlegte. Die reiche Bedeutungsentfaltung des Wortes *Kopf* hat ihr Vorbild in der romanischen Sippe des zugrunde liegenden lat. *cuppa* 'Trinkgefäß von kugelförmiger Gestalt' (siehe auch S. 232).

Knabe wurde im Oberdeutschen durch *Bub* und im Niederdeutschen durch *Junge* aus der Umgangssprache verdrängt. Seine Verwendung ist heute auf bestimmte Landschaften und Stilsphären beschränkt.

Nur in gewählter Ausdrucksweise verwenden wir das Adjektiv *getreu* gegenüber dem alltäglichen *treu.* In mittelhochdeutscher Zeit war jedoch *getriuwe* der gewöhnliche Ausdruck; später wurde es durch *treu* aus der Umgangssprache in die gehobene Sprachschicht zurückgedrängt.

Ebenso wurde das Adjektiv *licht* zu einem gewählten Ausdruck, weil es in der Umgangssprache durch das vom Gehörseindruck auf den Gesichtseindruck übertragene *hell* verdrängt wurde.

Lenz (mhd. *lenze*) war bis in die frühneuhochdeutsche Zeit die allgemeine Bezeichnung der Jahreszeit. Es wurde im 18. Jh. durch das jüngere *Frühling* verdrängt und hat seit dieser Zeit gehobene Stilfärbung.

Träne und *Zähre* stehen sich als stilistisch neutrales und poetisches Wort gegenüber. *Zähre* ist heute außerdem bereits veraltet.

Mitunter sind Wörter, die ursprünglich nur in einer bestimmten Mundart beheimatet waren, durch Aufnahme in die Sprache der Dichtung geadelt worden und haben gegenüber den entsprechenden allgemeinen Ausdrücken der Gemeinsprache eine gehobene Stilfärbung erhalten. Das ist der Fall bei dem ursprünglich obd. *Gestade* gegenüber dem nd. *Ufer,* das heute der alltägliche Ausdruck ist; ebenso stehen sich *Matte* (ursprünglich alemannischer volkstümlicher Ausdruck) und *Wiese, Mägdlein* (obd.) und *Mädchen* gegenüber.

In meinen Darlegungen über die Synonyme sind schon die Ursachen dieser sprachlichen Erscheinung sichtbar geworden. Sie sind einmal darin zu sehen, daß in unserem Wortbestand fremde und einheimische Wörter nebeneinander existieren, häufiger aber entspringt das Nebeneinander von synonymen Ausdrücken den verschiedenen Mundarten und den sog. Sondersprachen.

Es folgen noch einige Beispiele von landschaftlich bedingten Synonymen: § 36

Schlächter (Schlachter) — Metzger (Metzler) — Fleischer — Fleischhauer (Fleischhacker) sind landschaftlich gebundene Bezeichnungen für Menschen, die ein und denselben Beruf ausüben. Die Sache, die sie benennen, ist dieselbe. Der Bewußtseinsinhalt, den sie hervorrufen, deckt sich jedoch nicht vollständig bzw. deckte sich ursprünglich nicht, denn die einzelnen Wörter heben jedesmal ein a n - d e r e s M e r k m a l der Tätigkeit des betreffenden Gewerbetreibenden hervor. *Schlächter*, häufiger *Schlachter* (aus mhd. *slahtære*, ahd. *slahtâri*), ist im norddt. Sprachgebiet gebräuchlich; es deutet we- gen seiner Zugehörigkeit zu *schlachten* auf das Abschlachten des Viehs. Im west- und süddt. Sprach- gebiet, in der Schweiz und im westlichen Teil Österreichs tritt *Metzger* auf (aus mhd. *metzjer*, älter *metzjære*); es geht auf mlat. *matiarius, zu matia* 'Darm', zurück und heißt demzufolge 'Wurstmacher', während mittelrheinisches *Metzler* für *Metzger* soviel wie Schlächter bedeutet, weil es zu frühnhd. *metzel(e)n* 'Vieh schlachten' gehört, das seinerseits aus mlat. *macellare, macellarius* zu lat. *macellum* 'Markt' entlehnt ist. *Fleischer* ist ostdeutsch; es bezeichnet eigentlich den Fleischwarenhändler. Diese spezielle Bedeutung ist nach K r e t s c h m e r [1] noch im nördlichen Bayern sichtbar, wo neben *Fleischer* für den Fleischwarenhändler auch *Metzger* für den geprüften Meister verwendet wird. Im Südosten des deutschen Sprachgebietes, besonders in den östlichen Ländern Österreichs, werden die Bezeich- nungen *Fleischhauer* und *Fleischhacker* verwendet, die auf das Schlachten der Tiere und das Zerlegen des Fleisches hinweisen.

Norddeutsches *Treppe* steht neben süddeutschem *Stiege*. *Treppe* ist ein nd. und md. Wort, das im Oberdeutschen ursprünglich fehlt und den oberdeutschen Mundarten bis heute fremd ist; sie kennen statt seiner *Stiege, Staffel, Stapfel*. In der nhd. Schriftsprache sind die beiden Wörter völlig synonym; in den Mundarten, in denen sie nebeneinander vorkommen, werden sie allerdings meist mit unter- schiedlicher Bedeutung verwendet.[2]

Andere Synonymenpaare, die die Trennung des deutschen Sprachgebietes in zwei große Teile, den nördlichen und den südlichen, widerspiegeln, sind z. B. *Biene — Imme, bohnern — wichsen, Bindfa- den — Schnur, Böttcher — Küfer, dauern — währen, Diele — Flur, dreist — keck, sich erkälten — sich verkühlen, fegen — kehren, Flieder — Holunder, fühlen — spüren, Gardine — Vorhang, Harke — Rechen, Hede — Werg, Junge — Bub, kämmen — strählen, Kartoffel — Erdapfel, Kiefer — Föhre, Kleid — Gewand, klingeln — schellen, Klempner — Spengler, Kneifer — Zwicker, Krume — Brosa- me, Lade — Truhe, Maler — Tüncher, nett — sauber, Pelle — Schale, plätten — bügeln, Sahne — Rahm, schließen — sperren, Schornstein — Schlot, Sonnabend — Samstag, Spind — Schrank, Straße — Gasse, Taschentuch — Sacktuch, Tischler — Schreiner, Topf — Hafen* u. a.

§ 37   Der Wortbestand einer jeden Sprache enthält außerdem Wörter, die wir ein- ander (auf Grund der Kontrastassoziation) als **Antonyme** oder G e g e n w ö r t e r gegenüberstellen können. Unter Antonymen verstehen wir also etymologisch nicht zusammengehörige Wörter mit gegensätzlicher Bedeutung, wie *Wahrheit — Lüge, Tag — Nacht, Leben — Tod, Liebe — Haß; stark — schwach, reich — arm, weich — hart, naß — trocken, alt — jung, fleißig — faul; reden — schwei- gen, lieben — hassen, entzünden — löschen, loben — tadeln.*

Wörter, deren gegensätzliche Bedeutungen dadurch zustande kommen, daß sie mit Hilfe von Negationspartikeln gebildet sind, wie *Tiefe — Untiefe, ehren- haft — unehrenhaft, zufrieden — unzufrieden* usw., fallen nicht unter den Be- griff Antonyme.

---

[1] P a u l K r e t s c h m e r : Wortgeographie der hochdeutschen Umgangssprache. Göttingen 1918, S. 413.
[2] So steht nach K r e t s c h m e r , a. a. O., S. 537, in Bayern, Württemberg, Baden, in der Pfalz und im Elsaß *Treppe* nament- lich für die steinerne, *Stiege* für die hölzerne Stufenanlage.

Nicht immer ist die Antonymie vollständig. So entspricht dem Adjektiv *trok-ken*, wenn es wörtlich zu verstehen ist, das Antonym *naß;* wird *trocken* jedoch übertragen, etwa von der Art und Weise der sprachlichen Darstellung, gebraucht, so sind seine Antonyme *frisch, lebendig* u. ä.

IV. Das Werden und Vergehen im Wortbestand

1. Wortschöpfung, Untergang und Wiederbelebung von Wörtern

§ 38   Der Wortbestand unserer Sprache befindet sich infolge des unmittelbaren Zusammenhanges zwischen der Sprache und jeder menschlichen Tätigkeit in ständiger Bewegung.

Die älteste und ursprünglich einzige Quelle der Bereicherung des Wortbestandes ist die Wortschöpfung. Wir verstehen darunter die erstmalige Verwendung eines Lautkomplexes als Bedeutungsträger. Die Wortschöpfung steht am Anfang der sprachlichen Entwicklung. Sie ist die Form, in der die Grundelemente des Wortbestandes, die Wortwurzeln, geschaffen wurden.[1]

Heute werden freilich kaum noch neue Wurzeln zur Bezeichnung neuer Begriffe gebildet; unsere Sprache greift bei Bedarf in der Regel zum Mittel der Wortbildung, d. h., sie bildet aus den bereits bestehenden Wurzeln auf dem Wege der Ableitung, der Zusammensetzung und anderer Formen der Wortbildung neue Wörter. Manche Sprachwissenschaftler leugnen überhaupt, daß im Deutschen die Wortschöpfung heute noch vorkommt.

Eine Form der Wortschöpfung ist aber offensichtlich auch heute noch möglich und nachweisbar, nämlich die freie Erzeugung **schallnachahmender Wörter** und **Interjektionen**. So sind u. a. folgende lautmalende Ausdrücke verhältnismäßig jungen Ursprungs: *bimmeln, bammeln, bummeln, blaffen, flirren, Flitter, flunkern, flüstern, huschen, kichern, klatschen, klimpern, klirren, Klecks, Knacks, knarren, knistern, knittern, kribbeln, krabbeln, kreischen, murren, panschen, pladdern, planschen, plappern, platzen, poltern, prasseln, prusten, quietschen, rasseln, räuspern, schlürfen, schmettern, schrill, stöhnen, stolpern, summen, torkeln, wimmern, zischen, zwitschern.* Zu den Wörtern, die auf Schallnachahmung beruhen, zählen ferner viele T i e r n a m e n , die aus der wenigstens annähernden Wiedergabe der Laute entstanden sind, die die betreffenden Tiere hervorzubringen pflegen. Hierher gehören unter anderem *Fink, Glucke, Hummel, Krähe, Kuckuck, Kiebitz, Uhu, Unke.* Lautnachahmend sind auch viele Ge-

---

[1] Beispiele für ide. und germ. Wortwurzeln siehe § 33.

74

räuschbezeichnungen, wie *ächzen, blöken, donnern, gackern, gurren, klappern, knacken, knirschen, knurren, krachen, krächzen, lispeln, murmeln, niesen, piepsen, plätschern, pusten, quaken, quieken, schnarchen, schnarren, schnattern, sausen, trommeln, wiehern, zirpen* u. a. Ebenso sind das in Frankreich entstandene *Töfftöff* (für Auto) und das von Berlin ausgegangene *Tingeltangel* (für ein lärmerfülltes Musikkaffee) Wortschöpfungen, die auf Schallnachahmung beruhen.

Trotz der großen Zahl lautmalender Wörter in allen Sprachen kann jedoch die früher vertretene Auffassung, daß die E n t s t e h u n g d e r S p r a c h e überhaupt auf Schallnachahmung zurückzuführen sei, nicht aufrechterhalten werden. Diese Theorie scheitert nicht zuletzt daran, daß sich viele Gegenstände und Erscheinungen der Wirklichkeit, vor allem aber geistige und seelische Tatbestände, durch onomatopoetische (= lautmalende) Lautgebilde nicht repräsentieren lassen. Zudem sind manche Wörter, die heute lautmalend klingen, ihrem Ursprung nach keineswegs onomatopoetische Bildungen.

So wie unter der Einwirkung der gesellschaftlichen Veränderungen ständig neue Wörter benötigt werden, können andere infolge des Absterbens der betreffenden Einrichtungen und Erscheinungen überflüssig werden und untergehen. Häufig werden einheimische Wörter durch fremde Ausdrucke verdrängt. Von dem U n t e r g a n g können einzelne Wörter, aber auch ganze Wortsippen betroffen werden. Manche haben sich nur noch in spärlichen Resten erhalten. Bisher ist noch jedes Mal eine ganze Anzahl von Wörtern untergegangen, wenn eine Periode unserer Geschichte durch eine neue abgelöst wurde oder wenn andere besonders wichtige gesellschaftliche Veränderungen vor sich gingen. So sind z. B. mit dem Niedergang des Rittertums viele Wörter abgestorben, die sich auf die Lebenswelt der Ritter bezogen (z. B. *sâze* 'Hinterhalt', *tjoste* 'Zweikampf zu Pferd', *bûhurt* 'Ansturm beim Turnier' u. a.). § 39

In anderen Fällen ist der Untergang von Wörtern auf das Streben nach Klarheit und nach Kraftersparnis zurückzuführen: So wurden Wörter, die infolge des Wirkens der Lautgesetze undeutlich oder unverständlich geworden waren, durch andere ersetzt; von zwei infolge der lautlichen Entwicklung zusammengefallenen Wörtern, deren Gebrauch nunmehr zu Mißverständnissen führen konnte, mußte eines das Feld räumen; wieder andere kamen außer Gebrauch, weil für die von ihnen bezeichnete Sache noch andere, gleichbedeutende Wörter vorhanden waren usw.

Ich nenne im folgenden einige a l t e W ö r t e r , auf die man in altdeutschen Texten oder mitunter heute noch in manchen Mundarten stoßen kann, die aber unserer nhd. Schriftsprache fremd sind: *alah* = Gotteshaus, Tempel; *anke* = Butter; *balt* = kühn; *barn* = Kind, Sohn; *beiten* = zögern, warten und

75

zwingen, Gewalt antun; *blîde* = froh, heiter, artig; *brîse, brîsen* = Einfassung, Einschnürung und einfassen, einschnüren; *brogen* = sich erheben, großtun; *dagen* = schweigen; *diezen* = rauschen, aufschwellen (vgl. *tosen*); *dürkel* = durchbohrt; *ecke* = Schneide einer Waffe; *ellen, ellenthaft* = Kampfeifer, tapfer; *enke* = Vieh-, Ackerknecht; *ëter* = Zaun (alemann.-schwäb. *Etter*); *êwarto* = Priester; *gadem* = Haus von einem Gemach, Kammer; *galm* = Schall, Lärm; *gemeit* = lebensfroh, freudig; *itis* = Weib; *jëhen* = sagen, sprechen (vgl. *jà*); *künne* = Geschlecht; *mære* = berühmt; *mornên* (vgl. engl. *to mourn* 'trauern') = trauern; *nenden* = Mut fassen, wagen; *pheit* = Hemd (bair.-österr. *Pfait* = Rock, Tuch); *quërchala* = Gurgel; *ritto* = Fieber; *sælde* = Glück; *sâze* = Hinterhalt; *sisisang* = rituelle Totenklage; *smielen* = lächeln (vgl. engl. *to smile* 'lächeln'); *spœhe* = weise, kunstvoll, seltsam; *tëlben, dëlben* = Graben; *tougen* = dunkel, verborgen, geheimnisvoll; *truht* = Trupp, Schar; *truhtîn* = Kriegsherr, Fürst (im Mhd. immer nur 'Gott'); *ünde, unde* = Flut, Welle; *urliuge* = Krieg, Kampf; *vâlant* = Teufel; *vêch* = mehrfarbig, bunt und feindselig; *vërch* = Leib und Leben, Fleisch und Blut; *vreise* = grausam, schrecklich; *vruot(lich)* = verständig, klug; *wîh* = Heiligtum, Hain, Tempel; *winster* = link; *zëswe* = recht u. a.

§ 40   Von manchen Ausdrücken, die längst untergegangen sind, finden wir im Neuhochdeutschen noch S p u r e n in anderen Wortarten oder verwandten Wörtern. Die folgende Gegenüberstellung solcher zusammengehöriger Wörter ist besonders im Hinblick auf die Bedeutung der nhd. Ausdrücke aufschlußreich:

mhd.	nhd.
ande 'Kränkung'	*ahnden*
bëlgen 'aufschwellen'	*Balg*
bërn 'hervorbringen, Frucht tragen' (vgl. S. 62 f.)	*entbehren*
boln 'rollen, werfen, schleudern'	*Böller*
bor 'oberer Raum, Höhe' (vgl. S. 63)	*empor*
bôzen 'schlagen, klopfen'	*Amboß*
brëm 'Rand, Einfassung' (vgl. engl. *brim* 'Rand')	*verbrämen*
diet 'Volk'	*deutsch*
dinsen 'ausdehnen'	*Dunst, aufgedunsen*
drozze 'Kehle, Schlund'	*erdrosseln, drosseln* (den Motor)
veim 'Schaum'	*abgefeimt*
gal 'Gesang, Ton, Schall' und ahd.	
galan 'singen'	*gellen, Nachtigall*
ham(e) 'Haut, Hülle, Kleid; sackförmiges Fangnetz'	*Hemd, hämisch* und *heimtückisch*
hurren 'sich schnell bewegen' (vgl. engl. *to hurry* 'eilen')	*Hurra*
hurt 'Stoß, Anprall' (vgl. S. 75: *bûhurt*)	*hurtig*
kar 'Trauer, Wehklage'	*karg, Karfreitag*
klieben 'spalten'	*Kluft*
kurn, kürne 'Mühle, Mühlstein'	*Querfurt, Moselkern* [1]
laffen 'schlürfen, lecken'	*Löffel*
lander 'Stangenzaun'	*Geländer*
lei(e) 'Fels, scharfer Stein'	*Loreley*
loter 'locker; leichtsinnig, leichtfertig'	*Lotterbube*
lützel 'klein, gering, wenig' (vgl. engl. *little* 'klein')	*Luxemburg, nd. lütt*
maz 'Speise'	*Messer* [2], *Mettwurst, Mus*
mein(e) 'falsch'	*Meineid*
mëlm 'Staub' (siehe auch S. 65)	*zermalmen*

---

[1] Ortsnamen; siehe auch S. 282 ff.

[2] *Messer* (< germ. ⁺*mati-sahs*) ist also eigentlich: das beim Speisen gebrauchte Schwert.

76

michel 'groß' (vgl. engl. *much* 'viel, groß')	*Mecklenburg*
munt 'Hand, Schutz'	*Mündel, Vormund*
râm(e) 'Ziel'	*anberaumen*
ruoch(e) 'Acht, Bedacht, Sorge'	*ruchlos*
sint 'Weg, Gang, Reise, Fahrt'	*Gesinde*[1], *senden*
spanen 'locken, reizen'	*Gespenst* [2], *abspenstig*
spël 'Erdichtung, Sage; leeres Gerede'	*Beispiel*
(vgl. engl. *spell* 'Zauberwort')	
töuwen, touwen 'mit dem Tode ringen, dahinsterben' (vgl.	
engl. *to die* 'sterben')	*tot*
tuschen 'sich still verhalten, verbergen'	*tuscheln, vertuschen*
vlât 'Sauberkeit, Schönheit'	*Unflat*
vrô 'Herr'	*Frondienst, frönen, Frau*
wër 'Mann'	*Werwolf, Wergeld*
winnen 'sich abarbeiten, toben, rasen, streiten'	*gewinnen* [3]
zâfen 'ziehen; pflegen, putzen'	*Zofe*

Andere nhd. Ausdrücke gehen auf Wörter zurück, die bereits in ahd. Zeit abgestorben sind, z. B.: nhd. *Demut*[4] — ahd. *dio* 'Knecht'; nhd. *dengeln* — ahd. *tangol* 'Hammer'; nhd. *kostspielig* — ahd. *spilden* 'verschwenden, vertun'; nhd. *Wiedehopf* — ahd. *witu* 'Holz'; nhd. *Ungeziefer*[5] — ahd. *zëbar* 'Opfertier'.

In der nhd. Schriftsprache gibt es nicht wenige Ausdrücke, die infolge der Veränderungen der gesellschaftlichen Verhältnisse und Einrichtungen oder aus Gründen der sprachlichen Entwicklung außer Gebrauch gekommen waren, aber später bewußt zu neuem Leben erweckt wurden. Das taten mit besonderem Erfolg die Klassiker unserer Literatur, die sich mit Bewußtheit der Geschichte des Volkes zuwandten und aus dem Sprachschatz vergangener Jahrhunderte schöpften, aber auch die deutschen Romantiker, die in wirklichkeitsfremder Abkehr von der Gegenwart in einer idealisierten Vergangenheit Vorbild und Anregung suchten. Abgesehen von den Auswüchsen einer allzu gefühlsseligen oder gar chauvinistischen Deutschtümelei, wie sie sich besonders um die Jahrhundertwende und dann während des Faschismus breitmachte[6], ist das Zurückgreifen auf gute alte Wörter zur Bereicherung des Wortbestandes sehr zu begrüßen. Ohne Zweifel ist dieses Verfahren zweckmäßiger, als bedenkenlos

§ 41

---

[1] *Gesinde* = eigentlich 'Weggenossen'.
[2] *Gespenst* = eigentlich 'lockende Gestalt'.
[3] *gewinnen* = eigentlich 'durch Mühe, Arbeit oder Sieg etwas erwerben'.
[4] *Demut* = eigentlich 'Knechtsgesinnung'.
[5] *Ungeziefer* = eigentlich 'unreines, nicht zum Opfer geeignetes Tier'.
[6] Kennzeichnend für die ostentative Hervorhebung eigener „kerndeutscher Art" sind die Namen, die in jener Zeit propagiert und von vielen Familien bevorzugt wurden. Da wurden längst untergegangene g e r m a n i s c h e Namen wiederbelebt, die betont „völkisch" wirken sollten, wie *Edda, Eckart, Giselher, Hagen, Hartmut, Heide, Hella, Olaf, Sighard, Siglinde, Sigurd, Uwe, Wiltrud* u. a., oder man bildete selbst n e u e Namen, die das Deutschtum ihres Trägers bzw. des Namengebers unterstreichen sollten: *Dietrun, Heimtraut, Helmgard, Hermengild, Sonnhilt, Sonntraut* u. a. Auch die Vorliebe für volltönende germanische D o p p e l n a m e n, wie *Dietmar-Gerhard, Horst-Uwe, Bernd-Walter* u. ä., entspringt dieser Absicht.

immer neue Wörter zu bilden oder unbegründet fremdes Wortgut zu übernehmen.

Aus der großen Zahl jener Wörter, die während der Ausbildung der deutschen Nationalsprache zu neuem Leben erweckt wurden, seien hier genannt: *abhold, Absage, Ahn, anheben, bannen, Barde, barfuß, barhaupt, beginnen, behagen, Beschaulichkeit, Besonnenheit, bieder, Blachfeld, Brosam, Brünne, daheim, Degen* (= Held), *eitel* (= lauter), *Elfe, erkunden, fahen, Fee, Fehde, Ferge, findig, flugs, fortan, Forst, Frevel, frommen, fürbaß, fürlieb, Gastfreund, gastlich, Gebaren, Gebilde, gehaben, gelehrt, Genosse, Ger, Gleisner, Götterdämmerung, griesgrämig, gülden, Hain, Halle, Harm, harmlos, Harnisch, hasten, hauchen, hausen, hehr, heil* (= ganz), *Heim, Heimat, heischen, Hippe, Hirn, Hort, Hüne, Imbiß, Inschrift, Kämpe, kiesen, Knappe, kosen, Kurzweil, Laib, Leumund, lugen, Maid, Märe, Meisterschaft, Minne, nacheifern, Norne, Prüfstein, raunen, Recke, reizen, rügen, Satzung, scheel, Schemen, Scheuer, schlottern, Seher, selbander, Sippe, sonder* (= ohne), *stattlich, Städter, Stegreif, tagen* (= verhandeln), *Tarnkappe, ungefüge, Ungetüm, verdüstern, vergeuden, verursachen, Wagnis, Walhalla, Walküre, wallen, wähnen, wahren, Weidwerk, weidlich, weilen, Wesenheit, Windsbraut, wispern, Wonne, wundersam, Wüstling, zag, zeihen, Zier.*
Viele dieser Wörter haben jedoch nur in der Sprache der Dichtung neues Leben erlangt und damit eine gehobene Stilfärbung angenommen.

2. Die Entlehnung fremden Wortgutes

§ 42   Eine weitere Quelle der Bereicherung des Wortbestandes ist die Entlehnung von Wörtern aus einer anderen Sprache. Es gibt keine Sprache, die völlig frei von solchen Entlehnungen wäre. Freilich ist die Menge des Lehngutes in den verschiedenen Sprachen sehr unterschiedlich. Sie hängt von dem ökonomischen, politischen und kulturellen Entwicklungsstand des betreffenden Volkes in den einzelnen Perioden seiner Geschichte im Vergleich zu dem anderer (besonders: benachbarter) Völker und der Art seiner politischen, wirtschaftlichen und kulturellen Beziehungen zu diesen Völkern ab. Das in einer Sprache auftretende Lehngut ist daher von höchstem kulturhistorischem Interesse, denn es gibt Aufschluß über den Grad und die Art der Beeinflussung, die von seiten anderer Völker auf den Sprachträger einwirkte. Ist die Zahl der Entlehnungen aus einer bestimmten Sprache sehr hoch, so läßt das auf enge Beziehungen zwischen den beteiligten Völkern schließen.
Der nächstliegende Anlaß zur Entlehnung ergibt sich aus der unmittelbaren Berührung von Angehörigen zweier Völker. Dabei werden dem einen Teil bisher unbekannte Gegenstände oder Einrichtungen mit ihren fremden Bezeichnungen übernommen, da die eigene Sprache für sie naturgemäß keinen Ausdruck besitzt. Beim Zusammentreffen zweier Völker, die auf verschiedenen

78

Stufen der gesellschaftlichen Entwicklung stehen, übernimmt meist das weniger fortgeschrittene die höher entwickelten Einrichtungen des anderen Volkes. Dabei pflegt die Höhe der ökonomischen, politischen und kulturellen Entwicklung den Ausschlag zu geben. So unterwarfen zwar die Römer im 2. Jh. v. u. Z. die Griechen, aber das wirtschaftlich und kulturell höher entwickelte Griechenland exportierte mit seinen Luxuswaren und Kulturgütern auch seine Sprache in das Land des Siegers. Ebenso konnten die Franken zwar Gallien und die Langobarden Oberitalien erobern, aber die auf einer höheren gesellschaftlichen Entwicklungsstufe stehenden besiegten Völker romanisierten die germanischen Sieger und assimilierten sie sprachlich.

Es ist häufig festzustellen, daß man bei der Bekanntschaft mit der höher entwickelten Kultur eines anderen Volkes nicht nur einzelne Wörter, sondern die gesamte Terminologie eines Sachgebietes entlehnt. So übernahm im hohen Mittelalter das deutsche höfische Rittertum den Wortschatz der französischen Kultur, und ebenso machte die herrschende Klasse Deutschlands im 17. und 18. Jh. sehr weitgehende Entlehnungen aus dem Französischen.

Wenn die ökonomische, politische oder kulturelle Abhängigkeit eines Volkes von einem anderen sehr stark ist, werden öfter sogar für solche Dinge und Einrichtungen Wortentlehnungen gemacht, für die das entlehnende Volk eigene Bezeichnungen besitzt oder aus dem eigenen Wortmaterial leicht schaffen könnte. So wurden im 17. und 18. Jh. die Verwandtschaftsbezeichnungen *Papa, Mama, Onkel, Tante, Cousin, Cousine* aus dem Französischen ins Deutsche übernommen, obwohl natürlich die entsprechenden deutschen Bezeichnungen zur Verfügung standen. Dieser Vorgang hat seine Ursache in dem Bestreben der herrschenden Klasse jener Zeit, sich von der großen Masse des verachteten, ausgebeuteten werktätigen Volkes auch in der Sprache zu unterscheiden, „sich en parlant von der Canaille zu distinguieren", wie man das damals mit bemerkenswerter Offenheit ausdrückte.

Neben derlei im Wesen der Klassengesellschaft begründeten Ursachen wirken bei einzelnen Individuen auch psychologische Beweggründe in derselben Richtung. Tatsächlich hat diese „Doppelstöckigkeit" in manchen Bereichen unseres Wortbestandes mitunter auch eine semantische Funktion erfüllt. So dienten in den Kreisen der sog. höheren Gesellschaftsschichten der Vergangenheit beispielsweise die Ausdruckspaare *Mut – Courage, Tapferkeit – Bravour, Unglück – Malheur* dazu, gewisse Bedeutungsnuancen zum Ausdruck zu bringen.

Wenn auch der sprachlichen Entlehnung meistens Sachentlehnung zugrunde liegt, so darf man doch, wie die zuletzt genannten Beispiele zeigen, nicht immer direkte Übernahme des Wortes mit der Sache voraussetzen. Es gibt nämlich auch noch einen anderen Weg, auf dem fremde Wörter in eine Sprache eindringen können, ohne daß die bezeichnete Sache oder Einrichtung selbst übernommen wird: das ist die literarische Einfuhr fremden Wortgutes. Wenn in einem Volk das Interesse für fremde Länder und ihre Einrichtungen entsteht, dringen fremde Bezeichnungen auch auf literarischem Wege in seine Sprache ein. So sind z. B. Wörter wie *Gral, Phönix* u. a. aus der ausländischen Abenteuer- und Sagendichtung des Mittelalters in unseren Wortbestand gekommen, während *Palme* und *Balsam* neben vielen anderen durch die Bibel eingeführt wurden.

§ 43   Von den Entlehnungen, die auf unmittelbare nachbarschaftliche Beziehungen zwischen den Völkern zurückgehen und meistens erkennen lassen, welches der beiden beteiligten Völker auf dem betreffenden Lebensgebiet eine höhere Entwicklungsstufe erreicht hatte, unterscheidet man die sog. **Kulturwörter**, die mit der betreffenden Sache von einem Volk zum anderen um die halbe Welt wandern (Ausdrücke für ausländische Bodenerzeugnisse, Tiere, Waren, für wirtschaftliche und politische Einrichtungen, kulturelle Neuerungen u. dgl.). Solche Wörter sind z. B. die folgenden, deren Herkunft und Wanderungen aus den beigefügten etymologischen Hinweisen ersichtlich sind:

Pfeffer	ahd. *pfëffar,* nd. *peper,* engl. *pepper* < lat. *piper* (it. *pepe*) < griech. *péperi,* das über das Persische auf aind. *pippalf* 'Beeren, Pfefferkorn' zurückgeht.
Orange	< frz. *orange,* zu span. *naranja,* it. *arancia,* die über arab. *narandsch* auf pers. *naräng* 'bittere Apfelsine' zurückgehen.
Ananas	< it. *ananás(se),* span. *ananás,* aus peruanisch *nánas, anassa.*
Kaffee	< franz. *café,* zu engl. *coffee,* ndl. *koffie,* über türk. *qahvé* aus arab. *qahwa,* ursprüng. 'Wein' (seine spätere Bedeutung 'Kaffee' erhielt es infolge des Weinverbots Mohammeds).
Kümmel	ahd. *kumil* und *kumîn,* die über gemeinrom. und lat. *cumīnum* auf griech. *kýminon* zurückgehen; diesem liegt punisches *chamān* zugrunde.
Löwe, Leu	mhd. *lęwe, lêwe, leu,* ahd. *lęwo, lêwo* < vulgärlat. *+lewō,* griech. *léōn.*
Tiger	mhd. *tigertier* < lat. *tigris,* zu griech. *tígris,* aus avestisch (altpersisch) *tigri-* 'Pfeil'.
Seide	mhd. *sîde,* ahd. *sîda* < mlat., it. *sēta* 'Seide, Tierhaar', wohl verkürzt aus *sēta Serica* 'serisches (= chinesisches) Tierhaar'.
Atlas (Stoff)	< arab. *aṭlas* 'glattes, seidenes Zeug'.
Finanzen	< frz. *finances,* it. *finanze,* zu mlat. *finantia* 'öffentliche Leistungen an Geld', urspr. 'Schlußleistung' von rom. *finare,* lat. *finire.*

§ 44   So wie die Menge des Lehngutes in den einzelnen Sprachen recht verschieden ist – das Deutsche hat sehr viel fremdes Wortgut aufgenommen –, ist auch der Grad der formalen Anpassung der entlehnten Wörter an die eigene

Laut- und Formgebung in den verschiedenen Sprachen sehr unterschiedlich. Die romanischen Sprachen haben das fremde Wortgut – beispielsweise aus dem Germanischen und Deutschen – weitgehend assimiliert, während im Deutschen viele Entlehnungen ihre fremde Form und Lautung unverändert beibehalten haben.

Gewöhnlich scheidet man die Bestandteile des deutschen Wortschatzes, die fremder Herkunft sind, in **Lehnwörter** und **Fremdwörter**. Zu den L e h n w ö r - t e r n rechnet man jene Wörter, die sich dem Deutschen in Lautgestalt, Betonung und Flexion völlig angepaßt haben; als F r e m d w ö r t e r bezeichnet man jene Ausdrücke, die ihren fremden Charakter bewahrt haben. So haben sich die lateinischen Wörter *radix, pondō, vinitor,* die nahezu 2 000 Jahre zu unserem Wortbestand gehören, schon längst nach Aussprache und Schreibung den Gesetzen ihrer Gastsprache unterworfen, und ihre heutige Gestalt *(Rettich, Pfund, Winzer)* verrät in nichts mehr ihre fremde Herkunft. Daneben haben die Lehnwörter *Pfingsten, Münster, Schüssel* auch ihre ursprüngliche Betonung gegen die im Deutschen übliche Anfangsbetonung eingetauscht *(pentekostě [hemérā], monastérium, scutélla),* und *Leutnant, Scheck, Streik* sind dabei, sich auch hinsichtlich ihrer Flexion den deutschen Gewohnheiten anzupassen (Plur. *Leutnante, Schekke, Streike* neben *Leutnants, Schecks, Streiks*).

Freilich ist auch die lautliche Anpassung an den deutschen Sprachstand nicht immer ausschlaggebend dafür, ob sich ein fremdes Wort wirklich eingebürgert hat oder nicht. So gibt es genügend Fremdwörter, die ihre fremde Form (Aussprache und Schreibung) unverändert beibehalten haben und doch bei allen Bevölkerungsschichten gebräuchlich sind, wie *Courage, Gala, interessant, Kognak, Restaurant* u. a. Eine reinliche Scheidung in Lehnwörter und Fremdwörter ist aus verschiedenen Gründen schwierig. Sie hat auch höchstens für die Bemühungen um die Reinigung der Sprache von unnötigen, nicht eingebürgerten fremden Wörtern einen praktischen Wert. Das häufig angewandte Einteilungsprinzip, nach dem alle Fremdlinge, die in ahd. und mhd. Zeit aufgenommen wurden, als Lehnwörter und alle etwa nach 1 500 eingedrungenen als Fremdwörter bezeichnet werden, ist allerdings nicht zu halten, denn Wörter wie *Kaffee, Streik, Sport* u. v. a., die erst in neuerer oder neuester Zeit in unseren Wortbestand aufgenommen wurden, haben sich völlig eingebürgert, während andere, die schon viele Jahrhunderte bei uns gebräuchlich sind *(Evangelium, katholisch, Kompanie)* immer noch als Fremdlinge empfunden werden.

Wenn von der Entlehnung die Rede ist, muß auch eine Wortkategorie erwähnt werden, die bei der Ausbildung unseres Wortbestandes eine nicht unbedeutende Rolle spielt. Das ist das Ü b e r s e t z u n g s l e h n w o r t oder die **Lehn-**

§ 45

81

übersetzung. Viele Übersetzungslehnwörter entstanden in ahd. Zeit, als die gelehrten Übersetzer vor der schwierigen Aufgabe standen, die lateinische geistliche und wissenschaftliche Terminologie mit den unzureichenden Mitteln der damals noch wenig entwickelten deutschen Sprache nachzuschaffen. Sie halfen sich oft damit, daß sie die fremden Ausdrücke durch heimische Sprachstämme wörtlich übersetzten. So schufen sie nach dem lat. *con-scientia* durch mechanische Aneinanderfügung der entsprechenden deutschen Wortstämme ahd. *gi-wizzanî* (unser *Gewissen*), nach lat. *miseri-cors* ahd. *arm(a)-hërzi* (daraus wurde durch Anlehnung an ahd. *[ir]-barmên* [nhd. *erbarmen*] schließlich unser heutiges *barmherzig*), nach lat. *con-fessio* ahd. *bi-jiht* (unser *Beichte* 'Sündenbekenntnis'), nach lat. *com-pater* ahd. *gi-fatero* (unser *Gevatter,* eigentlich 'geistlicher Mitvater') u. v. a. Aber auch in jüngerer Zeit hört die Sprache nicht auf, ihre Ausdrucksmöglichkeiten mit Hilfe von Übersetzungslehnwörtern zu vervollkommnen. So sind z. B. zahlreiche Fachausdrücke des Parlamentarismus Lehnübersetzungen aus dem Englischen: *Parlamentsmitglied* nach *member of Parliament, Herrenhaus* nach *House of Lords, Jungfernrede* nach *maiden-speech* u. a. (siehe auch § 107).

Nahe verwandt mit der Lehnübersetzung ist die **Bedeutungsentlehnung**. Sie entsteht aus dem gleichen Bedürfnis wie jene. Aber während durch die Lehnübersetzung ein völlig neues Wort entsteht, erhält bei der Bedeutungsentlehnung ein bereits vorhandenes heimisches Wort unter dem Einfluß eines fremden eine neue Bedeutung. So nahm das deutsche Wort *Fall* (urspr. 'das Fallen, Stürzen, der Untergang') unter dem Einfluß des lat. *casus* seine grammatische Bedeutung an, und *Rechnung* (urspr. 'das Rechnen') bedeutete in der Fachsprache der Kaufleute schon im 15. und 16. Jh. dasselbe wie it. *conto* (z. B.: *laufende Rechnung* nach *conto corrente; auf neue Rechnung übertragen*). In neuerer Zeit erhielt das dt. Verb *schneiden* unter dem Einfluß des engl. *to cut* auch die Bedeutung 'geflissentlich übersehen', und dt. *Ring* kann wie das amerik. *ring* heute auch eine 'Vereinigung von Personen oder Einrichtungen mit gleichen Interessen' (*Ringverein, Gangsterring* u. ä.) bezeichnen.

§ 46   Ein Sonderfall der Entlehnung fremden Wortgutes ist die sog. **Rückentlehnung** oder R ü c k w a n d e r u n g . Es kommt des öfteren vor, daß Wörter, die in älterer Zeit aus einer germanischen Sprache in andere Sprachen (meistens in die romanischen) entlehnt wurden, später wieder, und zwar dann in fremdem Gewande, ins Deutsche rückentlehnt werden. Ein solcher Rückwanderer ist z. B. *Balkon* (aus frz. *balcon,* das im 16. Jh. aus it. *balcone* übernommen wurde; dieses wiederum geht auf langobardisches [also germanisches] *+balco*- 'Balken' zurück). Das Wort *Balkon* kam gegen Ende des 17. Jh. in der Bedeutung 'Fenster, Erker' wieder zu uns und nahm anfangs des 18. Jh. seine jetzige Bedeutung an. Ebenso ist *Salon* im 18. Jh. aus dem Französischen ins Deutsche zurückgekehrt. Es geht über it. *salone* 'großer Saal' (zu it. *sala* 'Saal') auf germ. *+salaz, +saliz,* die Bezeichnung des germanischen Einraumhauses, zurück. Andere Rückentlehnungen sind zum Beispiel: *Bresche* (< frz. *brèche* und it. *breccia* < germ. *brëkan* 'brechen'); *Flanke* (< frz. *flanc* < ahd., afränk. *hlanca* 'Seite, Hüfte, Lende'); *Garde* (< frz. *garde,* it. *guardia* < germ. *+warda;* davon auch ahd. *warta* 'spähendes Ausschauen; Ort, von dem aus gelauert wird' > dt. *Warte*); *Liste* (< it. *lista* '[bandförmiger] Streifen' < ahd. *lîsta,* daraus nhd. *Leiste*); *Muff* (< frühnhd. *muffel* < mnl. *moffel, muffel* 'Halbhandschuh' < frz. *moufle* 'Fausthandschuh' < mlat. *muff(u)la* 'Pelzhandschuh' < afränk. *+molfëll* 'weiches Fell'); *Robe* (< frz. *robe,* it. *roba* 'Gewand, Kleid' < afränk. *rauba* '[erbeutetes] Kleid'); *Spion* (< frz. *espion,* it. *spione,* Weiterbildungen zu frz. *épie,* it. *spia.* < got. *+spaíha* 'Späher'); *Staket* (< it. *stacchetta,* zu it. *stacca* 'Pfahl' < germ. *+stakan-,* vgl. dt. *Stecken*).

Ein großer Teil der heute im Deutschen gebräuchlichen Fremdwörter findet §47 sich in gleicher Weise auch in anderen Sprachen. Es handelt sich dabei in erster Linie um Bezeichnungen für Ergebnisse des Fortschritts in Wissenschaft und Technik, auf kulturellem Gebiet, in Handel und Verkehr usw. Man bezeichnet diese Wörter, deren sprachliches Material zwar etymologisch lokalisiert werden kann, die nach ihrem Gebrauch aber übernationalen Charakter haben, als **Internationalismen.** Ein nicht unbedeutender Teil dieser Internationalismen ist ererbtes Kulturgut. Sie stammen meistens aus dem Lateinischen oder Griechischen (z. B. *Aristokratie, Doktor, Examen, Gymnasium, Kultus, Medizin, Minister, Monarch, Musik, Pädagoge, Philosophie, Physik, Region, Republik, Testament* usw.) und legen beredtes Zeugnis ab für die dominierende Rolle, die besonders das Lateinische im Mittelalter gespielt hat. Jahrhundertelang war das Lateinische die Sprache der Wissenschaft, der Religion und des amtlichen Verkehrs, und auch als man begann, die Sprachen der erstarkenden europäischen Nationen für die gehobene und die wissenschaftliche Darstellung zu benutzen, mußte man wegen ihrer vorläufigen Unzulänglichkeit noch lange Zeit bei den alten Sprachen Anleihen machen. Wo aber auch das vorhandene alte griechisch-lateinische Wortgut nicht ausreichte, schuf man aus diesen Sprachen heraus neue Ausdrücke, indem man das alte Sprachgut umformte *(Kommunismus, Sozialdemokratie),* inhaltlich umprägte *(liberal, Nation)* oder aus altem Material neue Wörter schuf *(klerikal, ästhetisch, Grammophon, Telephon, Telegraph, Expreß, Automobil, Dynamo, Turbine).*

Solche Kunstwörter sind besonders häufig auf dem Gebiet der Wissenschaft und Technik. Bei ihrer Bildung wird freilich oft mit großer Kühnheit und ohne

Rücksicht auf die Eigengesetzlichkeit der alten Sprachen griechisches und lateinisches Wortgut in Zusammensetzungen und Ableitungen verwendet und zum Teil mit modernem Sprachmaterial gemischt. Die neuen Ausdrücke erscheinen gerade wegen ihres übernationalen Charakters geeignet, bei allen Völkern Eingang zu finden. Solche Kunstwörter sind z. B. *Azetylen, Dextrin, Dynamit, Karbol, Penizillin, Salizyl* usw.

Zu den Internationalismen gehören auch jene Fachausdrücke, die auf Namen berühmter Wissenschaftler zurückgehen, wie *Ampère, Hertz (Kilohertz, Megahertz), Ohm, Volt, galvanisieren* usw.

3. Der Einfluß der sogenannten Sondersprachen auf den Wortbestand der Gemeinsprache

§ 48   Betrachtet man das Kommen und Gehen der Wörter und Wendungen in der Sprache, so kann man nicht daran vorübergehen, daß der Wortbestand unserer Gemeinsprache sehr stark durch die sog. Sondersprachen beeinflußt wird. Ich habe in dem Kapitel über die Erscheinungsformen der Sprache bereits ausgeführt, daß sich verschiedene soziale Gruppen einen Sonderwortschatz schaffen (vgl. § 10). So wie diese Sonderwortschätze als Abzweigungen, als spezielle Ausprägungen des allgemeinen Wortbestandes von diesem abhängig sind, üben sie auch ihrerseits einen mitunter recht tiefen und nachhaltigen Einfluß auf die Gemeinsprache aus, indem sie deren Bestand an Wörtern und Wendungen ständig bereichern.

Der Grad der Beeinflussung des Wortbestandes unserer Gemeinsprache durch die Sonderwortschätze hängt natürlich von der gesellschaftlichen Bedeutung der betreffenden sozialen Gruppen ab. Es ist klar, daß z. B. aus der Redeweise der Bauern, die jahrhundertelang die Hauptklasse der Gesellschaft gebildet haben, sehr vieles in den allgemeinen Sprachgebrauch übergegangen ist. Einmal stellten die Bauern selbst den größten Teil der Sprachgemeinschaft, zum anderen sind sie auf Grund ihrer Arbeit besonders eng mit der Natur verbunden und auf die genaue Beobachtung ihrer Erscheinungen angewiesen. Die Ausdrucksweise des Bauern zeichnet sich deshalb seit jeher durch Kraft und Lebensfrische aus, und sehr viele Ausdrücke und Wendungen enthalten sprachliche Bilder von großer Anschaulichkeit. Es ist daher nicht verwunderlich, daß auch andere Angehörige der Sprachgemeinschaft manche dieser wirkungsvollen Ausdrucksmittel übernahmen, die so in den allgemeinen Sprachgebrauch eingingen. Ähnlich verhält es sich mit den Sonderwortschätzen der Jäger und Fischer, der Handwerker und Kaufleute, der Ritter und Soldaten, der Seeleute und Bergleute, der Musiker und Spielleute, der Schüler und Studenten und vieler anderer sozialer Gruppen.

Wollte man untersuchen, wieviel von unserem gemeinsamen Wortbestand, einschließlich der allgemein gebräuchlichen Redewendungen, aus den sog. Sondersprachen stammt, so könnte man feststellen, daß dies auf einen sehr großen Teil unseres Sprachmaterials zutrifft; denn die Sprache ist unmittelbar mit der Produktion und allen anderen Bereichen des gesellschaftlichen Lebens verbunden. Vielen Wörtern unserer Sprache sieht man die Herkunft aus ihrem ursprünglichen Anwendungsbereich freilich nicht mehr an. So weiß heute keineswegs jeder, daß *naseweis* ursprünglich für einen 'spürkräftigen, gut witternden' Jagdhund gebraucht wurde oder daß *Zubuße* anfänglich nur ein 'Geldzuschuß zur Erhaltung eines Bergbaues' war. Das Wortgut aus den Sonderwortschätzen wird in der Gemeinsprache meistens bildlich gebraucht, doch kommt auch unbildliche Verwendung vor. Es seien an dieser Stelle nur einige Beispiele aufgeführt, die zeigen sollen, wie bunt die Zusammensetzung unseres gemeinsamen Wortbestandes nach seiner Herkunft ist. In dem Kapitel „Der Bildgehalt der Sprache" (§ 163 ff.) werde ich noch mehr Material (besonders Redewendungen) bieten.

Aus dem Sonderwortschatz der Bauern stammt neben vielen anderen der Ausdruck *Bauer* selbst, der zum ahd. *bûr* 'Haus, Kammer' gehört und ursprünglich den 'Hausgenossen, Miteinwohner', dann weiterhin den 'Dorfgenossen, Bauer' bezeichnet. *Ertrag* ist zunächst das, was dem Bauern sein Hof einträgt, *Gut* ist ursprünglich das Landgut, der Landbesitz. *Abwerfen* (einen Ertrag) wird zunächst von den Obstbäumen gebraucht, ebenso kommt *fruchtbar* (= Früchte, Frucht tragend) aus dem Sonderwortschatz des Bauern. *Aufgabeln* wird von dem Bauern zunächst unbildlich (= mit der Gabel aufnehmen), in der Umgangssprache aber wird es bildhaft (= auffinden, auflesen u. a.) gebraucht. Daß *stiernackig* ebenfalls aus dem ländlichen Lebenskreis stammt, liegt auf der Hand.

Von den Jägern stammen: *Hetzjagd, Kesseltreiben, Strecke* (in der Wendung *zur Strecke bringen*: das erlegte Wild wird, nach Arten gesondert, in Reihen, *„Strecken"*, nebeneinandergelegt), *bärbeißig* (ursprünglich von Hunden, die zur Bärenjagd abgerichtet waren), *unbändig* (eigentlich: durch kein Band gehalten; zunächst von Hunden in der Koppel gebraucht). Das Gegenteil dazu ist *bändig* (von dem Jagdhund, der sich gut am Leitseil führen ließ), *vorlaut* (ursprünglich von Hunden, die vorzeitig „Laut geben", d. h. zu früh bellen und das Wild „vergrämen"); *weidlich* (ursprünglich 'jagdgerecht'), *auftreiben* (ein Tier bei der Treibjagd), *hineinfallen* (in die Fanggrube), *prellen* (zu *prall*, von der Jägersitte, den gefangenen Fuchs mit dem *Prellnetz* emporzuschleudern; die Bedeutung 'betrügen' entstand im Wortgebrauch der Studenten: So wie der von den Jägern hochgeworfene Fuchs vergeblich auf seine Freiheit hofft, wurden die Füchse [= angehende Studenten] um ihr Geld *geprellt*, indem sich die älteren Semester von ihnen ungebeten bewirten ließen), *wittern* (Ableitung zu *Wetter*; soviel wie „Wind bekommen"); auch *suchen* ist ein altes Jägerwort, es geht auf germ. *+sôkjan* 'aufspüren lassen', nämlich durch den Spürhund, zurück.

Vom Vogelfang stammen die Ausdrücke und Wendungen *berücken* (eigentlich: mit dem Fangnetz über sein Opfer rücken), *bestricken* (mit dem Strick fangen), *umstricken, umgarnen, Leimrute, leimen, nachstellen* u. a.

Aus dem Sonderwortschatz der Fischer kommen: *anbeißen, ködern, zappeln lassen, im trüben fischen* usw.

Sehr umfangreich müßte naturgemäß die Liste der Ausdrücke und Wendungen ausfallen, die unsere Gemeinsprache von den verschiedenen Handwerkern übernommen hat. Ich gebe wiederum nur einige Beispiele. So stammen von den Bäckern: *altbacken, hausbacken;* von den Schneidern: *einfädeln, fadenscheinig, den Faden verlieren, sticheln, Stichelei, aufstecken* (= aufgeben, verzichten), *am Zeug flicken;* von den Zimmerleuten und Tischlern: *schnurgerade, verbohrt, vernagelt, ungehobelt, den Hobel ausblasen, aus dem Leim gehen;* von den Maurern: *Grundlage, eine Sache ins Lot bringen, im Lote sein;* von den Handwerkern im allgemeinen: *Gesellenstück, Meisterstück, blauer Montag, Feierabend machen, das Zeug* (nämlich das Handwerkszeug) *zu etwas haben, einem das Handwerk legen* (wenn er gegen die Innungsgesetze verstößt).

Von den Kaufleuten haben wir *borgen, Borg* (verwandt mit *bergen;* also eigentlich: jemanden mit Zahlung verschonen), *Kunde* (ursprünglich: jeder Bekannte) und *Miete*.

Aus dem Sonderwortschatz der Bergleute sind in den Wortbestand der Gemeinsprache eingedrungen: *Abbau, Ausbeute* (ursprünglich: Reinertrag einer Erzgrube), *ausbeuten, bestechen* (eigentlich: rings um etwas stechen, etwas von allen Seiten beweglich [= gefügig] machen), *Bremse* (Hemmschuh), *bremsen, zutage fördern, Fundgrube, Halde, reichhaltig* (ursprünglich 'reich an wertvollem Erz'), *Schlacke* (ursprünglich 'beim Schlagen abspringende Metallsplitter'), *Schicht, umschichtig, schürfen, verwittern* u. a.

Von den Seeleuten haben wir *Abstecher* (eigentlich: die kurze Fahrt im kleinen Boot, das mit dem Bootshaken vom großen Fahrzeug „absticht"), *aufgetakelt, bugsieren* (aus port. *puxar* 'ziehen, schleppen', von lat. *pulsare* 'stoßen'; das Wort wurde volksetymologisch an *Bug* angelehnt), *flau, Flaute, abflauen, flott* und *Flotte* (eigentlich: schwimmend, die Schwimmende; zu *fließen*), *kentern* (zu *Kante;* eigentlich: sich auf die Kante legen), *lavieren* ('im Zickzack gegen den Wind ansegeln'), *lotsen* (verwandt mit *leiten*), *Matrose* (das Wort bedeutet, wie mnl. *mattenoot,* mhd. *mazgenôze* zeigen, ursprünglich 'Mahlgenosse'; die Schiffsmannschaften des germanischen Altertums waren in Mahlgenossenschaften eingeteilt), *scheitern* (eigentlich: zu Scheitern [= Trümmern] gehen), *steuern, verankern, wohlbehalten* (zunächst von einem, der von See ohne Schaden zurückkam) u. v. a.

Aus dem Sonderwortschatz der Fechter und Schützen stammen u. a. *ausfallen, ausfallend werden, jemandem beikommen, sich bloßstellen, loslegen, Finte* (= Trugstoß, List), *Spiegelfechterei* (Übung des Fechters vor dem Spiegel, kein ernster Kampf), *Zielscheibe;* aus dem der Soldaten: *abzielen, Anschlag, Tragweite* (des Gewehrs), *Lauffeuer* (schnelles Schießen der Reihe nach), *Trommelfeuer, Feuertaufe, bombensicher, fahnenflüchtig, schlagfertig, verpuffen, verpulvern, überflügeln* (eigentlich: die Flügel des eigenen Heeres über die des gegnerischen ausdehnen).

Auch aus der Redeweise der Schüler und Studenten sind manche Wörter in den allgemeinen Wortbestand übernommen worden. Die meisten sind wegen ihres burschikosen Charakters nur in der Umgangssprache gebräuchlich, wie z. B. *bummeln, schwänzen, fachsimpeln, foppen, keilen* (= Mitglieder werben), *kneipen, pumpen, ochsen, büffeln, asten, stucken, schuften, schassen* (= von der Schule verjagen, aus frz. *chasser*), *Jux* (< lat. *iocus* 'Scherz'), *Ulk, Pennal* (heute veraltet, eigentlich: Federbüchse, wird im 17. Jh. zunächst für den angehenden Studenten gebraucht, der verpflichtet ist, dem Burschen stets mit Schreibmaterial auszuhelfen; zu Beginn des 19. Jh. wird es zum Schülerwort und bedeutet erst 'Gymnasiast', dann auch 'Schule')[1].

---

[1] Das Wort *Penne,* das im Schülerjargon ebenfalls für 'Gymnasium' verwendet wurde, war unter dem Einfluß des Rotwelschen aus *Pennal* umgebildet. Das rotwelsche *Penne* bedeutet 'Spelunke', davon abgeleitet sind *pennen* 'schlafen' und *Pennbruder* 'Landstreicher'.

In die Schriftsprache sind nur verhältnismäßig wenige Ausdrücke aus dem Wortschatz der Studenten und Schüler eingedrungen, darunter: *abführen, eine Abfuhr erteilen* (= mit Schimpf abweisen, eigentlich 'auf der Mensur kampfunfähig machen'), *durchfallen* (die Prüfung nicht bestehen), *burschikos, fidel, trist, kurios, Backfisch* (nach jungen, zarten Fischen, die sich zum Backen besser eignen als zum Kochen; das Wort bezeichnet zunächst junge Studenten und erst später halbwüchsige Mädchen), *Ständchen.*

Aus der Terminologie des R e c h t s w e s e n s und der V e r w a l t u n g sind allgemein gebräuchlich geworden: *ahnden, Anwalt* (eigentlich: einer, der Gewalt über etwas hat, seit dem 14. Jh. 'Beauftragter, Bevollmächtigter' und später 'Stellvertreter'), *aufschieben* (ursprünglich: sich an eine höhere Instanz wenden), *bezichtigen* (verwandt mit *zeihen*), *Daumenschrauben, dingfest* (in der Wendung *jemanden dingfest machen;* es ist das Gegenwort zu mhd. *dincflühtic* 'der sich dem Gericht *[dinc]* durch Flucht entzieht'), *Häscher* (zu *haschen* und *Haft*), *Henkersmahlzeit, Pranger* (zu mhd. *pfrengen* 'pressen, drängen, bedrücken'; nach dem drückenden Halseisen benannt), *Scherge* (zu *Schar;* seit dem 13. Jh. besonders auf bair.-österr. Boden Bezeichnung für Gerichtspersonen, vom Amtsvorsteher bis zum Henker), *Schöffe* (= beisitzender Urteilsfinder, zu germ. *+skapjan* '[ver]ordnen'), *Schultheiß* (heute veraltet, ahd. *sculdheizo* = der Verpflichtungen zu einer Leistung befiehlt) u. a.

4. Der Einfluß der Mundarten auf den Wortbestand der Schriftsprache

§ 49   Über das Verhältnis von Mundarten und Schriftsprache wurde bereits (§ 9) gesprochen. Die nhd. Schriftsprache ist in einer Verschmelzung verschiedener deutscher Dialekte in dem Ansiedlungsgebiet östlich der Saale vorgeformt worden. In dem Raum von Leipzig – Meißen – Dresden bildete sich mit der Einwanderung von Siedlern aus der Mitte, dem Süden und dem Norden des ursprünglichen deutschen Sprachgebietes eine neue sprachliche Einheit, die sich im Zuge der ökonomischen und politischen Konzentration als dem Ergebnis der Entwicklung des Kapitalismus zur Nationalsprache weiterentwickelt hat. Die neuhochdeutsche Schriftsprache ist auf der Grundlage der ostmitteldeutschmeißnischen Kanzleisprache entstanden, und deshalb zeigt ihr Wort-, Formenund Lautbestand im wesentlichen m i t t e l d e u t s c h e s Gepräge.[1]

§ 50   Selbstverständlich kann die Entwicklung unserer Schriftsprache zu keiner Zeit als abgeschlossen angesehen werden; sie befindet sich in ständiger Veränderung. In ihrem Wortbestand tauchen bis in die Gegenwart neue Wörter auf, die aus den Mundarten kommen. Diese Zuwanderer sind sehr oft an ihrer von der schriftsprachlichen Norm abweichenden lautlichen Gestalt erkennbar, soweit sie aus oberdeutschen oder niederdeutschen Mundarten stammen.

---

[1] Der Konsonantismus weist allerdings vorwiegend obd. Züge auf, so z. B. in der Verschiebung von altem *p > pf (Pfund, Apfel, stumpf)* und in der Wiedergabe von altem *d-* durch *t- (Tier, Tür).*

Im Verlauf der Sprachentwicklung erfolgte der Zufluß mundartlicher Wörter in die Schriftsprache nicht zufällig. Er hing damit zusammen, daß in bestimmten Abschnitten der Geschichte bestimmte deutsche Gebiete aus wirtschaftlichen, politischen oder kulturellen Gründen in den Blickpunkt des Interesses rückten, auf die Entwicklung einen größeren Einfluß erlangten und damit auch sprachlich wirksam wurden. So ist das Eindringen vieler nd. Wörter in verschiedenen Zeitabschnitten auf die zunehmende wirtschaftliche Bedeutung des Küstengebietes und Seehandels zurückzuführen, und die Aufnahme einer großen Zahl obd. Ausdrücke geht Hand in Hand mit dem zunehmenden Interesse für die Schweiz und das Alpengebiet im 18. und dem Aufschwung des Touristenwesens im 19. Jh. Die steigende wirtschaftliche und kulturelle Bedeutung der modernen Großstädte läßt sich ebenfalls im Sprachlichen verfolgen; auch sie tragen manchen Baustein zum Wortbestand der Gemeinsprache bei.

Aus dem Oberdeutschen wurde der Wortbestand der nhd. Schriftsprache um eine große Zahl von Ausdrücken bereichert, die sich auf die Gebirgswelt dieses Gebietes und das Leben ihrer Bewohner beziehen. Hierher gehören neben anderen *Alm, Almrausch* (Alpenrose), *Alp(e), (Berg)fex, Firnschnee* (= vorjähriger Schnee), *Föhn, Gemse, Gletscher, Grat, jodeln, Kies(el), Klamm, kraxeln, Lawine, Loden, Matte* (Wiese), *Rodel, rodeln, Schnaderhüpfe(r)l, Schrund(e), Senn(er), Steig, Steigeisen, Sommerfrische.*

Andere obd. Ausdrücke, die in die Schriftsprache Eingang gefunden haben, sind: *abhanden, abschweifen, abstimmen, allgemach, Ampel, anbei, Anbetracht, Anleihe, anstellig, aufwiegeln, auskömmlich, Ausstand, ausstellen, beeinträchtigen, befehligen, Begebnis, behelligen, behende, beherzigen, behindern, beiläufig, deuten, dumpf, Eigenschaft, entsprechen, ergrauen, fähig, Fasching, förderlich, fortan, fortwursteln, geistvoll, gemeinsam, Gepflogenheit, Gestade, gestalten, gewahren, Hader, Heimweh, heimelig, anheimeln, Hupe, klaffen, klirren, kostspielig, Machenschaft, mehrmals, panschen* (Weinpanscher), *Protz, Putsch, Scharte, Schlager, Schlamperei, Schneid* und *schneidig, Spitzel, tagen, vertagen, tändeln, Trödel, unbefangen, Uhu, Unbill, vergeuden, versteigern, weitschichtig.* Oberdeutsche (meist bayrische) Bezeichnungen für Speisen sind *(Schweins)haxe, Knödel, Krapfen, Nudel, Schmarren.*

Oberdeutsch sind auch die folgenden Wörter, die keinen Umlaut bzw. an Stelle des alten mhd. â ein ö zeigen: *Bubi, Buckel, drucken, dulden, erlauben* und *Urlauber, Gulden, jucken, kaufen, kundig, lugen, Mucken* (Launen), *nutz, putzen, raufen, Rucksack, rudern, rufen, rupfen, rutschen, schlucken, schlupfen, Sprudel, spucken, staunen, suchen, tupfen, verschandeln, zaudern, zucken* und Ortsnamen wie *Bruck, Innsbruck* usw.; *Ohnmacht, Mohn, Mond, Monat, Woge, Argwohn, Schlot, Kot, Dohle* (mhd. *âme, âmaht, mâhen, mâne, mânôt, wâc, arcwân, slât, kât, tâhele*) u. a.

Schriftsprachliche Wörter, die an Stelle von mhd. *iu,* das lautgerecht zu *eu/äu* werden mußte, ein *au* und an Stelle von mhd. *ei* ein *e* zeigen, stammen aus mitteldeutschen Mundarten, z. B.: *brauen, dauern* und *bedauern* (zu *teuer*), *Durchlaucht* (zu *leuchten*), *kauen, Knaul* und *Knäuel, traun* (zu *treu*), *Lehm, Feme* u. a. Hierher gehören auch die Eigennamen *Naumann* (= Neumann), *Nauheim* (= Neuheim), *Naumburg* (= Neuenburg). Weitere Erwerbungen aus md. Mundarten sind: *Anhöhe, besudeln, Hain, Hälfte, Halle, haschen, heucheln, hoffen, Hügel, Kaninchen, Otter* (ostmd. Form für *Natter*), *plötzlich, rasen, Sahne, scheuern, Schilf, schimmern, Schneise, täuschen, wimmeln, zermalmen, Zwist.*

88

Mitteldeutsche und niederdeutsche Lautformen zeigen auch Wörter wie *Kissen, Pilz, Spritze, Mieder* sowie *schleifen, ereignen,* die an Stelle der alten mit Lippenrundung gesprochenen Laute *ü* und *eu, äu* entrundetes *i* bzw. *ei, ai* zeigen (vgl. mhd. *küssen, bül(e)z, sprütze, müeder, slöufen, eröugnen* 'vor Augen stellen'). Andererseits lieferten (wohl ostfränkische) Mundarten, die die Lippenrundung bewahrt haben, Formen, in denen ursprünglich keine Lippenrundung vorlag. So stehen unsere nhd. schriftsprachlichen Formen *zwölf, schwören, Löwe, Löffel, schöpfen, löschen, fünf, rümpfen, Würde, Würze* an Stelle von mhd. *zwelf, swern, lêwe, leffel, schepfen, leschen, finf, rimpfen, wirde, wirze.*

Niederdeutschen Ursprungs sind die Ausdrücke mit doppeltem *b, d, g* oder *s,* z. B.: *Ebbe, knabbern, Krabbe, krabbeln, kribbeln, quabbelig, Robbe, schrubben; buddeln, Kladde* (ndl.), *Kuddelmuddel* (= Durcheinander), *paddeln, schnodderig, Troddel, Widder; Bagger, Brigg, Dogge, Egge, Flagge, flügge, Roggen, Schmuggel; quasseln, nusseln.* Ebenso weisen anlautendes *wr-* (in *Wrack, wringen*) und *cht* an Stelle von *ft* in *sacht* (ahd. *sanft*), beschwichtigen (mhd. *swiften* 'stillen'), *echt* (mhd. *êhaft*), *Gerücht* (mhd. *gerüefte,* zu *rufen*) auf nd. (bzw. md.) Herkunft hin.

Die meisten niederdeutschen Wörter in der nhd. Schriftsprache sind daran erkennbar, daß sie nicht an der zweiten Lautverschiebung teilgenommen haben. Unverschobenes *p, t* und *k* zeigen: *Pacht, Pack, Paß, picken, Pike, plump, plündern, pökeln, Pomp, Pranger, Prunk, Pumpe, pusten, hapern, humpeln, Humpen, kapern, Kiepe, Kippe* und *kippen, Klepper, Klippe, Klöppel* (klopfen), *Klumpen, knapp, Knappe, Knüppel, Krempe* (vgl. Krampf), *Lappen, Lippe* (obd. *Lefze*), *Lump, lumpen, nippen, Quappe, schippen* (schaufeln), *Schippe, Schlappe, Schleppe* (zu schleifen), *schnippisch, Schnuppe, Schoppen, Schuppen, Stapel* (Staffel), *Stempel* (stampfen), *Stoppel, stoppen, strampeln, Strippe* (Streifen), *Stulpe* und *stülpen, Treppe, wippen; Tadel, Talg, Tang, Tölpel* (mhd. *dörper*), *Torf, Tümpel, Tüte, Beet, Beute, Bütte, Kante, knattern, knittern, Kutter, Lunte, Pfote, platt* und *plätten, Splitter, sputen, Watte, Wette; Block* (obd. *Bloch*), *blaken, blöken, Dreck, Ekel, gackern, Geck, Hacke, knacken, knicken, Krakeel* (hd. *Krach*), *Küken* (Küchlein), *Lake, Laken, makeln* und *mäkeln* (zu hd. *machen*), *Luke* (Loch), *Pflock, Pocken, prickeln, Quecke* und *erquicken, Reck, Ricke, schick, Schlacke, Schmöker, Spuk, Zacke.* Anlautendes *d-* wurde nicht zu *t-* verschoben in *Dampf, Dill, Dotter, Drohne, Duft, dumpf, dunkel.*

Weitere Beispiele niederdeutschen Wortgutes in der nhd. Schriftsprache sind: *abrackern, Altenteil, Ärger, auflehnen, barsch, behagen, beklommen, bekunden, bersten, binnen, bißchen, bisweilen, blank, bohne(r)n, Borke* (Rinde), *Bremse* (Fliege), *Bulle* (Stier), *Daune, drall, dreist, drollig, düster, fangen* (obd. *fahen*), *flau, Flieder, Fliese, flink, flugs, Frieseln, Frühjahr, Funke, Fusel, Geest, Gelichter, Gerücht, Gör* (engl. *girl*), *Gosse, Grude, Hafer* (obd. *Haber*), *hastig, Hede* (= Werg), *Hüne, Kahn, Kante, keifen, Knaster, kneifen, Knirps, Knote* (= roher Mensch, eigentlich *Genote* = Genosse), *knurren, Krug* (Gastwirtschaft), *Kruke, Krume, Lehm* (verw. mit *Leim*), *Linnen, lodern, Lunte, Marsch* (fruchtbare Niederung), *Masern, mengen, Moder, Mops, morsch, Niete* (ndl. *niet* = nichts), *Pelle* (= Fell, Haut; *Pellkartoffeln*), *Pottasche* (nd. *Pott* = Topf), *Qualm, quasseln, Rätsel, Riege* (Reihe), *Rummel, scheel, schief, Schildpatt* (nd. *Padde* = Kröte), *schlendern, Schlucht, Schnack, schnacken, Schnaps* (schnappen), *Schnurrbart, Schrulle, Schuft, schwül, Sekt, Spind, sputen* (= eilen), *stauen, steif, steil, stöhnen, stramm, Strippe, Stufe, Süd* (obd. *Sund;* vgl. *Sundgau* im Elsaß, *Kaltensundheim* in der Rhön bei Kaltennordheim), *tauschen, verblüffen, Wirrwarr, Wucht, Ziege, Zwietracht.*

Außer den hier aufgeführten Ausdrücken, deren L a u t g e s t a l t ihre nd. Herkunft verrät, weist der Wortbestand unserer Schriftsprache noch viele Bezeichnungen für Gegenstände, Einrichtungen und Erscheinungen auf, die sich auf die S e e, die K ü s t e n l a n d s c h a f t und die b e s o n d e r e n L e b e n s b e d i n g u n g e n i h r e r B e w o h n e r beziehen. Hierher gehören: *Abstecher, baggern, Bake, Ballast, beidrehen, Bernstein, Bö, Boje, Boot, Bord, Brandung, Brise, Bucht, Bugspriet* (*Spriet* = Gesprossenes, Stange), *Damm, Deck, Deich, diesig, Düne, Dünung, Eiland, Flagge, Fleet, flott* und *Flotte, Fracht, Hafen, Haff, Heck, heuern* (anwerben), *hissen, Holm, Hummer, Jacht* (= Segelschiff, verwandt mit *Jagd*), *Kabel, Kabeljau, Kai, Kajüte, Kap, kappen, Kiel* (des Schiffes), *Kimmung, Koje, Küste, Landratte, Leck, Lee* (Seite, woher der Wind nicht kommt; verwandt mit *lau*), *landen, lichten, löschen* (die Schiffsladung), *Lotse, Mast, Möwe, Pegel, peilen, Prahm, Qualle, Reede, reffen* (die Segel), *Riff, Schaluppe, Schleuse, Schlick, Schoner, Sprotte, Strand, Steuer, Steven* (= Stamm), *takeln, Tau* (Schiffsseil), *Teer, Topp* (*Toppmast, Toppsegel*), *Tran, Ufer, Watt* (zu *waten* = im Wasser [nd. *Water*] gehen), *Werft*.

In einigen Fällen hat die Schriftsprache hochdeutsche und niederdeutsche Formen nebeneinander, oftmals allerdings mit verschiedener Bedeutung: *Brett — Bord, Dackel — Teckel, feist — fett, Gauch — Kuckuck, Karl — Kerl, kneifen — kneipen, Küchlein — Küken, Leim — Lehm, Loch — Luke, sanft — sacht, Schaft — Schacht, Schaufel — Schippe, schlaff — schlapp, schleifen — schleppen, Schöffe — Schöppe, Staffel — Stapel, stopfen — stoppen, stoßen — stottern, tauchen — ducken, Teich — Deich, tupfen — tippen, Waffe(n) — Wappen, Zopf — Topp* (Spitze des Schiffsmastes).

§ 51   Oben wurde bereits darauf hingewiesen, daß der Wortbestand unserer Schriftsprache auch den großen Städten eine gewisse Bereicherung verdankt. So haben besonders München und Wien, in erster Linie aber Berlin (seit der Reichsgründung im Jahre 1871) die Gemeinsprache mit manchem Wort bereichert. Aus M ü n c h e n stammen *Kitsch* und *Bock* (Bier), aus W i e n *Schlager, Gefrorenes* (Speiseeis), *Tusch, Spitzel, Techtelmechtel, Trottel, fesch* (aus engl. *fashionable*), *beseitigen, anbandeln* u. a. Die Ausdrücke, die von B e r l i n aus in den allgemeinen Sprachgebrauch eingegangen sind, stammen meist aus der Sphäre des Vulgärsprachlichen: *Bauernfänger, Fatzke, Dussel, Tingeltangel, Trockenwohner, Rollmops, Müll, Schieber, Göre, schnuppe, keß, knorke, aalen* u. a.

5. Modewörter und Schlagwörter

§ 52   Entsprechend den Gegebenheiten, Bedingungen und Aufgaben, vor die sich die Menschen gestellt sehen, gibt es zu jeder Zeit Wörter und Wendungen, die von bestimmten gesellschaftlichen Gruppen, mitunter aber auch von der ganzen Sprachgemeinschaft, besonders häufig und gern gebraucht werden. Man nennt sie deshalb Modewörter.

So sind in unserer Zeit der schnellen Entwicklung und des sich ständig steigernden Lebenstempos besonders solche Wörter und Wendungen beliebt, die diesem S t e i g e r u n g s b e d ü r f n i s und dem Wunsch nach Neuem, n o c h n i c h t D a g e w e s e n e m entsprechen. Es sind in erster Linie Wörter, die Anerkennung, Hochachtung, Staunen, Entzücken, Begeisterung und ähnliche Empfindungen bzw. entsprechende Wertungen zum Ausdruck bringen sollen. Ich nenne hier aus der großen Zahl der Beispiele nur einige wenige: *allerhand* (zur besonderen Unterstreichung), *sich auswachsen* (zu einer Gefahr u. ä.), *bestens, blendend, eigenartig, einmalig, einwandfrei, einzigartig, enorm, erstklassig, fabelhaft, kommt nicht in Frage, ganz groß, gekonnt, gezielt, glänzend, glatt* (glatt erfüllen, erreichen), *großartig, großzügig, hochgradig, hundertprozentig, kolossal, perfekt, phantastisch, pfundig, prima, platt* (da bist du einfach platt, nämlich vor Staunen), *restlos, richtiggehend, tadellos, unentwegt, unvorstellbar, verblüffend, verheerend, voll und ganz* u. a.
In der D i k t i o n v i e l e r B e r e i c h e d e s g e s e l l s c h a f t l i c h e n L e b e n s hat sich bei uns eine Reihe von Modewörtern eingebürgert, die leider oft recht gedankenlos oder gar falsch angewendet werden: *aufzeigen, aufziehen, durchführen, entfalten, entwickeln, unterstreichen* (= hervorheben, betonen), *einstufen, ausgelastet, Ebene* (Kreis-, Bezirks-, Landesebene), *Frage* (eine Frage scharf stellen,

eine Frage anschneiden usw.), *Forum, Schwerpunkt, Auswirkung, Engpaß, Ensemble, Niveau, Profil, Rahmen, Situation.* Bedenklich ist auch die Verwendung der Wörter *Kampf* und *kämpfen*, wenn es sich um geringfügige Dinge handelt. Andere Modewörter unserer Zeit sind: *andauernd, ausgerechnet, ausgeschlossen* (= unmöglich), *darüber hinaus, einmal mehr, erneut* (für abermals, wiederum), *maka- ber, naturgemäß* (für natürlich), *zusätzlich, sich absetzen, auslösen* (z. B. Heiterkeit), *bedingen, im Bilde sein, dazwischenfunken, einsteigen* (in ein Geschäft), *sich auf etwas einstellen, einstufen, einwickeln* (= jemanden durch Reden übertölpeln), *starten* (trans.), *überfordern, zeitigen, Ausmaß, Dimension, Klima, Mattscheibe, Raum, Schau, Sexbombe.*

In diesem Zusammenhang soll auch auf die heute besonders in der Presse um sich greifende U n - s i t t e d e r Ü b e r s t e i g e r u n g hingewiesen werden. Sie tritt u. a. in den Sportberichten sehr deut- lich zutage. Da werden Ausdrücke wie *astronomisch, bestens, faustdick, gigantisch, großartig, herrlich, ungeheuer, rasant, toll, Bombe* usw. in einer Weise verwendet, die jeder nüchternen Einschätzung des Sachverhaltes widerspricht. Die Darstellung ist oft mit übertreibenden Bildern förmlich gespickt. Man spricht von den *Rittern des Pedals,* einem *erfahrenen Mattenfuchs,* einer *Fohlen-Elf,* einem *glasharten Kopfball* oder einer *ausgesprochenen 65 000-Pfund-Kiste* und nennt ein Stadion während eines Wett- spiels den *Hexenkessel der 8 000.* [1]

Es war schon davon die Rede, daß die Modewörter jeweils von dem besonderen Inhalt der betref- fenden Zeit bestimmt sind, daß jede geschichtliche Periode ihre eigenen Modewörter hat. So spiegelten beispielsweise die M o d e w ö r t e r d e s F a s c h i s m u s die Unmenschlichkeit und Brutalität dieses Regimes wider. Hierher gehören alle die Wörter, die das Rüstzeug der Rassenirrlehre ausmachen, wie *arteigen, artfremd, nichtarisch, arisieren, aufnorden,* u. ä. Sie sind die Wegweiser zu den Gaskammern der Konzentrationslager, in denen die Opfer des Regimes zu Tode gequält wurden. Eine große Grup- pe bilden die Ausdrücke, die mit dem Führerkult zusammenhängen: *Führer, Führerbefehl, Gefolg- schaft, Gefolgschaftsführer, verschworene Gemeinschaft* u. a. Daneben stehen die vielen Bildungen mit *Volk* und *völkisch,* wie *Volksgenosse, Volksgemeinschaft, volkhaft, volksfremd.* Nicht genug betont werden konnten das Kämpferische und Heldische: *alter Kämpfer* war einer der höchsten Ehrentitel. Auf derselben Linie liegen Wörter und Wortverbindungen wie *fanatisch, fanatisches Bekenntnis, fanatischer Gegner, fanatischer Glaube, fanatische Treue* u. a. Sie alle zeigen mit erschreckender Deut- lichkeit, daß die Herrschaft des faschistischen Systems auf den dunklen Instinkten des Menschen, auf Gefühlsrausch und blindem Autoritätsglauben aufgebaut war. Kennzeichnenderweise waren die Wörter *Intellekt, Intelligenz, Intellektueller* u. ä. zu Schimpfwörtern geworden.

Die Unmenschlichkeit des Faschismus zeigt sich auch darin, daß seine Sprache eine Unzahl von Ausdrücken und Bildern aufweist, die den Menschen zur Sache stempeln, ihn zum Roboter machen: Menschen (und Einrichtungen) wurden *gleichgeschaltet,* wenn sie nicht *spurten;* wenn sie sich *als Versager erwiesen,* wurden *sie fertiggemacht;* man mußte *die richtige Einstellung* beweisen, wurde *seelischen Belastungsproben* ausgesetzt, konnte *abgestellt* oder *abgebaut* werden usw.

Daneben gibt es eine große Zahl von Neubildungen, die eine Zeitlang die Rolle von Modewörtern spielten, um schließlich am Ende des faschistischen Raubkrieges, der sie hervorgebracht hatte, wieder zurückzutreten oder unterzugehen. Wir nennen nur einige Beispiele: s*chlagartig, blitzartig, Nerven- krieg, Endsieg, Kesselschlacht, einigeln, Festung Europa, heroischer Widerstand, in stolzer Trauer* (bei Todesanzeigen).

Auch vergangene Zeiten und Generationen haben, wie schon erwähnt, ihre Lieblingswörter, ihre Modewörter gehabt. Nach dem, was wir über ihr Wesen wissen, muß es möglich sein, auch aus den Modewörtern einer bestimmten Zeit kultur- und sittengeschichtliche Einsichten zu gewinnen. Aller- dings ist es sehr schwierig, die Modewörter weit zurückliegender geschichtlicher Epochen festzustel-

§ 53

§ 54

---

[1] Vergl. Sprachpflege, 6. Jg., Heft 10/1957, S. 148 ff.: „Die Cracks der Briten leisten gute Teamwork" von H e i n z K r e n t z l i n .

len (dazu bedarf es ausgedehnter Häufigkeitsuntersuchungen), zum anderen brauchen bei einem Schriftsteller häufig auftretende Ausdrücke nicht mit Sicherheit auch Modewörter seiner Zeit darzustellen, sondern sie können seine persönlichen Lieblingswörter sein.

Wir gehen aber sicher nicht fehl, wenn wir z. B. in dem besonderen Wortschatz, den die höfische Dichtung des Hochmittelalters entwickelt hat, auch die Lieblingswörter der Adelskreise dieser Zeit sehen. Das sind Ausdrücke wie *schœne* 'Schönheit', *sælde* 'Glück', *riuwe* 'Kummer', *hôchgezît* 'hohes Fest, höchste Freude', *vuoge* und *vuoc* 'Schicklichkeit', *minne* 'Freundschaft, Liebe, Zuneigung', *klâr* 'lauter, rein', *fîn* 'fein, schön' u. a. Einige andere, wie *mâze* 'Selbstbeherrschung, Mäßigung', *zuht* 'feine Sitte und Lebensart', *hövescheit* 'feingebildetes und gesittetes Wesen und Handeln' und *tugent* 'edle, feine Sitte und Fertigkeit', die das neue Ideal der ritterlichen Lebensführung zum Ausdruck brachten, haben sicher den Rang und die Bedeutung von Schlagwörtern (siehe § 57 f.) gehabt.

§ 55   In der Zeit des Dreißigjährigen Krieges, dem sogenannten a l a m o d i s c h e n Z e i t a l t e r, waren besonders in den Kreisen des Adels und der Höfe der deutschen Kleinstaaten französische Ausdrücke und Wendungen beliebt. Ausgesprochene Modewörter dieser Zeit sind: *Mode, à la mode* (= nach der Mode), *alamodisch, Alamodist, Courtoisie* (alles Ausdrücke mit Schlagwortcharakter, siehe § 57), *apart, charmant, Chikane, Dame, Demoiselle, delektieren, elegant, excellent, engagieren, Estime, frivol, Galan, galant, Kabale, karessieren, Kavalier, Koketterie, kokett, Kompliment, Lakai, naiv, nett, nobel, pikant, Reputation, Salon, Splendeur* usw. (Vgl. die Sprache des „Simplicius Simplicissimus" von H. J. Chr. von G r i m m e l s h a u s e n.)

§ 56   D a s Z e i t a l t e r d e r E m p f i n d s a m k e i t, wie man die literarische Reaktion auf den Rationalismus nennt, die sich in der Mitte des 18. Jh. ausbreitete, liebte Ausdrücke wie *ätherisch, brünstig, jauchzen, jubilieren, seraphisch, zärtlich* und weibliche Substantive auf *-e*, wie *Bläue, Frühe, Irre, Süße, Schöne.* Die Dichter Klopstock, Lessing, Herder, der junge Goethe und andere haben manches Modewort ihrer Zeit geschaffen, das sich im Wortbestand unserer Sprache erhalten hat. So gehen auf Klopstock die Ausdrücke *empfindungsvoll, seelenvoll, Wehmut, wehmütig* u. a. zurück. Zu den Modewörtern der Sturm-und-Drang-Dichtung gehören u. a.: *Genie, Originalgenie, Kraftgenie, genial, original, originell, dämonisch, schöpferisch, hochsinnig, Vollkraft.* Die Romantik hat eine Vorliebe für geheimnisvoll-mystische Ausdrücke; zu ihren beliebtesten Modewörtern gehören *bedächtiglich, herzinniglich, Geheimnis, geheimnisvoll, geisterhaft, gespensterhaft, Rätsel, Schicksal, seltsam, Seltsamkeit, sonderbar, unbeschreiblich, Verhängnis, verzaubert, Vorsehung, Waldeinsamkeit, Waldesdunkel, Waldesgrün, Waldesnacht, wunderbar, wundervoll* u. a.

Literarische Modewörter um die Wende des 19./20. Jh. waren: *sich auswirken, auslösen, kosmisch, Gebilde, Geste, Lebensgefühl, Sensation, Zeitgeist* u. a. Die expressionistische Dichtung liebte besonders Wörter wie *ballen, Ballung, besessen, Besessenheit, Dämon, dämonisch, Dynamik, dynamisch, Ekstase, ekstatisch, Schrei, schreien, verzückt, Verzückung, Wucht, wuchten* u. ä.

§ 57   Eine ähnliche Funktion wie die Modewörter haben die **Schlagwörter**. Man versteht darunter Wörter und Wortgruppen, die Begriffe oder Sachverhalte von großer gesellschaftlicher Bedeutung bezeichnen und oftmals die Klassensituation charakterisieren. Schlagwörter beinhalten in vielen Fällen ein entschiedenes Bekenntnis, ein wirtschaftliches, politisches oder künstlerisches Programm, für das man mit Leidenschaft eintritt oder das man mit gleich starker Entschiedenheit bekämpft. So kommt es, daß die Schlagwörter in der Regel über den rein begrifflichen Gehalt des Wortes hinaus eine deutlich ausgeprägte wertende Be-

92

deutungskomponente enthalten, an die meist eine emotionale und auch eine voluntative Komponente gebunden sind (siehe auch § 28).

Je häufiger Schlagwörter gebraucht werden und je größer die Zahl derer ist, die sie anwenden, um so größer wird die Gefahr, daß sie in ihrer Bedeutung verblassen, daß ihr Inhalt verwässert oder verfälscht wird. So werden sie leicht durch gedankenlosen Gebrauch zu leeren Redensarten und damit entwertet. Mehr noch als die Modewörter sind die Schlagwörter der verschiedenen geschichtlichen Epochen die Meilensteine, an denen der Verlauf der gesellschaftlichen Entwicklung eines Volkes, die Geschichte seiner Anschauungen und Ideale, die geistigen und künstlerischen Auseinandersetzungen verfolgt werden können.

Unter den Schlagwörtern *Aufklärung, Vernunft, Gedankenfreiheit, Toleranz, Humanität, Menschenliebe, Menschenrechte, Philanthropie, Weltbürgertum* u. ä. führte das aufstrebende Bürgertum seinen Kampf gegen absolutistische Unterdrückung und kirchliche Unduldsamkeit, und die großen Losungen, in deren Zeichen das alte, morsche System zerschmettert wurde, waren *Freiheit, Gleichheit, Brüderlichkeit.* §58

Andere Schlagwörter jener Zeit sind *Anarchismus, Sanskulottismus, Jakobinertum, Konstitution, Demokratie, Revolution* und *Reaktion, liberal* und *konservativ, öffentliche Meinung* u. a.

Aus der Zeit der Metternichschen Reaktion, des Vormärz und der Revolution von 1848 stammen die politischen Schlagwörter *Finsterling, Junkertum, Kamarilla, Kastengeist, Polizeistaat, Rechtsstaat, Pressefreiheit, großdeutsch* und *kleindeutsch, Bundesstaat, Säbelregiment, Überzeugungstreue* u. v. a.

Zahlreich sind auch die Schlagwörter und Losungen des Klassenkampfes, unter denen die deutsche Arbeiterklasse in der zweiten Hälfte des 19. Jh. um ihre wirtschaftliche und politische Befreiung stritt. Ich nenne nur einige: *Kommunist* (nach engl. *communist*), *Kommunismus, Proletariat, Proletarier* (nach frz. *prolétaire*), *Bourgeois, Bourgeoisie, Sozialdemokrat, arbeitende Massen, Klassenkampf* (Karl Marx, 1847), *Internationale, soziale Frage, Klassenstaat, Zukunftsstaat, Recht auf Arbeit, Völkerfrühling* (Ludwig Börne, 1818), *Gewerkschaft* (ein altes, wieder aufgenommenes Wort), *Streikbrecher* u. a.[1]

Andere politische Schlagwörter aus der zweiten Hälfte des 19. Jh. sind *Agrarier, alldeutsch, Chauvinismus, Gründer, klerikal, Kulturkampf, ultramontan, Frauenemanzipation, Frauenrechtlerin, Militarismus, Umsturz, Zivilisation.*

Nach der Jahrhundertwende kommen die (an sich schon älteren) politischen Termini *Imperialismus, Nationalismus* und Ausdrücke wie *Expansionspolitik, Einkreisung, Verständigungsfriede, Selbstbestimmungsrecht der Völker, Dolchstoßpolitik* und viele andere dazu.

Der literarischen Bewegung des Naturalismus (in den achtziger Jahren des 19. Jh.) entstammen u. a. die Schlagwörter *Moderne, hochmodern, dekadent, Dekadenz, Symbolismus, Heimatkunst, Jugendstil, Impressionismus;* Richard Wagner führte die musikalischen Schlagwörter *Leitmotiv, Musikdrama, Zukunftsmusik* in den allgemeinen Gebrauch ein. Literarische Schlagwörter der ersten Jahre des 20. Jh. waren *Expressionismus, Ausdruckskunst, Dadaismus, Futurismus, Kubismus, Ichkultur* u. a.

Unter die gefährlichen Schlagwörter des nationalsozialistischen Regimes gehören *Rasse, nordisch, Blut und Boden, Volk ohne Raum* u. a.

---

[1] Hier wird das im Entstehen begriffene Marx-Engels-Wörterbuch der Deutschen Akademie der Wissenschaften zu Berlin wertvolle Aufschlüsse geben können. (Vgl. die Aufsätze von W. W u n d e r l i c h und R. H e i s e in den Wissenschaftlichen Annalen, 3. Jg. 1954, Heft 9, S. 558 ff.)

V. Die Wortbildung

1. Die Hauptformen der deutschen Wortbildung

§ 59   Das wichtigste Mittel des Ausbaues des Wortbestandes unserer Sprache ist die Wortbildung. Die Wortbildungslehre nimmt im System der Sprachwissenschaft eine besondere Stellung ein. Ihr Gebiet ist so umfangreich, daß eine vollständige Darstellung über den Rahmen dieses Buches hinausginge.[1] Die deutsche Wortbildung soll daher nicht erschöpfend behandelt, sondern es sollen ihre Formen und Funktionen vornehmlich in der deutschen Sprache der Gegenwart dargestellt werden.

Die beiden wichtigsten und häufigsten Formen der Wortbildung sind die Zusammensetzung und die Ableitung. Zusammensetzungen entstehen, wenn zwei oder mehrere selbständige Wörter zu einer neuen Worteinheit verbunden werden *(Mond-nacht, Freundes-hand, wolken-reich, dunkel-rot, kinder-lieb, frei-sprechen, wider-legen, Kriegs-schau-platz, Haus-tür-schlüssel, schwarz-rot-golden)*. Im Gegensatz zur Zusammensetzung liegt der Ableitung immer nur ein selbständiges Wort zugrunde[2]. Die Ableitung erfolgt

a)   durch Hinzufügung von Lauten oder Lautgruppen, von Affixen[3], an den Stamm eines Wortes[4], z. B. *dien-en, be-dien-en, Be-dien-ung, Dien-er, Dienst, dien-lich* und

---

[1] So umfassen die „Deutsche Wortbildung" von Walter Henzen (2. Aufl. Tübingen 1957) und die „Wortbildung der deutschen Gegenwartssprache" von Wolfgang Fleischer (Leipzig 1969) jeweils über 300 Druckseiten.

[2] Dieses kann seinerseits auch eine Zusammensetzung sein, z. B. *muttersprachlich*.

[3] Je nachdem, ob die Affixe (zu lat. *affigere* = anheften) vor oder hinter dem Wortstamm erscheinen, heißen sie Präfixe oder Suffixe. Die Bezeichnungen Vor- und Nachsilben sind deshalb ungenau, weil manche Affixe nur aus einem einzigen Laut (und nicht aus Silben) bestehen. Hier muß noch daraufhingewiesen werden, daß manche Grammatiken zwischen grammatischen Suffixen und Endungen unterscheiden. Sie verstehen unter grammatischen Suffixen jene Laute und Lautgruppen, die grammatische Formen bilden, wie das *-en* des Infinitivs, das *-en* des Part. Perf. der starken Verben, das *-t* des Part. Perf. der schwachen Verben, das *-st* des Superlativs der Adjektive usw. Endungen sind die Bildungsmittel der Kasus der Deklination und der Personalformen der Konjugation.

[4] Gemeint ist der Wortbildungsstamm, den man vom Flexionsstamm unterscheiden muß. Als Flexionsstamm bezeichnen wir den Teil eines Wortes, der durch Abtrennung der Endungen und der formbildenden Affixe der flektierbaren Wörter gewonnen wird, z. B.: *des laut-est-en Schreier-s* (Flexionsstämme sind *laut* und *Schreier*). Den Wortbildungsstamm erhält man, wenn man von einer beliebigen Wortform außer den Endungen und formbildenden Affixen auch die wortbildenden Affixe abtrennt, also: *des laut-est-en Schrei-er-s* (Wortbildungsstämme sind *laut* und *Schrei*).

94

b) mit oder ohne Hilfe von Stammveränderungen (Ablaut, Umlaut, Konso-
    nantenwechsel) ohne erkennbare Affixe, z. B.: *trinken — Trank — Trunk,
    biegen — beugen — Bogen, heil — Heil — heilen.*

Wir unterscheiden somit die ä u ß e r e [a)] und die i n n e r e [b)] A b l e i t u n g.

Abgeleitete Wörter haben den Vorteil der Kürze und Übersichtlichkeit der
Form, ihr begrifflicher Inhalt ist bestimmt und scharf umrissen; der Vorzug der
Zusammensetzungen besteht darin, daß ihnen größere Anschaulichkeit und
sinnfällige Bildhaftigkeit eignet. Sie sind jedoch, besonders im Deutschen, mitunter recht lang und unhandlich. Während das Lateinische und seine Tochtersprachen oder die slawischen Sprachen vorwiegend die Ableitung verwenden,
tritt im Deutschen stärker — weit mehr noch als im Griechischen oder Englischen — die Zusammensetzung in Erscheinung.

2. Die Zusammensetzung

Das Neuhochdeutsche besitzt eine sehr stark ausgeprägte Fähigkeit zur Bil- § 60
dung von Komposita. Die Mühelosigkeit, mit der Komposita gebildet werden
können, ist die Ursache dafür, daß die Zusammensetzung der gebräuchlichste
Wortbildungstyp unserer Sprache geworden ist, und sie hat nicht wenig Anteil
an der starken Ausweitung unseres Wortbestandes, besonders in den letzten
beiden Jahrhunderten. Die Zusammensetzung ist zu einem Faktor geworden,
der die Ausdruckskraft des Deutschen entscheidend mitbestimmt.
Sprachgeschichtlich ist die Zusammensetzung aus der s y n t a k t i s c h e n
V e r b i n d u n g   z w e i e r   o d e r   m e h r e r e r   W ö r t e r entstanden, die in der
lebendigen Rede nebeneinander standen und bei häufigerem Auftreten als eine
neue Einheit aufgefaßt wurden: *(der) Mutter Sprache — Muttersprache, (des)
Tages Licht — Tageslicht, wohl gesinnt — wohlgesinnt* usw. Die meisten Komposita unserer Sprache sind dann freilich nach dem Muster solcher tatsächlich
verschmolzener Fügungen analogisch gebildet worden. An Zusammensetzungen wie *Junker* (< *junc-hërre*), *glücklicher-weise, lob-hudeln* u. a. ist es uns noch
möglich, den Übergang von der syntaktischen Verbindung zum festen Kompositum zu verfolgen. Häufig weist auch die Unsicherheit in der Schreibweise
darauf hin, daß eben ein Übergang von der syntaktischen Fügung zum Kompositum vor sich geht; so schreibt man *dichtgedrängt, schwerverständlich, auf-*

grund, vonseiten, maschineschreiben usw. neben *dicht gedrängt, schwer ver-ständlich, auf Grund, von seiten, ich schreibe Maschine.*

Abgesehen von gewissen Sonderformen hat jedes Kompositum z w e i G l i e-d e r , die ihrerseits wieder zusammengesetzt sein können: *Haus=tor, Ofen=schirm, rosen=rot, hoch=modern, nieder=schlagen, der=jenige; Haus-tür=schlüssel, Bahn-hofs=vor-steher, Haupt=bahn-hof, Kriegs=schau-platz.* Aus den zuletzt genannten Beispielen geht hervor, daß beide Kompositionsglieder zusammengesetzt sein können. Andere Beispiele für mehrfache Komposita mit zusammengesetztem erstem Glied sind *Brom-beer=ranke, Eisen-bahn=brücke, Elfen-bein=nadel,* für Komposita mit zusammengesetztem zweitem Glied *Salz=berg-werk, Kinder=tages-stätte, Ober=studien-rat.* Die Vorliebe für Zu-sammensetzungen und die schier unbeschränkte Fähigkeit unserer Sprache, Komposita zu bilden, verführen jedoch oft zur Schaffung von Wörtern, die nicht nur unübersichtlich und schwer verständlich, sondern oft auch schwer aus-sprechbar sind. *Schreib-maschinen=farb-band* oder *Maschinen-bau-schlos-ser=lehrling* sind solche Bildungen, die wegen ihrer Länge möglichst vermieden werden sollten. Übrigens hilft sich unsere Sprache in vielen Fällen selbst durch das Mittel der Wortkürzung (§ 91).

Wenn auch das Substantiv am stärksten an der Bildung von Zusammenset-zungen beteiligt ist, so können doch so gut wie alle beliebigen Wortarten mitein-ander zusammengesetzt werden und sowohl als erstes wie auch als zweites Kompositionsglied erscheinen. Das z w e i t e G l i e d der meisten Zusammenset-zungen ist ausschlaggebend für die Natur des Wortes; von ihm hängen in der Regel die Wortart und — bei substantivischen Zusammensetzungen — das Geschlecht des Kompositums ab; es wird allein flektiert[1] *(Haus-tor:* Substantiv, sächl.; Gen.: *Haus-tors).*

Wir nennen das zweite Glied der Komposita das G r u n d w o r t .[2]

Die Arten der Komposita

§ 61   Das e r s t e G l i e d der weitaus meisten Zusammensetzungen bestimmt das Grundwort näher; es heißt deshalb B e s t i m m u n g s w o r t , und die Zusammen-setzungen dieser Art nennen wir **Bestimmungs-** oder **Determinativkomposita**

---

[1] In einigen wenigen Fällen wird auch das erste Glied gebeugt, z. B. *die Langeweile — der Langenweile; das Hohelied — des Hohenliedes;* hier handelt es sich jedoch nicht eigentlich um Zusammensetzungen, sondern nur um Z u s a m m e n-s c h r e i b u n g e n .

[2] Das gilt nicht für die verhältnismäßig kleine Zahl der Kopulativkomposita (§ 62) und (imperativischen) Satznamen (§ 64).

(lat. determinare = bestimmen). In dem Kompositum *Näh-maschine* nennt das zweite Glied, das Grundwort, eine recht allgemeine Begriffskategorie, die durch das erste Glied, das Bestimmungswort, näher bestimmt wird. Dieses gibt an, um welche Art von Maschine es sich handelt, und unterscheidet so die *Nähmaschine* ausdrücklich von der *Wirkmaschine, Strickmaschine, Waschmaschine, Dreschmaschine, Druckmaschine, Schreibmaschine, Rechenmaschine* u. a.

Das B e s t i m m u n g s v e r h ä l t n i s des ersten Gliedes zum zweiten kann sehr verschiedenartig sein. In nominalen Zusammensetzungen können zunächst alle Beziehungen erfaßt werden, die der Genitiv neben Substantiven bezeichnen kann. Aber der Funktionsbereich des ersten Gliedes einer nominalen Zusammensetzung ist weiter als der des Genitivs beim Substantiv. Es kann auch solche Beziehungen anzeigen, die wir sonst nur durch präpositionale Fügungen und andere Konstruktionen ausdrücken können. So kommt es, daß die Aussagemöglichkeiten zusammengesetzter Substantive schier unbegrenzt sind und daß somit auch die Anlässe, zusammengesetzte Substantive zu bilden, ungemein zahlreich sind.

Ich gebe im folgenden eine (keineswegs erschöpfende) Übersicht von Möglichkeiten des Verhältnisses zwischen Bestimmungswort und Grundwort in substantivischen Zusammensetzungen. Das Bestimmungswort kann das Grundwort näher bestimmen durch Angabe

des U r h e b e r s : *Mutter-liebe, Freundes-rat*

des B e s i t z e r s : *Staats-gut, Stadt-wald, Nibelungen-hort*

des A b s t a m m u n g s v e r h ä l t n i s s e s : *Arbeiter-kind, Königs-sohn, Araber-scheich, Mutter-sprache*

des O b j e k t s : *Kranken-pflege, Hühner-zucht, Wahrheits-liebe, Selbst-beherrschung*

des G a n z e n , wovon der durch das Grundwort bezeichnete Gegenstand ein Teil ist: *Wasser-tropfen, Menschen-menge*

des O r t e s : *Giebel-fenster, See-tang, Alpen-rose, Berg-bahn, Linien-richter*

der R i c h t u n g oder des Z i e l e s : *Gebirgs-bach, Süd-wind, Nordpol-fahrt, Italien-reise*

der Z e i t und der z e i t l i c h e n A u s d e h n u n g : *Abend-lied, Fünfuhr-tee, Oster-ei, Mai-käfer, Sommer-urlaub*

des S t o f f e s : *Roggen-brot, Stroh-hut, Leder-schuh, Papier-geld*

des M i t t e l s oder W e r k z e u g e s : *Wind-mühle* (die Mühle wird vermittels des Windes betrieben), *Dampf-maschine, Segel-schiff, Maschinen-stickerei Kahn-fahrt, Fuß-tritt*

des G r u n d e s : *Frost-beule, Schmerzens-schrei, Freuden-tränen* des Zweckes: *Erholungs-heim, Jagd-falke, Bügel-eisen*

des Gegenstandes, mit dem die durch das Grundwort bezeichnete Sache verglichen wird: *Königs-tiger, Hirsch-käfer*

des Gegenstandes, für den die durch das Grundwort bezeichnete Sache bestimmt ist: *Tisch-tuch, Tee-löffel, Teig-schüssel, Geld-täschchen*

dessen, wogegen die durch das Grundwort bezeichnete Sache gebraucht wird: *Regen-schirm, Kopfschmerz-tablette, Unfall-versicherung, Bruch-band*

des Gegenstandes, der durch die vom Grundwort bezeichnete Person erzeugt wird: *Orgel-bauer, Nagel-schmied, Möbel-tischler*

des Stoffes, mit dem sich die vom Grundwort bezeichnete Person beschäftigt: *Buch-händler, Gold-schmied, Glas-schleifer, Kessel-flicker, Scheren-schleifer* usw.

Ähnliche Bedeutungsbeziehungen bestehen zwischen dem substantivischen Grundwort und dem Bestimmungswort, das durch ein Pronomen oder präpositionales Adverb gebildet wird. So kann das pronominale Bestimmungswort die Rolle eines Objekts spielen: *Selbstversorger, Selbstbezichtigung, Selbstdarstellung.* Die präpositionalen Adverbien dienen der Umstandsbestimmung. So drückt das präpositionale Adverb *vor* in *Vorhof* naturgemäß eine Ortsbestimmung aus (= Hof vor einem anderen Raum), das Adverb *mit* gibt in *Mitmensch* entweder eine Zeitbestimmung (= ein Mensch, der zur selben Zeit lebt) oder eine Umstandsbestimmung der Art und Weise (= ein Mensch, der unter denselben Umständen lebt). Andere hierhergehörige Beispiele sind: *Abart, Abbild, Abgrund; Angesicht, Anteil, Anzeichen; Ausflucht, Ausweg, Auszug; Beileid, Beiname, Beiwerk; Nachkomme, Nachsilbe, Nachsommer; Nebenmann, Nebensatz, Nebenzimmer; Umgegend, Umwelt, Umweg; Überbein, Übermensch, Überzahl; Vorgebirge, Vorrecht, Vorstadt* u. a.

Das Verhältnis des adjektivischen ersten Gliedes zum substantivischen Grundwort ist seit jeher das eines Attributs: *Heißluft, Kleinwagen, Rotlicht.*

Eine besondere Stellung nehmen die zusammengesetzten Partizipien ein. Das Part. Präs. hat als erstes Kompositionsglied oft einen Objektsakkusativ bei sich, wie *feuerspeiend, friedliebend, grundlegend, leidtragend, notleidend, glückbringend* usw., oder das erste Glied steht für präpositionale Fügungen, wie *himmelschreiend* (= zum Himmel schreiend), *postlagernd* (= auf der Post lagernd), *schweißtriefend* (= von Schweiß triefend). Derlei Bildungen treten auch mit dem Part. Perf. auf: *blutgetränkt, diamantenbesetzt, hand-*

gewebt, luftgekühlt, mondbeglänzt, notgedrungen, preisgekrönt, stadtbekannt u. a.

Wieviel unsere Sprache durch ihre Fähigkeit, Zusammensetzungen zu bilden, an Schmiegsamkeit und Bündigkeit des Ausdrucks gewinnt, geht aus der folgenden Gegenüberstellung einiger Komposita mit ihren viel schwerfälligeren und umständlicheren Umschreibungen hervor:

Buchhülle	— Hülle für ein Buch
Goldkäfer	— Käfer, der wie Gold schimmert
Hochebene	— hochgelegene Ebene
Ichmensch	— Mensch, der immer nur an das eigene Ich denkt
Kraftwagen	— Wagen, der aus eigener Kraft fährt
Küstenfluß	— Fluß, der entlang der Küste fließt
Landsmann	— Mann, der aus demselben Land stammt
Sonnenschirm	— Schirm zum Schutz gegen die Sonne
Zuckerrübe	— Rübe mit hohem Zuckergehalt

Bei den Zusammensetzungen, die im ersten Glied ein Substantiv und im zweiten Glied ein Adjektiv haben, gibt häufig das erste Glied einen Gegenstand an, der zur Vergleichung dient: *aal-glatt, erd-fahl, gras-grün, himmelblau, stein-hart, tag-hell, wachs-weich* usw. Danach entstanden andere, deren erstes Glied nur noch verstärkend wirkt: *blitz-blank, blitz-sauber, feuer-rot, fuchsteufels-wild, funkelnagel-neu, hunde-müde, hunde-kalt, klafter-tief, klapper-dürr, mäuschen-still, mause-tot, riesen-groß, sack-grob, sperrangel-weit, spindel-dürr, splitter-nackt, stock-finster, tod-sicher, windel-weich* usw. Ebenso kann die Zusammensetzung zweier Substantive der Verstärkung dienen: *Höllen-angst, Hunde-kälte, Mords-kälte, Affen-liebe, Toten-stille* u. a.

Eine zweite Gruppe der Zusammensetzungen bilden die sog. **Kopulativkomposita** oder **Reihenwörter**. Sie bestehen aus gleichgeordneten Ausdrücken, deren Einzelbedeutungen in dem festgewordenen Kompositum summiert erscheinen. Hierher gehören unsere Additionszahlwörter *dreizehn, vierzehn* usw. bis *neunzehn*[1], *hundertzehn, hundertzwanzig* usw., ferner Adjektive wie *bittersüß, dummdreist, dummstolz, helldunkel, naßkalt, schwarzweiß, lateinisch-deutsch, ugro-finnisch* und mehrgliedrige Reihenwörter wie *schwarz-rot-golden, rot-weiß-grün* u. ä. Als substantivische Kopulativkomposita seien genannt: *Südwest, Nordost, Strichpunkt, Hemdhose;* ferner Orts- und

§ 62

---

[1] *Elf* und *zwölf* gehören ihrer Entstehung nach wohl ebenfalls hierher: das zweite Glied *–lif* in got. *ainlif, twalif* (ahd. *einlif, zwelif*) wird gewöhnlich auf die ide. Wurzel ⁺*liqu-* 'übrig sein' zurückgeführt, und die beiden Komposita werden als 'eins darüber' bzw. zwei darüber (nämlich über 10) aufgefaßt.

Ländernamen wie *Budapest, Doberlug-Kirchhain, Hessen-Nassau, Österreich-Ungarn, Sachsen-Anhalt, Schleswig-Holstein, Tschechoslowakei* usw.

Zu den Reihenwörtern rechnet man meist auch solche mit zwei koordinierten Gliedern, die jedes eine verschiedene Seite ein und derselben Person oder Sache bezeichnen, so z. B.: *Dichterkomponist, Fürstbischof, Königinmutter, Prinzregent, Hosenrock* u. a.

Bei einer anderen Gruppe gibt jeweils das zweite Glied die allgemeine weitere Begriffskategorie des ersten an, z. B. in *Eichbaum, Kieselstein, Rindvieh* u. a.

Diese Art von Reihenwörtern führt zu einer weiteren Gruppe von Zusammensetzungen hinüber, deren zweites Glied in der Regel die Aufgabe hat, das erste Glied, das als selbständiges Wort ungeläufig und unverständlich geworden ist, zu verdeutlichen (erläuternde Zusammensetzungen). Da beide Glieder der Zusammensetzung synonym sind, d. h. dasselbe aussagen, nennt man diese Wörter t a u t o l o g i s c h e   K o m p o s i t a :

Auer-ochs (mhd. *ûr(ochse),* ahd. *ûr(ohso),* anord. *ûrr,* lat. *urus* 'Auerochs')
Bims-stein (mhd. *bümez,* ahd. *bumiz* < lat. *pumex* 'Bimsstein')
Dam-hirsch (mhd. *tâme,* ahd. *tâm(o),* lat. *dama,* frz. *daim* 'Damhirsch')
Fem-gericht (mhd., mnd. *veime* 'heimliches Gericht')
Haber-geiß (ags. *hæfer,* anord. *hafr* 'Bock', lat. *caper* 'Ziegenbock')
Kebs-weib (mhd. *keb(e)se,* ahd. *chebis, kebisa* 'Konkubine')
Kicher-erbse (mhd. *kicher,* ahd. *chihhira* < lat. *cicer* 'Kichererbse')
Komet-stern (mhd. *komête* < lat. *cometes* < griech. *komêtês* 'Haarstern')
Lind-wurm (ahd. *lind, lint* 'Schlange', hier synonym mit ahd. *wurm* 'Wurm, Insekt, Schlange, Drache')
Mohr-rübe (mhd. *mor(h)e, mör(h)e,* ahd. *mor(a)ha* 'Möhre')
Sal-weide (mhd. *salhe,* ahd. *sal(a)ha,* zu lat. *salix* 'Weide')
Scher-maus (mhd. *schër(e),* ahd. *skëro* 'Maulwurf')
Turtel-taube (ahd. *turtura* zu lat. *turtur* 'Taube')
Wal-fisch (mhd., ahd. *wal* 'Walfisch', dazu gehören auch *Walroß, Narwal, Walrat)*
Wall-fahrt (mhd. *wallevart,* zu mhd. *wallen,* ahd. *wallôn* 'wandern, reisen' und mhd. *varn,* ahd. *faran* 'wandern, ziehen, fahren')
Weichsel-kirsche (mhd. *wîhsel,* ahd. *wîhsila* 'Holzkirsche')

Hierher gehören auch die e r l ä u t e r n d e n   A u s d r ü c k e   *Elentier, Maultier* (Maulesel), *Murmeltier, Rentier,* in denen jeweils der zweite Bestandteil *-tier* die im ersten Glied enthaltene Tierbezeichnung verdeutlichen soll:

Elen- ist aus lit. *elnis* 'Hirsch' entlehnt, das sich zu abg. *jelenъ,* 'Hirsch' und griech. *ellós* 'Hirschkalb' stellt;

Maul-, mhd., ahd. *mûl,* ist aus lat. *mulus* 'Maultier, Maulesel' entlehnt;

Murmeltier, mhd. *mürmendîn,* ahd. *murmuntîn,* geht auf rätoromanisch-lombardisches *murmont* zurück, das aus lat. *mur(em) mont(is)* 'Bergmaus' entstanden ist;

Ren- geht auf anord. *hreinn* zurück, das ebenfalls in der Verdeutlichung *hreindŷri* vorkommt. Heute wird das nhd. Wort volksetymologisch oft an *rennen* angelehnt.

Andere verdeutlichende Zusammensetzungen sind:

100

Buchsbaum (mhd., ahd. *buhsboum,* zu lat. *buxus* 'Buchsbaum')

Farnkraut (mhd., ahd. *farn* 'Farnkraut')

Guerillakrieg (span. *guerilla* = kleiner Krieg, Kampfesweise von Partisanen)

Quaderstein (lat. *quadrus* [lapis], zu *quattuor* 'vier', ergibt mhd. *quâder*[stein])

Samstag (ahd. *sambaztag* ist eine verdeutlichende Zusammensetzung zu einem got. *sambatô,* das auf ein vulgärgriechisches *sámbaton* 'Sabbat' [neben *sabbaton*] hinweist)[1]

Schwiegermutter (mhd. *swiger,* ahd. *swigar* 'Schwiegermutter')

Windhund (seit der Mitte des 16. Jh.) für älteres *Wind* (mhd., ahd. *wint).* Es handelt sich um den germ. Namen für die Slawen, vgl. *Wenden, wendisch.* Das Wort bedeutet also eigentlich 'wendischer Hund'; offenbar wurde diese Hunderasse besonders bei den Slawen gezüchtet.

Eine vielumstrittene Gruppe von Zusammensetzungen bilden die Komposita von dem Typ *Langbein* oder *Dickkopf.* Sie unterscheiden sich von den Determinativkomposita nicht nach der Form, wohl aber nach der Bedeutung, insofern sie nicht eigentlich ein langes Bein oder einen dicken Kopf bezeichnen, sondern (auf Grund der Metonymie) einen Menschen, der durch lange Beine oder einen dicken Kopf (beachte das Sprachbild!) charakterisiert ist. Die Sprachwissenschaft nennt diese Art der Zusammensetzung **Possessivkomposita** (denn sie bezeichnen als Namen einer Sache eigentlich deren Besitzer) oder **exozentrische Komposita** (weil das Subjekt nicht in ihnen, sondern außerhalb des Kompositums liegt: ein Mensch, der lange Beine hat). Die Zahl der Possessivkomposita ist ziemlich groß. Unsere Gegenwartssprache kennt aber fast nur Bildungen mit Namen von K ö r p e r t e i l e n und B e k l e i d u n g s s t ü c k e n im zweiten Glied: *Bubikopf, Dickkopf, Dummkopf, Flachskopf, Graukopf, Holzkopf, Kahlkopf, Krauskopf, Lockenkopf, Querkopf, Schafskopf, Schlaukopf, Schwachkopf, Starrkopf, Trotzkopf, Neunauge, Bleichgesicht, Milchgesicht, Einohr, Langohr, Spatzenhirn, Großmaul, Lästermaul, Lästerzunge, Geizhals, Schreihals, Rotkehlchen, Gelbschnabel, Langfinger, Krummbein, Hasenfuß, Dreifuß, Freigeist, Schöngeist; Blaustrumpf, Faulpelz, Heißsporn, Schlafmütze* usw.[2]

§ 63

Als letzte Art sind noch die sog. **(imperativischen) Satznamen** anzuführen, von denen die meisten als F a m i l i e n - und P f l a n z e n n a m e n[3] fungieren. Es sind Namen, die das Aussehen von ganzen Sätzen mit (meist) imperativischer Form haben. Hochdeutsche Satznamen sind u. a. *Füllkropf, Fürchtegott, Geratewohl, Gottseibeiuns, Habedank, Habenichts, Habenschaden, Hassenpflug, Hebestreit, Hupfinstroh* (Floh), *Kehraus, Kenndichaus, Leberecht, Nimmersatt, Packan* (Hundename), *Reißaus, Rührmichnichtan, Saufbruder, Schindengast, Schlagetot, Schlaginhaufen, Setzepfand, Springinsfeld, Stelldichein, Störenfried,*

§ 64

---

[1] Siehe auch S. 153 und 307.

[2] Siehe auch § 169.

[3] Siehe auch § 205.

Suchenwirt, Traumichnicht, Tudichum, Tunichtgut, Vergißmeinnicht, Wagehals, Wehrenpfennig, Wendehals. Einige nd. Beispiele sind: *Drömsacht* (Träumsanft, Reuter), *Gripenkerl* (Greif-den-Kerl), *Kerdiannix* (Kehr-dich-an-nichts), *Kiekäwerntun* (Guck-über-den-Zaun: spanische Kresse), *Kiekindiewelt, Rörminig* (Rühr-mich-nicht), *Sladrup* (Schlag-drauf), *Störtebeker* (Stürz-den-Becher), *Streckebēn, -vōt* 'Tod' (Streck-das-Bein, -den-Fuß) u. a.

Die Formen der Komposita

§ 65   Es wurde schon ausgeführt, daß so gut wie alle Wortarten in den verschiedensten Konstellationen an der Bildung von Zusammensetzungen beteiligt sein können. Unsere Gegenwartssprache zeigt daher in bezug auf die Formen der Komposita ein sehr buntes Bild. Vom Standpunkt der historischen Grammatik werden gewöhnlich mit Jacob Grimm zwei Arten von Komposita nach ihrer Form unterschieden; die echten oder eigentlichen Komposita und die unechten oder uneigentlichen Zusammensetzungen. Die echten oder eigentlichen Komposita, die die ältere Art bilden, zeigen das erste Glied, soweit es ein Nomen ist, in der Stammform, ohne Merkmal eines Kasus oder Numerus, also unflektiert, z. B.: *Berg-werk, Meer-enge, Groß-mutter, Hoch-burg, stein-alt, lieb-los.* Wenn auch diese Form der Zusammensetzung die ältere ist, so sind keineswegs alle so gebildeten Komposita selbst alt, denn der Kompositionstyp ist bis heute produktiv geblieben. Die andere Gruppe, die unechten oder uneigentlichen Zusammensetzungen, ist dadurch gekennzeichnet, daß das erste Glied flektiert erscheint: *Tages-licht, Freundes-kreis, Löwen-zahn, Frauen-zimmer, Wörter-buch, kinder-lieb* usw. Während noch im Althochdeutschen die eigentlichen Komposita bei weitem überwiegen, nehmen im Mittelhochdeutschen und Neuhochdeutschen die uneigentlichen immer mehr überhand. Dazu kommt, daß infolge der lautlichen Entwicklung (Abschwächung der unbetonten vollklingenden Vokale zu *e* bzw. Ausfall) und des Wirkens der Analogie der alte Zustand vielfach verändert worden und oft gar nicht mehr eindeutig feststellbar ist. Nicht jedes Kompositum mit flektiertem erstem Glied ist eine alte Bildung, und nicht jeder Fugenlaut ist ein Flexionsmorphem, sondern viele davon sind analogisch oder aus Gründen der besseren Sprechbarkeit als Bindelaute eingefügt worden. Man muß also, um dem gegenwärtigen Sprachzustand Rechnung zu tragen, neben den Komposita mit flektiertem und mit unflektiertem erstem Glied noch eine dritte Art, nämlich die mit Bindelaut, unterscheiden, vgl. *Lebewesen, Säugetier, Zeigefinger, liebevoll; Begriffs-verwirrung, Inselsberg, Urteilsfindung, Schiffsverkehr, Zwillingspaar.*

Bei den unechten Zusammensetzungen steht das Bestimmungswort — wenn es ein Substantiv ist — meist im Genitiv. Es treten folgende g e n i t i v i s c h e Z u s a m m e n s e t z u n g e n auf:

1. mit dem *-es* bzw. *-s* des Gen. Sing. der starken Deklination: *Freundesdienst, Kriegsgeschrei;*
2. mit dem *-en* des Gen. Sing. oder Plur. der schwachen Deklination: *Löwen-zahn, Frauenplan* (Sing.); *Herrenschneider, Bienenschwarm* (Plur.);
3. mit dem *-e* des Gen. Sing. oder Plur. der alten i-Stämme: *Gänseblume* (Sing.), *Gästehaus* (Plur.).

Dazu kommen noch Zusammensetzungen mit *-er* in der Fuge, das (seiner Entstehung nach eigentlich ein Wortbildungselement der alten s-Stämme) zum Pluralzeichen umgedeutet wurde: *Lämmerhirt, Häuserzeile* usw.

Das **Binde-***s* greift in unserer Gegenwartssprache immer mehr um sich. Im Frühneuhochdeutschen und Neuhochdeutschen ist es auch in Zusammenset-zungen eingedrungen, deren erster Bestandteil ein Femininum ist (z. B. *Frauens-person, Gewährsmann, Hilfsmittel, Liebesdienst, Weihnachtsfest* u. a.). Es han-delt sich hier offensichtlich um Bildungen unter dem Einfluß der Analogie: das *-s* wird im Bewußtsein des Sprachträgers immer stärker zum Übergangs- und Bindelaut, der zwei Wörter zu einem einheitlichen Ganzen verknüpft. Diese Entwicklung im Hochdeutschen scheint übrigens durch den Einfluß des Nie-derdeutschen wenn nicht angestoßen, so zumindest gefördert worden zu sein. Dieses kennt schon von jeher bei Femininen Genitive auf *-es.* Der gegenwärtige Stand ist der, daß die Wörter auf *-heit, -keit, -schaft, -ung, -ion, -tät* (*Freiheitslie-be, Dankbarkeitspflicht, Freundschaftsspiel, Ahnungsvermögen, Revolutionstri-bunal, Identitätsnachweis*) und überhaupt die meisten auf *-t* auslautenden Fe-minina in der Kompositionsfuge ein *-s* annehmen (*Mehrheitsentscheidung, Arbeitslohn, Armutszeugnis, Einfaltspinsel, Geburtstag, Heiratsgut, Hochzeits-feier* usw.). Nur einsilbige Feminina haben gewöhnlich kein *-s* (*Haftentlassung*).

Ähnlich wie *-s* haben auch *-en* und *-er* in der Fuge eine starke Ausbreitung er-fahren. Das *-en* als ursprüngliche Genitivendung der schwachen Substantive ist heute bei Femininen in der Fuge stark verallgemeinert *(Ehrenwort, Frauenhaar, Gerstenbrot, Heidenröslein, Höllenqual, Lindenblatt, Schlangengift, Sorgenkind, Straßenbahn, Stubentür, Tintenfaß, Taschenlampe, Ziegenmilch).*

Manche Maskulina, die, ursprünglich schwach gebeugt, sonst in die starke Deklination übergetreten sind, haben in der Zusammensetzung ihre schwachen Genitive bewahrt *(Greisenalter, Märzenbier, Mondenschein, Schwanenhals, Sternenglanz)*.

Heute sind ganz allgemein die Determinativkomposita im Vordringen, deren Bestimmungswörter eine P l u r a l f o r m aufweisen: *Plätzezahl* neben *Platzzahl, Bücherstube* neben *Buchladen, Sinnenwelt* neben *Sinneswelt, Räderwerk* neben *Radgetriebe, Männerabteil* usw. neben *Manneswort, Nummernverzeichnis* neben *Zifferblatt*.

Bemerkenswert ist der Umstand, daß manche Substantive in der Zusammensetzung in zwei oder mehreren verschiedenen Formen auftreten: *Kindtaufe, Kindesliebe, Kindersegen; Mannsbild, Manneswort, Männersache, Mannentreue.*

Die Zusammensetzungen von A d j e k t i v + S u b s t a n t i v zeigen das Adjektiv im ersten Glied meist in unflektierter Form *(Argwohn, Blinddarm, Edelobst, Hochmut, Hohlsaum, Neuland, Schwarzbrot, Zartgefühl* usw.). Flektiertes Adjektiv im ersten Glied ist selten (das *Hohelied, Hoheslied,* Gen. *Hohenliedes,* Dat. *Hohemliede; Liebermann, Liebeskind, Feinsliebchen;* siehe auch S. 96, Fußnote 1).

Während das Vorkommen von s u b s t a n t i v i s c h e n Z u s a m m e n s e t z u n g e n mit einem Verb im ersten Glied für die ältesten Zeiten umstritten ist, ist im Neuhochdeutschen eine starke Zunahme dieser Komposita festzustellen: *Bindfaden, Blendwerk, Drehbank, Fahrschein, Glühlampe, Hemmschuh, Klebstoff, Lerneifer, Liegestuhl, Mähdrescher, Meldepflicht, Nährmittel, Polterabend, Rauchtabak, Reitpferd, Ringkampf, Sammelplatz, Schleifstein, Schmierseife, Schreibfeder, Schwimmbad, Sprengstoff, Sterbezimmer, Tobsucht, Trinkbecher, Werdegang, Zeigefinger, Zündkerze* u. v. a. Das Verb erscheint meist in der reinen Stammform; nach *b, d, g, s* tritt oft der Bindevokal *-e-* auf *(Lebemann, Bindestrich, Nagetier, Lesebuch);* hinter *l, r, m, n* und *t* fehlt er meist *(Zahlkellner, Sparkasse, Wärmflasche, Turnstunde, Tretmühle)*.

Eine besondere Stellung nehmen unter den Komposita die z u s a m m e n g e s e t z t e n V e r b e n ein. In unserer Gegenwartssprache bildet das Verb mit seinen Bestimmungswörtern feste und unfeste Zusammensetzungen. Doch ist deutlich die Tendenz zur Bildung fester Komposita feststellbar.[1]

---

[1] Diese Darstellung folgt der herkömmlichen Auffassung, die auch für den Schulunterricht noch maßgebend ist. Eigentlich hat aber E r i c h D r a c h recht, der in seinen „Grundgedanken der Deutschen Satzlehre" (2. Aufl. Frankfurt a. M. 1939, S. 55 ff.) nachgewiesen hat, daß bei den sog. trennbaren Verben nur eine Rechtschreibgewohnheit vorliegt. Es handelt sich gar nicht um wirkliche Zusammensetzungen, sondern um Gefüge aus Verben und Adverbien, die zusammengeschrieben werden, wenn sie syntaktisch in Nachbarstellung treten.

Die adverbialen Partikeln *über-, unter-, hinter-, durch-, um-, wieder-* und *wider-* sowie das Adjektiv *voll-* bilden sowohl feste (untrennbare) als auch unfeste (trennbare) Zusammensetzungen mit Verben, z. B.: *übersetzen, ich übersetze — übersetzen, ich setze über; unterbieten, ich unterbiete — unterlegen, ich lege unter; hintertreiben, ich hintertreibe — hinterbringen* (umgangssprachlich), *ich bringe hinter; durchlaufen, ich durchlaufe* (eine Strecke) — *durchlaufen, ich laufe durch* (den Wald); *umgehen, ich umgehe — umgehen, ich gehe um* usw. Wir ersehen aus den Beispielen, daß die unfesten Zusammensetzungen den Hauptton auf dem ersten Glied tragen, während die festen das zweite stärker betonen.

Eine andere Regel besagt, die Zusammensetzungen seien untrennbar, wenn sie im übertragenen Sinne gebraucht werden. Es gibt aber eine Reihe von Beispielen, die diese Regel durchbrechen; so ist *durchgehen* im Sinne von 'ausbrechen, flüchten' trennbar *(sein Temperament geht mit ihm durch).*

Recht uneinheitlich ist auch die Behandlung der Zusammensetzungen mit *wider* und *wieder.*[1] Im allgemeinen sind die Zusammensetzungen mit *wider* als feste, die mit *wieder* als unfeste Komposita anzusehen *(widerlegen: ich widerlege seine Ausführungen — wiedergeben: gib mir das Buch bald wieder!).* Aber das gilt nicht immer, und es kommen von beiden beiderlei Bildungen vor, wie *widerraten* neben *widerspiegeln* und *wiederholen* neben *wiederholen.* Außerdem findet man neben regelrechtem *die Sprache widerspiegelt die Veränderungen* mindestens ebenso häufig *die Sprache spiegelt die Veränderungen wider;* ebenso heißt es *der Ton widerhallt* und *der Ton hallt wider.*

Unfeste Zusammensetzungen werden mit folgenden Partikeln gebildet: *ab, an, auf, vor, aus, zu, mit, bei, ein, nach, her, hin, dar; herab, heran, herauf, hervor, heraus, herzu, herbei, herein, herüber, herunter, herum, hinab, hinan, hinauf, hinaus, hinzu, hinein, hinüber; umher, einher, dahin; vorbei, voran, voraus, vorher; d(a)ran, darin, darauf, darein, dazu, dabei, daher, davor; hintan; abwärts, aufwärts, einwärts; zusammen, zurück, entgegen* usw. Beispiele: *abschneiden, ansehen, auftauchen, vorstellen, ausziehen, zukommen, mitnehmen, beitragen, einleuchten, nachholen, herstellen, hinsetzen, darbieten* usw.[2]

---

[1] Es handelt sich ursprünglich um ein und dasselbe Wort; erst die im Althochdeutschen einsetzende Bedeutungsspaltung hat auch die verschiedene Schreibung nach sich gezogen (*wider* = [ent]gegen; *wieder* = nochmals, erneut; zurück).

[2] Die mit adverbialen Partikeln gebildeten verbalen Zusammensetzungen werden neuerdings auch als Ableitungen behandelt, so zum Beispiel in der „Deutschen Lexikologie" von A. I s k o s und A. L e n k o w a, Leningrad 1963, S. 53 f.

Viele dieser trennbaren Komposita zeichnen sich durch eine speziali-
sierte Bedeutung aus: *mitteilen, vorkommen, zutreffen* bedeuten etwas
ganz anderes, als ihre beiden Bestandteile zusammen aussagen.

Zahlreiche unfeste Komposita haben neben der wörtlichen eine übertragene Bedeutung angenommen: *annehmen* heißt wörtlich 'entgegen-
nehmen', übertragen aber 'vermuten'; *vorwerfen* zeigt neben seiner wörtlichen
Bedeutung die übertragene 'einen Vorwurf machen'. So verhält es sich auch mit
*einfädeln, einflößen, einführen, eingehen, einhüllen, einlassen, einleiten, einlen-
ken, einlösen, einnehmen, einpflanzen, einprägen, einreißen, einrichten, ein-
schlagen, einstellen, eintreffen, eintreten; abtreten, ausführen, aufgeben, aufnehmen, beilegen, nachlassen, zulassen, hinüberspielen, herunterkommen*
u. v. a.

Bemerkenswert sind einige Zusammensetzungen mit Verben, die heute nicht
mehr allein vorkommen: *ausmergeln, ausrotten, aufwiegeln, einverleiben, um-
zingeln.*

Verdunkelte Zusammensetzungen

§ 66   Es gibt nicht wenige Wörter in unserer Sprache, die — ursprünglich Zusammensetzungen — ihre Durchsichtigkeit eingebüßt haben. So hat in vielen Fällen
die Unbetontheit eines Kompositionsgliedes zu seiner Verkümmerung geführt.
Das Ergebnis ist, daß die betreffenden Wörter heute nicht mehr als Zusammensetzungen kenntlich sind und mitunter für Ableitungen gehalten werden:

Adler	< mhd. *adel-ar(e)* 'edler Aar', Zusammensetzung mit ahd. *aro*, mhd. *ar(e)* 'Aar';
albern	< mhd. *álwære* < ahd. *ála-wâri*; über die Bedeutung siehe S. 69;
bieder	< mhd. *bîderbe* < ahd. *bi-derbi*, älter *bi-darpi*. Dem Wort liegt die Vorsilbe *bi-* und der Stamm von *dürfen* zugrunde;
Drittel	< mhd. *drit-teil* 'der dritte Teil';
Grum(me)t	< mhd. *gruon-mât* = zweite Mahd des Grases, die vollzogen wird, wenn die Wiese grün, nicht mehr blumig ist;
heuer	< mhd. *hiure* < ahd. *hiuru* aus *hiu jâru* 'in diesem Jahr';
heute	< mhd. *hiute* < ahd. *hiutu* verkürzt aus ⁺*hiu tagu* 'an diesem Tage';
Jungfer	< mhd. *junc-vrouwe* 'junge Herrin, Edelfräulein';
Junker	< mhd. *junc-hërre* < ahd. *junc-hërro* 'Sohn eines Herzogs oder Grafen';
Kiefer	< ahd. *kien-forha* (dazu mhd. Adj. *kienforhîn*) = Kienföhre;
Messer	< mhd. *mezzer*, das über *mezzeres* aus ahd. *mezziras* entwickelt ist und auf germ. ⁺*mati-sahs* 'Speiseschwert' zurückgeht (siehe S. 76);
Nachbar	< mhd, *nâchgebûr* < ahd. *nâh-gibûr(o)* 'wer nahe mit einem zusammen-

106

	wohnt';
neben	< mhd., ahd. *nëben*, das als Kürzung aus mhd. *enëben*, ahd. *inëben* eine Verbindung der Präp. *in* (an) mit dem Subst. ahd. *ëbanî* 'Gleichheit' ist und also ursprünglich 'in gleicher Weise' und dann 'zusammen' bedeutet;
Schulze	< mhd. *schult-heize* < ahd. *sculd-heizo* 'der die Verpflichtung zu einer Leistung befiehlt';
Schuster	< mhd. *schuoch-sûtære*; in diesem Ausdruck ist dem aus dem lat. *sutor* 'Flickschuster' entlehnten ahd. *sûtâri*, mhd. *sûtære* zur Verdeutlichung noch das dt. *schuoch* vorangestellt worden;
Sperber	< mhd. *sperwære* < ahd. *sparwâri* aus ⁺*sparw-aro* 'Sperlingsaar';
Wimper	< mhd. *wintbrâ(we)* < ahd. *wint-brâwa* "Haarrand', vgl. *Braue*;
Wurzel	< mhd. *wurzel* < ahd. *wurzala*, das auf ⁺*wurz-walu* 'Krautstock' zurückgeht.

Manche Zusammensetzungen haben Wörter, die sonst in freiem Gebrauch untergegangen oder verändert worden sind, bewahrt; so enthalten:

Brombeere	(mhd. *brâm-bęr* < ahd. *brâm-bęri*) die alte Bezeichnung *brâme, brâmo* 'Dornstrauch' ;
Demut	(mhd. *die-müete* < ahd. *dio-muotî*) ein altes Wort ⁺*dio* 'Knecht';
Dienstag	(mhd. *zies-tac* < ahd. *zîos-tag*) den Namen des germ. Kriegsgottes *Ziu* (⁺*Tîwaz*)[1] ;
Freitag	(mhd. *vrî-tac* < ahd. *frîa-, frîje-tag*) den Namen der germ. Göttin *Freia, Frigg*[2];
Faselschwein	'Zuchtschwein' ein mhd. *vasel* 'Zuchtvieh' (< ahd. *fasal* 'Nachkommenschaft');
Himbeere	(mhd. *hint-bęr* < ahd. *hint-bęri*) ahd. *hinta* 'Hirschkuh';
Knoblauch	(mhd. *knobe-louch* < ahd. *chlovo-, chlobilouh*) ahd. *klobo* 'Kloben';
Maulwurf	(mhd. *mûl-wurf* < ahd. *mû-wërf, -wurf*) ein altes (ags.) *mûga, mûwa* 'Hügel, Haufen'[3];
Meineid	(mhd. *mein-eit* < ahd. *mein-eid*) mhd., ahd. *mein* 'falsch';
Mutterkrebs	'schalenloser Krebs', nd. *muter* 'Mauser' (zu lat. *mutare* 'wechseln, tauschen');
rotwelsch	(mhd. *rôt walsch*) gaunersprachliches *rôt* 'Bettler';
ruchlos	(mhd. *ruoche-lôs* 'unbekümmert, sorglos') mhd. *ruoche* 'Sorge, Sorgfalt';
Sündflut	(mhd., ahd. *sin-vluot, sint-fluot* 'allgemeine Überschwemmung') germ. ⁺*sin* 'immer, umfassend';
Wahnsinn, Wahnwitz	(zu mhd. *wan-witzec*, ahd. *wana-wizzi* 'unverständig, leer an Verstand') ein germ. ⁺*wana-* 'ermangelnd';
Zwerchfell	ein mhd. *twërch*, ahd. *twërh* 'quer'.

Bei den folgenden Komposita ist das zweite Glied verdunkelt; so zeigen:

Beispiel	(mhd., ahd. *bî-spël* 'lehrhafte Erzählung, Gleichnis, Sprichwort') altes *spël* 'Bericht, Rede, Botschaft, Sage, Fabel' (siehe auch S. 77);

---

[1] Siehe auch S. 306.
[2] Siehe auch S. 306.
[3] Siehe auch S. 65 und 144.

blutrünstig	(mhd. *bluot-runsec* 'wund') altdeutsches *runs(t)* 'Rinnen von Blut';
Bräutigam	(mhd. *briute-gome* < ahd. *brûti-gomo*) ahd. *gomo* 'Mann', vgl. lat. *homo* 'Mensch';
Essigmutter	'Bodensatz im Essig', nd. *moder, mudder* 'Hefe, Schlamm';
kostspielig	mhd. *spildec* 'verschwenderisch' (siehe S. 77);
Nachtigall	(mhd. *nachte-gal(e)* < ahd. *nahta-gala,* asä. *nahti-gala*) altes *-gala* 'Sängerin'.

Beide Kompositionsglieder sind verdunkelt:

Amboß	(mhd. *ane-bôz* < ahd. *ana-bôz* 'Aufhau') enthält ahd. *ana* 'an, in, auf' und *bôzzan* 'schlagen';
anheischig	(mhd. *ant-heizec* 'durch Versprechen schuldig') enthält die Partikel *ant-* und die Wurzel *+hait-* 'heißen';
Wiedehopf	(mhd. *wite-hopfe* < ahd. *witu-hopfo*) ist der 'Waldhüpfer' (ahd. *witu-* 'Holz').

Verdunkelung infolge Bedeutungsentwicklung liegt vor in:

Mitgift	(spätmhd. *mite-gift*), dessen zweites Glied *gift* in dieser Zusammensetzung noch seine alte Bedeutung 'Gabe, Schenkung' zeigt, während es als für sich stehendes Wort zu der euphemistischen Bezeichnung für ein todbringendes Mittel wurde (das man jemandem „eingab"), aus der sich seine heutige Bedeutung ableiten läßt.

3. Die Ableitung

§ 67   Bei der Behandlung der Zusammensetzung wurde als Charakteristikum der Komposita ihre etymologische Durchsichtigkeit genannt. Wir erkennen für gewöhnlich ohne Mühe, aus welchen selbständigen Wörtern ein Kompositum gebildet ist. Freilich haben wir auch festgestellt, daß diese Durchsichtigkeit verlorengehen kann (vgl. *Drittel* < *drit-teil*). Handelt es sich in solchen Fällen aber immer noch um Zusammensetzungen, wenn auch um verdunkelte, so gibt es daneben in unserer Sprache eine große Zahl von Wörtern, die heute nicht mehr als Komposita gelten (obwohl sie es ihrer Entstehung nach sind), weil einer ihrer Bestandteile aufgehört hat, als selbständiges Wort zu existieren. So können Wörter wie ahd. *friunt-scaf, wîs-heit, ding-lîh, un-êra, ir-louben* noch als Zusammensetzungen aus selbständig vorkommenden Wörtern angesehen werden; in den nhd. Entsprechungen *Freund-schaft, Weis-heit, ding-lich, Un-ehre, erlauben* erkennen wir jedoch jeweils nur noch ein selbständiges Wort, an das ein (unselbständiges) Wortbildungsmittel getreten ist. Wir konstatieren hier eine

108

von der Zusammensetzung verschiedene Form der Wortbildung, die Ableitung mit Hilfe von Affixen (Suffixen und Präfixen).[1]

Aber wenn die äußere Ableitung auch, wie wir gesehen haben, entstehungsgeschichtlich aus der Zusammensetzung hervorgeht, so heißt das nicht, daß alle unsere mit Affixen abgeleiteten Wörter einmal Zusammensetzungen gewesen sein müssen. Die Bildung neuer Wörter vollzog sich vielmehr analog zu den auf die beschriebene Art und Weise entstandenen Ableitungen völlig frei. So konnten eben nach dem Muster von ahd. *ding-lîh, fridu-lîh* und anderen die verschiedensten Ableitungen aus Substantiven aller Art mit Hilfe des Suffixes *-lich* gebildet werden: *abendlich, ängstlich, augenscheinlich, bildlich, bräutlich, brüderlich, einheitlich, feindlich, glimpflich, herbstlich, herzlich, jungfräulich, lästerlich, leiblich, leidenschaftlich, obrigkeitlich, päpstlich, volkstümlich, weihnachtlich, zuversichtlich* usw. Es gibt also unter den Ableitungen unserer Gegenwartssprache solche, die ursprünglich Zusammensetzungen gewesen sind, und solche, die schon als Ableitungen entstanden sind. Gewiß erscheinen die meisten Wörter auf *-heit, -lich* u. a. als reine Ableitungen; doch läßt sich nur von wenigen mit Sicherheit aussagen, daß sie es wirklich sind.

Unsere Sprache weist auch eine Reihe von Suffixen auf, die uns von jeher nur in dieser Funktion entgegentreten, z. B. *-el, -in, -ung, -ig, -isch.* Das gilt auch für die Lehnsuffixe *-er, -ei.* Wieder andere, wie *-ler, -ling,* sind aus Wortteilen entstanden.

In einigen Fällen hat das wiederholte Aufeinanderfolgen zweier Suffixe zu ihrer Verschmelzung und somit zur Entstehung eines neuen Suffixes geführt. So ist das nhd. *-keit* aus mhd. *-ec + -heit* dadurch entstanden, daß das letztere häufig an Adjektive auf *-ec* (= -ig) trat, so daß daraus fälschlich ein Suffix *-keit (Bitterkeit)* und sogar ein weiteres Suffix *-igkeit (Helligkeit, Genauigkeit)* gezogen werden konnten.

Die Ableitungen mit Hilfe von Präfixen werden in vielen Grammatiken unter historischem Gesichtspunkt als sog. Präfixkomposita zu den Zusammensetzungen gerechnet. Bei der synchronischen Betrachtungsweise, die

---

[1] Freilich waren die Lautkomplexe *scaf, heit* usw. auch in ahd. Zeit ungeachtet dessen, daß sie noch als selbständige Wörter vorkamen, schon dabei, zu Suffixen herabzusinken. Wie unscharf die Grenzen beim Untergang eines Kompositionsgliedes als selbständiges Wort sind, zeigen solche Wörter unserer Gegenwartssprache wie *Biedermeier, Schlaumeier, Prahlhans, Gasmann, Blätterwerk, redselig, hoffnungsvoll, ratlos* u. v. a., deren zweite Glieder, obwohl sie alle auch selbständig gebraucht werden, ohne Zweifel doch die Neigung zeigen, gruppenbildend wie Affixe aufzutreten, vgl. *Amtmann, Bergmann, Bettelmann, Ehemann, Fährmann, Fuhrmann, Geschäftsmann, Kaufmann, Sämann, Schulmann, Seemann, Spielmann, Werkmann, Zimmermann, Milchmann* (der die Milch liefert), *Astwerk, Backwerk, Balkenwerk, Bauwerk, Bildwerk, Blätterwerk, Buschwerk, Fachwerk, Flechtwerk, Gitterwerk, Lattenwerk, Laubwerk, Mauerwerk, Naschwerk, Pelzwerk, Räderwerk, Rankenwerk, Rauchwerk, Riemenwerk, Schuhwerk, Sparrenwerk, Spielwerk, Takelwerk, Wurzelwerk.* Wir sind also zu dem Schluß berechtigt, daß die Entstehung von Suffixen in unserer Sprache nicht abgeschlossen, sondern ein lebendiger, sich ständig erneuernder Prozeß ist. Solche als Ableitungsmittel fungierende zweite Kompositionsglieder nennt man Halbsuffixe oder Halbableiter.

den gegenwärtigen Sprachzustand im Auge hat, kann diese Einteilung jedoch nicht beibehalten werden. Da die Morpheme *un-, ur-, ge-, miß-, erz-, be-, ge-, ent-, er-, ver-, zer-,* die in den Wörtern *Unlust, Urlaub, Gefährte, Mißklang, Erzfeind, bedecken, gehorchen, entrinnen, erlauben, verzehren, zerstören* vorliegen, in unserer Sprache nicht mehr selbständig auftreten können, gehören die damit gebildeten Wörter zu den Ableitungen.

Die zweite Art der Ableitung, die o h n e e r k e n n b a r e A f f i x e vor sich geht, nennt man seit Jacob Grimm die „innere" Ableitung. Wörter wie *trinken — Trank — Trunk, binden — Band — Bund, biegen — beugen — Bogen, heilen — heil — Heil* erwecken den Anschein, als ob die einen aus den anderen ohne besondere Ableitungselemente, höchstens durch S t a m m v e r ä n d e r u n g gebildet seien. Die moderne Sprachwissenschaft hat freilich festgestellt, daß auch in solchen Fällen ursprünglich besondere Wortbildungselemente fungiert haben; durch Ablaut allein sind keine neuen Wörter aus einer Wurzel entstanden. Doch würde die Erörterung solcher Spezialfragen der Germanistik hier zu weit führen. Vom Standpunkt der Gegenwartssprache sind wir berechtigt, an einer Gruppe von Ableitungen ohne erkennbare Affixe festzuhalten. Übrigens ist zu beachten, daß auch diese Form der Wortbildung analog weiterwirkt. Das zeigen solche Reihen wie *binden, finden, schinden,* mhd. *slinden* (= nhd. *[ver]-schlingen*), *springen, trinken, fliegen, lügen, trügen, biegen, ziehen, sieden — Bund, Fund, Schund, Schlund, Sprung, Trunk, Flug, Lug, Trug, Bug, Zug, Sud* (vgl. W. H e n z e n, a. a. O., § 71).

Die Ableitung mit Suffixen

§ 68   Ich beginne die Darstellung der Ableitung mit der verbreitetsten Form, der A b l e i t u n g d u r c h S u f f i x e, und bespreche zuerst die Suffixe zur Bildung von **Substantiven**.

Zur Bildung m ä n n l i c h e r P e r s o n e n b e z e i c h n u n g e n (Personalia) dienen die Suffixe *-er (-ler, -ner), -ing (-ling), -rich* und die fremden Suffixe *-ant, -aster, -ian, -ist, -ikus*.

Das bei der Bildung von Maskulina am häufigsten auftretende Suffix *-er* (mhd. *-ære,* ahd. *-âri,* got. *-âreis*) geht auf das lat. Suffix *-arius* zurück. Es dient zur Bildung von Substantiven aus Substantiven und Verben, in einigen Fällen auch aus Adjektiven und Numeralien, z. B. *Schule — Schüler, weben — Weber, schuldig — Schuldiger, hundert — Hunderter.*

Mit dem Suffix *-er* werden in erster Linie Nomina agentis, das sind Bezeichnungen für Personen nach ihrer Tätigkeit, gebildet. Hierher gehören die von Substantiven abgeleiteten Berufsbezeichnungen: *Böttcher, Gärtner, Köhler, Schäfer, Maurer, Sattler, Schiffer, Schreiner* usw. In den zuerst genannten Beispielen ist der Stammvokal bei der Ableitung durch *-er* umgelautet. Bei anderen unterbleibt der Umlaut unter denselben Bedingungen.

Bildungen auf *-er,* die aus Nomina actionis (Bezeichnungen für Tätigkeiten) abgeleitet sind, wie *Lehrer* aus *Lehre, Spieler* aus *Spiel, Mörder* aus *Mord,* konnten den Eindruck erwecken, daß sie direkt auf Verben zurückgehen. Deshalb entstanden auch direkte Ableitungen aus Verben, die gegenüber den Ableitungen aus Substantiven immer mehr überwiegen. So ist das Suffix *-er* das gewöhnliche und allein lebendige Suffix zur Bildung von Nomina agentis geworden.

Inhaltlich können sich die Substantive auf *-er* sowohl auf eine einzelne Tätigkeit beziehen als auch auf eine wiederholte, gewohnheitsmäßige, vgl.: *Erbauer* (der Stadt), *Gründer* (eines Vereins) u. ä. einerseits und die große Gruppe der Berufsbezeichnungen aus Verben, wie *Bäcker, Bauer, Drechsler, Färber, Gerber, Jäger, Schneider, Setzer, Weber* usw., andererseits.

Nach den Nomina agentis sind analog aus Verben auch Bezeichnungen für Werkzeuge entstanden: *Behälter, Drücker, Klammer, Puffer, Schalter, Wecker, Zeiger* usw. Einige von Verben abgeleitete Ausdrücke bezeichnen auch die Tätigkeit selbst: *Hopser, Schnarcher, Treffer, Walzer.* Eine Übertragung auf leblose Gegenstände findet sich auch bei Münzbezeichnungen, wie *Kreuzer* (eine mit einem Kreuz bezeichnete Münze), *Heller* (Münze aus Schwäbisch-Hall), *Taler* (Münze aus Joachimsthal) und den aus Zahlen abgeleiteten Bezeichnungen: *Dreier, Sechser* usw.

Von manchen Verben sind Ableitungen auf *-er* nur in Zusammenbildungen (siehe § 87) oder Ableitungen üblich: *Holzfäller, Wichtigtuer, Schraubenzieher; Vertreter, Besitzer.*

Es muß jedoch darauf hingewiesen werden, daß nicht in allen Wörtern auf *-er* unser Suffix *-er* vorliegt; so sind z. B. die folgenden Ausdrücke, die bereits im Althochdeutschen einen leblosen Gegenstand bezeichneten, aus dem Lateinischen aufgenommen worden: *Becher (bicarium), Pfeiler* (mlat. *pilarius*), *Söller (solarium), Speicher (spicarium), Weiher (vivarium)* usw.

Die von Orts- und Ländernamen mit *-er* gebildeten Herkunftsbezeichnungen gehen auf ein pluralisch auftretendes Suffix für Völkernamen +*-warja-,* lat. *-uarii* (z. B. *Baiuvarii*) zurück: *Berliner, Erfurter, Kölner, Prager, Wiener; Engländer, Norweger, Österreicher, Schweizer, Thüringer* usw. In Wörtern wie

Afrikaner, Amerikaner, Venetianer, Tridentiner, Athenienser ist das *-er* pleonastisch an fremde Ableitungssuffixe *(Afrik-an-er, Trident-in-er)* herangetreten.

Durch Verschmelzung mit einem vorangehenden Suffix oder einem stammschließenden Konsonanten haben sich aus dem Suffix *-er* die Erweiterungen *-ner* und *-ler* entwickelt. Sie bilden Ableitungen von Substantiven und Verben. Das Suffix *-ner* entstand wahrscheinlich dadurch, daß man Wörter wie *Lügner,* das aus ahd. *lugina* mit *-âri* regelrecht gebildet war, direkt an *lügen* (mhd. *liegen*) oder *Redner,* aus ahd. *redina,* direkt an *Rede* und *reden* anlehnte. So konnten dann Wörter wie *Harfner* oder *Schaffner* gebildet werden.

Nicht so klar ist der Ursprung von *-ler.* Wahrscheinlich aber entstand es dadurch, daß Wörter wie *Gürtler* (aus *Gürtel*) und *Säckler* (aus *Säckel*) direkt an *Gurt* und *Sack* angelehnt wurden. Analoge Bildungen sind dann: *Häusler, Tischler, Freischärler, Hinterwäldler* usw.

§ 69 Altgermanisch sind die Suffixe *-ing* und *-ung,* die im Ablautverhältnis zueinander stehen. Sie bezeichneten wohl allgemein die Z u g e h ö r i g k e i t und H e r - k u n f t von Personen und Sachen. Mit ihrer Hilfe wurden P a t r o n y m i k a (V a t e r n a m e n) aus Personennamen gebildet, z. B. *Wælsing* 'Abkomme, Sohn des Wælse'. In dieser Funktion erscheinen sie in Namen für Dynastien, Stämme und Bewohner einer Landschaft: *Merowinger, Karolinger, Thüringer, Nibelungen* (ahd. *Merowingi, Carolingi, Thuringi, Nibilungi*).

So erklären sich die zahlreichen O r t s n a m e n auf *-ing(en)* (Dat. Plur.), wie *Meiningen, Bözingen, Sigmaringen,* die auf *-ingheim, -inghofen, -inghausen, -ingdorf* usw. Sie bezeichnen Siedlungen, die von einem *Meino, Bozo, Sigmar* usw. oder seiner Sippe angelegt worden sind. (Siehe auch S. 288).

Als F a m i l i e n n a m e n haben sich die Bildungen auf *-ing* und *-ung* bis heute erhalten: *Henning, Nobiling, Adelung, Hartung.* Weniger häufig finden sie sich in A p p e l l a t i v e n (Gattungsnamen): *König* (ahd. *kuning*), *Hering; Schilling, Pfenni(n)g, Messing.* Aus dem Suffix *-ing* ist durch Verschmelzung (siehe oben *-ler, -ner*) das Suffix *-ling* entstanden. Es leitet Substantive aus Adjektiven, Substantiven, Numeralien und Verben ab *(Schwächling, Fäustling, Drilling, Prüfling).*

Die aus Adjektiven abgeleiteten Substantive auf *-ling* bezeichnen Lebewesen (meistens Personen) nach einer hervorstechenden Eigenschaft: *Jüngling, Fremdling, Neuling, Erstling, Frischling* (junges Tier, besonders: Wildschwein).

Nicht so alt sind die Ableitungen aus Substantiven. Sie benennen Lebewesen und Gegenstände nach ihrer Zugehörigkeit oder einer dauernden Eigenschaft: *Günstling, Häuptling, Sprößling; Fäustling, Silberling* usw.

Manche Substantive auf *-ling* haben einen negativen Gefühlswert. Das gilt besonders für Personenbezeichnungen auf *-er*, die mit *-ling* weitergebildet sind: *Dichterling, Schreiberling*, auch *Höfling, Sonderling* usw.

Die mit *-ling* von transitiven Verben abgeleiteten Substantive haben p a s s i - v i s c h e *(Pflegling, Impfling, Findling)*, die von intransitiven Verben abgeleiteten haben a k t i v i s c h e Bedeutung *(Flüchtling, Emporkömmling, Säugling)*.

Das nhd. Suffix *-rich* erscheint nur in einigen wenigen Wörtern. Es bezeichnet § 70
einmal männliche Tiere, deren Namen Feminina sind, wie *Enterich, Gänserich, Täuberich*, und dann Personen oder Gegenstände nach ihrer Zugehörigkeit, ihrem Verhalten oder einem besonderen Merkmal, wie *Fähnrich, Wüterich, Knöterich* (= Ackerspergel, die Pflanze wird nach den Knoten des Stengels benannt) usw. Die aus femininen Grundwörtern abgeleiteten Maskulinbezeichnungen scheinen ihre gemeinsame Wurzel in *Enterich* zu haben, das aus ⁺*anut-tracho*, ahd. *antrëhho* (< *ant-trëhho*), dazu nd. *drake* 'Enterich', abgeleitet ist. Die übrigen Bildungen sind wohl unter Anlehnung an den Eigennamentypus auf *-rich (Dietrich, Friedrich* usw.) entstanden.[1]

Zur Bildung von P e r s o n e n b e z e i c h n u n g e n dienen auch einige f r e m d e S u f f i x e : Sie erscheinen in der Regel zunächst in Fremdwörtern, treten dann aber auch an deutsche Stämme:

-ant: Dilettant, Duellant, Intrigant, Musikant, Lieferant
-aster: Kritikaster, Philosophaster, Politikaster (mit tadelndem Gefühlston)
-ist: Evangelist, Jurist, Romanist, Naturalist, Spiritist, Anarchist, Dentist, Flötist, Harfenist, Cellist, Hornist
-ian[2]: *Grobian, Liedrian, Schlendrian, Schmutzian*
-ikus[3]: *Pfiffikus, Schwachmatikus, Luftikus*

P e r s ö n l i c h e F e m i n i n a werden im Neuhochdeutschen mit Hilfe des Suf- § 71
fixes *-in* aus den meisten männlichen Personenbezeichnungen, besonders aus Standes- und Berufsbenennungen gebildet: *Ärztin, Gattin, Genossin, Malerin, Verkäuferin* usw. Auch weibliche Tiernamen entstehen auf diese Weise: *Löwin, Äffin, Bärin, Eselin, Füchsin, Hündin, Störchin, Wölfin*.

---

[1] Überhaupt haben bei der Bildung männlicher Personalia die Eigennamen einen bedeutenden Einfluß ausgeübt. So sind in nhd. Zeit Bildungen des Typus *Prahlhans* sehr produktiv geworden: *Großhans, Polterhans, Schnarchhans* usw. An die Personennamen auf *-bold, -bald (Humbold, Willibald)* haben sich einige moderne Bildungen auf *-bold* (das hier zum Suffix wird) angelehnt: *Rauf-, Sauf-, Trunken-, Witzbold* usw. Im 19. Jh. treten schließlich Bildungen mit *-meier, -berger, -huber* auf: *Angstmeier, Biedermeier, Kraftmeier, Schlaumeier, Drückeberger, Schlauberger, Krafthuber, Gschaftlhuber* (bayr.) usw. (Siehe auch S. 302). Diese Bildungen haben in der Regel pejorativen Charakter.

[2] In Mischbildungen aus der Humanistenzeit.

[3] Aus dem Sonderwortschatz der Studenten und Schüler.

Früher war in der Schriftsprache, so wie jetzt noch öfter in der Umgangssprache, auch bei Personennamen die Kennzeichnung des weiblichen Geschlechts durch das Suffix *-in* üblich: *Luise Millerin, Neuberin* usw. In der Umgangssprache lebt das Suffix noch in dem abgeschwächten *-(e)n; die Schulzen, die Müllern.*

§ 72 Als Diminutivsuffixe treten im Neuhochdeutschen *-lein* und *-chen* auf. Sie gehen zurück auf eine Verbindung des germ. adjektivischen Suffixes *-īn*, dem die Bedeutung des Zugehörigen und, daraus abgeleitet, die des Jungen und Kleinen anhaftet, mit einem *l-* bzw. *k*-Suffix. Altes *-īn* zeigt sich noch in den nd. Ausdrücken *Fohlen* und *Küken.*

Die mit den Suffixen *-lein* und *-chen* [ahd. *-(i)līn* und *-(i)kîn, -(i)chîn*] abgeleiteten Wörter bezeichnen gegenüber dem Stammwort etwas Kleines oder Unbedeutendes *(Bäumlein, Hündchen)*. Oft drücken sie Zärtlichkeit oder Liebkosung aus: *Mütterlein, Brüderchen*. Beide Suffixe können Umlaut hervorrufen.

Bei gutturalem Stammauslaut muß aus Gründen des Wohlklanges *–lein* stehen: *Krüglein, Sträuchlein*. Nach *-l* steht *-chen; Schüsselchen*. Öfter kommen beide Suffixe nebeneinander vor, zuweilen mit Bedeutungsdifferenzierung: *Fräulein* und *Frauchen, Männlein* und *Männchen* (bei Tieren), *Märlein* und *Märchen*. In einigen Wörtern erscheinen beide Suffixe nacheinander: *Jüngelchen, Wägelchen*. Im norddt. Sprachgebiet wird das Suffix *-chen*, im süddt. das Suffix *-lein* bevorzugt. Letzteres erscheint in den Mundarten als *-l, -le, -el, -erl: Dirndl, Männle, Weibel, Hunderl*. Das alte nd. *-kîn* erscheint in den nd. und (west)md. Mundarten heute meist als *-ke*. Man findet es häufig an Personennamen: *Reinike, Lüdeke* (von Ludwig), *Nöldeke* (Arnold), *Engelke* usw.

In Mecklenburg wird auch das Diminutivsuffix *-ing* gebraucht: *Lining, Korling*.

Die abgeleiteten Substantive auf *-nis, -sal, -heit, -keit, -tum, -in, -ling* bilden kaum Diminutive. Viele Substantive auf *-en* oder *-e* stoßen vor den Diminutivsuffixen das *-en* oder *-e* aus: *Öfchen, Röslein.*

§ 73 Einige weitere Suffixe dienen der Bildung konkreter Substantive (Dingbezeichnungen und Ländernamen).

Das Suffix *-el* bildet in ahd. Zeit männliche Werkzeugbezeichnungen. Es ruft Umlaut hervor. Beispiele: *Schlüssel* (ahd. *sluzzil*, mhd. *slüzzel*), *Zügel, Schlägel* neben *Schlegel, Löffel, Gürtel, Griffel, Wirbel, Quirl* (spätmhd. *twirl* zu *twёrn* = drehen).[1] In spätmhd. Zeit tritt an die Stelle dieses Wortbildungstyps der auf *-er* (vgl. oben: *Behälter, Drücker* usw.).

---

[1] Nicht alle Dingbezeichnungen auf *-el* sind jedoch mit diesem Suffix abgeleitet; so gehen z. B. *Schüssel, Spiegel, Insel* auf lat. *scutella, speculum, insula* zurück.

Auch das bereits genannte Suffix *-ing* kann Dingbezeichnungen bilden (siehe oben: *Fäustling, Silberling*).

Viele Länder- und Landschaftsnamen enden auf *-en: Franken, Hessen, Sachsen, Thüringen.* Darin steckt der Dat. Plur. der entsprechenden Völkernamen (mhd. *ze Swâben* = bei den Schwaben). Dieser deutsche Wortbildungstyp für Ländernamen entspricht dem lateinischen auf *-ia (Asien, Belgien, Sizilien* — lat. *Asia, Belgia, Sicilia).*

Das aus dem Lateinischen bzw. Französischen stammende Lehnsuffix *-ei,* mhd. *-îe*[1], erscheint in fremden Ländernamen: *Mongolei, Tschechoslowakei, Türkei.*

Groß ist die Zahl der Suffixe, mit deren Hilfe a b s t r a k t e S u b s t a n t i v e ge-
bildet werden. Allerdings nehmen diese Wörter, die zunächst Tätigkeiten, Eigenschaften, Zustände, Gedanken bezeichnen, häufig auch g e g e n s t ä n d l i c h e
B e d e u t u n g an. Die Suffixe, die zur Bildung abstrakter Substantive dienen, haben selbst ursprünglich konkrete Bedeutung besessen, wie die Grundbedeutung der zweiten Kompositionsglieder *-lich, -bar, -schaft* und anderer zeigt. §74

Das verbreitetste Suffix zur Bildung von femininen Nomina actionis ist *-ung* (mhd. *-unge,* ahd. *-unga,* germ. *-ungō, -ingō;* sein Ursprung ist ungeklärt). Ursprünglich bildete es wohl Ableitungen aus Nomina: *Holzung, Niederung, Satzung, Stallung, Teuerung, Waldung, Zeitung* u. a. Die meisten Substantive auf *-ung* sind jedoch von Verben abgeleitet, auch von reflexiven und reziproken bzw. reflexiv und reziprok gebrauchten: *Ergebung (sich ergeben), Vereinigung (sich vereinigen).* Am häufigsten sind die Ableitungen von transitiven Verben (*Bergung, Erwähnung, Zählung* usw.), doch finden sich auch Ableitungen von intransitiven: *Brandung, Drohung, Geltung, Handlung, Hoffnung, Mündung* usw.

Die Feminina mit dem Suffix *-ung* bezeichnen:

T ä t i g k e i t e n und V o r g ä n g e: Auferstehung, Verdummung, Wertung, Wirkung;

Z u s t ä n d e als Folge einer Tätigkeit (Nomina acti): *Fassung, Lähmung, Lichtung, Ordnung, Verzweiflung;*

G e g e n s t ä n d e als Mittel oder Ergebnis einer Tätigkeit: *Feuerung, Rüstung, Siedlung, Schöpfung* usw.

Im Verhältnis zu den Ableitungen aus Stammverben nehmen die Ableitungen aus zusammengesetzten Verben ständig zu, da im Deutschen auch die Zahl der Zusammensetzungen ständig wächst: *Mitteilung, Instandsetzung, Überführung* usw.

---

[1] Siehe § 75.

Häufig werden von einem Verb sowohl der substantivierte Infinitiv als auch die Ableitung mit -*ung* gebraucht. Meistens haben sie verschiedene Bedeutung: *das Füttern — die Fütterung, das Rechnen — die Rechnung.*

Zum verbreitetsten Suffix für die Bildung von Eigenschaftsbezeichnungen ist -*heit* geworden. Das selbständige Substantiv besteht noch in allen germ. Sprachen, vgl. got. *haidus,* anord. *heidr,* ae. *hād,* asä. *hēd,* ahd., mhd. *heit* mit den Bedeutungen 'Art und Weise, Beschaffenheit, Eigenschaft, Person, Stand, Rang, Ehre' (zu einer ide. Wurzel ⁺*kait*-'(er) -glänzen', vgl. dt. *heiter*).

Es dient zur Bildung von Abstrakta aus Substantiven, Numeralien und Adjektiven, besonders auch aus den adjektivischen Partizipien des Perfekts.

So entstanden

aus Substantiven: *Gottheit, Kindheit, Menschheit,*
aus Numeralien: *Einheit, Mehrheit, Vielheit,*
aus Adjektiven: *Klugheit, Reinheit, Schönheit,*
aus adjekt. Part. Perf.: *Berühmtheit, Gebundenheit, Trunkenheit, Verstocktheit, Zerfahrenheit;*
auf einen substantivierten Infinitiv weisen Bildungen wie *Wohlhabenheit, Unwissenheit, (An-) Wesenheit.*

Das Suffix -*keit* (siehe S. 109), das eine Weiterbildung von -*heit* ist, tritt an Adjektive auf -*ig, -bar, -sam, -lich* und teilweise auch an Adjektive auf -*er* und -*el: Ewigkeit, Brauchbarkeit, Biegsamkeit, Redlichkeit; Bitterkeit* (gegenüber *Sicherheit*) und *Eitelkeit* (gegenüber *Dunkelheit*).

Das Suffix -*igkeit,* eine weitere Sekundärform zu -*heit,* tritt an Adjektive auf -*los* und andere: *Freudlosigkeit, Bangigkeit, Dreistigkeit, Genauigkeit, Leichtigkeit, Müdigkeit* usw.

Gelegentlich existieren zweierlei Bildungen mit verschiedener Bedeutung: *Feuchtigkeit, Kleinigkeit, Neuigkeit — Feuchtheit, Kleinheit, Neuheit.* In diesen Fällen haben die Formen auf -*igkeit* die konkretere Bedeutung. Freilich ist dieser Bedeutungsunterschied erst allmählich, seit dem 18. Jh. entstanden.

Das Suffix -*schaft* geht zurück auf 1. ahd. *scaf* 'Beschaffenheit, Form' (zu ahd. *scaffan* und *scæpfen,* got. *skapjan*) und 2. ein altes *ti-* Abstraktum ahd. *giscaft* 'Erschaffung, Geschöpf', mhd. *schaft* 'Gestalt, Eigenschaft'. Es verbindet sich wie -*heit* mit Substantiven und Adjektiven, in neuerer Sprache auch (zunächst mit substantivierten) Infinitiven. Die beiden Ableitungsgruppen auf -*heit* und -*schaft* werden durch die Bedeutung insofern auseinandergehalten, als die Substantive auf -*heit* mehr Wesen und Eigenschaft, die auf -*schaft* mehr einen Zu-

116

stand, ein Verhalten, eine Zusammengehörigkeit oder eine örtliche Einheit bezeichnen. Diese örtliche Bedeutung entsteht aus der immer stärker hervortretenden kollektiven Bedeutung der Ableitungen mit -schaft.

Aus Substantiven abgeleitete Zustandsbezeichnungen sind *Mitgliedschaft, Knechtschaft, Vormundschaft* usw. Ein Verhalten drücken aus: *Feindschaft, Freundschaft*. Deutliche kollektive Bedeutung haben *Bruderschaft, Dienerschaft, Genossenschaft, Gewerkschaft, Lehrerschaft, Ritterschaft, Völkerschaft*. Aus der kollektiven kann sich leicht eine örtliche Bedeutung ergeben: *Grafschaft, Landschaft, Ortschaft*.

Aus Adjektiven abgeleitet sind *Eigenschaft, Gemeinschaft*; aus Partizipien Perf. *Bekanntschaft, Gefangenschaft, Hinterlassenschaft, Verwandtschaft*; aus substantivierten Infinitiven *Liegenschaft, Machenschaft, Rechenschaft, Wissenschaft*.

Das Suffix *-tum* geht auf mhd., ahd. *tuom* zurück, das noch im Althochdeutschen als selbständiges Wort vorkommt und folgende Bedeutungen zeigt: 'Sinn, Urteil, Satzung, Sitte, Ehe, Ruhm, Herrschaft'. Auch die Bedeutung der Ableitungen mit nhd. *-tum* läßt sich schwer unter einen einheitlichen Gesichtspunkt bringen. Diese sind zunächst Eigenschaftsbezeichnungen und gehen des öfteren in Gegenstands- und Kollektivbezeichnungen über.

Aus Substantiven abgeleitet sind *Bürgertum, Christentum, Judentum, Priestertum, Rittertum, Bistum, Herzogtum, Fürstentum, Kaisertum;* aus Adjektiven *Eigentum, Heiligtum, Reichtum, Siechtum*.

Einige Substantive lassen neben dem Suffix *-tum* noch ein anderes zu. Die Bedeutung ist dann meist entsprechend unterschiedlich: *Christentum* (abstrakt) — *Christenheit* (kollektiv), ebenso *Priestertum* — *Priesterschaft, Rittertum* — *Ritterschaft, Heiligtum* (konkret) — *Heiligkeit* (abstrakt). Das Adjektiv *eigen* kann sogar drei Suffixe annehmen: *Eigentum* (konkret), *Eigenschaft, Eigenheit* (abstrakt).

Sehr zahlreich sind die Ableitungen auf nhd. *-e*, ahd. *-î(n)*.

Die aus Adjektiven abgeleiteten Bildungen bezeichnen Eigenschaften: *Größe, Länge, Höhe, Blässe, Schärfe, Schwere, Strenge, Würde*. Aus Adverbien sind abgeleitet: *Nähe, Ferne, Bälde*. Einige Ableitungen haben mehr konkrete Bedeutung erlangt: *Ebene, Höhle, Fläche, Weite* usw.

Die Substantive einer zweiten Gruppe sind aus Verben abgeleitet; sie dienen zur Bezeichnung von Tätigkeiten oder Zuständen: *Taufe, Rede, Sorge, Bitte, Eile* usw. Andere bezeichnen Gegenstände, besonders Werkzeuge, mit denen eine Tätigkeit ausgeübt wird: *Haue, Fähre, Feile, Schleppe, Schneide* u. a.

In gleicher Verwendung wie das Suffix *-e* kommt auch das Suffix *-de* vor, das auf ahd. *-ida,* got. *-ipa* zurückgeht. Es haben sich nur wenige Ableitungen mit diesem Suffix bis in die neuere Sprache erhalten: *Freude, Zierde, Begierde, Behörde, Beschwerde, Gebärde, Gemeinde.* Einige mit dem Suffix *-de* von Verben abgeleitete Substantive haben das Präfix *ge-,* das ein E r g e b n i s bezeichnet: *Gebäude* (zu *bauen), Gemälde* (zu *malen), Getreide* (zu *tragen)* usw.

Sehr alt ist das Suffix *-t.* Es geht auf ide. *-ti-* zurück, das zur Bildung von V e r b a l a b s t r a k t a , insbesondere von N o m i n a a c t i o n i s aus starken Verben verwendet wurde. Dieser Wortbildungstyp ist schon lange nicht mehr produktiv; es hat sich aber eine ganze Reihe von Wörtern bis in die heutige Sprache erhalten: *Saat, Tat, Naht, Glut, Brut, Fahrt, List*[1], *Last, Verlust, Gestalt* (zu *stellen), Geduld, Kluft* (zu *klieben), Bucht* (zu *biegen), Flucht, Zucht, Sicht, Macht* (zu *mögen), Verdacht, Verzicht* (zu *zeihen,* urspr. 'sagen'), *Ankunft* (zu *kommen), Vernunft* (zu *vernehmen), Zunft* (zu *ziemen)* u. a. Einige dieser Bildungen zeigen zwischen dem Nasal und dem Dental einen Gleitlaut: *Brunft* (zu ahd. *brëman;* dazu auch *brummen* und *Brem[s]e), Ankunft, Vernunft, Zunft.*[2] Offensichtlich gehören auch die Ableitungen *Brunst, Gunst, Gewinst, Kunst* hierher.

Das Suffix *-nis* (ahd. *-nissi, nissî, -nissa;* mhd. *-nisse,* daneben auch *-nüsse* und *-nusse)* bildet weibliche und sächliche Abstrakta. Es leitet aus Verben, Partizipien und Adjektiven Substantive ab, die einen Z u s t a n d oder das E r g e b n i s einer T ä t i g k e i t bezeichnen: *Bedrängnis, Betrübnis, Finsternis; Geständnis, Verzeichnis, Zeugnis.*

Das Suffix *-sal,* geschwächt *-sel* (ahd. *-[i]sal,* mhd. *-esal* und *-sel)* bildet A b s t r a k t a und K o n k r e t a aus Verben, Adjektiven und Substantiven. Die Feminina und Neutra auf *-sal (Drangsal, Mühsal, Trübsal; Labsal, Schicksal, Wirrsal, Rinnsal, Scheusal)* sind durchweg Wörter des h o h e n und f e i e r l i c h e n Stils, während die zweite Gruppe auf *-sel (Amsel, Rätsel),* die durch neuere konkrete Neutra *(Anhängsel, Füllsel, Überbleibsel)* und auch Maskulina *(Stöpsel, Häcksel)* vermehrt wird, meist Ausdrücke der A l l t a g s s p r a c h e umfaßt. Wir sehen hier, wie in verschiedenen Sprachschichten unterschiedliche lautliche Entwicklungen vor sich gehen können.

Das alte Suffix *-ōd* (ahd. *-ôd, -ôt)* hat in unserer Sprache verschiedene Formen angenommen; erhalten sind nur noch wenige Bildungen: *Heimat, Zierat, Kleinod, Einöde* (mit Anlehnung an *Öde), Armut.*

---

[1] Die germ. Wurzel *+lis-* bedeutet zunächst 'gehen'. Daraus entwickelt sich über die Vorstellung: 'durch Gehen, Wandern kennenlernen' (vgl. nhd. *erfahren)* die Bedeutung 'wissen'. Zu derselben Wurzel gehören auch *leisten, lehren* und *lernen.* (Siehe auch S. 201.)

[2] Siehe auch S. 192.

Das Suffix *-icht,* < *-ich* (< ahd. *-ahi*) + *t,* bildet Kollektiva von Nomina und Verben: *Röhricht, Tannicht; Kehricht, Spülicht.*

Fremden Ursprungs ist das Suffix *-ei,* das im Neuhochdeutschen weite Verbreitung gefunden hat. Es dient zur Bildung von Abstrakta, seltener auch von Kollektiva aus Substantiven und Verben. Seinen fremden Ursprung verrät es noch immer dadurch, daß es, entgegen den Betonungsgesetzen des Deutschen, den Wortakzent trägt. Zunächst erscheint es in Lehnwörtern aus dem Lateinischen und Französischen (mhd. *profezîe, memorîe;* nhd. *Arznei, Abtei, Probstei* usw.); aber schon im Mittelhochdeutschen erfolgt eigene Ableitung (von deutschen Stämmen) auf *-îe: buobenîe* zu *buobe* 'Junge, Bube, Nichtsnutz'; *zegerîe* 'Zagheit' u. ä. § 75

Die Substantive auf *-ei* und *-erei* (Weiterbildung), die häufig von Berufsbezeichnungen auf *-er* abgeleitet sind, bezeichnen eine wiederholte Tätigkeit, ihr Ergebnis und den Ort, an dem sie als Beruf ausgeübt wird: *Hehlerei, Raserei, Betrügerei; Stickerei, Malerei; Brauerei, Bäckerei, Molkerei, Käserei, Schlosserei, Ziegelei.* Kollektive Bedeutung haben: *Reiterei, Länderei(en).* Manche Ableitungen auf *-ei, -erei* und *-elei* (von Substantiven auf *-el* oder Verben auf *-eln*) haben tadelnde Bedeutung: *Bastelei, Drängelei, Kinderei.*

Schließlich seien noch einige fremde Suffixe erwähnt, die in der Gegenwartssprache häufig anzutreffen sind:

-tät: Humanität, Aktivität, Universalität, Universität;
-tion: Portion, Sektion, Publikation;
-age: Blamage, Stellage, Takelage, Courage;
-(iz)ismus, -asmus: Sozialismus, Föderalismus, Klassizismus, Sarkasmus;
-ur: Garnitur, Natur, Apparatur, Agentur;
-enz: Magnifizenz, Referenz, Abstinenz.

Andere fremde Suffixe zeigen folgende konkrete Sachnamen: *Stativ, Hospital, Ventil, Element, Granat(e), Granit, Komet, Meteorit, Baldachin, Tamburin, Violine, Sirene, Amulett, Granulom, Narkotikum, Chemikalie.*

Von den Suffixen, mit deren Hilfe **Adjektive** gebildet werden, sind die folgenden zu nennen: § 76

Die Zugehörigkeit zu dem durch das Stammwort ausgedrückten Gegenstand bezeichnet das Suffix *-en* (mhd. *-en* und *-în,* ahd. *-în*). Seit dem Althochdeutschen werden damit in erster Linie Stoffadjektive gebildet: *eichen, golden (gülden), hanfen, hären, irden, leinen, metallen, papieren, porzellanen, samten, seiden, tannen, tuchen, wollen.* Aus Ableitungen von Substantiven auf *-er (kupfern, ledern, silbern)* oder aus mhd. *kälberîn, lämberîn,* wo das *-er* zum

119

Grundwort gehört, entstand der Anschein, als ob ein Suffix *-ern* vorliege, das im Neuhochdeutschen verschiedene Adjektive gebildet hat: *beinern, brettern, gläsern, hölzern, hörnern, schweinern, stählern, steinern, strohern, tönern, wächsern*. Die Neigungsadjektive *lüstern* und *schüchtern* gehören wohl ebenfalls hierher.

Das gebräuchlichste nhd. Suffix zur Bildung von Adjektiven ist *-ig* (ahd. *-ig* und *-ag*). Seine Bedeutung ist 'versehen mit etwas': *rostig* = mit Rost versehen; *blutig* = mit Blut versehen. Es bildet Adjektive

aus konkreten Substantiven zur Bezeichnung der Eigenschaft, Ähnlichkeit usw.: *bärtig, bauchig, bergig, felsig, gebirgig, holzig, knorrig, massig, ölig, salzig, teigig* usw.; aus abstrakten Substantiven zur Bezeichnung von Vorgängen und Zuständen: *eilig, geizig, hastig, müßig, notdürftig, vorsichtig, wuchtig* usw.; aus Adjektiven: *aufrichtig, emsig* (ahd. *ẹmiz* 'beständig'), *niedrig, stetig, untertänig, spitzig, lebendig* usw.; aus Verben *findig, gehörig, gelehrig, ergiebig, beliebig, schläfrig, unterwürfig* usw.; aus Adverbien: *dortig, jetzig, gestrig, baldig, einmalig, derzeitig* usw.

Die Uneinheitlichkeit hinsichtlich des Umlautes *(bärtig* neben *artig, häufig* neben *grausig)* dürfte auf das Nebeneinander der Suffixe *-ig* und *-ag* zurückzuführen sein (Wörter mit Umlaut hatten das Suffix *-ig*).

Auf ahd. *-aht, -oht* (mhd. gewöhnlich *-eht*) geht das im Neuhochdeutschen nur noch sehr selten auftretende Suffix *-icht* zurück, das in erster Linie an Stoffnamen tritt und ebenfalls die Bedeutung 'versehen mit etwas' hat. Während es in unserer Schriftsprache fast ganz von *-ig* oder anderen Suffixen verdrängt ist und heute nur noch in *töricht* erscheint, war es im 17. und 18. Jh. besonders beliebt. Man verwendete *blumicht, dornicht, gelblockicht, nervicht, runzelicht, schatticht, zotticht* u. ä. Daneben war infolge von Kontamination der Formen auf *-ig* und *-icht* auch die Schreibweise *-igt* verbreitet. Mundartlich findet sich *dreckicht, verdammicht* u. ä.

Das Suffix *-isch* (mhd. *-isch,* ahd. *-isc*) bezeichnet zunächst die Abstammung oder Herkunft; häufig weist es auch einen abschätzigen Gefühlswert auf. Es bildet viele Ableitungen aus Personen- und Tierbezeichnungen: *bäurisch, dichterisch, diebisch, erfinderisch, gärtnerisch, kaufmännisch, knechtisch, kriegerisch, närrisch, prahlerisch, schmeichlerisch, hündisch, viehisch, wölfisch*. Andere Ableitungen sind: (aus Substantiven) *abergläubisch, argwöhnisch, himmlisch, höhnisch, irdisch, neidisch, seelisch, städtisch, tückisch, zauberisch* usw.; (aus einem Adjektiv) *linkisch;* (aus einem Pronomen) *selbstisch;* (aus einem Adverb) *heimisch;* (aus Verben) *mürrisch, neckisch, täppisch*. Besonders häufig sind die mit *-isch* aus Eigennamen gebildeten Adjektive, die eine

Herkunft oder Zugehörigkeit bezeichnen: *kantisch, goethisch; erfurtisch, köl-nisch, wienerisch, münchnerisch; schwäbisch, fränkisch, preußisch, griechisch, irisch, dänisch, französisch, portugiesisch, chinesisch, österreichisch, persisch, indisch, afrikanisch, sizilianisch, europäisch.* Verhältnismäßig selten sind die Ableitungen von Flußnamen: *rheinisch, ostelbisch.*

In Ableitungen aus Fremdwörtern steht *-isch* für lat. *-icus* und griech. *-ikós: historisch, politisch, physisch, tragisch.* Gern tritt es an fremde Suffixe: *egoistisch, bestialisch, summarisch, puritanisch, asiatisch, pharisäisch.*

Hübsch (mhd. *hübesch*, mfr. *hövesch*, zu 'Hof'), *deutsch* (mhd. *tiu[t]sch*, ahd. *diutisc*, zu ahd. *diot* 'Volk'), *welsch* (mhd. *wälhisch, węl[hi]sch*, ahd. *walahisc* zu ahd. *Walh* 'Romane'[1]), *unwirsch* (mhd. *unwirdesch*, zu *wirde*, 'Wert') sind, unter Ausstoßung des *-i-*, ebenfalls mit dem Suffix *-isch* gebildet.

Das Suffix *-lich* (mhd. *-lich*, ahd. *lîh*), das sehr viele Ableitungen bildet, geht auf ein germ. Substantiv *+lîka-* 'Körper, Leib' zurück. Es diente ursprünglich zur Bildung von exozentrischen Komposita, aber schon im Gotischen erscheint es in einigen Fällen als Ableitungssuffix. Im Deutschen treten die *lich*-Adjektive seit dem 8. Jh. häufig auf.

Die ursprüngliche Funktion des Suffixes besteht darin, daß es auf etwas dem Stammwort Natürliches, Gemäßes hinweist: *wissenschaftlich:* der Wissenschaft gemäß, *gütlich* = in Güte.

Zahlreich sind die Ableitungen aus Substantiven. Von Personenbezeichnungen sind gebildet: *ärztlich, bäuerlich, feindlich, gastlich, kindlich, menschlich, müt-terlich, ritterlich, weiblich;* von Gegenstandsbezeichnungen: *bildlich, brieflich, handlich, heimlich, herzlich, leiblich, räumlich, sachlich, wörtlich;* von Zeitbe-zeichnungen: *abendlich, endlich, nächtlich, sommerlich, zeitlich;* von Vorgangs- und Zustandsbezeichnungen: *ängstlich, feierlich, gefährlich, kümmerlich, nütz-lich, schmerzlich* usw.

Die Ableitungen aus Adjektiven meinen gewöhnlich eine Annäherung an den Begriff des Grundwortes oder eine Neigung: *ältlich, bläulich, schwächlich; kleinlich, reinlich, weichlich.* Zu beachten sind die Ableitungen auf *-en-lich*, die zunächst aus Infinitiven und Partizipien gebildet wurden und alle ein eingeschobenes *-t-* zeigen: *(an)gelegentlich, flehentlich, geflissentlich, hof-fentlich, namentlich, öffentlich, wöchentlich.*

Daneben nehmen die Bildungen, die direkt von Verben ausgehen, immer mehr zu: *behaglich, erhältlich, ersichtlich, empfindlich, schließlich, tauglich, verderblich, vergeßlich* usw.

---

[1] Zugrunde liegt der Name des bei Cäsar genannten keltischen Stammes des *Volcae* (= germ. *+Walhôs*). Von den Kelten übertrugen die Germanen die Bezeichnung später auf die Romanen.

Transitive Verben können aktivische oder passivische Adjektive bilden, je nachdem, ob das Wort, worauf sich das Adjektiv bezieht, Subjekt oder Objekt der Tätigkeit ist; aktivisch: *verderblich*(er Einfluß), *erfreulich*(e Mitteilung) — passivisch: *erklärlich*(er Fehler), *unergründlich*(e Tiefe). Manche Adjektive haben aktivischen und passivischen Sinn: *empfindlicher Mensch — empfindliche Niederlage*.

Der Umlaut ist unregelmäßig durchgeführt. Manchmal hat er bedeutungsdifferenzierende Funktion: *sachlich — sächlich*. Zuweilen stehen Bildungen auf *-ig* und *-lich* in verschiedener Bedeutung nebeneinander: *zeitig — zeitlich, gläubig — glaublich* usw.

Nach dem Muster deverbativer Bildungen (= Ableitungen von Verben), deren Grundwörter *-er*-Ableitungen waren *(ärgerlich)*, sind auch einige sekundäre Bildungen auf *-erlich* entstanden: *leserlich, fürchterlich*.

Das Suffix *-sam* geht auf einen alten Adjektivstamm mit der Bedeutung 'derselbe' zurück (vgl. engl. *the same* 'derselbe', russ. CAM 'selbst, selber'). Seine Bedeutung ist also 'von derselben Beschaffenheit wie', dann auch 'entsprechend, ähnlich, zusammengehörig mit'. Die Adjektive auf *-sam* weisen daher anfänglich auf das dem Grundwort Entsprechende hin und bezeichnen weiterhin besondere Charaktereigenschaften, Fähigkeiten, Neigungen. Sie werden gebildet aus

Substantiven: *achtsam, arbeitsam, betriebsam, ehrsam, furchtsam, gewaltsam, heilsam, mühsam, ratsam, sittsam* usw.;

Adjektiven: *gemeinsam, genugsam, sattsam*. Die Adjektive auf *-sam* stehen denen auf *-lich* sehr nahe; oft dienen sie der Bedeutungsdifferenzierung: *sittsam — sittlich, furchtsam — fürchterlich;*

Verben: *biegsam, duldsam, empfindsam, enthaltsam, folgsam, strebsam, wachsam*. Auch hier finden sich Doppelbildungen: *bildsam — bildlich, ratsam — rätlich, sorgsam — sorglich* u. a.

Das Suffix *-bar* (mhd. *-bære*, ahd. *-bâri*) beruht auf einem alten Verbaladjektiv (zu got. *baíran* 'Frucht tragen'; vgl. engl. *to bear*, lat. *ferre* 'tragen'). Ursprünglich bedeutete es also 'imstande sein, etwas zu tragen'. Die ältesten Bildungen gehen immer von Substantiven aus: *fruchtbar, dienstbar, ehrbar* usw. In der jüngeren Sprache mehren sich die Ableitungen von Verben. Sie werden zu Verbaladjektiven, die eine Möglichkeit bezeichnen: *brauchbar, denkbar, drehbar, eßbar, fühlbar, heizbar, trennbar* usw. Die meisten dieser Bildungen sind passivisch, es gibt aber auch solche mit aktivischem Inhalt: *haltbar* 'was halten kann', *unfehlbar* 'wer nicht fehlen kann'.

Neben den Ableitungen mit *-bar* treten häufig solche mit *-lich* auf: *kostbar — köstlich, strafbar — sträflich, wunderbar — wunderlich — wundersam.*

Unser Suffix *-haft* war ursprünglich ebenfalls ein selbständiges Wort; es tritt noch im Mittelhochdeutschen in selbständiger Verwendung auf. Seine Grundbedeutung ist 'mit etwas behaftet, mit etwas versehen', vgl. *dauerhaft, fehlerhaft, grauenhaft, herzhaft, lasterhaft, lehrhaft, mangelhaft, schamhaft, schmackhaft, schreckhaft, sündhaft, vorteilhaft, gewissenhaft.*[1] Die alte Bedeutung des Suffixes wird allerdings bald zu der allgemeineren einer E i g e n s c h a f t erweitert, besonders wenn es an persönliche Substantive und an Adjektive herantritt: *mannhaft, frauenhaft, geckenhaft, heldenhaft, knabenhaft, mädchenhaft, meisterhaft, pöbelhaft, schalkhaft, schülerhaft, stümperhaft, zaghaft, boshaft, krankhaft, wahrhaft* usw. Manche Ableitungen gehen von Verben aus: *flatterhaft, habhaft, lachhaft, schmeichelhaft, naschhaft, schwatzhaft, wohnhaft.*

Im Alt- und Mittelhochdeutschen wurde das Suffix gern zu *-haftig* erweitert. Bis heute erhalten haben sich *leibhaftig, teilhaftig, wahrhaftig.*

Als A b l e i t u n g e n müssen auch folgende seltener auftretende angesehen werden, die als Reste von früher wesentlich weiter ausgebreiteten Wortbildungstypen in der Gegenwartssprache weiterleben: *ebenmäßig, zahlenmäßig, verhältnismäßig, unmäßig*[2] und isoliertes *gemäß; auswendig, inwendig, notwendig; gegenwärtig, widerwärtig; rechtschaffen;* schließlich die zahlreichen Adjektive auf *-artig: affenartig, gasartig, kalkartig, steinartig, andersartig, bösartig, derartig, fremdartig, gleichartig, großartig, fluchtartig, verschiedenartig, vielartig.*

§ 77

Wie bei den Substantiven finden wir auch bei den Adjektiven die Erscheinung, daß bestimmte selbständig auftretende Wörter mechanisch zu gruppenartigen Bildungen verwendet werden, d. h. die T e n d e n z zeigen, zu S u f f i x e n[3] h e r a b z u s i n k e n. Das sind u. a. die Adjektive *arm, reich, voll, leer, frei, los, fähig, fertig, recht, wert, breit,* vgl.: *blutarm, freudenarm, gedankenarm, pflanzenarm, regenarm, sonnenarm; arbeitsreich, freudenreich, segensreich, tränenreich, wasserreich; hoffnungsvoll, jammervoll, rücksichtsvoll, sinnvoll, trostvoll; blutleer, freudenleer, inhaltsleer, liebeleer, luftleer; fehlerfrei, giftfrei, salzfrei, spesenfrei, wolkenfrei, zinsfrei; ahnungslos, elternlos, grenzenlos, hoffnungslos, kinderlos, restlos, wahllos, ziellos; dienstfähig, leistungsfähig, schreibfähig, stimmfähig, zurechnungsfähig; eilfertig, dienstfertig, friedfertig, leichtfer-*

---

[1] Nicht mehr als Ableitung mit *-haft* erkennbar ist *echt* (aus mhd. *éhaft* 'gesetzmäßig').

[2] Seit einiger Zeit beginnen allerdings die Bildungen auf *-mäßig* in unserer Alltagssprache zu wuchern, vgl. Sprachpflege, Heft 3/1958, S. 42.

[3] In der letzten Zeit haben sich die Fachausdrücke H a l b s u f f i x e oder H a l b a b l e i t e r eingebürgert (siehe auch S. 109, Anm. 1).

tig; aufrecht, lotrecht, senkrecht, waagrecht; dankenswert, lebenswert, lesenswert, liebenswert, lobenswert, sehenswert; fingerbreit, fußbreit, handbreit, meterbreit, zimmerbreit usw.

§ 78   Eine (keineswegs vollständige) Übersicht über die häufigsten f r e m d e n Adjektivsuffixe gibt folgende Zusammenstellung: *formal, formell, subtil, elementar, regulär, human, mondän, genuin, delikat, diskret, komplett, morbid, dubios, skandalös, rasant, dezent, virulent, horrend, operativ, antik, grotesk, diskutabel, disponibel.*

§ 79   Zur Bildung von **Verben** dienen folgende Suffixe:

Das Suffix *-el-* geht auf ahd. *-al-, -il-* zurück, von denen das erstere ursprünglich eine N e i g u n g zum Ausdruck bringt, während das letztere v e r k l e i - n e r n d wirkt. Beide haben i t e r a t i v e (wiederholende) B e d e u t u n g. Im Neuhochdeutschen haben die so gebildeten Verben sehr zugenommen; sie können von Substantiven, Adjektiven und Verben ausgehen: *betteln, torkeln, erdrosseln, fiedeln, funkeln, gaukeln, grübeln, handeln, häkeln, häufeln, heucheln, kitzeln, klingeln, kräuseln, lächeln, mangeln, rieseln, schnitzeln, schmeicheln, schmuggeln, schütteln, schnüffeln, schwindeln, sticheln, streicheln, tröpfeln, taumeln, tummeln, tändeln, wackeln, wimmeln, winseln* usw. Manche mit dem Suffix *-el-* gebildete Verben haben die Bedeutung einer k r a n k h a f t e n N e i - g u n g: *blinzeln, frösteln, hüsteln, kränkeln, lispeln, näseln, nörgeln.* T a d e l n - d e n S t i m m u n g s g e h a l t haben *deuteln, empfindeln, frömmeln, klügeln, künsteln, liebeln, spötteln, vernünfteln, verzärteln, witzeln.*

Zu diesem Wortbildungstypus gehört auch eine größere Zahl l a u t m a l e n - d e r Wörter: *bammeln, bimmeln, bummeln, baumeln, krabbeln, kribbeln, nuscheln, prasseln, rappeln, rascheln, rumpeln, zappeln* u. a.

Das Suffix *-er-* erscheint im Althochdeutschen als *-ar-, -ir-*, im Mittelhochdeutschen als *-er-*. Die meisten damit abgeleiteten Verben haben I t e r a t i v b e d e u - t u n g: *belfern, blinkern, flackern, flattern, flimmern, flunkern, glimmern, glitzern, holpern, klappern, klettern, klimpern, plappern, plätschern, plaudern, poltern, schlenkern, schlottern, schlummern, stolpern, stottern, wiehern, wimmern* usw. Andere treten als D e s i d e r a t i v a (Wörter, die einen Hang, eine Neigung oder einen Reiz zum Ausdruck bringen) auf; sie werden unpersönlich und meist nur in der Umgangssprache gebraucht: *schläfern (es schläfert mich), lächern, weinern, tänzern, kotzern, speiern* u. a. Auch zu diesem Wortbildungstyp gehören viele s c h a l l n a c h a h m e n d e Wörter: *flüstern, gackern, kichern, meckern, plappern, schnattern, wiehern* u. ä. oder die Bildungen mit anlautendem *kn-: knabbern, knattern, knistern, knuspern.*

Neben den genannten Gruppen gibt es noch Verben auf *-er* mit anderem Ursprung. Manche sind von Wörtern mit *-r*-Auslaut abgeleitet *(hungern),* andere von Pluralen auf *-er (blättern)* oder von Komparativen *(bessern).*

Manche Verben mit dem Suffix *-ig-* (ahd. *-ag-, -eg-*) sind von Adjektiven auf *-ag/-ig* abgeleitet (siehe S. 120), z. B. *berichtigen, einigen, ermutigen, kräftigen, nötigen.* Andere sind mit Hilfe des Suffixes *-ig-* direkt von Substantiven gebildet, die gewöhnlich ältere, einfachere Formen zurückgedrängt haben, vgl. *vereidigen* (neben älterem *vereiden*), *endigen* (neben *enden*), *befehligen, begnadigen* (jetzt in der Bedeutung von *begnaden* differenziert), *entschuldigen, huldigen, nötigen, peinigen, schädigen, steinigen, sündigen, züchtigen.* Aus Adjektiven sind abgeleitet: *befestigen, besänftigen, bekräftigen, beschönigen, genehmigen, reinigen, sättigen* u. a. Wie einige der genannten Beispiele zeigen, erscheint dieser Typus von Verben gern mit den Präfixen *be-, ge-* und *ent-.*

Den nhd. Verben mit den Suffixen *-z-, -s-, -sch-* entsprechen im Althochdeutschen solche auf *-azzen, -izzen* = mhd. *-ezen.* Die obengenannten Suffixe entstanden durch Schwund des *e* (vor dem *z*) und manche lautliche Veränderungen des *z.* Bei den hierhergehörigen Verben handelt es sich meist um Ableitungen von Interjektionen, Pronomen und Substantiven, die eine B e w e g u n g, einen S c h a l l, einen G e m ü t s z u s t a n d usw. bezeichnen: *ächzen, blinzen* (< *blinkezen*), *blitzen* (< mhd. *blickezen,* zu *blic* 'Glanz, Blitz, Blick der Augen'), *brunzen* (zu *Brunnen*), *duzen, ihrzen, jauchzen, krächzen, lechzen, schluchzen, schmatzen, schnalzen, schwänzen; drucksen, hopsen, klecksen, abknapsen, knicksen* (zu *knicken*), *knipsen* (zu *kneipen*), *mucksen, plumpsen, quieksen; glitschen* (zu *gleiten*), *klatschen* (< +*klackezen,* zu mhd. *klac* 'Knall'), *quietschen* (= *quieksen*), *rutschen* (wohl zu *rucken*).

Ein altes Suffix *-is-* liegt, freilich nicht mehr deutlich erkennbar, in den Verben *grausen, gleißen, winseln* (aus *winsen*), *feilschen* und *herrschen* vor; auf ein altes *sk*-Suffix deuten Verben wie *fälschen* (ahd. [gi]*falscôn*), *forschen* (ahd. *forskôn*), *lauschen* (mhd. *lûschen*), *mischen* (ahd. *miskan*), *wünschen* (ahd. *wunsken*); altes *k*-Suffix zeigen *horchen* (zu *hören*), *schnarchen* (zu *schnarren*).

Ein f r e m d e s S u f f i x zur Bildung von Verben ist *-ier-.* Es hat seit dem 12. Jh. in Ausdrücken des Rittertums aus Frankreich in die mhd. Literatur Eingang gefunden und wurde dadurch, daß man an diese fremden Wortkörper die deutschen Verbalendungen anfügte, gewissermaßen zum Bestandteil des Stammes gemacht (afrz. *tornier* - mhd. *turnier-en*). Ebenso verfuhr man später auch mit lat. Fremdwörtern *(ignorieren, korrigieren).* So bildete sich die Gewohnheit heraus, aus Fremdwörtern Verben auf *-ieren* zu bilden, und frühzeitig geschah das auch mit deutschen Stämmen; auf diese Weise entstanden M i s c h b i l d u n g e n wie *amtieren, buchstabieren, drangsalieren, gastieren, grundieren, halbieren, hausieren, hofieren, sich verlustieren, schattieren, schnabulieren, stolzieren* usw.

Einen Untertyp, der im 16. Jh. entstanden ist, stellen die Wörter auf *-isieren* (= frz. *-iser*) dar: *botanisieren, galvanisieren.* Sie werden bald ohne Vorgang des Französischen frei gebildet: *politisieren, privatisieren* u. a.

§ 80   Auch die Bildung einiger **Adverbien** vollzieht sich mit Hilfe von Suffixen:

Zu nennen sind die Adverbien auf *-lich (bitterlich, folglich, neulich, schließlich, schwerlich, wahrlich, weinerlich),* auf *-lings (blindlings, meuchlings, rittlings* u. a.) sowie die Gruppenbildungen mit einem Nomen im zweiten Glied, das den Charakter eines Suffixes angenommen hat; hierher gehören die Adverbien auf *-weise (ausnahmsweise, beispielsweise, glücklicherweise, gleicherweise, haufenweise, kreuzweise, literweise, meterweise, möglicherweise, paarweise, schluckweise, strichweise, teilweise, unbekannterweise* usw.), *-maßen (dermaßen, einigermaßen, folgendermaßen, gewissermaßen, unverdientermaßen* u. a.), *-dings (allerdings, neuerdings, schlechterdings), -seits (allerseits, andererseits, beiderseits, diesseits, meinerseits* u. a.), *-weg (durchweg, kurzweg, leichtweg, schlankweg, schlechtweg), -halb(en)* und *-halber (deshalb, weshalb, allenthalben, meinethalben, beispielshalber, krankheitshalber), -lei* und *-art (allerlei, derlei, dreierlei, mancherlei* und *-art), -wärts (allerwärts, aufwärts, heimwärts, himmelwärts, landwärts, landeinwärts, seitwärts, stromabwärts, talwärts* usw.) und schließlich die Zeit- und Zahladverbien auf *-mal(s) (einmal, keinmal, manchmal, oftmals, damals, einstmals, jemals, mehrmals, niemals, nochmals, vielmals).*

Wurzeldeterminative

§ 81   Am Schluß der Übersicht über die Suffixe der deutschen Wortbildung soll noch kurz auf die Wurzeldeterminative eingegangen werden. Man versteht darunter Laute oder Lautkomplexe, die vom Standpunkt der Gegenwartssprache als Bestandteile der Wortwurzel angesehen werden, in Wirklichkeit aber versteinerte Suffixe darstellen, die nicht mehr als Ableitungsmittel mit einer erkennbaren Bedeutung fungieren. Hierher gehören das *n* in *dienen,* das *d* in *Feld,* das *m* in *Zaum* usw. Ich nenne einige der häufigsten Wurzeldeterminative in unserer Sprache:

Die deutschen Verwandtschaftsnamen *Vater, Mutter, Schwester, Tochter, Bruder, Schwager* enthalten ein ide. *(t)r*-Suffix, das sich auch im Lateinischen (*pater* 'Vater', *mater* 'Mutter', *frater* 'Bruder', *soror* 'Schwester', *uxor* 'Gattin', *socer*

126

'Schwiegervater'), im Griechischen (*anér* 'Mann', *thygátēr* 'Tochter'), in den slawischen (russ. *cecmpa*, poln. *siostra*, tschech. *sestra* 'Schwester') und in anderen ide. Sprachen findet.

Mittels eines *s*-Suffixes scheinen aus weiblichen T i e r n a m e n männliche gebildet worden zu sein: ahd. *ohso, fuhs* (zu *foha*), *luhs* (neben schwed. *lô*), *lahs, dahs* u. a.

Eine Gruppe von Substantiven und Adjektiven auf *-m* verweist auf einen ide. Wortbildungstyp mit den Suffixen *-mo-* und *-men-* für Konkreta und Abstrakta. So stehen nhd. *Saum* neben mhd. *siuwen* (= nähen) und ahd. *sût, siut* (= Naht), *Blume* neben *blühen, Same* neben *säen, Zaum* neben *ziehen, Strom* neben griech. *rhéō* 'ich fließe'; ferner gehören hierher nhd. *Rahm, Darm, Baum, Schaum, Schleim, Lehm, Traum, Ruhm, Qualm, Atem, Faden* (mhd. *vadem*), *Besen* (mhd. *bësem*), *Busen* (mhd. *buosem*) und die Adjektive *arm* und *warm*.

Altes *n*-Suffix zeigen: *Bein, Dorn, Farn, Korn, Laken, Lohn, Morgen, Sinn, Sühne*, die Adjektive *eben, klein, schön* u. a. Ein uraltes *ro*-Suffix enthalten eine größere Anzahl männlicher und auch einige weibliche Konkreta auf *-er*: *Acker, Bauer, Eiter, Lager, Schober, Splitter, Wucher, Zimmer; Ader, Feder* und die Adjektive *bitter, duster, hehr, heiser, heiter, lauter, locker, mager, munter, sauer, sehr, schwanger, tapfer, teuer, wacker, wahr.*

Neben den verschiedenen Nomina auf *–l*, deren Bildung wir schon besprochen haben (Diminutiva, Gerätenamen, Adjektive der Neigung), gibt es noch eine größere Zahl von Substantiven und Adjektiven auf *-l* das wir als Wurzeldeterminativ anzusehen haben: *Beil, Gaul, Kiel, Mahl, Mal, Maul, Seil, Stahl, Stuhl, Tal, Teil, Ziel; Eile, Feile, Säule, Seele, Spule; Apfel, Dinkel, Distel, Ekel, Gabel, Giebel, Hagel, Hasel, Igel, Kegel, Kugel, Mandel, Mistel, Nagel, Nebel, Nudel, Pudel, Rudel, Rummel, Schädel, Schwefel, Segel, Sichel, Wimpel; dunkel, einzel, faul, geil, heikel, heil, schnell, steil, übel.*

Zwei alte Suffixe zur Bildung von Konkreta sind ide. *-tro-* und *-tlo-*, germ. *-pra-/-ðra-* und *–pla-/ðla-;* sie erscheinen in unseren Wörtern *Blatter, Gelächter, Köder, Ruder, Butter* und *Nadel, Stadel* (= Scheune), *Wedel.*

Ein ide. Suffix *-to-*, germ. *-pa-/-ða-*, das auch im Part. Perf. der schwachen Verben vorliegt, findet sich in einigen vereinzelten Bildungen, wie *Brand, Frost, Feld, Jagd, Mord, Sund,* ferner in den Adjektiven *alt, kalt, licht, laut, recht, stet, seicht, tot, müde* und in den weiblichen Substantiven *Furcht, Schande, Scharte, Wunde.*

Ein altes *-sko*-Suffix enthalten *frisch, morsch, rasch.*

§ 82   Auch die Präfixe sind offensichtlich einst selbständige Wörter gewesen (und zwar meistens Präpositionaladverbien), die aber schließlich in Zusammensetzung und Ableitung anfänglich trennbar, später untrennbar mit dem folgenden Wort verschmolzen. Im Gotischen sind einzelne Verbalpräfixe noch in selbständiger Funktion als Präpositionen oder Präpositionaladverbien anzutreffen, so z. B. die Präpositionen *and, us,* denen unsere nhd. Präfixe *ent-, er-* entsprechen. Auch das Althochdeutsche läßt noch in einigen Fällen erkennen, daß heutige Präfixe ursprünglich Präpositionen gewesen sind, so kommt *ur* (unser *er-*) noch einige Male als Präposition vor: *ur lante* 'aus dem Lande'; ebenso ahd. *bi* (unser *be-*). Im Mittelhochdeutschen treten diese Präfixe jedoch nur noch als untrennbare Verbalpartikeln auf. Wir unterscheiden Nominalpräfixe, mit deren Hilfe Substantive und Adjektive, und Verbalpräfixe, mit deren Hilfe Verben gebildet werden.

Nominalpräfixe

§ 83   Als Tiefstufe zur selbständigen ide. Negationspartikel *ne* = germ. *ni* hat das Präfix *un-*verneinende Wirkung. Es steht in Substantiven und Adjektiven (sowie adjektivierten Partizipien): *Undank, Unehre, Unlust, Unmensch, Unsinn, Untiefe*[1], *Undankbarkeit, Unmöglichkeit; unbequem, ungeheuer, unrichtig, untadelig; unbedeutend, unbefestigt, unbewacht, unbescholten, ungebeten, unerschrocken, unverdorben.* Manche Partizipien werden nur in Verbindung mit dem Präfix *un-* adjektiviert: *unbedacht, unerhört.* Adjektive mit negativem Sinn, wie *arg, gering, übel,* werden nicht mit dem Präfix *un-* verbunden. Einige Ableitungen mit *un-* haben Stammwörter, die selbständig nicht mehr vorkommen: *Unflat, Ungestüm, Ungetüm, Ungeziefer.*

Neben der verneinenden hat das Präfix *un-* öfter verschlechternde Bedeutung: *Unart, Unfall, Unkraut, Untat, Unwetter;* in manchen Ausdrücken der Zahl und des Maßes besitzt es verstärkende Bedeutung: *Unmasse, Unmenge, Unsumme, Unzahl.*

Das Präfix *ur-,* das von Haus aus eine verbale Partikel ist, hat ursprünglich lokale Bedeutung: 'aus, von — her'. Es geht auf germ. *uz* zurück. Im Alt-

---

[1] In *Untiefe* kann die Vorsilbe *un-* sowohl verneinende (im Sinne von 'flache Stelle') wie auch verstärkende (im Sinne von 'sehr große Tiefe') Bedeutung haben.

hochdeutschen erscheint es in Verbindung mit Nomina als *ur-* (als verbales Präfix wird es abgeschwächt zu *ar-, ir-, er-;* gleichzeitig kommt es auch noch als selbständige Präposition vor; siehe oben).

Die heutige Bedeutung des Nominalpräfixes *ur-* ist die des Ursprünglichen, Anfänglichen und zeitlich Vorausgehenden: *Urbild, Urform, Ureinwohner, Urgeschichte, Urheimat, Ursprache, Urvolk, Urzeit; urgermanisch, urverwandt; Urahn, Urenkel, Urgroßvater, Urgroßmutter.* Mitunter hat *ur-* bei Adjektiven verstärkende Funktion: *uralt, urgemütlich, urkomisch, urkräftig, urplötzlich, urwüchsig.*

Das Präfix *ge-,* das ebenfalls zur Ableitung von Verben dient, ist als selbständiges Wort schon sehr früh untergegangen. Es hatte ursprünglich die Bedeutung des Zusammenhanges, der Verbindung und der Gemeinschaft. Diese ist noch ersichtlich in Substantiven wie *Gefährte* (zu *Fahrt:* der die Fahrt mitmacht), *Genosse* (zu ahd. *nôz* 'wertvolle Habe, Nutzvieh': der seinen Besitz mit anderen gemeinsam hat), *Geselle* (zu *Saal:* Saal-, Hausgenosse), *Gesinde* (zu ahd. *sind* 'Weg': Weggenossen, Reisegefolge, Kriegsgefolgschaft), *Geschwister*[1], *Gebrüder, Gespiele, Gehilfe* u. a. Bei einigen der genannten Beispiele *(Gesinde, Geschwister)* hat sich eine kollektive Bedeutung entwickelt. Sie bezeichnen eine Mehrheit von Personen, die dasselbe tun oder etwas gemeinsam haben. So bildet das Präfix *ge-* auch von Tier- und Sachbezeichnungen sächliche Kollektiva. Hierher gehören u. a. *Gebälk, Gebein, Gebirge, Geblüt, Gedärm, Gefilde, Geflügel, Gehölz, Gemäuer, Gemüse, Gepäck, Gestrüpp, Getier, Gewürm, Ungeziefer.* Viele Ableitungen mit *ge-* haben freilich die ursprüngliche kollektive Bedeutung geändert und sind konkrete Gegenstandsbezeichnungen geworden: *Gedicht, Gehäuse, Gelenk, Genick, Gerät*[2], *Geschütz, Gesims, Gewitter.*

Da manche Ableitungen von Substantiven auch an Verben angelehnt werden konnten (wie ahd. *giredi* 'Gespräch' an *reda* 'Rede' und *redôn* 'reden'), wurden auch zahlreiche Substantive direkt aus Verben abgeleitet: *Gebräu, Gebrüll, Geheul, Gekicher, Gemetzel, Gerassel, Geschwätz, Gewühl.* Manche davon, besonders die jüngsten Bildungen, haben den Gefühlswert des Lästigen oder Verächtlichen. Das tritt besonders bei den Bildungen auf *-el, -er* (siehe § 79) und auf *-e* in Erscheinung: *Gebimmel, Gefasel, Gekicher, Geklimper, Geschnatter; Geblase, Gepfeife, Geplärre, Gerenne, Getue, Getute* u. a.

---

[1] *Geschwister* bedeutete ursprünglich 'Schwestern (zusammen)'. Das ältere Wort für unseren Begriff Geschwister war *Gelichter.* Ahd. ⁺*gilihtiri* 'Geschwister' stellt sich zu *lëhtar* 'Gebärmutter', das seinerseits zu ahd. *ligan* gehört und somit den 'gemeinsamen Ort des Liegens' bezeichnet.

[2] Das Wort wird auch heute noch teilweise als Kollektivum verwendet.

Das Präfix *ge-* findet sich häufig in Verbindung mit den substantivischen Suffixen *-de, -e* und *-sel* (siehe dort).

Die Bedeutung des Üblen, Mangelhaften oder Verfehlten verleiht das Präfix **miß-** (ahd. *missa-, missi-*). Es bildet Substantive, Adjektive (und Verben): *Mißerfolg, Mißgunst, Mißklang, Missetat* (ältere Form); *mißgünstig, mißlaunig, mißmutig, mißtrauisch.*

Ebenfalls tadelnden Sinn, der sich aus der ursprünglichen Bedeutung des räumlichen oder zeitlichen Zurückstehens ergibt, erhalten die Ableitungen mit **after-** 'hinten, zurück, nach', die heute zum größten Teil veraltet sind: *Afterbildung, Afterglaube, Afterkritik, Afterliebe, Afterweisheit, Afterpoet;* hierher gehören auch mhd. *aberlist* 'Unklugheit', frühnhd. *Abergunst,* 'Mißgunst', *Abername* 'Spottname', *Aberwille* und unser *Aberglaube.* [1]

Seit dem 17. Jh. treten auch Bildungen mit dem Präfix **rück-** auf: *Rückfall, Rückgang, Rücklauf, Rückschritt, Rücktritt, Rückweg, Rückzug* u. a.

Einige fremde Präfixe bilden auch mit deutschen Stämmen nominale Mischbildungen:

Bereits in ahd. Zeit erscheint das Präfix **erz-** (*erzi-biscof* 'Erzbischof'), das über kirchenlateinisches *arci-* auf griech. *archí* 'der erste, oberste' zurückgeht. Es hat also verstärkende Wirkung. Produktiv wurde es erst in frühnhd. Zeit und trat gern an Wörter mit tadelnder Bedeutung: *Erzbube, Erzketzer, Erznarr, Erzschelm; Erzkanzler, Erzmarschall.* Mitunter erscheint es auch in Adjektiven: *erzböse, erzfaul, erzklug, erzschlecht.*

Andere fremde Präfixe, die in Mischbildungen auftreten, sind *super-* (lat., 'über'), *hyper-* (griech., 'über'): *superfein, superklug; hyperkritisch, Hyperkultur* u. a.

vize- (lat., 'an Stelle von'): *Vizekönig, Vizeadmiral, Vizekanzler, Vizefeldwebel*
ex- (lat, 'aus'): *Exkönig, Exkaiser, Exstudent, Exweltmeister* usw.
pseudo- (griech., 'falsch'): *Pseudokunst, Pseudowissenschaft* u. a.
anti- (griech.-lat., 'gegen'; es drückt einen Gegensatz aus): *Antifaschist, Antialkoholiker, Antichrist* usw.

---

[1] In *Aberwitz* liegt mhd. *abe* 'ab' vor, ebenso in mhd. *abegunst* 'Mißgunst'.

Verbalpräfixe

Heute noch gebräuchliche Verbalpräfixe sind *be-*, *ge-*, *ent-*, *er-*, *ver-*, *zer-* und *miß-*. Zum Teil treten sie, wie wir bereits gesehen haben, auch bei der Bildung von Nomina auf.

Das Präfix *be-* ist ursprünglich identisch mit der (got. und) ahd. Präposition *bi,* deren Grundbedeutung 'um - herum, rundum' ist. Diese liegt in vielen ahd. und mhd. Verben mit *bi-* bzw. *be-* (z. B. ahd. *bigurtan* 'umgürten' oder mhd. *besliezen* 'umschließen, umspannen') vor und zeigt sich auch noch in unserem *belagern.* Aus der Bedeutung 'um - herum' entsteht vielfach die von 'über etwas hin', wie in *belecken, bespritzen, bestrahlen, bewässern* usw. Die heutige allgemeine Bedeutung ist 'mit etwas versehen': *bedachen, beflügeln, begrenzen, bemannen, bemasten, beseelen, betiteln, bewaffnen, beziffern* usw. Junge Bildungen dieser Art sind *begasen, begiften, beschallen* u. a. Häufig ist *be-* in Denominativen (Ableitungen von Nomina) auf *-igen: beerdigen, begnadigen, benachrichtigen, berücksichtigen, bevollmächtigen.* Das Präfix *be-* ist in der Gegenwartssprache sehr produktiv.

Die mit *be-* gebildeten Verben sind in der Regel transitiv. Von transitiven Verben abgeleitet sind: *bedecken, begießen, begraben, behüten, betreiben, bewerfen;* von intransitiven: *beantworten, bedrohen, bekommen, belächeln, belauern, beleuchten, belügen, benetzen, bescheinen, beschimpfen, besteigen, betrachten, betrügen* usw. Intransitive Ableitungen mit *be-* sind *behagen, beharren, bleiben* (< mhd. *belîben*), *beruhen;* teilweise intransitiv sind *beginnen, bekommen, bestehen.*

Das Präfix *ge-* haben wir schon als Nominalpräfix kennengelernt. Die ursprüngliche Bedeutung 'mit, zusammen', die es als Nominalpräfix zeigt, läßt sich noch in dem nhd. *gerinnen* (eigentlich: zusammenrinnen) erkennen. In ahd. und mhd. Verben ist sie noch öfter festzustellen. Daneben hatte *ge-* auch eine perfektivierende Wirkung, d. h., es konnte früher den Abschluß (und auch den Eintritt) einer Handlung oder eines Zustandes ausdrücken. In dem Maße, in dem es jedoch zum Charakteristikum des Part. Prät. wurde, ging die perfektivierende Wirkung verloren.[1] Im Neuhochdeutschen sind die Ableitungen mit *ge-* nicht sehr häufig: *gebären, gebieten, gebrechen, gebühren, gedenken, gehorchen, gehören, geleiten, glücken* (mhd. *g[e]lücken*), *geschehen, gestalten, gestatten, gesunden, gewinnen, gewöhnen.*

---

[1] In der nhd. Schriftsprache ist sie nur noch beim Verb *gefrieren* nachweisbar; sie findet sich auch noch in manchen Mundarten, vgl. alemann. *g-stehe(n)* = zum Stehen kommen, *g-stelle(n)* = zum Stehen bringen.

Die ursprüngliche Bedeutung des Präfixes *ent-* (got. *and-*, ahd. *int-*) ist 'entgegen' (vgl. *Antwort* = eigentlich 'Gegenwort'; *Antlitz* = eigentlich 'Entgegenblickendes'). In der Regel bezeichnet es eine Trennung: *enterben, entfetten, entfliehen, entführen, enthaaren, enthaupten, entkräften, entlassen, entlarven, entlaufen, entrinnen, entgehen, entschwinden, entspringen, entwaffnen* usw. oder einen aufhebenden Gegensatz: *entbinden, entdecken, entfalten, entfesseln, entkleiden, entladen, entnerven, entschließen, entwarnen, entwickeln.* Manche Ableitungen mit *ent-* lassen sich nicht mehr ganz leicht einordnen: *entbieten, entgelten, empfinden* (< *entfinden*), *entsprechen, entwerfen* usw.

Den Wörtern, die ein inchoatives Verhältnis (den Eintritt in einen Zustand) bezeichnen, liegt in der Regel nicht ahd. *int-*, sondern *in-* zugrunde: *entbrennen, entflammen, entschlafen, entstehen, entzünden.*

Das Präfix *er-* haben wir ebenfalls schon als Nominalpräfix kennengelernt. Die ursprünglich lokale Bedeutung ist noch erkennbar in *erbrechen, ergießen, erheben, erschrecken, erschüttern* u. a. Aus der lokalen Bedeutung entwickelte sich die inchoative[1]: *erblassen, erblinden, erblühen, ergrimmen, erkranken, ermatten, erschrecken;* transitiv sind: *erheitern, ermöglichen, erwärmen, erschrecken* (jemanden) usw.

Daneben werden mit *er-* auch resultative Verben[2] gebildet. Transitiv sind: *erdenken, erhören, erklettern, erleben, erlegen, erlösen, erschaffen, erschlagen, erstreiten, ertränken, erträumen, erwerben, erzeugen, erzielen;* intransitiv: *erfrieren, erliegen, erlöschen, ertrinken.* Andere zeigen diese Bedeutung nicht mehr deutlich genug: *erachten, erlauben, ersetzen, ersuchen, erstatten, erteilen, erweisen, erwidern.*

Das Präfix *ver-* (ahd. *far-, fir-*, mhd. *ver-*[3]) hat eine bemerkenswerte Entstehungsgeschichte. Es ist offensichtlich durch Zusammenfall mehrerer Partikeln entstanden, die uns noch in den got. Formen *faúr* (spr. for) 'vor, vorbei', *fra* 'weg' und *fair* (spr. fer) 'er-, ent-' (etwa in *faír-rinnan* 'sich erstrecken') vorliegen. Ihre verschiedenen Bedeutungen finden sich auch in den deutschen Bildungen. Nhd. *ver-* bezeichnet also

die Veränderung eines Zustandes: *verarmen, verfärben, verkleinern, verlottern; verhüllen, vergällen, verwässern;*

---

[1] Inchoative Verben drücken den Beginn eines Geschehens oder den Eintritt in einen anderen Zustand aus.

[2] Diese drücken aus, daß die Verbhandlung bis zur Vollendung geführt wird oder daß sie ein angestrebtes Ziel völlig erreicht.

[3] Unser nhd. *ver-* setzt nicht das mhd. *ver-* direkt fort, sondern ist die obd. Form, der Luther gegen das md. *vor-, vir-* zum Durchbruch verholfen hat.

die Trennung oder Entfernung: *verdrängen, verjagen, verkaufen, verset-zen, verstoßen, vertreiben, verwerfen;*

den Abschluß einer Handlung oder eines Zustandes: *verblühen, verbluten, verbrennen, verglimmen, verhallen, versinken, verzehren;*

die Verbindung oder Vermischung: *verbinden, verbrüdern, vereinigen, vermischen, verquirlen;*

eine Fehlhandlung: *verbiegen, verdrehen, verführen, vergießen, verleiten, sich verlaufen, sich verschreiben.*

Das Präfix dient auch der Verstärkung: *verändern, verbeugen, verbürgen, verdanken, verwalten;*

ebenso drückt es das Ergebnis einer Handlung aus: *verbrämen, verfil-men, verglasen, vergolden, verstaatlichen, vertonen, verzieren.*

Schließlich bildet man mit dem Präfix *ver-* faktitive Verben aus Adjekti-ven: *verbittern, versüßen, verschönen, verschönern, verbessern, verdeutlichen, veröffentlichen, verkündigen, verunreinigen* usw.

Die vielseitige Wirkung des Präfixes *ver-* wird u. a. an den unterschiedlichen Bedeutungen des Wortes *versetzen* sichtbar; dieses besagt:

1. an einen anderen Ort setzen (einen Baum; einen Schüler in die höhere Klasse);
2. an die falsche Stelle setzen = fehlsetzen (Zeilen beim Druck, fachsprachl. „verstecken, verheben");
3. beibringen, geben (einen Stoß, Schlag, Tritt);
4. durch Hindernisse sperren (den Atem versetzen, Blähungen versetzen sich im Darm);
5. verschieben (Steine gegeneinander versetzen);
6. Flüssigkeiten vermischen (Wein mit Wasser versetzen);
7. in einen bestimmten Zustand bringen (sich in alte Zeiten versetzt fühlen);
8. verpfänden (seine Uhr versetzen);
9. antworten, erwidern („fällt mir nicht ein", versetzte sie);
10. vergeblich warten lassen (umgangssprachlich: seine Braut hat ihn versetzt).[1]

Das Präfix **zer-** (ahd. *za[r]-, zi[r]-, zur-,* mhd. *ze[r]-*) hat die Bedeutung 'auseinander, in Teile'; die damit gebildeten Verben drücken also eine Sonderung, Trennung oder Zerstörung aus: *zerbeißen, zerbrechen, zerfallen, zerfließen,*

---

[1] Vgl. Sprachpflege, Heft 4/1957, S. 56.

zermalmen, zerreiben, zerschlagen, zerschmettern, zersetzen, zerstoßen, zerstük-
keln usw. In anderen Ableitungen ist der Begriff der Trennung nicht mehr deutlich: *zerbleuen, zerdrücken, zerknittern,* oder er ist schon im Stammwort enthalten: *zerteilen, zertrennen.* In diesen Fällen wirkt die Partikel *zer-* verstärkend.

Die meisten mit dem Präfix *miß-* (siehe S. 130) gebildeten Verben haben die
Bedeutung des Schlechten, Falschen und Niedrigen: *mißachten, miß-*
brauchen, mißdeuten, mißverstehen, mißgönnen, mißhandeln, mißraten, miß-
trauen u. a. Andere bringen eine Verneinung zum Ausdruck: *mißbilligen, miß-*
fallen, mißglücken u. a.

Ableitung ohne erkennbare Affixe, mit oder ohne Hilfe von lautlichen Veränderungen des Wortstammes

§ 85   Hierher gehören in erster Linie eine größere Anzahl von **Substantiven,** die
von starken Verben abgeleitet erscheinen, z. B. *binden — Band —*
Bund, trinken — Trank — Trunk u. a. Diese Ableitungen gehen von den verschiedenen Stammformen (Präsens-, Präterital-, Partizipialstamm) aus, ohne daß
zwischen den Ablautstufen und der Bedeutung eine feste innere Beziehung
sichtbar wäre. Von stark konjugierten Verben sind u. a. folgende Substantive
gebildet: *Biß, Bruch, Drang, Flug, Fund, Griff, Guß, Hang, Hieb, Hub, Klang,*
Rat, Riß, Ruf, Schlaf, Schlich, Schluß, Schrei, Schwang, Schwung, Sog, Sprung,
Steg, Steig, Strich, Streich usw. Es sind meist maskuline Tätigkeitsnamen
(Nomina actionis), von denen manche zu Gegenstandsbezeichnungen
geworden sind. Hier liegt ein alter Wortbildungstyp vor, der jedoch auch in
neuerer Zeit noch manche Nachbildungen hervorgerufen hat: *Bug, Lug,*
Drusch, Kniff, Pfiff, Schuh, Suff u. a.

Neben den maskulinen Substantiven dieser Art finden sich auch Neutra: *Floß,*
Geld, Grab, Joch (zu einer Wurzel *⁺ieug-* 'verbinden'), *Lid* (zu asä., ags. *hlīdan*
'schließen, bedecken'), *Loch* (zu ahd. *lûhhan* 'schließen'), *Los, Malz, Schmalz,*
Band u. a. Die Neutra sind Gegenstandsbezeichnungen.

Daneben gibt es auch Substantive, die mit schwach konjugierten Verben stammverwandt sind: *Blick, Druck, Geiz* (zu *geizen,* mhd. *gît[e]sen* neben
dem Substantiv *gît* 'Habgier'), *Gruß, Kauf* (zu ahd. *koufôn*), *Kuß, Raub, Schweiß*
(zu *schwitzen,* mit Ablaut), *Wandel* (zu *wandeln,* ahd. *wantalôn*); jüngere
Bildungen sind *Ärger, Balz, Bettel, Borg, Bummel, Drill, Hauch, Klecks, Knitter,*
Schimmer, Schmuck, Taumel; mit Partikeln: *Belag, Bereich, Verein, Versand,*

Unterricht, Abklatsch, Aufwand, Nachtrab, Auspuff u. a. Diese sog. Nomina postverbalia (von Verben abgeleitete Nomina) werden oft als Rückbildungen oder retrograde Ableitungen zu den Sonderformen der Wortbildung gerechnet (siehe § 88). Mitunter ist es nicht leicht, anzugeben, ob das Substantiv aus dem schwach konjugierten Verb oder umgekehrt das schwach konjugierte Verb aus dem Substantiv abgeleitet ist, wie z. B. bei *schäumen — Schaum, kämmen — Kamm.*

Ein solches Ableitungsverhältnis, wie wir es zwischen Verben und Substantiven gefunden haben *(fließen — Fluß, wirken — Werk),* existiert bei den **Adjektiven** in keiner der geschichtlichen Entwicklungsstufen unserer Sprache mehr. Wir können aber noch einige sog. Wurzelbildungen neben Verben erkennen, die in urgermanischer Zeit entstanden sein dürften. So stehen neben starken Verben z. B. *bitter (beißen), bleich* (ahd. *blīhhan* 'glänzen'), *flott (fließen), hell* (ahd. *hëllan* 'ertönen, hallen'), *schlaff (schlafen)* u. a., und neben schwachen Verben: *blind (blenden), taub (toben), dünn* (ahd. *dennen* 'dehnen') u. a., wobei freilich nicht immer auszumachen ist, ob das Adjektiv oder das Verb als Ableitung anzusehen ist.

Beim **Verb** tritt die Ableitung ohne erkennbare Affixe ebenfalls in Erscheinung. Auf dem Wege der affixlosen Ableitung können schwache Verben aus Verben, aus Adjektiven und aus Substantiven gebildet werden.[1] So sind aus starken, meist intransitiven Verben durch Veränderungen des Stammvokals (Umlaut, Ablaut, sog. Rückumlaut im Präteritum) transitive, kausative oder faktitive[2] (bewirkende) Verben abgeleitet. Hierher gehören: *beugen* (zu *biegen), blecken (blicken), fällen (fallen), flößen (fließen), legen (liegen), rennen (rinnen), säugen (saugen), schwemmen (schwimmen), senken (sinken), setzen (sitzen), sprengen (springen), tränken (trinken), verschwenden (verschwinden), schweißen (schwitzen)* u. a.

Daneben gibt es noch eine Gruppe von Verben mit intensiver oder iterativer Bedeutung, die aus anderen Verben durch Veränderung des Stammvokals und des Konsonanten im Stammauslaut gebildet sind, z. B. *bücken (biegen), nicken (neigen), renken (ringen), ritzen (reißen), schleppen (schleifen), schmücken (schmiegen), schnitzen (schneiden), schwenken (schwingen), spritzen (sprießen), stutzen (stoßen).*

Eine andere Form der Ableitung von Verben, ohne Affixe ist die sog. Verbalisierung von Nominalstämmen. Man bezeichnet so den Übergang von No-

---

[1] Die historischen Gegebenheiten, aus denen sich die lautlichen Veränderungen im Wortstamm erklären (Besonderheiten des Flexionssystems: *jan-, ōn-* und *ēn-*Verben), werden bei dieser deskriptiven Darstellung außer acht gelassen. Ausschlaggebend für die Einteilung ist der nhd. Lautstand.

[2] Diese Verben drücken ein Bewirken der im Grundwort genannten Tätigkeit aus, z. B. *setzen* = sitzen machen.

minalstämmen in Verbalstämme.[1] So sind viele transitive Verben mit faktitiver Bedeutung aus Adjektivstämmen gebildet: *blenden, bereiten, demütigen, glätten, kränken, künden (kund), kürzen, läuten, leuchten (licht), runden, röten, schwärzen, stärken, stillen, weißen* u. a. Solchen transitiven Verben können auch Komparativformen zugrunde liegen: *bessern, mildern, (sich) nähern, schmälern* usw.

Von Adjektiven können auf dieselbe Weise auch intransitive Verben abgeleitet werden: *bangen, blauen, dunkeln, faulen, gesunden, gleichen, grünen, irren, nahen, reifen, siechen, trocknen, welken* u. a. Viele davon haben inchoative Bedeutung.

Sehr viele Verben sind durch Verbalisierung substantivischer Stämme entstanden. Die größte Gruppe bilden die von Gegenstandsbezeichnungen abgeleiteten Verben, wie *bilden, dampfen, fesseln, geigen, hämmern, krönen, landen, loten, lotsen, lüften, pfeifen, pflanzen, schallen, wässern* usw. Andere gehen von Personenbezeichnungen bzw. -namen oder von Tiernamen aus, z. B.: *dolmetschen, meistern, schmieden, schneidern; morsen, röntgen; (sich) aalen, (nach)äffen, büffeln, ochsen, tigern* u. a. Schließlich können solchen verbalen Bildungen auch Abstrakta zugrunde liegen, z. B.: *achten, arbeiten, danken, feiern, grüßen, planen, (sich) wundern, zählen, zweifeln* usw. Bildungen wie *herbsten, tagen* u. ä. haben inchoative Bedeutung. Denominative Verben können auch von zusammengesetzten Substantiven gebildet sein: *fuhrwerken, handhaben, ratschlagen, beschlagnahmen* u. a.

§ 86   Die einfachste Form der inneren Ableitung — ohne Veränderung des Wortstammes — ist der Übergang eines Wortes in seiner Normalform in eine andere Wortart. Man bezeichnet diesen Vorgang gewöhnlich als **Konversion**. Wir unterscheiden folgende Fälle:

a)   Adjektive werden zu Substantiven. Dieser Art der Ableitung verdanken wir u. a. unsere männlichen Substantive *Bär* (ahd. *bëro*, zu ide. *⁺bhero-* 'braun'), *Glanz* (ahd. *glanz* 'hell'), *Gram* (ahd. *gram* 'böse'), *Herr* (ahd. *hêr[i]ro* 'der Ehrwürdigere'), *Mensch* (ahd. *mennisc* 'menschlich'), *Schurz* (ahd. *scurz* 'kurz', älter: 'abgeschnitten'), *Spitz* (als Hundename), *Stolz* usw. Aus alten Partizipialformen sind entstanden: *Feind* (ahd *fîant;* vgl. got. *fijan* 'hassen, verfolgen'), *Freund* (ahd. *friunt;* vgl. got. *frijôn* 'lieben'), *Heiland, Weigand* (ahd. *wîgant* 'Kämpfer', veraltet). Jüngere männliche Substantivierungen sind: *der Abgeordnete, Angestellte, Elende, Geistliche, Glückliche, Junge,*

---

[1] Die Auffassung, daß das Verb *stillen* aus dem Adjektiv *still* mit Hilfe eines Affixes *(-en)* gebildet sei, ist irrig. Das *-en* des Infinitivs hat keine wortbildende, sondern nur formenbildende Funktion, nicht anders wie auch das *-st* der 2. Pers. Sing. Präs, oder das *-en* der 1. Pers. Plur. Präs.

Klügere, Reisende, Schwarze, Sterbliche, Verlobte, die Wenigsten usw. Weibliche Substantivierungen sind u. a.: *die Alte, Elektrische, Linke, Lokomotive* (engl. *locomotive* [Adj.] engine); sächliche: *das Blau, Bleiweiß, Dunkel, Fett, Gut, Heil, Leck, Leid, Recht; das Griechische, Lächerliche, Leere, Schwarze, Bessere, Weitere, Klügste, im Stillen* usw.

b) Substantive werden zu Adjektiven: *angst, brach, ekel, ernst, feind, fromm* (aus ahd. *fruma* 'Nutzen'), *schade, schuld, schnuppe, wurst* (beide umgangssprachlich), *bankrott, lila, rosa* usw.

c) Verben werden zu Substantiven. Dieser Übergang ist unserer Gegenwartssprache sehr geläufig, vgl.: *das Brausen, Fluchen, Heulen, Lachen, Lesen, Räuspern, Sterben, Toben, Tosen* usw. Bereits e r s t a r r t e F o r m e n sind *Dasein, Essen, Leben, Treffen, Treiben.*

d) Adverbien werden zu Adjektiven. So werden besonders die Adverbien auf *-weise* attributiv verwendet: z. B. *probeweise* Anstellung, *schrittweises* Vorgehen, *teilweiser* Erfolg, *zeitweise* Unterbrechung u. a. Obwohl solche Verbindungen nach den Regeln der Grammatik unzulässig sind, scheinen sie sich allmählich durchzusetzen. Die heutigen Adjektive *bange, behend, selten, vorhanden, zufrieden* sind auf dieselbe Weise entstanden.

e) Andere Substantivierungen sind: *das Du, das Jetzt, das Nein, das Auf und Ab, das Hin und Her, das Weh und Ach, das Wenn und Aber, das A und O, das hohe C* u. a.

4. Besondere Arten der Wortbildung

Neben den besprochenen Arten der Wortbildung gibt es **noch andere**, die hier — ohne Anspruch auf Vollständigkeit — in ihren Grundzügen gekennzeichnet werden sollen. § 87

Eine Sonderform der Wortbildung liegt bei den sog. **Zusammenbildungen** vor. Zusammenbildungen entstehen, wenn bloße syntaktische Wortverbindungen, die noch nicht als Zusammensetzungen betrachtet werden können, zur Grundlage von Ableitungen gemacht werden.[1] So gehen die Wörter *Gesetzgebung, Grundsteinlegung, Linkswendung, Menschwerdung, Nichteinhaltung* von den syntaktischen Wortverbindungen *ein Gesetz geben, den Grundstein*

---

[1] Deshalb können die Zusammenbildungen unter synchronischem Aspekt auch unter die Ableitungen eingeordnet werden; so bei W o l f g a n g F l e i s c h e r , Wortbildung der deutschen Gegenwartssprache. Leipzig 1969, S. 60.

legen usw. aus, die aber schon als feste Zusammensetzungen von der Art ⁺*gesetzgeben,* ⁺*grundsteinlegen* u. ä. behandelt sind.

Anderen Zusammenbildungen liegen präpositionale Fügungen zugrunde, z. B.: *Außerachtlassung, Instandsetzung, Inanspruchnahme, Zuhilfenahme* usw.; die Präpositionen sind übergangen in den Bildungen *Grablegung, Schaustellung, Verruferklärung* u. a.

Eine weitere Gruppe bilden die Wörter vom Typ *Liebhaber: Arbeitgeber, Buchbinder, Eisbrecher, Erblasser, Hungerleider, Hutmacher, Nußknacker, Ofensetzer, Schwarzseher, Sorgenloser, Stubenhocker, Schriftsteller* usw.; ohne Präposition erscheinen *Afrikareisender, Landstreicher, Türsteher, Zechpreller* usw.

Adjektivische Zusammenbildungen sind: *augenfällig* (aus: in die Augen fallen), *straffällig, breitspurig, eidesstattlich, freigebig, goldhaltig, kurzarmig, leichtlebig, schwarzäugig, scharfkantig, widerborstig* u. a.; verbale: *hohnlachen, liebäugeln, einkellern, einschulen, übernachten, überwintern* usw.; adverbiale: *beiderseits, hinterrücks, unterwegs.* Recht häufig treten auch Zusammenbildungen mit einer Infinitivform als letzter Komponente auf: *das Indiehändeklatschen, das Schildwachstehen, das Zuspätkommen* u. a.

§ 88   Zu den Sonderformen der Wortbildung gehört auch die **Rückbildung** oder **retrograde Ableitung.** Unter dieser Bezeichnung vereinigt man v e r s c h i e d e n - a r t i g e Ableitungen, denen allen gemeinsam ist, daß sie kürzer sind als ihre Ausgangswörter, so daß sie diesen gegenüber als Grundlage erscheinen. Hierher zählen zunächst die (schon in § 85 genannten) N o m i n a p o s t v e r b a l i a (aus Verben gebildete Nomina), wie *Ärger, Erwerb, Fußfall, Geiz, Handel, Kauf, Opfer* (aus *ärgern, erwerben,* mhd. *vuozvallen, geizen* usw.); *schlicht* (zu *schlichten*), *schwül* (zu *schwelen*), *vorschnell, voreilig, zahm* (zu *zähmen*) usw.

Umfangreicher ist die Gruppe der Wörter vom Typ *Freimut.* Nach dem Muster von Wörtern wie *demütig, hochmütig, übermütig,* die aus *Demut, Hochmut, Übermut* gebildet sind, wurde zum *Adjektiv freimütig* neben *Freimütigkeit* auch *Freimut* gebildet. So entstand eine große Zahl von S c h e i n k o m p o s i t a mit *-mut, -sinn, -gier, -sicht, -sucht,* wie *Großmut, Kleinmut, Mißmut, Sanftmut, Schwermut, Wankelmut, Wehmut; Blödsinn* (aus *blödsinnig*), *Doppelsinn, Eigensinn, Kaltsinn, Leichtsinn, Scharfsinn, Tiefsinn, Unsinn, Wahnsinn, Widersinn; Blutgier, Geldgier, Rachgier, Raubgier, Ruhmgier; Ansicht, Durchsicht, Scharfsicht, Vorsicht, Weitsicht; Gewaltsucht, Gewinnsucht, Mondsucht, Rachsucht, Raubsucht.*

Andere Beispiele dieser Art sind: *Aussatz* (aus *aussätzig*), *Eintracht, Gewalttat, Großtat, Heißhunger, Mühsal, Sorgfalt, Ungebühr, Übermacht, Vielfalt,*

138

Zwiespalt; Dreirad, Ausland, Ausländer (aus *ausländisch*), *Kleinstadt, Übermensch* (aus *übermenschlich*) u. a.

Als grammatische Rückbildung bezeichnet man es, wenn aus einem gebräuchlichen Plural ein Singular abgeleitet wird. So entstand *Abendland* aus *Abendländer*, ähnlich die Singulare *Siebenschläfer, Hohenstaufe* u. a.

In das Kapitel Rückbildung gehört auch die Erscheinung, daß als Reaktion auf das Überhandnehmen der Abstrakta auf *-ung* häufig kürzere Neubildungen auftreten, wie *Ausdruck, Auslese, Befremden, Beweis* zu älterem *Ausdrückung, Auslesung, Befremdung, Beweisung;* ebenso *Besuch, Hingabe, Reiz, Vollzug* u. a.

Rückbildungen sind schließlich auch die Adjektive *elend, nutzbar, wahrhaft(ig)* zu *elendiglich, nutzbarlich, wahrhaftiglich* und vielleicht *genial* zu *genialisch*.

Zu den besonderen Formen der Wortbildung gehört auch die **Wortmischung.** § 89
Wortmischung entsteht dadurch, daß Teile zweier Wörter oder Wortstämme zu einem neuen Wort verschmelzen, in der Form, daß diese Teile bei der Neubildung ineinandergreifen oder nach der Art der Zusammensetzung aufeinanderfolgen.

Die verbreitetste Form der Wortmischung ist die Wortkreuzung oder Kontamination. So ergaben *Buchweizen + Heidekorn: Heideweizen* (im Saargebiet), *Erdapfel + Grundbirne: Erdbirne, Kartoffel + Erdapfel: Erdtoffel* (in der Gegend von Magdeburg).

Wortmischungen mit einem gemeinsamen Glied sind auch die Adjektive *mutterseelenallein < mutter(s)allein + seelenallein, fuchsteufelswild < fuchswild + teufelswild, pechkohlrabenschwarz < pechschwarz + kohlrabenschwarz* u. a.

Die Wiederholung eines Wortes (**Iteration**) oder eines Wortteiles (**Reduplika-** § 90
tion) sind ebenfalls besondere Mittel der Wortbildung. So verwenden wir die Iteration z. B. gern zur Ausdrucksverstärkung: *jaja, soso, tagtäglich* u. ä. Häufig tritt die Wiederholung als Wortbildungsmittel in Schall- und Bildwörtern auf, die einer primitiven Ausdrucksweise, besonders der sog. Ammensprache, entstammen. Wortbildung durch Iteration liegt vor in *bittebitte, Kukkuck, Lili, Lulu, Mimi, Mama, Papa, Wauwau, Wehweh(chen);* ferner in Bildungen mit Ablaut: *bimbambum, Krimskrams, lirumlarum, Mischmasch, Singsang, ticktack, Tingeltangel, Wirrwarr, zickzack;* bzw. mit Anlautwechsel: *Hokuspokus, Klimbim, Techtelmechtel* u. a.

Durch Reduplikation sind entstanden: *beben, dudeln, lallen, plappern, quieken, zittern* (< germ. ⁺*ti-trō-mi*) u. a.

139

§ 91   In neuerer Zeit breitet sich eine Form der Wortbildung immer stärker aus, die ihren Ursprung wohl von der geschriebenen Sprache herleitet. Das sind die verschiedenen Arten von **Kurzwörtern**. Eine sehr umfangreiche Gruppe bilden die sog. Initialwörter. Sie entstehen durch Aneinanderreihung von Anfangsbuchstaben oder Anfangssilben längerer Verbindungen. So ergaben die Initialen des langen Firmennamens 'Deutsche Werbe- und Anzeigen-Gesellschaft' das Kurzwort *DEWAG*, ebenso geht *TGL* auf die Anfangsbuchstaben der Verbindung 'Technische Normen, Gütevorschriften und Lieferbedingungen' zurück. Andere Beispiele sind *ORWO* (Original Wolfen), *DEFA* (Deutsche Film-Aktiengesellschaft), *WOK* (Waschen ohne Kochen), *UNO* (United Nations Organization), *VEAB* (Volkseigener Erfassungs-und-Aufkauf-Betrieb) u. v. a. Hierher zählen auch Bildungen, die an Stelle einzelner Anfangsbuchstaben ganze Anlautgruppen aufweisen, wie *Komintern* (Kommunistische Internationale), *Kripo* (Kriminalpolizei), *Nagema* (Nahrungs- und Genußmittelmaschinen), *Persil* (Waschmittel aus Perborat und Silikat), *Fewa* (Feinwaschmittel) u. a.

Alle hier genannten Kurzwörter haben gemeinsam, daß die dabei verwendeten Buchstaben zu neuen Wörtern geformt werden. Eine zweite Gruppe entsteht dadurch, daß die verwendeten Buchstaben mit ihren Bezeichnungen gelesen werden, z. B.: *Debede* (DBD = Demokratische Bauernpartei Deutschlands), *Efdegebe* (FDGB = Freier Deutscher Gewerkschaftsbund), *Efdejot* (FDJ = Freie Deutsche Jugend), *Elkawe* (LKW = Lastkraftwagen), *Pekawe* (PKW = Personenkraftwagen), *Dekape* (DKP = Deutsche Kommunistische Partei), *Erawe* (RAW = Reichsbahnausbesserungswerk), *Esede* (SED = Sozialistische Einheitspartei Deutschlands), *Ukawe* (UKW = Ultrakurzwellen), *Vauvaube* (VVB = Verwaltung Volkseigener Betriebe), *Wegebe* (WGB = Weltgewerkschaftsbund).

Eine andere Art der Kurzwörter sind die sog. Klappwörter, die aus den Anfangs- und Schlußteilen längerer Wörter oder Wortverbindungen gebildet sind, wie *Autobus* < *Auto(mobilomni)bus*, *Informbüro* < *Inform(ations)büro*, *Intourist* < *In(ternationaler) Tourist*, *Krad* < *K(raftfahr)rad*, *Politbüro* < *Polit(isches) Büro* u. a.

Schließlich gehören hierher auch die Bildungen vom Typ *D-Zug, E-Werk, G-Wagen, S-Bahn, U-Bahn, U-Boot;* ferner Warennamen wie *Osram* (Osmium und Wolfram), *Indanthren* (Indigo und Anthrazen) u. a.

Neben den bereits genannten Arten gehören zu den Kurzwörtern auch die Wortkürzungen oder Stummelwörter. Die Wortkürzung, die weder auf unsere Sprache noch auf die Gegenwart beschränkt ist, tritt besonders in der

Umgangssprache und in den sog. Sondersprachen[1] in Erscheinung. Komposita und andere längere Wörter werden so gekürzt oder verstümmelt, daß nur der Anfang oder der Schluß bleibt. Die Ursachen dieser Erscheinung sind das Streben nach Kraftersparnis oder der Spieltrieb. So entstanden *Auto (Automobil), Bock (Bockbier[2]), Bus (Omnibus), fesch* (engl. *fashionable), Kilo (Kilogramm), Labor (Laboratorium), Mathe (Mathematik), Ober (Oberkellner, Obermeister), Photo (Photographie), Piano (Pianoforte), Uni (Universität), Vize (Vizefeldwebel, Vizepräsident); lenzen (faulenzen)* u. a.

Hierher gehören auch die K u r z - und K o s e f o r m e n d e r N a m e n, wie *Alex(ander), Ben(jamin), Dora* (< *Dorothea), Fred(éric), Hilde(gard), Inge(borg), Theo(bald), Will* (< *Wilhelm); (Ara)Bella, (El)Friede, (Fride)Rike, (Char)Lotte, Sander* (< *Alexander*) u. v. a.

Aus den Kurzwörtern können neue Ableitungen und Zusammensetzungen entstehen: *FDJler, FDJ-Gruppe, HO-Geschäft, DKP-Mann, Obraldruck* (nach Oskar Brandstetter); *Frachter* (zu *Frachtschiff), Laster* (zu *Lastkraftwagen), kiloweise, oberhaft, Photohandlung, Bushaltestelle* usw.

Zu dem G e b r a u c h der Kurzwörter erscheint mir noch folgender Hinweis erforderlich: Sie sind die natürliche Reaktion auf die Tendenz zur Bildung mitunter recht umständlicher und unhandlicher Wortgebilde. Um solche Wortungetüme wie *Handelsorganisationsverkaufsstellenleiter* zu vermeiden, greift man zum Kurzwort: *HO-Verkaufsstellenleiter* oder *HO-Leiter.* Selbstverständlich spielen bei der Entstehung von Kurzwörtern auch noch andere Faktoren eine Rolle. So bevorzugt die Sprache der Werbung solche Wörter wegen ihrer Einprägsamkeit (vgl. die zahllosen Warennamen, die nach diesem Prinzip gebildet sind: *Fewa, Cama* u. a.). Wenn also derlei Bildungen einerseits durch das Streben nach Kraftersparnis und Übersichtlichkeit natürlich begründet sind, so darf man dieser Tendenz jedoch nur so weit nachgeben, als die Klarheit und Verständlichkeit unserer Sprache dadurch nicht gefährdet wird. In der letzten Zeit tauchen in der gesprochenen und geschriebenen Sprache immer mehr solche Bildungen auf, die nur einem kleinen Kreis Eingeweihter verständlich sind. Die meisten vermögen sie, wenn sie darauf stoßen, nicht zu deuten. In solchen Fällen verliert das Kurzwort seine Berechtigung, denn es erleichtert die Kommunikation nicht, sondern erschwert sie. Deshalb muß jeder Mißbrauch an sich nützlicher sprachlicher Möglichkeiten entschieden bekämpft werden. Ein weiterer Einwand gegen die Verwendung von Kurzwörtern in der gesprochenen Sprache muß vom Standpunkt der Sprachästhetik gemacht werden. Denn wer empfände

---

[1] Siehe § 10.
[2] Siehe S. 143.

Bildungen wie *Wiwifak, Pädfak, Abfak* (Wirtschaftswissenschaftliche Fakultät, Pädagogische Fakultät, Arbeiter-und-Bauern-Fakultät) nicht als unschön?

§ 92 Viele Wörter unserer Sprache verdanken ihre heutige Gestalt der sog. **Volksetymologie**. Das Wesen dieser Erscheinung besteht darin, daß ein Wort oder Wortteil, der aus bestimmten Gründen unverständlich ist (Fremdwort) oder geworden ist (einheimische Wörter infolge von lautlichen Veränderungen oder Ungebräuchlichkeit), in Anlehnung an ein anderes ähnlich- oder gleichklingendes Wort inhaltlich umgedeutet und lautlich umgeformt wird.

So bedeutete das ahd. *hagustalt* eigentlich 'Hagbesitzer' (ahd. *hac, hages* heißt 'Umzäunung, umzäuntes Grundstück, Hain', auch 'Dornstrauch'; der zweite Teil des Wortes stellt sich zu got. *staldan* 'besitzen'). Während in germanischer Zeit der älteste Sohn den Hof, das Hauptgrundstück, erbte, fielen den jüngeren bestenfalls eingefriedigte Nebengrundstücke zu, die ihnen in der Regel nicht erlaubten, einen eigenen Hausstand zu gründen. Darum bezeichnete schon das althochdeutsche Wort einen Unverheirateten, Ehelosen. Da der zweite Teil des Kompositums aber im freien Gebrauch untergegangen war, wurde das ganze Wort etymologisch unverständlich, was schließlich dazu führte, daß es im Sprachbewußtsein des Volkes an die ähnlichklingenden Wörter *hager* und *stolz* angelehnt und dementsprechend inhaltlich umgedeutet und lautlich umgeformt wurde. So kommt es, daß sich heute wohl die meisten Sprecher unter einem *Hagestolz* einen etwas vertrockneten, steifen Sonderling vorstellen. Nhd. *Leinwand* hat nichts mit *Wand* zu tun, sondern geht in seinem zweiten Teil auf mhd., ahd. *wât* 'Kleid' (zu der ide. Wurzel *⁺wē-* 'weben') zurück. Da dieses Wort im Neuhochdeutschen verlorengegangen war, wurde aus mhd. *lînwât* unter dem Einfluß von *Gewand* (zu *wenden*) *Leinwand*.

Besonders häufig setzt die Volksetymologie natürlich bei F r e m d w ö r t e r n an, da die fremden Formen unverständlich und schwer zu merken sind. Sie werden deshalb oft an ähnlichklingende einheimische Wörter angelehnt und lautlich so lange verändert, bis sie verständlich scheinen und mundgerecht geworden sind. Das lat. *arcuballista* 'mit Bogen versehene Schleuder' war zur Zeit des Ersten Kreuzuges über volkslat. *arbalista* zu afrz. *arbaleste* geworden. Die deutschen Landsknechte, denen die fremde Bezeichnung unverständlich war, deuteten ihre Teile zu *Arm* und *Brust* um und gaben ihr die entsprechende lautliche Gestalt: *Armbrust*.

Die Volksetymologie ist in der Volkssprache und den Sondersprachen sehr häufig (vgl. *Trittuar* < *Trottoir, Untermarienblau* < *Ultramarinblau*), sie findet sich aber auch in der Schriftsprache sehr oft.

142

Es folgt eine kleine Auswahl von Wörtern, die volksetymologische Umdeutung und Umwandlung erfahren haben: Die Heilpflanze *Beifuß* heißt in ahd. Zeit *pîpôz, bîbôz*. Der zweite Wortteil gehört zum germanischen Verbalstamm *+baut-* 'stoßen' (vgl. *Amboß*, eigentlich 'Aufbau'); manche deuten den Namen deshalb als 'Kraut, das als Gewürz zur Speise gestoßen wird'; größere Wahrscheinlichkeit hat aber die Auffassung, daß der Name auf die vermeintliche geisterabwehrende Kraft der Pflanze hindeute.

Bockbier hat ursprünglich nichts mit Bock zu tun, sondern enthält den Ortsnamen *Eimbeck*. Man nannte das berühmte Bier aus dieser Stadt zuerst *Eimbock* (münchnerisch *Oambock, Ambock*), woraus dann „*ein Bock"* (= ein Glas dieses Bieres) wurde.

Einöde, das in mhd. Zeit an *Öde* angelehnt wurde, ist mit dem Suffix *-ôt* von *ein* 'einsam, allein' abgeleitet.[1]

Der Name *Erlkönig* hat nichts mit dem Baum Erle zu tun, sondern verdankt seine Entstehung einem Irrtum Herders, der das dän. *ellerkonge* (< *elverkonge*) so übersetzt. Richtig hätte es *Elfenkönig* heißen müssen.

Der *Feldstuhl* ist ein Faltstuhl (vgl. mhd. *valtstuol,* ahd. *faltistuol*) oder Klappstuhl. Seine Verwendung hat die volksetymologische Anlehnung an *Feld* bewirkt.

Felleisen geht auf mhd. *velîs(en),* dieses auf mlat. *valisia,* frz. *valise* 'Handkoffer', zurück.

Ein *Flurschütz* war eigentlich ein Flur(be)schützer; die Anlehnung an das Substantiv *Schütze* hat stattgefunden, obwohl die Flurwächter nur selten mit Schußwaffen ausgerüstet waren.

Friedhof < ahd., mhd. *vrîthof,* gehört zu mhd. *vride* 'Einfriedigung' und bedeutet 'eingefriedigtes Grundstück'. Später wurde es an *Friede* angelehnt und als 'Ort des Friedens' gedeutet.

Grasmücke gehört als *gras-smücke* oder *grâ-smücke* mit seinem zweiten Teil zu mhd. *smükken, smucken* 'schmiegen' und bedeutet demnach 'Grasschlüpferin' oder 'graue Schlüpferin'. Das Wort wurde frühzeitig an *Mücke* (ahd. *mucka* 'Mücke, Fliege') angelehnt.

Hängematte: das westindische Ausgangswort *hamáca* wurde über span. *hamaca* im Französischen zu *hamac*. Daraus entstand ndl. *hangmak* und mit weiterer Umdeutung *hangmat,* das als 'hängende Matte' aufgefaßt wird.

Hebamme ist umgedeutet aus ahd. *hevianna* < *+hafjan(d)jô* 'die Hebende'.

Karfunkel, der Name für den roten Granat, geht auf lat. *carbunculus* 'kleine glühende Kohle' zurück. Die Umdeutung scheint unter Anlehnung an *Funken,* mhd. *vunke,* vor sich gegangen zu sein.

Kette in der Verbindung 'eine Kette Rebhühner' u. ä. hat nichts mit dem Lehnwort *Kette* (< lat. *catena*) zu tun, sondern geht auf mhd. *kitte, kütte* (so auch noch mundartlich) mit der Bedeutung 'Schar, Herde' zurück.

Der zweite Bestandteil des Kompositums *Kirchspiel* gehört nicht zum Verb *spielen,* sondern zu einer ide. Wurzel *+(s)pel-* 'laut, nachdrücklich sprechen'; das Wort bedeutet also das Gebiet, 'soweit die Predigt der betreffenden Kirche besucht wird'[2].

Dieselbe Wurzel liegt in unserem *Beispiel,* ahd. *bîspël* 'Spruch, Sprichwort, Gleichnis' vor.

Die giftige *Küchenschelle* hat weder mit *Küche* noch mit *Küchchen* zu tun, dem Bestimmungswort dürfte vielmehr *Gucke, Kucke* 'hohle, halbe Eierschale' zugrunde liegen, das zunächst allein den Namen der Pflanze bildete. Dafür spricht auch die frz. Bezeichnung *coquelourde,* deren erster Bestandteil *coque* 'Schale' bedeutet.

Laute, spätmhd. *lûte,* geht über it. *liuto* und afrz. *leüt* auf arab. *al-'ûd* 'Instrument aus Holz, Zither, Laute' zurück. Etymologischer Zusammenhang mit *Laut* oder *Lied* besteht nicht.

Der erste Teil des Wortes *Lebkuchen* ist nicht mit *Leben,* sondern mit der alten Bezeichnung für geformtes Brot *Laib* verwandt.

---

[1] Siehe auch S. 118.
[2] Siehe auch S. 77.

143

Leumund hat ursprünglich nichts mit *Mund* zu tun; es geht auf ahd., mhd. *(h)liumun-t* 'Ruf, Ruhm, Gerücht' zurück, das eine *to*-Bildung zu dem in got. *hliuma* 'Gehör' vorliegenden *n*-Stamm ist, der von der Wurzel *⁺hlu̯*- 'hören' gebildet ist.

Lotse ist nicht mit *Lot* verwandt, sondern mit engl. *load,* ags. *lād* 'Straße, Weg'; es bezeichnet also einen Seemann, der fremde Schiffe in den Hafen leitet.

Der *Maulwurf* ist eigentlich ein 'Tier, das Erdhaufen aufwirft'; der erste Teil des Wortes stellt sich zu ags. *mūga, mūwa* (engl. *mow*) 'Hügel, Haufen'.[1] Als das vorauszusetzende ahd. *mûwërf* unverständlich wurde, erfolgte Umdeutung und Umgestaltung unter Anlehnung an *Maul,* ahd. *mûla, mûl.*

Meerschaum, das seit dem 18. Jh. aus Kleinasien eingeführte Mineral, aus dem zunächst in Wien, dann auch in anderen Orten, wie Lemgo und Ruhla, Pfeifenköpfe geschnitzt wurden, verwandelte auf dem Wege der Volksetymologie seinen türk. Namen *merdzan* 'Koralle' in unsere deutsche Form.

Mesner (< mlat. *mansionarius* 'Kirchendiener') wurde an *Messe* angelehnt.

Muselmann geht auf pers.-türk. *muslimān* 'Anhänger des Islam' zurück. Im Deutschen erfolgte volksetymologische Anlehnung an *Mann.*

Der deutsche Name der Heilpflanze *Osterluzei* wurde unter Anlehnung an *Ostern* aus mlat. *aristolocia, astrolocia* gebildet; ihr wissenschaftlicher lat. Name ist *Aristolochia clematitis L.*

Petschaft geht auf tschech. *pečet* 'Siegel' zurück. Es wurde im 14. Jh. als *petschat* in das Mittelhochdeutsche entlehnt, später erfolgte Anlehnung des fremdartigen Wortes an *Schaft.*

Die Bezeichnung *Pickelhaube* enthält als ersten Bestandteil mhd. *bęcken* 'Becken', das auf vulgärlat. *bacciman* zurückgeht; die *bęckenhûbe* war eine Blechhaube, die unter dem Topfhelm getragen wurde; die volksetymologische Anlehnung und Angleichung an *Pickel* 'Spitze' erfolgte erst in nhd. Zeit, als die Helmform entsprechend umgebildet war.

Platzregen geht nicht auf das „Platzen der Wolken" zurück, sondern bedeutet 'nieder-platschender Regen', gemäß dem mhd. *platzen, blatzen* 'laut aufschlagen', das im ersten Teil des Wortes vorliegt.

Der *Rosenmontag* ist eigentlich der *rasende Montag,* vgl. kölnisch *rǫse* 'tollen'.

Ein schönes Beispiel für volksetymologische Eindeutschung eines fremden Wortes bietet der Name *Schellkraut;* die lat. Bezeichnung ist *chelidonium,* zu dem griech. *chelidōn* 'Schwalbe'.

Schleuse geht über mnd. *slūse* und mnl. *slūse, sluise* auf frz. *écluse* zurück, dem vulgärlat. *exclusa* 'Schleuse, Wehr' zugrunde liegt. Die im Neuhochdeutschen häufige Schreibung *Schleuße* verrät volksetymologische Anlehnung an *schließen.*

Schlittschuh lautete ursprünglich *Schrittschuh* (mhd. *schritschuoch*) und wurde erst später in Anlehnung an *Schlitten* umgeformt.

Die Bezeichnung der Augenkrankheit *Star,* die erst in frühnhd. Zeit aus mhd. *starblint,* ahd. *staraplint* 'starrend, mit offenen Augen blind' entstanden ist, hat nichts mit dem Vogelnamen zu tun, sondern stellt sich zum Stamm des ahd. Verbs *starên* 'starren'.

Sündflut enthält in seinem ersten Teil germ. *⁺sin* 'immer, umfassend'; es heißt im Alt- und Mittelhochdeutschen *sin-vluot* 'allgemeine, große Überschwemmung'. Seit Notker erscheint es auch als *sintfluot* mit dem Gleitlaut *t,* vom 13. Jh. an mit Umdeutung *sünd(en)fluot.* Luther gebraucht noch *Sindflut,* im 16. Jh. setzt sich aber *Sündflut* endgültig durch.

Eine besonders kühne Wortbildung, der volksetymologische Assimilation des Fremdwortes *Dromedar* zugrunde liegt, ist das Wort *Trampeltier* (= Kamel).

Vatermörder: die früher üblichen hohen Hemdkragen mit langen Spitzen heißen französisch *parasite* 'Mitesser'. Diese Bezeichnung war gewählt worden, weil das Kleidungsstück immer in Gefahr war, Suppen u. ä. „mitzuessen". Der frz. Ausdruck wurde aber als *parricide* aufgefaßt und seit dem Beginn des 19. Jh. zu *Vatermörder* verdeutscht.

---

[1] Siehe auch S. 65 und 107.

144

Der *Wacholder* heißt ahd. *wëchalter, wëcholter, wachalter*. Dieser Name geht auf germ. *⁺wek-l-triu,* etwa 'Bindselbaum' zurück, weil die zähen Ruten zum Flechten dienten. Im 15. Jh. erfolgt mit der Form *wachholder* Anlehnung an *Holder* (Kurzform aus *Holunder*).

Wahnsinn, Wahnwitz gehören nicht zu unserem Subst. *Wahn*, sondern zu mhd. *wan* 'leer, ermangelnd'. Die Ausdrücke bedeuten also eigentlich 'Fehlen des Verstandes, der Vernunft'.

Die Bezeichnung *Weichbild* enthält in ihrem ersten Teil lat. *vicus* 'Häusergruppe'; der zweite Teil ist unser *Bild*. Das *Weichbild* war ursprünglich ein Bildwerk aus Holz oder Stein, das zum Zeichen dessen aufgestellt wurde, daß einer Siedlung ein besonderes (Markt-)Recht verliehen war. Das Wort bezeichnet also ein Ortsrecht und den Bezirk, wo dieses Recht gilt.

Wetterleuchten ist unter Anlehnung an *leuchten* aus mhd. *wëterleichen* 'blitzen, ohne daß es donnert' umgebildet. Der zweite Teil enthält ursprünglich mhd. *leichen* 'tanzen, hüpfen' (vom Lichtschein gesagt). Die Umdeutung zu *leuchten* erfolgte, da das alte Verb *leichen* im Neuhochdeutschen nicht mehr gebräuchlich ist.

Windmonat, ahd. *windumemânôth,* mhd. *windemânôt,* die Bezeichnung für den Oktober, den Monat der Weinlese, geht in seinem ersten Teil auf lat. *vindemia* 'Weinlese' zurück. Volksetymologisch wurde es an *Wind* angelehnt und deshalb auch für den November gebraucht.

Würgengel ist erst volksetymologisch mit *würgen* zusammengebracht worden, die ahd. Zusammensetzung *wargengil* zeigt in ihrem ersten Glied altes *warg* 'Rächer; wildes, rohes Wesen'.

Obwohl sich die meisten Volksetymologien bei S u b s t a n t i v e n finden, gibt es doch auch eine große Zahl volksetymologischer Umdeutungen und Umformungen bei anderen Wortarten. Ich nenne im folgenden noch einige A d j e k t i v e und besonders V e r b e n, die hierher gehören:

Das Adj. *schwierig,* mhd. *swiric, swëric,* ist erst in nhd. Zeit an *schwer* angelehnt und dementsprechend umgedeutet worden. Ursprünglich bedeutet es 'mit Schwären behaftet, schwärend', denn es ist eine Ableitung von ahd. *swëro,* mhd. *swër* 'Schmerz, Geschwür'.

Kunterbunt, das zu *Kontrapunkt* 'Kunst des mehrstimmigen Tonsatzes' gehört, wurde unter Anlehnung an *bunt* umgestaltet und zu 'gemischt, durcheinander' umgedeutet.

Dem Verb *sich bezähmen,* das uns heute zu *zahm* zu gehören scheint, liegt wahrscheinlich mhd. *bezëmen* zugrunde. Es gehörte demnach in die Wortfamilie *ziemen.* Dazu muß freilich bemerkt werden, daß letztlich sowohl *zahm* als auch *ziemen* auf eine gemeinsame ide. Wurzel *⁺dem(ā)-* 'zusammenfügen, bauen' zurückzuführen sind. Während *zähmen* ursprünglich 'Vieh an den Bau, an das Haus gewöhnen' meint, tritt bei *ziemen* (und *sich bezähmen*) die abstrakte Bedeutung des 'Sichzusammenfügens, Passens, Angemessenseins' auf.

Unser *entrinnen,* ahd. *intrinnan,* mhd. *entrinnen,* geht auf ahd. *-trinnan,* mhd. *trinnen* 'sich abspalten, absondern' zurück, zu dem auch unser *abtrünnig* (eigentlich 'der sich von etwas *abtrennt*') und das Bewirkungszeitwort *trennen* gehören. Der Untergang des Verbs *trinnan* ist offenbar nicht ohne Einfluß darauf, daß *intrinnan* an das damit nicht verwandte ahd. *rinnan,* nhd. *rinnen,* angelehnt wurde.

Flötengehen 'verlorengehen' hat nichts mit *Flöte, flöten* zu tun, sondern geht auf hebr. *pelētā* 'Entrinnen, Rettung' zurück, aus dem auch unser *Pleite* entstanden ist. Es war in portugiesisch-hebräischer Aussprache *feleta* in die Niederlande gekommen und hatte in der Amsterdamer Geschäftssprache Fuß gefaßt. Bei der weiteren Ausbreitung im deutschen Sprachgebiet wurde es an *flöten* angelehnt.

Löschen 'Frachtgüter ausladen' geht auf nd. und nl. *lossen* (= hd. *lösen*) zurück. An Stelle des lautgerechten *-ss-* erhielt das Wort unter volksetymologischer Anlehnung an hd. *löschen* 'aufhören lassen zu brennen' ein *sch.*

Preisgeben ist eine Lehnübersetzung des frz. *donner en prise* 'als Beute geben'; der erste Bestandteil des Wortes geht also mit der frz. Vorlage *prise* 'Ergreifung, Fang' auf lat. *prehendere* 'nehmen' zurück und ist nicht mit unserem Substantiv *Preis* verwandt, das über afrz. *prīs* 'Wert, Raub, Kampfpreis' aus lat. *pretium* 'Wert, Preis einer Sache' entstanden ist.

Schieben in der Verbindung *Kegel schieben* beruht auf volksetymologischer Assimilation. Die ursprüngliche Form bewahrt bayr. *Kegel scheiben,* mhd. *kegel schîben.* Mhd. *schîben* bedeutet 'drehend bewegen' und gehört zu mhd. *schîbe,* ahd. *scîba* 'Scheibe', eigentlich 'vom Baumstamm abgeschnittene Platte'. Tatsächlich ließ man ursprünglich eine Holzscheibe auf die Kegel zurollen, erst später verwendete man eine Kugel. So kam es, daß die Wendung nicht mehr verstanden wurde und die historisch begründete Form *scheiben* durch *schieben* (mhd. *schieben,* ahd. *scioban*) ersetzt wurde.

In der Wendung *das Blut stillen* hat das Verb wohl den Sinn 'zum Stehen, zum Stillstand bringen'; es liegt also offensichtlich *stellen* zugrunde, das volksetymologisch zu *stillen* umgebildet wurde. Letztlich gehen freilich beide schon im Germanischen selbständigen Verben auf die ide. Wurzel *+st(h)el-* '(auf)stellen' zurück.

Das Verb *vertuschen* 'unrechtmäßig verbergen, verheimlichen, verdecken, beschwichtigen', das in den mannigfachsten Formen erscheint und der Erklärung die größten Schwierigkeiten bereitet, ist wohl nicht mit dem Subst. *Tusche* verwandt, das selbst als Rückbildung zu *tuschen* auf frz. *toucher* 'berühren, (schwarze) Farbe auftragen' zurückgeht. Vielleicht gehört es zu *täuschen,* dessen ursprüngliche Bedeutung 'unwahrhaftig reden' ist.

VI. Die wichtigsten Etappen
in der historischen Entwicklung des Wortbestandes

1. Die Entwicklung des Wortbestandes in indoeuropäischer
und germanischer Zeit

Ein Gliederungsprinzip für die Wörter unserer Sprache ist ihr Alter. § 93
Wie ist es möglich, das Alter der Wörter zu bestimmen? Selbstverständlich gestaltet sich diese Bestimmung immer schwieriger, je weiter wir dabei in die Vergangenheit zurückgehen müssen. Für die älteste, die indoeuropäische Zeit sind
wir dabei ausschließlich auf die vergleichende Sprachwissenschaft angewiesen.
Stellt man ein Wort in allen oder wenigstens in mehreren der Sprachen fest, die
die indoeuropäische Sprachfamilie bilden, dann darf man annehmen, daß es
bereits aus der indoeuropäischen Zeit stammt; wenn sich solche „Wortgleichungen" nicht aufstellen lassen, hat man Grund zu der Annahme, daß das
Wort später entstanden ist.

Als Beispiel sei die Wortgleichung für „*drei*" angeführt (nach Fr. Kluge):

nhd. *drei;* mhd. *drî, drîe, drîu;* ahd. *drî, drîo, drîu*
asä. *thria, thriu*
mnl. *drī, drie;* nnl. *drie*
afries. *thrē, thriā, thriū*
ags. *prīe, prīo;* engl. *three*
urnord. *prijōr;* anord. *prīr, prjār, priū;* dän., schwed. *tre*
got. *preis, prija*
lat. *trēs, tria*
griech. *treĩs, tría*
lit. *trỹs*
abg. *trĭje, tri;* russ. три; tschech. *tři*
air. *trī*
alb. *trē, trī*
toch. *trē, tri*
aind. *tráyas*

Bei jüngeren Wörtern verfährt man analog, indem man durch Vergleichung feststellt, ob sie sich in allen oder wenigstens einigen germanischen Sprachen finden; wenn ja, sind sie ihrem Ursprung nach als urgermanisch oder gemein germanisch anzusehen.[1] Aber selbst die Geburt solcher Wörter, die erst in den letzten Jahrhunderten entstanden sind, aus denen wir bereits eine schriftliche Überlieferung besitzen, bleibt vielfach wegen der Lückenhaftigkeit dieser Überlieferung und des dadurch bedingten zweifelhaften Wertes der ältesten Belege dunkel.

Ein knappes Viertel der Grundwörter unseres heutigen Wortbestandes dürfte seinem Ursprung nach bis in die ide. Zeit zurückreichen. Das sind in erster Linie Wörter, die später als Grundstoff von Zusammensetzungen und Ableitungen besonders fruchtbar geworden sind, so daß sich wohl mehr als die Hälfte unseres heutigen deutschen Wortbestandes auf ide. Grundlage aufbaut. Bei diesen alten ide. Wurzelwörtern handelt es sich vornehmlich um Ausdrücke für Gegenstände und Erscheinungen der den Menschen unmittelbar umgebenden Welt (Körperteile, Haustiere, einige Bäume und Pflanzen, Verwandtschaftsbeziehungen, Nahrungsmittel, die einfachsten Lebensäußerungen, Tätigkeiten, Eigenschaften usw.).

Indoeuropäischen Ursprungs sind u. a.: *Achsel, Arm, Auge, Bauch, Faust, Hals, Haupt, Haut, Herz, Hirn, Kehle, Kinn, Knie, Lende, Lippe, Nabel, Nase, Niere, Ohr, Rücken, Sehne, Stirn, Zahn, Zunge; Ente, Ferkel, Gans, Geiß, Hund, Kalb, Kuh, Ochse, Rind, Stier, Vieh, Widder; Ahorn, Birke, Buche, Erle, Esche, Espe, Eibe, Eiche, Fichte, Föhre, Linde, Tanne; Blume, Erbse, Farn, Flachs, Gerste, Gras; Bruder, Enkel, Mutter, Neffe, Schwäher, Schwester, Tochter, Vater; Brei, Fladen, Honig, Milch, Teig; bauen, beißen, binden, essen, fahren, flechten, frieren, gären, gehen, heischen, husten, kommen, können, liegen, mahlen, säen, sagen, schauen, scheren, schneiden, schwellen, sehen, sein, sitzen, springen, stehen, steigen, sterben, tun, wachen, weben, wehren, werden, wissen, wollen, zähmen; arm, dünn, eigen, eng, falb, fern, frei, gelb, hart, jung, kalt, lang, lieb, nackt, neu, roh, rot, süß, stark, still, weiß, weit;* die Zahlwörter *eins* bis *zehn, hundert, viel;* die Fürwörter *der, dich, du, er, ich, mich, sich, sie, uns, wer, wir.*

Deutlich sichtbar ist die Entwicklung im Wortbestand des Gemeingermanischen gegenüber dem Urindoeuropäischen. Die Fortschritte auf dem Gebiet der Produktion (Ackerbau und Viehzucht), des Wohnwesens, der Technik und

---

[1] Allerdings kann und muß dieses Verfahren durch eine Reihe anderer Bestimmungsmethoden ergänzt werden. Die genaue Kenntnis der Regeln des Lautwandels ist selbstverständlich eine unerläßliche Voraussetzung für derlei Untersuchungen. Aber trotz allem sind ihre Ergebnisse, besonders was das älteste Sprachgut anbelangt, vielfach noch recht unsicher und unvollkommen.

des Verkehrs spiegeln sich selbstverständlich in einer merklichen Bereicherung des Wortbestandes wider.

Die Entfaltung von Ackerbau und Viehzucht bei den Germanen beweisen u. a. die germanischen Prägungen *Bohne, braten, Brot, dengeln, Dotter, Dung, Fleisch, Harke, Hechel, Hengst, Herd, Krippe, Lamm, Leder, Mähne, Roß, rösten, Schaf, Schinken, sieden, Speck, Speiche, Talg, weiden*.

Germanisch sind auch die Tiernamen *Hahn, Huhn, Henne, Taube, Iltis, Marder, Rabe, Reh, Wiesel, Wisent, Ur, Habicht, Häher, Reiher, Storch* u. a.

Die Fortschritte im Wohnwesen zeigen die germanischen Bezeichnungen *Bank, Bett, Esse, First, Halle, Hof, Laube, Saal, Sparren, Span, Wand* u. a.

Zahlreiche Neubildungen weisen auf Seefahrt und Fischfang hin: *Aal, Dorsch, Ebbe, Fock, Hafen, Haff, hissen, Kahn, Kiel, Klippe, leck, Luke, Möwe, Netz, Reuse, Schiff, Schoner, schwimmen, See, Segel, Steuer, Strand, Takel, Tran* u. a. Die seefahrenden Germanen schufen auch die Namen der Himmelsrichtungen: *Nord, Ost, Süd, West*.

Eine wesentliche Ausweitung zeigt der Wortbestand gegenüber dem Indoeuropäischen auch auf dem Gebiet des Kriegs- und Waffenwesens. Neu sind da u. a. die Wörter: *Waffe, Spieß, Schwert, Schild, Helm, Bogen, Fehde, ringen, fliehen, zwingen, feige* (eigentlich 'todwund').

Die alten (besonders die poetischen) Bezeichnungen für Kampf und Waffen, Sieg und Ruhm haben sich vor allem in den germanischen Personennamen erhalten, z. B.: *Gunter* (= *Gundahari* 'Kampf' und 'Heer'), *Hildebrand* und *Hadubrand* (= beide: 'Kampf' und 'Schwert'), *Ludwig* (= 'kampfberühmt'), *Brünhild* (= 'Brünne' und 'Kampf'), *Kriemhild* (= 'Helm' und 'Kampf'), *Hedwig* und *Hildegund* (= beide: 'Kampf' und 'Kampf')[1].

Neue Wörter aus der Sphäre des Rechts- und Staatswesens und der Moral geben auch über die Veränderungen des Überbaus Aufschluß: *Sache* (eigentlich 'Streitsache'), *Ding* ('Volksversammlung, Rechtssache'), *Friede, Krieg, Volk, König, Adel* u. a. Gleichzeitig wird manches uride. Wortgut zurückgedrängt und entweder durch eigene Neubildungen oder durch fremde Wörter ersetzt.

Das Germanische hat zahlreiche Entlehnungen aus dem Keltischen und aus dem Lateinischen gemacht. Die Zahl und der Charakter dieser Entlehnungen geben uns wertvolle Aufschlüsse über die Beziehungen der germanischen Stämme zu ihren Nachbarn im Osten, Süden und Westen und über den Stand der gesellschaftlichen Entwicklung der genannten Völker.

§ 94

---

[1] Vgl. A. Schirmer: Deutsche Wortkunde. 5. Aufl. von Walter Mitzka. Berlin 1965, S. 44 ff.

Einige dem keltischen und germanischen Wortbestand gemeinsame Wörter (*Eid, Erbe, frei, Geisel, Rune, Mähre* 'Pferd') und eine Anzahl nachweisbar keltischer Lehnwörter im Germanischen zeugen von den mannigfachen Beziehungen zwischen diesen Völkerschaften. Die keltischen Lehnwörter im Germanischen, neben Stammes- und Örtlichkeitsnamen besonders Bezeichnungen aus dem Gebiet der Metallbearbeitung und der gesellschaftlichen Ordnung, weisen auf einen höheren Entwicklungsstand der Produktion und der gesellschaftlichen Verhältnisse bei den Kelten hin.

Keltischen Ursprungs sind beispielsweise die Ortsnamen *Bregenz, Kempten, Linz, Mainz, Solothurn, Wien, Worms* und die Flußnamen *Donau, Isar, Main, Rhein, Sieg.* Hierher gehört auch das Adjektiv *welsch,* das auf den Namen der bei Cäsar (Gall. Krieg VI, 24) erwähnten keltischen Wolker *(Volcae)* zurückgeht.[1] Die Germanen übertrugen diese Stammesbezeichnung auf alle Kelten und nach deren Romanisierung auf alle Romanen: *Wallonen, Welschland, Walnuß* (= welsche Nuß); *welsch* < mhd. *wälhisch, wel(hi)sch* < ahd. *walah-isc.*

Unser Wort *Eisen* (mhd. *îsen,* ahd. *îsan,* älter *îsarn*) gilt ebenfalls als Entlehnung aus dem Keltischen. Diese Annahme wird sehr wahrscheinlich, wenn man berücksichtigt, daß die keltische La-Tène-Kultur um etwa 400 v. u. Z. eine hochentwickelte Eisentechnik zeigt.

In der Sphäre der gesellschaftlichen Ordnung wurden die Bezeichnungen *Amt* (kelt. *ambactus* 'Dienstmann, Höriger', ahd. *ambaht* 'Amt') und *Reich* (kelt. *rîg* 'König', ahd. *rîhhi* 'Reich') aus dem Keltischen übernommen.

§ 95   Besonders eng sind bekanntlich die Beziehungen der Germanen zu den Römern gewesen. Dabei ist zu beachten, daß die Germanen zur Zeit ihrer ersten Berührung mit dem römischen Reich noch in der Gentilordnung lebten, während dieses gerade den Höhepunkt seiner Kraftentfaltung in der Epoche der Sklaverei erreichte. Dementsprechend ist auch die Beeinflussung des germanischen Wortbestandes durch das Lateinische besonders stark, und es lassen sich heute noch über 500 Entlehnungen nachweisen, die in germanischer Zeit aus dem Lateinischen gemacht wurden.

So führten zunächst die Kämpfe mit den Römern und später der Dienst in den Reiterregimentern und Legionen der römischen Heere zur Bekanntschaft mit der römischen Militärorganisation. Das zeigen z. B. die lat. Lehnwörter *Pfeil,* ahd. *pfîl* < lat. *pilum* 'Wurfspeer'; *Kampf,* ahd. *champf* < lat. *campus* 'Schlachtfeld'; *Pfahl,* ahd. *pfâl* < lat. *palus,* das auch den germanischen Namen des Limes, des *Pfahlgrabens,* lieferte. *Straße,* ahd. *strâz(z)a* < spätlat. (via) *strata*

---

[1] Vgl. S. 121.

150

'gepflasterter Weg', und *Meile*, ahd. *mîl(l)a* < lat. *milia* [1], weisen auf die römischen Heerstraßen hin.

Die im Gefolge der römischen Heere einherziehenden Marketender und Händler brachten den Germanen, die bei ihrer Naturalwirtschaft kaum einen beschränkten Tauschhandel kannten, die ersten F a c h a u s d r ü c k e   d e s   H a n d e l s.[2] So kommen *kaufen*, ahd. *koufôn, Kaufmann*, ahd. *koufman* von lat. *caupo* 'Schenkwirt, Händler mit Speise und Trank'; andere hierhergehörige Wörter sind *Pfund*, ahd. *pfunt* < lat. *pondō; Münze*, ahd. *munizza* < lat. *moneta; Korb*, ahd. *korb* < lat. *corbis; Sack*, ahd. *sac* < lat. *saccus* usw.

Die bisher in Blockhäusern wohnenden Germanen lernten in den römischen Grenzgarnisonen die ihnen unbekannte T e c h n i k   d e s   S t e i n b a u s mit den dazugehörigen Fachausdrücken kennen, z. B. *Mauer*, ahd. *mûra* < lat. *murus; Kammer*, ahd. *chamara* < lat. *camera; Keller*, ahd. *këllâri* < lat. *cellarium; Pfeiler*, ahd. *pfîlâri* < lat. *pilarium; Fenster*, ahd. *fenstar* < lat. *fenestra; Kalk*, ahd. *kalk* < lat. *calx*, Akk. *calcem*, usw.

In den Gebieten hinter dem Limes wurde besonders der A c k e r b a u nach römischem Vorbild betrieben, und den G a r t e n-   u n d   O b s t a n b a u haben die Germanen überhaupt erst von den Römern gelernt. Aus der großen Zahl der einschlägigen Lehnwörter sollen hier nur einige wenige angeführt werden: *Be(e)te* 'rote Rübe', ahd. *bieza* < lat. *beta* (mit Wandel des *ē* > *ie* und Verschiebung des *t* zu *z*. Die Form *Beete* ist nd.); *Eppich*, ahd. *ępfi(ch)* < lat. *apium* 'von der Biene bevorzugte Pflanze, Sellerie' (unsere heutige Form zeigt md. *-pp-*); *Fenchel*, ahd. *fënnichal* < spätlat. +*feniclum*, älter *feniculum* (wegen seines Heuduftes so benannt); *Kerbel*, ahd. *kërvol(l)a, kërvila* < lat. *caerefolium; Kohl*, ahd. *chôlo, kôl(i)* < lat. *caulis* (*au* war im Volksmund zu *ō* geworden); *Kürbis*, ahd. *kurbiz* < vulgärlat. +*curbitia*, zu lat. *cucurbita* '(Flaschen-)Kürbis'; *Minze*, ahd. *minza* < lat. *menta; Pastinak(e)* < lat. *pastinaca* (sativa); *Rettich*, ahd. *râtîh* < lat. *radix*, Akk. *radicem; Senf*, ahd. *sënef* < lat. *sinapi; Kirsche*, ahd. *kirsa* < vulgärlat. *ceresia; Mispel*, ahd *mespila* < lat. *mespilum; Pfirsich* < vulgärlat. *persica; Pflaume*, ahd. *pfrûma* < lat. *prunum* usw.

Dazukommen viele l a n d w i r t s c h a f t l i c h e   u n d   g ä r t n e r i s c h e   A u s d r ü c k e wie *Frucht*, ahd. *vruht* < lat. *fructus; Pflanze*, ahd. *pflanza* < lat. *planta* 'Setzreis'; *pflücken* < vulgärlat. *piluccare*, das in it. *piluccare* 'Trauben abbeeren' fortlebt; *pfropfen* 'ein Edelreis zum Verwachsen auf einen Wildling pflanzen', abgeleitet von ahd. *pfropfo, pfroffo* 'Setzling, Senker' < lat. *propago* (mit dersel-

---

[1] Plur. zu *mille* = 1 000 (nämlich: Schritt).
[2] Dabei reichte der römische Handel weit über die Gebiete hinaus, die unter dem militärischen Einfluß der Römer standen.

ben Bedeutung); *impfen,* ahd. *impfôn* 'pfropfen' < lat. *imputare;* (Dresch-)*Flegel,* ahd. *flegil* < lat. *flagellum; Sichel,* ahd. *sihhila* < lat. *secula* usw.

Unter den Neuerungen der Bodenkultur nahm der Weinbau, den die Römer an Mosel, Rhein, Main und Donau einführten, den ersten Platz ein. Die Fachausdrücke des Weinbaus sind deshalb zu einem sehr großen Teil lat. Ursprungs, z. B.: *Wein,* ahd. *wîn* < vulgärlat. *vino; Winzer,* ahd. *winzuril* < lat. *vinitor; Presse,* ahd. *prëssa* < lat. *pressa; Kelter,* ahd. *kelctra* < lat. *calcatura; Most,* ahd. *most* < lat. *mustum* usw.

Zahlreiche Entlehnungen lat. Wortgutes wurden auf dem Gebiet der Verwaltung und der Rechtsprechung gemacht, z. B.: *Kaiser,* ahd. *keisar* < *Caesar; Zoll,* ahd. *zol(l)* < lat. *teloneum; Zins,* ahd. *zins* < lat. *census; Kerker,* ahd. *karkâri* < lat. *carcer; Kette,* ahd. *këtina* < lat. *catena* u. a.

Auch die Lebenshaltung empfing von seiten der Römer manche Anregung und Verbesserung. Das Hausgerät, die Kleidung und die Zubereitung der Speisen wurden stark durch römisches Vorbild beeinflußt, was aus vielen lat. Lehnwörtern hervorgeht. Einige davon sind: *Schrein,* ahd. *scrîni* < lat. *scrinium; Karren,* ahd. *karro* < lat. *carrus; Kissen,* ahd. *chussî(n)* < lat. *coxinus; Kerze,* ahd. *charza* < lat. *charta; Schemel,* ahd. *scamil* < lat. *scamillus; Spiegel,* ahd. *spiagal* < lat. *speculum; Socke,* ahd. *soc* < lat. *soccus; Sohle,* ahd. *sola* < lat. *sola; Küche,* ahd. *chuhhina* < lat. *coquina; kochen,* ahd. *kochôn* < lat. *coquere; Kessel,* ahd. *këzzil* < lat. *catinus; Schüssel,* ahd. *scuzzila* < lat. *scutella; Semmel,* ahd. *semala, simila* < lat. *simila* 'feines Weizenmehl' u. a. m.[1]

2. Die Entwicklung des Wortbestandes in der althochdeutschen und mittelhochdeutschen Sprachperiode

§ 96   Der Wortbestand des frühmittelalterlichen Deutsch erfuhr ebenfalls große Veränderungen. So haben wir Belege dafür, daß ein nicht unbedeutender Teil des ererbten Wortschatzes in dieser Zeit aufgegeben wurde; die Zahl der neu auftretenden Wörter war jedoch um ein Vielfaches größer. Von den in ahd. Zeit untergegangenen Wörtern sollen nur einige wenige genannt werden, so z. B. ahd. *itis* 'Weib' oder ahd, *mornên* 'trauern'. Ahd. *frô* 'Herr', die männliche Form zu nhd. *Frau,* das noch in *Frondienst, Fronleichnam, fronen* usw. bewahrt ist, wurde durch ahd. *hêrro* ersetzt. An Stelle des ahd. *aha* 'flie-

---

[1] Vgl. A d o l f B a c h : Geschichte der deutschen Sprache. 7. Aufl. Heidelberg 1961, S. 56ff., und A . S c h i r m e r , a. a. O., S. 47 ff.

152

ßendes Wasser', das uns noch in Bach- und Flußnamen erhalten ist *(Salzach, Steinach),* trat das neue *bah.*

Es ist nicht möglich, auf die G r ü n d e für diese Vorgänge im einzelnen einzugehen, abgesehen davon, daß sie sich häufig nicht mehr feststellen lassen. Doch ist ohne weiteres einzusehen, daß beispielsweise viele Wörter, die mit der germanischen Mythologie zusammenhingen, durch das vordringende Christentum verdrängt wurden. Hierher gehören das Verb *bigalan* 'besingen, besprechen' (erhalten in *Nachtigall, gellen*), dazu *galdar, galstar* 'Zauberspruch' und viele andere. In vielen Fällen wurde der Untergang oder das Zurücktreten alter Wörter durch die Übernahme fremder Bezeichnungen verursacht. Das ahd. Sprachgebiet geriet unter den nachhaltigen Einfluß wichtiger von Süden und Westen her wirkender ökonomischer, politischer und kultureller Kräfte.

Die Übernahme fremden Wortgutes erfolgte vornehmlich unter dem Einfluß des C h r i s t e n t u m s. Eine Anzahl griechischer und lateinischer Lehnwörter christlicher Prägung waren bereits in vordeutscher Zeit bei einigen westgermanischen Stämmen, die im Donauraum wohnten, eingedrungen. Sie dürften als Fachwörter der o s t r ö m i s c h e n K i r c h e durch gotisch-arianische Glaubensboten von Süden und Südosten her eingeführt worden sein. Hierher gehören *Pfingsten* (griech. *pentekostě hēméra* '50. Tag' [nach Ostern]), *Samstag* (ahd. *sambaztag,* vulgärgriech. *sámbaton,* griech. *sábbaton*), *Pfaffe* (ahd. *pfaffo,* griech. *papās*), *Engel* (ahd. *angil, ẹngil,* griech. *ángelos*), *Teufel* (ahd. *tiufal,* griech. *diábolos*) u. a.

Dagegen gehen die Ausdrücke *Kirche* (ahd. *kiricha,* griech. *kyri[a]kón*), *Almosen* (ahd. *alamuosan,* griech.-lat. *eleemosýna*) und *Bischof* (ahd. *biskof,* griech. *epískopos*) auf frühes r o m a n i s c h e s Christentum zurück.

Während diese ältere Schicht der Lehnwörter dadurch charakterisiert ist, daß   § 97
sie von der ahd. Lautverschiebung betroffen wurde, ist das bei den in a h d. Z e i t übernommenen Wörtern nicht immer der Fall. Sie kommen zum größten Teil aus dem L a t e i n i s c h e n, das als liturgische Sprache des Christentums und als Gelehrten- und Amtssprache des Mittelalters fungierte.

Die Terminologie des G o t t e s d i e n s t e s und die Bezeichnungen für die äußeren E i n r i c h t u n g e n d e r K i r c h e, des K l o s t e r w e s e n s, der in den Klöstern gepflegten B i l d u n g und des U n t e r r i c h t s sowie für viele G e g e n stände des t ä g l i c h e n Lebens, für Einrichtungen der R e g i e r u n g und der V e r w a l t u n g sind lateinisch oder griechisch-lateinisch. Aus der Fülle des Materials sollen hier nur wenige Beispiele angeführt werden: *Altar* < lat. *altare; Chor* < lat. *chorus; Hostie* < lat. *hostia* 'Opfer(tier)'; *Kreuz* < lat. *crux,* Akk. *crucem; Lettner* < mlat. *lectorium* 'kirchliches Lesepult'; *Marter* < lat. *martyrium;*

Messe < lat. *missa; Münster* < griech.-lat, *monasterium* 'Einsiedelei', dann 'Kloster'; *Orgel* < lat. *organum; Paradies* < kirchenlat. *paradisum; Portal* < lat. *porta-
le; predigen* < lat. *praedicare* 'öffentlich bekanntmachen, laut sagen'; *segnen* < lat.
signare 'das Zeichen (des Kreuzes) schlagen'.

Abt < kirchenlat. *abbas*, Akk. *abbatem; Kapelle* < mlat. *capella* 'kleiner Mantel'
(besonders das Obergewand des hl. Martin, dann der Raum, in dem dieses fränkische Nationalheiligtum unter den Merowingern und Karolingern aufbewahrt
wurde, später jede kleine Kirche); *Klause* < mlat. *clusa* 'eingehegtes Grundstück,
Kloster'; *Kloster* < vulgärlat. *clōstrum* 'abgesperrter, den Laien unzugänglicher
Raum'; *Nonne* < spätlat. *nonna; Orden* < lat. *ordo*, Akk. *ordinem; Prälat* < lat.
praelatus; Pilger < lat. *peregrinus* 'ausländisch; der Fremde'; *Spital* < mlat. *hos-
pitale* 'Pflege-, Krankenhaus'; *Vesper,* < kirchenlat. *vespera* 'sechs Uhr abends';
Zelle < lat. *cella* '(Vorrats-)Kammer'; *laben* < lat. *lavare* 'waschen' (diese Bedeutung verändert sich dann zu 'erfrischen'); *murmeln* < lat. *murmurare.*

Brief < lat. *brevis (libellus)* 'kurzes Schreiben, Urkunde'; *Griffel* < griech.-lat.
graphium; Linie < lat. *linea* 'leinene Schnur, (damit gezogener) Strich'; *Meister* <
lat. *magister* 'Lehrer', auch 'Schulvorsteher'; *schreiben* < lat. *scribere; Schule* <
vulgärlat. *scōla; Silbe* < griech.-lat. *syllaba; Tafel* < lat. *tabula; Tinte* < lat. *tincta
(aqua)* 'gefärbte Flüssigkeit'.

Birne < lat. *pirum; Pappel* < lat. *populus; Ulme* < lat. *ulmus; Lavendel* < mlat.
lavandula (zu lat. *lavare* 'waschen': die Pflanze wurde zur Zubereitung duften-
der Bäder verwendet); *Lilie* < lat. *lilium; Rose* < lat. *rosa; Veilchen* < lat. *viola;
Lattich* < lat. *lactuca; Petersilie* < mlat. *petrosilium; Salbei* < lat. *salvia* (wegen
ihres heilkräftigen Saftes so genannt); *Zwiebel* < lat. *cepulla; Butter* < griech.-lat.
butyrum 'Kuhquark'; *Kachel* < vulgärlat. *cac(c)ulus* 'Kochgeschirr'; *Kamin* < lat.
caminus; Mantel < lat. *mantellum; Matte* < lat. *matta* 'Decke aus Binsen, Stroh u.
ä.'; *Perle* < vulgärlat. *⁺perla; Seide* < mlat. *seta; Teppich* < vulgärlat. *tapetum*[1].

Bezirk < lat. *circus; Bulle* < lat. *bulla; Kanzlei* < lat. *cancelli* (ursprünglich 'der
mit Schranken eingehegte Raum einer Behörde'); *Krone* < lat. *corona; Majestät* <
lat. *maiestas; Szepter* < lat. *sceptrum; Vogt* < mlat. *vocatus* 'Rechtsvertreter',
dann 'Richter, Verwaltungsbeamter'; *Titel* < lat. *titulus.*

Mit der irischen und angelsächsischen Mission kamen Wörter wie
Glocke (air. *clocc*) und *Heiland* (ahd. *heilant*, eine angelsächsische Lehnübersetzung[2] für das lat. *salvator*) ins Deutsche.[3]

§ 98   Der mittelhochdeutsche Wortbestand spiegelt deutlich die gesellschaftliche Entwicklung in jener Zeit wider. Es wurde schon daraufhingewiesen,

---

[1] Das Wort stammt aus dem Persischen.
[2] Siehe § 45.
[3] Vgl. A. Schirmer, a. a. O., S. 52 ff. u. 57 ff.

daß manche Ausdrücke, die den neuen Verhältnissen und dem neuen Lebensstil nicht mehr entsprachen (besonders Wörter aus dem Kriegs- und Waffenwesen), untergingen. Dem stand aber der stets steigende Bedarf an Bezeichnungen für die neuen Anschauungen und Einrichtungen auf vielen Gebieten des gesellschaftlichen Lebens gegenüber. Viele neue Wörter, besonders Ableitungen und Zusammensetzungen, verdankt die deutsche Sprache den Dichtern der mittelhochdeutschen Periode: *strickærinne* 'Verstrickerin' (Gottfried), *wazzerreise* 'Wasserreise', *wëgelôs* 'weglos' (Hartmann). Die Sprache des Minnesanges und des höfischen Epos wird, gegenüber dem frühmittelalterlichen Deutsch, ungleich differenzierter und tiefer im Ausdruck. Dies geschieht nicht zuletzt durch die Umprägung bereits vorhandenen Sprachgutes im höfischen Geiste. So gibt der bürgerlich geborene Gottfried von Straßburg dem Wort *ędele,* das bisher nur die adlige Geburt bezeichnete, die Bedeutung des Seelenadels, wenn er vom *„ędelen hërzen"* spricht.

Aus der reichen Fülle der Beispiele von Bedeutungsentwicklung, durch die das Bedeutungssystem der deutschen Sprache des hohen Mittelalters sehr stark modifiziert wurde, sollen hier nur einige wenige aufgeführt werden: Das Adjektiv *hell* (mhd. *hël*), das in ahd. Zeit nur 'tönend, laut' bedeutete, erhielt im Mittelhochdeutschen auch den Sinn 'glänzend, licht'. Mhd. *alwære* hat die Bedeutung 'einfältig, albern', während das ahd. *alawâri* 'ganz wahr, wahrhaftig' und dann auch 'gütig, freundlich, zugeneigt' hieß. Mhd. *lîch* nahm zu der alten Bedeutung 'Leib, Fleisch' auch schon den Sinn 'toter Leib, Leichnam' an, der später zur alleinigen Bedeutung des Wortes wurde. Mhd. *hôchgezît* 'hohes (kirchliches oder weltliches) Fest' verengte seine Bedeutung seit dem 13. Jh. auf die noch heute übliche; in der alten Bedeutung trat das Wort *vëst* (unser *Fest,* aus lat. *fēstum*) auf. Mhd. *getręgede* bedeutete zunächst alles, 'was getragen wird', also: Kleidung, Gepäck und das, was der Boden trägt, nämlich Blumen, Gras, Früchte usw. Im 14. Jh. erhielt das Wort den Sinn von nhd. *Getreide.* [1]

Neben der ritterlichen Dichtung beeinflußte das deutsche Schrifttum der Mystik den Wortschatz des hochmittelalterlichen Deutsch am stärksten. Die Mystiker (Meister Eckehart, Heinrich Seuse, Joh. Tauler) bereicherten den deutschen Wortbestand durch eine eigene philosophisch-religiöse Fachterminologie zum Ausdruck seelisch-geistiger Vorgänge und religiösen Erlebens. Ihre Sprache ist besonders reich an Substantivierungen von Adjektiven und Verben *(daz al, ein minnen)* und abstrakten Neubildungen auf *-heit, -keit, -unge (drîheit, gelîcheit, gemeinsamkeit, bewegunge, vereinunge* u. v. a.). Sehr häufig sind negative Zusammensetzungen wie *ęntsweben, unbegriffen(lich)*

---

[1] Vgl. A. Bach, a. a. O., S. 138.

usw. Zu den philosophischen Fachwörtern der Mystik, die bis auf den heutigen Tag in der deutschen Sprache verwendet werden, gehören: *begreifen, einleuchten, einsehen, wirklich, Eigenschaft, eigentlich, Verständnis, unverständlich, Zufall* u. a. Unter ihren zahlreichen sprachlichen Neubildungen sind auch viele gute Verdeutschungen für lateinische Ausdrücke (*Ausfluß* für Emanation); F r e m d w ö r t e r wurden verhältnismäßig selten gebraucht *(Vision, Substanz, subtil, kontemplieren).* [1]

§ 99   Die vielfältigen Beziehungen des deutschen Volkes zu anderen Völkern hatten auch in der mhd. Sprachperiode das Eindringen vieler f r e m d e r W ö r t e r in das Deutsche zur Folge. Am stärksten war in dieser Zeit, wie schon erwähnt, der Einfluß des Französischen. Daneben wurden nach wie vor Entlehnungen aus dem Lateinischen und in geringerem Umfang auch aus dem Italienischen, den slawischen und einigen orientalischen Sprachen (im Gefolge der Ostexpansion und der Kreuzzüge) gemacht.

Aus der großen Zahl f r a n z ö s i s c h e r F r e m d w ö r t e r, die in der Zeit des Rittertums in die deutsche Sprache eindrangen, sollen nur einige genannt werden, die sich bis auf den heutigen Tag darin gehalten haben, z. B.: *Abenteuer,* mhd. *âventiure* < afrz. *aventure; Turnier,* mhd. *turnier,* abgeleitet vom Zeitwort *turnieren* < afrz. *torn(e)ier; Lanze,* mhd. *lanze* < afrz. *lance; Panzer,* mhd. *panzier* < afrz. *pancier; Banner,* mhd. *banier* < afrz. *baniere; Reim,* mhd. *rîm* 'Verszeile' < afrz. *rime; Reigen,* mhd. *rei(g)e* < afrz. *raie* 'Tanz'; *Flöte,* mhd. *vloite* < afrz. *flëute; Stiefel,* mhd. *stival* < afrz, *estival; Preis,* mhd. *prîs* < afrz. *pris.*

Der französische Einfluß war in jener Zeit so stark, daß mit den fremden Wörtern sogar f r a n z ö s i s c h e W o r t b i l d u n g s m i t t e l übernommen wurden. So entstanden eine größere Anzahl von L e h n b i l d u n g e n. Hierher gehören die deutschen Substantive auf *-ei.* Zunächst trat das fremde Suffix *-îe* nur in Fremdwörtern wie *partîe* u. a. auf, wurde aber bald auch an deutsche Stämme angehängt (*dörperîe, jegerî, zouberîe* u. a.; vgl. § 75). Ebenso steht es mit unseren Suffixen *-ieren* in *hausieren, halbieren, stolzieren* usw. (vgl. § 79) und *-lei* (afrz. *lei* = neufrz. *loi* 'Gesetz, Art') in *mancherlei, vielerlei, allerlei.*

Unter den zahlreichen Entlehnungen aus dem Französischen waren auch u r s p r ü n g l i c h g e r m a n i s c h e W ö r t e r, die einst durch die Franken oder Normannen in das Französische gekommen waren. Solche R ü c k e n t l e h n u n g e n sind z. B.: mhd. *seneschalt* (= nhd. *Seneschall*) < *afrz,. sénéchal* 'Oberhofmeister', das seinerseits auf germ. +*sinaskalka* 'Altknecht' zurückgeht; mhd. *harnasch* (= nhd. *Harnisch*) < afrz. *harneis* < anord. +*hernest* 'Heeresausrüstung'. (Siehe auch § 46)

---

[1] Vgl. A. S c h i r m e r, a. a. O., S. 73 f., und H. M o s e r : Deutsche Sprachgeschichte. 5. Aufl. Tübingen 1965, S. 132 f.

Aus dem Italienischen wurden in dieser Zeit übernommen: mhd. *spunt* (Spund) < it. *(s)punto,* mhd. *spacziren* (spazieren) < it. *spaziare* u. a.

Aus dem Arabischen kamen zwischen 1200 und 1300 beispielsweise *Joppe* und *Sirup, Spinat* (eigentlich ein persisches Wort), *Kampfer* und *Zucker* (beide aus dem Indischen), *Giraffe* (mhd. *schraffe,* abessin. Ursprungs).

Die Ostexpansion und die Handelsbeziehungen mit den östlichen Ländern brachten im hohen Mittelalter auch eine größere Zahl von Entlehnungen aus den slawischen Sprachen mit sich. Hierher gehören *Baude* (tschech. *bouda,* dieses wiederum aus mhd. *buode*), *Graupe* (tschech. *kroupa,* osorb., poln. *krupa*), *Grenze* (russ., poln. *granica,* osorb. *hranica,* tschech. *hranice*), *Gurke* (poln. *ogórek,* tschech. *okurka,* aus pers. *angārah*), *Jauche* (osorb., poln. *jucha*), *Kren* (tschech. *křen,* poln. *chrzan*), *Kretscham* (tschech. *krčma,* osorb. *korčma,* poln. *karczma*), *Kum(me)t* (poln. *chomąto,* osorb. *chomot,* tschech. *chomout*), *Kürschner* (altslaw. *kurzno* 'Pelz'), *Peitsche* (osorb., tschech. *bič,* poln. *bicz*), *Petschaft* (tschech. *pečet'*), *Prahm* (tschech. *prám*), *Quark* (russ. творог, poln. *twaróg,* tschech. *tvaroh*), *Schöps* (tschech. *skopec*), *Stieglitz* (sloven. *ščegljec,* tschech. *stehlec,* poln. *szczygieł*), *Trappe* (tschech., poln. *drop*), *Zeisig* (tschech. *číž, čížek;* poln. *czyż,* russ. чиж), *Ziesel*(maus) (tschech. *sysel,* poln. *susel,* russ. сузоль), *Zobel* (russ. соболь).

3. Die Entwicklung des Wortbestandes in der frühneuhochdeutschen Periode

In der zweiten Hälfte des 13. Jh. verlagerte sich das Schwergewicht des wirtschaftlichen und kulturellen Lebens in die Städte, und dementsprechend trat in der sprachlichen Entwicklung der Einfluß des Bürgertums immer stärker in Erscheinung.   § 100

Der Niedergang des Rittertums zum Raubrittertum fand seinen sprachlichen Niederschlag in Ausdrücken wie *brandschatzen* und *Brandschatzung* (um 1350), *Buschklepper, Schnapphahn, Strauchritter, sengen* usw.

Mit dem Aufkommen des Fernhandels und des Bankwesens im 14. und 15. Jh. entstand auch in Deutschland ein kaufmännischer Sonderwortschatz, in den großen süddeutschen Handelsstädten auf oberdeutscher und in den Hansestädten auf niederdeutscher Grundlage. Die nd. Kaufmannssprache verschwand mit dem Untergang der Hanse bis auf wenige Ausdrücke, die jetzt noch in unserer Sprache lebendig sind, wie *Makler, Stapel, Fracht* usw., während sich die obd. Kaufmannsterminologie erhalten und weiterentwickelt hat

(z. B.: *Gesellschaft* 'Handelsgesellschaft', *Geleit, Geleitbrief, Gewandhaus, Gewandschneider* 'Tuchhändler', *Handgeld, Kaufmannschaft, Kaufhaus, Kaufherr, Schuld, Schuldner, Schuldbrief, Wechsel, Wechselbrief, verrechnen, Ziel* u. a.).

§ 101   Die engen Handelsverbindungen der oberdeutschen mit den reichen norditalienischen Städten brachten eine große Anzahl i t a l i e n i s c h e r   W ö r t e r in die deutsche Sprache. Die ersten davon sind *Lombard,* ursprünglich 'Geldwechsler', später 'Beleihung' (vom Namen der Bewohner der Lombardei), *Gant* 'Versteigerung' (heute nur noch im süddt. Sprachgebiet gebräuchlich, von it. *incanto?* = wie hoch?), *netto* (it. *netto*). Im 15. Jh. drangen ein: *Bank* (it. *banco*), *Konto* (it. *conto*), *brutto* (it. *brutto*), *Kasse* (it. *cassa*), *Kredit* (it. *credito* 'Leihwürdigkeit'), *Kapital* (it. *capitale*), *Bilanz* (it. *bilancio* 'Waage, Gleichgewicht'), *Bankerott* (it. *banca rotta* = die zerbrochene Bank), *Muster* (it. *mostra*) u. v. a.

Neben diesen Ausdrücken wurden im Ausgang des Mittelalters viele Warenbezeichnungen aus den r o m a n i s c h e n und (über die romanischen) aus verschiedenen o r i e n t a l i s c h e n   S p r a c h e n ins Deutsche übernommen, z. B.: *Spezerei, Konfekt, Marzipan, Olive, Zibebe* (aus arab. *zibiba* 'Rosine', über sizilian. *zibibbo*), *Rosine, Ingwer, Muskat, Safran, Kampfer, Zimt, Zucker, Korinthe, Kaper, Zitrone, Pomeranze, Orange, Kattun, Atlas, Damast, Barchent, Scharlach* u. a.[1]

§ 102   Die T e r m i n o l o g i e   d e r   S e e f a h r t , die in ihren Grundlagen germanisch war, wurde durch viele r o m a n i s c h e Wörter, besonders i t a l i e n i s c h e , bereichert: *Golf* (it. *golfo*), *Kompaß* (it. *compasso* 'Zirkel'), *Kargo* 'Schiffsladung' (span. *cargo,* it. *carico*), *Galeere* (it. *galera*), *Fregatte* (it. *fregata*), *Capitan* 'Schiffsführer' (it. *capitano;* unser *Kapitän* wurde später aus dem Französischen entlehnt).

R o m a n i s c h e Bestandteile finden sich auch in großer Zahl im W o r t s c h a t z   d e s   M i l i t ä r w e s e n s . Obwohl das fremde Wortgut auf diesem Sachgebiet erst seit dem Dreißigjährigen Krieg überhandnahm, begann seine Einfuhr doch schon mindestens hundert Jahre früher. Aus welcher der romanischen Sprachen die einzelnen Ausdrücke stammen, läßt sich oft nicht einwandfrei feststellen, da sie meist im Italienischen, Spanischen und Französischen sehr ähnlich lauten.

Aus dem I t a l i e n i s c h e n kommen: *Kanone, Alarm, Arsenal* (eigentlich arab. Ursprungs), *Granate,* dazu *Grenadier, Kavallerie;*
s p a n i s c h sind: *Infanterie, Armada;*
s p a n i s c h   o d e r   i t a l i e n i s c h : *Artillerie, Kommando;*
f r a n z ö s i s c h : *Offizier, Leutnant, Küraß, Kartusche, Bombe, Garnison, Kasematte, Bagage, Armee, General* usw.

---

[1] Siehe auch § 110.

Demgegenüber ist der Sonderwortschatz der Bergleute, der sich in frühnhd. Zeit herausbildete, fast frei von fremden Bestandteilen. Er enthält viel altes deutsches Sprachgut, z. B.: *Haspel, Klafter, Schacht, Schicht, Stollen, Zeche* u. a. Eine Anzahl bergmännischer Fachwörter sind auch in den allgemeinen Wortbestand der deutschen Sprache eingegangen, z. B.: *Ausbeute, ausbeuten, bestechen, Bremse* (Hemmungswerkzeug), *bremsen, zutage fördern, Fundgrube, Halde, Raubbau, Schacht, Schicht, Stichprobe* u. a.

Die Übernahme lat. Wortgutes wird durch das ganze Mittelalter fortgesetzt. Besonders für den kirchlichen Gebrauch war nur das Latein zulässig. So war der Druck geistlicher Schriften in deutscher Sprache überhaupt verboten; noch 1486 verbot der Erzbischof von Mainz den Druck deutscher Bibelübersetzungen. Neben den zahlreichen lat. Bezeichnungen für Einrichtungen und Vorgänge des kirchlichen Lebens, wie *Absolution, Chor, Exkommunikation, Inquisition, Interdikt, Kalender, Konzil, Pastor, Litanei, Reliquie, Sakrament, Prozession, Talar, Brevier, Hostie, Konfession, Testament, Investitur, Kantor, Novize, Sakristei, Hymnus, Requiem* u. v. a., entstand auch ein reicher Sonderwortschatz der Wissenschaft auf lat. Grundlage. Schließlich gingen zahlreiche Ausdrücke aus dem Fachwortschatz der Gelehrten auch in den allgemeinen Wortbestand ein, darunter Wörter wie *Text, Philosoph, Philosophie, philosophieren, Argument, Definition, definieren, Logik, Materie* aus der Philosophie; *addieren, dividieren, multiplizieren, subtrahieren, Geometrie, Grad, Minute, Quadrat, Zentrum, Zirkel, Astronomie, Astrologie, Firmament, Komet, Orient, Okzident, Planet, Essenz, Extrakt, destillieren, Mixtur, Tinktur, Apotheke, Arterie, Medizin, Medikament, Pille, Puls, Rezept* u. a. aus der Mathematik und den Naturwissenschaften.

Die Welle der lat. Fremdwörter schwoll besonders unter dem Einfluß der Renaissance und des Humanismus ins riesenhafte an. Neu war, daß neben das Lateinische auch das Griechische trat, dessen Studium von Reuchlin und Melanchthon sehr stark gefördert wurde. Hier sollen aus der Fülle des Materials nur einige Ausdrücke des gelehrten Unterrichts angeführt werden, die damals in unsere Sprache übernommen wurden und bis heute darin Verwendung finden: *Abitur, Akademie, Auditorium, Aula, Bibliothek, Botanik, deklamieren, demonstrieren, Doktor, Examen, Exkursion, Fakultät, Ferien, Glossar, Geographie, Grammatik, Gymnasium, Humanität, interpretieren, Katheder, Klasse, Kollege, Kommentar, Korrektur, korrigieren, Lektion, Lineal, Lyzeum, memorieren, Pädagoge, Pensum, Prädikat, präparieren, Professor, Rektor, repetieren, rezitieren, Stilistik, Student, studieren, Studium, Universität, Vokabel, Zensur* usw.

§ 103

Bezeichnend für die Entwicklung unseres Wortbestandes in der Zeit des Humanismus ist, daß damals das erste deutsche Fremdwörterbuch, Simon Roths „Teutscher Dictionarius" (Augsburg 1571), erschien, das etwa zweitausend Fremdwörter meist lat. Herkunft anführt.

Der Einfluß der Antike und der antiken Sprachen auf die deutschen Humanistenkreise war so stark, daß man sogar dazu überging, die Familiennamen in das Lateinische oder Griechische zu übersetzen oder lateinisch bzw. griechisch umzubilden: *Avenarius (Hafermann), Mercator (Kaufmann), Piscator (Fischer), Textor (Weber), Venator (Jäger), Faber (Schmied), Agricola (Bauer), Oecolampadius (Hausschein), Melanchthon (Schwarzert); Schuppius, Fresenius, Hoffmannius, Friderici, Henrici* usw.[1]

§ 104   Selbstverständlich schwelgten auch die Kanzleien jener Zeit in lat. Fachausdrücken und Wendungen (*Akte, Archiv, Auktion, cito* 'schnell', *Deputat, dispensieren, Dispens, disponieren, exekutieren, Faktum, Fiskus, gratis, inklusive, instruieren, Instruktion, Inventur, Kautel, Klausel, Kommission, Konferenz, Kontakt, Konzept, Residenz* usw.).

Mit der Einführung der Reichskammergerichtsordnung (1495) zog das *Corpus iuris* (Sammlung des römischen Rechts, geschaffen unter Kaiser Justinian, im 6. Jh. u. Z.) und damit die lateinische juristische Terminologie in das deutsche Rechtswesen ein. Die Zahl der lat. Fachausdrücke, die nunmehr übernommen wurden, ist sehr groß. Hierher gehören z. B.: *adoptieren, Advokat, Alimente, Amnestie, annullieren, appellieren, Appellation, Arrest, Assessor, Delinquent, Hypothek, inquirieren, insinuieren, Jura, Justiz, Kaution, konfiszieren, konfrontieren, legal, Legalität, Prozeß* u. v. a.

Starken lateinischen und auch einigen griechischen Einfluß zeigen bzw. zeigten der Fachwortschatz der Buchdrucker und der Jargon der Studenten. Die Buchdrucker verwenden bis heute nicht wenige Fachwörter lat. Ursprungs (*Abbreviatur, Alinea* 'Absatz', *Autor, Exemplar, Faksimile, Format, Initiale, Kolumne, Korrektor, Manuskript, Makulatur, Pagina, Type, Folio, Quart, Oktav, Duodez* usw.); das Lateinische bildete geradezu den Grundstock des Studentenjargons (*Kommers, bene, fidel, Prosit, Vivat, Pereat, Silentium, Moneten* usw.).

§ 105   Seit dem 14. Jh. nahmen auch die Entlehnungen aus den östlich an das deutsche Sprachgebiet angrenzenden Ländern zu. So wurden beispielsweise während der Hussitenkriege (1419-1436) mehrere tschechische Wörter entlehnt (*Haubitze* < tschech. *houfnice, Trabant* < tschech. *drabant* 'Krieger zu Fuß', *Pistole* < tschech. *pišt'al*).

---

[1] Siehe auch § 206.

Aus dem Magyarischen stammen *Husar* (dieses aus serbokr. *gusar* 'Stra-ßenräuber'), *Heiduk* (*hajdū* = Räuber), *Kutsche* (nach dem Ort *Kocs* bei Raab). Durch Vermittlung des Magyarischen kamen aus dem Türkischen *Horde, Dolman* 'Husarenjacke', *Dolmetsch, Pallasch* 'gekrümmter Türkensäbel' u. a.

Die Entlehnungen aus dem Arabischen wurden, zum Teil auf dem Wege über die wissenschaftliche Literatur, zum Teil durch Vermittlung des Italieni-schen, weiter fortgesetzt. Im 14. Jh. und später wurden übernommen: *Kalif, Mameluck, Matratze, Kaffee* (dieses Wort wurde über das Türkische in Europa eingeführt), *Alkohol, Koran* u. a.

Nach der Entdeckung von Amerika strömte eine große Zahl von Be-zeichnungen aus den Sprachen des neuentdeckten Erdteils nach Europa, dar-unter: *Mais* (aus Haiti), *Kakao* (aus Mexiko), *Ananas* (aus Brasilien), *Orkan, Kannibale* (von den karibischen Inseln) u. a.[1]

In der Zeit des Dreißigjährigen Krieges erreichte der Einfluß des Französischen in Deutschland seinen Höhepunkt. Der Glanz des französi-schen Hofes unter Ludwig XIV. wirkte auf die Höfe der deutschen Duodezfür-sten und auf alles, was sich in Deutschland zur sog. höheren Gesellschaft zählte, mit einer solchen Kraft, daß die deutsche Sprache in diesen Kreisen geradezu verpönt war. Wenn sie doch von den Angehörigen dieser Gesellschaftsschichten verwendet wurde, war sie einer unglaublichen Verunstaltung durch fremde Flicken ausgesetzt. Die Überfremdung der deutschen Sprache ging besonders auf das Eindringen des sog. A-la-mode-Wesens, die totale Nachahmung des modisch-gesellschaftlichen Lebensstils der französischen Hofgesellschaft, zurück. Zur Illustration dieser alamodischen Ausdrucksweise sei hier der An-fang eines Liebesbriefes wiedergegeben, der von J. Rist in seiner „Rettung der Edlen teutschen Hauptsprache" (1642) abgedruckt wurde (zitiert nach A. Schirmer[2]): „*A Tresnoble Damoiselle* Adelheit von Ehrenberg, *ma treschere maitresse*. Meine allerliebste Dame, die große *perfection,* womit der Himmel selber euwre *glorificirte* Sehle hat erfüllet, zwinget alle *amoureuse Cavalliers,* daß sie sich für euwrer hochwürdigen *grandesse humliijren* und alß unterthä-nigste gehorsamste *Schlaven* zu den *Scabellen* (= Schemeln) euwrer prächtigen Fueße nieder legen. Sie *perdonnire* mir, allerschönste *Dame,* daß ich die *hardiesse* (= Kühnheit) gebrauche, mich jren allerunterthänigsten *Serviteur* zu nen-nen: Der grimmige *Amor,* welchem zu *resistiren* keine einzige *Creatur bastandt* (= fähig) ist, hat mich mit einem solchen *Titul* und Nahmen schon lengst *privile-giret,* deme sich zu *opponiren* ich mich viel zu schlecht und gering erkenne."

§ 106

---

[1] Vgl. A. Schirmer, a. a. O., S. 68 ff., und A. Bach, a. a. O., S. 228 f. Siehe auch § 110.
[2] A. a. O., S. 92.

Wir sehen aus diesem Beispiel, daß die gesellschaftliche Anrede der Zeit durchaus französisch war *(Monsieur, Madame, Mademoiselle.)* Sogar die deutschen Verwandtschaftsnamen *Vater, Mutter, Oheim, Muhme, Vetter, Base* wurden durch die französischen Bezeichnungen *Papa, Mama, Onkel, Tante, Cousin, Cousine* ersetzt. Die am weitesten verbreiteten französischen M o d e w ö r t e r waren *Mode* (zunächst nur in der Verbindung *à la mode), Dame, Demoiselle, Mätresse, Kavalier, Galan* (aus dem Spanischen), *galant, karessieren, Pläsier, Kompliment, Reputation* u. a. Kennzeichnend für diese Zeit ist auch, daß der schon früher aus dem Französischen übernommene Ausdruck *Pöbel* (< frz. *peuple)* seine ursprünglich neutrale Bedeutung 'Volksmenge' zu seinem späteren verächtlichen Sinn verschlechtert.

Die Z a h l d e r F r e m d w ö r t e r, die in jener Zeit ins Deutsche übernommen wurden, war gewaltig. Wenn auch ein Teil davon wieder aus dem deutschen Wortbestand verschwand, haben sich doch sehr viele bis heute darin gehalten. Sie entstammen besonders den Lebensgebieten, auf denen der L u x u s der parasitären Adelsklasse am Vorabend des Untergangs der Feudalordnung eine bisher noch nicht dagewesene Überfeinerung erreichte. Das sind die V e r g n ü - g u n g e n u n d L u s t b a r k e i t e n der höfischen Gesellschaft (*amüsieren, Ball, Ballett, Maskerade, Redoute, Illumination, Promenade, Kavalkade, Parforcejagd, Hasard, Billard, Scharade* u. v. a.), die T r a c h t und das äußere A u s s e h e n (*Mode, Kostüm, Robe, Korsett, Perücke, Puder, Frisur, Parfüm, Teint* u. a.), die M a h l z e i t e n, das E s s e n u n d T r i n k e n (*Delikatesse, delikat, Frikassee, Kotelett, Ragout, Omelette, Bouillon, Gelee, Kompott, Konfitüre, Marmelade, Torte, Biskuit, kandieren, Limonade* u. v. a.), die W o h n u n g und der G a r t e n (*Balkon, Galerie, Loge, Terrasse, Kabinett, Salon, Alkoven, Hotel, Palais, Gardine, Gobelin, Fresco, Draperie, Plüsch, Sofa, Büfett; Allee, Boskett, Rondell, Fontäne, Bassin, Grotte, Rabatte* usw.).

Weitere Gebiete, die ebenfalls stark von dem Fremdwortunwesen erfaßt waren, sind die M u s i k, das T h e a t e r, die D i p l o m a t i e u. a.[1]

Besondere Verdienste um die R e i n i g u n g d e r d e u t s c h e n S p r a c h e von der maßlosen Ü b e r f r e m d u n g durch lateinische und in erster Linie durch französische Fremdwörter haben sich die S p r a c h g e s e l l s c h a f t e n erworben, die im 17. Jh. nach italienischem Muster in vielen Städten Deutschlands entstanden. Wenn auch einzelne Mitglieder dieser Gesellschaften mitunter in ihren puristischen Bestrebungen über das Ziel hinausschossen und den berechtigten Spott ihrer Zeitgenossen herausforderten, so war ihr Wirken, aufs Ganze gesehen, doch recht segensreich für die Reinigung und Bereicherung des Wortbe-

---

[1] Vgl. A. S c h i r m e r, a. a. O., S. 95.

standes der deutschen Sprache. In diesem Zusammenhang verdienen besonders genannt zu werden der Mitbegründer des „Hirten- und Blumenordens an der Pegnitz" Georg Phil. Harsdörfer und Philipp von Zesen, auf dessen Anregung in Hamburg die „Teutschgesinnte Genossenschaft" ins Leben gerufen wurde. Beiden verdanken wir viele ausgezeichnete Verdeutschungen oder eigene Wortschöpfungen, die sich völlig eingebürgert haben. So schuf Zesen beispielsweise die Wörter *Vollmacht, Anschrift, Gesichtskreis, Bollwerk, Grundstein, Nachruf, Liebesbrief, kunterbunt, himmelhoch,* während auf Harsdörfer die Ausdrücke *Briefwechsel, Irrgarten, Fernglas, Aufzug* (für *Akt* im Drama), *beobachten* und andere zurückgehen. Der Grammatiker Justus Georg Schottel, der der Weimarer „Fruchtbringenden Gesellschaft" angehörte, hat unsere Sprache besonders mit wohlgelungenen Verdeutschungen der sprachwissenschaftlichen Fachausdrücke bereichert. Von ihm stammen *Mundart, Sprachlehre, Wörterbuch, Wortforschung, Geschlechtswort, Hauptwort, Zahlwort, Zeitwort, Doppellaut,* daneben auch die Ausdrücke *Lustspiel* und *Trauerspiel, Jahrhundert* u. a.[1]

4. Der Ausbau des Wortbestandes der deutschen Literatursprache

Im folgenden soll noch an Hand einiger Beispiele die Beeinflussung des Wort- § 107
bestandes unserer Sprache durch die ökonomische, politische und kulturelle Entwicklung seit dem Ende des 18. Jh. gezeigt werden. Ich wähle aus der großen Zahl der historischen Ereignisse und Vorgänge, die ihren Niederschlag in der Entwicklung des Wortbestandes gefunden haben, nur einige wenige aus.

Der Kampf des aufstrebenden Bürgertums gegen kirchliche Orthodoxie und Unduldsamkeit, gegen absolutistischen Druck und Gesinnungsterror spiegelt sich in der großen Zahl seiner Schlagwörter[2] wider, unter denen eine Reihe Neubildungen, aber auch Entlehnungen und Lehnübersetzungen aus anderen Sprachen sind, z. B.: *Aufklärung, aufgeklärt, Toleranz, Humanität, Denkfreiheit, Freidenker* (für engl. *free-thinker*), *Freigeist* (für frz. *esprit libre*), *Weltbürger* (für *Kosmopolit,* das, wie frz. *cosmopolite,* dem griech. *kosmopolitēs* nachgebildet ist) u. a.

Einen tiefgehenden Einfluß übten die Gesellschaftskritik vor der Französischen Revolution von 1789 und die Revolution selbst auf die Entwicklung

---

[1] Vgl. A. Schirmer, a. a. O., S. 95 f.
[2] Siehe § 57.

des deutschen Wortbestandes aus. Viele Schlagwörter der Revolution kamen als frz. Fremdwörter oder als Übersetzungslehnwörter[1] nach Deutschland. Während das Wort *Menschenrechte* schon 1776 von Nordamerika her eingedrungen war, kamen die Losung *„Freiheit, Gleichheit, Brüderlichkeit"* und die Ausdrücke *Menschenliebe, Philanthropie, Aristokrat* 1789 aus Frankreich.

In den Jahren der Revolution gewann der deutsche Wortbestand folgende Fachwörter der Politik: *Anarchist, Bürokratie, Demokrat, Emigrant, Jakobiner, Koalition, Kokarde, Komitee, Konstitution, Monarchist, Propaganda, Reaktion, Revolution, Royalist* u. a. Die Ausdrücke *Tagesordnung, Staatsbürger, öffentliche Meinung, auf der Höhe sein* sind Lehnübersetzungen[2], die damals nach frz. Vorbildern geschaffen wurden *(ordre du jour, citoyen, opinion publique, être à la hauteur [de la révolution])*. Auf die parlamentarischen Einrichtungen der Französischen Revolution geht die Bereicherung des Wortbestandes durch folgende Wörter zurück: *Abgeordneter, Wahlmann, abstimmen, einstimmig, Stimmenmehrheit, Nationalversammlung, Fraktion, Linke — Rechte, Geschäftsordnung, legislativ, Veto, Majorität, Minorität* u. ä.

Ein Teil der politischen Fachterminologie des 19. Jahrhunderts ist allerdings nach englischem Vorbild in der Zeit der Aufklärung entstanden bzw. aus dem Englischen übernommen worden, z. B.: *Bill, Adresse, Debatte, Kommission, Parlament, Session, Opposition, Präsident* u. a. sowie die Übersetzungslehnwörter *Sprecher (speaker), ein Gesetz einbringen (to introduce a bill), zur Ordnung rufen (to call to order), Thronrede (speech from the throne)* u. a.

§ 108 In den Jahren der Metternichschen Reaktion und der Revolution von 1848 entstanden die Ausdrücke *Rechtsstaat, Polizeistaat, Junkertum, gesinnungstüchtig, Kastengeist, Finsterling, Pressefreiheit, Fortschritt, freisinnig, Freisinn, Attentäter, Errungenschaft, niederkartätschen, Rechtsboden, maßregeln, großdeutsch, kleindeutsch, Säbelregiment, Brandredner, Bundesstaat, Überzeugungstreue* u. a.

Die bedeutungsvollen Erfindungen auf den verschiedenen Gebieten der Produktion, die am Ende des 18. Jh. in England die sog. Industrielle Revolution hervorriefen, fanden zu Beginn des 19. Jh. allmählich auch in Deutschland Eingang und Anwendung und wirkten sich auf das gesamte gesellschaftliche Leben aus. Zunächst ging diese Entwicklung in dem feudal-zersplitterten Deutschland noch langsam vor sich, beschleunigte aber besonders in der zweiten Hälfte des 19. Jh. ihr Tempo sprunghaft. Sie bereicherte natürlich den deutschen Wortbestand um viele neue Wörter, wie *Industrie, industriell, Industriali-*

---

[1] Siehe § 45.
[2] Siehe § 45.

sierung, *Industrieller*, später *Großindustrieller*, und parallel dazu *Großkaufmann, Großgrundbesitzer*, ferner *Fabrikbesitzer, Fabrikarbeiter* und analog dazu *Landarbeiter* u. a. Mit der Entfaltung des Kapitalismus der freien Konkurrenz entstanden auch die Ausdrücke *Stundenlohn, Wochenlohn, Akkordlohn, Akkordarbeit* usw.

Die Bildung und der Kampf der Arbeiterklasse gegen ihre Unterdrücker und Ausbeuter spiegeln sich ebenfalls im deutschen Wortbestand wider. Der Ausdruck *Sozialismus* kommt gegen Ende der 30er Jahre des 19. Jh. aus Frankreich nach Deutschland, ebenso die Wörter *Proletariat, Proletarier, Bourgeois, Kommunist* (um 1840); *Bourgeoisie, Klassenkampf* (1847, Karl Marx); *Streik* (um 1854 aus England), dazu *Generalstreik* (im Jahre 1878), *Internationale, Arbeiterbataillone, Arbeitergroschen, Aussperrung, soziale Frage, Recht auf Arbeit, Völkerfrühling, Völkerversöhnung, Solidarität, Umbruch, Klassenstaat* usw.[1]

Nach 1830 entstand der Wortschatz des Eisenbahnwesens. Das Wort *Eisenbahn* stammt aus dem Bergbau und bezeichnete ursprünglich 'auf langen Bäumen befestigte Eisenschienen'. Aus dem Englischen wurden entlehnt: *Lokomotive (locomotive engine), Puffer (buffer), Tender, Tunnel, Lore (lorry* oder *lowry), Waggon* (mit frz. Aussprache) u. a. Die Zahl der deutschen Fachwörter ist — besonders für den technischen Betrieb — sehr groß: *Bahnhof, Haltestelle, Stellwerk, Bahnwärter, Blockwärter, Blockstelle, Weichenwärter, Bremser, Schienenstrang, Weiche, Kreuzungsstelle* usw. Die Ausdrücke für den Personenverkehr waren anfangs meist französisch, z. B.: *Perron, Coupé, Billett, Kondukteur;* sie wurden besonders während und nach dem ersten Weltkrieg meist durch deutsche ersetzt *(Bahnsteig, Abteil, Fahrkarte, Schaffner)*.

Die naturwissenschaftlichen Anschauungen und Entdeckungen des 19. Jh. führten zu einem weiteren Ausbau des Wortbestandes. Mit der steigenden Verbreitung und Anwendung der neuen Forschungsergebnisse fanden diese Fachausdrücke der Wissenschaft auch Eingang in den allgemeinen Wortschatz. Hierher gehören unter anderen: *Kohlensäure, Kohlenstoff* (um 1800), *Leuchtgas* (um 1820), *Biologie* (1802), *Eiszeit* (1837), *Darwinismus, Kampf ums Dasein, Abstammung, Zuchtwahl, Auslese, Bazillus* (1885), *Reinkultur, Hygiene* (Schlagwort seit 1879), *Welträtsel* usw. Die allgemeine Verbreitung des technischen Fortschritts zeigt sich auch darin, daß zahlreiche Wörter und Wendungen der technischen Fachsprache bald in übertragener Bedeutung in der Gemeinsprache gebräuchlich wurden, z. B.: *auslösen, ausschalten, Spannung, Entspannung, Entgleisung, Schwungkraft, Hochdruck, Belastungsprobe* u. a. In diesem Zusammenhang soll schließlich noch auf die große Zahl der neu-

---

[1] Siehe auch S. 93, Fußnote 1.

en Wörter und Wortverbindungen hingewiesen werden, die wir der Entwicklung des Kraftfahrwesens im 20. Jh. verdanken: *Auto, Motorrad, Zwei-, Vier-, Sechs-, Acht-, Zwölfzylinder, Zwei-, Vier-, Sechssitzer, erster (zweiter, dritter) Gang, Kraftwagen, Kraftrad, Vergaser, Zündkerze, parken, tanken, Tankstelle, ankurbeln, hupen, Winker, Ballonreifen, Kurbelwelle, Flüssigkeitsbremse* usw.

§ 109   Seit dem 19. Jh. übt das Englische auf den deutschen Wortschatz einen starken Einfluß aus. Neben Fachwörtern aus der Wirtschaft, wie *Export, Import, Clearing, Trust, Konzern* u. a., wurden besonders viele Ausdrücke des Sports aus dem Englischen übernommen, darunter beispielsweise die Terminologie des Rennsports: *Club, Jockei, Tattersall, Start, Trainer, Outsider, Derby, Finish, Spurt, Handikap, Turf, Favorit, Tip, Buchmacher* (Übersetzungslehnwort nach engl. *bookmaker*) u. a. Andere Sportdisziplinen brachten die Wörter *Tennis, Sportsmann, Match, Team, Champion, Rekord, Center, clever, Comeback, Fußball* (Übersetzungslehnwort nach engl. *football*), *Hockey, Polo, Golf* usw. Weitere Sachgebiete, die unter englischen Einfluß gerieten, waren z. B. die der Mode, besonders der Herrenmode (*Ulster, Raglan, Trenchcoat, Paletot, Smoking, Cutaway, Shorts, Schlips, Pullover, Sweater, Cape, Slipper* u. a.), des Gaststättengewerbes (*Beefsteak, Roastbeef, Rumpsteak, Mixed Pickles, Mockturtle, Pudding, Keks, Toast, Drink* u. a.), des Zirkus und des Varietés (*Clown, Artist, Attraktion, Manager, Sketch, Exzentrik, Girl* u. a.).

Seit dem Ende des zweiten Weltkrieges nimmt die Übernahme englischer und amerikanischer Ausdrücke in den allgemeinen Wortschatz noch bedeutend zu. Solche Wörter sind z. B. *Hobby, Job, Party, Quiz, Show, Story, Team, Teenager.*

§ 110   Die Entwicklung und Ausbreitung des Weltverkehrs und der Weltwirtschaft und die mannigfaltigen internationalen Beziehungen haben dazu geführt, daß das Deutsche Ausdrücke aus vielen europäischen und außereuropäischen Sprachen übernommen hat. Ich gebe unbeschadet dessen, daß manche oben bereits genannt wurden, einige Beispiele von Entlehnungen aus außereuropäischen Sprachen.

Türkisch[1] sind: *Bergamotte* (Herrenbirne), *Kandare* (Zaumstange des Pferdes), *Karbatsche* (Lederpeitsche), *Kelim* (Teppich), *Kiosk* (Gartenhäuschen, Verkaufshäuschen), *Kismet* (unabänderliches Schicksal), *Lakai* (ursprünglich: Läufer, Eilbote), *Pallasch* (krummer Türkensäbel), *Schabracke* (Satteldecke), *Tulpe, Turban, Ulan* (= junger Mann, leichter Reiter);

arabisch: *Algebra, Alkali, Alkohol, Almanach, Arrak, Artischocke, Atlas, Banane, Barchent, Elixier, Gambit* (ein Ausdruck des Schachspiels), *Gazelle,*

---

[1] Türkisch wird auch in Europa (auf dem Balkan) gesprochen.

Harem, Havarie, Joppe (Rock), *Kabel, Kaffee, Kandis, Karaffe, Kattun, Laute, Magazin, Matratze, Natron, Papagei, Rasse, Razzia, Safran, Sofa, Talisman, Zenit, Ziffer;*

persisch: *Azur* (Himmelsblau), *Basar* (pers.-türk.), *Diwan* (Amtszimmer, dann: Polsterbank), *Karawane, Karussell* (eigentlich Ausdruck für ein Spiel mit hölzernen Pferden), *Lasur* (durchsichtige Farbe), *Limonade* (Zitronenwasser), *Mütze* (ursprünglich: Pelzmantel), *Orange, Pascha, Schach, Schal, Spinat, Tasse, Tapete, Teppich;*

indisch: *Dschungel* (ursprünglich: unbebauter Boden, dann: undurchdringliches tropisches Dickicht), *Indigo, Ingwer, Jute, Khaki* (graugelber Stoff für Tropenuniformen), *Kaliko, Kauri, Kitt, Kopra, Kuli, Lack* (eigentlich 'hunderttausend'; so heißen die in großer Anzahl auftretenden Insekten, deren Stich auf eine bestimmte Pflanze die harzige Absonderung bewirkt), *lila, Mandarin, Mull, Paria* (Angehöriger der niedersten Kaste), *Patschuli, Pyjama, Punsch* (*pāntsch,* in englischer Schreibung *punch* = fünf; das Getränk ist nach seinen fünf Grundstoffen Arrak, Zucker, Zitronensaft, Gewürz und Wasser benannt), *Schakal, Tank, Veranda* (bedeckter, nach vorn offener Vorraum), *Zucker;*

chinesisch: *Bonze* (ursprünglich: religiöse Person), *Dschunke* (Segelschiff), *Kotau, Soja*(bohne), *Taifun, Tee;*

japanisch: *Geisha* (Tanzmädchen), *Jiujitsu* (= geschmeidige Kunstgriffe), *Judo* (= Kunst der Geschmeidigkeit), *Kimono* (Kleid), *Mikado* (eigentlich: 'erhabenes Tor'; auffällig ist die Ähnlichkeit der Bedeutungsübertragung vom Palast auf den Herrscher mit ägypt. Pharao 'großes Haus, Palast, Hof' und der türkischen „Hohen Pforte", der Bezeichnung für die Residenz des Sultans und die Regierung), *Tenno* (= Kaiser, wörtlich: Sohn des Himmels);

malayisch: *Bambus, Gong, Guttapercha, Kakadu, Kasuar* (ostindischer Strauß), *Orang-Utan* (eigentlich: Waldmensch), *Sago, Tamtam* (Trommel), *Tombak;*

australisch: *Bumerang* (gekrümmtes Wurfholz), *Emu, Känguruh*[1], *tätowieren;*

afrikanisch: aus Abessinien kommen die Tierbezeichnungen *Giraffe* und *Zebra;* aus den Bantusprachen stammen *Gorilla, Okapi, Schimpanse, Mandrill* (das Wort enthält in seinem zweiten Teil den afrikanischen Namen des Pavians *drill;* der erste Teil ist das engl. *man* = Mann, das hinzugesetzt wurde, um die Menschenähnlichkeit dieser Affenart zu betonen); hottentottisch sind *Gnu, Kraal* (umzäuntes Dorf), *Tsetse* (= stechende Fliege);

---

[1] Dieser Name des großen Beuteltieres beruht auf einem Mißverständnis. Europäische Seefahrer, die nach dem Namen des Tieres fragten, erhielten „*känguruh*" (= ich verstehe nicht) zur Antwort. Als sich der Irrtum später aufklärte, blieb der inzwischen eingeführte Name erhalten.

amerikanisch: aus dem Peruanischen stammen *Alpaka, Chinin* (Heilmittel aus der Rinde des Chinabaumes), *Guano* (Vogelmist), *Kokain, Kondor, Lama* (Schafkamel), *Puma;* aus Brasilien kommen *Ananas, Jaguar, Kakerlake, Tapioka* (gekörntes Stärkemehl), *Tapir;* dem Aztekischen verdanken wir *Kakao, Schoko-lade, Tomate,* der Sprache der Algonkin-Indianer die Ausdrücke *Mokassin, Skunk, Tomahawk, Totem;* einer nordamerikanischen Eingeborenensprache entstammt auch *Opossum;* westindisch sind *Mahagoni* und *Savanne;* aus Haiti kommen *Mais, Tabak* und *Zigarre* mit den Diminutiven *Zigarillo* und *Zigarette;* dem Karaibischen sind *Hängematte* (siehe S. 143), *Kanu, Kannibale, Kautschuk, Kolibri* und *Orkan* entlehnt.

§ 111   Selbstverständlich sind auch die Neubildungen und Entlehnungen aus ande-ren Sprachen, die im Gefolge unserer jüngsten gesellschaftlichen Ent-wicklung notwendig wurden, sehr zahlreich. Die großen Fortschritte auf allen Gebieten der Technik, der Wissenschaft und der Kunst, die politische Entwick-lung in aller Welt, kurz, unser ganzes unendlich vielgestaltiges Leben hat eine ständige Entwicklung und Umgestaltung des Wortbestandes unserer Sprache zur Folge.

Wir wollen zunächst noch einige Beispiele dafür betrachten, wie sich die tief-gehenden Veränderungen in der Produktion und im gesellschaftlichen Leben, die seit dem Jahre 1945 auf dem Gebiet der Deutschen Demokratischen Republik vor sich gegangen sind, im Wortbestand unserer Sprache wider-spiegeln.

Nach dem zweiten Weltkrieg stand der Neuaufbau des gesamten gesell-schaftlichen Lebens auf demokratischer Grundlage im Vordergrund. Darum spielen in dieser Zeit gerade die Wörter *neu* und *Aufbau* eine besondere Rolle (*Neuaufbau, Neubauer, Neulehrer, Neuererbewegung; Aufbauhelfer, Aufbaubrigade, Aufbauschicht* usw.).

Die Überführung der wichtigsten Industriewerke und der Ländereien der Großgrundbesitzer in die Hände des Volkes und die damit zusammenhängen-den tiefgreifenden Veränderungen in Industrie und Landwirtschaft spie-geln sich in einer großen Zahl neuer Wörter und Wortverbindungen wider: *Volkseigentum*[1], *volkseigener Betrieb, volkseigenes Gut, Staatsgut, Anbauplan, Dorfwirtschaftsplan, Viehhalteplan, Maschinenausleihstation,* dann: *Maschinen-und-Traktoren-Station (MAS-MTS), Quadratnestpflanzverfahren, Landsonntag, gegenseitige Bauernhilfe, Patenbetrieb, Patenschaftsabkommen, Meisterbauer, Ablieferungssoll, Arbeitssoll, Sollerfüllung, freie Spitzen, Aktivistenbewegung,*

---

[1] Das Wort taucht freilich im 19. Jh. schon einmal (bei Varnhagen von Ense) auf.

Neuererwesen, Selbstverpflichtung, Dispatcher, Automatisierung, Mechanisierung usw.

Die Einführung sozialistischer Wirtschaftsformen auf dem Lande und die damit verbundene Umgestaltung und Verbesserung der Produktionsverfahren finden ihren Niederschlag in einer bemerkenswerten Ausweitung der landwirtschaftlichen Fachterminologie, wobei naturgemäß zahlreiche Ausdrücke in den allgemeinen Gebrauch übergehen. Hierher gehören neben vielen anderen: *Produktionsgenossenschaft, Genossenschaftsbauer(-bäuerin), LPG-Bauer(-Bäuerin), Agronom, Zootechniker, Viehwirtschaftsberater, Beispieldorf, Feldbaubrigade, Viehzuchtbrigade, Arbeitseinheit, Arbeitsspitze; Schnellpflügen, Gerätekoppelung, Hockendrusch, Schwaddrusch, Futterverpilzung; Mählader, Krautschläger, Sammelroder, Strohsammelpresse, Vollerntemaschine, Verziehkarren, Kombinator, Kombine, Pulsator, Futterautomat, Kannenrieselkühler; Offenstall, Quarantänestall, Jungviehaufzuchtstation* usw.

Ebenso brachten die grundlegenden Veränderungen in den staatlichen und gesellschaftlichen Einrichtungen viele neue Wörter mit sich: *Volkskammer, Volkspolizei, Volksrichter; Blockparteien, Blockpolitik, Sozialistische Einheitspartei; Zentralschule, polytechnische Oberschule, erweiterte Oberschule, Tagesschule, Gegenwartskunde, Schülertagebuch, Lernaktiv, Förderzirkel, Arbeiter- und Bauernstudenten, Junger Pionier, Pionierfreundschaft, Pionierrepublik, Freundschaftsrat, Elternbeirat, Elternseminar, Schulbegehung, Tag der offenen Tür* usw.

Der Kampf gegen das Wiederaufleben des Faschismus in Westdeutschland und um die Erhaltung des Weltfriedens ließ zahlreiche Neubildungen, besonders Zusammensetzungen mit den Wörtern *Frieden* und *Krieg*, entstehen oder aktivierte bereits vorhandene Wörter: *Friedenskampf, Friedensfreund, Friedenskomitee, Friedensrat, Friedensschicht, Friedenswacht; Kriegshetzer, Kriegstreiber, Kriegsbrandstifter, Kriegspsychose; Aufklärungslokal, Spaltungspolitiker, Besatzer, Refaschisierung.*

Sehr zahlreich sind die Ausdrücke, die mit der Entwicklung der Kernphysik und besonders dem Kampf der fortschrittlichen Menschheit gegen die Atomkriegspolitik der imperialistischen Mächte entstanden sind. Größtenteils handelt es sich um Zusammensetzungen mit den Stämmen *Atom-, Kern-* und einigen anderen. Ich nenne folgende Beispiele: *Atomarmee, -drohung, -eisbrecher, -kraftwerk, -krieg, -meiler, -ofen, -reaktor, -rüstung, -stadt, -stützpunkt, -tod, -wüste, -zentrale, -zertrümmerung; Atombombe, Atombombenexperiment, -explosion, -kanzler, -politik, -stratege, -versuch; Kernbrennstoff, -physik, -reaktor, -spaltung, -waffen; Strahlenschutz, Spaltmaterial, Kettenreak-*

tion, Ringbeschleuniger, Kobaltkanone, Kobaltbombe, Wasserstoffbombe, H-Bombe, thermonukleare Waffen, Massenvernichtungswaffen usw.

Unter den Wörtern, die nach 1945 in unseren Wortschatz aufgenommen wurden, sind naturgemäß auch manche Entlehnungen aus fremden Sprachen, in erster Linie aus der russischen: *Kolchos, Sowjet, Stachanowarbeiter, Kowaljowmethode, Sputnik* usw.

Ebenso haben manche Internationalismen unter dem Einfluß ihres Gebrauches im Russischen einen neuen Sinn erhalten (Lehnbedeutung!); vgl. *Intelligenz:* früher nur 'Einsicht, Klugheit', jetzt auch für die Angehörigen einer Gesellschaftsschicht; oder *Aktiv:* früher nur 'Tätigkeitsform des Verbs', jetzt auch 'Gruppe von Menschen, die sich zur kollektiven Lösung einer Aufgabe zusammengeschlossen haben', *Brigade:* früher nur 'Heeresabteilung', jetzt auch 'kleinstes Arbeitskollektiv in der sozialistischen Wirtschaft' u. a.

Andererseits sind im Zuge der gesellschaftlichen Entwicklung auch manche ältere Wörter überflüssig geworden und sterben ab: *Knecht* und *Magd* (als Bezeichnung von Landarbeitern), *Gesinde, Dienstbote, Dienstmädchen, Diener* u. a. Andere haben einen neuen Sinn erhalten: *Demokratie, Patriot, nationale Bewegung* usw.

170

VII. Die Veränderungen der Wortgestalt

1. Wesen und Arten des Sprachwandels

Wir haben schon wiederholt festgestellt, daß die Sprache ständiger Veränderung unterworfen ist, daß sie sich in dauernder Bewegung und Entwicklung befindet. Diese Bewegung zeigt sich in den Formen der Laute und Lautgruppen, aus denen die Wörter bestehen, in den Formen und Mitteln der Flexion und der Wortbildung, im Umfang und der Struktur des Wortbestandes sowie im semantischen Gehalt der Wörter. Die Sprachwissenschaft bezeichnet diese Erscheinung als Sprachwandel und gliedert die einschlägigen Vorgänge in zwei Gruppen, wie sie bei der Sprache ganz allgemein Gestalt und Inhalt zu unterscheiden gewohnt ist. Alle Veränderungen am Lautkörper der Sprache, also die historische Entwicklung der Laute und Lautgruppen, fassen wir unter den Begriff des Lautwandels, alle historischen Veränderungen der Sprachinhalte, d. h. der mit bestimmten Lautkomplexen verbundenen Begriffe, Vorstellungen, Emotionen und Intentionen, bezeichnen wir als Bedeutungswandel oder Bedeutungsentwicklung. Der Sprachwandel muß unter zwiefachem Gesichtspunkt betrachtet werden: Als Inbegriff der Veränderungen an dem gesellschaftlichen Phänomen Sprache ist er eine gesellschaftliche Erscheinung; mit Rücksicht darauf, daß jede sprachliche Veränderung, die schließlich die ganze Sprachgemeinschaft erfaßt, von der Redeweise einzelner ausgeht, hat er auch eine individuelle Seite. Dieses Kapitel soll sich mit den Veränderungen des Lautkörpers der Sprache, das folgende mit denen der Bedeutungen beschäftigen.

§ 112

2. Ursachen und Faktoren des Lautwandels

Jedem, der sich mit älteren Zeugnissen unserer Sprache befaßt, muß auffallen, daß sich ihre Lautgestalt immer stärker von der heutigen unterscheidet, je weiter wir in die Vergangenheit zurückgehen. Wenn uns schon die Sprache des großen

§ 113

Epikers des Dreißigjährigen Krieges, Johann Jakob Christoffel von Grimmelshausen, recht fremdartig anmutet, so bereiten die Dichtungen Walthers von der Vogelweide oder Wolframs von Eschenbach unserem Verständnis bereits merkliche Schwierigkeiten. Diese literarischen Werke sind vor etwa 300 bzw. 700 Jahren entstanden. Greifen wir aber zu sprachlichen Denkmälern, die weit über 1 000 Jahre alt sind, wie etwa die Merseburger Zaubersprüche oder das Hildebrandslied, dann stellen wir fest, daß der Durchschnittsgebildete ohne besondere sprachgeschichtliche Schulung sie nicht verstehen kann. Ausdrücke wie *idis, itis* (= Frau, Weib), *cuoniowidi,* d.i. *kûnawidi* (Fessel), *bigalan* (besprechen), *urhêtto* (Herausforderer, Kämpfer, Krieger), *saro* (Ausrüstung), *guðhamo* (Kampfgewand) findet er in unserer Sprache nicht mehr; die volltönenden, fremdartig klingenden Deklinations- und Konjugationsformen sagen ihm nichts, und er kann sogar der Gegenüberstellung des ahd. mit dem nhd. Text nur mit Mühe folgen:

Hiltibrant gimahalta / Heribrantes sunu / : her uuas hêrôro man,
ferahes frôtôro; her frâgên gistuont

fôhêm uuortum, hwer sîn fater wâri
fireo in folche, ...

Hildebrand sprach / Heribrands Sohn / : er war der ältere Mann,
der lebenserfahrenere; er zu fragen begann

mit wenigen Worten, wer sein Vater wäre
in der Menschen Volke, ...

Wie stark die Veränderung der äußeren Gestalt unserer Wörter sein kann, zeigen folgende Beispiele:

ahd.	mhd.	nhd.
mannisco, mẹnnisco	*mẹnsch(e)*	*Mensch*
wëralt, worolt	*wër(e)lt, wëlt*	*Welt*
skôni	*schœne*	*schön*
giloubîg, kalaubîg	*geloubic*	*gläubig*
êogalîh, iogelîh	*iegelich, ieclich*	*jeglich(er)*
hlûtjan, (h)lûten	*liuten*	*läuten*
rëganôn	*rëgenen*	*regnen*

Der Lautwandel ist ein Gegenstand, mit dem sich die Sprachwissenschaft schon lange beschäftigt. Trotzdem stehen wir erst am Anfang der Erforschung seiner überaus komplizierten Zusammenhänge. Ohne Zweifel unterliegt auch die Sprache dem allgemeinsten dialektischen Entwicklungsgesetz von der Einheit und dem Kampf der Gegensätze. Viele Erscheinungen des Sprachwandels entspringen dem Gegensatz zwischen der Verständigungsabsicht auf der einen Seite und dem Verständigungserfolg, den zur Verfügung stehenden sprachlichen Mitteln und dem Aufwand an Zeit und Energie auf der anderen Seite. So verursacht das überall im gesellschaftlichen Leben wirksame Prinzip der Ökonomie, das sich beim Sprechen in dem Streben äußert, die Verständigungsabsicht mit möglichst geringem Kraftaufwand zu erreichen, verschiedene Formen des Lautwandels, von denen ich die Assimilation (Lautangleichung) und die Akzession (Lautzuwachs) noch eingehender behandeln werde (§§ 118, 126 und 130). Aus Bequemlichkeit werden mitunter Laute ausgelassen, vgl. nhd. *Kelter* < ahd. *kẹlk(e)tra* < lat. *calcatura*. Das Streben nach Kraftersparnis bringt auch die Erscheinung der Haplologie (Silbenschichtung) hervor, die darin besteht, daß eine die Aussprache erschwerende und unschön wirkende Häufung gleich- oder ähnlichklingender Silben durch Auslassung vermieden wird. Wir sagen *Zauberin* statt *Zaubererin, Mineralogie* statt *Mineralo-logie,* und das Wort *Elend* ist aus ahd. *ẹli-lẹnti* 'Ausland, Verbannung' entstanden.

Die Entrundung der ö- und ü-Laute, die vom Bairischen ihren Ausgang nimmt und sich über weite Gebiete des Oberdeutschen und Mitteldeutschen ausbreitet (*Derfl* zu *Dorf, Kerbl* zu *Korb, Schirze* für *Schürze, īber* für *über* usw.), ist ebenfalls eine Folge der Bequemlichkeit der Sprecher.

Das Prinzip der Ökonomie liegt auch dem Streben zugrunde, verwandte Wörter und die verschiedenen Flexionsformen eines und desselben Wortes einander lautlich möglichst anzugleichen. Die Ergebnisse dieses Einfügungs- und Einordnungsstrebens nennen wir Analogiebildungen. Die Wirkung der Analogie, der Ähnlichkeit, geht in der Sprache sehr weit, und es gibt sogar Sprachwissenschaftler, die — freilich zu Unrecht — alle sprachliche Entwicklung als Auswirkung der Analogie ansehen. So wurden z. B. durch Wirkung der Analogie die Einzahl- und Mehrzahlformen des Präteritums unserer starken Verben, die noch in mhd. Zeit verschiedene Stammvokale aufwiesen, einander angeglichen *(ich band — wir bunden: ich band — wir banden, ich leit — wir liten: ich litt — wir litten, ich bôt — wir buten: ich bot — wir boten, ich bouc — wir bugen — gebogen: ich bog — wir bogen — gebogen);* aus *gülden* wurde, unter Anlehnung an *Gold, golden* u. a.

§ 114 Die Erscheinungen des Lautwandels müssen auch im Zusammenhang mit den Akzentverhältnissen einer Sprache gesehen werden. Der Akzent oder die Betonung dient zur Hervorhebung eines Sprachelements aus anderen, gleichwertigen Einheiten. Durch den Wortakzent werden also in einem Wort eine (oder mehrere) Silben besonders hervorgehoben; dies geschieht entweder durch verstärkten Atemdruck (dynamischer oder exspiratorischer Akzent) oder durch größere Tonhöhe (musikalischer oder chromatischer Akzent). Meist sind in einer Sprache beide Arten des Akzents miteinander verbunden, doch so, daß jeweils die eine vorherrscht. Man spricht dann von „vorwiegend dynamischem" oder „vorwiegend musikalischem" Akzent.[1]

Die hervorstechendsten lautlichen Veränderungen in den oben angeführten Beispielen hängen mit dem Druckakzent zusammen. So wurden die frühdeutschen vollen Vokale in nebentonigen Silben (besonders in den Endsilben) schon in mhd. Zeit fast ausnahmslos zu *e* abgeschwächt und sind häufig ganz geschwunden (vgl. *mannisco* > *Mensch, skôni* > *schön*). Hierher gehört auch die allmähliche Abschleifung der Flexionsformen.

Den weitgehend vereinheitlichten Kasusformen des weiblichen Subst. *Gabe* (im Sing, durchgehend *Gabe,* im Plur. durchgehend *Gaben*) steht z. B. im Althochdeutschen eine bunte Vielfalt der Formen gegenüber:

Sing.	Nom. *gëba*	Plur.	Nom. *gëbâ*
	Gen. *gëba, gëbu*		Gen. *gëbôno*
	Dat. *gëbu, gëbo*		Dat. *gëbôm, -ôn, -on*
	Akk. *gëba*		Akk. *gëbâ*

Im Gegensatz zu den einheitlich gebildeten Präteritalformen des nhd. Verbs *ziehen* (*zog, zogst* usw.) weist das Mittelhochdeutsche noch recht große Unterschiede hinsichtlich der Qualität und der Quantität des Wurzelvokals sowie grammatischen Wechsel *(ch - g)* auf: *zôch, züge, zôch, zugen, zuget, zugen.*

Andererseits werden beispielsweise beim Übergang vom Mittelhochdeutschen zum Neuhochdeutschen die alten kurzen Vokale in offener Tonsilbe gedehnt (mhd. *săgen* > nhd. *sāgen,* mhd. *vrĭde* > nhd. *Friede*).

Mit dem musikalischen Akzent dürfte u. a. die Umwandlung von einfachen Selbstlauten in Zwielaute zusammenhängen, wie sie beispielsweise beim Übergang vom Mittelhochdeutschen zum Neuhochdeutschen vor sich geht (mhd. *îs* > nhd. *Eis,* mhd. *rûm* > nhd. *Raum,* mhd. *hiute* > nhd. *heute*), oder auch

---

[1] Vgl. Geschichte der deutschen Sprache. Mit Texten und Übersetzungshilfen. Verfaßt von einem Autorenkollektiv unter Leitung von Wilhelm Schmidt. 2. Aufl. Berlin 1977, S. 32.

die Verdumpfung des *a*-Lautes zu *o* (mhd. *âne* > nhd. *ohne,* mhd. *slât* > nhd. *Schlot,* mhd. *brâmber* > nhd. *Brombeere*).

An dem Auftreten lautlicher Veränderungen können auch p h y s i o l o g i s c h e   § 115
F a k t o r e n ihren Anteil haben. Es ist allgemein bekannt, daß die Bewohner der verschiedenen deutschen Landschaften gewisse Eigenheiten der Einstellung und Funktion der Sprechwerkzeuge bei der Lautbildung erkennen lassen. Wenn auch die Rolle dieser Faktoren beim Sprachwandel noch nicht eindeutig geklärt ist, so liegt ihre Beteiligung am Zustandekommen des sog. k o m b i n a t o r i - s c h e n L a u t w a n d e l s doch auf der Hand. Die Mundstellung, die zur Hervorbringung eines bestimmten Lautes erforderlich ist, kann sich unter dem Einfluß des Lautes, der zuvor oder darauf gesprochen wird, verändern, so daß sich der Charakter des betreffenden Lautes ändert. So wandelte sich z. B. in der ahd. Sprachperiode unter dem Einfluß eines *i* oder *j* in der folgenden Silbe ein *a* in der Stammsilbe zu *e.* Diese Erscheinung nennt man i - U m l a u t. Das *i(j)* bewirkte eine Palatalisierung des vorausgehenden *a.* So lauten die Pluralformen der ahd. Substantive *gast* (Gast) und *lamb* (Lamm) im Nom. *gęsti* und *lęmbir.* Folgten auf das *a* jedoch die Konsonantengruppen *ht, hs* oder Konsonantenverbindungen mit *w,* so unterblieb der Umlaut, vgl. ahd. *mahtîg* (mächtig), *wahsit* (er wächst), *garwit* (er bereitet).

Schließlich hat auch das G e f ü h l einen Einfluß auf die Lautform der Wörter. Das können wir leicht an den lautlichen Veränderungen feststellen, denen gerade die Gefühlswörter, die Interjektionen, unterworfen sind. Aber auch jedes andere Wort kann unter der W i r k u n g d e s A f f e k t e s seine lautliche Gestalt verändern. So äußert sich starker Gefühlsgehalt häufig in Dehnung des Wurzelvokals, vgl. *schöön! guut!* oder auch in der Veränderung der Betonung (Setzung von Haupt- und Nebenton, Erhöhung des Tones: *das ist ùnglaúblich!*). Freilich bleiben derartige Abweichungen von der normalen Lautgestalt in der Regel auf die affektgeladene Verwendung der Wörter beschränkt und führen kaum zu durchgehenden lautlichen Veränderungen.

Im folgenden sollen die w i c h t i g s t e n l a u t l i c h e n V e r ä n d e r u n g e n, die im Laufe der Entwicklung unserer Sprache in zeitlichem Nacheinander oder in räumlichem Nebeneinander aufgetreten sind, übersichtlich dargestellt werden, soweit sie in unserer Gegenwartssprache noch festzustellen sind und ihr Gesicht bestimmen.

3. Veränderungen im Vokalsystem

§ 116   Die Vokale sind im allgemeinen stärkeren Veränderungen unterworfen als die Konsonanten. Das dürfte in erster Linie darauf zurückzuführen sein, daß sie als Träger des Wort- und Silbenakzents von deren Abstufungen und Schwankungen beeinflußt werden und daß sie unter starker Beteiligung gerade des beweglichsten unserer Sprechwerkzeuge, der Zunge, hervorgebracht werden.

Unsere Sprache ist u. a. dadurch gekennzeichnet, daß sie über zwei große Gruppen von Verben verfügt, die sog. starken und schwachen Verben. Während die schwach konjugierten Zeitwörter in allen Stammformen denselben Vokal aufweisen *(leben – lebte – gelebt, klagen – klagte – geklagt, rollen – rollte – gerollt),* zeigt die Gruppe der stark flektierten Verben einen Wechsel der Stammvokale *(fliegen – flog – geflogen, bleiben – blieb – geblieben, blasen – blies – geblasen, wachsen – wuchs – gewachsen, nehmen – nahm – genommen, sitzen – saß – gesessen).* Derselbe Wechsel findet sich auch in manchen verwandten Wörtern *(Binde – Band – Bund, Fliege – Flug – Flokke, steigen – Stiege – Steg – Steig).* Wir nennen diesen regelmäßigen Wechsel der Wurzelvokale in miteinander verwandten Wörtern und Wortformen Ablaut. Der Ablaut trat bereits in der uride. Zeit auf. Er ist wohl durch die Akzentverhältnisse bedingt. Das Urindoeuropäische hatte bekanntlich den freien Wortakzent; je nach dem Sitz des Wortakzents, je nachdem also, ob ein Vokal in hochtoniger, tieftoniger oder unbetonter Silbe stand, konnte er verschiedene Färbung annehmen und seine Lautqualität verändern. So entsprach z. B. einem *a* in hochtoniger Silbe ein *e* in tieftoniger, in unbetonter Silbe schwand der Vokal ganz oder wurde zu einem dumpfen Murmellaut.

Während dieser Vokalwechsel in der ältesten Zeit offenbar keine besondere Funktion hatte, änderte sich das noch in der uride. Periode. Der Ablaut wurde zum vorherrschenden Mittel der Formbildung. In den germanischen Sprachen spielt er bei der Bildung der Zeitstufen der starken Verben eine entscheidende Rolle. Deshalb teilt die historische Grammatik die starken Verben nach ihrer Zugehörigkeit zu bestimmten Ablautreihen ein. Diese Ablautreihen werden gebildet, indem man die Grundformen des Verbs, die die verschiedenen Formen des Wurzelvokals zeigen und von denen alle übrigen Formen abgeleitet werden, einander gegenüberstellt. Zur Veranschaulichung sollen hier die Grundformen der ahd. Verben *ziohan* 'ziehen' (III. Reihe) und *werdan* 'werden' (II. Reihe) angeführt werden (die Formen sind: Infinitiv, 1. Person Sing. Prät. [Vergangenheit], 1. Person Plur. Prät., Part. Prät.):

ziohan — zôh — zugum — gizogan
werdan — ward — wurtum — (gi)wortan

Diese alte Gliederung der starken Verben entspricht freilich infolge der großen lautlichen Veränderungen seit der ahd. Sprachperiode nicht mehr dem Stand der deutschen Gegenwartssprache. Deshalb werden die starken Verben heute auch nach Henrik Becker und Wolfgang Steinitz in drei Gruppen eingeteilt:

Die Gruppe I umfaßt jene Verben, bei denen der Stammvokal des Partizips des Perfekts mit dem Stammvokal des Präteritums übereinstimmt *(heben — hob — gehoben),* zur Gruppe II gehören die Verben, bei denen der Stammvokal des Part. des Perf. mit dem Stammvokal des Infinitivs übereinstimmt *(geben — gab — gegeben),* und die Gruppe III wird von den Verben gebildet, bei denen der Infinitiv, das Präteritum und das Partizip des Perfekts verschiedene Stammvokale haben *(treffen — traf — getroffen).*

Die ältesten germanischen Verben gehören ausnahmslos der starken Flexion an. Der Flexionstyp der schwachen Verben entstand allerdings ebenfalls schon in urgermanischer Zeit.

Daß der Ablaut nicht nur bei der Formenbildung, sondern auch bei der Wortbildung eine Rolle spielt, zeigen die obenangeführten Beispiele (siehe auch § 85). Wir beobachten ihn besonders häufig in lautmalenden Bildungen wie *bim-bam-bum, piff-paff-puff, ri-ra-rutsch, schwipp-schwapp-schwupp, schnipp-schnapp-schnurr, stripp-strapp-strull, kling-klang-gloria, Lirum-larum-Löffelstiel, klipp-klapp, ritsch-ratsch, tick-tack, tripp-trapp, pinke-panke, pitsche-patsche, ritze-ratze, Krimskrams, Mischmasch, Schnickschnack, Singsang, Wischwasch, Wirrwarr, Zickzack, Kribbelkrabbel, Krickelkrackel, Tingeltangel, blink und blank, Gicks und Gacks, knistern und knastern, zwicken und zwakken.* Der Ablaut kann mitunter auch in Suffixen auftreten, z. B. in den Eigennamensuffixen *-ing(en)* und *-ung(en),* vgl.: *Nobiling — Hartung, Meiningen — Wasungen* (siehe auch § 69).

Aus der Gegenüberstellung der Wörter und Formen *Hand — Hände, ich trage — du trägst, hoch — Höhe, gut — Güte, Glaube — gläubig* wird ein regelmäßiger Lautwechsel ersichtlich. Einem *a, o, u, au* in einem Wort entsprechen die Vokale *ä, ö, ü, äu* in anderen Wortformen oder verwandten Wörtern. Diese Erscheinung ist in unserer Sprache in zahllosen Fällen zu beobachten. Wir nennen sie mit Jacob Grimm **Umlaut** (oder genauer i-Umlaut) und verstehen darunter die Angleichung von Vokalen in betonter Silbe an ein *i* oder *j*

§ 117

in darauffolgender unbetonter Silbe.[1] Von den obengenannten Beispielen aus unserer Gegenwartssprache zeigt jedoch nur das letzte tatsächlich ein *i*, in den übrigen Wörtern ist das *i* entweder zu *e* abgeschwächt oder ganz verschwunden. Mitunter beruht der Umlaut auch nur auf Wirkung der Analogie. Um die Erscheinung des Umlautes verstehen zu können, muß man auf das Althochdeutsche zurückgehen. Der Umlaut begann bereits in germanischer Zeit, im Deutschen ist er seit dem 8. Jh. für den Vokal *a* nachweisbar. Germ. *a* wurde unter dem Einfluß eines *i* oder *j* in der folgenden Silbe zu *e*[2]: ahd. *gast* (Gast) — *gesti* (Gäste), *lamb* (Lamm) — *lembir* (Lämmer), *lang* (lang) — *lengiro* (länger).

Infolge des Umstandes, daß *i* in unbetonten Silben zu *e* abgeschwächt wurde oder ganz verschwand, ist die Ursache des Umlautes aus der nhd. Form vieler Wörter nicht ohne weiteres erkennbar, vgl.:

nhd. *behende* (ahd. *bi henti*) gehört zu ahd. *hant* (Hand);

nhd. *besser* (ahd. *bezziro*) hat neben sich das Adverb *baß* (ahd. *baz*);

nhd. *denken* (ahd. *denken*) und nhd. *Dank* gehen auf ein germ. ⁺*pankjan* zurück;

nhd. *drehen* (mhd. *dræhen*, *dræ[je]n*, ahd. *drâen*) stellt sich zu *Draht* (ahd. *drât*);

nhd. *Elend* (mhd. *ellende*, ahd. *eli-lenti* < ⁺*alja-lanti* 'Ausland, Verbannung, Not') gehört mit seinem zweiten Teil zu *Land*, sein erster Teil ist urverwandt mit lat. *alius* 'der andere';

nhd. *Eltern* (ahd. *altiron*, *eltiron* 'die älteren') gehört zu *alt*;

nhd. *emsig* (mhd *emzec*, ahd. *emazzig*, *emizzig*) ist verwandt mit anord. *ama* 'plagen, belästigen';

nhd. *eng* (mhd. *enge*, ahd. *engi*, älter *angi*) stellt sich mit *Angst* zur ide. Wurzel ⁺*angh-* 'eng; einengen, schnüren';

nhd. *Enkel* (mhd. *eninkel*, *enenkel*, spätahd. *enincili*) ist Diminutiv zu ahd. *ano* 'Ahn': der Großvater gibt dem Enkel die Anrede 'Großvater' freundlich zurück;

nhd. *Ferge* (ahd. *ferjo*) und fertig (mhd. *vertec*, ahd. *fartîg*) gehören mit *Fähre* zu *fahren* und *Fahrt*;

nhd. *Fessel* (mhd. *vezzel*, ahd. *fezzil*) geht über germ. ⁺*fatila-* auf die ide. Wurzel ⁺*pēd-*, ⁺*pōd-* zurück, zu der sich auch *Faß* und *fassen* stellen;

nhd. *gerben* (mhd. *gerwen*, ahd. *garawen*, *gariwen* 'bereit machen') ist eine Ableitung zu *gar* (vgl. S. 199);

nhd. *Geselle* (mhd. *geselle*, ahd. *gisell[i]o* 'Saal-, Hausgenosse') gehört zu *Saal*;

nhd. *Hecke* (mhd. *hecke*, *hegge* 'Wildzaun, Hecke', ahd. *hegga* 'Gehege') und nhd. *hegen* (mhd. *hegen* 'pflegen, bewahren', ahd. *heg[g]an* 'mit einem Hag umgeben, umzäunen') gehören zu *Hag*;

nhd. *Henne* (mhd. *henne*, ahd. *henin* und *hena*) bedeutet 'die zum Hahn Gehörige' und ist von diesem Wort abgeleitet;

nhd. *kentern* geht auf nd., nl. *kanteren*, *kenteren* (zu *Kante*) zurück;

nhd. *Mensch* (mhd. *mensch[e]*, ahd. *mennisco*, älter *mannisco*) ist von *Mann* abgeleitet;

nhd. *merken* (mhd., ahd. *merken*, *merchen* 'achthaben, wahrnehmen, verstehen') geht auf germ. ⁺*markian* zurück und ist verwandt mit *Marke* 'Merkzeichen';

nhd. *nennen* (mhd., ahd. *nennen*, ahd. *nemnen*) ist eine Ableitung zu *Name*;

---

[1] Der Umlaut gehört also als ein Vorgang der Assimilation (Angleichung) zu den Formen des kombinatorischen Lautwandels (siehe S. 174 f.).

[2] Das durch Umlaut von *a* entstandene *e* ist für das Althochdeutsche und Mittelhochdeutsche nicht wie unser *ä* in *Märe* offen zu sprechen, sondern geschlossen, wie in *lěben*. Wir bezeichnen das umgelautete *e* in ahd. und mhd. Wörtern durch *e*.

178

nhd. *renken* (mhd., ahd. *ręnken* 'renken, drehen; Ränke spinnen') geht mit *Rank* (Plur. *Ränke*), mhd. *ranc* 'schnelle drehende Bewegung', mnd. *wranc* 'Kampf, Streit', ags. *wrenc* 'List, Betrug' auf ein germ. ⁺*wrankjan* zurück;

nhd. *streng* (mhd. *sterenge*, ahd. *sterengi* 'stark, tapfer, hart, unfreundlich') gehört zur Sippe von *Strang;*

nhd. *Vetter* (mhd. *vęter[e]*, ahd. *fętiro, fatirro* 'Vatersbruder') gehört zu *Vater;*

nhd. *Wespe* (mhd. *węfse, wębse, węspe*, ahd. *węfsa*, älter *wafsa*) geht auf germ. ⁺*wafs-* zurück. Verwandt sind auch *Wabe* und *Waffel;*

nhd. *Welle* gehört als 'wallende Flüssigkeit, Quelle' mit *wallen* zu germ. ⁺*walljan* 'zum Wallen bringen, aufkochen'[1].

In mhd. Zeit greift der i-Umlaut weiter um sich. Er tritt nun auch dort ein, wo er in ahd. Zeit unterblieben war, so z. B. vor *ht, hs, rw* u. a.; es werden also ahd. *mahtîg* > mhd. *mähtec*, ahd. *wahsit* > mhd. *wähset*, ahd. *garwit* > mhd. *gärwet* usw. Jetzt kann auch ein *i* oder *j* in der zweitfolgenden Silbe Umlaut hervorrufen: vgl. mhd. *ärze* (Erz, aus ahd. *aruzzi*) oder *mähelen* (vermählen, aus ahd. *mahal[j]en*). Dabei erfaßt der Umlaut auch die übrigen umlautfähigen Selbstlaute. Es werden also:

a	> *ä*	:	ahd.	*nahti*	> mhd.	*nähte*	'Nächte'
o	> *ö*	:	ahd.	*mohtî*	> mhd.	*möhte*	'möchte'
u	> *ü*	:	ahd.	*wurfil*	> mhd.	*würfel*	'Würfel'
ā	> *æ (ǣ)*	:	ahd.	*gibârida*	> mhd.	*gebærde*	'Gebärde'
ō	> *œ (ȫ)*	:	ahd.	*hôrjan*	> mhd.	*hœren*	'hören'
ū	> *iu (ǖ)*	:	ahd.	*hûsir*	> mhd.	*hiuser*	'Häuser'
uo	> *üe*	:	ahd.	*guotî*	> mhd.	*güete*	'Güte'
ou	> *öü (eu)*	:	ahd.	*frouwen*[2]	> mhd.	*vröuwen*	'freuen'

Die Übersicht über das Auftreten des Umlautes ist vom Standpunkt unserer Gegenwartssprache dadurch erschwert, daß sich das Zeichen *ä*, das vom 16. Jh. vorwiegend für umgelautetes *a* geschrieben wird, nicht vollständig durchsetzte. So stehen *behende, Eltern* (siehe oben), *edel* (westgerm. ⁺*apilu* 'von Adel, vornehm') neben *Gäste, Nächte, Männer*. Nicht jedes *ä* in der Stammsilbe nhd. Wörter ist jedoch aus *a* umgelautet; die nhd. Wörter *Bär, Käfer, Säge, rächen, spähen* zum Beispiel lauteten im Althochdeutschen *bëro, chëvar, sëga, (w)rëhhan, spëhôn* oder *spiohôn*.

---

[1] Das Wort *Welle* mit den Bedeutungen '(Reisig-)bündel' (im hd. Westen), 'zylindrischer Körper' (hd., nd., nl.) und 'Wasserwoge' (urspr. nur obd.) gehört dagegen zum starken Verb *wellen* 'wälzen, rollen' (ahd. *wëllan*). Gemeinsame ide. Wurzel ist ⁺*u̯el-* 'drehen, winden, wälzen'.

[2] Aus urgerm. ⁺*frawjan.*

In einigen Fällen haben sich unumgelautete Formen erhalten, wie *abhanden, vorhanden, zuhanden, Weihnachten* und die Pluralformen *Bande* und *Mannen.* Übrigens ist in den oberdeutschen Mundarten der Umlaut vielfach unterblieben; so stehen nebeneinander: *Brügge — Bruck, Osnabrück — Innsbruck, Münden — Gmunden, Gülden — Gulden, Mücke — Mucke, drükken — drucken, hüpfen — hupfen, er läuft — er lauft, nützen — nutzen, rücken — rucken, schlüpfen — schlupfen, zücken — zucken, sächlich — sachlich.* Weitere nicht umgelautete Wörter sind *lupfen, Rucksack* u. a. Dagegen haben die nd. Mundarten den Umlaut noch viel weiter getrieben: *er fäßt, er frägt, er kömmt, Butterbröte, Ruderböte, Hünde* usw.

§ 118 Einige Lautveränderungen, die in germ. und ahd. Zeit stattgefunden und ihre Spuren in der deutschen Sprache der Gegenwart hinterlassen haben, faßt man heute unter der Bezeichnung Vokalharmonie zusammen. Hierher gehört der Wechsel von *e* mit *i* und *o* mit *u* in der Wurzelsilbe. Früher bezeichnete man diesen Vorgang auch als a-Umlaut oder Brechung.

Die Erscheinungen der Vokalharmonie erklären sich aus dem Prinzip der Ökonomie, der Kraftersparnis. Es handelt sich bei diesen Lautübergängen um Angleichung des Wurzelvokals an den Vokal der Folgesilbe (Vokalassimilation). Wenn in der Folgesilbe ein *i* oder *u* oder in der Silbenscheide eine Nasalverbindung (Nasal + Konsonant) stand, dann lautet auch der Wurzelvokal *i* oder *u.* Enthielt die Folgesilbe dagegen ein *a, e* oder *o,* dann erscheint auch in der Wurzelsilbe *e* oder *o,* wenn diese Angleichung nicht durch eine Nasalverbindung in der Silbenscheide verhindert wurde. Da die vollklingenden Vokale der Ableitungssuffixe und der Flexionsendungen, die den hier besprochenen Lautwechsel verursacht haben, schon in mhd. Zeit zu *e* abgeschwächt waren, muß man zu seiner Erklärung mindestens auf ahd. Belege zurückgreifen.

So wird das Nebeneinander der nhd. Formen *(du) sprichst — (ihr) sprecht, Berg — Gebirge, hold — Huld, Büttel* (*ü* aus *u* umgelautet) — *Bote* erst aus den entsprechenden ahd. Lautungen verständlich: *(dû) sprihhis — (ir) sprëhhat, bërg — gabirgi, hold — huldi, butil — boto.*

Beispiele für den Wechsel von *e — i: ich helfe — du hilfst, ich spreche — du sprichst, ich lese — du liest, ich sehe — du siehst, Herde — Hirte, Neffe — Nichte, Schenkel — Schinken, Berg — Gebirge, Feld — Gefilde, Stern — Gestirn, Wetter — Gewitter, Feder — Gefieder, Erde — irden, irdisch, recht — richtig, schlecht — schlicht, Nest — nisten, Speck — spicken, Zweck — zwicken, beten — bitten, keck — erquicken, treffen — triftig, blenden — blind, geben — Gift, gären* (mhd. *gërn, jësen*) *— Gischt, begehren — Gier, gelten — Gilde, schwellen — Schwiele, senden — Gesinde, gelb — vergilbt, Mehl — Milbe.*

180

Beispiele für den Wechsel von *o* — *u*: *wurden* — *geworden* (ahd. *wurtum* — *[gi]wortan*), *Bruch* — *gebrochen*, *Burg* — *geborgen*, *Flug* — *geflogen*, *Gulden* — *Gold*, *Huld* — *hold*, *Wurf* — *geworfen*, *Zug* — *gezogen* und die folgenden Wortpaare, bei denen das *ü* aus *u* umgelautet ist: *für* — *vor* (ahd. *furi* — *fora*), *Bürste* — *Borste*, *Büttel* — *Bote*, *Füllen* — *Fohlen*, *Fülle* — *voll*, *Gelübde* — *geloben*, *Geflügel* (mhd. *gevügel*) — *Vogel*, *hübsch* — *Hof*, *knüpfen* — *Knopf*, *Lücke* (nd. *Luke*) — *Loch*, *spüren* — *Sporn*.

Nach der gleichen Regel wechselten im Althochdeutschen *io* und *iu*. Altes *iu* ergab nhd. *eu*; *io* wurde schon im Mittelhochdeutschen zu *ie* (Doppellaut). So erklären sich *leuchten* (ahd. *liuhtan, liuhten*) neben *licht* (ahd. *lioht*, mhd. *lieht*), *deutsch* (ahd. *diutisc*) neben *Dietrich* (aus ahd. *diot* 'Volk' + *rîhhi* 'Herrschaft, Herrscher') und die altertümlichen Formen *beut, fleugt, fleußt, geußt, kreucht, treuft, zeucht* usw., die als die eigentlich regelrechten Formen durch die Analogiebildungen mit *ie: bietet, fliegt, fließt, gießt, kriecht, trieft, zieht* ersetzt worden sind.

In manchen M u n d a r t e n ist der Übergang von *u* > *o* weiter durchgeführt als in der Schriftsprache, z. B.: *Botter* (Butter), *Motter* (Mutter), *g'sond* (gesund), *gesongen* (gesungen), *gesprongen* (gesprungen). Andererseits zeigen sie mitunter alte ungebrochene Formen: *kunnt* für konnte u. a.

Der Wechsel zwischen einfachen Selbstlauten und Doppellauten, der in der Gegenüberstellung von nd. *Īs, Hūs, Lūt* oder mhd. *îs, hûs, liute* mit den entsprechenden Formen unserer nhd. Schriftsprache *Eis, Haus, Leute* sichtbar wird, läßt einen weiteren Lautwandel erkennen, der seit dem 12. Jh. das gesamte hochdeutsche Sprachgebiet erfaßt hat, nämlich die **Diphthongierung** der alten langen *î, û, iu* zu *ei, au, eu (äu)*. Das Niederdeutsche im Norden und das Hochalemannische im äußersten Süden wurden davon nicht betroffen. Unsere Schriftsprache zeigt mitunter neben den lautgerechten Formen auch den (mundartlichen) ungespaltenen älteren Laut: *Auerochs* — *Ur*, *Baude* — *Bude*, *braun* — *Bruno*, *Gertraud* — *Gertrud*, *Leinen* — *Linnen*, *raunen* — *Rune*, *Schneeweißchen* — *Schneewittchen*, *Weigand* — *Wigand* usw.

Umgekehrt sind im Neuhochdeutschen die mhd. Zwielaute *ie, uo, üe* zu *ī, ū, ǖ,* (geschrieben *ie, u, ü*) zusammengezogen worden, vgl. mhd. *liep, miete, bruoder, genuoc, güete, grüezen* mit nhd. *lieb, Miete, Bruder, genug, Güte, grüßen*. Auch diese **Monophthongierung** hat nicht das gesamte deutsche Sprachgebiet erfaßt; so sind uns im Bairischen die alten Zwielaute (allerdings mit gewissen Veränderungen) erhalten geblieben, vgl. *lieblli* (lieblich), *Bua* oder *Bou* (Bube), *Muetr* (Mutter), *Blüemli* (Blümel) usw. Überhaupt zeigen die einzelnen Mundarten verschiedene Zwielaute, die der nhd. Schriftsprache fremd sind. In einigen

§ 119

Fällen sind die durch die Monophthongierung entstandenen nhd. Längen gekürzt worden, vgl. *Dirne* (mhd. *dierne*), *licht* (mhd. *lieht*), *Ulrich* (mhd. *Uodal-rîch*).

§ 120   Deutliche Unterschiede zeigt die Aussprache des Deutschen hinsichtlich der Kürze oder Länge der Vokale im norddt. Sprachgebiet gegenüber dem mittel- und süddt. An Stelle der lautgerechten hochdeutschen Längen in *Glās, Hōf, Rād, Tāg, Zūg* erscheinen in der norddeutschen Aussprache kurze Vokale: *Glăs, Hŏf, Răd, Tăg, Zŭg;* ebenso heißt es *Lĕdder, lĭggen, Vădder* neben hochdeutschem *Lēder, liēgen, Vāter.* Andererseits sagt man im nd. Sprachgebiet *āpen* oder *ōpen, ēten, māken, Wāter* gegenüber hd. *ŏffen, ĕssen, măchen, Wăsser.* Diese Abweichungen sind ebenfalls aus der Geschichte des deutschen Lautsystems zu verstehen. Beim Übergang vom Mittelhochdeutschen zum Neuhochdeutschen wurden nämlich die k u r z e n S e l b s t l a u t e i n o f f e n e r T o n s i l b e (in vokalisch auslautender betonter Silbe) g e d e h n t, mhd. *să-gen, lĕ-ben, vrĭ-de, vŏ-gel, stŭ-be* wurden zu nhd. *sāgen, lēben, Friēde, Vōgel, Stūbe.* Diese Vokaldehnung ging vom Norden des deutschen Sprachgebietes aus und trat überall da ein, wo auf den Vokal der Stammsilbe ein einfacher Konsonant folgte. In g e s c h l o s s e n e r S t a m m s i l b e (d. h. wenn die Stammsilbe auf einen Konsonanten endete) blieb der kurze Vokal teils erhalten *(gŏt, hĕl-fen, bĭn-den),* teils wurde er (besonders vor *l* und *r*) gedehnt (mhd. *dĕr, nŭr, vĭl* > nhd. *dēr, nūr, viel*). Bei den Wörtern, die in den verschiedenen Flexionsformen sowohl offene als auch geschlossene Stammsilben aufwiesen (z. B. *Hof, Ho-fes; mag, mŏ-gen*), fand im Neuhochdeutschen in der Regel Formenausgleich zugunsten des gedehnten Vokals statt *(Hōf, Hōfes; māg, mōgen),* während das Niederdeutsche in geschlossenen Silben die Kürze beibehielt *(Hŏf, măg).*

Im heutigen Deutsch findet sich nirgends ein kurzer Vokal in offener Tonsilbe. In den Fällen, in denen keine Vokaldehnung eingetreten ist, wurde die betreffende Silbe dadurch geschlossen, daß die Silbengrenze in den folgenden einfachen Konsonanten verlegt wurde; so wurde aus mhd. *dŏ-ner, gă-te, hĭ-mel, sŭ-mer, wir rĭ-ten, zesă-men* nhd. *Dŏn-ner, Găt-te, Hĭm-mel, Sŏm-mer, wir rĭt-ten, zusăm-men.* Dabei ist zu beachten, daß in diesen Fällen überall nur ein Konsonant gesprochen wird; die Verdoppelung ist nur eine Sache der Schreibung. Damit erklären sich die obengenannten nhd. Formen *offen, essen* usw. ebenso wie die nd. Formen *Ledder, liggen* usw.

Die **Kürzung** der l a n g e n m h d. S t a m m v o k a l e im Neuhochdeutschen tritt dagegen viel seltener auf. Am häufigsten ist sie vor Konsonantenverbindungen und Doppelkonsonanten, die ursprünglich vorhanden waren oder durch die neuhochdeutsche Schreibweise entstanden sind. So wurden mhd.

andâht, dâhte, tâht, dîhte, lêrche, hôrchen, klâfter, hêrlîch, nâchgebûre, hôchvart, hôchzît, râche, lâzen, blâter, nâter, jâmer, wâfen, wâpen, du hâst, er hât usw. zu nhd. *Andächt, dächte, Döcht, dĭcht, Lĕrche, hörchen, Klăfter, hĕrrlich, Năchbar, Höffart, Hŏchzeit, Răche, lässen, Blätter, Nătter, Jămmer, Wăffen, Wăppen, du hăst, er hăt* usw. Allgemein herrschen in unserer Gegenwartssprache die langen Stammvokale vor, während in den älteren Sprachperioden die kurzen überwogen.

Ich habe schon in der Vorbemerkung zu diesem Kapitel darauf hingewiesen, daß infolge der Festlegung des Wortakzents auf die Stammsilbe die urspr. vollklingenden Vokale in den Nebensilben v e r d u m p f t e n (**Vokalschwächung**). Die nhd. substantivische Flexion kennt noch sechs verschiedene Endungen, ausschließlich mit schwachem *e*, das Althochdeutsche verfügte jedoch über 25 und das Gotische sogar über 40 Endungen, in denen alle Selbstlaute auftraten. Volltönende Selbstlaute erscheinen in Nebensilben nur noch selten, und zwar in einigen Präfixen *(ant-, un-, ur-)* und Suffixen *(-in, -ing, -ung, -nis, -lich, -ig, -icht, -isch, -lein, -heit, -keit, -schaft, -sal* [neben *-sel*]*, -bar, -haft, -sam, -tum),* die der Verdumpfung nicht erlegen sind, weil sie als Träger von Elementen der lexikalischen Bedeutung (siehe § 22) eine wichtige Funktion haben; ferner in zahlreichen Eigennamen, wie *Anna* (neben *Anne, Änne*), *Berta, Bruno, Elsa* (neben *Else*), *Emma, Erna, Frida, Heribert, Herta, Hugo, Konrad, Kuno, Otto* usw.; in einigen einzelnen Wörtern, wie *Arbeit, Armut, Bräutigam, Eidam, Hansa, Heirat, Kleinod, Leumund, Monat, Nachtigall, Zierat,* und in einigen archaistischen Formen: *dero, ihro, weiland* u. a.

§ 121

Die Schwächung der unbetonten Selbstlaute kann bis zu ihrem **Schwund** führen. Die Ausstoßung eines Vokals am Ende eines Wortes nennt man A p ó k o p e , in der Mitte eines Wortes S ý n k o p e (Wortzusammenziehung). Durch A b f a l l a m E n d e d e s W o r t e s entstanden aus mhd. *hane, hërze, sanfte, schœne, schrîbære, smërze, süëze* nhd. *Hahn, Herz, sanft, schön, Schreiber, Schmerz, süß.* Dieser lautliche Vorgang ist auch heute noch nicht abgeschlossen; so stehen in unserer Gegenwartssprache nebeneinander: *gerne — gern, Geselle — Gesell, Gesperre — Gesperr, Hirte — Hirt, milde — mild, Ochse — Ochs* usw. Ebenso schwanken die Dativformen Sing. der starken Substantive: *dem Berg(e), Feld(e), Kopf(e), Mann(e)* usw. Die Tendenz zum Abfall des *-e* ist jedoch in allen Fällen deutlich zu spüren.

Durch A u s s t o ß u n g e i n e s S e l b s t l a u t e s i n d e r M i t t e d e s W o r t e s ergaben mhd. *abbet, ambet, angest, arzât* oder *arzet, berille* (lat. *beryllus*), *gelîch, gelücke, genâde, houbet, hübesch, maget, nacket, verëzzen* nhd. *Abt, Amt, Angst, Arzt, Brille, gleich, Glück, Gnade, Haupt, hübsch, Magd, nackt, fressen.* Wir

183

sprechen heute nebeneinander *bittere — bittre, offene — offne, darin — drin, darum — drum, Drillich — Drilch, Grummet — Grumt* u. a.

Überhaupt gehen die Umgangssprache und die Mundarten in der Schwächung, Abstoßung und Ausstoßung von Vokalen viel weiter als die Schriftsprache; da heißt es *Gsellschaft, Gsetz, ich komm, hoben* (hier oben), *hunten* (hier unten), *hastn* (hast du ihn), *kennsn* (kennen sie ihn), *Hampfel* (Handvoll) usw.

Mitunter trat Zusammenziehung von zwei Selbstlauten ein, nachdem ein dazwischenstehender Mitlaut ausgefallen war; so wurden mhd. *getregede, hagen, maget, voget* zu nhd. *Getreide, Hain, Maid, Voi(g)t.* Man nennt diese Erscheinung Synärése; auch sie beruht auf Vernachlässigung der Nebensilbe unter dem Einfluß der Betonung der Hauptsilbe.

Die Ausstoßung von Lauten und Silben am Anfang des Wortes *(raus, runter, rum < heraus, herunter, herum)* bezeichnet man als Aphärése.

§ 122   Ein weniger durchgreifender Lautwandel ist der Übergang von *â* zu *ô* vor Nasal und in einigen anderen Fällen (**Verdunkelung**). So ergaben mhd. *âmaht, âne, mâne, mânôt, arcwân, quât, brâdem, tâhele, tâht* u. a. nhd. *Ohnmacht, ohne, Mond, Monat, Argwohn, Kot, Brodem, Dohle, Docht.*

4. Veränderungen im Konsonantensystem

§ 123   Der älteste Konsonantenwandel, der allen germanischen Sprachen gemeinsam ist, weil er gerade das Germanische vom Indoeuropäischen trennt, ist die **erste** oder **germanische Lautverschiebung**. Der Beginn der lautlichen Veränderungen, die wir unter dieser Bezeichnung zusammenfassen, obwohl sie weder durch einander bedingt noch auch alle zur gleichen Zeit vor sich gegangen sind, wird in das zweite Jahrtausend vor unserer Zeit verlegt. Sie dürften um 500 v. u. Z. im wesentlichen abgeschlossen gewesen sein. Von der ersten Lautverschiebung wurden die ide. Verschlußlaute betroffen.

1.   Die ide. stimmlosen Verschlußlaute p, t, k wurden im Germanischen zu den stimmlosen Reibelauten f, þ, χ:

griech. *patér*   = got. *fadar* 'Vater'
griech. *treîs*   = got. *preis* 'drei'

griech. *kardía* = got. *hairtô* 'Herz'[1]

In den Verbindungen *sp, st, sk* und *ft, ht* (< *pt, kt*) blieben *p, t, k* allerdings auch im Germanischen erhalten:

    lat. *spuere* = got. *speiwan* 'speien'
    lat. *octō* = got. *ahtau* 'acht'

2. Die ide. stimmhaften behauchten Verschlußlaute *bh, dh, gh* wurden im Germanischen zu den stimmhaften Reibelauten *ƀ, ð, g̑*, die sich später größtenteils zu b, d, g wandelten *(d* wurde im Hochdeutschen zu *t)*[2]:

griech. *phrā̆tōr*	= got. *brôþar*	'Bruder'
griech. *thýrā*	= got. *daúrôns* (Plur.)	'Tür'
griech. *khórtos*	= got. *gards*	'Haus, Familie, Hof'; asä. *gardo* 'Garten'

3. Die ide. stimmhaften Verschlußlaute b, d, g wurden im Germanischen zu den stimmlosen Verschlußlauten p, t, k:

griech. *baítē* 'Hirtenrock'	= got. *paida* 'Rock'
griech. *dýo*	= got. *twai* 'zwei'
griech. *zygón*	= got. *juk* 'Joch'

Die auf Grund des unter 1. dargelegten Lautwandels entstandenen germanischen stimmlosen Reibelaute f, þ, χ wurden, ebenso wie der stimmlose Reibelaut s, unter bestimmten Bedingungen zu den stimmhaften Reibelauten ƀ, ð, g̑ bzw. z (sth. *s*) und fielen so mit den aus ide. *bh, dh, gh* entstandenen ƀ, ð, g̑ zusammen (siehe oben, 2.). Dieser Vorgang trat ein, wenn der dem Verschiebelaut un mittelbar vorausgehende Vokal im Indoeuropäischen nicht den Akzent trug. Lag der Akzent unmittelbar auf dem vorausgehenden Vokal, blieben die Laute stimmlos. So entsprach dem griech. *patḗr* zunächst ein germ. *⁺faþár*, das zu *⁺faðár* wurde und im Gotischen dann als *fadar* (spr. *fáðar*) erschien. Die

§ 124

---

[1] Zur Aussprache des Gotischen siehe S. 38, Fußnote 2.
[2] Bei den folgenden Beispielen ist zu berücksichtigen, daß ide. *bh, dh, gh* im Griechischen als φ,θ,χ (ph, th, kh) erscheinen.

185

weitere Verschiebung des *Þ* > *ð* erfolgte, weil der Akzent hinter dem Spiranten (Reibelaut) lag. Dem griech. *phrátōr* dagegen entspricht ein got. *brôÞar* mit stimmlosem *Þ,* weil im Indoeuropäischen der Akzent dem Verschiebelaut unmittelbar vorausging.

Die hier beschriebene Lautgesetzlichkeit wurde im Jahre 1875 von dem Dänen K a r l V e r n e r entdeckt und heißt deshalb das **Vernersche Gesetz.**
Da der A k z e n t im Indoeuropäischen f r e i b e w e g l i c h war und innerhalb der Flexions- und Wortbildungsformen wechselte, wirkte das Vernersche Gesetz nur auf einen Teil der Formen ein. Auf diese Weise entstand in eng zusammengehörigen Formen ein W e c h s e l z w i s c h e n s t i m m h a f t e n u n d s t i m m l o s e n K o n s o n a n t e n, der auch heute noch oft feststellbar ist und g r a m m a t i s c h e r W e c h s e l genannt wird. Die im Zuge der ersten Lautverschiebung entstandenen germanischen stimmlosen Reibelaute *f, Þ, χ* (siehe oben, 1.) erscheinen im Deutschen als f, d, h; die nach dem Vernerschen Gesetz entstandenen stimmhaften Reibelaute *ƀ, ð, g* wurden zu stimmhaften Verschlußlauten und erscheinen im Deutschen als b, t (auf Grund der zweiten Lautverschiebung, siehe S. 189, Abs. II), g. Da das aus germ. stimmlosem s entstandene stimmhafte z später zu r wurde, stehen also im Neuhochdeutschen f — b, d — t, h — g, s — r nebeneinander, d. h., innerhalb derselben Wortfamilie und innerhalb des Formenbestandes eines Zeitwortes wechseln Formen mit *f(v)* und *b (Hefe — heben), d — t (schneiden — geschnitten), h — g (ziehen — gezogen)* und *s — r (Frost — frieren).* Beim Zeitwort galt u r s p r ü n g l i c h die R e g e l: stl. Reibelaut im Präsens und im Sing. des Präteritums, sth. im Plur. des Präteritums und im Part. des Perfekts. Diesen Stand zeigen noch die beiden folgenden Beispiele aus dem Althochdeutschen und Mittelhochdeutschen :

	Inf. Präs.	Prät. Sing.	Prät. Plur.	Part. Prät.
ahd.	*ziohan*	*zôch*	*zugumês*	*gizogan*
nhd.	ziehen	(ich) zog	(wir) zogen	gezogen
mhd.	*verliesen*	*verlôs*	*verlurn*	*verlorn*
nhd.	verlieren	(ich) verlor	(wir) verloren	verloren

Aber schon im Mittelhochdeutschen und noch mehr im Neuhochdeutschen wurden diese Unterschiede vielfach durch A u s g l e i c h beseitigt. In der Gegenwartssprache stellen wir den grammatischen Wechsel u. a. noch in folgenden Fällen fest:

f — b:	*bedürfen — darben, verderben; Hafer — Haber; Hefe — heben; Hof — hübsch; Kofen — Koben; Kufe — Kübel; schnaufen — schnauben*
d — t:	*leiden — litten, gelitten; sieden — sotten, gesotten; schneiden — schnitten, geschnitten, Schnitter; scheiden — Scheit, Scheitel; Herde — Hirte*
h — g:	*ziehen — zogen, gezogen, Zug; fahen — fangen; gedeihen — gediegen; Höhe — Hügel; Reihe — Reigen, Riege; Schwäher — Schwager; zehn — zig*
s — r:	*was* (alte Form für *war*), *gewesen — war; Durst — dürr, verdorren; Färse* (junge Kuh) *— Farre* (junger Stier); *Frost — frieren; Gest, Gischt — gären; genesen — nähren, Nahrung; (er)kiesen — küren, Kür, Kurfürst; List — lehren, lernen; meist — mehr; Öse — Ohr, Öhr; Verlust, los — verlieren; Zwist — Zwirn.* [1]

Anmerkungen: Das Nebeneinander von nhd. *halb — Hälfte, geben — Gift, schreiben — Schrift, treiben — Trift, schlagen — Schlacht, tragen — Tracht, wiegen — Wucht, laden — Last* u. v. a. geht jedoch nicht auf die Wirkung des Vernerschen Gesetzes zurück, sondern darauf, daß schon im Indoeuropäischen die Verschlußlaute unter dem Einfluß eines folgenden *t* zu Reibelauten wurden: So gingen *b, p, pf* in *f; d, t, z* in *s; g, k* in *ch* über.

Der nach dem Vernerschen Gesetz entstandene stimmhafte Reibelaut *z* wurde inlautend zu *r*, vgl. got. *huzd* = ahd. *hort* 'Schatz', got. *basi* (< *+bazi*) = ahd. *beri* 'Beere'.

Die Herausbildung der deutschen Sprache begann mit tiefgreifenden sprach- §125
lichen Veränderungen, die wir unter dem Namen der zweiten oder (alt)hochdeutschen Lautverschiebung zusammenfassen. Sie betreffen die in der ersten Lautverschiebung entstandenen germanischen stimmlosen Verschlußlaute p, t, k und die stimmhaften Reibelaute ƀ, ð, g, sowie den stimmlosen Reibelaut Þ. Die ahd. Lautverschiebung begann im 5. Jh. u. Z. in Oberdeutschland und breitete sich seit dem 6. Jh. nach Norden hin aus. Die einzelnen sprachlichen Neuerungen wurden allerdings nicht gleichmäßig weit durchgeführt, und es ergab sich eine räumliche Staffelung von Süden nach Norden. Die zweite Lautverschiebung bewirkte schließlich eine deutliche Trennung zwischen dem von ihr erfaßten hochdeutschen (ober- und mitteldeutschen) und dem von ihr nicht betroffenen niederdeutschen Gebiet. Um etwa 800 u. Z. war

---

[1] Beide zur ide. Wurzel *+dųis* 'doppelt, zweifach': *Zwist* = Entzweiung, *Zwirn* = zweifacher Faden.

sie in ihren Hauptzügen abgeschlossen. Im einzelnen umfaßt sie folgende Vorgänge:

I. Die germanischen stimmlosen Verschlußlaute **p, t, k** werden

1. zu den stimmlosen Doppellauten (Affrikaten = angeriebene Laute, Sing. Affrikata) **pf, (t)z, kch** (geschrieben *ch*, nur im Altoberdeutschen) in folgenden Stellungen:

a) im Anlaut
b) in der Gemination ('Doppelung' von Konsonanten)
c) im In- und Auslaut nach *l, r, m, n*

Beispiele

zu 1 a:	got. *pund*	– ahd.	*pfunt*	'Pfund'	
	got. *tiuhan*	– ahd.	*ziohan*	'ziehen'	
	got. *kaúrn*	– aobd.	*chorn*	'Korn'	
zu 1 b:	ags. *æppel*	– ahd.	*apfuli*	'Apfel'	
	asä. *settian*	– ahd.	*setzan*	'setzen'	
	asä. *wekkian*	– aobd.	*wechan*	'wecken'	
zu 1 c:	got. *hilpan*	– ahd.	*hëlpfan*	'helfen'	(pf wird im 9. Jh. nach
	got. *paúrp*	– ahd.	*dorpf*	'Dorf'	l und r zu f)
	got. *haírtô*	– ahd.	*hërza*	'Herz'	
	asä. *holt*	– ahd.	*holz*	'Holz'	
	asä. *wërk*	– aobd.	*wërch*	'Werk'	
	asä. *skalk*	– aobd.	*skalch*	'Knecht, Leibeigener'	

2. zu den stimmlosen Reibelauten (Spiranten) **f(ff), z(zz)** (gesprochen wie unser *s*), **hh** (oft *ch* geschrieben) in den Stellungen:

a) im Inlaut zwischen Vokalen
b) im Auslaut nach Vokalen

Beispiele

zu 2 a:	asä. *slâpan*	– ahd.	*slâffan, slâfan*	'schlafen'

188

	asä. *ëtan*	– ahd.	*ëzzan*	'essen'
	asä. *makôn*	– ahd.	*mahhôn, machôn*	'machen'
zu 2 b:	asä. *skip*	– ahd.	*skif*	'Schiff'
	asä. *fôt*	– ahd.	*fuoz*	'Fuß'
	asä. *ik*	– ahd.	*ih*	'ich'

II. Die germanischen stimmhaften Reibelaute *b*, *ð*, *g*, die auf dem ganzen „westgermanischen" Gebiet die Tendenz zeigen, zu Verschlußlauten (*b, d, g*) zu werden, geben im Hochdeutschen den Stimmton auf und werden im O b e r d e u t s c h e n zum Teil zu den unbehauchten Verschlußlauten *p, t, k.* Ich beschränke mich hier auf einige Beispiele; die Verhältnisse in den einzelnen Mundarten sind sehr kompliziert.

Beispiele:

got. *baíran*	– fränk. *bëran*	– bair.-alemann. *përan*
got. *giban*	– fränk. *gëban*	– bair. *këpan*
got. *dags*	– engl. *day*	– ahd. *tag*

Das aobd. *k* wird seit dem 10. Jh. teilweise durch fränkisches *g* und das aobd. *p* seit dem 11. Jh. durch fränkisches *b* ersetzt, *ð* ist z. T. zu *d*, anderswo (z. B. ostfränkisch) zu *t* geworden.

Anmerkung: Während die germanischen stimmlosen Reibelaute *f* und *χ* von der zweiten Lautverschiebung unberührt bleiben, wird der stimmlose Reibelaut *Þ* im ganzen deutschen Sprachgebiet (nicht nur im Hochdeutschen) zu *d*.

Beispiele:

| got. *preis*, | engl. *three* | – ahd. *drî*, | nhd. *drei*, | nl. *drie* |
| got. *brôÞar*, | engl. *brother* | – ahd. *bruoder*, | nhd. *Bruder*, | nl. *broeder* (spr. brüder) |

Auf das Wirken des Prinzips der Kraftersparnis ist es zurückzuführen, wenn zwei benachbarte Konsonanten einander angeglichen werden. Man nennt diesen Vorgang Assimilation (Angleichung). Die Angleichung ist vollständig (total), wenn die beiden betroffenen Laute einander völlig angeglichen werden, z. B.: *Lamm* < mhd. *lamb, Müller* < mhd. *mülnære; Hoffart* < mhd. *hôchvart, Ballast* < mhd. *barlast.* Dabei ist zu bemerken, daß in den ersten beiden Beispielen jeweils der folgende Laut an den vorausgehenden angeglichen wurde (v o r w ä r t s w i r k e n d e oder p r o g r e s s i v e Assimilation), in den letzten beiden dagegen der vorausgehende an den folgenden (z u r ü c k w i r k e n d e oder r e g r e s s i v e Assimilation).[1] In den meisten Fällen ist die Assimilation nur

§ 126

---

[1] Zutreffender sind die weniger gebräuchlichen Bezeichnungen p e r s e v e r a t i v e (beharrende) und p r o l e p t i s c h e (vorgreifende) Assimilation, denn sie erfassen das Wesen des Vorgangs richtiger.

partiell (teilweise), d.h., einer der beiden zusammentreffenden Konsonanten wird durch einen solchen ersetzt, der durch eine ähnliche Einstellung und Bewegung der Sprechwerkzeuge hervorgebracht wird wie der andere Konsonant. So wurden mhd. *entfangen* > nhd. *empfangen* und mhd. *inbiz* > nhd. *Imbiß*, indem die Dentale *t* bzw. *n* den Labialen *f* bzw. *b* angeglichen wurden.

Weitere Beispiele sind: *dumm* (mhd. *tump*), *Eimer* (mhd. *eimber*), *empor* (mhd. *enbore*), *Grum[me]t* (mhd. *gruonmât*), *Himbeere* (mhd. *hintber*), *nennen* (ahd. *nemnen*), *verdammen* (lat. *damnare*), *Wimper* (mhd. *wintbrâ[we]*), *Zimmer* (mhd. *zimber*), *Zwilling* (mhd. *zwinelinc*), ferner Eigennamen wie *Bamberg* (Babenberg), *Homburg* (Hohenburg), *Humbert* (Hunibert), *Limburg* (Lindenburg), *Naumburg* (Nauenburg = Neuenburg), *Schaumburg* (Schauenburg), *Württemberg* (Wirtenberg) u. a.

In der Umgangssprache und in den Mundarten geht die Assimilation noch weiter als in der Schriftsprache; so hört man häufig *ambinden, Ammerkung, ampreisen, fümf* für *anbinden, Anmerkung, anpreisen, fünf* u. a.; im Niederdeutschen heißt es *Ellern, Oller, Kinner, Wunner* für *Eltern, Alter, Kinder, Wunder.*

§ 127   Das Gegenstück zur Assimilation ist die **Dissimilation**. Bekanntlich macht es gewisse Schwierigkeiten, denselben Konsonanten mehrmals kurz hintereinander zu sprechen. Der Hang der Sprecher zur Bequemlichkeit und wohl auch das Gefühl für sprachlichen Wohlklang dürften also die Ursachen der Dissimilation sein. Sie besteht darin, daß in manchen Wörtern der eine von zwei gleichen Mitlauten in einen anderen verwandelt oder ganz unterdrückt wird. So erklären sich Formen wie *Balbier, balbieren* (für *Barbier, barbieren*), *Fibel* (aus *Bibel*), *firmeln* (lat. *firmare*), *Honig* (ahd. *hona[n]g*), *Kartoffel* (aus *Tartuffel*, nach it. *tartuffolo* 'Trüffelchen'), *Knäuel* (mhd. *kliuwel[în]*), *Knoblauch* (mhd. *klobelouch*, zu *klieben* 'spalten'), *König* (ahd. *kuning*), *Leineweber* (statt *Leinenweber*), *Marmelstein* (lat. *marmor*), *Mörtel* (lat. *mortarium*), *Pfennig* (ahd. *pfenning*), *Pilger, Pilgrim* (lat. *peregrinus* 'der Fremde'), *Polier* (aus frz. *parlier* 'Sprecher, Wortführer'), *Süden* (mhd. *sunden*, eigentlich 'Sonnenseite', vgl. *Sundheim, Sundgau, Sontheim, Sonthofen* usw.), *Turteltaube* (lat. *turtur*), *Vogel* (aus germ. *+flug-la* zu *fliegen*, vgl. *Geflügel*), *Wernigerode* neben *Elbingerode* u. a.

§ 128   Manchmal wandert ein Konsonant innerhalb eines Wortes (**Metathese** oder **Mitlautumstellung**). Am häufigsten betrifft das die Laute *l* und *r*. So ist *Bernstein* nichts anderes als 'brennendes Harz'; *Bord* gehört zu *Brett*; *Born* zu *Brunnen, Bronnen*; *bersten* zu *Gebresten* und *prasseln*; *forschen* zu *fragen*; *Korb* zu *Krippe*; nd. *Kürste* zu hd. *Kruste*. Sehr häufig tritt die Umstellung auch in Perso-

190

nennamen auf, vgl. *Adolf — Adloff, Margolf — Marloff, Rudolf — Rudloff, Wolfgang — Gangloff;* aus *Christian* entstanden die Familiennamen *Kersten, Kirsten, Kürsten.* Der Bestandteil *-drup, -trup, -trop* in nd. Ortsnamen ist gleich *Dorf* (*Addrup, Bottrop, Lastrup* u. a.), ebenso *-druf* in *Ohrdruf* ('Dorf an der Ohre').

Mitunter vertauschen zwei Konsonanten den Platz miteinander, vgl. *Erle* neben *Eller* (ahd. *ęrila* entstand durch Umstellung aus älterem *ęlira*), *Wepse* (mhd. und mundartlich) neben *Wespe.*

Der Ausfall von Konsonanten ist bei weitem nicht so häufig wie der von Vo- §129
kalen; am meisten sind ihm die Laute *h, w* und *j* ausgesetzt. Am Wortanfang erfolgte Abfall von Konsonanten vielfach beim Übergang vom Althochdeutschen zum Mittelhochdeutschen. In den Konsonantenverbindungen *hl-, hn-, hr-, hw-, wr-* und *wl-* hat er durchgängig stattgefunden, deshalb sind Spuren des alten Zustandes in der Gegenwartssprache nur noch selten zu bemerken. Die alte Namensform *Chlodwig,* ahd. *Hluodowic = Ludwig,* zeigt noch anlautendes *h* (mit seinem ursprünglichen Lautwert als velarer Reibelaut, Ach-Laut), die nhd. Wörter *Laib* (Brot), *Nuß, Rabe, Roß, welch, wer* gehen auf ahd. *hleib, hnuz, hraban, hros* (vgl. engl. *horse*), *hwęlich, hw̄er* zurück. *Wr-* haben noch die aus dem Niederdeutschen stammenden Wörter *Wrack, wringen, Wruke* (Kohlrübe); engl. *to write* 'schreiben' entspricht unserem *reißen* 'ritzen' (vgl. *Grundriß, Reißzeug*). Anlautendes *wl-* tritt in der Gegenwartssprache nicht mehr auf, doch liegt z. B. nhd. *Antlitz* ein Wort zugrunde, das zu asä. *wliti,* got. *wlits* 'Aussehen, Gestalt' und ags. *wlītan* 'sehen', got. *wlaitôn* 'umherblicken' gehört.

Abfall des *w* am Wortende zeigen die Formen *fahl, gehl* (vgl. auch die Eigennamen *Gehlberg* in Thüringen, *Gehlhaar* als Familienname), *Herling* (= herbe Traube), *Mehl* neben *falb, gelb, herb, Melberei* (Grießherstellung) und *Milbe.* Die hier aufgeführten Doppelformen gehen auf germ. ⁺*falwa-,* ⁺*gëlwa-,* ⁺*harwa-* und ⁺*mëlwa-* zurück. Auch *-r* ist am Wortende öfter ausgefallen, wie die Formen *daran, darin, darum* usw. neben *da, hier, hieran, hierin, hierum* usw. neben *hie, woran, worin, worüber* usw. neben *wo* zeigen.

Am häufigsten trat Ausfall von Konsonanten im Wortinnern auf. Konsonantenausfall zwischen Selbstlauten (wobei dann mitunter Synärese eintrat, siehe S. 184 f.) zeigen u. a. folgende Wörter: *bleuen* (mhd. *bliuwen*), *Braue* (mhd. *brâwe*), *dräuen* (die veraltete Form für *drohen,* mhd. *dröuwen*), *Eidechse* (mhd. *ęgedëhse*), *Frau[e]* (mhd. *frouwe*), *freuen* (mhd. *vröuwen*), *Getreide* (mhd. *getręgede*), *Hain* (mhd. *hagen*), *hauen* (mhd. *houwen*), *Klaue* (mhd. *klâwe*), *Maid* (mhd. *magęt*), *Meister* (lat. *magister*), *Nelke* (mnd. *negelkîn* = Nägelchen), *neu* (mhd. *niuwe*), *schauen* (mhd. *schouwen*), *Sense* (mhd. *sęgense,* verwandt mit *Säge*), *steil* (ahd. *steigal*, zu *steigen*), *verteidigen* (mhd. *vertage-dingen*, siehe S. 203).

Konsonantenausfall im Wortinnern z w i s c h e n Mitlauten ist u. a. in folgenden Wörtern eingetreten: *Ammann* (gekürzt aus mhd. *amb[e]tman*), *bunt* (mlat. *punctus*), *Griesgram* (ahd. *gristgramo* 'Zähneknirschen'), *Kirmes* (mhd. *kirmësse* geht wohl auf ⁺*kirchmësse* zurück), *Mädchen* (aus *Mägdchen*), *Marschall* (mhd. *marschalc*, aus älterem *marhschalc*), *Marstall* (mhd. *marstal*, aus älterem *marhstal*), *Rudolstadt* (aus *Rudolfstadt*), *Tinte* (mlat. *tincta*), *Truchseß* (mhd. *truhtsæze*).

Konsonantenausfall v o r a n d e r e n Mitlauten stellen wir u. a. fest in *hast* (aus *habst*), *hat* (aus *habt*), *wirst* (aus *wirdst*), *Gleisner* (mhd. *gelîchs[e]nære*), *Welt* (mhd. *wërlt*). Die Formen *brachte, dachte, deuchte* neben *bringen, denken, dünken* zeigen, daß auf einer älteren Sprachstufe (bereits im Urgermanischen) der Nasal *n* bzw. *ng* vor *h (ch)* ausgefallen ist.

W ist im W o r t i n n e r n n a c h K o n s o n a n t e n verschwunden. Das zeigt nhd, *Ache* neben got. *a a* und lat. *aqua*; nach *l* und *r* ging es in *b* über: mhd. *varwe* > nhd. *Farbe*.

Über den Ausfall von Mitlauten auf Grund von Dissimilation wurde schon gesprochen (vgl. *fodern, König* usw., § 127).

§ 130   Der Konsonantenzusatz (Akzession) erfolgt in der Regel aus dem Streben nach Erleichterung der Aussprache oder Abrundung der Wortform. Wir unterscheiden den E i n s c h u b (E p e n t h e s e) und den Anschub von Mitlauten an das Ende des Wortes (E p i t h e s e). Häufig treten *d* oder *t* zwischen die Konsonanten *n* und *l* bzw. *n* und *r*. So steht *minder* neben lat. *minor, Spindel* neben *spinnen, entlang* neben mhd. *enlange* usw. Besonders häufig erfolgt *t*-Einschub vor dem Suffix *-lich: eigentlich, geflissentlich, gelegentlich, hoffentlich, namentlich, öffentlich, ordentlich, vermeintlich, verschiedentlich, wesentlich, wissentlich, wöchentlich* usw. Bei Wortstämmen auf *-m* erscheint vor ableitendem *t* ein *f: Brunft (brummen), Ankunft, Zukunft (kommen), Ranft* (ahd. *ramft* 'Brotrinde', verwandt mit *Rahmen* und *Rand*), *Vernunft (vernehmen), Zunft (ziemen)*; zwischen *n* und *t* tritt oft *s* ein: *Brunst (brennen), Gespenst* (ahd. *spanan* 'locken', vgl. *abspenstig*), *Gespinst (spinnen), Gewinst (gewinnen), Gunst (gönnen), Kunst (können)*.

Andere Beispiele für Mitlauteinschub sind *ander-t-halb, allen-t-halben, ereig-n-en* (mhd. *eröugen*), *en-t-behren* (mhd. *enbërn*), *en-t-gegen* (mhd. *en-gegen*), *en-t-lang* (mnd. *in lanc*), *en-t-weder* (ahd. *ein weder*), *en-t-zwei* (mhd. *enzwei* = in zwei Teile), *euer-t-wegen*.

Am Wortende wird *d* oder *t* angehängt in *Axt* (mhd. *ackes*), *doppelt* (zu afrz. *doble*, aus lat. *duplus* 'zwiefältig', vgl. *Doppeladler, Doppelgänger*), *Dutzend* (afrz. *dozein*), *einst* (ahd. *eines*), *Habicht* (mhd. *habech*), *Hüfte* (ahd. *huf*), *irgend, nirgend* (mhd. *iergen, niergen*), *jemand* (mhd. *ieman*), *niemand* (mhd. *nieman*), *jetzt* (mhd. *ieze,* frühnhd. *jetz*), *Mond* (mhd. *mân[e]*), *Morast* (frühnhd. *moras*), *Obst* (mhd. *ob[e]z*), *Palast* (aus afrz. *palais*), *Papst* (spätahd. *bâbes*), *Saft* (ahd. *saf*), *Sekt* (aus it. *[vino] secco* 'trockener *Wein*'; aus Beeren, die am Stock getrocknet sind), *selbst* (mhd. *sëlb[e]s*); *vollends* (mhd. *[en]vollen*), *weiland* (mhd. *wîlen*); in Mailand und *zu guter Letzt* erfolgte die Anfügung von *d* bzw. *t* unter dem Einfluß der Volksetymologie: it. *Milano* wurde an *Land* und das alte Subst. *Letze* 'Abschied[smahl]' (vgl. *sich letzen* 'sich laben, gütlich tun') an das Adj. *letzt* angelehnt.

Ein *n* erscheint als Anhängsel in *albern* (mhd. *alwære*), *nun* (mhd. *nu*), *sondern* (mhd. *sunder*).

In der Umgangssprache ist *t* als Anhängsel (Zungenlöselaut) sehr beliebt, vgl. *anderst, besonderst, ebent, schönt* usw.

Umgangssprachlich wird gern zwischen *m* und *t* ein *p* eingeschoben: *er kompt, nimpt* statt *kommt, nimmt;* zwischen *n* und *sch* erscheint des öfteren *t: Mentsch, wüntschen* für *Mensch, wünschen.*

VIII. Die Veränderungen der Wortbedeutung

1. Ursachen und Formen der Bedeutungsveränderung

§ 131   Die Wörter verändern im Laufe der Zeit nicht nur ihre Gestalt, sondern oft auch ihre Bedeutung. Freilich gibt es in jeder Sprache eine nicht geringe Zahl von Wörtern, deren Bedeutung gleichzubleiben scheint. Das sind die Wörter des Grundwortschatzes, deren Stabilität wir schon kennengelernt haben. Solche Ausdrücke sind z. B. *Sonne, Erde, Wasser, Vater, Mutter, schwarz, weiß, gehen, schlafen, stehen, sehen.* Ihre Bedeutung scheint uns insofern unveränderlich zu sein, als sie durch Jahrhunderte dieselben Gegenstände, Erscheinungen, Vorgänge usw. bezeichnen. Fassen wir aber ihren Begriffsgehalt ins Auge, der ja von dem jeweiligen Stand der menschlichen Erkenntnis der Wirklichkeit abhängt, so erkennen wir doch eine Entwicklung.

Das Auftreten der Bedeutungsveränderungen ist nicht weiter verwunderlich, wenn wir von der Definition der Wortbedeutung ausgehen. Wir haben die Bedeutung als die mit einem Lautkomplex traditionell verbundene Widerspiegelung eines Gegenstandes oder einer Erscheinung der Wirklichkeit im Bewußtsein der Angehörigen einer Sprachgemeinschaft definiert (§ 27) und dabei festgestellt, daß diese Bewußtseinsinhalte d i r e k t und u r s ä c h l i c h von der Wirklichkeit bestimmt werden. Die Gegenstände und Erscheinungen der Wirklichkeit befinden sich aber, wie wir wissen, im Zustand dauernder Veränderung. Ebenso verhält es sich naturgemäß mit unserem Wissen von der Welt, mit unseren Begriffen. Das zeigt uns die Geschichte der Naturwissenschaften und der Gesellschaftswissenschaften. Es kann also gar nicht anders sein, als daß sich auch die Bedeutungen der Wörter — genauer: sehr vieler Wörter — langsamer oder schneller verändern. Das Tempo dieser Entwicklung ist abhängig von dem Tempo, mit dem sich die betreffenden Gegenstände oder Erscheinungen bzw. die Begriffe davon verändern.

Mit diesen Überlegungen haben wir bereits eine Antwort auf die Frage nach den U r s a c h e n der Bedeutungsentwicklung gefunden. Die V e r ä n - d e r u n g e n , denen die Gegenstände und Erscheinungen der o b j e k t i v e n R e a l i t ä t unterliegen, führen häufig zu Veränderungen der Wortbedeutungen. So widerspiegelt die Bedeutungsgeschichte des Wortes *dreschen* die Wandlungen, die dieser wichtige Arbeitsvorgang im Laufe einer jahrtausendealten Entwicklung der Produktion erfahren hat. In den ältesten Zeiten wurde bei den Germanen mit den Füßen gedroschen (germ. *⁺preskanan* = lärmend mit den Füßen stampfen; siehe Fr. Kluge, a. a. O., S. 147). Später lernten sie durch romanische Vermittlung den Dreschflegel verwenden (vgl. ahd., asä. *flegil* < lat. *flagellum*); die heute heranwachsende junge Generation aber kennt auch das primitive Dreschen mit dem Flegel nicht mehr, sondern nur noch den mechanisierten Arbeitsprozeß.

Ebenso verändern sich die Bedeutungen der Wörter infolge des Fortschreitens des Menschen in der wissenschaftlichen Bewältigung der objektiven Realität, die mit der fortschreitenden Entwicklung der Produktion und der dadurch bedingten Veränderung seines Verhältnisses zu den Dingen und der Umwelt Hand in Hand geht. Die Vertiefung der menschlichen Erkenntnis führt zur Vervollkommnung der Begriffe, das aber heißt auch Veränderung der Wortbedeutungen. So haben beispielsweise die Fortschritte der Weltraumforschung seit dem Altertum bis auf unsere Zeit den begrifflichen Bedeutungsgehalt des Wortes *Kosmos* mehrfach verändert.

Ein Teil der Bedeutungsveränderungen ist also durch die Abhängigkeit unserer Bewußtseinsinhalte von der objektiven Realität verursacht: Veränderungen in Natur und Gesellschaft treten, soweit sie zu Veränderungen der Vorstellungen und Begriffe der Menschen führen, in der Sprache als Bedeutungsveränderungen in Erscheinung.

Daneben gibt es jedoch noch verschiedene Arten der Bedeutungsentwicklung[1], deren Entstehung anders zu erklären ist. Obwohl wir damit Probleme berühren, die noch der endgültigen Klärung harren, will ich doch wenigstens einige der Faktoren nennen, die weitere Arten der Bedeutungsveränderung hervorrufen. § 132

Es steht wohl außer Zweifel, daß die Bedeutungsentwicklung in vielen Fällen durch allgemeine sprachliche Gesetzlichkeiten verursacht ist. Da ist zunächst die Tendenz zur Bildhaftigkeit des sprachlichen Ausdrucks zu nennen. Die bildhafte Ausdrucksweise ist eine elementare Denk- und Aus-

---

1 Die übliche, auch in den Lehrbüchern der Schule durchgeführte und deshalb im folgenden noch öfter benutzte Einteilung der Arten der Bedeutungsentwicklung geht auf Hermann Paul und Albert Waag zurück und fußt auf dem logischen Prinzip. Man unterscheidet danach Verengung und Erweiterung des Bedeutungsumfanges, Bedeutungsübertragung und -verschiebung, Verstärkung und Abschwächung des Wortsinns, Änderung des Bedeutungswertes und Anpassung der Wortbedeutung an die Kulturverhältnisse (oder Bedeutungswandel infolge von Sachwandel). Diese Klassifizierung weist, vom Standpunkt der Fachwissenschaft gesehen, verschiedene Mängel auf, die hier nicht besprochen zu werden brauchen, sie ist aber auch für die Schule wenig zweckmäßig, denn dort steht nicht das logische Verhältnis der späteren Bedeutung eines Wortes zu seiner ursprünglichen im Vordergrund des Interesses, sondern die Ursachen und Triebkräfte dieser sprachlichen Erscheinung sowie die Einsichten in die kulturgeschichtlichen Vorgänge, die ihr zugrunde liegen.

drucksform, ohne die die Sprache nicht auskommen kann, die Verbildlichung ist ein Grundprinzip der sprachlichen Darstellung überhaupt (siehe § 163).

Die Tendenz zur Verbildlichung ist freilich an der Bedeutungsentwicklung nur insofern beteiligt, als sie Sprachbilder (Metapher, Metonymie, Personifizierung u. a.) hervorruft. Der Tatbestand der Bedeutungsveränderung an sich ist jedoch noch nicht gegeben, solange ein Ausdruck von der Sprachgemeinschaft noch als Bild gefühlt wird. In diesem Falle empfindet man die bildhafte Verwendung des Wortes als ein Abweichen von der Regel des Sprachgebrauchs, als ein spannungsvolles Überschreiten der natürlichen Bedeutungsgrenzen des Wortes. Von einer effektiven Bedeutungsveränderung kann erst die Rede sein, wenn das Empfinden dafür, daß es sich um ein Sprachbild handelt, aus dem Sprachbewußtsein geschwunden ist. Folgende Beispiele mögen zur Klärung des Sachverhaltes dienen: Solange wir das Bild vom Rücken des Berges noch als solches empfinden, solange wir also noch darum wissen, daß hier ein Wort *(Rücken)* aus seiner eigentlichen Verwendungssphäre (Bezeichnung eines Körperteiles von Menschen und Tieren) herausgenommen und absichtlich, um erhöhte Anschaulichkeit zu erzielen, bildhaft verwendet wird, handelt es sich um eine stilistische Frage. Wenn wir aber, beispielsweise bei einem Gespräch über das Auge oder den Photoapparat, das Wort *Linse* verwenden, ohne daran zu denken, daß die Bezeichnung eigentlich und ursprünglich der Name einer Hülsenfrucht ist, haben wir es mit einem Tatbestand der Bedeutungslehre zu tun, denn dann liegt nicht mehr nur eine gelegentliche bildliche Verwendung eines Wortes vor, sondern der Fall, daß ein Wort seinen Anwendungsbereich ständig und fest auf eine ganz neue Sphäre ausgedehnt hat. Das Wort hat eine f e s t e n e u e B e d e u t u n g angenommen.

Dieser Vorgang wird jedoch durch einen anderen Faktor der sprachlichen Entwicklung bewirkt. Das ist die allgemein zu beobachtende Erscheinung, d a ß s i c h d i e s p r a c h l i c h e n B i l d e r b e i s t ä n d i g e m G e b r a u c h a b n u t z e n. Die bildhaften Ausdrücke und Wendungen büßen bei häufigem Gebrauch ihre ursprüngliche Frische und Plastizität ein und werden nach und nach zu abgegriffenen, inhaltsleeren sprachlichen Marken. Wer empfindet etwa heute noch die lebendige Anschaulichkeit, die dem Ausdruck *begreifen* ursprünglich anhaftete? Zugrunde liegt das Bild von einem Menschen, der ein Ding von allen Seiten mit seiner Hand betastet, „begreift", und so seiner Eigenschaften mit Hilfe des Tastsinns innewird.

Selbstverständlich ist auch das Verblassen sprachlicher Bilder g e s e l l - s c h a f t l i c h b e d i n g t. Der Begriff als Widerspiegelung der Wirklichkeit wird in der aktiven Auseinandersetzung mit der Umwelt geschaffen. Diese Auseinandersetzung fand auf früheren gesellschaftlichen Entwicklungsstufen in der Regel direkt mit der unmittelbar gegenständlichen Umwelt statt, während wir heute mit den Mitteln der Wissenschaft viele Erkenntnisse und Erfahrungen mittelbar, auf dem Wege der Abstraktion gewinnen, ohne immer in der gegenständlichen Welt die Probe aufs Exempel zu machen. Dieser Entwicklung entsprechen die fortschreitende Tendenz zur Verwendung abstrakt begrifflicher Darstellungsmittel an Stelle der konkret-anschaulichen und das „Verblassen" der sprachlichen Bilder.

Die Bedeutungslehre faßt alle Fälle der Bedeutungsveränderung, die im Gefolge des Verblassens von sprachlichen Bildern auftreten, unter den Termini Bedeutungsübertragung (bei Personifizierung und Metapher) und Bedeutungsverschiebung (bei der Metonymie) zusammen. Ich verweise hier auf die Beispielsammlung, die im Kapitel IX geboten wird. Alle dort angeführten Ausdrücke, deren Bildhaftigkeit heute nicht mehr empfunden wird, sind Beispiele für die Bedeutungsveränderung der Wörter in Sprachbildern.[1]

Ein wichtiger Faktor der Bedeutungsveränderung ist auch das überall in der Gesellschaft wirkende Prinzip der Ökonomie. Es äußert sich in der Tendenz, beim Sprechen mit möglichst geringem Aufwand an Kraft auszukommen. So unterbleibt infolge des Wirkens dieses Prinzips häufig die erforderlich erscheinende Neubildung von Wörtern, und bereits vorhandene übernehmen eine neue Bedeutung, wobei sie ihre alte Bedeutung beibehalten oder aufgeben.

§ 133

Das Streben nach Kraftersparnis ist die Triebkraft vieler Fälle von Bedeutungsentwicklung, die bisher nach dem logischen Einteilungsprinzip Hermann Pauls in verschiedene Gruppen gegliedert zu werden pflegten. Ein typisches Beispiel für das Zustandekommen einer Bedeutungsveränderung unter der Einwirkung des Prinzips der Ökonomie, die man bisher als „Bedeutungswandel infolge von Sachwandel" bezeichnete, bietet das Wort *Bleistift*. Wir wissen, daß bereits im klassischen Altertum zum Zeichnen und Linienziehen Bleischeiben verwendet wurden. Auch im Mittelalter wurden aus den Bleifassungen der Butzenscheiben Zeichenstifte gegossen und mit dem Messer zugespitzt. Diese Tatsache wird uns um 1400 von einem italienischen Zeichner schriftlich bezeugt. Für das Jahr 1653 haben wir in Nürnberg zum erstenmal das Wort *Bleistift (Bleystefft*, als Klammerform aus *Bleyweißstefft)* schriftlich belegt. Wir verwenden es heute noch; aber unsere Bleistifte sind heute keine Stäbchen aus Blei, sondern Graphitstifte in einer Hülle aus Holz oder anderen Stoffen. Die Sache und

---

[1] Freilich ist das nur eine kleine Auswahl aus der schier unerschöpflichen Zahl der erstarrten Sprachbilder. Ich empfehle deshalb, das angeführte Material durch eigene Beobachtungen zu vermehren. Das ist eine reizvolle Aufgabe.

mit ihr der Begriff haben sich geändert, die Bezeichnung ist geblieben, das Wort hat also eine Bedeutungsveränderung erfahren.

Die Tatsache, daß ein altes Wort für eine veränderte Sache beibehalten wird, ist ohne weiteres verständlich, wenn man bedenkt, daß im Blickpunkt des Sprechenden oder des Hörenden nicht die Sache an sich mit allen ihren wesentlichen Eigenschaften steht, sondern meist nur eine ganz bestimmte Eigenschaft oder Fähigkeit (in unserem Falle die Eignung zum Zeichen- bzw. Schreibinstrument). Diese Eignung besitzen beide Stoffe, das Blei und der Graphit, gemeinsam, der Graphit in noch höherem Grade. So konnte es also ohne weiteres geschehen, daß der alte Name für etwas beibehalten wurde, das sich zwar stofflich, in seiner Form aber nur unwesentlich und in seiner Funktion überhaupt nicht geändert hatte. Die Weiterverwendung des alten Wortes war durch die Kontinuität in der Funktion des bezeichneten Gegenstandes bedingt und ermöglicht. Es konnte auch die neuen Stifte bezeichnen und blieb in Gebrauch, als es keinen Zeichenstift mehr gab, der noch aus Blei gewesen wäre.

Eine derartige Bedeutungsveränderung ist auch bei vielen anderen Wörtern festzustellen. So wie unsere *Bleistifte* heute kein Blei mehr enthalten, sind unsere *Fensterscheiben* längst nicht mehr rund (nhd. *Scheibe* < mhd. *schîbe* < ahd. *scîba*, geht auf ein germ. *+skîbō* = 'vom Baumstamm abgeschnittene Platte' zurück und bezeichnet also ursprünglich eine runde Holzplatte), und wir schreiben schon sehr lange nicht mehr mit Gänsekielen, obwohl wir immer noch das Wort *Feder* für das Schreibinstrument gebrauchen.

§ 134   Im folgenden sollen einige jener Fälle von Bedeutungsentwicklung besprochen werden, die nach dem logischen Einteilungsprinzip als Verengung und Erweiterung des Bedeutungs- umfanges bezeichnet werden. Hermann Paul zeigt an der Bedeutungsentwicklung des Wortes *Schirm* (ahd. *skirm, skërm*, mhd. *schirm, schërm*, 'Schutz[wehr], Schild'), was unter Verengung des Bedeutungsumfanges oder Spezialisierung zu verstehen ist: „Wir können das Wort für jeden schirmenden Gegenstand gebrauchen. Im okkasionellen Gebrauche kann damit ein Ofenschirm, Lampenschirm, Augenschirm, Regenschirm, Sonnenschirm u. a. gemeint sein. Aber während wir das Wort als Ofenschirm oder Lampenschirm zu verstehen nur durch eine ganz bestimmte Situation veranlaßt werden, liegt es uns auch ohne solche nahe, es als Regen- oder Sonnenschirm zu fassen, und wir denken dann kaum mehr so sehr an die allgemeine Funktion des Schirmens wie an einen Gegenstand von bestimmter Gestalt und Konstruktion. Wir müssen daher anerkennen, daß sich diese Bedeutung eine eigene, selbständige von der allgemeineren abgezweigt hat, gleichviel, ob sie sich noch logisch unter dieselbe unterordnen lässt." („Prinzipien der Sprachgeschichte", Halle 1920, S. 87 f.)

Wie wir sehen, besteht der Vorgang der Spezialisierung darin, daß ein Wort mit einem ursprünglich weiterem Bedeutungsumfang später nur noch zur Bezeichnung des Bedeutsamsten, Wichtigsten oder Zunächstliegenden aus seinem ursprünglichen Anwendungsbereich auftritt. Die Einteilung Pauls sagt uns jedoch nichts über die Ursachen und Triebkräfte dieser Entwicklung. Es sind im wesentlichen folgende: Im Laufe der gesellschaftlichen Entwicklung (Ursache) trat die Notwendigkeit, täglich mit Schwert und Schild gewappnet zu sein, immer mehr zurück. Dagegen brachte die sich ausbreitende Zivilisation andere, zivilere Bedürfnisse mit sich. Man hatte nicht mehr sein Leben gegen feindliche Pfeile oder Schwerthiebe zu schützen, wohl aber seine mehr oder weniger empfindliche Garderobe gegen den Regen oder seinen zarten Teint gegen die sengenden Strahlen der Sonne. Die Bequemlichkeit der Sprecher — oder anders ausgedrückt — das Streben nach Kraftersparnis war schuld daran, daß kein neuer Ausdruck entstand; man bediente sich zur Bezeichnung des neuen Gerätes des alten Wortes *Schirm* (zunächst in Zusammensetzungen: *Regenschirm, Sonnenschirm,* dann auch allein: *Schirm*), und in dem Maße, wie der neue Gebrauchsgegenstand allgemein üblich wurde, wurde auch die neue Bedeutung des Wortes allgemein und selbstverständlich.

Ein anderes Beispiel ist *gerben,* ahd. *gariwen* 'garmachen', dann 'bereitmachen, bereiten', mhd. *gerwen.* Man konnte also früher auch *ein Bad gerben;* die *Gerbkammer* war der Ort, wo der Priester sich zum Gottesdienst fertig machte, die Sakristei. Seit dem 13. Jh. tritt Bedeutungsverengung ein; heute bezeichnet das Wort nur noch den Vorgang der Lederzubereitung. In den übrigen Sinnzusammenhängen wurde es durch andere Ausdrücke ersetzt.

Aus der großen Zahl der Fälle, daß unter dem Einfluß des Prinzips der Ökonomie an Stelle einer im Zuge der gesellschaftlichen Entwicklung an sich notwendig gewordenen neuen Bezeichnung ein altes Wort verwendet wird, nenne ich hier nur einige wenige:

Ahd. *êwa,* unser nhd. Wort *Ehe,* bedeutete 'Gesetz'. Dem Umstand zufolge, daß unter den gesetzmäßigen Verträgen der zur Ehe führende der häufigste war, erfolgte die Spezialisierung der Bedeutung des Wortes zu seinem heutigen Sinn bereits in mhd. Zeit. Vielleicht ist *Ehe* mit *ewig* verwandt; in diesem Falle wäre als älteste Bedeutung 'ewig geltendes Recht' anzusetzen.

Ebenso verengte mhd. *hôch(ge)zît* seine Bedeutung 'hohes (kirchliches oder weltliches) Fest' in spätmhd. Zeit zu dem Sinn von 'Vermählungsfeier'. Die alte, umfassende Bedeutung blieb daneben bis in das 17. Jh. bestehen. Diese Bedeutungsentwicklung des Wortes *Hochzeit* hängt damit zusammen, daß die alte Bezeichnung für die Vermählungsfeier, ahd., mhd. *brûtlouft* (nhd. *Brautlauf*) eigentlich 'Tanz des Bräutigams auf die Braut zu', wegen der Bedeutungsentwicklung des Wortes *briuten* zu 'entjungfern' anstößig geworden war. An die Stelle von *hôchgezît* in seiner alten Bedeutung trat das kirchliche Lehnwort *Fest* (< lat. Plur. *fêsta*).

Verhältnis bezeichnet ganz allgemein einen bestimmten Zustand, in dem sich Personen oder Sachen zueinander befinden, dann aber im besonderen ein Liebesverhältnis.

Die Stoffbezeichnung *Glas* steht speziell für ein Trinkgefäß, weil dies eine der gebräuchlichsten Erscheinungsformen dieses Stoffes im praktischen Leben ist. Mit der zunehmenden Verwendung optischer Geräte tritt das Wort *Glas* auch häufig an Stelle der Komposita *Augenglas, Fernglas* u. ä. auf.

Ebenso wird die Stoffbezeichnung *Horn* vornehmlich für Gegenstände, die aus diesem Stoff gefertigt sind, wie Trinkgefäße und Blasinstrumente, verwendet; letztere werden noch so benannt, auch wenn sie gar nicht mehr aus dem tierischen Stoff, sondern aus Metall sind.

Rohr meint ursprünglich nur den Rohrstengel als Gewächs (Schilfrohr), dann das abgeschnittene, für den Gebrauch hergerichtete Stück (Spazierstock, Pfeifenrohr) und schließlich rohrförmige, hohle Geräte aus anderen Stoffen für den technischen Gebrauch (Schußwaffe, Hörrohr, Sehrohr, Sprachrohr usw.).

Diele (ahd. *dil[o]* M 'Bretterdiele, -wand', *dilla* F 'Brett[erdiele], Schiffsdeck') ist zunächst 'Bodenbrett, Fußboden' und 'Bretterwand'. Heute bezeichnet es auch den Hausflur oder einen Gastraum: *Weindiele, Tanzdiele.*

Zimmer hat die Ausgangsbedeutung 'Bauholz', wie aus *zimmern, Zimmermann, Zimmerplatz* u. ä. noch ersichtlich ist (vgl. auch engl. *timber* = Zimmer-, Nutz-, Bauholz), dann bezeichnet es das aus Bauholz Zusammengefügte, den Holzbau, die Wohnung, den Wohnraum.

Die ursprüngliche Bedeutung von *Laden* (mhd. *lade*), das mit *Latte* verwandt ist, war 'Brett, Bohle'. Sie hat sich in oberdeutschen Mundarten noch erhalten. In der Schriftsprache hat das Wort seine Bedeutung einmal zu 'Vorrichtung aus Brettern zum Verschließen von Fenstern' *(Fensterladen)* und zweitens über den Sinn 'aus Brettern hergerichteter Verkaufsstand' zu 'Verkaufslokal in einem Hause' weiterentwickelt.

Mhd. *büne* bedeutet 'Brettergerüst mit waagrechter Fläche, Podium'. Auch nhd. *Bühne,* das im 18. Jh. aus *Schaubühne* verkürzt wurde, ist urspr. 'Podium', dann verengt es seine Bedeutung zu 'Spielfläche für dramatische Aufführungen'.

Kraut bezeichnet zunächst Pflanzen jeder Art, insofern bei ihnen das Blattwerk die Hauptsache ist, dann aber im süddt. Sprachgebiet besonders jene Gemüsepflanze, die im norddt. Sprachgebiet mit dem lat. Lehnwort *Kohl* benannt wird.

§ 135 Um Veränderungen, die mit der Wertungskomponente der Wortbedeutung zusammenhängen, handelt es sich bei den Fällen von Bedeutungsspezialisierung, die man gewöhnlich in die Kategorien der W e r t e r h ö h u n g und W e r t m i n d e r u n g oder B e d e u t u n g s v e r e n g u n g n a c h d e m p o s i t i v e n bzw. n e g a t i v e n S i n n zu gliedern pflegt. Werterhöhung oder Wertminderung sind keine sprachlichen Kategorien, sondern gesellschaftliche, und tatsächlich sind diese Fälle der Bedeutungsentwicklung nicht durch sprachliche Gesetzmäßigkeiten bewirkt, sondern sie sind die W i d e r - s p i e g e l u n g g e s e l l s c h a f t l i c h e r V o r g ä n g e : So steigt das Wort *Geschlecht* (mhd. *geslähte*), das zunächst ganz allgemein 'Menschen von gleicher Abstammung' meint, in den mittelalterlichen Reichsstädten vornehmlich zur Bezeichnung der einflußreichen Patrizierfamilien auf, und der Ausdruck *Spießbürger,* einst der Ehrentitel für den Vollbürger, der zum Tragen des Spießes berechtigt und zur Verteidigung der Stadt verpflichtet war, sinkt später zu einem Spottnamen herab. Freilich lassen sich in vielen Fällen die gesellschaftlichen Hintergründe der Bedeutungsveränderungen nicht mehr oder nur sehr schwer nachweisen.

So kann das Verb *achten,* ursprünglich 'die Aufmerksamkeit auf etwas richten', heute auch den Sinn von 'hochachten, Respekt haben' annehmen, und das Substantiv *Achtung* bedeutet entsprechend 'Hochachtung, Respekt'.

Mut (ahd., mhd. *muot*) bezeichnet ursprünglich den Sinn des Menschen und dessen wechselnden Zustand, es ist also 'Gesinnung, Stimmung'. Diese alte neutrale Bedeutung zeigt sich noch in Wendungen wie *guten Mut haben, guten Mutes sein, jemand bei gutem Mut erhalten, mir ist nicht wohl zumute, wie mag ihm wohl zumute sein?* u. a. oder in den Zusammensetzungen bzw. Rückbildungen *Hochmut, Sanftmut* und in Ableitungen wie *Gemüt, gemütlich* u. a. Die heutige gewöhnliche Bedeutung 'Tapferkeit' ist durch Verengung der ursprünglichen allgemeineren Bedeutung nach dem guten Sinn entstanden.

Ebenso ist für uns *Maß* vielfach 'das rechte Maß, wobei nicht über das Angemessene hinausgegangen wird', vgl. *Maß halten, kein Maß kennen, maßvoll, maßlos, mäßig, mit Maß.*

Die gleiche Bedeutungsverengung in Richtung des guten Sinnes stellen wir fest bei den Substantiven *Art* und *Sitte. Art,* mhd. *art* 'angeborene Eigentümlichkeit, Natur, Beschaffenheit, Herkunft, Abkunft', nimmt häufig den Sinn 'gehörige Art' an, vgl. *das ist keine Art, daß es eine Art hat, sie hat keine Art noch Geschick, artig* u. a. *Sitte,* mhd. *site,* ist 'Eigenart, Gewohnheit'. Neben der neutralen Bedeutung, die in Verbindungen wie *gute, schlechte, rohe, feine Sitten* vorliegt, erhält das Wort den Sinn 'gute Eigenart, Anstand', vgl. *sich auf Sitte und Höflichkeit verlassen* u. a.; dazu stellen sich *sittig, sittsam, gesittet* und, mit noch weiterer Bedeutungsentwicklung, *sittlich.*

Die Substantive *Name* und *Ruf* zeigen ebenfalls neben ihrer neutralen Bedeutung in manchen Wendungen eine Bedeutungsverengung nach dem besten Sinn hin: *er hat einen Namen, er macht sich einen Namen, er setzt seinen Ruf aufs Spiel* u. a.

Andere Wörter können ihre Bedeutung sowohl im p o s i t i v e n wie auch im n e g a t i v e n Sinn verengen; so ist *Ausschuß* (zu *ausschießen* 'aussondern') heute sowohl in dem lobenden Sinn von 'ausgewählte Gruppe von Menschen' (*Parlamentsausschuß, Bürgerausschuß, Studentenausschuß* u. ä.) wie auch als Bezeichnung für mangelhafte, unbrauchbare Waren in Gebrauch.

200

Reizen (mhd. *reizen*) und das davon abgeleitete Substantiv *Reiz* bezeichnen allgemein eine auf ein lebendes Wesen ausgeübte Erregung, die eine Bewegung oder eine Tätigkeit hervorbringt, bzw. den Vorgang des Reizens oder eine Eigenschaft, die geeignet ist zu reizen. Es kann damit eine Unlustempfindung verknüpft sein, wie Zorn oder Verdruß, vgl. *gereizt, reizbar, Brechreiz, Hustenreiz* u. a., oder auch eine Lustempfindung, vgl. *reizend, liebreizend, Reiz, Reize, Liebreiz.*

Auch das Verb *schmecken* (mhd. *smecken, smacken* 'kosten, versuchen' und 'Geruch empfinden, riechen, duften' sowie 'wahrnehmen') kann seine Bedeutung sowohl zum guten wie auch zum schlimmen Sinn verengen; das erstere ist der Fall in den Wendungen: *es schmeckt mir, er läßt es sich schmecken,* das letztere im oberdeutschen Sprachgebiet besonders in Beziehung auf den Geruchssinn; da heißt *schmecken* soviel wie 'übel riechen, stinken'. Diese Bedeutung dürfte ihren Ausgang von der Anwendung des Verbs auf solche Dinge genommen haben, die in unverdorbenem Zustand keinen oder beinahe keinen Geruch von sich geben.[1]

Bedeutungsverengung zum negativen Sinn ist u. a. bei folgenden Wörtern eingetreten:

§ 136

Das heute veraltete Wort *Buhle* (mhd. *buole* M) ist seinem Ursprung nach eine Koseform zu *Bruder* und bedeutet zunächst 'Bruder, naher Verwandter'. Daraus entwickelt sich auch die Bedeutung 'Geliebter' und (im Mittelhochdeutschen) 'Geliebte'. In frühnhd. Zeit beginnt bereits die Bedeutungsverschlechterung. Von den Dichtern des 18. Jh. wird die edlere Bedeutung aus dem Volkslied wieder aufgenommen (Der liebste Buhle, den ich han...).

Die ursprüngliche Bedeutung des Wortes *Dirne* (germ. *+þewernō*) ist 'Jungfrau, Mädchen'. Diese Bedeutung sinkt zu 'Dienerin, Magd' und schließlich noch weiter zu 'Hure' ab. Eine ähnliche Bedeutungsentwicklung haben die Wörter *Frauenzimmer, Mensch, Person* erfahren.

Gelichter bedeutet ursprünglich 'Geschwister' (vgl. S. 129, Fußnote 1), dann 'Sippe, Art', später 'Zunft, Stand'. Seit dem 17. Jh. setzt sich die heutige abschätzige Bedeutung durch. Eine ähnliche Bedeutungsverschlechterung ist bei *Gesinde(l)* (ursprünglich 'Reisegefolge, Kriegsgefolgschaft', vgl. S. 77) und *Sippe, Sippschaft* (ursprünglich '[Bluts-]Verwandtschaft') zu verzeichnen.

Klepper bezeichnet ursprünglich und noch bis in das 18. Jh. ein 'Reitpferd, das auf Reisen gebraucht wird', ohne jeden verächtlichen Gefühlston. Heute versteht man darunter ein schlechtes Pferd. Ebenso ist *Mähre* (mhd. *märhe*, ahd. *mar[i]ha*) ursprünglich 'Stute'. Die verschlechterte Bedeutung entstand im 18. Jh. auf Grund des Umstandes, daß Stuten rascher altern als Hengste.

Die heutige Bedeutung des Wortes *Gift* (zu *geben*, vgl. *Mitgift* 'was der Braut mitgegeben wird') hat sich durch Verengung aus der älteren Bedeutung 'Gabe' entwickelt. Diese Spezialisierung dürfte mit Sicherheit unter dem Einfluß des griech.-lat. Fachwortes der Medizin *dosis*, das ebenfalls ursprünglich 'Gabe' bedeutete und das lat. Wort für *Gift* (venenum) zurückgedrängt hatte, zustande gekommen sein.

Dünkel, ein Wort, das erst in nhd. Zeit entstanden ist, bedeutet noch bis zu Anfang des 18. Jh. 'Meinung, Bedünken', dann erst speziell 'die zu hohe Meinung, die jemand von sich selbst hat'.

Hochmut ist ursprünglich, ganz entsprechend der Grundbedeutung von *Mut* (vgl. S. 200), 'gehobene edle Gesinnung und Stimmung'. Der tadelnde Sinn tritt jedoch schon im Mittelhochdeutschen daneben auf.

List (ahd., mhd. *list*) geht auf den germ. Stamm *+lis-* 'Wissen' zurück, zu dem sich auch *lehren* und *lernen* stellen. Die Bedeutung des Wortes umfaßte ursprünglich die Technik des Krieges *(Kriegslist),* das Schmiedehandwerk und den kultisch-magischen Bereich, der in der Zeit des Christentums zum verbotenen Zauber wurde. So erklärt sich auch die Bedeutungsverengung des Wortes zu dem negativ akzentuierten Sinn, den es heute noch hat (vgl. auch *listig, erlisten, überlisten, ablisten*).

---

[1] Vgl. A. W a a g : Bedeutungsentwicklung unseres Wortschatzes. 5. Aufl. Lahr i. B. 1926, S. 27.

Schimpf bedeutet ursprünglich 'Scherz, Spaß, Kurzweil'. So wird es auch noch bei Lessing und Wieland verwendet. Der heutige Sinn ist über die Zwischenstufe 'Scherz mit verletzender Absicht, Verhöhnung' entstanden. Entsprechend heißt *schimpfen* zunächst 'Scherz treiben, spielen, verspotten' und dann erst 'schelten, schmähen'.

Wahn (ahd., mhd. *wân*) ist zunächst eine Vermutung oder Hoffnung, die der Gewißheit entbehrt, aber nicht irrig zu sein braucht (vgl. ahd. *wân(n)en*, mhd. *wænen* 'erwarten' und mhd. *arcwân* 'schlimme Vermutung'). Heute bezeichnet das Wort eine irrige, falsche Vorstellung. (Über *Wahnsinn*, *Wahnwitz* siehe S. 107).

Von den A d j e k t i v e n , die ebenfalls eine Bedeutungsverengung zum Schlechten hin erfahren haben, nenne ich folgende:

Albern hat seine Bedeutung von 'gütig, freundlich zugeneigt' (ahd. *alawâri*) über 'allzu gutmütig' zu 'töricht, dumm' verändert (vgl. S. 69). Eine ähnliche Bedeutungsverschlechterung erfuhren die Adjektive *einfältig* (urspr. 'einfach'), *gemein* (urspr. nur 'allgemein'), *gewöhnlich* (urspr. nur 'gewohnheitsgemäß'), *mäßig* (urspr. 'von rechtem Maß'), *schlecht* (urspr. 'eben, glatt'; vgl. *schlechthin, schlechtweg, schlechterdings, schlecht und recht* und die Nebenform *schlicht*).

Eitel hat aus seiner Ausgangsbedeutung 'leer' einmal den Sinn 'für sich, nichts als' entwickelt *(eitel Gold)*, zum anderen wurde 'eingebildet' daraus; in dieser Bedeutungsveränderung kommt die Erfahrung zum Ausdruck, daß geistige Leere und Selbstüberschätzung Hand in Hand zu gehen pflegen.

Frech hatte noch in mhd. Zeit (mhd. *vrëch*) die tadelsfreie Bedeutung 'mutig, kühn, tapfer, lebhaft'; *keck* (mhd. *këc, quëc*) war soviel wie 'lebendig'; vgl. *Quecksilber* (eine Lehnübersetzung zu lat. *argentum vivum* = lebendiges Silber), *erquicken* (eigentlich: 'neu beleben') und engl. *quick* 'lebendig'; auch das Adj. *naiv* (über frz. *naïf* aus lat. *nativus* 'angeboren, natürlich, ursprünglich') hat eine abwertende Bedeutungsverengung erfahren.

Bedeutungsverschlechterung ist auch bei vielen V e r b e n eingetreten. So können die ursprünglich ganz neutralen Wörter *angeben, anzeigen* den verächtlichen Gefühlswert des Verratens annehmen; *vorsagen* (aus dem Sonderwortschatz der Schüler) hat die Bedeutung des unerlaubten, heimlichen Einhelfens angenommen.

Abrichten hatte früher den gleichen Sinn wie unterrichten, heute wird es nur mit Bezug auf Tiere gebraucht.

Der unfreundliche Sinn, den die Verben *heimsuchen* und *heimleuchten* heute haben, haftete ihnen früher nicht an: *heimsuchen* ist ursprünglich 'im Heim, zu Hause aufsuchen', und das *Heimleuchten* war in der mittelalterlichen Stadt ohne Straßenbeleuchtung eine Pflicht der Höflichkeit.

Einem etwas weismachen heißt heute 'jemandem etwas vorspiegeln, jemanden mit Worten irreführen'; mhd. *einen eines dinges wîs tuon* bedeutete aber 'einen wissend machen, belehren über ein Ding'.

Verleumden bedeutete ursprünglich 'in schlechten Ruf bringen', denn es gehört zu ahd., mhd. *liumunt* 'Ruf, Ruhm, Gerücht'. Die Vorstellung, daß die dazu gemachten Aussagen falsch seien, hat sich erst sekundär entwickelt.

Die sinnverwandten Ausdrücke *sich etwas anmaßen* (= etwas als sich angemessen ansehen), *sich unterfangen, sich unterstehen* haben erst allmählich den Gefühlswert des Unberechtigten bzw. Verwegenen erhalten.

Ausschließlich den Sinn des Schlimmen haben ferner angenommen: *entwenden* (heute 'stehlen'), das ursprünglich ohne jede Vorstellung des Unrechtmäßigen war, *verüben, tätlich werden* und *Tätlichkeiten* (heute nur von gewaltsamen Akten, früher dasselbe wie *tätig* und *Tätigkeit*).

Bedeutungsverengung zum geringeren Sinn liegt auch bei einer Reihe von Wörtern vor, die ursprünglich inbezug auf Lebewesen allgemein, also auch auf Menschen, gebraucht wurden und heute nur auf Tiere angewandt werden. Die Differenzierung betrifft in erster Linie Ausdrücke, die mit der Nahrungsaufnahme zusammenhängen, wir gehen deshalb wohl nicht fehl, wenn wir darin den

202

sprachlichen Niederschlag der V e r f e i n e r u n g d e r (T i s c h -) S i t t e n zu Beginn der Neuzeit sehen. So bedeutet *fressen* ursprünglich nur 'vollständig aufessen'; als man anfing, es für fein zu halten, einen Rest auf seinem Teller zurückzulassen, mußte das Wort automatisch eine negative Wertungskomponente erhalten; es wurde zwangsläufig in seiner Anwendung auf die Tiere und jene Menschen beschränkt, die die neue Anstandsregel nicht beachteten. Die gleiche Bedeutungsveränderung erfuhren *saufen*, *Maul* (noch bei Luther in der alten guten Bedeutung: er spricht davon, man müsse den einfachen Menschen „aufs Maul sehen, wie sie reden"), *Futter* und *Fell*. Während *Futter* schon frühzeitig überwiegend für die Nahrung der Tiere gebraucht wurde, bezeichnete *Fell* noch in der klassisch-mhd. Zeit die Haut von Mensch und Tier, so daß ein ritterlicher Sänger durchaus das *Fell* seiner Dame besingen konnte. Auch das Wort *Aas*, das zu *essen* gehört, hat in alter Zeit die neutrale Bedeutung 'Speise' gehabt.

Die nach der P a u l schen Einteilung als zweite Hauptart der Bedeutungsentwicklung auftretende G e n e r a l i s i e r u n g o d e r E r w e i t e r u n g d e s B e d e u t u n g s u m f a n g e s eines Wortes, das Gegenstück zur Spezialisierung, kommt ebenfalls auf Grund des P r i n z i p s d e r Ö k o n o m i e zustande. Dieses wirkt auch hier in der bereits besprochenen Weise: Aus Gründen der Kraftersparnis werden alte Wörter als Bezeichnungen für Sachverhalte beibehalten, die weit über ihren ursprünglichen Anwendungsbereich hinausgehen. So haben die Wörter *Ding* und *Sache* ihre heutige Bedeutung erst auf dem Wege der Generalisierung erhalten: *Ding*, das über mhd. *dinc*, ahd. *ding*, älter *thing*, auf ein germ. *⁺þingaz* 'eingehegte Versammlung' zurückgeht, bedeutete ursprünglich 'öffentliche Verhandlung vor der Volksgemeinde', dann auch 'Rechtssache, -angelegenheit'. Aus der Bedeutung 'Gerichtsverhandlung' ergaben sich die Bedeutungen 'Gegenstand der Verhandlung' und schließlich 'jede beliebige Angelegenheit, Sache'. Die alte Bedeutung 'Verhandlung' zeigt sich noch in (be-)*dingen*, *Bedingung*, *verteidigen* (< mhd. *vertagedingen* zu *tagedinc* 'Gerichtsverhandlung'). *Sache*, mhd. *sache*, ahd. *sahha*, bedeutete ursprünglich 'Rechtshandel, -streit', dann 'Streitobjekt' und erhielt erst später seinen heutigen allgemeinen Sinn. An die alte Bedeutung erinnern noch *Sachwalter*, *Widersacher* und die juristische Formel *in Sachen A gegen B*.

Weitere Beispiele für die Erweiterung des Bedeutungsumfanges sind die Ausdrücke *Gefährte* (ahd. *giferto*, aus *⁺gi-farteo* 'Fahrtgenosse'), *Genosse* (ahd. *ginôzo* 'der seinen Besitz mit anderen gemeinsam hat', das Wort bewahrt demnach eine Erinnerung an den Gemeinbesitz in der Urgesellschaft), *Geselle* (ahd. *gisell[i]o* 'Saal-, Hausgenosse', später 'Gefährte, Freund') *Gesinde* (ahd. *gisindi* 'Reisegefolge, Kriegsgefolgschaft') sowie die fremden Ausdrücke *Kamerad* (< it. *camerata* 'Stubengenossenschaft, Gesellschaft; Genosse'; zu *Kammer*), *Kollege* (lat., 'Amtsgenosse') und *Kumpan* (< mlat. *companio* 'Brotgenosse'). *Gefährte* hat heute einen weiteren Bedeutungsumfang als ehedem, es bezeichnet keineswegs nur den Fahrt- oder Reisegenossen, ebenso wie wir unter *Genosse* nur einen Menschen verstehen, mit dem wir durch Gemeinsamkeit des Besitzes verbunden sind, vgl. *Lebensgefährte*, *Altersgenosse* usw. (*Genosse* ist als Anrede unter Angehörigen der Arbeiterparteien seit 1879 üblich); *Geselle* bezeichnet frühzeitig ganz allgemein einen 'Menschen, der mit einem anderen etwas gemein hat', daneben aber auch den Gehilfen des Handwerkers und allgemein einen (jungen) Mann, vgl. auch *Junggeselle*; *Gesinde* meint allgemein die dienenden Hausgenossen, und sein Diminutivum *Gesindel* hat seine Bedeutung gar zu dem Sinn von 'gemeines Volk, Pack' verschlechtert. Die drei Fremdwörter entstammen dem Sonderwortschatz verschiedener sozialer Gruppen, haben aber ihren Anwendungsbereich in der Gemeinsprache ebenfalls über ihre ursprünglichen Grenzen ausgedehnt. So bleibt *Kamerad* nicht auf militärische, *Kollege* nicht auf juristische Kreise beschränkt, und *Kumpan*, das in frühnhd. Zeit 'Amtsgenosse, Berufsgenosse' bedeutete, hat bald die allgemeine Bedeutung von 'Gefährte' angenommen; heute besitzt es freilich einen abschätzigen Gefühlswert, vgl. *Saufkumpan*. Das kameradschaftlich-gemütliche *Kumpel* 'Arbeitsgenosse, Kamerad, Freund' kommt aus dem rheinisch-westfälischen Bergbaugebiet.

§ 137

Stark verallgemeinert ist die Bedeutung von *bißchen* (d. i. ein kleiner Bissen). Während man eigentlich nur von einem *bißchen Brot, Fleisch* u. dgl. reden dürfte, also nur da, wo abgebissen wird, wird der Ausdruck heute auch in ganz anderem Zusammenhang gebraucht, nämlich als Maßgabe bei Getränken (*ein bißchen Bier, Wasser*) oder gar bei Tätigkeiten (*ein bißchen laufen, schlafen, weinen* usw.).

Brief (mhd. *brief* < lat. *breve*) bezeichnet ursprünglich ein offizielles Schriftstück, besonders eine Urkunde (vgl. *Brief und Siegel, Adelsbrief, Kaufbrief, Lehrbrief, Meisterbrief, Schuldbrief* usw.), heute ein beliebiges Mitteilungsschreiben.

Ecke meint zunächst einen Punkt, wo mehrere Kanten zusammentreffen, im Mittelhochdeutschen die scharfe Kante, die Schneide eines Schwertes; dann bezeichnet es auch den der eigentlichen Ecke zunächstliegenden, von den zusammentreffenden Kanten und Flächen begrenzten Raum.

Körper (lat. *corpus*) ist ursprünglich nur der menschliche und tierische Leib, dann kann das Wort auch auf andere materielle Gegenstände *(Bahnkörper, Flugzeugkörper)* und gesellschaftliche Gebilde *(Wirtschaftskörper, Verwaltungskörper)* angewandt werden.

Kram (mhd. *krâm*) war zunächst das Zelt oder die Bretterbude, worin Waren zum Verkauf ausgelegt wurden, und auch die Ware selbst. Heute hat es den Sinn 'geringwertige Sachen aller Art'.

Unser *Lärm* ist von Haus aus identisch mit *Alarm* (frz. *alarme,* it. *allarme,* eigentlich 'zu den Waffen'). Ursprünglich war es also der Aufruf, sich kampfbereit zu machen, dann der Aufruf bei einer plötzlichen Gefahr, und schließlich hat es die allgemeine Bedeutung von 'Getöse' angenommen.

Laune (mhd. *lûne* < lat. *luna* 'Mond') bezeichnet zunächst den Mondwechsel, dann überhaupt den Wechsel, der sich an etwas vollzieht, und zuletzt besonders den Wechsel der Gemütsstimmung. Diese Bedeutungsentwicklung dürfte unter dem Einfluß der mittelalterlichen Astrologie zustande gekommen sein, die lehrte, der wechselnde Mond wirke auf die Stimmung des Menschen.

Nachricht, das im 17. Jh. aus frühnhd. *nachrichtung* 'Mitteilung zum Danachrichten' gekürzt wurde, hat seine Bedeutung zum heutigen allgemeinen Sinn von 'Mitteilung' erweitert.

Rede bedeutet ursprünglich 'Rechenschaft' (vgl. *Rede und Antwort stehen, jemand zur Rede stellen* u. ä.). Dann nimmt das Wort den allgemeinen Sinn 'Bericht über etwas Geschehenes', auch 'lehrhafte Auseinandersetzung' an, und schließlich bezeichnet es 'was jemand spricht'.

Reise (ahd. *reisa*) ist zunächst der 'Aufbruch', in mhd. Zeit bedeutet es 'Aufbruch' und 'Kriegszug' (vgl. *reisig* 'zum Krieg gerüstet', *Reisige* = berittene Soldaten); erst später nimmt es die heutige allgemeine Bedeutung an. (Vgl. auch engl. *to rise* = sich erheben.)

Das *Trinkgeld* war ursprünglich tatsächlich zum Vertrinken bestimmt, heute meint der Ausdruck allgemein die Belohnung für einen kleinen Dienst.

Erweiterung des Bedeutungsumfanges ist auch bei folgenden Bezeichnungen für Räumlichkeiten zu beobachten:

Herberge ist ursprünglich der Ort, 'wo das Heer geborgen war', also 'Unterkunft für das Kriegsgefolge, Lager'. Daraus entwickelt sich durch Sinnerweiterung die Bedeutung 'Unterkunftshaus, Gasthaus'.

Revier, in mhd. Zeit aus frz. *rivière* 'Ufergelände' aufgenommen, verallgemeinert seine Bedeutung zunächst zu 'Gelände, Gebiet, Gegend'. Da das Ufergelände gewöhnlich besonders wildreich ist, entstand die Bedeutung 'Jagdgelände' und daraus 'forstlicher Verwaltungsbezirk'. In der Fachsprache des Militärs bedeutet das Wort zunächst 'Inneres der Kaserne', dann 'Krankenstube in der Kaserne'.

Speicher (< lat. *spicarium,* zu *spica* 'Ähre') ist zunächst der 'Aufbewahrungsraum für Getreide', dann später der 'Lagerraum' für die verschiedensten Güter.

Stube, eigentlich ein Lehnwort aus dem Romanischen (zu vulgärlat. *extufare* 'ausdünsten'), bedeutet ursprünglich 'heizbares Gemach, Badezimmer' (so ahd. *stuba*) vgl. auch *Backstube.*

204

Von den zahlreichen A d j e k t i v e n , die in diesem Zusammenhang gehören, nenne ich folgende:

Fertig, mhd. *vertec,* ahd. *fartîg,* bedeutet als Ableitung von *Fahrt* (ahd., mhd. *vart*) ursprünglich 'bereit zum Aufbruch' (wie noch heute in *reisefertig*). Dann wird es überhaupt im Sinn von 'bereit' verwendet (vgl. *buß-, dienst-, fried-, schlagferig*) und schließlich ergibt sich seine heutige Bedeutung 'zu Ende gekommen mit einem Geschäft' (von Personen) und 'zu Ende gebracht' (von Sachen).

Ahd. *ar(a)g,* mhd. *arc* heißt 'feig, nichtswürdig, geizig', später erweitert sich der Bedeutungsumfang zu 'nichtswürdig, schlecht'.

Desgleichen liegt Sinnerweiterung vor bei *bereit* (urspr. 'zum Reiten gerüstet') *drall* (urspr. 'festgedreht, derb'; zu *drillen*), *garstig* (urspr. 'ranzig, verdorben schmeckend') *hurtig* (urspr. 'tüchtig zum Angriff'; zu mhd. *hurt* 'Anprall im Lanzenkampf*), *matt* (eigentlich 'tot'; aus dem Ausdruck des Schachspiels, arab. *esch-schâh mât,* 'der König ist gestorben'), *rüstig* (urspr. 'kampfbereit') u. a.

Erweiterung des Bedeutungsumfanges zeigen auch viele V e r b e n unserer Sprache. So bedeutet
begleiten, das im 17. Jh. für älteres *beleiten* und *geleiten* aufkam, heute 'mit jemandem gehen' (auch in übertragener Verwendung *jemanden auf dem Klavier begleiten* u.ä.); der ursprüngliche Sinn des Führens ist völlig verblaßt.

Das Zeitwort *bilden* (urspr. 'gestalten') verblaßt in seiner Bedeutung oft zum kopulativen Zeitwort *sein: Der Fremdenverkehr bildet die Haupteinnahmequelle des Landes* u.ä.

Dezimieren bedeutet heute 'große Verluste beibringen, stark verringern'; bei den Römern, von denen wir das Wort übernommen haben, wurden mitunter Truppenabteilungen zur Strafe *dezimiert,* d. h., jeder zehnte (lat. *decimus*) Mann wurde getötet.

Fliegen bezeichnet eigentlich die Fortbewegung durch Flügel, wir verwenden es aber auch gern allgemein für eine schnelle Bewegung.

Gehen hat die Ausgangsbedeutung 'mit den Füßen schreiten (von Mensch und Tier)'. Es hat sich aber bald zur allgemeinen Bezeichnung für Bewegungen aller Art im Gegensatz zum Stillstehen entwickelt (*die Uhr geht, der Brief geht nach B., der Teig geht, Gedanken gehen einem durch den Kopf, die Reise geht irgendwohin, die Geschäfte gehen gut, etwas geht schief, es geht nach der Reihe, es geht mir gut, es geht* = es schreitet vorwärts usw.).

Geloben ist ursprünglich 'billigen, beistimmen', es wurde also zunächst nur verwendet, wenn jemand etwas versprach, was von einem anderen vorgeschlagen war.

Gewinnen bedeutet eigentlich 'durch Mühe, Arbeit oder Sieg zu etwas gelangen', es wird aber schon lange auch gebraucht, wo einem etwas ohne Anstrengung oder sogar ohne Absicht zuteil wird (*ein Spiel gewinnen, das Große Los gewinnen* u. ä.), es hat also seinen Anwendungsbereich ebenfalls stark ausgeweitet.

Ebenso hat *verlieren,* das zu *los* gehört, neben seiner engeren Bedeutung 'etwas, was man bei sich führt, unvermerkt fallenlassen' (z. B.: *den Hut verlieren, den Geldbeutel verlieren*) eine allgemeinere entwickelt, mit der es das Gegenstück zu *gewinnen* und zum Teil auch zu *behalten* wird. Schließlich kann man fast von allem, was man hat, auch sagen, daß man es *verliert:* das Vermögen, das Leben, die Ehre, das Vertrauen, den Mut, den Freund, die Farbe, einen Prozeß, eine Wette usw.

Hauen ist ursprünglich 'schlagen mit einem scharfen, schneidenden Werkzeug' (vgl. *Holzhauer, Bildhauer, Schopenhauer* = Schöpfkellenhauer, *das ist nicht gehauen und nicht gestochen*), heute ist diese wesentliche Vorstellung zurückgetreten, und das Zeitwort bedeutet allgemein 'schlagen'.

Die Bedeutung 'aufmerksam beobachten, bewachen', die das Verb *hüten* ursprünglich hat, ist heute teilweise verblaßt, so daß man Wendungen wie *das Bett hüten, das Zimmer hüten* bilden kann.

Eine interessante Bedeutungsveränderung ist an dem Verb *nachahmen* festzustellen. Es gehört zu *Ohm* (mhd. *âme, ôme*), das ein Hohl- und Flüssigkeitsmaß ist. Mhd. *âmen* bedeutet also 'ein Gefäß ausmessen'; daraus entstand die allgemeinere Bedeutung 'bemessen, einrichten, gestalten' und für das erst nhd. gebildete *nachahmen* dementsprechend 'nachgestalten'.

Schenken bedeutet zunächst 'Getränke eingießen, zu trinken geben' (die Ausgangsbedeutung ist eigentlich 'schief halten', germ. ⁺*skankjan* stellt sich zu der ide. Wurzel ⁺*sqeng*- 'schief'), vgl. *Schenk, Schenke, Schankwirt, Weinschank* usw. Die alte Bedeutung wurde zu 'darreichen' verallgemeinert, daran schloß sich die Vorstellung, daß es unentgeltlich geschieht.

Schildern ist von mhd. *schiltære* 'Wappenmaler' abgeleitet und besagt zunächst 'anstreichen, bemalen'; daraus entstand durch Verallgemeinerung der heutige Sinn 'mit Worten beschreiben'. Das Holländische hat die alte Bedeutung noch beibehalten, vgl. nl. *schilderen* 'malen, anstreichen', *schilder* 'Maler', *schilderij* 'Gemälde'.

Ein bestimmendes Element der ursprünglichen Bedeutung von *schließen* ist, daß ein Schloß, ein Schlüssel, ein Riegel oder eine ähnliche Vorrichtung dazu gehört. Heute ist es durch Verallgemeinerung überhaupt zum Gegensatz von *öffnen* geworden *(die Hand, die Augen schließen)* und hat seinen Anwendungsbereich noch nach vielen Seiten hin erweitert, vgl. *einen Bund, einen Vertrag, die Ehe, eine Sitzung, einen Brief schließen, aus einer Sache (auf) etwas schließen* usw.

Die Ausgangsbedeutung von *spielen* (zu *Spiel*) ist 'tanzen'; daraus entsteht unter Erweiterung des Bedeutungsumfanges 'sich bewegen, tätig sein'. So *spielen* nicht nur die Kinder, die Mücken, die Wellen, der Wind und die Sonne, wir können unsere Muskeln *spielen* lassen, die Ventile des Verbrennungsmotors müssen ein bestimmtes *Spiel* haben usw.

Verheeren 'verwüsten, vernichten, zerstören' wird heute viel allgemeiner verwendet als früher. Ursprünglich bedeutete es 'mit einem Heer überziehen', daraus ergab sich der Sinn 'durch ein Heer verwüsten', und schließlich schwand auch die Vorstellung, daß die Verwüstung durch ein Heer geschieht.

§ 140   Bei der Veränderung der Wortbedeutungen spielen auch das Gefühl und der Affekt eine Rolle. Der Wirkungsbereich der Sprache ist ohne Zweifel nicht voll erfaßt, wenn man sie nur als Verständigungsmittel ansieht. Das ist gewiß ihre primäre und wichtigste Aufgabe; daneben dient sie aber auch als Mittel zur Entladung seelischer Spannungen. Die Rolle des Affekts in der Sprache ist schon vielfach untersucht worden. Er äußert sich in dem Streben der Sprecher nach Ausdrucksverstärkung. Dieses wird besonders dann wirksam, wenn wir an dem Sachverhalt innerlich stark beteiligt sind. Da empfinden wir am stärksten die Begrenztheit der sprachlichen Mittel und suchen angelegentlich nach neuen, kräftigen und anschaulichen Ausdrucksweisen. Dabei verlassen wir wohl auch die ausgefahrenen Wege des Sprachgebrauchs und verwenden die Wörter in neuer, bisher ungebräuchlicher Weise; diese okkasionelle (gelegentliche) Anwendung eines Wortes kann mit der Zeit zur usuellen (ständigen, üblichen) werden, womit das Wort eine Bedeutungsveränderung erfährt. Die Bedeutungsentwicklung selbst tritt also auch hier erst im Gefolge des bereits oben besprochenen Gesetzes der Abnutzung sprachlicher Bilder ein.

Wir können diesen Vorgang gut an unserem verstärkenden Adverb *sehr* beobachten, das zu dem ahd. Adjektiv *sêr* 'schmerzlich' und dem ahd. Substantiv *sêr* 'Wunde, Schmerz' gehört. Die alte Bedeutung erscheint noch in nhd. *versehren, unversehrt, (Kriegs-)Versehrter* und in bairischem und schwäbischem

206

mundartlichem *sēr* 'wund, schmerzhaft'. Aus Gebrauchsweisen, bei denen das alte *sêr* unter dem Einfluß des Affekts über die durch seine ursprüngliche Bedeutung vorgezeichneten Grenzen hinaus verwendet wurde, resultieren das bereits im Mittelhochdeutschen feststellbare Verblassen der alten und die Entstehung der heutigen allgemeinen Bedeutung. Der gleiche Vorgang der Abschwächung sprachlicher Mittel unter dem Einfluß des Affekts, der in diesem Beispiel bereits abgeschlossen ist, vollzieht sich vor unseren Augen in Verbindungen wie *furchtbar nett, ich freue mich schrecklich, er ist ungeheuer liebenswürdig* u. ä. An sich können die genannten Adverbien nur als Verstärkung von etwas Unangenehmem und Schlimmem dienen *(furchtbar zornig, schrecklich grausam, ungeheuer heimtückisch),* unter der Wirkung einer starken seelischen Spannung verbinden wir sie jedoch auch mit Bezeichnungen für etwas Gutes, Angenehmes. Dabei tritt naturgemäß ihre eigentliche Bedeutung zurück, und sie behalten lediglich eine a l l g e m e i n e v e r s t ä r k e n d e W i r k u n g.

Auf den E i n f l u ß d e s A f f e k t s ist auch die sprachliche Ausdrucksweise § 141 der H y p e r b e l (Übertreibung) zurückzuführen. Werden derlei übertreibende Wendungen und Ausdrücke häufig gebraucht, so schwächt sich leicht ihre Wirkung ab, und sie verändern dabei insofern ihren Sinn, als der Sprachgemeinschaft allmählich die Empfindung für die ursprünglich vorhandene Übertreibung verlorengeht.

So haben einige v e r s t ä r k e n d e A d v e r b i e n, deren Ausgangsbedeutung uns sonst noch durchaus bewußt ist, diese in bestimmten Wendungen sehr a b - g e s c h w ä c h t. Da wird *gewiß* geradezu zum Ausdruck der Ungewißheit *(du bist gewiß wieder zu spät zur Schule gekommen),* dasselbe gilt für *wohl,* das eigentlich ein Ausdruck der Bekräftigung ist *(du glaubst wohl...* = vielleicht, etwa). In der Wendung *„ich will es gern glauben"* ist die Ausgangsbedeutung von *gern* 'begierig' (zu *begehren)* völlig abgeschwächt; es drückt nur noch aus, daß man sich zu keinem Widerspruch veranlaßt fühlt.

Mitunter sind Verstärkungen durch übertreibenden Gebrauch zu Abschwächungen geworden. So heißt mhd. *vaste* bei Verben, Adjektiven und Adverbien 'sehr'; diesen Sinn hat es bis in das 17. Jh. Seine heutige Bedeutung 'beinahe, schier' dürfte von solchen Verwendungsweisen ausgegangen sein, wo strenggenommen keine Verstärkung möglich ist *(fast alle, fast nichts* u. ä.), so daß die Setzung des *fast* gerade den Mangel völliger Gewißheit zum Ausdruck bringt.

Ebenso hat *ziemlich* (eigentlich 'in geziemendem Maße, wie es sich gehört') bei Ausdrücken, die an sich schon etwas Bestimmtes bezeichnen, die Bedeutung 'fast' erhalten, vgl. *ziemlich fertig, ziemlich abgewirtschaftet* u. a.

207

Komparative Adverbien, die infolge häufigen übertriebenen Gebrauchs ihre steigernde Kraft verloren haben und jetzt als Positive erscheinen, sind *leider, baß* und süddt. *halt. Leider* (ahd. *leidôr,* adverbialer Komparativ zu dem verlorengegangenen Adj. *leid*) ist schon in ahd. Zeit zur Bedeutung eines Positivs 'bedauerlicher, unangenehmer Weise' herabgesunken. *Baß* (ahd. *baz,* alte Form des Adverbs zum Komp. *besser*) hat ebenfalls die Bedeutung eines Positivs angenommen, wo es noch verwendet wird: *er freut sich baß* (= sehr). Das im Süddeutschen gebräuchliche *halt* heißt soviel wie 'eben, nun einmal'. Eigentlich ist es ebenfalls ein Komparativ und hatte ursprünglich die Bedeutung 'besser, mehr'.

Andere ursprünglich verstärkende Ausdrücke, die sich auf die dargestellte Weise abgeschwächt haben, sind *gar* (eigentlich 'vollständig'), vgl. *gar schön, gar lieblich; recht,* vgl. *recht artig, recht gern* u. a.

Viele sprachliche Übertreibungen kommen sowohl durch die Verwendung zu großer als auch zu kleiner Zahlbegriffe zustande: *ich habe dir das schon hundertmal gesagt; du kommst vom Hundertsten ins Tausendste; tausend Dank; er nahm die Stadt mit einer Handvoll Grenadiere; wir bitten Sie, einen Löffel Suppe mit uns zu essen; ich muß Ihnen nur schnell zwei Worte sagen; er kann nicht bis drei zählen; pack deine Siebensachen* u. v. a.

Es folgen noch einige Ausdrücke und Wendungen, die mit Vorliebe übertreibend gebraucht werden, wodurch ihre ursprüngliche Bedeutung bereits verblaßt ist: *allerliebst, atemberaubend, fabelhaft, feudal, phänomenal, kolossal, ungeheuer, riesig, irrsinnig, schrecklich, entsetzlich, höllisch, himmlisch, himmelweit, himmelangst, baumlang;* wir gebrauchen die Wendungen *ein Strom von Licht, von Tränen, ein Meer von Blut, eine Flut von Klagen und Verwünschungen, eine Welt von Gedanken* usw., ohne diese Bilder überhaupt noch in voller Kraft zu empfinden.

§ 142   Hier müssen auch die Derbheiten, Schelten und Schimpfwörter erwähnt werden, deren sich besonders die volkstümliche Rede zum Zweck der Ausdrucksverstärkung gern bedient. Infolge häufigen Gebrauchs haben manche dieser Ausdrücke ihre ursprüngliche derbe Kraftfülle eingebüßt und sind gesellschaftsfähig geworden. So haben die Wörter *Schalk, Schelm* und *Range* heute gar nichts Ehrenrühriges an sich, sie werden in der scherzhaften Rede in leicht tadelndem Sinn verwendet und zeigen dabei deutlich einen anerkennenden oder gar liebevollen Gefühlston. Der heutige Durchschnittssprecher ahnt nichts mehr davon, daß diese drei Bezeichnungen früher grobe Schimpfwörter waren: *Schalk* bedeutete ursprünglich 'Knecht', dann 'Mensch von knechtischer, gemeiner, namentlich untreuer und hinterlistiger Gesinnung';

Schelm hatte die Ausgangsbedeutung 'Aas' und wurde zum Schimpfwort für einen gemeinen, betrügerischen Menschen; *Range* war eigentlich 'Mutterschwein', dann wurde es als Scheltwort besonders für Jungen gebraucht.

Die bei den drei genannten Schelten zu beobachtende Bedeutungsveränderung, bei der sich der ursprünglich hart tadelnde Sinn völlig abschwächt und das Wort zuletzt gar einen anerkennenden oder schmeichelnden Gefühlston annimmt, ist auch bei anderen Schimpfwörtern festzustellen. So kann heute in Ausdrücken wie *Aas, Luder* (urspr. 'Lockspeise', dann 'Aas'), *Vieh* oder *Viech, Balg* (eigentlich 'abstreifbare Haut von Tieren', dann 'unzüchtiges Weib' und Schimpfwort für Kinder), *Racker* (eigentlich 'Schinder, Henker') u. a. ein gutes Quantum Bewunderung oder Zärtlichkeit enthalten sein.

Völlig verdunkelt ist heute auch die ursprüngliche Bedeutung anderer Schelten. Das Schimpfwort für einen Feigling, *Memme,* bezeichnet eigentlich die 'Mutterbrust'. Die heutige Bedeutung ist über 'Weib, weibischer Mann' entstanden.

Tropf stellt sich zu dem mhd. Verb *triefen* 'trotten, trollen'. Der Sinn von 'Narr, Tor' beruht auf der allgemeinen Beobachtung, daß sich Geistesschwäche auch in der Haltung und im Gang ausdrückt.

Laffe (frühnhd. *laffe* 'Hängelippe, Maul'; vgl. *Lefze*) bezeichnet eigentlich einen 'Gaffer, der mit hängender Lippe und offenem Mund dasteht'.

Lump ist eine Spaltform von *Lumpen,* es bedeutet also ursprünglich einen 'Menschen in zerlumpten Kleidern'; heute meint es einen Nichtswürdigen.

Wicht (ahd., mhd. *wiht*) heißt eigentlich 'Ding, Wesen'. Es wurde besonders für Kobolde und Dämonen gebraucht, vgl. *Bösewicht.* Aus dem Sinn 'unbedeutendes Ding' (vgl. *Wichtelmännchen* und *nicht(s)*, das aus *ni wiht* 'nicht das Geringste' entstanden ist) ist die Verwendung des Wortes für einen erbärmlichen Menschen hervorgegangen. So lassen sich auch die Schelten *dummes Ding, alberne Dinger* u. ä. erklären.

Ebenso wie die Hyperbel kann auch die Ironie zur Ausgangsbasis der §143 Bedeutungsentwicklung werden, sobald sie als Redefigur verblaßt. So ist beispielsweise das Adjektiv *naseweis*, das als Fachausdruck der Jäger ursprünglich 'mit feinem Geruch, mit Spürsinn begabt' (siehe S. 85) besagte, durch ironische Anwendung zu seiner heutigen Bedeutung gekommen. Unter den Bedingungen des Lebens in der mittelalterlichen Stadt war das *Heimleuchten* ein Akt der Höflichkeit, zu dem man seinem Besuch gegenüber zu nächtlicher Stunde verpflichtet war; auf den ironischen Gebrauch der Wendung *jemandem heimleuchten* ist ihre heutige Bedeutung 'jemandem eine Abfuhr zuteil werden lassen' zurückzuführen (siehe auch S. 202).

Es gibt in unserer Sprache eine größere Anzahl von Wendungen und Ausdrücken, die infolge ihres ständigen ironischen Gebrauchs so weit erstarrt sind, daß sie auch in ernster Rede den gegenteiligen Sinn annehmen, z. B.: *eine schöne Geschichte, eine schöne Bescherung, schöne Aussichten, ein nettes Früchtchen, ein nettes Blütchen, eine saubere Pflanze, ein sauberer Freund, ein gelungener Kerl, du bist mir der Rechte, da kommt er gerade an den Rechten, eine erbauliche Geschichte, darüber wird er sehr erbaut sein* u. a. Fragen wie *sonst noch etwas?, warum nicht gar?* sind heute keineswegs ermunternde Äußerungen, sondern abweisende. Ebenso sind Wendungen wie *darum kümmere ich mich viel, ich frage viel danach* u. ä. so gut wie immer ironisch gemeint und bedeuten gerade das Gegenteil von ihrem eigentlichen wörtlichen Sinn.

Aus der reichen Zahl der Beispiele soll hier noch das Wort *Kammerjäger* genannt werden, das, ursprünglich die Bezeichnung für einen fürstlichen Leibjäger, infolge ironischen Gebrauchs und auf Grund eines Wortspiels zur Berufsbezeichnung der gewerbsmäßigen Ratten- und Mäusefänger und Insektenvertilger geworden ist.

§ 144   Eine weitere Triebkraft der Bedeutungsveränderung ist die Tendenz zur rücksichtsvollen Ausdrucksweise. Menschliche Rücksichtnahme und gesellschaftliche Konvention sind Faktoren, die von den Bedürfnissen und Normen des Lebens in der Gemeinschaft bestimmt werden. Sie beeinflussen die Ausdrucksweise und äußern sich in besonderen Ausdrucksformen, von denen ich hier nur die Litotes und den Euphemismus nennen will.

Die Litotes, eine der Hyperbel entgegengesetzte Redefigur, ist die Verwendung eines scheinbar schwächeren Ausdrucks zur stärkeren Hervorhebung. Wörter, die in dieser Redefigur verwendet werden, können ihre Bedeutung ebenfalls verändern. So heißt heute in der volkstümlichen Rede *nicht gescheit* geradezu soviel wie 'verrückt, unsinnig', *nicht faul* soviel wie 'geschwind' *(er, nicht faul, schlägt ihm eins hinter die Ohren)*, *nicht übel* soviel wie 'hübsch, angenehm'. Als charakteristisches Beispiel sei die Bedeutungsentwicklung von *leiden* in der Wendung *ich mag ihn leiden* angeführt. Ursprünglich bedeutet *leiden* 'Unangenehmes durchmachen, aushalten'. In der genannten Wendung hat das Wort aber seine Bedeutung etwa über 'keinen Widerwillen haben' zuletzt zum Sinn von 'gern haben' verändert.

§ 145   Das Gegenstück der übertreibenden Derbheiten, der Euphemismus (verhüllende oder beschönigende Ausdrucksweise), spielt bei der Bedeutungsentwicklung mancher Wörter ebenfalls eine Rolle. Wenn unangenehme oder aus irgendwelchen Gründen bedenkliche Dinge erwähnt werden müssen, greift man aus Zartgefühl gern zu einem unklaren, verhüllenden oder beschönigenden Ausdruck. Es ist aber gerade kennzeichnend für den Euphemismus, daß die verhüllend oder beschönigend gebrauchten Wörter meist sehr bald eine Bedeutungsveränderung erfahren. Allmählich tritt nämlich durch den verhüllenden Schleier des Euphemismus doch wieder der wahre Sachverhalt hervor. Der Euphemismus nützt sich ab, das euphemistisch verwendete Wort verliert seine verhüllende Kraft und nimmt die Bedeutung des Ausdruckes an, den es beschönigend ersetzen sollte.

Das ist beispielsweise bei den Verben der Fall, die das Verursachen eines Geruches bezeichnen. Ahd. *stinkan, stinchen* war zunächst völlig neutral und konnte auf angenehme und unangenehme Gerüche in gleicher Weise bezogen werden. Schon im Mittelhochdeutschen aber wurde euphemistisch *riechen* verwendet, das dann in neuerer Zeit euphemistisch durch *duften* ersetzt werden mußte. Eine ähnliche Entwicklung ist auch bei den Wörtern *Abort* (= abgelegener Ort), *Nachtstuhl, austreten, machen* u. a. festzustellen: Weil sie ursprünglich einen völlig neutralen Sinn hatten, konnten sie als Euphemismen dienen. Das aber hatte zur Folge, daß ihre Bedeutung eine Abwertung erlitt, so daß sie heute schon wieder gemieden werden. Ebenso sind auch die meisten euphemistischen Ausdrücke für *stehlen* (*entwenden, klauen, klemmen, mausen, stibitzen, etwas mitgehen lassen, lange Finger machen* u. a.) kaum mehr geeignet, verhüllend zu wirken, und dasselbe gilt auch von den euphemistischen Umschreibungen für *prügeln* und *geprügelt werden* (*jemanden verbimsen, verdreschen, verkeilen, vermöbeln, versohlen, verwamsen, zudecken, jemandem das Fell gerben, die Flötentöne beibringen, die Hosen strammziehen, die Jacke ausklopfen, eine Tracht verabreichen, jemand erhält Dresche, Schmiere, Senge, Wichse* u. ä.).

Zahlreiche Euphemismen sollen schonend wirken, wenn von dem Leid und dem Kummer gesprochen werden muß, die mit Krankheit und Tod bei den Menschen einziehen. So wird der Tod durch *Ableben, Auflösung, Heimgang, ewiger Schlaf* u. a. umschrieben, und von einem Verstorbenen sagt man, *er sei dahingegangen, hinübergegangen, heimgegangen, verschieden, zur ewigen Ruhe eingegangen, eingeschlafen, entschlafen, entschlummert, er habe die Augen für immer geschlossen, den Geist aufgegeben, die Seele ausgehaucht* usw. Krankheiten werden ebenfalls nicht gern bei ihrem Namen genannt, sei es aus Rücksichtnahme oder aus abergläubischer Scheu, und es gibt sehr viele euphemistische Ausdrücke und Wendungen, deren verhüllende und beschönigende Funktion schon wieder geschwunden ist. So stehen *Unwohlsein* oder *Unpäßlichkeit* für Krankheit; *verrückt, verdreht, übergeschnappt, er hat nicht alle Sinne beisammen, er hat einen Klaps, einen Vogel, bei ihm ist eine Schraube locker, er ist im Oberstübchen nicht richtig* usw. für *geistesgestört.*

§ 146   Schließlich müssen hier noch die sog. Tabuwörter erwähnt werden. Religiöse und abergläubische Bedenken können die Ursache dafür sein, daß bestimmte Dinge, Lebewesen und Vorgänge mit Ersatz- und Deckausdrücken bezeichnet wurden. So entstanden neue Wörter und besonders oft Verballhornungen (z. B. *Sackerment, Sapperment, Sackerlot* für *Sakrament; verflixt* für *verflucht; Potz Blitz* für *Gottes Blitz; meiner Sechse* für *meiner Seele* u. a.). An dieser Stelle interessieren uns nur die Bedeutungsveränderungen, die dadurch eintreten, daß ein Wort zum Tabuausdruck wird. Da sich damit weder die bezeichneten Sachverhalte noch die gesellschaftlichen Bedingungen ändern, die zu der Tabuisierung geführt haben, nutzen sich die Tabuwörter in der Regel recht schnell ab; in dem Maße, in dem sie konventionell werden, büßen sie ihre verhüllende Wirkung wieder ein.

2. Die Bedeutungsveränderung als Spiegel der gesellschaftlichen Entwicklung

§ 147   Die Zahl der Wörter, die ihre Bedeutung verändert haben, ist sehr groß; eine erschöpfende Darstellung des Materials ist deshalb hier nicht möglich. Ich will aber — im Hinblick auf die besonderen Aufgaben des sprachkundlichen Unterrichts in der Schule — noch einige Fälle von Bedeutungsentwicklung besprechen, deren Ursachen und Anlässe ohne Schwierigkeiten sichtbar gemacht werden können. Ich beginne mit einigen Beispielen dafür, wie die historische Entwicklung auf dem Gebiet der Produktion und der materiellen Lebensbedingungen ihren Niederschlag in der Veränderung der Wortbedeutungen gefunden hat. Man kann einschlägiges Material aus verschiedenen Perioden der Geschichte unserer Sprache beibringen, und es wächst besonders in der Gegenwart beträchtlich an, da die tiefgreifenden gesellschaftlichen Veränderungen, die sich in unserer Zeit vollziehen, auch die Bedeutung vieler Wörter beeinflussen.
    Ich nenne hier zunächst zwei Wörter, deren Bedeutungsgeschichte die Entwicklung auf dem Gebiet der landwirtschaftlichen Produktion beleuchtet:
    Nhd. *Korn* geht über mhd., ahd. *korn* auf germ. ⁺*kurna-* (< ide. *g̑r̥nó-*) zurück. Die ursprüngliche Bedeutung dieses Wortes ist 'einzelnes Getreidekorn, Korn, Frucht'. Als die germanischen Stämme seßhaft wurden und zum Ackerbau übergingen, wurde das Wort immer mehr zur Bezeichnung des Samenkorns der

212

gezüchteten Getreidearten. Heute ist es einmal der gemeinsame Stoffname dafür, dann aber in vielen Gegenden die übliche Bezeichnung für den Roggen, der das Brotgetreide schlechthin ist. Es liegt auf der Hand, daß für diese Bedeutungsentwicklung folgende Komponenten bestimmend waren: Während *Korn* in den ältesten Zeiten allgemein die rundlichen Fruchtkörperchen von Pflanzen bezeichnen konnte, wurde es später entsprechend der Entwicklung der Produktion (Übergang zum Ackerbau) immer ausschließlicher für ganz bestimmte Getreidesorten verwendet; von den übrigen Anwendungsmöglichkeiten wurde immer seltener Gebrauch gemacht. Auf Grund des gesellschaftlichen Bedürfnisses und unter der Wirkung des Prinzips der Ökonomie verengte es seinen Anwendungsbereich auf den heute üblichen Umfang.[1]

Es wurde schon in anderem Zusammenhang darauf hingewiesen, daß die historische Veranlassung einer sprachlichen Entwicklung oftmals nicht unmittelbar festzustellen ist. Dennoch besteht in vielen Fällen eine mittelbare Abhängigkeit von der historischen Entwicklung der Gesellschaft und der gesellschaftlichen Produktion. So ist auch die Bedeutung des Wortes *Getreide* (ahd. *gitragidi, gitregidi,* mhd. *getregede*) das Ergebnis einer Bedeutungsveränderung, die mittelbar ein Stück gesellschaftlicher Entwicklung widerspiegelt. Die ursprüngliche Bedeutung ist 'was getragen wird: Kleidung, Gepäck; was der Boden trägt: Blumen, Gras, Frucht'. Der erste sichere Beleg für die heutige Bedeutung findet sich im 13. Jh. (bei Ottokar von Steiermark), wo es für *Korn* steht. Diese Verwendung wird in der Folgezeit immer häufiger und ist Luther bereits die geläufige. Selbstverständlich war es nicht dem Zufall überlassen, welche von den verschiedenen älteren Anwendungsmöglichkeiten sich durchsetzen sollte, und wenn wir heute auch nicht in der Lage sind, den Ablauf dieser Entwicklung zu rekonstruieren, so vermögen wir doch ihre Ursachen zu erraten. Unter den alten Bedeutungen war die von 'Körnerfrucht, Korn' sicher eine der gebräuchlichsten und wegen des Vorherrschens der landwirtschaftlichen Produktion im Mittelalter auch eine der wichtigsten. Diesem Umstand dürfte es zuzuschreiben sein, daß sie schließlich allein bestehenblieb.

Neben den anderen hierhergehörigen Wörtern, deren Bedeutungsentwicklung bereits an anderer Stelle besprochen wurde, wie *Bleistift, Feder, Scheibe, Reise, reden, dreschen* usw., sollen aus der Fülle des Materials noch folgende Beispiele aufgeführt werden:

Unsere Bezeichnung *Buch* weist darauf hin, daß der Stoff, auf den bei den Germanen zuerst geschrieben wurde, Buchenholz war. Die Schriftzeichen wurden zunächst in Buchenholztafeln eingeritzt.

---

[1] Das in jüngster Zeit als Kürzung aus *Kornbranntwein* entstandene *Korn* ist, vom Standpunkt der Bedeutungslehre gesehen, bereits ein neues Wort (siehe auch § 159 f.).

In ältester Zeit wird der Plural für e i n Schriftstück gebraucht, später setzt sich der Singular durch. Als man dazu überging, Pergament als Schreibmaterial zu benutzen, wurde die alte Bezeichnung einfach auf Lagen von Pergamentblättern übertragen.

Unser Wort *Buchstabe* geht darauf zurück, daß (wahrscheinlich beim Wahrsagen durch das Los) jeweils ein Schriftzeichen in einen Stab aus Buchenholz geschnitten wurde.

Sowenig unsere Bücher heute noch aus Buchenholz sind, so wenig trifft auch die Bezeichnung *Papier* zu, wenn man ihre ursprüngliche Bedeutung im Auge hat. Sie ist der Name der Papyrusstaude, aus der die alten Ägypter ihr Schreibmaterial bereiteten; unser heutiges Papier dagegen wird aus anderem Material hergestellt.

Das Wort *Hammer* ist bereits uraltes Sprachgut; es bezeichnet ursprünglich ein Werkzeug oder eine Waffe aus Stein, wie anord. *hamarr* 'Fels, Klippe' oder urslaw. *+kamy*, russ. камень 'Stein' erkennen lassen. Das Wort ist geblieben, obwohl unsere Hämmer längst nicht mehr aus Stein, sondern aus geeigneteren Stoffen, meistens aus Eisen, sind.

Die Bezeichnung *Stein* für Figuren im Brettspiel erinnert uns daran, daß diese ursprünglich nicht aus Holz oder Kunststoff, sondern eben aus Stein waren.

Interessant ist die Bedeutungsentwicklung des Wortes *Pflaster*. Es geht auf mlat. *(em)-plastrum* zurück, das zunächst ein mit Salbe bestrichenes Stück Zeug, vornehmlich zu medizinischen Zwecken, ursprünglich aber die Salbe selbst (griech. *emplássein* = aufschmieren), bedeutete. Von dem klebenden Aufstrich her gewinnt das mlat. Wort *emplastrum* auch die Bedeutung 'Bindemittel für Steinbau, Mörtel'. Ahd. *pflastar* und mhd. *pflaster* bedeuten also dementsprechend 'Heilpflaster' und 'Mörtel', daneben auch 'Fußboden'. In der zuletzt genannten Verwendung meinen sie einen zementartigen Überzug über den Boden, der dem der Haut aufgeklebten Heilpflaster gleicht. Als schließlich das Belegen des Bodens (zunächst in Räumen, später auch auf Straßen) mit Steinen aufkam, entstand die jetzige Bedeutung des Wortes.

Der ursprüngliche Sinn von *Schild* ist 'gespaltenes Holzstück, Brett' (zur ide. Wurzel *+sqel-* 'schneiden'). Ahd. *scilt* und mhd. *schilt* bezeichnen zunächst den im Kampf gebrauchten *Schild*. Wen man in der Gestalt eines gerüsteten Ritters vor sich hatte, konnte man an dem Wappen erkennen, das er *im Schilde* führte. Daher stammt unsere Redewendung *etwas im Schilde führen*. Dem Wappenschild der Ritter nachgebildet ist das *Schild* als sonstiges Abzeichen (*Amtsschild, Brustschild, Ladenschild, Wirtshausschild* usw.). Freilich lassen unsere heutigen *Firmen-* und *Ladenschilder* kaum noch eine Ähnlichkeit mit dem Wappenschild der Ritter erkennen. Die Unterscheidung im Geschlecht ist noch nicht sehr alt (18. Jh.), ursprünglich ist das Wort Maskulinum.

§ 148   Bekanntlich ist gerade die K l e i d u n g im Laufe der Zeit starken Veränderungen unterworfen, deshalb weisen auch die Namen vieler Kleidungsstücke auf Formen hin, die sich von ihren heutigen wesentlich unterscheiden. *Hose* geht auf germ. *+husōn-* 'Hülle' zurück und bedeutet ursprünglich 'Bedeckung des Unterschenkels, Strumpf, Schaft am Schuh, Gamasche', es war also ein strumpfartiges Kleidungsstück. Das die Oberschenkel und den Unterleib bedeckende Kleidungsstück heißt mhd. *bruoch*. Als eine Bekleidung entstand, die den Unterleib und die Schenkel bis zu den Füßen bedeckte, nahm man dafür das Wort *Hose*, das entsprechend seiner ursprünglichen Bedeutung zunächst im Plural verwendet wurde (wie auch heute noch in manchen Gegenden des deutschen Sprachgebiets). Später wurde der Singular häufiger.

Socke (ahd., mhd. *soc*, später auch *socke*) geht auf lat. *soccus* 'niedriger Schuh, in den man schlüpfen kann', zurück. So bezeichnet das Wort auch heute noch den weichen Hausschuh. Da der Schlüpfschuh vielfach aus Stoff hergestellt wurde, ergab sich auch die Bedeutung 'kurzer Strumpf'.

Strumpf im heutigen Sinn ist jung, wie das entsprechende Kleidungsstück überhaupt. Vor dem 15. Jh. und noch bei L u t h e r hat mhd. *Strumpf* die Bedeutung 'Stummel, (Baum-)Stumpf, Rumpf'. Als Name für ein Kleidungsstück bezeichnet es zunächst den untersten Teil der Hose (Hosenstrumpf) und dann die selbständige Fußbekleidung.

214

Unter einer *Kappe* stellen wir uns heute nur eine Kopfbedeckung vor. Ahd. *kappa* und mhd. *kappe,* die auf vulgärlat. *cappa* zurückgehen, sind aber Bezeichnungen für einen Mantel mit Kapuze. Diese alte Bedeutung liegt noch vor in den Sprichwörtern *Gleiche Brüder* (nämlich Ordensbrüder), *gleiche Kappen* (nämlich Mönchsgewänder), *Jedem Narren gefällt seine Kappe.* Auch die *Tarnkappe* der germanischen Sage ist als Mantel aufzufassen.

Haube, ahd. *hûba,* mhd. *hûbe,* ist ein altes Wort für die Kopfbedeckung (für Mann und Frau, auch für die schützende Bedeckung des Fußsoldaten, vgl. *Sturmhaube, Pickelhaube*). Seine Grundbedeutung ist 'Wölbung' (zu ide. *+queubh-*). Lange Zeit war die *Haube* nur weibliche Kopfbedeckung, die vielfach der verheirateten Frau vorbehalten war *(unter die Haube bringen).*

Das Wort *Mantel* (< lat. *mantellum* 'Decke, Hülle') verrät uns, daß die ältesten Mäntel nicht auf den Körper gearbeitet, sondern einfach Tuchstücke waren, die man um den Körper schlug.

Latz ist aus dem Romanischen entlehnt (it. *laccio* 'Schnur', afrz. *laz* 'Nestel, Schnürband'); es bedeutete ursprünglich wie das Grundwort: 'Schleife, Schlinge'. Mit der Entwicklung der Kleidung hängt es zusammen, daß es jetzt für Zeugstücke gebraucht wird, die mit Schleifen (oder auch Knöpfen) befestigt werden (*Brustlatz, Hosenlatz, Schlabberlätzchen* u. a.).

Knopf (ahd., mhd. *knopf*) bedeutet zunächst allgemein eine kugelartige Anschwellung an einem Gegenstand, also 'Knorren an Gewächsen, Knospe, Schwertknauf'. Es ist mit der Bezeichnung *Knauf* verwandt. Früher wurde *Knopf* im Sinne von 'Knoten' (vgl. *knüpfen*) und 'Schleife' gebraucht. Als in der Neuzeit die Kleider nicht mehr gebunden *(geknüpft)* wurden, behielt man das alte Wort für den neuartigen Verschluß bei.

Ein gutes Stück Vergangenheit ist in unseren M ü n z b e z e i c h n u n g e n festgehalten. So entwickelte sich die Ausgangsbedeutung des Wortes *Mark* 'Zeichen' über 'Metallbarren mit behördlichem Stempel' zu 'Silberbarren von bestimmtem Gewicht'. *Mark* (mhd. *marke*) war also ursprünglich nicht der Name einer Münzsorte, sondern eine Gewichtsbezeichnung, denn der Tauschwert der Edelmetalle, die nach anderen Dingen (Vieh, Bodenprodukte u. ä.) als allgemeine Äquivalente fungierten, wurde nach dem Gewicht bestimmt. Die *Mark* war zunächst ein Geldstück aus $1/2$ Pfund Silber. Das Gewicht der Münze wurde später immer geringer, und ihr Wert schwankte in den verschiedenen Teilen Deutschlands, bis sie 1873 zur Münzeinheit des Deutschen Reiches wurde.

§ 149

Auch der *Pfennig* (ahd. *pfenning, pfenting* = kleines Pfand) war früher größer und schwerer als heute.

Der *Gulden* war zuerst eine florentinische „Gold"münze. Diese heißt mnl. *gulden florin* und auf obd. Boden *güldîn pfenninc.* Der Name der Münze ist also eine Substantivierung des obd. Adjektivs *gulden.* Nachdem die ursprüngliche Bedeutung des Namens erstarrt war, wurde es möglich, auch Münzen aus Silber *Gulden* zu nennen, ja es gibt sogar *Papiergulden.*

Die ersten *Taler* waren Münzen, die man seit 1519 aus dem Silber prägte, das in St. Joachimsthal im Erzgebirge gewonnen wurde. Sie hießen anfangs *Joachimsthaler,* dann einfach *Taler.* Über nd. *dâler* kam der Name nach England und Amerika. Dort lebt er als *Dollar* weiter. In Deutschland scheint er allmählich auszusterben. Zuletzt trugen ihn noch die alten Dreimarkstücke.

Kronen waren Geldstücke (z. B. in Österreich-Ungarn), die das Bild einer Krone trugen, ebenso wiesen die *Kreuzer* ein Kreuz und die *Rappen* der Städte Freiburg, Kolmar und Basel einen Adler auf, der als *Rappe* (= Rabe) verhöhnt wurde.

Der Name der *Batzen,* die seit 1495 in Salzburg und seit 1497 in Bern geprägt wurden, war wohl als 'Klumpen, dickes Stück' die Bezeichnung dieser Dickpfennige *(grossi,* siehe *Groschen),* im Gegensatz zu den geringeren und dünneren *Brakteaten* aus Blech. In der Schweiz entstand frühzeitig durch Umdeutung nach dem Bären des Berner Wappens, das auf die Geldstücke geprägt wurde, die Nebenform *bëtz* (= Bär).

Heller sind zuerst die seit 1208 in *Schwäbisch-Hall* geprägten Pfennige, dann auch kleine Münzen in anderen Ländern.

Groschen bedeutet eigentlich 'dicker Pfennig' (< lat. *grossus,* zu ergänzen: denarius). Der Name it. *grosso,* frz. *gros,* mhd. *gros(se)* breitete sich mit der Münze aus. Die gemeindeutsche Form *grosch(e)* ist im 14. Jh. von der böhmischen Kanzlei (aus tschech. *groš*) ausgegangen, als der böhmische Groschen zum Vorbild des deutschen wurde.

Der Name *Schilling* (ahd. *skilling*) bedeutet ursprünglich wohl 'eine Art Schild', (germ. *+skild-ling*). So nannten die Germanen den oströmischen Goldsolidus (eine Münze), den sie zuerst als Schmuck trugen.

§ 150   Auch die Geschichte des M i l i t ä r w e s e n s läßt sich zu einem großen Teil in seinen F a c h a u s - d r ü c k e n verfolgen. Ich gebe hier nur einige Beispiele:

Soldat erinnert an die Zeit der Söldnerheere; das Wort wurde im 16. Jh. aus it. *soldato* entlehnt und verdrängte das mhd. *soldenære* mit gleicher Bedeutung.

Die *Dragoner* hatten ihren Namen von frz. *dragon* '(feuerspeiender) Drache' (< lat. *dracon-,* Stammform von *draco* 'Drache'). Das Wort bezeichnete zuerst eine Feuerwaffe, dann (seit dem 16. Jh.) die damit ausgerüsteten leichten Reiter.

Grenadiere (älter *Granadierer* < *granatiere,* zu it. *granata* 'Granate') waren in der Zeit des Dreißigjährigen Krieges Soldaten, die Handgranaten zu werfen hatten. Neben der it. Form wurde etwas später frz. *grenadier* entlehnt. Die Form *Grenadier* setzte sich nur langsam durch, sehr lange war *Grenadierer* üblich.

Schildwache und *Schilderhaus* sind Bezeichnungen aus dem mittelalterlichen Kriegswesen, als man noch in voller Rüstung und mit dem Schild den Wachdienst versah.

Der *Zapfenstreich* wird noch heute in den Kasernen geblasen; die alte Sitte, die damit verbunden war, ist jedoch längst vergessen: Damit die Zechgelage seiner Soldaten nicht allzusehr ausarten sollten, ließ Wallenstein jeden Abend ein Signal blasen, das der Befehl für die Marketender war, den *Zapfen* des Schenkfasses zu *streichen,* d. h. zuzuschlagen (auch die Form *Zapfenschlag* ist bezeugt).

Gewehre werden heute noch manchmal *Flinten* genannt, obwohl sie längst keine Steinschlösser (*flint* = Feuerstein) mehr haben. Diese Gewehre mit Steinschlössern gab es erst seit etwa 1630, früher hatte man das Pulver mit einer Lunte zur Entzündung gebracht. Daß die Bezeichnung für die neuartige Feuerwaffe die nd. bzw. nl. oder nord. Form *flint* enthält, kann darauf zurückgehen, daß Holland in den entscheidenden Jahren in der Waffenherstellung führend war, es kann aber auch als (einzige) Spur des Schwedischen Krieges in unserem Wortbestand anzusehen sein.

In diesem Zusammenhang soll auch der Ausdruck *laden* (von Schußwaffen) erwähnt werden. Unmittelbar nach der Erfindung des Schießpulvers waren nur große und plumpe Feuerwaffen im Gebrauch, deren Geschosse eine wirkliche Last bedeuteten, die also buchstäblich *geladen* werden mußten.

Überdies schoß man aus großen und kleinen Feuerwaffen, aus Geschützen und Gewehren, mit richtigen *Kugeln,* mit denen unsere jetzigen Geschosse nur mehr den Namen, nicht aber die Form gemein haben.

§ 151   Schließlich seien noch einige andere Ausdrücke erwähnt, die ebenfalls unter dem Einfluß des P r i n z i p s   d e r   K r a f t e r s p a r n i s beibehalten worden sind, obwohl sich der Wortinhalt im Laufe der Zeit geändert hat, so daß sie heute zu kulturgeschichtlichen Zeugen der Vergangenheit geworden sind.

Wenn das alte Wort *Bader* (mhd. *badære*) in manchen Gegenden mit der Bedeutung 'Barbier', in anderen als 'Chirurg' fortlebte, so deshalb, weil die mittelalterlichen Bader nicht nur die öffentliche Badestube zu besorgen hatten, sondern darin auch das Geschäft des Bartscherers und des Arztes, der zur Ader läßt, ausübten.

Die Bezeichnung *Flaschner,* die in Teilen der Schweiz, von Baden, Württemberg, Vorarlberg und Ostfranken für den Klempner oder Spengler üblich ist, erinnert daran, daß ehemals, als das Glas noch selten und teuer war, *Flaschen* aus Blech und Zinn hergestellt wurden (vgl. *Bett-, Wärmflasche*).

216

Schriftsteller wurden früher Menschen genannt, die für andere Schreiben an Gerichte und andere Ämter aufsetzten. Im heutigen Sinn wurde die Bezeichnung erst seit Gottsched üblich und verdrängte dabei das Fremdwort *Skribent,* das dann einen verächtlichen Gefühlston annahm.

Das Wort *Taschenspieler* erklärt sich aus der heute nicht mehr gebrauchten Wendung *„aus der Tasche spielen".* Diese geht von einem der Hauptkunststücke der Gaukler aus, das darin bestand, daß sie aus einer scheinbar leeren Tasche allerlei Dinge hervorzauberten.

Wenn wir heute eine Armbanduhr *aufziehen* und neu *stellen,* denken wir nicht mehr daran, daß *aufziehen* ursprünglich nur das Hochziehen der schweren Gewichte bei großen Uhren meinte bzw. daß man die Sanduhren wieder anders (nämlich umgekehrt) *stellen* mußte, wenn sie *„abgelaufen"* waren.

Im folgenden sollen nun einige Beispiele für die Bedeutungsentwicklung als Widerspiegelung historischer Veränderungen in der Gesellschaftsstruktur aus verschiedenen Epochen unserer sprachlichen Entwicklung besprochen werden. Ich beginne mit Wörtern, deren Bedeutungsgeschichte schon mindestens 1 000 Jahre alt ist: §152

Herr, mhd. *hërre,* ahd. *hĕrro,* war seit der Entwicklung der Feudalhierarchie die Bezeichnung und Anrede für die männlichen Angehörigen des Feudaladels weltlichen und geistlichen Standes und in den mittelalterlichen Städten auch des Patriziats. Das Wort brachte ehedem also das feudale Verhältnis der gesellschaftlichen und juristischen Überordnung der bezeichneten Person über die große Masse der anderen, nichtadligen Menschen zum Ausdruck. Ursprünglich nur als Bezeichnung und Titel für Adlige verwendet, fand es, zunächst als Anrede, nach und nach auch Anwendung auf angesehene Personen bürgerlicher Herkunft. In den Blickpunkt der Sprachgemeinschaft trat allmählich bei der Verwendung der Anrede *Herr* an Stelle der Adelsprivilegien der betreffenden Personen ganz allgemein ihr gesellschaftliches Vorrecht, das nun nicht mehr auf dem Geburtsadel beruhte, sondern auf ihrem wirtschaftlichen und politischen Einfluß. In der heutigen Bedeutung des Wortes ist nichts mehr erhalten von jenen Privilegien der Vergangenheit. Die Ausweitung des Anwendungsbereichs des Wortes *Herr* und damit seine Bedeutungsveränderung ging ebenso allmählich vor sich wie der gesellschaftliche Prozeß der Beteiligung des Bürgertums an der politischen Macht. So ist die Bedeutungsentwicklung des Wortes *Herr* die sprachliche Widerspiegelung der Emanzipation des deutschen Bürgertums. Die endgültige Abschaffung der Leibeigenschaft bzw. Erbuntertänigkeit fand ihren sprachlichen Niederschlag in dem Zurücktreten der festen Wortgruppe *gnädiger Herr,* zu deren Anwendung die leibeigenen und erbuntertänigen Bauern verpflichtet waren.

Das Gegenstück zu *Herr* ist *Frau.* Die Bedeutungsentwicklung dieser Wörter verläuft auch lange Zeit parallel. Die ahd. Form *frouwa* ist eine Femininbildung zu dem frühzeitig ausgestorbenen *frô* 'Herr' (vgl. *Fron, fronen, frönen).* In mhd. Zeit korrespondiert die Bedeutung von *vrouwe* völlig mit der von *hërre;* das Wort besagte also soviel wie 'Herrin, Gebieterin, Herrscherin' und fungierte als Standesbezeichnung für weibliche Adlige, ohne Unterschied, ob sie verheiratet oder ledig waren. Reste dieser älteren Verwendung fanden sich noch vor nicht langer Zeit in manchen Gegenden des deutschen Sprachgebietes, wo die „Dienstboten" von ihren Arbeitgebern als von der *„Frau"* (und dem *„Herrn")* sprachen. Der religiöse Sprachgebrauch hat in Ausdrücken wie *unsere liebe Frau, Liebfrauenkirche* u. ä. die alte Bedeutung bewahrt. Ebenso wie *Herr* wurde *Frau* dann zur ehrenden Bezeichnung vor Namen und Titeln auch für Nichtadlige *(Frau Meier, Frau Rätin* u. ä.), wurde jedoch meist auf Verheiratete beschränkt. Heute hat es ganz allgemein die Funktionen übernommen, die im Mittelhochdeutschen *wîp* (Weib) hatte. Es bezeichnet verheiratete weibliche Personen: *Frauen und Kinder, meine Frau* (= Ehefrau). Daneben steht es überhaupt zur Anrede erwachsener weiblicher Personen.

Das Wort *Fräulein*, mhd. *frouwelîn*, hat im Mittelhochdeutschen noch eigentlich diminutiven Charakter. Als das Wort *Jungfrau*, mhd. *junc-frouwe* 'unverheiratete adelige Dame', analog dem Grundwort *Frau* allmählich zur allgemeinen ehrenden Bezeichnung wurde, trat *Fräulein* an dessen Stelle. Es bezeichnete neben seiner Funktion als ehrende Anrede, die vor Namen und Titeln, aber auch allein steht, zunächst die zur Dienstleistung bei einer Fürstin bestellte Dame *(Hoffräulein)*[1], später, analog der Bedeutungsentwicklung von *Frau*, jede unverheiratete (jüngere) erwachsene weibliche Person, auch als Anrede für Verkäuferinnen, Serviererinnen, Vermittlerinnen vom Fernsprechamt u. ä.

Marschall ist über mhd. *marschalc* aus ahd. *marahscalc* entstanden. Das Wort bedeutete ursprünglich 'Pferdeknecht'. Mit der Veränderung der bezeichneten Funktion (bestimmte Angehörige des Gefolges eines Fürsten stiegen im Zuge des Aufblühens des Feudalwesens zu 'Aufsehern über das fürstliche Gesinde auf Reisen und Heerzügen' auf) wurde es zur Bezeichnung hoher Würdenträger an Fürstenhöfen *(Hofmarschall)* und ist heute allgemein der höchste Generaltitel *(Marschall der Sowjetunion, Marschall von Frankreich)*. Die Bedeutungsentwicklung des Wortes *Marschall* ist also eine Widerspiegelung des gesellschaftlichen Aufstieges der Träger eines ursprünglich sehr bescheidenen Hofamtes.

§ 153   Die Bedeutungsentwicklung folgender Wörter spiegelt gesellschaftliche Veränderungen unserer unmittelbaren Gegenwart wider:

Ahd., mhd. *knëht* bedeutet 'Knabe, Jüngling, waffenfähiger Mann, Held'. Nhd. *Knecht* hat die Grundbedeutung 'Diener' und 'Lohnarbeiter für schwere und geringe Dienste' *(Ruderknecht, Floßknecht, Holzknecht, Folterknecht)*[2]. Am häufigsten wird es als Bezeichnung des landwirtschaftlichen Arbeiters verwendet und ist in dieser Bedeutung in der BRD heute noch in Gebrauch *(Bauernknecht, Knechte und Mägde* usw.). Im Zuge der gesellschaftlichen und ökonomischen Entwicklung nach dem Ende des zweiten Weltkrieges auf dem Gebiet der Deutschen Demokratischen Republik, mit der Enteignung des Großgrundbesitzes, durch das Wirksamwerden des Gesetzes der Arbeit, das auch den Landarbeiter aus seiner drückenden wirtschaftlichen und unwürdigen gesellschaftlichen Lage befreite, besonders aber mit der schnell voranschreitenden sozialistischen Umgestaltung des Landes hat das Wort *Knecht* als Bezeichnung des Landarbeiters seine Existenzberechtigung verloren. Die negative Wertungskomponente des Wortes, in dem sich die Geringschätzung gegenüber den Angehörigen dieser Berufskategorie in der Klassengesellschaft widerspiegelt, macht es für unseren Sprachgebrauch ungeeignet. In der BRD, wo die alte Gesellschaftsordnung noch fortbesteht, hat auch das Wort *Knecht* seine bisherige Funktion behalten. In der Deutschen Demokratischen Republik kann *Knecht* nur noch in übertragener Bedeutung als 'abhängiger Mensch' verwendet werden, wobei die Abhängigkeit als ein schimpfliches Verhältnis empfunden wird.

Die gleiche Entwicklung wie *Knecht* hat auch *Magd*, mhd. *maget*, ahd. *magad*, durchgemacht. Im Germanischen hatte es die Bedeutung 'Jungfrau', im Mittelhochdeutschen und Altsächsischen tritt daneben schon die Bedeutung 'unfreie Jungfrau, Dienerin' auf. Dies ist, wenn wir von einigen Stellen bei unseren Romantikern absehen, die das Wort bewußt in seinem alten Sinn verwenden, auch seine Bedeutung in nhd. Zeit. In dem größten Teil des deutschen Sprachgebietes wird und wurde das Wort ebenso wie *Knecht* für landwirtschaftliche Arbeitskräfte verwendet; ebenso wie *Knecht* wird es als Berufsbezeichnung bei uns im offiziellen Verkehr nicht mehr gebraucht.

---

[1] In der Bedeutung 'adlige Dame' steht das Wort noch in Goethes „Faust", 1. Teil: *„Bin weder Fräulein, weder schön."*
[2] Vgl. T r ü b n e r, Deutsches Wörterbuch IV. Berlin 1943, S. 197.

Die folgenden beiden Fälle von Bedeutungsentwicklung hängen deutlich mit der Entstehung §154
des Kapitalismus zusammen:

Eine getreue Widerspiegelung der Entwicklung des Geldverleihs in den deutschen Städten des
Mittelalters ist die Bedeutungsveränderung des Wortes *Wucher:* Ahd. *wuohhar,* mhd. *wuocher* bedeutet ursprünglich 'Ertrag, Frucht', auch 'Leibesfrucht, Gewinn' und zunächst allgemein 'Ertrag eines
Kapitals'. Die Bedeutung 'unerlaubt hoher Kapitalgewinn' entwickelt sich bereits in mhd. Zeit (siehe
M. Heyne: Deutsches Wörterbuch, III. Band. Leipzig 1895) als direkte sprachliche Widerspiegelung
der gesellschaftlichen Praxis und drängt die ältere neutrale Bedeutung immer stärker zurück. Wo diese
heute noch auftritt, ist sie archaistisch.

Der ursprüngliche Sinn des Adjektivs *billig* (mhd., ahd. *billîch*) geht noch aus dem verschwisterten
Wortpaar *recht und billig* als 'angemessen' hervor (vgl. auch *Unbill*). Als *billig* wird bis in das 17. Jh.
also bezeichnet, was dem natürlichen Rechtsempfinden entspricht. Im 18. Jh. nimmt das Wort die
Bedeutung 'von angemessenem Preis' und schließlich 'von niedrigem Preis, wohlfeil' an. Diese Bedeutungsentwicklung ist ein Beispiel von seltener Klarheit dafür, wie sich Veränderungen des gesellschaftlichen Strukturgefüges in der Sprache widerspiegeln: In einer Zeit, in der alles Warencharakter
annimmt, ist das Kriterium dafür, ob etwas 'angemessen' (= billig) ist, sein Preis! Die Bedeutungsgeschichte des Adjektivs *billig* zeigt wieder einmal, wie in der Epoche des Kapitalismus auch ethische
Begriffe zu Größen der Preistafel werden.

Oft spiegelt sich in der Ausbildung der Wertungskomponente eines §155
Wortes (vgl. §28) die gesellschaftliche Entwicklung ab. So werden die Wörter
Schildbürger, Spießbürger aus ursprünglich neutralen und sogar ehrenvollen
Bezeichnungen für den Vollbürger, der mit Spieß und Schild zur Verteidigung
der Stadt beiträgt, zunächst (im 17. Jh.) in der burschikosen Redeweise der Stu-
denten und dann im allgemeinen Sprachgebrauch zu Spottnamen für Men-
schen, die, beschränkt und am alten hängend, an der Entwicklung der neuen
Zeit nicht teilnehmen und deshalb hoffnungslos zurückbleiben.

Ebenso haftet dem heute veraltenden Ausdruck *Schulmeister* ein verächtli-
cher Bedeutungsgehalt an. Er ist an die Vorstellung des gesellschaftlich sehr
niedrig bewerteten und wirtschaftlich abhängigen Lehrers des 18. und 19. Jh.
geknüpft, der die hohe und schwierige Aufgabe der Erziehung junger Menschen
mit den äußerst unzulänglichen Mitteln und Methoden seiner Zeit nicht lösen
konnte.

Die Herausbildung dieser negativen Wertungskomponente wurde ausgelöst
durch die fortschrittlichen Auffassungen von den Aufgaben der Volksbildung
und Volkserziehung, wie sie in unserem Jahrhundert entwickelt wurden, das für
den Lehrer eine gediegene Hochschulausbildung verlangt, damit die Jugend
nicht dem geistlosen und geisttötenden Drill eines handwerksmäßigen Schulbe-
triebs ausgeliefert sei.

Auch das aus der griechischen Kirche stammende Lehnwort *Pfaffe* (ahd. *pfaffo,* mhd. *pfaffe*), das ursprünglich die allgemeine Bezeichnung für den Welt-

geistlichen war, hat etwa seit der Zeit Luthers einen verächtlichen, abschätzigen Sinn angenommen. Es ist kein Zweifel, daß sich darin die Ablehnung und der Haß der breiten Massen gegen die besonders im Mittelalter sehr zahlreichen, oft recht dummen und faulen, von der Arbeit des Volkes lebenden Geistlichen widerspiegelt.

Kennzeichnend für die Einschätzung des Bauern durch den Adel und die Städter ist die Bedeutungsentwicklung des Wortes *Tölpel*. Mhd. *dörpære,* das auf mnl. *dorpere* beruht und zu *dorp* (Dorf) gehört, bedeutet eigentlich 'Dorfbewohner, bäurischer Mensch'. Die Lautgestalt des Wortes entwickelt sich über *dörper* > *dörpel* zu *tölpel*[1], die Bedeutungsveränderung geht von 'Dörfler' zu 'roher, ungeschickter Mensch'.

Ein Beispiel aus unserer Zeit ist das Wort *Arbeiter*. Seiner Herkunft nach ist es eine Ableitung von *Arbeit*. Ahd. *arabeit(i)* (zu germ. *+arb-,* 'verwaist'; dazu auch *arm* und *Erbe*) bedeutet ursprünglich 'Not, unwürdige Mühsal'. Damit stimmt auch die Mitteilung das Tacitus (Germania, Kapitel 15) überein, daß die freigeborenen Germanen die tägliche Arbeit den Knechten überließen: sie galt ihnen als eine unwürdige Mühsal. Erst in der Zeit des Rittertums erhält das mhd. *ar(e)beit* einen positiven Wert, es kann nun auch 'das durch Mühe und Anstrengung Zustandegebrachte, Erworbene' bedeuten. Mit der Entstehung des Handwerks wird es zur Bezeichnung der beruflichen Tätigkeit.

Seit dem Aufkommen des Kapitalismus bezeichnet das Wort *Arbeiter* die Angehörigen des Vierten Standes, der sich bildenden neuen Klasse, und es bleibt in der kapitalistischen Gesellschaft die Bezeichnung für einen Menschen, der — vom kapitalistischen Unternehmer abhängig — eine gesellschaftlich niedrig bewertete berufliche Tätigkeit ausübt. So ist es auch heute in der BRD durchaus möglich, zu sagen: *Er ist nur ein Arbeiter.* Wir dagegen sprechen von der Deutschen Demokratischen Republik als dem *Staat der Arbeiter und Bauern,* von unserer *Arbeiter-und-Bauern-Macht,* von *Arbeiterfunktionären, Arbeiterkontrolle* usw. Das Wort *Arbeiter* hat bei uns also seinen abwertenden Gehalt verloren und erfährt im Gegenteil eine Werterhöhung, die der führenden Rolle der Arbeiterklasse entspricht.

§ 156   Selbstverständlich verursachen auch die Veränderungen in den philosophischen, juristischen, religiösen und künstlerischen Auffassungen und den entsprechenden Einrichtungen, also im gesellschaftlichen Überbau, Bedeutungsveränderungen der betreffenden Wörter. So bezeichnet *edel* (ahd. *ędili*) als Ableitung von *Adel* (ahd. *adol, ędili* 'edle Art, Familie, Abstammung')

---

[1] Dieser seit der Zeit Luthers eintretende Wandel zu *Tölpel* mag durch den Einfluß eines älteren *dolb* 'Keule, Knüttel' verursacht sein; vgl. Fr. Kluge, a. a. O., S. 782.

220

ursprünglich nur die adlige Abkunft und den hohen gesellschaftlichen Rang. Erst allmählich wird das Wort in übertragenem Sinn auch vom Seelenadel gebraucht. Es ist gewiß kein Zufall, daß es uns in dieser Verwendung zum erstenmal bei dem bürgerlichen Dichter Gottfried von Straßburg entgegentritt, der vom *edelen hërzen* spricht. In der klassischen Dichtung, also in der Zeit des erstarkenden Bürgertums, wird das Wort auf das neue bürgerliche Humanitätsideal bezogen und zum Inbegriff menschlicher Tugend (Goethe: *Edel sei der Mensch, hilfreich und gut*). Die alte Bedeutung liegt noch vor in Verbindungen wie *edles Geschlecht, Edelmann* und in Artbezeichnungen für Tiere, Pflanzen und Steine *(Edelhirsch, Edelweiß, Edelstein)*.

Pflicht (ahd., mhd. *pfliht*) meint ursprünglich jedes Verhältnis von Personen zueinander. Dann wird seine Anwendung auf solche Beziehungen eingeschränkt, in denen der eine Teil zu einer Leistung gegenüber dem anderen rechtlich gebunden ist, ebenso steht es für persönliche Abhängigkeitsverhältnisse. Aus dem juristischen Sinn hat sich schließlich ein allgemein moralischer entwickelt. Diese Bedeutungsveränderung war Ausdruck der Neuordnung der menschlichen Beziehungen in der bürgerlichen Gesellschaft, die an die Stelle der alten feudalen Bindungen neue juristische und moralische Normen setzte.

Entsprechend der Rolle, die das Christentum in unserer Geschichte gespielt hat, lassen sich in unserer Sprache sehr viele Fälle von Bedeutungsentwicklung feststellen, die auf die Ausbreitung der christlichen Auffassungen und Normen zurückzuführen sind. Besonders aufschlußreich ist die Bedeutungsgeschichte des Wortes *Tugend*, die hier freilich nicht vollständig dargestellt werden kann. Seine Ausgangsbedeutung ist nach dem Zeugnis des ahd. *tugund* (zu *tugan* = taugen) 'Brauchbarkeit'. Mhd. *tugent, tugende* hat die Bedeutung von 'Brauchbarkeit, Tauglichkeit', dann 'Vortrefflichkeit' jeder Art. Daraus entwickelt sich die Bedeutung in zwei Richtungen, je nachdem mehr das Vermögen, etwas zu leisten, oder der Zustand des Ausgezeichnetseins, der Wert, betont werden. So ergibt sich der Sinn 'Macht, Kraft, Stärke' von Lebewesen, Gegenständen und Naturerscheinungen ebenso wie 'höfische Lebensart' u. ä.

§ 157

Als Terminus der christlichen Moral wird das Wort zum erstenmal von Notker verwendet. Seit dem 13. Jh. gerät es dann immer stärker in die Sphäre der kirchlichen Lehre und wird zum Träger eines Begriffes der christlichen Ethik.[1] Auf dem gegenwärtigen Stand der sprachlichen Entwicklung ist es (infolge der Zurückdrängung des gesellschaftlichen Einflusses der Kirche) dabei, in die Kategorie der Archaismen abzugleiten und nimmt immer öfter eine ironische Färbung an (vgl. *Ausbund von Tugend, Tugendbold*), die besonders auch bei den

---

[1] Siehe Deutsches Wörterbuch der Brüder Grimm, 11. Bd., 1. Abt., 2. Teil, Sp. 1560 ff.

Adjektiven *tugendsam* und *tugendhaft* spürbar wird *(tugendsamer Lebenswandel, tugendhaftes Mädchen)*. Das wurde dadurch ermöglicht, daß *Tugend* im christlichen Sinn nicht vornehmlich als positives Ideal, sondern als 'Unterlassung von Sünden' aufgefaßt wird.

Eine ähnliche Entwicklung wie *Tugend* hat das Adjektiv *fromm* genommen. Mhd. *vrum, from* (zu ahd. *fruma* 'Nutzen, Vorteil') bedeutet 'brauchbar, vorteilhaft, förderlich' bei Sachen und 'rechtschaffen, tüchtig, brav, treu' bei Personen. Unter dem Einfluß der reformatorischen Rechtfertigungslehre und der Bibelübersetzung L u t h e r s, der das hebr. *tāmīm*, das sowohl 'rechtschaffen, tüchtig' wie auch 'gottesfürchtig' bedeutet, überall mit *fromm* übersetzte, nahm dieses aus dem Hebräischen den Sinn 'gottesfürchtig' als Lehnbedeutung an. Diese neue verdrängte schließlich kraft der Autorität der Bibel die alte Bedeutung 'rechtschaffen, tüchtig, brav, treu' so gut wie vollständig.[1] Die Bedeutung 'fügsam' in *lammfromm* hat sich offenbar erst aus dem religiösen Sinn des Wortes entwickelt.

Als weitere B e i s p i e l e für die Spezialisierung der Wortbedeutung unter dem Einfluß des Christentums seien noch die Wörter *Beichte* und *Andacht* genannt. Das ahd. *bĭjĭht, bĭgĭht*, mhd. *bĭcht* (zu ahd. *bijëhan* 'gestehen, bekennen'; dem lat. *confessio* als Übersetzungslehnwort nachgebildet) ist ursprünglich jedes 'Geständnis'. Seit dem 12. Jh. wurde die Anwendung des Wortes auf das Sündenbekenntnis vor dem Priester eingeschränkt. Diese Entwicklung ist dadurch bedingt, daß mit dem steigenden Einfluß der christlichen Kirche das Sündenbekenntnis ein allgemeiner Brauch wurde. So wurde die ursprüngliche allgemeine Bedeutung 'Bekenntnis' auf die heutige eingeengt.

Ebenso erhielt ahd. *ánadâht*, mhd. *anedâht*, das ursprünglich 'die intensive Einstellung der Gedanken auf ein Ziel' bezeichnete, schon im 12. Jh. unter dem Einfluß oberdeutscher Kluniazenser seine Bezogenheit auf Gott und Göttliches. Seit dieser Zeit, besonders aber nach L u t h e r, wurde es immer stärker zu der Bedeutung 'Stimmung des Gemüts zur Empfänglichkeit gottgebener Gesinnungen' (Kant) spezialisiert.

Der hohe ethische Rang, den das Wort *Demut* etwa in S c h i l l e r s „Kampf mit dem Drachen" hat, ist das Ergebnis einer völligen Umprägung im christlichen Sinn. Denn entsprechend seiner etymologischen Herkunft (es ist eine Ableitung aus dem heute verlorenen ahd. Adjektiv *deomuoti* 'das Gemüt eines Knechtes habend', vgl. S. 77) steht es als 'Knechtsgesinnung' überhaupt nicht auf der Skala germanischer oder altdeutscher ethischer Werte, sondern rangiert unter den Unwerten.

§ 158 Zahlreiche andere Ausdrücke erinnern mit ihrer Etymologie an alte, heute längst überlebte a b e r - g l ä u b i s c h e V o r s t e l l u n g e n. So nannte das Volk die Stauungen des Talgdrüsensekrets, die an der Oberfläche der menschlichen Haut als schwarze Punkte sichtbar sind und, wenn sie ausgedrückt werden, wie Würmer aussehen, *Mitesser*, denn man war der Meinung, daß sie Abmagerung verursachen.

Das Scheltwort *Mondkalb* wird heute noch in manchen Gegenden gebraucht, obwohl der alte Aberglaube von der Mißgeburt, die unter dem Einfluß des Mondes entstanden sei, längst geschwunden ist.

---

[1] Vgl. H e i n z K r o n a s s e r: Handbuch der Semasiologie. Heidelberg 1952, S. 141, und V. G ü n t h e r: fromm in der Zürcher Reformation. Beiträge zur Geschichte der deutschen Sprache und Literatur 77, Halle 1955, S. 464 ff.

Das letzte Werk eines Dichters nennen wir heute noch manchmal seinen *Schwanengesang;* dem Ausdruck liegt der alte Glaube zugrunde, daß der Schwan vor seinem Tode singe.

Die mitunter in unmittelbarer Nähe von Gelenken oder Sehnen auftretenden Geschwülste mit gallertartigem Inhalt heißen deshalb *Überbeine,* weil sie früher irrtümlich als Knochenauswüchse betrachtet wurden (*Bein* = Knochen, vgl. *Schienbein, Beinhaus, durch Mark und Bein, beinerne Nadel* u. a.).

Als *Veitstanz* bezeichnen auch die Mediziner eine Erkrankung des Nervensystems, die sich in unwillkürlichen, blitzartigen Zuckungen einzelner Muskeln äußert. Der Name dieser Krankheit beruht auf dem Glauben, daß sie durch die Fürbitte eines Heiligen (des hl. Veit) geheilt werden könnte.

3. Die Bedeutungsveränderung als Quelle der Entstehung neuer Wörter (Homonyme)

Als vierte Quelle der Bereicherung des Wortbestandes kann neben der Wortschöpfung, der Wortbildung und der Wortentlehnung auch die Bedeutungsveränderung auftreten. Nachdem nunmehr die Ursachen und der Vorgang dieser Erscheinung ausführlicher dargestellt worden sind, kann die Entstehung neuer Wörter auf dem Wege der Bedeutungsveränderung behandelt werden. Wir haben gesehen, daß die Bedeutungsveränderungen in mannigfacher Weise und mit recht unterschiedlichem Ergebnis vor sich gehen. Eine der Möglichkeiten besteht darin, daß ein Lautkomplex neben seiner ursprünglichen Bedeutung, die er weiter beibehält, eine oder mehrere neue Bedeutungen annimmt. Solange die neue Bedeutung immer noch im Zusammenhang mit der alten gesehen wird, solange das allgemeine Sprachbewußtsein diesen Zusammenhang noch registriert, sprechen wir von einem Wort mit zwei (oder mehreren) Bedeutungen. §159

Das Problem ist allerdings recht schwierig, da es in vielen Fällen schwer zu entscheiden ist, ob sich die Bedeutung des betreffenden Wortes bereits so stark verändert hat, daß es gerechtfertigt ist, von einem neuen Wort zu sprechen. So bezeichnet das aus dem Lateinischen *(corbis)* übernommene *Korb* (mhd. *korp,* ahd. *korb, chorp*) zunächst ein aus Weidenruten u. ä. geflochtenes Gefäß, es kann auf Grund metaphorischen Gebrauchs aber auch die Schutzvorrichtung für die Hand bedeuten, die am Degengriff in Gestalt eines Korbes angebracht ist. Unser *Blatt,* mhd., ahd. *blat* geht auf ein germ. *+bla a-* zurück und hat die Ausgangsbedeutung 'Aufgeblühtes'. Es ist also zunächst die Bezeichnung für einen Teil einer Blüte oder einer Pflanze. Im Anschluß an lat. *folium* wird es auch für das Pergament- oder Papierblatt und für sonstige dünne, flache Gegenstände gebraucht (*Sägeblatt, Schulterblatt* usw.).

§ 160   Man kann freilich oft verschiedener Meinung sein, ob der innere Zusammenhang zwischen der Ausgangsbedeutung und den abgeleiteten jüngeren Bedeutungen noch fühlbar ist, ob also beispielsweise der Lautkomplex *Blatt* als ein Wort mit zwei Bedeutungen anzusehen ist oder ob man zwei verschiedene Wörter *Blatt* annehmen muß. Leichter ist die Entscheidung schon bei dem Lautkomplex *Ring.* Wir haben schon gesehen (§ 29), daß *Ring* in verschiedenen okkasionellen Bedeutungen auftreten kann (als Schmuckstück, technischer Gegenstand, Serviettenhalter, bogenförmige Straße u. a.). In diesen Fällen handelt es sich eindeutig um ein Wort mit verschiedenen Bedeutungen. *Ring* kann aber in jüngster Zeit (vielleicht unter dem Einfluß des amerik. *ring*) auch mit der Bedeutung 'Kreis, Gruppe von Personen oder Institutionen mit gleichen Interessen; Zweckvereinigung' allein und in Zusammensetzungen auftreten, vgl. *Theaterring, Gangsterring, Ringverein* u. ä. Diese neue Bedeutung hat sich von der ursprünglichen ('Kreisrundes') bereits so weit entfernt, daß dem Durchschnittssprecher der Zusammenhang im allgemeinen nicht mehr bewußt ist. Wenn nun bei der Bedeutungsveränderung der Zusammenhang der abgeleiteten Bedeutungen mit der Ausgangsbedeutung im Sprachbewußtsein verlorengegangen ist, stehen wir vor der Notwendigkeit, die Entstehung eines neuen, selbständigen Wortes anzuerkennen. Solche gleichlautende Wörter mit verschiedenen Bedeutungen nennen wir Homonyme (siehe § 162). Dieser Tatbestand liegt offenbar bei *Ring* in der zuletzt genannten Bedeutung und auch bei den folgenden Beispielen vor.

Der Lautkomplex *Lauf,* ahd., mhd. *louf,* eine Ableitung zum Verb *laufen,* liegt (vom Standpunkt unserer Gegenwartssprache) drei verschiedenen Substantiven zugrunde, die auf dem Wege der Bedeutungsveränderung auseinander entstanden sind. *Lauf* ist zunächst eine Vorgangsbezeichnung zum Verbum *laufen.* In dieser ursprünglichen Verwendung kann es die schnelle Fortbewegung eines Lebewesens, das Vorrücken der Zeit *(im Laufe des Tages)* oder einer Handlung *(im Laufe des Gesprächs, der Verhandlung)* u. a. bezeichnen. Davon unterscheiden wir ein zweites Wort *Lauf,* das eine Gegenstandsbezeichnung ist und den umschlossenen Raum benennt, in dem etwas läuft, also den *Lauf einer Schußwaffe,* einen *Flußlauf* u. ä. Schließlich kennt die Fachsprache der Jäger noch ein drittes Wort *Lauf.* In diesem Falle bezeichnet der Lautkomplex das Werkzeug zum Laufen, also das Bein des Wildes *(Vorderlauf, Hinterlauf).* Der genetische Zusammenhang zwischen diesen drei Wörtern ist dem Sprachbewußtsein eines Durchschnittssprechers unserer Tage nicht mehr gegenwärtig, und deshalb sprechen wir hier von drei selbständigen Wörtern und nicht von einem Wort mit drei verschiedenen, auseinander abgeleiteten Bedeutungen.

Andere Beispiele sind die beiden Substantive *Schimmel,* heute zwei selbständige Wörter, von denen das ältere einen weißlichen Überzug aus kleinen Pilzen auf organischen Stoffen ('Kahm'), das jüngere ein weißes Pferd bezeichnet. Sprachgeschichtlich gesehen, ist das Wort *Schimmel* 'weißes Pferd' erst in spätmhd. Zeit auf dem Wege der Bedeutungsentwicklung aus dem Wort *Schimmel* 'Kahm' entstanden. Voraus gehen Wendungen wie *ein schemeliges perd* (Frankfurt am Main, 1374) u. ä. Mhd. *schimel* und ahd. *⁺scimbal* 'Kahm' sind mit *Schimmer* verwandt.

Schließlich seien aus der Fülle des Materials noch die Wörter das *Band* und der *Band* (mhd., ahd. *bant,* zum Verb *binden)* genannt. Das erstere kann verschiedene Bindemittel aus Leder, Geweben oder anderen Stoffen, sogar Metallen, bezeichnen. Das männliche Substantiv *Band,* das zunächst den 'Einband', dann das 'Zusammengebundene' oder das 'zum Zusammenbinden Bestimmte' bezeichnete, hat jetzt die Bedeutung 'Buch, Teil eines Gesamtwerkes'. Heute sind die beiden Wörter schon durch verschiedenes Geschlecht sowie unterschiedliche Bildung und Flexion des Plurals als selbständig gekennzeichnet.

Mit den eben behandelten Beispielen von Wortbildung durch Bedeutungsveränderung sind die Formen dieser sprachlichen Erscheinung jedoch noch nicht erschöpft. So entstehen auch durch den Übergang von Nomina agentis in Sachnamen neue Wörter. Mhd. *liuchtære* bezeichnete (ganz wie *trinkære* oder *jegere)* eine Person nach ihrer Tätigkeit, es bedeutet also 'Erleuchter, Vorbild'; unser heutiges *Leuchter* aber benennt einen Gegenstand. Wir müssen es daher als ein neues, selbständiges Wort ansehen, das seine Entstehung der Bedeutungsentwicklung verdankt. § 161

Ebenso wird man auch den Übergang von Gattungsnamen in Eigennamen und, umgekehrt, von Eigennamen in Gattungsnamen hierher zu rechnen haben. So entstanden aus Gattungsnamen die selbständigen Eigennamen *Weber, Schneider, Schmid(t)* oder *Schmit(t), Rot(h), Hof, Berg* usw., und die Gattungsnamen *Kaiser, Krösus* (steinreicher Mann), *Havanna* (Zigarrensorte), *Bordeaux* (Weinsorte), *Zeppelin* (Luftschiff), *Ohm, Volt, Hertz* (Maßeinheiten der Elektrizität) usw. gehen alle auf Eigennamen zurück.

Schließlich müssen noch jene Wörter genannt werden, die durch Aufspaltung eines Wortes in zwei oder mehrere verschiedene Wörter infolge von Funktions- und Bedeutungsdifferenzierung entstanden sind. So spaltete sich ahd. *in (în)* zu *ein* 'hinein' und *in;* ahd. *daz* (Pronomen) in das Pronomen *das* und die Konjunktion *daß* (die unterschiedliche Schreibung stammt erst aus dem 16. Jh.).

§ 162   Viele Homonyme sind, wie oben gezeigt wurde, dadurch entstanden, daß ein Lautkomplex aus seiner ursprünglichen Bedeutung eine völlig neue entwickelt hat, wobei der Zusammenhang zwischen den beiden Bedeutungen von den Angehörigen der Sprachgemeinschaft nicht mehr empfunden wird. Für das Sprachbewußtsein ist in diesem Falle der Tatbestand gegeben, daß zwei gleichlautende Wörter mit unterschiedlichen Bedeutungen, zwei Homonyme, existieren. Weitere Beispiele für diese Art der Homonyme sind *Stock* (Stamm von Gewächsen) — *Stock* (Etage), *Feder* (Vogelfeder und Schreibfeder) — *Feder* (Trieboder Spannfeder, z. B. im Uhrwerk) u. a.

Neben dieser ersten Gruppe gibt es jedoch noch eine z w e i t e. Diese umfaßt gleichklingende Wörter von unterschiedlicher Bedeutung, Herkunft und ursprünglich auch verschiedener Lautung; die Übereinstimmung der Lautgestalt hat sich erst im Laufe der sprachlichen Entwicklung infolge der Wirkung des Lautwandels ergeben. Oft ist die Kongruenz vollständig, d. h., sie betrifft die Lautgestalt, das Geschlecht und die Flexion, mitunter erstreckt sie sich nur auf die Lautung einiger Formen. Ich nenne folgende Beispiele:

a)   *Miete* (weiblich) 'Zahlung für eine überlassene Einrichtung', aus mhd. *miete,* ahd. *mieta, miata,* älter *mêta* 'Lohn, Bezahlung', verwandt mit got. *mizdô,* griech. *misthós* und abg. *mīzda* 'Lohn' und

b)   *Miete* (weiblich) 'Heuschober, Fruchtgrube', aus lat. *mēta* (foeni) 'Heuschober';

a)   *Leiter* (männlich) 'verantwortlicher Funktionär', Ableitung von nhd. *leiten,* mhd. *leiten,* ahd. *leiten, leittan,* das auf ein germ. ⁺*laidian* 'gehen machen, gehen lassen', Bewirkungszeitwort zu germ. ⁺*līpan* 'gehen', weist und

b)   *Leiter* (weiblich) 'Klettergerät', aus mhd. *leiter(e),* ahd. *leitara,* älter ⁺*hleitara,* das über germ. ⁺*hlai-dri* auf die vorgerm. Wurzel ⁺*k̑lĭ-* zurückgeht, die auch in unserem Zeitwort *lehnen* vorliegt. *Leiter* bedeutet also 'die Schräge, Angelehnte';

a)   *Mangel* (männlich) 'Fehler, Unvollkommenheit' aus mhd. *mangel, manc* 'Gebrechen', zu mhd. *mangeln,* ahd. *mangolôn, mangôn, męngen* 'entbehren, missen, ermangeln'; dieses ist Entlehnung aus mlat. *mancare,* zu lat. *mancus* 'verstümmelt' (vgl. it. *manco* 'Verlust') und

b)   *Mangel* (weiblich) 'Glättrolle für Wäsche', aus mhd. *mange,* das über lat. *manganum* und it. *mangano* auf griech. *mánganon* 'Schleudermaschine' zu-

226

rückgeht (über den Zusammenhang zwischen 'Wäscherolle' und 'Schleudermaschine' siehe Fr. Kluge, a. a. O., S. 458);

a) *Mark* (weiblich) 'Grenze, Grenzgebiet', aus ahd. *marc(h)a,* mhd. *marke*
'Grenze' (das Wort ist im Neuhochdeutschen durch das slawische Lehnwort
Grenze verdrängt und heute veraltet),
b) *Mark* (weiblich), Münzbezeichnung, aus mhd. *mark(e)* (zu der Bedeutungsentwicklung des Wortes siehe S. 215) und
c) *Mark* (sächlich) 'weiches Zellgewebe im Inneren von Knochen, Pflanzen-
stengeln und dergleichen', aus mhd. *marc,* ahd. *mar(a)g;* es geht über germ.
⁺*mazga-* auf ide. ⁺*mozgho-* zurück, das auch in abg. *mozgъ* 'Gehirn' fort-
wirkt.

IX. Der Bildgehalt der Sprache

1. Die Verbildlichung, ein Grundprinzip sprachlicher Darstellung

§ 163   Wer die Sprache bewußt betrachtet, bemerkt bald ihren schier unerschöpflichen Reichtum an Bildern. Seit jeher bedient sich der sprechende Mensch des Bildes und des Vergleichs, um seine Gedanken zu formen und auszudrücken. Das ist eine ganz natürliche Erscheinung, denn die Widerspiegelung der objektiven Realität erfolgt im menschlichen Bewußtsein zunächst immer in den konkret-sinnlichen Formen der unmittelbaren Anschauung, und auch die qualitativ höhere Form der abstrakten Widerspiegelung der Welt, das Denken, bedient sich der Elemente dieser sinnlichen Abbildung der objektiven Realität. Zur Widerspiegelung der Zusammenhänge und Gesetzmäßigkeiten, die zwischen den Dingen und Erscheinungen bestehen bzw. für sie gelten, bedürfen wir des Mittels der Sprache. Die Sprache erfüllt ihre Funktion aber nur auf der Grundlage und im Zusammenwirken mit den Sinnen des Menschen, die die konkret-sinnliche Widerspiegelung der Wirklichkeit vermitteln. Ein unentbehrliches Mittel, sich selbst und anderen jene mit Hilfe der Empfindung und Wahrnehmung nicht unmittelbar erfaßbaren Beziehungen und Gesetzmäßigkeiten (in Form sprachlich formulierter Gedanken) bewußtzumachen, ist das sprachliche Bild, das auf der symbolhaften Substituierung erschlossener, unanschaulicher Zusammenhänge und Vorgänge durch anschauliche, sinnlich erfaßbare Gleichnisse beruht.

So sind wir besonders bei der Darstellung alles Geistigen und Seelischen auf die Bezeichnungen für sinnlich Wahrnehmbares angewiesen. Wenn beispielsweise das Funktionieren des höheren Nervensystems sprachlich dargestellt werden soll, verwenden wir — ohne daß es freilich den meisten Sprechern zum Bewußtsein kommt — lauter konkret-anschauliche Bilder: Wir sprechen von *Reizen* und *Eindrücken,* ganz als ob es sich dabei um physikalische Vorgänge handelte, wir lassen diese *Reize* auf *Nervenbahnen* einem *Zentralorgan zulaufen,* sprechen von *Reflexbogen* und *eingeschliffenen Verbindungen* zwischen einzelnen *Nervenzentren,* von *Reizschwellen* u. ä.

Ebenso sind auch unsere Ausdrücke für geistige Tätigkeiten und Zustände ausgesprochen bildhaft. Wir verwenden zu ihrer sprachlichen Bezeichnung die verschiedensten Bilder, wie das

des Wiegens in *erwägen,*
des Messens in *ermessen,*
des Spaltens und Sonderns in *gescheit* (zu *scheiden*) oder in *zergliedern* (wie ein Anatom den Körper in seine Glieder zerlegt),
des Schauens in *vorsichtig sein, sich klar werden, etwas im Auge behalten, etwas ins Auge fassen,*
des Fassens und Tastens in *erfassen, faßlich, sich nicht fassen können, einen Entschluß fassen, fähig*
(zu *fahen* = fangen, also 'imstande zu fassen'), *etwas behalten, begreifen, begreiflich, Begriff, begrifflich,*
des Auf- oder Zuschließens in *Entschluß, Beschluß, entschließen, beschließen, etwas ist mir ver-
schlossen,*
des Formens und Bildens in *Eindruck, Ausdruck* (ganz sinnlich, wie bei einem Stempel), *Einbil-
dung, sich einbilden,*
des Verletztwerdens in *betroffen* (zu *treffen*), *bestürzt* (zu *Sturz*), *verrückt* (von der rechten Stelle
gerückt), *entrückt sein,*
des Vertiefens in *sich in etwas vertiefen, versenken, verbohren, grübeln* (*Grube* für tiefe Gedanken)
im Gegensatz zu *flach, oberflächlich* usw.

Wir sehen an allen diesen Beispielen, daß viele innere Vorgänge geistiger und
seelischer Natur im Bild benannt, daß sie sprachlich durch Gleichnisse aus der
Welt der Körper und sichtbaren Erscheinungen ausgedrückt werden können.
Sprachliche Bilder werden jedoch nicht nur bei der Darstellung geistiger und
seelischer Tatbestände benötigt, sondern die Verbildlichung ist ein
Grundprinzip der sprachlichen Darstellung überhaupt. Alles,
was durch Assoziation miteinander verbunden ist, kann bildhaft füreinander
auftreten, und es gibt kein Lebensgebiet, bei dessen sprachlicher Gestaltung die
Verbildlichung keine Rolle spielte.

Allerdings geht der Anschauungsgehalt, den viele Wörter bei ihrer Entstehung aufweisen, sehr bald verloren, ebenso wie die etymologischen Zusammenhänge verlorengehen. Dieses Verblassen des ursprünglichen Anschauungs-
gehaltes, der Bildlichkeit der Wörter, das wir überall beobachten, ist ein Wesens-
zug der Sprache. Die Wörter haben, wie im Kapitel II schon ausgeführt wurde,
verallgemeinernden Charakter, das heißt, sie rufen im Bewußtsein der Sprach-
benutzer begriffliche Abbilder der Wirklichkeit hervor, da sie nur deren wesentliche Merkmale widerspiegeln. Das ist die Erklärung für die allgemein
bekannte Erscheinung des Verblassens bildlicher Wortprägungen und der sogenannten „Bedeutungsentleerung" überhaupt. Friedrich Kainz nennt diesen
Vorgang „progressive Verzeichlichung" der Wörter.[1]

---

[1] Vgl. Friedrich Kainz: Psychologie der Sprache. I. Bd. 3. Aufl. Stuttgart 1962, S. 135 u. öfter.

Für die volle Ausschöpfung der Aussagemöglichkeiten eines Wortes und seine fehlerfreie Handhabung ist es aber wichtig, zu wissen, auf welche Weise die begriffliche Widerspiegelung der Wirklichkeit sprachlich materialisiert worden ist. Es erhöht die Ausdrucksfähigkeit, schärft das Sprachgewissen und bewahrt vor manchem Fehlgriff, wenn man sich daran gewöhnt, den Wörtern auf den Grund zu sehen, das heißt ihre ursprüngliche und eigentliche Aussageleistung aufzudecken. Diese Art der Betrachtung unseres Wortschatzes vermittelt einen tiefen Einblick in das Funktionieren der Sprache überhaupt und in die besonderen historischen Formen und Wege der Ausbildung des Wortbestandes unserer Muttersprache.[1]

2. Die Personifizierung

§ 164   Eine der ältesten und wichtigsten Formen des sprachlichen Bildes ist die Personifizierung. Sie stellt eine elementare Denk- und Darstellungsform dar, deren sich der Mensch heute wie vor Tausenden von Jahren mit Vorliebe bedient. Besonders der primitive Mensch, dem die Einsicht in die Zusammenhänge und Gesetzmäßigkeiten der Vorgänge in der ihn umgebenden Welt noch fehlte, beurteilte diese Umwelt zunächst nur nach seinem eigenen Ich. Die Lebenskraft, die er in sich selbst fühlte, übertrug er ohne Bedenken auch auf die Erscheinungen der Außenwelt, auf Lebewesen und auf Unbelebtes in gleicher Weise. Diese phantasievolle Beseelung der Natur, die Neigung, alle Objekte nach dem Bild des Menschen anzusehen, die Übertragung menschlichen Wesens auf die Außenwelt hat sich in unzähligen Ausdrücken und Wendungen der Sprache niedergeschlagen und gibt ihrer Symbolik einen stark anthropomorphen Charakter.

So sind die zahlreichen Sprachbilder zu verstehen, die die leblosen Dinge der Natur als handelnde Wesen vorführen:

Die Uhr *geht*, der Abend *kommt*, die Sonne *lacht*, der Sturm *heult*, die Tür *kreischt*, die Waffe *versagt*, das Verbrechen *schreit* zum Himmel, der Berg *erhebt sich* vor unseren Augen, der Fels *fällt* steil *ab*, der Baum *bewegt* seine Äste, *läßt* seine Blätter *fallen*, der Wald *steht starr* und *schweigt*, die Burgruine *schaut* ins Tal *hinab*, die Ernte *verspricht* gut zu werden, der Tod *geht um*, die Krankheit *packt*

---

[1] Von den verblaßten sprachlichen Bildern grundsätzlich zu unterscheiden ist die gelegentlich bildliche Verwendung von Wörtern in künstlerischer oder anderer Absicht, bei der es darum geht, die abgeschliffene Münze des alltäglichen Sprachverkehrs bewußt außer Kurs zu setzen bzw. ihr durch ungewöhnlichen Gebrauch einen neuen Kurswert zu verleihen. Das sprachliche Bild als Stilmittel ist Gegenstand der Stilistik; wir beschäftigen uns hier nur mit dem ursprünglichen, in der Regel bereits verlorengegangenen Anschauungsgehalt der sprachlichen Zeichen.

oder *überfällt* einen Menschen, das Fieber *schüttelt* ihn, ein Gedanke *fällt* ihm *ein*, Hoffnung *über-kommt* ihn, Furcht *ergreift* ihn, Haß *zerfleischt* ihn, Liebe *beglückt* ihn, Sorgen *zermürben* ihn usw.

Eine andere Art dieser anthropomorphen Sprachsymbolik liegt vor, wenn wir leblosen Dingen Benennungen geben, die ihrer Form nach Nomina agentis sind und als solche eigentlich Lebewesen nach ihrer Tätigkeit be-zeichnen, wie *Böller* (zu mhd. *boln* 'schleudern'), *Bohrer, Brenner, Dampfer, Drücker, Federhalter, Fernsprecher, Hosenträger, Korkenzieher, Kreuzer* (Kriegsschiff, das hin und her fährt, *kreuzt*), *Ladenhüter* (Ware, die sich lange auf Lager befindet), *Leuchter, Nußknacker, Scheinwerfer, Schnellsegler, Tot-schläger* (derber Stock), *Vatermörder* (hoher Kragen mit langen, spitzen Ecken, siehe auch S. 144), *Zahnstocher* oder solche wie *Stiefelknecht, stummer Diener* (Anrichtetischchen) usw. Hierher gehört auch der alte Brauch, besonders wichti-gen oder wertvollen leblosen Gegenständen Namen zu geben wie Menschen (z. B. Siegfrieds Schwert *Balmung*, Rolands Horn *Olifant* oder heutzutage Schif-fen, Lokomotiven usw.).

Als Beispiele der Beseelung müssen auch die zahlreichen bildlichen Ausdrük-ke angeführt werden, die leblose Gegenstände der Außenwelt nach Tei-len des menschlichen (oder tierischen) Körpers benennen. So hat die Brücke einen *Kopf*, die Flasche einen *Hals*, der Hebel *Arme*, der Krug einen *Bauch*, der Zirkel *Schenkel*, das Ofenrohr ein *Knie*, der Tisch *Beine*, der Berg einen *Fuß*, einen *Rücken* und eine *Nase*, der Schuh eine *Zunge*, der Spielwürfel *Augen*, der Schlüssel einen *Bart* usw. Strenggenommen liegt hier freilich nicht Personifikation im eigentlichen Sinn vor, sondern die Metapher. Neben diesen bildlichen Ausdrücken verwenden wir auch viele Redewendungen, die ihre Bildhaftigkeit ebenfalls vom menschlichen Körper herleiten. So dient die Dar-stellung äußerlicher körperlicher Vorgänge zum Ausdruck innerer, seelischer Zustände und Regungen:

den Kopf verlieren (= die Ruhe, die Fassung verlieren), *etwas an den Haaren herbeiziehen, ein Au-ge zudrücken, jemandem Sand in die Augen streuen, seine Nase überall hineinstecken, eine gute Nase haben, sich den Mund verbrennen, jemandem auf den Zahn fühlen, sich etwas aus den Fingern sau-gen, aus der Haut fahren, sich etwas aus den Rippen schneiden, das Herz verlieren, etwas bricht einem das Herz, etwas drückt einem das Herz ab, etwas geht einem an die Nieren, etwas liegt einem im Magen, läuft einem über die Leber, die Haare stehen einem zu Berge* usw.

3. Die Metapher

§ 165   Sehr viele Wörter beruhen auf metaphorischem Sprachgebrauch. Die Metapher kommt dadurch zustande, daß auf Grund eines Vergleiches die Bezeichnung eines Gegenstandes oder einer Erscheinung auf einen anderen übertragen wird, wobei diese Übertragung durch die äußere Ähnlichkeit oder die Ähnlichkeit der Verwendung der betreffenden Dinge ermöglicht wird. Diese Art des Sprachbildes ist so häufig und allgemeingebräuchlich, daß Jean Paul die Sprache ein Wörterbuch erstarrter Metaphern genannt hat; sie dokumentiert die erstaunliche Beobachtungsgabe und Einbildungskraft des Volkes.

Eine sehr oft auftretende Art der Metapher ist die (oben bereits aufgeführte) Verwendung der Bezeichnungen von Körperteilen für Gegenstände ähnlicher Gestalt. Umgekehrt werden auch manche Körperteile nach ähnlich geformten Gegenständen bezeichnet. Hierher gehört das Wort *Kopf,* dessen ursprüngliche Bedeutung 'rundes Gefäß, Trinkgefäß' heute noch in *Tassenkopf* oder *Pfeifenkopf* feststellbar ist. Andere einschlägige Beispiele sind: *Linse* (im Auge; ursprünglich ist das Wort nur die Bezeichnung für die Feldfrucht), *Mandel* (im Rachen), *Zäpfchen* (am Gaumen), *Trommelfell* (im Ohr), *Brustkorb, Schlüsselbein,* (das menschliche) *Becken* usw.

Die äußere Ähnlichkeit ermöglicht auch die Übertragung von Tiernamen auf Menschen und Sachen oder auch auf andere Tiere; es kann sich dabei um die Ähnlichkeit der Gestalt oder um die Übereinstimmung von Eigenschaften handeln.

So finden sich die Bezeichnungen *Kauz* (unheimlicher Nachtvogel) für seltsame, *Bär* für ungeschickte, täppische, *Hase (Angsthase)* für furchtsame, *Frechdachs* für unverschämte, *Streithammel* für streitlustige, *Giftkröte* für bösartige, *Duckmäuser* für charakterlos-feige Menschen usw. Sogar Verben können in dieser Weise metaphorisch verwendet werden. So bezeichnen wir das stumpfsinnige, verständnislose Einpauken von Wissen als *büffeln* oder *ochsen* und verwenden für gewisse Tätigkeiten und Handlungen Verben, die von den Namen der Tiere abgeleitet sind, bei denen wir entsprechende Eigenschaften oder Gewohnheiten beobachten: *schwärmen* (nach dem Bienenschwarm), *bocken, hamstern, mausen, unken, abluchsen* usw.

Äußere Ähnlichkeit oder vermeintliche Übereinstimmung besonderer Eigenschaften und Tätigkeiten sind die Grundlage vieler volkstümlicher metaphorischer Tier- und Pflanzennamen, z. B. *Pfauenauge, Trauermantel, Totengräber, Pillendreher, Goldschmied* (= Goldlaufkäfer), *Dompfaff, Zaunkönig; Löwenmaul, Storchschnabel, Hahnenfuß, Rittersporn, Kaiserkrone, Königskerze, Fingerhut, Goldregen* usw.

Tiernamen treten häufig als Sachbezeichnungen auf: der *Hahn* am Gewehr, am Faß, an der Wasserleitung, am Gasrohr; die *Raupe* am Militär- oder Ackerfahrzeug *(Raupenkette, Raupenschlepper);* die *Schnecke* im Ohr, an der Geige, im sog. *Schneckengetriebe;* der *Bock* als Turngerät und Kutschersitz, als *Säge-* und *Prellbock;* die *Katze* am Kran als *Laufkatze* (der *Kran* selbst hat seinen Namen von dem Vogel mit dem langen Hals, den wir jetzt *Kranich* nennen) usw.

Hier sind auch gleichnishafte Ausdrücke, wie die Adjektive *bockbeinig, hundemüde, dickfellig, fuchswild, flatterhaft, affig* usw., zu nennen.

Als Beispiel für die metaphorische Übertragung eines Tiernamens auf ein anderes Tier sei der Ausdruck *Fuchs* angeführt. Er wurde wegen der Ähnlichkeit der Farbe von dem hundeähnlichen Raubtier auf Pferde und auch auf Schmetterlinge übertragen.

Häufig gehen Sachnamen auf andere Gegenstände über. So bedeutet das Wort *Netz* ursprünglich 'Geknüpftes'; es ist zunächst die Bezeichnung für das Fangwerkzeug des Fischers und ähnliche „geknüpfte" Gerätschaften. Heute verwenden wir es jedoch auch für natürliche Gewebe im menschlichen und tierischen Körper (*Netz* um die Eingeweide, *Netz,* oder öfter: *Netzhaut,* im Auge) und sprechen von *Straßen-, Eisenbahn-, Kanal-, Telegraphen-* und anderen *Netzen.* Ein *Schiff ist* nicht nur ein Wasserfahrzeug, sondern wir unterscheiden *Mittel-, Seiten-, Lang-* und *Querschiff* einer Kirche, ferner sprechen wir von *Schiffen* in Brauereien *(Kühlschiff),* im Herd (das Wassergefäß), beim Webstuhl (meist: *Schiffchen).* *Pfeife* bezeichnet nicht nur ein Blasinstrument, sondern ebensogut auch die *Tabakpfeife.* *Tulpe* ist ein Blumenname und daneben auch die Bezeichnung für ein kelchförmiges Bierglas, *Kelch* (< lat. *calix*) dagegen nicht nur ein Trinkgefäß, sondern auch der Teil einer Blüte usw.

Eine Fundstelle für Metaphern ist der Bäckerladen:

Da gibt es *Wecken* (keilförmiges Gebäck, zu mhd. *we̜cke,* ahd. *we̜cki* 'Keil'), *Stollen* (längliches Kuchenbrot, eigentlich 'Pfosten', zu mhd. *stolle,* ahd. *stollo* 'Stütze, Pfosten'), *Krapfen,* obd. *Kräpfel,* md. *Kräppel* (Pfannkuchen, benannt nach ihrer hakenförmigen Gestalt, zu mhd. *krâp[f]e,* ahd. *krâpfo* 'Haken, gebogene Klaue, Kralle'), *Kringel* (ringförmiges Gebäck; schon mhd. *kringel* [Verkleinerungswort zu *krinc, kring* 'Kreis, Ring'] war die Bezeichnung für ein Gebäck), *Hörnchen, Waffeln* (verwandt mit dem Wort *Wabe:* das Gebäck wird wegen seiner rautenförmigen Vertiefungen mit der Honigwabe verglichen), *Mohrenköpfe* und sogar *Schillerlocken.*

Viele volkstümliche Metaphern zeichnen sich durch Witz, mitunter auch durch Bosheit aus. So stehen für Kopf Bilder wie *Birne, Rübe, Kürbis* u. a., für Nase *Gurke, Zinken, Lötkolben* u. a., die Beine werden *Flossen, Stelzen* oder

Spazierhölzer genannt, die Geige heißt *Jammerholz,* das Klavier *Drahtkommode,* die Zigarre *Giftnudel,* die Zigarette *Sargnagel* usw.

§ 166   Aber nicht nur die Ähnlichkeit der Gestalt, sondern auch die Übereinstimmung der Funktion oder der Verwendung kann zur Grundlage von Metaphern werden (freilich kommt häufig zur Gleichheit der Funktion auch noch die Ähnlichkeit der Gestalt hinzu). So zeigt *Strahl* in *Lichtstrahl, Sonnenstrahl* eine metaphorische Bedeutung. Hier liegt bildliche Verwendung des mhd. *strâle,* ahd. *strâla* vor, dessen ursprüngliche Bedeutung 'Pfeil' (vgl. auch abg. *strěla,* russ. *cmpeла* 'Pfeil') von der Vorstellung des Treffens und Verletzens ausgeht. Das kommt noch in *Blitzstrahl* und *Wasserstrahl* zum Vorschein. *Haupt* ist das alte germanische Wort für *Kopf;* als *Haupt* oder *Oberhaupt* der Familie, des Landes, einer Körperschaft usw. stellt es eine Metapher auf der Grundlage der Übereinstimmung der Funktion dar: so wie der Kopf den Körper lenkt, lenkt das *Haupt* oder *Oberhaupt* einer Stadt die Bürgerschaft.

§ 167   Zur Gattung des metaphorischen Sprachbildes gehört auch die meist wenig beachtete Übertragung von Bezeichnungen für Räumliches auf Zeitverhältnisse. Das zeigen Ausdrücke wie *Zeitabschnitt, Zeitpunkt, Zeitraum, Zeitspanne, kurze* und *lange Zeit* und die Zeitadverbien *einmal, ehemals, damals* usw., die auf das alte Substantiv *Mal* zurückgehen. Dieses Wort bezeichnet ursprünglich einen 'markierten Punkt im Raum' (vgl. noch *Ehrenmal, Denkmal* usw.). Es wurde aber schon frühzeitig im Sinne von 'Zeitpunkt' verwendet.

Hierher gehören auch die temporalen Adverbien und Präpositionen, die ursprünglich lokale Adverbien und Präpositionen gewesen sind, wie *her* in *bisher, seither, von alters her; hin* in *fernerhin, weiterhin* u. a., und die Präpositionen in den Fügungen *in einer Stunde, am Mittag, am Tage, über Nacht, um diese Zeit, vordem, hinterher.*

Ferner werden Ausdrücke für räumliche Verhältnisse auch zur Bezeichnung der Intensität *(große Kälte, hohes Alter, steigende Begeisterung),* der Wertschätzung und des Rangverhältnisses *(fallende Preise, tief unter jemand stehen, Hochachtung, vorzüglich, großmütig),* der Tonabstufung *(tiefer Ton, sich hebende Stimme)* und besonders zur Bezeichnung von Unräumlichem, Seelischem, Abstraktem verwendet *(Begriff, begreifen, finden: ich finde, daß du recht hast; Eindruck, behaupten, schwebende Verhandlungen* usw.), ohne daß dabei die räumliche Ausgangsbedeutung noch bewußt wird.

§ 168   Auch die Übertragung von Bezeichnungen aus einem Sinnesgebiet in ein anderes (Synästhesie) kommt des öfteren vor. Vom Gehörsinn auf

234

den Gesichtssinn sind folgende Ausdrücke übertragen: *hell* (zu mhd. *hëllen*, ahd. *hëllan* 'ertönen', das in frühnhd. Zeit durch das schwache Zeitwort *hallen* verdrängt wurde), *grell* (zu mhd. *grëllen* 'vor Zorn schreien', verwandt mit *Groll*), *Farbtöne, schreiende Farben, knallrot* oder *-gelb* usw. Andere Fälle von Übertragung der Bezeichnungen aus einem Sinnesgebiet in ein anderes sind: *Ohrenschmaus* und *Augenweide* (zu *weiden;* mhd. *weiden(en),* ahd. *weid(an)ôn* bedeutet 'Futter suchen'), *süße Düfte, süße Töne, weiche Töne, harte Laute, warme* und *kalte Farbtöne, scharfe Gewürze, stechende* oder *beißende Gerüche* usw.

4. Die Metonymie

§ 169

Neben der Metapher spielt unter den Formen des bildlichen Ausdrucks die Metonymie eine große Rolle. Während bei der Metapher aber die Übertragung der Bezeichnung von einem Objekt auf ein anderes auf Grund der äußeren Ähnlichkeit oder der Ähnlichkeit der Verwendung erfolgt, beruht die Metonymie auf einem tatsächlichen Zusammenhang räumlicher, zeitlicher oder ursächlicher Art zwischen den beiden durch dasselbe Wort bezeichneten Dingen oder Erscheinungen.

Eine sehr häufig anzutreffende Art der Metonymie besteht darin, daß die Bezeichnung eines besonders bemerkenswerten und hervorstechenden Teiles stellvertretend für das Ganze gesetzt wird, zu dem der Teil gehört (Pars pro toto). Je nach ihren besonderen Eigenschaften bezeichnen wir bestimmte Menschen als *kluge, helle* oder *feine Köpfe,* als *Dick-* oder *Querköpfe, Trotzköpfe* oder *Wirrköpfe, Quasselköpfe* oder *Kindsköpfe* oder gar als *Holz-, Stroh-, Dumm-* und *Schafsköpfe.* Andere haben und sind deshalb für uns *Lok-ken-, Kraus-, Kahl-* oder *Glatzköpfe,* Und so redet man auch von *Geizhälsen* oder *Geizkragen* und *Schreihälsen,* von *Leicht-* und *Hasenfüßen,* von *Langfin-gern,* von *Krämerseelen,* von *Schön-* und *Freigeistern,* von *Quälgeistern* usw.[1]

Neben hervorstechenden körperlichen oder geistigen Besonderheiten können auch rein äußerliche Merkmale zur metonymischen Bezeichnung von Personen Anlaß geben. Hierher gehören die *Blaujacken* (= Matrosen, nach engl. *bluejacket*), die *Grünröcke* (= Förster, Jäger), aber auch Bezeichnungen wie *Fle-*

---

[1] Siehe auch § 63.

gel (für einen groben Menschen, urspr. nach dem mit dem Flegel umgehenden Bauern).

Um metonymische Verwendung der Bezeichnung eines Teiles für das Ganze handelt es sich auch, wenn ein Eisenwerk als *Hammer* und der Stand des Predigers in der Kirche als *Kanzel* bezeichnet wird (lat. *cancelli* bedeutet eigentlich nur das Gitter, das den Raum für den Prediger einfaßt). Auch bei Z e i t b e g r i f - f e n tritt diese Art der Metonymie auf: *Tag* ist zunächst die Bezeichnung für die helle Tageszeit, heute auch für den ganzen Zeitraum von 24 Stunden; der *Sonn- abend* ist eigentlich der Abend vor dem Sonntag, jetzt aber der ganze Tag.

Mitunter steht die Bezeichnung eines K l e i d u n g s s t ü c k e s für den dadurch bedeckten T e i l d e s K ö r p e r s oder u m g e k e h r t; so bedeutet *Schoß* < mhd. *schôz,* ahd. *scôz(o), scôza* ursprünglich 'Kleiderschoß, Rockschoß', also den Un- terteil eines Kleidungsstückes. Vom Gewand wurde die Bezeichnung dann auf den davon bedeckten Körperteil übertragen. Der umgekehrte Vorgang liegt bei *Mieder* (zu mhd. *müeder, muoder,* das noch die ältere Bedeutung 'Bauch, rund- licher Leib' zeigt), *Ärmel* (verdunkeltes Diminutiv zu *Arm*), *Beinling* (= Oberteil des Strumpfes, Diminutiv zu *Bein*), *Fäustling* 'Fausthandschuh', *Leibchen* usw. vor. Die Verkleinerungsformen drücken hier offenbar die äußerliche Nachah- mung, Stellvertretung aus.

Eine ähnliche Bedeutungsverschiebung kommt dadurch zustande, daß die Bezeichnung eines T e i l e s d e s G a n z e n für einen a n d e r e n T e i l steht. Als Beispiel sei das Wort *Besteck* angeführt. Es ist ursprünglich der Ausdruck für das Futteral, in das etwas gesteckt wird; dann bezeichnet es Futteral und Inhalt (*Besteck* des Arztes) und schließlich n u r den Inhalt, also auch einfach eine zu- sammengehörige Menge von Gerät *(Eßbesteck).*

§ 170   Eine weitere Art der Metonymie liegt vor, wenn der R a u m a n S t e l l e d e r P e r s o n e n genannt wird, die sich in ihm befinden. So bedeutet das Wort *Bur- sche* ursprünglich ein Haus, das von einer aus gemeinsamer Kasse (eigentlich Beutel: mhd. *bursa* = Geldbeutel) lebenden Gesellschaft bewohnt wird, dann die aus einer Kasse zehrende Gesellschaft von Studenten, Handwerkern, Soldaten. Wegen dieser Kollektivbedeutung konnte der frühnhd. Sing. *die bursche* im 17. Jh. als Plural aufgefaßt und der einzelne Angehörige einer solchen Gemeinschaft als *der Bursche* bezeichnet werden.

Dieselbe Bedeutungsveränderung hat das Wort *Frauenzimmer* (mhd. *vrou- wenzimmer*) aufzuweisen. Es bezeichnete ursprünglich das Frauengemach, dann die Gesamtheit der Frauen im Gemach. Erst nach L u t h e r meint es die einzelne Frau und steht noch lange ohne die erst seit dem 19. Jh. damit verbun- dene negative Wertung. Ähnlich verhält es sich mit den Ausdrücken *Abgeord-*

236

netenhaus, Gewerbe- oder *Handelskammer* und vielen anderen: ursprünglich die Bezeichnungen für die Gebäude, in denen bestimmte Körperschaften amtieren, bezeichnen sie heute eben diese Körperschaften selbst. Die hier vorliegende Verschiebung der Bedeutung tritt fakultativ im alltäglichen Sprachgebrauch häufig auf; wir sprechen davon, daß *die ganze Stadt auf den Beinen gewesen sei,* daß *die Klasse einen Ausflug mache* usw.

Um Übertragung der Bezeichnungen für Räumliches auf die damit in Verbindung stehenden Personen handelt es sich bei den Ausdrücken *Tafelrunde, Stammtisch* oder *Liedertafel* (wenn dieses Wort als Name für Gesangvereine verwendet wird). Derlei Beispiele führen uns bereits zu einer weiteren Art der Metonymie, bei der die B e z e i c h n u n g   d e s   S y m b o l s, das für eine Sache oder einen Vorgang steht, zur Bezeichnung für diese S a c h e   o d e r   d e n   V o r - g a n g wird. Einst war der *Lehrstuhl* (Lehnübersetzung von griech.-lat. *cathedra*) für den Professor das, was der Thron für den Fürsten war, nämlich Symbol seines Amtes. Diesem Sachverhalt entspricht noch heute die Wendung *einen Lehr- stuhl innehaben.* Dann wurde *Lehrstuhl* direkt zur Bezeichnung für das Amt (das Ordinariat; vgl. *Professor mit Lehrstuhl*) und für die entsprechenden Einrichtungen einer Hochschule, wie Räumlichkeiten, Bibliothek usw., und das wissenschaftliche Personal. So wurde es möglich, daß wir heute von *Lehrstuhl- leitern, Lehrstuhlmitgliedern, Lehrstuhlkonferenzen, Lehrstuhlräumen* usw. sprechen können. Ähnlich verhält es sich mit der Bedeutungsveränderung des Wortes *Stab* im Sinne von Generalstab. Der *Generalstab* war zunächst das Symbol der Kommandogewalt, heute bezeichnet das Wort auch die Offiziere, die den höheren Generalen als Gehilfen zur Verfügung stehen (vgl. *Stabsoffizier, Chef des Stabes*), wie auch das Gebäude[1], in dem die Offiziere des Generalstabs ihren Sitz haben und arbeiten. Andere Beispiele sind *Universität,* das als „u n i - v e r s i t a s magistrorum et scholarium" zuerst die Gesamtheit der Lehrer und Schüler bedeutete und heute eine staatliche Stätte der höchsten Bildung und der Forschung, eine Hochschule mit umfassendem Charakter bezeichnet; *Zollamt, Steueramt, Ministerium* benannten zunächst nur die betreffenden Amtskollegien, heute ebenso auch ihre Amtsgebäude.

Um eine Form der Metonymie handelt es sich auch, wenn gewisse Vorgänge sprachlich dadurch ausgedrückt werden, daß wir s y m b o l i s c h e   H a n d l u n - g e n   b e n e n n e n,   d i e   d i e s e   V o r g ä n g e   b e g l e i t e n. Solche Ausdrücke und Wendungen sind wegen ihres kulturhistorischen Gehalts meist sehr wertvoll für den Unterricht, vgl. *den Stab über einen brechen* (der Richter zerbrach zum Zei-

§ 171

---

[1] Dabei zeigt sich der umgekehrte metonymische Vorgang wie bei *Frauenzimmer, Handelskammer* usw. (siehe oben), denn hier ist die B e z e i c h n u n g   f ü r   d i e   P e r s o n e n, die sich in einem Raum befinden, a u f   d e n   R a u m übergegangen.

chen, daß das Urteil vollstreckt werden sollte, seinen Stab über dem zum Tode Verurteilten), *einem den Fehdehandschuh hinwerfen* und *den Fehdehandschuh aufnehmen* (das Zeichen, daß Kampf oder Streit angetragen und angenommen wurde), *Handgeld nehmen* (das bei der Anwerbung gegebene und angenommene Handgeld ist das Symbol der rechtlichen Bindung) usw. Ich werde auf diese sprachliche Erscheinung bei der Behandlung der sprichwörtlichen Redensarten ausführlicher eingehen.

Oft nennen wir metonymisch das W e r k z e u g statt des damit E r z e u g t e n: *Presse* ist zunächst Preßmaschine, insbesondere Druckerpresse, dann aber auch das Druckerzeugnis (vgl. *Tagespresse*); *Stempel* (zu *stampfen*) ist sowohl das Werkzeug zum Prägen wie auch das geprägte Zeichen usw.

Sehr häufig setzen wir auch die Bezeichnung einer T ä t i g k e i t an Stelle der Bezeichnung für die dabei beteiligten Personen. So ist *Rat* zunächst die Beratung, der Ratschlag, dann aber auch der Beratende, der *Herr Rat; Regierung* bedeutet zunächst die Tätigkeit des Regierens, dann auch die regierende Behörde; *Gilde* (zu *gelten* und *Geld*) bezeichnet zunächst die Zahlung, die Steuer, dann die (zahlende) Genossenschaft; *Zunft* (zu *ziemen*) heißt ursprünglich 'Schicklichkeit, Gesetzmäßigkeit', dann die Regel, nach der eine Genossenschaft lebt, und schließlich diese Genossenschaft selbst.

Ebenso kann die Bezeichnung einer T ä t i g k e i t o d e r H a n d l u n g zur Bezeichnung ihres E r g e b n i s s e s werden; so drücken die Wörter *Abhandlung, Bildung, Druck, Stich, Sammlung* u. a. zunächst die entsprechenden Tätigkeiten, dann aber auch ihre Ergebnisse aus.

Ferner kann die Bezeichnung einer H a n d l u n g o d e r T ä t i g k e i t auf das O b j e k t dieser Handlung oder Tätigkeit übergehen: *Sendung* ist zunächst 'das Senden', dann aber auch der Gegenstand, den man sendet; *Trunk* und *Schluck* sind vorerst Vorgangsbezeichnungen, dann aber auch die Bezeichnung des Getränks bzw. des Quantums, das getrunken oder geschluckt wird.

Die V o r g a n g s b e z e i c h n u n g kann aber auch zur Benennung d e s O r t e s werden, wo sich der Vorgang vollzieht: *Gang* ist ursprünglich das Gehen, dann aber auch der Raum, durch den man gehen kann (*Gang* in einem Hause, *Kreuzgang, Ausgang, Eingang* im Sinn von Tür, Pforte); ähnlich ist *Weg* (zu *bewegen*) zuerst der Vorgang des sich Bewegens, dann die Strecke und schließlich der Streifen Land, auf dem man sich bewegt; *Gemach* bedeutet zunächst Bequemlichkeit (vgl. *gemächlich, nur gemach!*) und dann den Raum, in dem man Bequemlichkeit findet.

Schließlich kann die Bezeichnung einer H a n d l u n g auch zur Bezeichnung d e s M i t t e l s werden, wodurch etwas bewerkstelligt wird: so ist *Geld* (zu *gel-*

ten) ursprünglich 'Vergeltung, Vergütung, Zahlung', dann 'was als Zahlung dient', heute das staatlich eingeführte Zahlungsmittel; ebenso bezeichnet *Urkunde* zuerst den Akt der Beurkundung, Bestätigung (vgl. die alte Formel *dessen zu Urkund*) und dann erst das Schriftstück, das etwas beurkundet.

Es gibt im Deutschen auch einige Wörter, die sich aus einer Dingbezeichnung zur Vorgangsbezeichnung entwickelt haben. Hierher gehören *Wette,* das ursprünglich 'Pfand, Verpfändetes' bedeutete und dann erst zur Bezeichnung für die Tätigkeit des Wettens wurde; ferner *Wucher* (zu *wachsen,* vgl. *Wucherung*), ursprünglich 'Ertrag, Frucht, Gewinn', auch 'Ertrag eines Kapitals, Zinsen'[1]; daraus wurde dann die Tätigkeitsbezeichnung, so daß wir jetzt sagen können: *Wucher treiben.*

§ 172

Zum Schluß sei noch eine große Gruppe erstarrter metonymischer Sprachbilder erwähnt, die darauf beruhen, daß Gemütsbewegungen nach ihren körperlichen Begleiterscheinungen (den Reflexbewegungen) benannt werden. Hierher gehören: *auffahren* (in Zorn ausbrechen); *aufgebracht, empört sein* (*empören* bedeutet ursprünglich 'erheben machen'); *entsetzt sein, sich entsetzen* (eigentlich 'vom Sitz auffahren'); *erschrecken* (eigentlich 'aufspringen', vgl. *Heuschrecke* = Heuspringer), *zurückschrecken, zusammenschrecken; sich sträuben* (ursprünglich 'starr stehen, starren, emporrichten'); *schaudern* (verwandt mit *schütten* und *schütteln*); *stutzen, stutzig* (zu *stoßen;* ursprünglich 'stoßen, hemmen, zögern, aufrecht stehen') u. v. a. Das Wort *Scherz* bedeutet ursprünglich 'muntere, hüpfende Bewegung' (zu mhd. *schërzen* 'fröhlich springen, sich vergnügen').

5. Die sprichwörtliche Redensart

§ 173

Unsere Sprache enthält nicht nur eine große Zahl ursprünglich bildlicher Einzelwörter, sondern ihr Bilderreichtum offenbart sich in hohem Maße auch in den sprichwörtlichen Redensarten. Das sind stehende Wortverbindungen, die als phraseologische Einheiten[2] ebenfalls dem Wortbestand unserer Sprache zuzuzählen sind. Sie sind dadurch gekennzeichnet, daß sie vermittels ihres Bildgehaltes einen anderen Sachverhalt symbolisch ausdrücken. Die Bildhaftigkeit des Ausdrucks ist ein hervorstechendes Merkmal der volkstümlichen Rede, und tatsächlich ist der Ursprung der meisten bildhaften Redensarten im Volks-

---

[1] Siehe auch S. 219.
[2] Vgl. dazu Wilhelm Schmidt: Lexikalische und aktuelle Bedeutung, S. 68 ff., insbes. S. 84 ff.

mund zu suchen. Sehr viele von ihnen kommen aus den Sonderwortschätzen und der speziellen Phraseologie der verschiedenen sozialen Gruppen, den sog. Sondersprachen (siehe § 10). Gerade wegen ihrer Bildhaftigkeit, wegen ihrer prägnanten und treffenden Form drangen sie in die Rede auch anderer Kreise ein und eroberten sich schließlich ihren Platz im allgemeinen Sprachgebrauch. Manche dieser Redensarten haben uns wertvolles altes Sprachgut erhalten und künden als sprechende Zeugen der Vergangenheit von längst untergegangenen Einrichtungen, Anschauungen und Gewohnheiten. Selbstverständlich unterliegen auch die phraseologischen Einheiten der progressiven Verzeichlichung, aber viele sind heute noch plastisch und anschaulich, so daß ihre Bilder für jeden Sprachgenossen verständlich sind; andere dagegen sind nicht mehr ohne weiteres zu durchschauen, das ursprüngliche Bild ist im langen und häufigen Gebrauch verblaßt oder aus Gründen der sprachlichen Entwicklung verdunkelt.

Die Erklärung solcher nicht ohne weiteres verständlicher bildhafter Redensarten ist aus verschiedenen Gründen nicht immer leicht. Sie erfordert gründliches sprachgeschichtliches Wissen und umfassende kulturgeschichtliche Kenntnisse. Es kommt sehr oft vor, daß sich für eine alltägliche Redensart mehrere Deutungen anbieten, ohne daß mit Sicherheit entschieden werden könnte, welche die richtige ist. So führt Friedrich Seiler für die Wendung *jemanden im Stich lassen* nicht weniger als neun Erklärungen an.[1] Selbstverständlich genügen für die Erklärung bloße Vermutungen nicht, sondern es ist in erster Linie notwendig, die schriftliche Überlieferung zu prüfen, die betreffende Wendung zeitlich so weit wie möglich zurückzuverfolgen und zu versuchen, aus dem ältesten Beleg Aufschlüsse über ihre Herkunft und über das sprachliche Bild zu gewinnen. Das ist meist schon deshalb mit großen Schwierigkeiten verbunden, weil sich die sprichwörtlichen Redensarten wegen ihres volkstümlichen Charakters und ihrer Herkunft aus der Redeweise des Volkes oft jahrhundertelang der schriftlichen Fixierung entzogen haben. Eine gewisse Hilfe vermögen da allerdings unsere heutigen Mundarten zu geben, denn diese haben die sprichwörtlichen Redensarten meist in einer recht ursprünglichen Form erhalten.

Andererseits muß man sich vor allzuweit herangeholten Erklärungen hüten, die, gerade wenn sie wegen des angeblichen ehrwürdigen Alters der betreffenden Wendung besonders bestechend wirken, meist wissenschaftlich nicht zu halten sind. So liebte man es immer, wenn die Deutschtümelei im Schwange war, die Entstehung der Redensarten, auch wenn sie erst in den letzten Jahrhunderten belegt waren, möglichst aus der ältesten Vergangenheit unseres Vol-

---

[1] Friedrich Seiler: Deutsche Sprichwörterkunde. München 1922, S. 232 f.

kes und seiner germanischen Vorfahren herzuleiten. Die Redensarten *unter den Hammer kommen* (siehe S. 249) und *Schwein haben* (siehe S. 247) wurden z. B. auf die altgermanischen mythologischen Vorstellungen von dem Steinhammer des Gottes Thor und dem borstigen Eber des Gottes Freyr zurückgeführt. Selbst Redensarten, die einwandfrei auf altgermanische oder altdeutsche Bräuche hinweisen, gehen keineswegs immer bis in diese Zeiten zurück. Viele davon sind erst später — besonders in der Zeit des Humanismus und der Romantik — von begeisterten Verehrern der nationalen Vergangenheit neu geprägt worden, als man die alte Sitte durch das Studium der alten Literatur kennenlernte. So sind beispielsweise die Wendungen *jemanden auf den Schild heben, jemandem den Fehdehandschuh hinwerfen* als Redensarten nicht aus germanischer bzw. mhd. Zeit überliefert, sondern Jahrhunderte später unter gelehrtem Einfluß entstanden.

Die Erklärung mancher Redensarten stößt auch deshalb auf Schwierigkeiten, weil sie im Volksmund vielfach Umdeutungen, Vermischungen und Verstümmelungen unterworfen waren, die das Verständnis erschweren. So ist die Redensart *wissen, wo Barthel den Most holt* wahrscheinlich die Umformung einer Wendung aus der Gaunersprache: *Barthel* (< hebr. *barsel* 'Eisen') bedeutet 'Stemmeisen', *Most* ist aus *Moos* (< hebr. *mā'ōth* 'kleine Münze') entstellt und bedeutet 'Geld'. Die Wendung besagt also: 'wissen, wo das (Stemm-) Eisen Geld holt', d. h., wo man durch Einbruch zu Geld kommen kann; dann in verbessertem Sinn: 'alle Schliche kennen, ein findiger Kopf sein'. Die Redensart *jemandem einen Bären aufbinden* ist durch Vermischung der Wendungen *jemandem etwas aufbinden* und *einen Bären anbinden* (= Schulden machen) entstanden.

Manchmal werden zur Erklärung verdunkelter Bilder in unseren Redensarten auch Legenden und Anekdoten herangezogen, die meist von sehr zweifelhaftem wissenschaftlichen Wert sind.

Bei der Deutung der sprichwörtlichen Redensarten muß auch beachtet werden, daß viele von ihnen aus fremden Sprachen, besonders aus dem Lateinischen, entlehnt sind (Lehnredensarten).

§ 174 Von den sprachlichen Besonderheiten und den stilistischen Formen der sprichwörtlichen Redensarten sind neben ihrer Bildhaftigkeit, um derentwillen sie hier behandelt werden, besonders die volkstümliche Kürze und Prägnanz ihres Ausdrucks sowie die ebenfalls für das Volkstümliche bezeichnende Vorliebe für groteske Übertreibungen (z. B. *darüber lachen die Hühner*) zu nennen. Daneben ist auch der Euphemismus nicht selten (z. B. *lange Finger machen* für stehlen). Sehr beliebt sind Wortspiele (z. B. *Einfälle wie ein altes Haus haben, etwas geht einem durch Mark und Pfennige*) und Namensscherze, wie wir sie auch beim Sprichwort häufig finden (z. B. *nicht aus Gebersdorf sein*). Kennzeichnend für die volkstümliche Sprachgestaltung ist auch die Vorliebe für formelhafte Wendungen, wie Wortpaare, die durch *und* oder *oder* verbunden sind *(kurz und gut, über kurz oder lang)* oder durch Stabreim bzw. Endreim zusammengehalten werden (*in Bausch und Bogen, klipp und klar, auf Biegen oder Brechen; mit Ach und Krach, auf Knall und Fall, in Saus und Braus, außer Rand und Band, geschniegelt und gebügelt* usw.). Ein beliebtes Mittel der Ausdrucksverstärkung ist die Wiederholung desselben Wortes *(Wurst wider Wurst, Schlag auf Schlag)*. Infolge ihres zum Teil recht hohen Alters und ihrer Herkunft aus dem Volksmund zeigen viele sprichwörtliche Redensarten veraltete Sprach- und Wortformen, z. B. *gang und gäbe, wie er leibt und lebt, schlecht* (= schlicht) *und recht, Kind und Kegel* (= uneheliches Kind).

§ 175   Sehr viele sprichwörtliche Redensarten (und bildlich gebrauchte Einzelwörter unserer Gemeinsprache) enthalten Bilder aus dem Lebenskreis des Bauern:

> *mit den Hühnern aufstehen, ins Zeug (ins Geschirr) gehen, ein Joch auferlegen, die Ohren steif halten, über die Stränge schlagen, jemanden sticht der Hafer, jemanden kurzhalten, an die Kandare nehmen, die Zügel schießen lassen, im Zaum halten, sich nicht an den Wagen fahren lassen, an einem Strang ziehen, Seitensprünge machen, wenn alle Stränge reißen ..., in die Speichen fassen, eine Pferdearbeit, was das Zeug hält, jemanden abhalftern, das Pferd am Schwanze aufzäumen, den Stier bei den Hörnern packen, wie der Ochse vorm neuen Tor stehen, gut beschlagen sein, im Gänsemarsch gehen, kurz angebunden sein, mächtig ins Kraut schießen, wie Kraut und Rüben durcheinander, die Ohren spitzen, wie Hund und Katze miteinander leben, auf den Hund kommen, auf keinen grünen Zweig kommen, Geld wie Heu haben, das Gras wachsen hören, essen wie ein Scheunendrescher* u. v. a.

Während die bisher aufgeführten Redensarten im allgemeinen ohne weiteres verständlich sind, gibt es andere, die sich nur dem erschließen, der über besondere Sachkenntnis oder über sprachgeschichtliches Wissen verfügt. So gehört zum Verständnis der Redensart *geschmückt wie ein Pfingstochse* (= geschmacklos aufgedonnert) die Kenntnis des bäuerlichen Brauchs, daß zu Pfingsten, wenn die Gemeindewiese aufgetan wurde, der schönste Ochse bekränzt und als erster auf das junge Weideland geführt wurde. Wenn von jemandem gesagt wird, *es steche ihn der Hafer,* so ist damit gemeint, das gute Leben mache ihn übermütig, so wie ein Pferd, das mit zu viel Hafer gefüttert und nicht zu schwerer Arbeit gebraucht wird, leicht mutwillig wird. Wer *ein Brett vor dem Kopf hat* (= dumm, begriffsstutzig ist), erinnert an einen störrischen Ochsen, den man dadurch gefügig macht, daß man ihm durch ein vor der Stirn und den

242

Augen angebrachtes Brettchen die Sicht nimmt. Die Redensarten *jemandem einen Rüffel erteilen, einen Rüffel erhalten, jemanden rüffeln* enthalten wahrscheinlich das alte Wort *Riffel* (mhd. *riffel*), die Bezeichnung des kammartigen Geräts, das früher zur Bearbeitung des Flachses Verwendung fand (später auch *Hechel* genannt). *Jemanden rüffeln* heißt also, ihn durch die Riffel ziehen, d.h. 'tadeln, zurechtweisen'. Andere führen das Wort *Rüffel* auf nd. *Ruffel* (= Rauhhobel) zurück. Strittig ist die Erklärung der Redensart *zu Paaren treiben* (= in überstürzter Flucht vor sich her treiben); sicher ist aber, daß sie nichts mit dem Wort *Paar* 'Zweizahl' zu tun hat, an das sie im 18. Jh. angelehnt wurde, als man das alte zugrunde liegende Wort nicht mehr verstand. Die ursprüngliche Form der Wendung ist *zum bar(e)n bringen*. Wahrscheinlich bedeutet sie 'in das Jagdnetz treiben', d. h., jemandem das Ausweichen, die Flucht unmöglich machen. Zugrunde zu legen wäre in diesem Fall mhd. *bêr(e)* 'sackförmiges Fischnetz', das aus lat. *pēra* 'Beutel' entlehnt ist. In solche Fischnetze wurden die aufgestörten Fische mit Stangen getrieben. Eine andere Erklärung zieht das mhd. *barn* 'Futterkrippe' heran. Danach besagte die Redensart: 'ausgerissenes Vieh zur Krippe zurücktreiben'.

Selbstverständlich sind aus der besonderen Redeweise der verschiedenen sozialen Gruppen nicht nur bildhafte Redensarten in den allgemeinen Sprachgebrauch übergegangen, sondern, auch sehr viele b i l d l i c h e   E i n z e l a u s d r ü k k e. Aus dem Sonderwortschatz der Bauern stammen unter vielen anderen die Ausdrücke *abgedroschen* (von leerem Stroh übertragen auf leere Worte und nutzlose Mühe); *abgefeimt* (zu mhd. *feim* 'Schaum', von der Milch gebraucht, also: 'abgeschäumt, aufgeklärt, raffiniert'; vgl. *abgefeimter Schurke*); *ausgelassen* (= wild, ungehemmt, so wie das Vieh, wenn es zum ersten Male aus der Enge des Stalles auf die Weide kommt); *ausmerzen* (zu *März;* in diesem Monat pflegt man die untauglichen Schafe aus der Herde auszuscheiden); *ausspannen* (die Zugtiere, dann vom Menschen selbst), *abgespannt, zügeln, anspornen* usw.

Eine große Zahl von bildhaften Redewendungen und Ausdrücken verdanken § 176
wir der R e d e w e i s e   d e r   J ä g e r, die für jedes Tier, seine Körperteile und Eigenschaften ihre besonderen Bezeichnungen haben (*Lichter* für die Augen, *Lauscher* für die Ohren, *Läufe* für die Beine, *Fang* für das Maul, *Rute* für den Schwanz, *Schweiß* für das Blut usw.). Aber nicht diese Spezialterminologie, die im wesentlichen doch auf den Gebrauch in Weidmannskreisen beschränkt bleibt, interessiert uns hier, obwohl auch sie fast ausschließlich in das Gebiet des bildhaften Ausdrucks gehört, sondern wir haben in erster Linie wieder die Sprachbilder im Auge, die in den a l l g e m e i n e n   S p r a c h g e b r a u c h eingegangen sind. Da ist zunächst die reiche Fülle von R e d e n s a r t e n, wie *auf den*

243

Busch klopfen (um zu sehen, ob ein Tier darin verborgen ist, also: 'etwas zu erkunden suchen'), *jemanden anlaufen lassen* (= jemanden gehörig abfertigen, ihm übel begegnen; das Wildschwein ließ man auf den entgegengehaltenen Spieß laufen), *jemandem auf die Spur kommen, jemandem eine Falle stellen, jemandem ins Gehege kommen* (eigentlich: in sein umzäuntes Gebiet eindringen, also: 'sich unbefugt auf seinem Arbeits- oder Erwerbsfeld zu schaffen machen'), *jemanden zur Strecke bringen, auf dem Sprung sein, von etwas Wind* (= Witterung) *bekommen, eine gute Nase haben, auf falscher Fährte sein, mit allen Hunden gehetzt sein* (wie ein alter Hase), *sich aus der Schlinge ziehen, das Hasenpanier ergreifen* (das „Panier" des Hasen ist sein Schwänzchen, das er beim Lauf in die Höhe reckt), *keine großen Sprünge machen, in der Klemme* (gespaltenes Holz zum Vogelfang) *sitzen, in die Falle gehen, ins Garn, auf den Leim gehen, durch die Lappen gehen* (= entwischen; bei Treibjagden wurden zwischen den Bäumen bunte Lappen aufgehängt, um dadurch das Wild in den umstellten Kessel zurückzuscheuchen), *in die Binsen gehen* = verlorengehen, verschwinden, verderben; das Bild kommt wahrscheinlich von der Wildente, die sich vor dem Hund in die Binsen rettet, wohin er ihr nicht folgen kann. Ähnliche Bedeutung haben die Wendungen *in die Wicken gehen, in die Rüben gehen* usw.).

Bildliche Einzelwörter sind *aufstöbern, sich drücken* (wie der Hase in die Ackerschollen), *Lockvogel, Pechvogel, Pech* (haben), *erpicht sein* (= an etwas hängen, von etwas nicht loskommen, wie der Vogel von der Leimrute), *Gelbschnabel* (= unreifer, junger Mensch; junge Vögel haben weiche, gelbe Schnäbel).

§ 177   Bunt, wie die Vielfalt der Gewerbe und Handwerke, ist auch die Menge der Sprachbilder, die aus der R e d e w e i s e   d e r   H a n d w e r k e r in die Gemeinsprache übernommen wurden. Von den Z i m m e r l e u t e n haben wir die Wendungen *im Lote sein, in die gleiche Kerbe hauen, über die Schnur hauen, sich verhauen* (beide Wendungen beziehen sich ursprünglich auf die Linie, die der Zimmermann mit Hilfe einer rotgefärbten gespannten Schnur auf dem zu behauenden Balken anbringt. Wenn er *über die Schnur haut,* wenn er *sich verhaut,* verdirbt er den ganzen Balken), *einen Sparren zuviel haben, einen Sparren (im Kopf) haben* (mit dem Bild vom Sparrenwerk, dem Gebälk des Dachstuhls, ist hier das „Oberstübchen" gemeint, die Wendung bedeutet also 'verschroben, nicht ganz normal sein'). Vom S c h m i e d stammt: *gut beschlagen sein;* vom G o l d s c h m i e d: *aus der Fassung kommen, die Fassung verlieren;* vom S c h l o s s e r: *die letzte Feile anlegen;* vom M ü l l e r: *Oberwasser haben* (= im Vorteil sein, in Vorteil kommen; *Oberwasser* ist das oberhalb der Mühle durch ein Wehr gestaute Wasser; der Müller, der *Oberwasser* hatte, konnte seine Mühle in Betrieb nehmen), *das ist Wasser auf seine Mühle;* vom B a r b i e r:

244

Schaum schlagen (= aufgeblasenes Zeug reden, hinter dem nichts Greifbares ist), *einen über den Löffel barbieren* (= betrügen; die Dorfbader pflegten alten, zahnlosen Kunden mit eingefallenen Wangen einen Löffel in den Mund zu stekken, um so eine glatte Wölbung herzustellen. Die Grundbedeutung ist also: nicht viel Umstände machen, jemanden rücksichtslos behandeln[1]), *jemanden gehörig einseifen, jemandem den Kopf waschen;* die Redensarten *jemanden in die Schere nehmen, jemandem etwas zum Schur tun, jemandem Scherereien machen, jemanden ungeschoren lassen* stammen alle vom Haarschneider (das Scheren, das Hauptgeschäft des Baders, hatte schon um 1200 die Bedeutung des Quälens und Peinigens); vom Schuster: *alles über einen Leisten schlagen* (= nach demselben Muster machen), *jemanden versohlen* (= verprügeln; eigentlich mit neuen Sohlen ausrüsten); vom Büttner oder Faßbinder: *außer Rand und Band sein* (das Bild vom Fasse, dessen Dauben auseinanderfallen), *etwas schlägt dem Faß den Boden aus* (= es führt die lange drohende Katastrophe herbei: der Böttcher treibt die Reifen so stark auf, daß dem Faß der Boden abspringt); vom Gerber: *jemandem das Fell gerben, den Pelz waschen;* vom Fleischer: *einen Fleischergang tun* (= einen vergeblichen Gang tun, eine erfolglose Anstrengung machen; die Fleischer mußten manchen vergeblichen Gang über Land tun, wenn sie bei den Bauern Schlachtvieh aufkaufen wollten); vom Koch: *etwas anrichten, etwas anrühren* usw.

Von den Bergleuten haben wir die Wendungen *Schicht machen* (= aufhören; *Schicht* bedeutet zunächst eine in sich gleichartige plattenförmige Gesteinsmasse, dann die zum Abbau einer Gesteinsschicht benötigte Zeit, schließlich die Arbeitszeit für die Bergleute), *Raubbau treiben* („auf den Raub" baut der Bergmann, wenn er, nur auf schnelle Gewinnung des Metalls oder der Kohle bedacht, die Sicherung der Stollen und die Erhaltung der Grube vernachlässigt), *eine Stichprobe nehmen* oder *machen* (die alten Schmelzöfen oder „Stichöfen" hatten vor sich einen „Stichherd", aus dem mit einem Probelöffel Proben der glühenden Schmelzmasse genommen wurden, um ihre Qualität zu bestimmen).

§ 178

Von den Kaufleuten stammen: *etwas mit in (den) Kauf nehmen, leichten Kaufes davonkommen, ein Ausbund sein* (= ein Muster, die höchste Stufe von etwas sein; *Ausbund* ist das Musterstück einer Ware, das außen auf die Packung aufgebunden wird), *den Ausschlag geben* (von der Waage), *Gewicht auf etwas legen, einer Sache Gewicht beilegen* oder *beimessen, schwer ins Gewicht* oder *in*

[1] Die Redensart wird allerdings auch noch anders gedeutet (siehe Borchardt-Wustmann-Schoppe-Schirmer: Die sprichwörtlichen Redensarten im deutschen Volksmund. Leipzig 1954, S. 314).

die Waagschale fallen, einem gewogen sein, nicht in den Kram passen, etwas auf dem Kerbholz haben (das *Kerbholz* diente früher zur Aufzeichnung von Schuldbeträgen; es bestand aus zwei Teilen, die durch Längsspalten eines Stabes gewonnen wurden. In die beiden genau aneinandergehaltenen Teile wurden Kerben geschnitten, die bestimmte Mengen oder Leistungen bedeuteten. Der Gläubiger und der Schuldner erhielten je ein Teil des Holzes. Bei der Abrechnung wurden die beiden Teile aneinandergelegt, und die Einkerbungen mußten sich genau entsprechen), *jemandem etwas ankreiden, bei jemandem in der Kreide stehen, tief in die Kreide kommen, jemandem ein X für ein U vormachen* (= jemanden betrügen; im Mittelalter benutzte man die römischen Zahlzeichen: wenn einem der Gläubiger ein X statt eines V, das zugleich für U stand, anschrieb, hatte er einem 10 statt 5, also das Doppelte, angekreidet).

Aus dem S o n d e r w o r t s c h a t z d e r S e e l e u t e stammen die bildhaften Redensarten *ins Schlepptau nehmen, mit vollen Segeln, den Wind aus den Segeln nehmen, die Segel streichen, ins richtige Fahrwasser kommen, am Ruder sein, Schiffbruch erleiden, auf dem trockenen sitzen, über Bord werfen, Öl auf die Wogen gießen* (= die Leidenschaften besänftigen; die bewegte Oberfläche der See kann dadurch geglättet werden, daß man Öl darauf gießt) u. a.

§ 179   Um sehr viele bildhafte Redensarten haben die S o l d a t e n den allgemeinen Sprachgebrauch bereichert. Hier sollen aus der großen Zahl nur einige Beispiele angeführt werden:

Von der Pike auf dienen (= von der untersten Stufe auf dienen; die Redensart wurde ursprünglich von hohen Offizieren gebraucht, die ihren Dienst als gemeine Soldaten, mit der *Pike,* begonnen und sich aus eigener Kraft von Stufe zu Stufe emporgearbeitet hatten; heute wird sie auf jeden Beruf angewandt); *Pike* < frz. *pique* 'Spieß', dann 'Groll, Zwist', auf jemanden *eine Pike* (auch: *einen Pik) haben* (= Groll gegen jemanden hegen; vom Spieß, der gegen den Feind gerichtet wird), *zwischen zwei Feuer geraten, ins Hintertreffen geraten, gegen jemanden Front machen, mit jemandem Fühlung nehmen, hinter dem Berge halten* (eigentlich: Mannschaften oder Geschütze im Hinterhalt halten, um den Gegner überraschend anzugreifen, heute: 'seine wahre Meinung verhehlen, nicht offen vorgehen'; in diesen Zusammenhang gehört wohl auch die Wendung *mit etwas herausrücken*), *sich durchschlagen* (durch die feindliche Einschließung), *vom Leder ziehen* (= jemanden angreifen; eigentlich: das Schwert aus der ledernen Scheide ziehen), *es* (das Gewehr) *auf jemanden anlegen, (ver)anschlagen, jemanden aufs Korn nehmen, es auf jemanden abgesehen haben* oder *sein Absehen auf etwas richten* (*Absehen* oder *Absicht* hieß die Kimme am Gewehr), *jemanden abblitzen lassen* (= schroff abweisen, besonders bei Annäherungsversuchen an das weibliche Geschlecht oder bei Heiratsanträgen; das Bild kommt von dem wirkungslosen Verpuffen des Schießpulvers, das mitunter mit blitzartiger Erscheinung von der Gewehrpfanne wegbrannte, ohne daß der Schuß losging), *losschießen, grobes oder schweres Geschütz auffahren, jemandem die Pistole auf die Brust setzen, jemanden in die Enge treiben, jemandem auf den Leib rücken, jemanden aufs Haupt schlagen* (= ihm eine vernichtende Niederlage beibringen), *jemanden unter Kreuzfeuer nehmen, jemanden über die Klinge springen lassen* (= töten, köpfen: der Kopf springt über die Klinge des Schwertes), *eine Bresche schlagen, in die Bresche springen, aufbrechen, Lärm schlagen* (= Alarm schlagen; das Alarmsignal wurde auf Trommeln geschlagen), *einem den Marsch blasen* (= jemanden zurechtweisen, ausschelten, manchmal auch fortjagen; die Wendung spielt auf die belebende Wirkung der Marschmusik an), *sich aus dem Staub* (des Schlachtfeldes) *machen, fahnenflüchtig werden, Spießruten laufen* (= den kritischen Blicken der am Wege Stehenden ausgesetzt sein; das Bild ist hergeleitet von der grausamen Soldatenstrafe des Spießrutenlaufens, die darin bestand, daß der zu Bestrafende mit entblößtem Rücken zwischen zwei Reihen von Soldaten hindurchlaufen mußte, die mit „Spießruten" [mit spitzen Ruten] auf ihn einschlugen), *unter jemandes Fuchtel stehen* (die *Fuchtel* 'Offiziersdegen' ist das Symbol der strengen [soldatischen] Zucht), *die Werbetrommel rühren, Lunte riechen* usw.

Aus dem S o n d e r w o r t s c h a t z d e r S c h ü t z e n stammen die Wendungen *über das Ziel schießen, ins Blaue schießen, zu kurz kommen* (eigentlich: nicht weit und hoch genug schießen), *den Zweck verfehlen* (*Zweck* war der Nagel im Mittelpunkt der Scheibe), *den Nagel auf den Kopf treffen, den Vogel abschießen* (von der besten Leistung; sie erzielte der Schütze, der den als Scheibe dienenden Vogel mit einem Schuß herunterholte).

Aus der sog. F a c h s p r a c h e d e r F e c h t e r haben wir die bildhaften Wendungen *nicht viel Aufhebens machen, ein großes Aufheben machen* (die Schaufechter pflegten vor Beginn des Kampfes ihre Degen mit umständlichem Zeremoniell und vielen prahlerischen Worten vom Boden aufzuheben), *festen Fuß fassen, sich eine Blöße geben, sich bloßstellen, mit jemandem anbinden* (= mit jemandem Händel suchen, mit jemandem feindlich zusammengeraten; beim Fechten werden die Klingen kreuzweise aneinandergelegt, „gebunden"), *eine gute Klinge schlagen, etwas ausfechten, weder gehauen noch gestochen, jemanden übers Ohr hauen* (= jemanden übervorteilen, eigentlich: ihm einen derben Streich versetzen) u. a.

§ 180   Bildhafte Redensarten aus der Sphäre des S p i e l s und der M u s i k sind: *einem den Rang ablaufen* (= jemandem zuvorkommen, jemanden überflügeln: das Wort *Rang* ist aus *Rank* 'Wendung, Krümmung', verwandt mit *renken*, entstellt; die Wendung bedeutet also: einem Läufer dadurch zuvorkommen, daß man die Krümmung, den Bogen, den er macht, vermeidet und auf geradem Wege abschneidet), *Schwein haben* (= unverdientes Glück haben; bei den mittelalterlichen Wettkämpfen pflegte man als letzten Preis eine Sau auszusetzen. Die Sau zu gewinnen war keine besondere Ehre mehr, sondern nur ein recht fragwürdiger Triumph), *jemanden in den Sack stecken* (= jemandem an Kräften überlegen sein; der im Ringkampf Unterlegene wurde zum Zeichen seiner Niederlage in einen Sack gesteckt). Von den Künsten der Z a u b e r e r, die bei Volksfesten auftraten, berichten die Redensarten *etwas aus dem Ärmel schütteln, jemandem blauen Dunst vormachen* (blaue Dämpfe bei Geistererscheinungen), *sein blaues Wunder erleben* u. a. Vom K a r t e n s p i e l kommen: *Farbe bekennen, die Hand im Spiele haben, jemandem in die Hand spielen, jemandem mitspielen, jemanden übertrumpfen, klein beigeben, anspielen auf etwas, verspielt haben, eine abgekartete Sache, alles auf eine Karte setzen, Durchstecherei treiben* (= betrügerische Heimlichkeiten treiben; das Bild erinnert an die Verwendung gezeichneter [durchstochener] Karten, die man auch verdeckt erkennen konnte).

Vom Würfelspiel stammen die Wendungen *etwas in die Schanze schlagen* (= aufs Spiel setzen; *Schanze* ist entstellt aus afrz. *cheance* 'Glückswurf, Spiel, Einsatz des Spielers') und *jemandem etwas zuschanzen;* vom Brettspiel: *jemanden in Schach halten, schachmatt sein, bei jemandem einen Stein im Brett haben.*

Den Musikern verdanken wir u. a. folgende bildhafte Redensarten: *den Ton angeben, tonangebend sein, taktfest sein, verstimmt sein, die erste Geige spielen, andere Saiten aufziehen, einen Dämpfer aufsetzen, auf dem letzten Loch pfeifen* (= am Ende sein, nicht mehr weiter können; auf dem letzten Loch des Instrumentes erzielt man den höchsten Ton), *etwas aus dem Effeff verstehen* (*ff* ist die musikalische Abkürzung für fortissimo 'sehr stark', also: etwas sehr gut verstehen).[1]

§ 181   Die große Rolle, die das Rittertum in der deutschen Geschichte durch Jahrhunderte gespielt hat, spiegelt sich auch in den ungemein zahlreichen sprichwörtlichen Redensarten wider, die aus der Redeweise der Ritter in den allgemeinen Sprachgebrauch übergegangen sind. Viele Wendungen erinnern an die weitberühmten Turnierfeste, die mit großer Pracht und gewaltigem Aufwand gefeiert wurden und zu denen die Ritter von weit und breit zusammenzukommen pflegten. Allerdings tauchen die Belege für diese Wendungen oft erst sehr spät auf, so daß sie vielfach als Neubildungen späterer Zeit angesehen werden müssen.

> Die meisten hierher gehörenden Redensarten sind von der Rüstung und der Kampfesweise der Ritter hergeleitet: *jemanden in Harnisch bringen* (eigentlich: jemandem den Harnisch anlegen, ihn zum Kampf rüsten), *jemanden aufbringen* (der schwer gerüstete Ritter konnte allein nicht aufs Pferd steigen), *in die Schranken treten* oder *fordern* (nämlich zum Kampf, der sich innerhalb der Turnierschranken abspielte), *mit offenem* oder *geschlossenem Visier kämpfen, mit jemandem eine Lanze brechen, für jemanden eine Lanze einlegen* (zwischen Oberarm und Brust), *jemanden ausstechen, jemanden aus dem Sattel heben, jemanden auf den Sand setzen, Stich halten, jemanden im Stich lassen* (d. h. einen Gefährten im Massenturnier allein in der Gefahr lassen; die Wendung wird allerdings auch anders erklärt, siehe S. 240), *sich die Sporen verdienen, etwas im Schilde führen* (= etwas beabsichtigen, mit dem Nebensinn des Heimlichen und darum Bösen; den gewappneten Ritter konnte man nur daran erkennen, welches Zeichen oder Wappen er im Schilde führte), *aus dem Stegreif* (= Steigbügel, also: ohne abzusitzen, d. h. ohne Vorbereitung) *reden, auf hohem Roß sitzen, in allen Sätteln gerecht sein, sattelfest sein, jemandem den Fehdehandschuh hinwerfen, den Handschuh aufnehmen* (der Handschuh war das Zeichen der Herausforderung) u. v. a.

§ 182   Von höchstem kulturhistorischem Interesse sind die zahlreichen Redensarten, die mit dem mittelalterlichen Rechtswesen verknüpft sind. Zum Gerichtsverfahren gehörten im Mittelalter viele sinnbildliche Handlungen, deren

---

[1] Die Wendung wird allerdings auch anders erklärt (siehe Borchardt-Wustmann-Schoppe-Schirmer, a. a. O., S. 112).

genaue Einhaltung streng beachtet wurde. Urteilsfindung und Urteilsspruch vollzogen sich in feierlichen Worten und Formeln, die genau festgelegt waren. Darum ist es auch verständlich, daß sich so viele Redensarten aus dem altdeutschen Rechtsleben bis auf den heutigen Tag erhalten haben. Viele dieser Wendungen, die in unserem Sprachgebrauch meist eine übertragene Bedeutung haben, erschließen uns alte Rechtsbräuche, wenn wir ihre ursprüngliche wörtliche Bedeutung enthüllen. So berichten uns die folgenden Redensarten über die Formen des mittelalterlichen Gottesurteils: *die Hand für jemanden ins Feuer legen, sich die Finger verbrennen, auf glühenden Kohlen sitzen, jemandem die Stange halten* (= jemanden in Schutz nehmen, jemandes Partei ergreifen; beim gerichtlichen Zweikampf wurde jedem Kämpfer ein zweiter Mann beigegeben, der notfalls mit einer Stange zu seinem Schutze eingreifen konnte), vielleicht auch: *Gift auf etwas nehmen, für jemanden durchs Feuer gehen* u. a.

Von den Formen und Mitteln des mittelalterliche Gerichtsverfahrens und Strafvollzugs berichten die Redensarten *es einem stecken* (= heimlich mitteilen, auch: jemanden zurechtweisen; die Vorladung des Femgerichts erfolgte dadurch, daß dem Angeklagten heimlich ein Schreiben als „Steckbrief" ans Hoftor geheftet wurde), *etwas bemänteln, mit dem Mantel der Liebe zudek- ken* (der Mantel galt als Sinnbild des Schutzes, die Begnadigung wurde durch Bedecken mit einem Mantel symbolisiert; vor der Ehe geborene Kinder konnten dadurch legitimiert werden, daß die Frau sie bei der Trauung unter ihren Mantel nahm), *die Hand auf etwas legen* (zum Zeichen der Besitzergreifung), *in jeman- des Hand stehen* (in jemandes Gewalt sein), *jemanden aufziehen* (auf die Folter), *jemanden auf die Folter spannen, jemandem die Daumenschrauben anlegen, über jemanden den Stab brechen* (zum Zeichen, daß das Todesurteil zu voll- strecken sei, zerbrach der Richter über dem Haupt des Verurteilten seinen Stab), *jemandem die Ehre abschneiden, Ehrabschneider* (das Abschneiden des freien, fliegenden Haares war bei den Germanen eine Ehrenstrafe), *jemandem etwas anhängen* (bestimmten Missetätern, wie Gotteslästerern, zänkischen Weibern u. a., wurde zur Strafe ein „Lasterstein" oder „Klapperstein" angehängt, den sie durch die Straßen der Stadt schleppen mußten, dem Trunke ergebenen Frauen wurden „Schandflaschen" angehängt), *den Stuhl vor die Tür setzen* (= aus dem Hause weisen; zum Zeichen, daß jemand das Eigentumsrecht an seinem Hause verloren hatte, wurde ihm der Stuhl vor die Tür gesetzt), *unter den Hammer kommen* (bei der öffentlichen Versteigerung wird der Verkauf durch den Zu- schlag mit dem Hammer rechtskräftig), *sich etwas hinter die Ohren schreiben* (= sich gut merken; beim Abschluß von wichtigen Verträgen, beim Anlegen von Grenzzeichen u. ä. pflegte man früher Jungen als Zeugen zuzuziehen, die dabei in die Ohren gekniffen wurden und auch Ohrfeigen erhielten, damit sie sich die Angelegenheit für immer merkten), *das Tischtuch zwischen zweien zerschneiden* (bei der Ehescheidung faßten die Ehegatten ein Leinentuch und zerschnitten es so, daß jeder ein Stück behielt) usw.

§ 183   Ebenso wie die Redensarten des Rechtslebens sind auch die des Familien- und Ehelebens oft von hohem kulturhistorischem Interesse, weil sie Einblicke in die Anschauungen und die Bräuche unserer Vorfahren gewähren. So fußen die Redensarten *unter dem Pantoffel stehen, unter den Pantoffel geraten* auf dem alten Aberglauben, daß demjenigen Ehepartner, dem es gelingt, nach vollzogener Trauung dem andern zuerst auf den Fuß zu treten, zeit seines Lebens die Herrschaft in der Ehe sicher sei. Auch die Redensart *einem aufs Dach steigen* (= jemanden schelten, strafen) hängt mit dem Pantoffelheldentum zusammen. Ließ sich ein Pantoffelheld von seiner Frau schlagen, so pflegten die Nachbarn mit Leitern auf sein Hausdach zu steigen und es abzureißen. Die sachlich ebenfalls hierher gehörende Wendung *eine Gardinenpredigt halten* (von der Strafpredigt der Ehefrau gesagt) erinnert an die Verwendung von Gardinen als Bettvorhänge. Die Redensarten *unter die Haube bringen* und *unter die Haube kommen* stammen von der Haube als dem Kennzeichen der verheirateten Frauen (Mädchen trugen das Haar frei und offen). Unwillkommene Bewerber erhalten heute nur im übertragenen Sinn einen Korb *(einen Korb bekommen, sich einen Korb holen),* im 17. und 18. Jh. pflegten die Mädchen dem verschmähten Freier tatsächlich einen bodenlosen Korb ins Haus zu schicken. Dieser Brauch und die genannten Wendungen gehen auf die alte Sitte zurück, daß — wie aus der Zeit des Minnesangs mehrfach berichtet wird — die Angebetete ihrem nächtlichen Besucher einen Korb aus dem Fenster herabließ, um ihn darin hinaufzuziehen. War ihm die Dame nicht wohlgesonnen, so nahm sie einen Korb mit einem so dünnen Boden, daß der damit in die Höhe Transportierte unterwegs durchfallen mußte. So erklären sich auch die heute noch gebräuchlichen. Ausdrücke *durchfallen* und *unten durch sein.* Der Ausdruck *sich etwas* (oder *viel) herausnehmen* (= sich eine Freiheit nehmen, die einem nicht zusteht) geht auf den Brauch zurück, daß die ganze Familie aus einer großen Schüssel zu essen pflegte. *Sein Fett kriegen* (= die verdiente Strafe, Schelte erhalten) dürfte ebenfalls auf Gewohnheiten in der Familie zurückgehen, wo jeder sein Teil zu beanspruchen hat. Die Wendung jemandem *nicht das Wasser reichen können* (= tief unter einem stehen) erklärt sich aus der früher üblichen Sitte, bei Tisch Wasser zum Händewaschen zu reichen.

§ 184   Zum Schluß sollen noch einige verbreitete sprichwörtliche Redensarten aus verschiedenen Gebieten, deren Bilder nicht ohne weiteres durchschaubar sind, erläutert werden. *Auf dem Holzwege sein* (= im Irrtum sein, fehlgehen) geht auf die schmalen Wege, die im Walde zur Holzabfuhr angelegt sind und den Wanderer zu keinem Ziele führen, zurück. So ähnlich ist vielleicht auch die Wendung *in die Brüche kommen, gehen* (= in Schwierigkeiten geraten, nicht zustande kommen) zu erklären: *Bruch* (mhd. *bruoch*) bedeutet 'feuchte Wiese, Sumpf' (vgl. *Oderbruch*). *Nicht viel Federlesens machen* heißt 'nicht viel Umstände machen, kurzen Prozeß machen', ganz anders als die Menschen, die vornehmen Herren und Damen angeflogene Federn vom Gewand ablasen und sich damit bei ihnen beliebt zu machen suchten. *Geld auf die hohe Kante legen* kann daher kommen, daß Geldstücke in größeren Mengen gewöhnlich in Rollen verpackt werden, wobei jedes einzelne Geldstück auf die hohe Kante zu stehen kommt; mit *hoher Kante* kann jedoch auch ein hoch angebrachtes Wandbrett gemeint sein, worauf das Geld aufbewahrt wurde. *Krokodilstränen* (= erheuchelte Tränen) *weinen* oder *vergießen* heißt es nach der Sage, daß das Krokodil die Stimme eines weinenden Kindes nachahme, um seine Opfer anzulocken. *Das geht auf keine Kuhhaut* konnte man sagen, als noch nicht auf Papier, sondern auf Leder geschrieben wurde. *Da ist Hopfen und Malz verloren* erinnert daran, daß früher das Bier noch im Hause selbst gebraut wurde; wenn es trotz aller Mühe mißriet, waren eben Hopfen und Malz verloren. *Das geht mir an die Nieren* erklärt sich daher, daß die Nieren als Sitz der Gemütsbewegungen galten. *Am Hungertuch nagen* (ursprünglich wohl: *nähen*) leitet sich von dem blauen oder schwarzen Vorhang ab, der im Mittelalter zur Fastenzeit vor den Altar gezogen wurde. *Das geht über die Hutschnur* findet eine interessante Erklärung in einer Egerer Urkunde aus dem Jahr 1356. Dort heißt es von einer Wasserleitung, daß sie nur einen Wasserstrahl von der Dicke einer Hutschnur geben dürfe. Bisher wurde die Wendung als eine scherzhafte Steigerung der Redensart *es geht mir bis an den Hals* erklärt. Wendungen aus dem kirchlichen Leben sind *jemanden abkanzeln, ins Gebet nehmen, jemandem die Hölle heiß machen. Jemandem den Text* oder *die Leviten lesen* geht auf die Einrichtung zurück, daß der Bischof von Zeit zu Zeit den Geistlichen seines Sprengels Abschnitte aus der Heiligen Schrift, besonders aus dem 3. Buch Mosis (das *Leviticus* heißt, weil es vornehmlich Vorschriften für *Leviten,* d. h. Priester, enthält) vorzulesen und mit ihnen zu besprechen pflegte. *Auf der Bärenhaut liegen* (= faulenzen) ist auf Grund der Nachricht des Tacitus im 15. Kapitel seiner Germania aufgekommen, *aus der Schule schwatzen* oder *plaudern* (= Geheimnisse ausplaudern) meint wohl ursprünglich: die Wissenschaft besonders unterrichteter Kreise, wie etwa der Ärzte, vor dem Volke preisgeben.

Die hier angeführten Beispiele geben natürlich nur eine knappe Auswahl aus der gewaltigen Fülle der bildhaften Redensarten unserer Sprache. Die im Literaturverzeichnis angegebene Fachliteratur ermöglicht ein tieferes Eindringen in diesen interessanten Stoff.

6. Das Sprichwort

§ 185   Die Bildhaftigkeit ist auch ein hervorstechendes Kennzeichen des Sprichwortes. Auf ihr beruht geradezu das Wesen und auch die Wirkung des weitaus größten Teils der Sprichwörter.

Friedrich Seiler definiert die Sprichwörter als „im Volksmund umlaufende, in sich geschlossene Sprüche von lehrhafter Tendenz und gehobener Form".[1] *(Es ist nicht alles Gold, was glänzt. Was ich nicht weiß, macht mich nicht heiß.)* Er grenzt sie damit in zweierlei Hinsicht gegen die sprichwörtlichen Redensarten ab. Diese leben ebenfalls im Volke, aber sie verkünden keine Lebenserfahrungen oder Lebensregeln, und es fehlt ihnen vor allem die innere Geschlossenheit. Während das Sprichwort jedesmal eine vollständige Aussage macht und meistens auch die Form eines Satzes aufweist (dem freilich mitunter auch ein grammatischer Satzteil fehlen kann: *Ohne Fleiß kein Preis*), geben die sprichwörtlichen Redensarten für sich noch keine geschlossene Aussage *(etwas auf die leichte Schulter nehmen; jemanden am Gängelband führen)*, sondern sie müssen dazu erst in einen Satz eingesetzt werden. *(Er wird auch diese Angelegenheit auf die leichte Schulter nehmen. Sie hat ihren Mann schon immer am Gängelband geführt.)* Einer Abgrenzung bedarf das Sprichwort auch gegenüber den Sitten- und Denksprüchen, den Sentenzen und geflügelten Worten. Eine scharfe Scheidung ist zwar nicht möglich, denn es gibt hier mancherlei Berührungen und Übergänge; das allgemeine Unterscheidungsmerkmal des Sprichwortes gegenüber den verschiedenen Formen der Spruchdichtung besteht jedoch darin, daß sein Urheber unbekannt ist.

Es soll hier an Hand geeigneter Beispiele aus der großen Fülle der deutschen Sprichwörter gezeigt werden, welche Formen des bildhaften Ausdrucks bei ihrer inhaltlichen Gestaltung Verwendung finden. Es ist für das Sprichwort kennzeichnend, daß es einen allgemeinen Gedanken, eine allgemeine Beobachtung oder Erfahrung an einem konkreten Einzelfall anschaulich,

---

[1] A. a. O., S. 2.

252

sinnbildlich darstellt. So wird die altbekannte, immer wieder bestätigte Beobachtung, daß die Kinder in die Art ihrer Eltern schlagen, im Sprichwort nicht so abstrakt und sachlich formuliert, sondern durch ein Bild veranschaulicht: *Der Apfel fällt nicht weit vom Stamme.* Der bildhafte Ausdruck dient dem Sprichwort also zur volkstümlichen Versinnlichung eines abstrakten Gedankens. Und in dieser Verbildlichung, die einen abstrakten Gedanken, eine allgemeine Lebenserfahrung, ja oftmals eine echte Lebensweisheit veranschaulicht und zugleich verhüllt, liegen der Wert und die Wirkung des Sprichwortes. Als bloßer Ausdruck der Beobachtung des Gärtners, daß die Äpfel in der Nähe des Stammes niederfallen, wäre der Satz nur eine sehr triviale Feststellung. Bei der Beurteilung der Gültigkeit von Sprichwörtern muß natürlich davon ausgegangen werden, daß sie als Reflexe gesellschaftlicher Beziehungen immer in ein konkret-historisches Bezugssystem eingebettet sind.

Betrachtet man die Sprichwörter mit bildlichem Charakter genauer, so kann man zunächst zwei große Gruppen unterscheiden. Die erste umfaßt die Sprichwörter, die als Ganzes ein Bild darstellen, die nach den Worten Seilers (a. a. O., S. 152) „vollkommen und ohne Rest in konkrete Anschauung verwandelt" sind. In diese Gruppe gehören z. B. die folgenden Sprichwörter, die eine treffende Darstellung bezeichnender Erscheinungen der Klassengesellschaft geben: *Redet Geld, so schweigt die Welt; Dem Arbeiter ein Brot, dem Feierer zwei; Je schlimmer die Sau, desto besser die Eicheln; Dem Esel, der das Korn zur Mühle trägt, wird die Spreu* (das Bild der Klassengesellschaft aus der Sicht der Ausgebeuteten).

Andere Sprichwörter dieser ersten Gruppe aus den verschiedensten Lebensgebieten sind:
Wenn man den Hund schlagen will, so hat er Leder gefressen (= wer einen Schwächeren mißhandeln will, findet leicht einen Vorwand); *Wer selbst im Glashaus sitzt, soll nach anderen nicht mit Steinen werfen; Wenn dem Esel zu wohl ist, geht er aufs Eis tanzen und bricht ein Bein; Es ist dafür gesorgt, daß die Bäume nicht in den Himmel wachsen; Neue Besen kehren gut; In kalten Öfen bäckt man kein Brot; Stille Wasser sind tief; Wo es Mode ist, trägt man den Kuhschwanz als Halsband; Der Krug geht so lange zu Wasser, bis er bricht; Mit Speck fängt man Mäuse; Man muß das Eisen schmieden, solange es heiß ist; Allzu scharf macht schartig.*

Bei der zweiten Gruppe erstreckt sich das Bild nur über einen Teil des Sprichwortes, während der Rest unbildlich bleibt. In den meisten Fällen erscheint das Bild im Prädikat, während das Subjekt direkt und unbildlich bezeichnet wird.

Diese Sprichwörter geben in der Regel einen Vergleich zwischen einem abstrakten Begriff und einem konkreten Ding:

Hoffnung ist ein Schiff mit einem Mast von Stroh; Faulheit ist der Schlüssel zur Armut; Freund-schaft ist des Lebens Salz; Ein gutes Gewissen ist ein sanftes Ruhekissen; Geflickte Freundschaft wird selten wieder ganz; Alte Liebe rostet nicht; Einigkeit ist die stärkste Stadtmauer; Anschlag (= Plan), der nicht Fortgang hat, ist ein Wagen ohne Rad.

§ 186   Auch im Sprichwort tritt die Beseelung, die Personifizierung, als Form der Verbildlichung häufig auf. So läßt es Gegenstände oder Begriffe wie Perso-nen wollen, handeln und leiden:

Die Wahrheit will an den Tag; Gut Ding will Weile haben; Not bricht Eisen, kennt kein Gebot; Ar-mut selten recht tut; Neid kriecht nicht in leere Scheuern, frißt seinen eigenen Herrn; Glück und Un-glück wandern auf einem Steig; Unglück kommt ungerufen; Wenn die Armut zur Tür eingeht, fliegt die Liebe zum Fenster hinaus; Dünkel geht auf Stelzen; Durst macht aus Wasser Wein; Untreue schlägt ihren eigenen Herrn; Läßt Gewalt sich blicken, geht das Recht auf Krücken; Dem Zorn geht die Reue auf Socken nach.

Die Personifizierung beruht im Sprichwort auch manchmal darauf, daß es Gegenständen und abstrakten Begriffen Körperteile und Sin-neskräfte beilegt und sie dadurch zu lebenden Wesen macht:

Die Wahrheit nimmt kein Blatt vor den Mund; Morgenstund hat Gold im Mund; Furcht hat tau-send Augen; Lügen haben kurze Beine; Wem das Glück den Finger reicht, der soll ihm die Hand bieten; Kein Unglück ist so groß, es trägt ein Glück im Schoß; Gut Gewissen macht ein fröhlich Gesicht; Gewinn will Beine haben.

Mitunter reiht das Sprichwort einen Gegenstand oder Begriff direkt in eine Menschenklasse ein. Die Übereinstimmung des Geschlechts ist dabei nicht immer gewahrt:

Geld ist die Braut, um die man tanzt; Die Reue ist ein hinkender Bote, der langsam kommt, aber gewiß; Treue ist ein seltener Gast, halt ihn fest, wenn du ihn hast; Hunger ist der beste Koch; Der Tod ist ein gleicher (= gerechter) Richter; Neid ist des Glücks Gefährte; Wo Gewalt Herr ist, da ist Gerech-tigkeit Knecht; Frau Untreue ist Königin bei Hofe.

Eine andere Form der Vermenschlichung besteht darin, daß ein Begriff zu einem anderen in ein Verwandtschaftsverhältnis oder eine gesell-schaftliche Beziehung gesetzt wird:

Fleiß ist des Glückes Vater; Arbeit ist des Ruhmes Mutter; Armut ist aller Kunst Stiefmutter; Vor-sicht ist die Mutter der Weisheit; Der Schlaf ist ein Bruder des Todes; Ehre und Hoffart sind Zwillinge; Treue ist eine Schwester der Liebe; Das Heute ist des Gestern Schüler; Glück und Unglück sind zwei Nachbarn, wohnen unter einem Dache. Auch Körperteile können auf diese Weise personifi-ziert werden: *Die Augen sind der Liebe Boten; Die Zunge ist des Schmerzes Dolmetsch; Voller Bauch studiert nicht gern.*

254

Beseelung erfolgt auch dadurch, daß Abstrakta in eine Tierklasse versetzt werden:

Der Neid ist eine Natter; Die Hoffart steckt den Schwanz übers Nest (wie ein Vogel, dem sein Nest zu klein ist); *Die Armut ist des Reichen Kuh; Der Geiz ist ein Roß, das Wein fährt und Wasser säuft; Eine gezähmte Zunge ist ein seltener Vogel.*

Die stärkste Form der Personifizierung besteht darin, daß Zustände, Eigenschaften oder Handlungsweisen Personennamen erhalten und auf diese Weise direkt in Personen verwandelt werden. In diesen Namen, die vom Sprichwort fast immer neu gebildet werden, zeigt sich die poetische Schöpferkraft des Volkes: §187

Eileviel kommt zu spät ans Ziel (für: *Eile mit Weile); Der Neidhart ist gestorben, hat aber viele Brüder* (oder: *Kinder) hinterlassen; Wohlleb, Dummert und Faulert sind Brüder; Der Faulenz und das Lüderli, das sind zwei Zwillingsbrüderli; Schiebauf macht den Weg doppelt und kommt doch zu spät; Wahrmanns Haus steht am längsten; Gernegroß wird immer kleiner; Gerneklug hat selten Verstand genug; Der liebe Niemand ist an allem schuld.*

Auch durch Vorsetzen von Vornamen werden (ebenso wie durch Vorsetzen von Herr oder Frau) Eigenschaften und Zustände personifiziert:

Hans Übermaß das Gütlein fraß; Hans Unvernunft fällt mit der Tür ins Haus; Wenn Junker Frechmut im Sattel sitzt, so hängt sich Jungfrau Reutrut (nach Gertrud) *an den Schweif* (Fischart).

Häufig treten die personifizierten Eigenschaften und Zustände paarweise auf, oft bilden sie dabei gegensätzliche Paare:

Tummeldich hat den Hals gebrochen, Langsam lebt noch; Schaffert kann in die Stube gahn, Fressert muß vor der Türe stahn; Hägup hefft wat, Fretup hefft nischt (nd., Hebauf hat etwas, Frißauf hat nichts); *Herr Schenk ist tot, und Gebert hat ein Bein gebrochen.*

Auch gewisse Redensarten können zu Eigennamen dessen werden, der sie immer im Munde führt: *Gutgenug macht's schlecht genug; Habegehabt ist ein armer Mann, Habegewußt ein dummer.*

Schließlich bedient sich das Sprichwort auch der Ortsnamen, um Eigenschaften, Zuständen und Handlungen eine gewisse konkrete Anschaulichkeit zu verleihen. Eine besondere Wirkung wird dadurch erreicht, daß der Hörer zum Nachdenken gezwungen ist, um den (meist scherzhaft gebildeten oder umgedeuteten) Ortsnamen richtig aufzufassen: *In Nehmersdorf wächst*

Galgenholz; Trägheit führt nicht nach Ehrenberg und Reichenau; Wer zu oft nach Weinheim fährt, der kommt leicht vom Wagen auf die Karre.

X. Die Eigennamen

1. Vorbemerkung

Die Eigennamen (oder Nomina propria) nehmen im Wortbestand un- §188
serer Sprache eine besondere Stellung ein. Sie unterscheiden sich von der großen
Gruppe der Gattungsnamen oder Appellativa, die jeweils alle Exemplare einer
Gattung bezeichnen, dadurch, daß sie immer nur einem einzelnen, ganz bestimmten Individuum oder Gegenstand zukommen, daß sie diese gerade aus
ihrer Gattung herausheben.

Während also den Bedeutungen der übrigen Wörter unseres Wortbestandes
Allgemeinbegriffe zugrunde liegen, enthalten die Eigennamen nur sogenannte
Individualbegriffe. Was gemeint ist, wird sichtbar, wenn man einem Gattungsnamen einen Rufnamen gegenüberstellt. Das Wort *Kind* ist auch außerhalb
des Redezusammenhanges geeignet, einen Begriff in uns entstehen zu lassen,
der nach Umfang und Inhalt ziemlich weitgehend bestimmt erscheint. Anders
verhält es sich etwa mit dem Rufnamen *Hilde*. Es ist kein allgemeiner Begriff
damit verknüpft, und die Bewußtseinsinhalte, die bei verschiedenen Menschen
hervorgerufen werden, die den Namen gebrauchen, hängen ganz und gar von
ihren individuellen Lebensumständen ab, in diesem Falle davon, welche Eigenschaften die Personen aufweisen, auf die der Name gerade bezogen wird.

Historisch gesehen, sind die Eigennamen aus Gattungsnamen entstanden; das
bedeutet, daß sie ursprünglich Allgemeinbegriffe als Bedeutungskerne getragen
haben. Es muß jedoch beachtet werden, daß — um bei unserem Beispiel zu bleiben — der Individualbegriff, der jeweils an den Eigennamen *Hilde* geknüpft
wird, mit der Bedeutung der germ. Wortwurzel, die in asä., ags. *hild,* ahd. *hiltja*
'Kampf' vorliegt, nichts mehr zu tun hat. So verhält es sich mit allen Eigennamen. Die begriffliche Bedeutung 'einer, der Fische fängt', die dem Appellativum
Fischer eignet, findet sich bei dem Eigennamen *Fischer* nicht: Wer *Fischer* heißt,
braucht mit Fischen überhaupt nichts zu tun zu haben. Da viele Eigennamen,
besonders die Rufnamen, ein sehr hohes Alter haben, ist die Aufdeckung
ihrer ursprünglichen Bedeutung für uns von größtem kulturhistorischem Interesse. Nicht weniger wertvoll sind die Namen für die Sprachgeschichte, da die
unterschiedlichen lautlichen Formen ein und desselben Namens, die in alten

Urkunden auftauchen, meistens zeitlich und örtlich genau bestimmt werden können. Aus solchen Belegen lassen sich deshalb wichtige Einblicke in den zeitlichen Ablauf und die räumliche Bewegung der lautlichen Veränderungen in unserer Sprache gewinnen. Die größten Schwierigkeiten bereiten in der Regel die Erklärung der Ortsnamen, denn sie sind zum Teil sehr alt und enthalten oft Wörter und Wortstämme, die in unserer Sprache nicht mehr gebräuchlich sind. Neben ihrem allgemein-kulturhistorischen Wert haben sie vielfach noch eine besondere Bedeutung für die Siedlungsgeschichte.

Wir unterscheiden bei den Eigennamen zunächst einmal die Personennamen und die Ortsnamen. Zu den Personennamen gehören die Rufnamen und die Familiennamen; als Ortsnamen im engeren Sinn bezeichnen wir die Namen bewohnter Orte (Siedlungen), zu den Ortsnamen im weiteren Sinn gehören die Länder-, Berg-, Fluß-, See-, Wald- und Flurnamen.

2. Unsere Rufnamen

§ 189   Zu den zahlreichen Gemeinsamkeiten, die sich bei den Völkern des ide. Sprachstammes finden, gehören auch die Übereinstimmungen in der Namengebung. Überall war die Namengebung ursprünglich individuell; die Namen wurden sinnvoll gebildet und waren in der Regel ein Geschenk, eine Art Segenswunsch, der den Namensträger auf seinem Lebensweg begleiten sollte. Die Namen nannten also oftmals die Eigenschaft, die das Kind nach dem Wunsche der Eltern in seinem Leben bewähren sollte, sie bezeichneten das Ideal, dem der Namensträger Zeit seines Lebens nachstreben sollte. Deshalb sind uns gerade unsere altgermanischen Namen so wertvoll, weil sie zu einem gewissen Grade die Vorstellungswelt unserer Vorfahren erhellen und manchen Einblick in ihre Lebensumstände ermöglichen.

Ein großer Teil der germanischen Rufnamen fällt durch seinen poetischen Charakter auf. Mit Ausnahme der nordgermanischen enthalten die ältesten germanischen Namen kaum Alltagswörter, sondern fast immer nur Ausdrücke aus der Sprache der Dichtung. So zeigen die altdeutschen Namen häufig solche gehobenen Ausdrücke wie ahd. *brand* 'Schwertklinge', *ekka* 'Schneide einer Waffe', *îsan* 'Eisen, Schwert' oder die alten Stämme *badu-, hadu-* und das ahd. Wort *wîg,* die alle 'Kampf und Krieg' bedeuten; die entsprechenden allgemein gebräuchlichen Bezeichnungen ahd. *swërt* oder *strît* treten dagegen kaum auf.

258

Das ist durchaus verständlich, wenn man im Auge behält, daß die Namengebung ein weihevoller, feierlicher Akt war.

Die Übereinstimmung mit den Personennamen der übrigen ide. Völker erstreckt sich auch auf die Form; die ide. Personennamen sind zum größten Teil z w e i s t ä m m i g (griech. *Demo-sthenes, Kalli-kles;* ind. *Deva-datas, Indra-datta;* pers. *Mithra-dates;* dt. *Hadu-brand, Sieg-fried, Hilde-gunde*).

Die Zahl der germanischen zweistämmigen Namen ist sehr groß gewesen; so §190 treten in den Quellen bis zum Beginn der Karolingerzeit schon etwa 2 000 germanische Rufnamen auf, später nimmt ihre Zahl noch bedeutend zu. Heute sind von diesen alten Namen jedoch nur noch etwa 300 in Gebrauch. Für uns ist der Sinn der alten Namen, ihre u r s p r ü n g l i c h e B e d e u t u n g, besonders interessant. Bei dem Versuch, sie zu deuten, stellen wir jedoch fest, daß keineswegs immer eine logische Verbindung zwischen den beiden Teilen der zweistämmigen Namen vorliegt. Wenn dies auch sicherlich anfangs immer der Fall gewesen ist (*Konrad* ist 'kühn im Rat', *Siegfried* heißt 'durch Sieg Frieden bringend', *Germar* und *Waldemar* bedeuten 'durch den Speer bzw. durch sein Walten berühmt' usw.), zwingen uns doch sehr viele Namen, deren Bestandteile in keinem sinnvollen Zusammenhang stehen, zu der Annahme, daß später, als die Sachbedeutung der Namensstämme bereits verblaßt war, weitere Zusammensetzungen mechanisch, ohne Rücksicht auf die Bedeutung der einzelnen Wortstämme, gebildet worden sind; sonst müßte *Fridebald* einen 'im Frieden Kühnen' oder *Nefawin* einen 'Neffenfreund' bedeuten. Offensichtlich kam es zu dieser Zeit bei der Namengebung im allgemeinen nur darauf an, Namen aus Wortstämmen zu bilden, die jeder für sich g l ü c k v e r h e i ß e n d klangen und die im ganzen v o l l t ö n e n d waren. Daß man heute noch so verfährt, macht unseren Schluß auf die Vergangenheit noch wahrscheinlicher. Man hat in alter Zeit neue Namen auch auf die Weise geschaffen, daß man je einen Stamm aus dem Namen des Vaters und der Mutter zu einem neuen Namen zusammenfügte; so konnte z. B. aus *Gunt-her* und *Hilde-gard* der Name *Hilde-gunde* gebildet werden. Ein weiteres Prinzip der Namenbildung ergab sich aus der Sitte, alle Angehörigen einer Sippe oder einer Familie mit Namen zu versehen, die einen g e m e i n s a m e n Bestandteil aufwiesen. So heißt im *Hildebrandslied* der Vater des Helden *Heribrand,* der Sohn *Hadubrand.* Aus dem Gesagten geht also hervor, daß die altdeutschen Namen keineswegs alle übersetzbar sind. Man muß sich daher bei den Deutungsversuchen darauf beschränken, die einzelnen Bestandteile zu erklären.

Die meisten Wortstämme, die in den altdeutschen Namen auftreten, beziehen sich auf Kampf und Sieg, auf Waffenlärm und Ruhm, auf Stärke und Kühnheit, auf kluges Walten und friedliche Tätigkeit, auf Freundschaft und Liebe. Auch die Namen der Götter oder starker, streitbarer Tiere treten auf. Kennzeichnend ist, daß die F r a u e n n a m e n die gleichen Ideale widerspiegeln. Sie sind genauso kriegerisch wie die Männernamen und passen gut zu der Nachricht des Tacitus (Germania 8), die germanischen Frauen hätten den Männern Speise und Zuspruch in den Kampf getragen, die Wunden der Kämpfenden verbunden und mitunter die wankenden Scharen der Kämpfer zum Stehen gebracht. Daneben finden sich Wortstämme, die auf das Walten der Frau im Hause (-*burg,* zu ahd. *bërgan* 'umschließen, in Sicherheit bringen'; -*gard,* zu ahd. *gart* 'Gehege, Wohnhaus, Wohnung') oder auf geheimes Wissen (-*run,* zu ahd. *rûna* 'Geheimnis', ahd. *rûnen* 'flüstern, raunen'; -*lind* zu ahd. *lint* 'Schlange', die Schlange galt als das Symbol geheimen Wissens; *rad-* zu ahd. *rât* 'Beratung, Ratschlag')[1] hinweisen.

§ 191   Ich stelle im folgenden die w i c h t i g s t e n S t ä m m e, die in den a l t d e u t - s c h e n N a m e n vorkommen, nach ihrer Bedeutung zusammen und gebe dabei in Klammern die umgestalteten Formen an, in denen sie uns heute noch begegnen. So gehen auf

K a m p f u n d K r i e g :

die Stämme BAD, GUND (Gum-), HAD, HILD, STURM, WIG, ferner ERNST, 'entschlossener Kampf', GANG 'Kriegspfad', KAMP 'Schlachtfeld', GISAL 'Geisel', DEGAN 'junger Held', ERL 'Graf, Mann', KARL und MAN 'Mann', HER 'Heer' (meist abgeschwächt in -er, vgl. Wern[h]er);

W a f f e n u n d A u s r ü s t u n g s s t ü c k e :

AGIN (Egin-, Ein-) oder ECKE 'Schwert', BRAND 'Feuerbrand, Schwert', ISAN 'Eisen, Schwert', GAR, GER (-ker) oder SPER 'Speer', ORT 'Spitze, Schwert', STEIN 'Stein, steinerne Waffe', KOLBE 'Keule', BORD, RAND und SCILD 'Schild', HELM, GRIM, KRIM 'Helm', HRING 'Ringpanzer', BRUN (Braun-) 'Brünne, Brustharnisch', HORN 'Horn', STRAL 'Pfeil', SMID 'Schmied';

---

[1] Dieser Glaube an den prophetischen Sinn der Frauen ist ein Überrest aus der Zeit des Matriarchats, als die Frauen entscheidenden Einfluß in der Sippe besaßen.

Sieg und Ruhm:

SIG 'Sieg', BERHT, BREHT, BERT 'glänzend', HLOD, HLUT (Lud-) 'berühmt', HROD (Ro-, Ru-) 'Ruhm', MAR (-mer) 'berühmt';

Stärke und Kühnheit:

MAG, MAGAN (Megin-, Mein-) 'Kraft', MAHT 'Macht', HARD, HART (oft nur noch in der Form -ert erhalten) und STARC 'stark', NID 'Eifer, Haß, Kampfeszorn', WILLI (Wil-) 'Wille', WACH, WACAR 'wachsam', WAR, WARIN (Wern-) zu 'wahren' und 'wehren' gehörig, BALD, BOLD, KUON und NAND (Nent-) 'kühn', MUOT 'Sinn, Mut', FRUM (Fromm-) 'tüchtig';

kluges Walten und friedliche Tätigkeit:

HUG (Hu-) 'Geist', RAGAN, REGIN (Rein-, Rei-) und RAT 'Rat', DANC 'Gedanke', RUN 'Geheimnis', WALD (-olt, -elt, -hold) 'Walten', WIS 'weise'; FRID 'Friede', BURG (Burk-) 'bergen, schützen', MUND 'Schutz' (vgl. Vormund, unmündig), BOD, BUD 'gebieten', LEIP (-lieb) 'Hinterlassener, Sohn', SAND 'wahr', HEIM 'Haus, Heimat', GARD 'Wohnung', WID (Weid-) 'Wald', HAG, HAGIN 'Hag, Hain', SIND 'Weg', HEID 'Art, Zustand';

Volk und Land:

VOLC (Voll-) und DIET 'Volk', LIUT (Lio-, Lie-) 'Volk, Leute', LAND (Lam-) 'Land', MARK 'Grenze', RICH (Reich-) 'mächtig, König', AD, ADAL (Al-) 'Geschlecht, Adel', KUN 'Geschlecht', ERBI 'Erbe', OD, UODAL (Ul-) 'Erbgut', FRO 'Herr' (vgl. Frondienst), SCALC (-schalk, -schall) 'Knecht';

Freundschaft und Liebe:

WIN (Wein-) 'Freund, Geliebter', LIUB (Lüb-) 'Liebe', MILD 'freundlich, mild', STIL 'still', GAB (Gieb-) 'geben';

Götter:

GOD und ANS (As-, Os-) 'Gott', ERMEN, IRMIN der kriegerisch dargestellte Wotan, INGO ein Gott, HUN (Hum-) 'Hüne, Riese', ALP 'Alp, Elfe', DRUD (Traut-, -trud) 'Walküre';

streitbare und starke Tiere:

AR, ARN 'Adler', BER, BERN 'Bär', EBER 'Eber', WOLF (-olf, -lof) 'Wolf', FALCO 'Falke', HRABAN, RABAN (-ram) 'Rabe', LIND 'Schlange'.[1]

§ 192   Wenn man bedenkt, daß schon frühzeitig die verschiedensten Stämme beliebig miteinander verbunden werden konnten, wird es verständlich, daß die Zahl der altdeutschen Namen sehr groß ist. Dazu kommt noch, daß zu den zweistämmigen Namen seit jeher K u r z f o r m e n gebildet werden. Diese entstehen entweder aus dem Streben nach Kraftersparnis, indem die langen Namen für den täglichen Gebrauch abgekürzt werden, oder sie verdanken ihre Entstehung dem Bedürfnis, seiner Liebe und Zuneigung Ausdruck zu verleihen (S c h m e i c h e l - oder K o s e f o r m e n, H y p o k o r i s t i k a). Schließlich werden die Hypokoristika auch neben oder an Stelle der vollen Formen gebraucht, ohne daß sie immer eine Verkleinerung oder einen freundlichen Sinn ausdrücken (wie z. B. die Namen auf -i in der Schweiz: *Joggeli, Uli, Vreneli*).

Die Kurznamen entstehen in der Regel auf die Weise, daß der zweite, weniger betonte Wortstamm abgeworfen wird. So wurde *Arnwald* zu *Arn*, *Brunger* zu *Brun*, *Eburhard* zu *Ebur*. Oft trat an den verkürzten Namen eine vokalische Endung *(-o, -e, -i);* so wurden *Gerhard* zu *Gero*, *Godafried, Godberaht* oder *Godebald* zu *Godo, Heinrich* zu *Heino* und *Heine, Hugbert* (Hubert) zu *Hugo, Kuonrat* zu *Kuno, Odfried* zu *Odo* und *Otto, Sigbert* zu *Sigo* und *Sicco, Uodalrich* (Ulrich) zu *Udo* oder *Uli, Eduard* zu *Ede, Ludwig* zu *Lude* usw. Mitunter war die Kürzung noch etwas gewaltsamer; so entstanden Namen wie *Anno* (Arnold), *Benno* oder *Bero* (Bernhard), *Bucco* (Burchard), *Happe* (Hathubald) u. a.

An die verkürzten Namen traten häufig D i m i n u t i v s u f f i x e (ahd. *-iko, -ilo, -izo*). Das ergab Verkleinerungsformen wie *Fridilo* (Friedel), *Fridizo* (Fritz), *Godiko* (Gödeke), *Godilo* (Gödel), *Godizo* (Götz), *Kuonizo* (Kunz), *Ludico, Ludeco, Luzo* (Lutz). Mit *k* gebildet sind ferner *Hauke* (Hugbert), *Reineke* (Reinhard), *Wilke* (Wilhelm); mit *l Dietel* (Dietrich), *Hensel* (Johannes), *Rudel* (Rudolf), *Merkel* (Markward); mit *z Heinz, Hinz* (Heinrich), *Renz* (Reinhard), *Uz* (Ulrich) u. v. a.[2]

Neben der in den weitaus meisten Fällen vorliegenden Abstoßung des zweiten Stammes kommt auch Namenkürzung in der Form vor, daß der e r s t e S t a m m aufgegeben wird. So sind unsere heutigen Kurzformen *Hardi,*

---

[1] Wolf und Rabe waren als Symbole von Kraft und Klugheit dem Kriegsgott Wotan heilig, der Eber dem Gotte Freyr.
[2] Viele dieser Kurzformen treten auch als Familiennamen auf, siehe S. 269.

Helmchen, Poldi, Miene, Rieke, Traudl u. v. a. entstanden, wir finden derlei Formen (wie *Hans, Klaus, Stoffel*) auch bereits im Mittelalter.

An dieser Stelle müssen auch die Rufnamen (und Familiennamen) auf *-mann* erwähnt werden. Sie sind aus gekürzten Namensformen als Koseformen oder Patronymika entstanden. Hierher gehören: *Friedemann, Hannemann* und *Hansemann, Heinemann, Heinzmann* und *Heinzelmann, Karlmann* u. ä.

Die Zahl der Nebenformen, die aus einem einzigen Namen durch die verschiedenen Möglichkeiten der Zusammenziehung und Verwendung der einzelnen Diminutivsuffixe gebildet wurden, ist oft sehr hoch. Neben den vielen einstämmigen Namen, die auf diese Weise aus zweistämmigen entstanden sind, gibt es jedoch auch solche, die von Anfang an einstämmig gewesen sind, wie etwa *Ernst, Karl, Berchta, Gerda, Ida* u. a.

Von den zahlreichen **fremden Namen** sollen hier zunächst die kirchlichen betrachtet werden. Seit der Einführung des Christentums treten im deutschen Sprachgebiet auch kirchliche Namen auf. Die Kirche hat die Annahme „christlicher" Namen von Anfang an begünstigt, aber erst seit dem Konzil von Trient (1545-1563) waren „heidnische" Namen ausdrücklich verworfen. Die starke Ausbreitung der kirchlichen Namen ist das Ergebnis der mittelalterlichen Heiligenverehrung und der Mode. Im 8. bis 10. Jh. lassen sich fast nur alttestamentliche Namen nachweisen. Um die Jahrtausendwende geht die Vorliebe für kirchliche Namen sichtlich zurück, und besonders die alttestamentlichen Namen werden bis zur Reformation nur wenig gebraucht. Große Mode werden die fremden Namen erst vom 12. Jh. an. In der Blütezeit des Rittertums dringen zahlreiche Namen aus den romanischen Ländern ein, und die in dieser Zeit überhandnehmende Heiligenverehrung fördert die Ausbreitung der kirchlichen Namen aus dem Neuen Testament in noch nicht dagewesenem Ausmaß.

§ 193

Neben den kirchlichen Namen, die zum allergrößten Teil hebräischer, griechischer und lateinischer Herkunft sind, fließen seit dem ausgehenden Mittelalter im Gefolge der ökonomischen, politischen und kulturellen Entwicklung weitere fremde Namen auch aus anderen Quellen in unseren Namenschatz ein. Das sind in der Zeit des Humanismus lateinische und griechische, im 17. und 18. Jh. vorwiegend französische und später viele englische Namen.

Ich gebe hier aus der großen Zahl fremder Namen nur eine kleine Auswahl.

Hebräische: *Adam, David, Elias, Gabriel, Immanuel (Emanuel), Isaak, Jakob, Jeremias, Joachim (Jochen), Johannes (Hans), Joseph (Sepp), Matthias (Matz), Michael (Michel), Samuel, Thomas; Anna, Elisabeth (Elsa, Lisa), Eva, Gabriele, Johanna (Hanna), Magdalena, Maria, Martha, Ruth, Susanne (Suse)* u. a.

Griechische: *Ägidius, Alexander, Andreas, Baptist, Christian, Christoph, Eugen, Georg, Petrus (Peter), Philipp, Nikolaus; Agathe, Agnes, Angelika, Barbara (Bärbel), Christine, Dorothea, Eleonore (Lenore, Lore), Eulalia, Helene, Irene, Katharina (Käthe), Margarete (Grete), Sibylle, Sophie, Stephanie (Steffi), Thekla, Theodora, Therese (Resi)* u. a.

Lateinische: *Anton, Ambros, August, Benedikt, Clemens, Crispin, Emil, Fabian, Felix, Ignaz (Naz), Innozenz, Lorenz, Magnus, Martin, Maximilian (Max), Moritz* (< *Mauritius*), *Paul, Sylvester, Viktor, Vinzenz; Alma, Amanda, Antonie (Toni), Auguste, Beate, Emilie (Milli), Felizitas, Flora, Julie, Klara, Laura, Paula, Senta* (< *Crescentia*), *Ursula* u. a.

Französische oder französisch klingende: *Alice* (zu *Alexander*), *Adolfine, Georgine, Karoline, Wilhelmine (Minna), Juliane, Charlotte, Ernestine, Franz, Franziska, Henriette* (zu frz. *Henri* = Heinrich), *Jean* (unser Johann), *Jeanette, Louis* (unser Ludwig), *Louise* u. a.

Englische oder englisch klingende: *Edgar, Harry, Jonny, Willy, Betty, Elly, Emmy, Fanny, Jenny, Lilly, Mary, Molly, Maud, Wally* usw.

Aus den nordischen Ländern stammen: *Erich, Gustav* (Koseform: *Gösta*), *Harald, Hjalmar, Helgi* (weibl. *Helga*), *Knut, Olaf, Astrid, Dagmar, Edith, Ingrid, Sigrid* u. a.

Slawische Namen: aus dem Russischen *Fedor* (= *Theodor*), *Feodora, Iwan* (= Johann), *Kolja* (= Klaus), *Olga* (= Helga), *Tatjana, Wanda, Wera;* aus Polen *Kasimir;* aus Böhmen *Ludmila, Wenzel* u. a.

In deutschem Munde wurden die fremden Namen den Regeln der deutschen Sprache angeglichen und abgeschliffen. Je mehr sie sich aber dem deutschen Lautstand und der deutschen Betonung annäherten, um so gebräuchlicher wurden sie wiederum. Und schließlich entstanden zu ihnen ebenso wie zu den einheimischen Namen auch Kurzformen. Die fremden Namen waren in der Regel nicht anfangsbetont; unter dem Einfluß der deutschen Betonungsgesetze nehmen sie zum Teil die Erstbetonung an. Aus dem Nebeneinander von *Jóhannes* und *Johánnes* ergaben sich so die Kurzformen *John* und *Hans,* in der gleichen Weise wurden aus *Jacobus: Jack* und *Kobus,* aus *Alexander: Alex* und *Sander,* aus *Nikolaus: Nickel* und *Klaus,* aus *Josephus: Joseph* und *Sepp* usw. Daneben entstanden sog. zusammengezogene Formen wie *Jupp* (Joseph), *Klemz* (Clemens), *Austin* (Augustinus), *Elsbeth* und *Else* (Elisabeth) u. a.

Hypokoristische Formen treten ebenfalls auf, sie werden meist mit dem *l-* und *k-Suffix* gebildet: *Barthel, Hansel, Jöbstl, Köpke, Johännchen, Henneschen* u. ä.

§ 194   Wie in unsere Sprache fremde Namen eingedrungen sind, sind andererseits auch germanische bzw. deutsche Namen bei unseren Nachbarvölkern gebräuchlich geworden. Germanische Rufnamen im Französischen sind u. a. *Bertrand* (Bertram), *Edouard* (asä. Edward), *Gautier* (Walther),

Geoffroy (Godofred), *Henri* (Heinrich), *Louis* (Ludwig), *Raoul* (Radolf), *Renard* (Reinhard), *Robin* (Robert); *Adelaïde* (Adelheid), *Clotilde* (Klothilde); im Italienischen: *Amerigo* (Emmerich), *Rinaldo* (Reinwald), *Ruggiero* (Rüdiger), *Umberto, Uberti* (Hug[in]bert); im Spanischen: *Bermudo* (Berimunt), *Diego* (Diet), *Enrique* (Heinrich), *Ramen, Raimundo* (Raimund), *Rodrigo, Ruy* (Roderich), *Roger* (Hrotger); im Russischen: *Igor* (Ingwar), *Oleg* und *Olga* (Helgi, Helga), *Rurik* (Roderich) u. a.

3. Unsere Familiennamen

Während bis etwa 1100 jede Person nur e i n e n Namen führte, kam es von dieser Zeit an immer öfter vor, daß dem Rufnamen noch ein zweiter Name hinzugefügt wurde, der vom V a t e r auf den Sohn überging, also e r b l i c h und damit zum F a m i l i e n n a m e n wurde. Der Brauch, einen Menschen nach seinem Vater näher zu kennzeichnen, findet sich bei allen Völkern, bei unseren Vorfahren reicht er bis in die germanische Zeit zurück. Ich habe bereits in anderem Zusammenhang auf das Hildebrandslied verwiesen (S. 259). Der Vater *Hildebrand* nennt sich dort *„Hiltibrant Heribrantes sunu"*, und sein Sohn gibt seinen Namen an als *„Hadubrant Hiltibrantes sunu"*. Neben dem Vaternamen konnte eine Person besonders durch den Sippennamen näher bestimmt werden. Die S i p p e n n a m e n entstanden auf die Weise, daß der Rufname des Sippenoberhauptes von allen Sippenangehörigen geführt wurde. Das ist besonders bei Mitgliedern regierender Familien belegt; so wird eine ostgotische Königsfamilie als *Amali* oder *Amelungi* (nach ihrem Ahnherrn *Amelo*) bezeichnet. Wir stoßen auf diese Sitte auch noch in jüngerer Zeit: die *Kerlingi,* die *Karolinger,* sind „die Karle".

§ 195

Neben den Vater- und Sippennamen trat schon in den ältesten Zeiten eine weitere Art von Namenszusätzen auf: die B e i n a m e n für einzelne Personen. Diese bezogen sich jeweils auf eine besondere Eigenheit ihres Trägers und hafteten nur ihm an. Bekanntlich wurden drei St. Gallener Mönche des gleichen Namens *Notker* durch die Beinamen *Balbulus* (Stammler), *Physicus* (Arzt) und *Labeo* (Großlippe) oder *Teutonicus* (der Deutsche) voneinander unterschieden. Derartige individuelle Beinamen konnten, als die Zeit dazu reif war, auch zu Familiennamen werden; durch Jahrhunderte sind sie jedoch jeweils mit ihren Trägern erloschen.

Zwei Merkmale sind es also, die die Familiennamen von den älteren Namenszusätzen unterscheiden: erstens ihre Erblichkeit und zweitens das damit notgedrungen verbundene Zurücktreten ihrer begrifflichen Bedeutung.

Es ist gewiß kein Zufall, daß die Einführung der Familiennamen sowohl bei uns als auch in Oberitalien, wo sie viel früher als in Deutschland vor sich geht, zeitlich mit der Entstehung der großen Städte zusammenfällt. Während beim Zusammenleben in kleinen Ansiedlungen der Rufname vollständig ausreichte, um die wenigen Einwohner auseinanderzuhalten, war das in den volkreichen Städten Süd- und Westdeutschlands nicht mehr möglich. Dazu kommt, daß zur gleichen Zeit der alte Namenbestand sehr stark zusammengeschmolzen war. Es gibt verschiedene Ursachen für diese Erscheinung; die wichtigste ist offensichtlich die, daß bestimmte Modenamen sehr häufig gebraucht wurden und deshalb andere ganz außer Gebrauch kamen.

Doch die Mode hat auch bei der Entstehung und Ausweitung der Familiennamen selbst eine große Rolle gespielt. Die Anregung kam, wahrscheinlich über die Provence, aus den großen oberitalienischen Städten. Sie scheint zunächst beim hohen Adel, dann beim niederen Adel und den süddeutschen Patriziergeschlechtern gewirkt zu haben; schließlich folgten auch die Bürger und zuletzt die Bauern. Wenn auch für die Adligen schwerlich das Bedürfnis nach besserer Unterscheidung ausschlaggebend war, das in den dichtbevölkerten Städten bestand, so hatten sie doch einen anderen, sehr triftigen Grund zur Übernahme der neuen Mode. Im Jahre 1037 waren unter Konrad II. die Lehen erblich geworden. Durch die Führung des in der Familie erblichen Namens nach dem Stammsitz wurden die Rechtsansprüche auf diesen Besitz gesichert. Außerdem mögen sie die Neuerung um so leichter und lieber übernommen haben, als sie damit nur das Beispiel der französischen Ritter nachahmten, mit denen sie in der Zeit der Kreuzzüge häufig zusammenkamen.

Die neue Mode der Familiennamen hat also vorhandene Ansätze fort- und schließlich zum Siege geführt. Das ging jedoch nur allmählich und in den verschiedenen Teilen Deutschlands mit unterschiedlichem Tempo vor sich. Die Einführung der Zweinamigkeit begann etwa im 12. Jh. Sie nahm vom Südwesten des deutschen Sprachgebietes ihren Ausgang und griff zuletzt auf den Norden über. Anfangs waren die Familiennamen noch wenig befestigt; es kommt des öfteren vor, daß sie bei aufeinanderfolgenden Generationen oder gar bei ein- und derselben Person wechseln. So hieß *Lukas Cranach* (aus Kronach in Oberfranken stammend) eigentlich *Lukas Sunter.* Sein Freund Luther nennt ihn auch öfter *Lukas Maler.* Es ist verständlich, daß sich die Familiennamen zuletzt in den ländlichen Gebieten durchsetzten, die weitab von der großen Welt in tiefster Abgeschiedenheit dahinlebten, wo das Bedürfnis für die Neuerung dementsprechend nicht sehr stark war. So mußten in Ostfriesland die Familiennamen erst vor etwa 140 Jahren auf dem Amtswege (durch Verordnungen der Hannoverschen Regierung von 1826 und 1835) eingeführt werden.

Unsere Familiennamen lassen sich nach ihrem Charakter in v i e r H a u p t - g r u p p e n einteilen. Wir beginnen mit der Behandlung der **Familiennamen, die aus Rufnamen entstanden sind**, obwohl die Annahme, daß diese Gruppe auch ihrer Entstehung nach die älteste sei, umstritten ist. Sicher aber lag es nach dem, was wir von der Art und Weise wissen, wie bereits in den ältesten Zeiten und bei allen Völkern Namensunterscheidungen gemacht wurden, sehr nahe, daß man dem Namen des Sohnes den des Vaters hinzufügte. Damit konnten die alten Rufnamen nun auch als Familiennamen auftreten, und so wurde es möglich, daß jemand *Franz Hermann* oder *Otto Heinrich* heißt. Ohne Zweifel gehören die V a t e r n a m e n oder P a t r o n y m i k a zu der ältesten Schicht der Familiennamen; wir können ihre Ausbildung an zahlreichen urkundlichen Belegen verfolgen. Zunächst wurde in der Regel der Zusatz *filius* (lat., = Sohn) oder *sun, son* gemacht (*Nothelmus filius Nothelmi, Johannes Lodwighes sone* u. ä.). Später wurde dieser Zusatz gewöhnlich weggelassen, man begnügte sich mit der Angabe des Vatersnamens im G e n i t i v , so z. B. *Albertus Brunonis* (= Albert des Bruno). Von da war es nur noch ein kleiner Schritt zu der heute noch gültigen Regelung, daß der Name des Vaters in der N o m i n a t i v f o r m erschien; so stehen schließlich neben einem *Jacobus Alrami* (Gen.) ein *Jacob Alram* (Nom.), neben einem *Johannes Anshelmi* ein *Hannus Anshalm*[1] (Beispiele aus Brno, Mitte des 14. Jh., nach E. S c h w a r z , „Deutsche Ortsnamenforschung I. Ruf- und Familiennamen". Göttingen 1949, S. 77).

§ 196

Die ältesten der eben dargestellten Entwicklungsstufen bewahren noch heute die zahlreichen Familiennamen auf *-son* und *-sen* (zusammengeschrumpft und abgeschwächt aus *-sohn*)[2]: *Adamson, Andersen* (Andreas), *Arnoldson, Jacobson, Peterson; Andersen, Classen* (Nikolaus), *Detlevsen, Diercksen* (Dietrich), *Dreesen* (Andreas), *Frenssen* (Franz), *Frerksen* (Friedrich), *Hansen, Hinrichsen, Jansen, Johannsen, Karstensen* (Christian), *Mommsen* (zu fries. Momme), *Paulsen, Rolfsen, Thiessen* (Matthias), *Wilmsen* (Wilhelm) u. a.[3]

---

[1] Die Benennung erfolgte übrigens nicht immer nach dem Vater. Es gibt Belege, aus denen einwandfrei hervorgeht, daß der Name einer anderen Person, etwa der Mutter, des Schwiegervaters, des Dienstherrn oder eines Freundes, als Familienname übernommen und fest wurde.

[2] Während sich unverändertes *-sohn* nur in wenigen deutschen Namen erhalten hat (eine Ausnahme bilden jüdische Namen wie *Levisohn),* ist die abgeschwächte Form *-sen* besonders in Holland und Dänemark und in den angrenzenden norddeutschen Gebieten weit verbreitet. So machten diese Namen in einigen Kreisen Schleswigs bis zum zweiten Weltkrieg etwa 90 Prozent aller Familiennamen aus.

[3] Familiennamen auf *-sen* können mitunter auch Herkunftsnamen sein, da auch *-husen* zu *-sen* verkürzt werden konnte (siehe S. 285).

Auf der mittleren Stufe stehen heute noch die Namen, die eine Genitivform (das -s der starken oder das -en der schwachen Deklination) aufweisen: *Alfs* (Adolf), *Arnolds, Bartels, Berends, Behrens* (Bernhard), *Brahms* (Abraham), *Brandes* (Hildebrand), *Bruns* (Bruno), *Dietrichs, Diercks, Ebers, Ewers* (Eberhard), *Frings* (Severin), *Harms* (Hermann), *Hellmers* (Hildimar, Helmher), *Helms* (Helm, Kurzform zu Wilhelm), *Krings* (Quirin), *Melchers* (Melchior), *Mertens* (Martin), *Michels, Peters, Rolfs* (Rudolf), *Sanders* (Alexander), *Wilhelms, Wilms* (Wilhelm), *Wilmanns; Ennen* (Agino, Aginulf), *Göschen* (Gottfried), *Heinen, Henzen, Otten, Poppen* (zu dem Lallnamen Poppo), *Wilken* (Wilhelm) usw. Durch Schreibung verschleierte Genitive liegen auch vor in *Braunholz* (< Brûnwalds), *Helmholtz* (< Helmholds), *Linnarz* (< Lienhards), *Reinherz* (< Reinhards), *Richarz* (< Richards), ebenso in *Schmitz* (< Schmieds) u. ä.

Die lat. Genitivformen (auf -*i*, -*ae*, -*is*) haben sich ebenfalls nicht selten erhalten; freilich dürften viele dieser Namen erst später, in der Humanistenzeit, aus deutschen genitivischen Namensformen latinisiert worden sein. (An die Stelle des -*i* ist häufig ein -*y* getreten, es handelt sich hier jedoch nur um eine abweichende Schreibart.) Hierher gehören Namen wie *Alberti, Anthony, Arnoldi, Bartholdy, Bernhardy, Caspari, Conradi, Eberty, Egidy* (für Ägidi, von Ägidius), *Ernesti, Friderici, Georgi, Gregory, Henrici, Jacobi, Jany, Matthäi, Nikolai, Pauli, Philippi, Rudolfi, Ruperti, Ulrici, Wilhelmi; Andreae, Matthiae, Zachariae; Davidis, Michaelis* u. a.

Zur Gruppe der Vaternamen sind auch die besonders zahlreich in Mecklenburg und den umliegenden Gebieten auftretenden Namen auf -*ing* (und -*ung*) [1] zu zählen: *Basting* (Sebastian), *Brüning* (Bruno), *Gering* oder *Ihering* (Gerhard), *Hansing, Harting* oder *Hartung, Humperdinck* (Humbert), *Janing* (Johann), *Klausing, Klasing, Karting* (Kurt), *Lortzing* (Lorenz), *Masing* (Thomas), *Nölting* (Arnold), *Petering, Schwietering* (Swîther), *Sieveking* (Siegfried), *Sieverding* (Siegwart), *Willing, Wilsing* (Wilhelm) usw.

Der Name des Vaters wurde jedoch auch, mit dem Diminutivsuffix -*l* versehen, auf den Sohn vererbt. So konnten die Söhne eines Andreas *Anderl*, eines Franz *Fränzel* oder *Frentzel* und eines Hans *Hensel* genannt werden. Hierher gehören ferner Namen wie *Dietel* (Dietrich), *Gödel* (Gottfried), *Heinzel, Henschel* (Johann), *Künzel* (Kunz), *Merkel* (Markward), *Markle* (in Baden und Württemberg), *Wernli* (in der Schweiz) und die volleren Formen mit -*lîn* (-*lein*): *Böcklin* (Bock), *Sütterlin* (Sutter), *Weckerlin* (Wacker) u. a. Mit dem Diminutiv-suffix -*k* sind gebildet: *Gödeke* (Gottfried), *Hanke* (Johannes), *Heinke* (Heinrich), *Reineke* (Reinhard), *Tiedke* und *Tieck* (Dietrich), *Wernike* (Werner), *Wilke* (Wilhelm) u. a. Mitunter ist *k* zu *g* oder *ch* geworden: *Reinig* (neben *Reinick* und *Reineke*), *Willich* (neben *Wilke*), *Liebig* u. a. Die volle Form -*chen* tritt ebenfalls auf: *Nöldechen* (Arnold). Mit Hilfe des alten Diminutivsuffixes -*izo* entstanden so *Fritsch* und *Fritsche* (aus Friedrich), *Dietz, Dietsch, Tietze* aus Dietrich, *Heintze, Henze, Hinze, Hinsch* aus Heinrich, *Renz* aus Reinhard, *Seitz* aus Siegfried u. v. a.

Schließlich kommt das Vater-Sohn-Verhältnis auch in Namen wie *Junghans, Jungnickel, Kleinpaul* u. ä. zum Ausdruck.

§ 197   Die Zahl der Familiennamen, die aus Rufnamen hervorgegangen sind, ist recht groß, besonders auch deshalb, weil von einem einzigen Namen in den verschiedenen Gegenden Deutschlands zahlreiche Sproß- und Kurzformen entstanden. So hat man berechnet, daß sich aus dem alten Rufnamen *Godebëraht* etwa 6 000 verschiedene Familiennamen ergeben konnten. Dabei sind freilich auch die auseinandergehenden Schreibungen mit eingerechnet. Zur

---

[1] Über dieses Suffix, das die Abstammung bezeichnet siehe § 69.

Veranschaulichung der bunten Vielfalt der Sproßformen seien hier (nach E. Schwarz, a. a. O., S. 90 f.) einige Familiennamen angeführt, die zu *Dietrich* gehören:

Dietrich, Diederich, Ditterich, Dittrich, Dederich, Derich, Deitrich, Deutrich, Dierck, Diederichs, Dirks, Tjarks (friesisch), *Dietricher, Dierking, Diederichsen, Dirksen, Diede, Thieden, Tydena* und *Thedinga* (friesisch), *Dietel, Dietle, Tittel, Tittelmann, Thiele, Thielmann, Tille, Tillmann, Tilmanns, Dietler, Thieling, Thielsen, Thieleke, Thielking, Thiedge, Thieck, Detje* (friesisch), *Dietmann, Dietz, Diezmann, Dietzsch* u. a. Dadurch, daß verschiedene Verkleinerungssuffixe möglich sind, Bildungen mit *-sen*, *-mann* und *-ing* hinzutreten, wird die Variationsmöglichkeit noch gesteigert. Auch die fremden Namen ergaben bei ihrer Eindeutschung noch zahlreiche unterschiedliche Familiennamen. So gehören zu *Antonius: Anton, Antons, Antony, Tonius, Tönnies, Thonig, Thony, Thon, Tönges, Tönsmann, Thöne, Tönnes, Tönissen, Dohn, Donke, Dohnke, Dönges, Dönig, Dönecke, Donnes* u. a.

Es folgt noch eine kleine Übersicht von Familiennamen, die als Sproßformen aus Rufnamen entstanden sind[1]:

Adam — Adams, Adami, Damm, Dahms,
Andreas — Anderson, Andersen, Andresen, Andres, Anders, Ender, Enders, Endert, Enderle, Drewes, Drews,
Apollonius — Löns,
Arnhart — Arndt, Arend, Ahrends, Ahrens, Amecke, Arnke,
Arnold — Nolte, Nolting, Nöldeke, Nolke, Nöldechen,
Augustin — Stinnes,
Bartholomäus — Bartholmes, Bartelmes, Barthel, Bartels, Bertel, Bertelmann, Bertelsmann, Mewes, Mävers, Möbes, Möbius,
Bernhard — Berndt, Bätz, Betz, Behrend, Behrens, Bernhardsen,
Cornelius — Cornill, Nelson, Nelsen, Nielsen, Niels,
Eberhard — Ebhard, Ebert, Eberts, Eberle, Eberlein,
Friedrich — Friedrichs, Frerich, Frerichs, Fritz, Fritze, Fritsche, Fritzsch, Fritzsche,
Georg — Jürgen, Jürgens, Jürgensen, Jöhrens, Jörns,
Gottfried — Götze, Götz, Göpfert, Göppert, Geppert, Gödeke, Gode, Goethe, Göschen, Göbel, Geupel, Geibel,
Heinrich — Hinrichs, Hendriks, Henrici, Heine, Heinz, Heinze, Heinzel, Heinzelmann, Henze, Hinze, Hinz, Heineke, Heinke, Heinzerling, Heinsius, Heinemann, Heymann, Heim, Heimel,
Hugo — Haug, Hauck, Hueg,
Jakob — Jäck, Jäckel, Jöckel, Köpke, Köppen,
Johannes — Johansen, Hansen, Hanke, Henke, Henkel, Hensel, Henseling, Hentschel, Henschke, Henske, Hänisch, Hänsch, Hansmann, Hannemann, John, Jahn, Jahns, Janke, Jänike, Jentsch,
Joseph — Sepp, Seppel, Sippel,
Kuno (Konrad) — Kunz, Kunze, Künzel, Kinzel, Güntzel, Günzler, Kützing, Könnecke, Kohrs,
Lazarus — Leiser, Löser, Lesser,
Leopold — Lippold, Libalt, Lippelt, Lippert, Leppert, Lepolt, Lepel, Leipel, Leipold, Leupold,
Ludwig — Lutz, Lutze, Luhde, Lüder, Lüders, Lüdecke, Lüdke, Lücke, Lücking, Lüdeking,
Markus — Marx,
Martin — Martini, Marten, Martens, Märte, Mertens, Mertensen, Mertelsmann,

---

[1] Nach Wilhelm O p p e r m a n n : Aus dem Leben unserer Muttersprache. 2. Aufl., Leipzig 1928, S. 91 f.

Matthias — *Matthison, Matthies, Matschke, Maschke, Maske, Matz, Metz, Tews, Thies, Theis, Thiessen, Theissen, Theisen,*
Nikolaus — *Nicolai, Nick, Nickel, Nitzsch, Neitzsch, Nitsche, Nietzsche, Nitschke, Klaus, Kloß, Klasen, Klasing, Klaussen, Klages, Laas, Loos, Lohse,*
Paulus — *Paul, Pauls, Paulsen, Paulig, Paulke, Pagel* (nd.), *Peschke, Paschke, Peschel,*
Petrus — *Peter, Peters, Petri, Patsch, Pietsch,*
Philipp — *Philips, Philippi, Lipsius,*
Reinhard — *Reinecke, Reinicke, Reinick, Reinke, Ranke, Renz, Rensing,*
Richard — *Richards, Riechers, Richert, Richardsen, Richardi, Reichardt, Reichhardt,*
Siegfried — *Seits, Sieber, Siebert, Seiffert, Seffer, Seffert,*
Stephan — *Steffen, Steffens,*
Theodor — *Tedrahn,*
Ulrich — *Ulrichs, Ulrici, Uz, Ullmann, Uhlemann, Uhtig, Uhl,*
Valentin — *Velten,*
Werner — *Werneke, Wernke, Warnecke.*

Diese Übersicht gibt jedoch jeweils nur eine Auswahl aus den tatsächlich vorhandenen Sproßformen und berücksichtigt die unterschiedlichen Schreibungen nur selten. So gehören z. B. zu *Siegfried* noch *Siefart, Siefert, Siefer, Siefers, Siefermann, Siever, Sievers, Sievering, Sievertsen, Sieveritts, Ziefer, Sifard, Siffert, Siffers, Siffermann, Ziffer, Ziffert, Syffert, Syfrig, Süverling, Süferling, Seiffer, Seiffert, Seifried, Seifritz, Seifart, Seifhart, Seifer, Seifert, Seiferts, Seifermann, Seiferlein, Seiferling, Saifried, Saifert, Seufert, Seuffert, Seuferle, Seuferlein, Zegfart, Seefrid, Seefried, Seefarth, Seffer, Severidt, Severit* u. a.

§ 198   Eine zweite große Gruppe von Familiennamen bilden die **Herkunfts- und Wohnstättennamen.** Eigentlich handelt es sich ihrer Entstehung nach um zwei verschiedene Gruppen, denn den Wohnstättennamen erhielt man in der Heimat, den Herkunftsnamen aber in der Fremde. Da heute jedoch die Scheidung nicht mehr reinlich durchzuführen ist, sollen die beiden Namengruppen hier zusammen behandelt werden.

Zu der ältesten Schicht gehören ohne Zweifel die Familiennamen, die von dem G r u n d b e s i t z d e s G e s c h l e c h t s o d e r d e r F a m i l i e genommen sind. Es war schon davon die Rede, daß sich die Adeligen frühzeitig nach ihrem Stammsitz nannten. Diese Art der Namengebung, die wir zuerst beim süddeutschen Hochadel nachweisen können, wurde bald auch beim niederen Adel üblich, wie die Namen der ritterlichen Dichter des hohen Mittelalters *(Heinrich von Veldeke, Wolfram von Eschenbach, Hartmann von Aue, Walther von der Vogelweide)* zeigen. Sie wurde aber auch von Bürgern und Bauern übernommen, die sich nach ihrem Wohnsitz benannten: die Dichter des 13. Jh. *Gottfried von Straßburg* und *Konrad von Würzburg* waren bürgerlicher Herkunft.

Dieser Namenszusatz war häufig d u r c h e i n e P r ä p o s i t i o n wie *von* (lat. *de,* nl. *van), zu, auf* u. a. *(von Falkenstein, von und zum Stein, vom Berge, zu der Linde, auf der Mauer)* mit dem V o r n a m e n verbunden. Das Verhältniswort *von* war anfänglich keineswegs Kennzeichen eines Adelsnamens, dazu wurde es erst seit dem 17. Jh.; in Holland steht *van* bis heute in bürgerlichen Namen (*van Beethoven* = vom Rübenhofe, zu lat. *beta* 'rote Rübe'; *van Dyck* = vom Deich; Rembrandt nannte sich *van Rijn* [= vom Rhein], weil sein Vater eine Mühle an einem Arm des Rheins besaß). Als das *Von* in Deutschland zum Adelsprädikat geworden war, konnten bei der Erhebung Bürgerlicher in den Adelsstand solche, vom sprachlichen Standpunkt aus gesehen, sinnlose Namen wie *von Müller* oder *von Kurz* entstehen.

Viele Wohnstättennamen, besonders von Bürgern und Bauern, zeigen eine Präposition und den Artikel: *am Bach* (= an dem Bach), *vom Berge, im Hof, zur Mühle, am Tor, von der Heide, beim Born, unter der Weiden* usw. Manchmal (besonders in der Schweiz) werden sie zusammengeschrieben und auf der Präposition betont: *Ámthor, Ímhof, Índermühle, Vóntobel, Zénklusen, Zúrflüh, Zúrlinden.* Im norddt. Sprachgebiet ist die Betonung auf dem Substantiv häufig: *Tenbrínk* (zum Brink), *Tendýck* (zum Deiche), *Tenhólt* (zum Holze), *Terbéck* (zum Bache), *Terhág* (zum Hage), *Torhórst* (zum Gestrüpp, Strauchwerk); dagegen sind auf der ersten Silbe betont: *Vón der Heide, Vómhof, Térbrüggen, Térschmitten, Zúmbusch* usw. Mitunter weicht das Geschlecht des Substantivs, der Mundart entsprechend, von dem der Schriftsprache ab.

Herkunftsnamen konnten auch auf die Weise entstehen, daß die Ortsangabe unter Weglassung der Präposition zum Familiennamen wurde. So hieß der bekannte Gegner Luthers, Dr. Eck, eigentlich Dr. Johann Mayr und stammte aus Eck; der Mitstreiter Luthers aus den ersten Jahren seines öffentlichen Wirkens, Andreas Karlstadt, hieß eigentlich Andreas Bodenstein und stammte aus Karlstadt. So erklären sich die als Familiennamen auftretenden Ortsnamen, wie *Bamberg, Brandenburg, Coburg, Delbrück, Eger, Fulda, Eisenach, Mainz, Regensburg, Saalfeld, Sempach, Waldeck, Warburg* usw.

Ebenso wie die eigentlichen Ortsnamen können auch Appellativa, die allgemeine Ortsbezeichnungen darstellen, als Familiennamen auftreten:

Acker, Dreißigacker, Steinacker, Bach, Baum, Baumgarten, Berg, Buchholz, Burg, Damm, Althaus, Steinhaus, Brockhaus und *Brockes* (zu nd. *brôk* = Sumpf), *Fels, Kamphausen* (zu nd. *kamp* 'eingehegtes Stück Grund, Feld'), *Hof, Friedhof, Kirchhof, Hohlweg, Hügel, Lay* (= Fels, Schieferstein, vgl. *Loreley*), *Mühle, Mühlberg, Mühlfeld, Stein, Steinbach, Steinberg, Steinhoff, Hochstein, Viebig* (= Viehweg), *Wald, Uhland* (zu ahd. *uodal* 'Erbgut') usw.

Die Herkunft aus einer Landschaft oder einem Wohnort kann auch durch Bildungen auf *-er*[1] (die natürlich ursprünglich den Artikel bei sich hatten)

---

[1] Siehe auch S. 111.

und -*mann* ausgedrückt werden. Den Ableitungen mit dem Suffix -*er* können dabei Ortsnamen und auch Gattungsnamen, die allgemeine Ortsbestimmungen sind, zugrunde liegen:

Bamberger, Bremer, Casseler, Erfurter, Frankfurter, Gießner, Haller, Hamburger, Meißner, Mindner, Neuhauser, Prager, Welser; Bacher, Brückner, Birkner, Erler, Eschner, Fichtner, Lindner, Weidner, Marschner, Pfitzner, Pfützner, Mühlfelder, Niederhofer, Leuthäuser usw. Hierher gehören auch die von Ortsnamen auf -*ing* und -*ingen* abgeleiteten Familiennamen wie *Altringer, Breitinger, Derfflinger, Döllinger, Geistinger, Götzinger, Haspinger, Schweninger, Solinger, Straubinger, Villinger, Waiblinger.* Die Familiennamen auf -*mann* sind ebenfalls recht häufig: *Bachmann, Beckmann, Beekmann* (beide = Bachmann), *Bergmann, Bornemann, Brinkmann* (zu nd. *brink* 'Grashügel'), *Brückmann, Brüggemann, Buschmann, Feldmann, Hagemann, Hausmann, Holzmann, Lindemann, Lohmann* (zu ahd. *lôh* 'Busch'), *Stegemann, Teichmann* (nd. *Diekmann), Waldmann, Wassermann, Winkelmann* usw.
Allgemeinere Herkunftsangaben enthalten Familiennamen wie *Nordmann, Normann, Nörtemann, Sudermann, Westermann, Ostermann, Ost, Osten, Österle, Österlen; Oberländer, Nachbaur* u. ä.

Noch älter als die Benennung nach dem Herkunftsort ist die nach einem Volk oder Volksstamm, einem Land oder einer Landschaft. Solche Namen sind, soweit es sich tatsächlich um Herkunftsnamen handelt, jeweils in der Fremde gegeben worden. So konnte ein Franke, der sich unter Sachsen ansiedelte, als *Frank(e)* und ein Schwabe in Franken als *Schwab(e)* bezeichnet werden. Als erbliche Familiennamen treten solche Personennamen seit dem 13. Jh. in Erscheinung.

Hierher gehören: *Böhm(e), Behm, Czech, Zech, Dähn, Dehne, Deutsch, Engelmann* (= Engländer), *Flemming* (= Flamländer), *Franzos, Franzmann, Holland, Holländer, Lampert* (= Lombarde), *Östreich, Östreicher, Pohl(e), Pohland, Pohlmann, Pöhlmann, Pollak* (= Pole), *Reuß, Ruß, Sarrazin* (= Sarazene), *Schott, Schweizer, Türk(e), Unger* (= Ungar), *Wallach, Walch, Welsch, Wendt, Wente, Wendland, Baier, Bayer, Bayerlein, Baiermann, Payer, Dühring, Döhring, Döring, Dormann* (alle vier = Thüring), *Elsässer, Frank(e), Frenkel, Fries(e), Frese, Freise, Hesse, Heß, Hasse, Holst, Holsten, Meininger, Pommer, Reimann, Riemann* (= Rheinländer), *Sachs(e), Saß, Sauerländer, Schlesinger, Schwab(e), Voigtländer* usw.
Es ist dabei zu bemerken, daß die Träger solcher Namen keineswegs immer dem betreffenden Volk oder Stamm angehört haben müssen; oft genügten schon lose Beziehungen, wie eine Reise oder Handelsverbindungen, zur Verleihung eines solchen Namens.

§ 199   Zu der Gruppe der Wohnstättennamen gehören auch die Familiennamen, die aus Häusernamen entstanden sind. In Deutschland war es bis in das 18. Jh. üblich, den Häusern Namen zu geben.[1]

---

[1] Dieser Brauch hat sich in Kurorten, bei Apotheken und Wirtshäusern bis heute erhalten, während wir uns sonst mit Hilfe von Hausnummern orientieren.

Die Häusernamen richteten sich ursprünglich meist nach einem besonderen Kennzeichen des Grundstückes (*zum Rosenbaum, zum Rebstock* u. ä.), später wurden sie mannigfacher (*zum Kranz, zum Spiegel, zum Engel* u. ä.).[1] Es ist ganz natürlich, daß viele Häusernamen zu Familiennamen der Hauseigentümer oder -bewohner wurden. So kommt es, daß unter unseren Familiennamen auch zahlreiche Pflanzen- und Tierbezeichnungen, aber auch Sachnamen zu finden sind.

Hierher gehören: *Blum(e), Lilie, Nägele* (= Nelke), *Rose, Rosenblüt(e), Rosenzweig, Rosenbaum, Rosenstock, Dorn, Dinkel, Halm, Hanfstengel, Klee, Kohl, Korn, Kraut, Kresse (Kreß), Obst, Wiese, Appel, Birnbaum, Kirsch, Nußbaum* (nd. *Notbohm*), *Erle, Fichte, Linde, Kiefer, Palm(e), Tannenbaum, Baum, Busch, Laub; Bär, Bock, Böcklin, Eichhorn, Einhorn, Gaul, Geiß, Hase, Hirsch (Hirzel), Igel, Kalb, Katz, Kuh, Lamm, Lemke* (nd. = *Lämmchen*), *Lempp* (= Lamm), *Löw(e), Maus, Ochs, Reh, Rehbock, Rind, Roß, Rössel, Stier, Stierle, Wolf, Wölfing, Wulf; Adler, Dohl(e), Elster, Eule, Uhl* (nd.), *Falk(e), Fink, Gans, Ganter, Geier, Gimpel, Gockel, Göckel, Greif, Habicht, Hahn(e), Hänchen, Händel, Hänel, Hänle, Henne, Huhn, Hühnchen, Kranich, Kück(en), Nachtigall, Pfau, Rab(e), Rebhahn, Rebhuhn, Specht, Sperber, Sperling, Stieglitz, Storch, Stork* (nd.), *Taube, Täuber, Teubner, Vogel; Hummel, Mücke; Barsch, Dorsch, Frosch, Hering, Hecht, Krebs, Lachs, Plötz, Stöhr, Zander, Schlange; Engel, Hammer, Kranz, Krone, Krug, Kreuz, Morgenstern, Schere, Schlegel, Spiegel, Spieß, Stern* usw.

Erbliche Hausnamen, die sogar auf die verschiedenen Besitzer des Grundstückes übergehen konnten, sind wohl auch *Althof, Altmüller, Teichmüller, Waldmüller* u. ä.

Es ist freilich möglich, daß die hier aufgeführten Familiennamen nicht immer auf Hausnamen zurückgehen, sondern bisweilen auch als Spott- und Beinamen auf andere Weise entstanden sind.

Die Familiennamen, die auf Stand und Beruf, auf Rang und Amt ihrer ersten Träger zurückgehen, sind für uns kulturhistorisch besonders interessant, weil sie uns vielfach wichtige Einblicke in die gesellschaftliche Struktur und die berufliche Gliederung der mittelalterlichen Bevölkerung unserer Heimat ermöglichen. Die meisten dieser Namen entstanden mit dem Aufblühen der mittelalterlichen Städte und der Differenzierung ihrer Gewerbe und Handwerke. Daß solche Handwerks- und Gewerbenamen zu Familiennamen wurden, wurde dadurch erleichtert, daß viele Berufe wegen der dazu erforderlichen Einrichtungen sehr häufig vom Vater auf den Sohn vererbt wurden; auch die Ämter waren vielfach erblich. Aber auch sonst war und ist es auf dem Lande heute noch üblich, die Kinder nach dem Beruf des Vaters zu nennen (*Bäcker-Franzl, Schneider-Hans* u. ä.).

§ 200

---

[1] Die Hauszeichen, die über den Haustüren angebracht waren, stellten diese Namen häufig bildlich dar.

Ursprünglich hatten diese Familiennamen ebenfalls den Artikel bei sich (daran erinnern solche Formen wie *Ulrich der Schmied* [Wilhelm Tell] und die holländischen *de Boer* [= der Bauer], *de Ruyter* [= der Reiter] u. a.), oder sie wurden durch den Zusatz *dictus* (= genannt) mit dem Personennamen verbunden (z. B. *Rudgerus dictus Pauwer*). In dieser Gruppe der Familiennamen sind fast alle Berufe (mit Ausnahme der seemännischen, weil an der deutschen Nordseeküste die Familiennamen aus Rufnamen dominieren) stark vertreten, am häufigsten finden sich die Gewerbe- und Handwerksnamen. Es folgt eine knappe Auslese aus dem reichen Schatz dieser Namensart:

Ungemein häufig vertreten sind die Familiennamen *Becker, Müller, Schneider, Schuster, Schmidt, Weber* u. ä. Da stehen aber neben *Beck* und *Becker, Backer* (fries.), *Beckers, Beckermann, Beckering, Bäckerling* und *Backert* die verschiedensten Zusammensetzungen, die auf die starke Differenzierung innerhalb dieses Gewerbes hinweisen, wie *Weckbecker, Kuchenbecker, Semmelbecker, Stollenbecker, Weißbecker* (= Weizenbäcker), *Grofbecker* (= Grobbäcker, nd.), *Kohlenbecker, Pfannenbecker, Platzbecker, Brodbeck, Hofbeck, Mutzbeck* (zu mhd. *mutze* 'Brötchen'), *Kornbeck, Sauerbeck,* und Formen wie *Jungbeck(er), Kleinbeck(er)* u. a

Ebenso finden sich neben den einfachen Formen *Müller, Miller, Möller* (nd.), *Moller, Mühlner, Mülner, Milner, Mölner, Mölter, Mülter, Milder, Mühler, Möhler, Müllers, Möllers* u. a. zahlreiche Zusammensetzungen. Nach der Art der Mühle: *Bock(e)-, Hammer-, Säge-, Holz-, Schneide-, Loh-, Ocker-, Öl-, Schlag-, Grütz-, Weiz-, Puch-* (= Stampfmüller), *Roß-* (mit Pferden betrieben), *Dru(c)ken-* oder nd. *Drögemöller* (= Trockenmüller), *Flach-, Voll-* (moselfränk. = Walkmüller), *Windmüller* u. a. Nach der Lage der Mühle: *Anger-, Berg-, Werth-* (= Inselmüller), *Zaun-, Grub-, Born-, Stadt-, Dorp-* (nd. = *Dorfmüller*), *Bruch-* (= Sumpfmüller), *Furt-, Hoch-, Hinter-, Rieth-, Rosenmüller* (nämlich: am Rosenbach) u. a. Nach der Zugehörigkeit der Mühle: *Fro(h)-* (zu ahd. *frô* 'Herr'), Gegensatz dazu: *Freymüller, Hofmüller, Mönkemöller* (nd. 'Mönchs-).

Weitere Zusammensetzungen sind: *Neu-, Grau-, Schwarz-, Stein-, Hopfen-, Hein-, Kunze-, Ottenmüller* u. a. Auf den Beruf des Müllers gehen auch die Familiennamen *Körner* und *Kerner* (von mhd. *kürn[e]* 'Mühle').

Ähnlich zahlreich sind die Namensformen mit *Schneider* und *Schuster, Schmied* und *Weber, Meier* und *Schulze* u. a. Die Bezeichnungen für den Schuster waren in mhd. Zeit *schuoch-sûtoere* (= Schuhnäher, von lat. *suere* 'nähen') und *schuochwürhte* (= Schuhwirker, Schuhmacher). Auf diese beiden Grundformen geht eine große Zahl von Familiennamen zurück: *Schuster, Schusterl, Schustermann, Schuester, Schoster, Schüster(l), Schiesterl, Schiestl, Schust,* schweiz. *Schuechter, Schuochtzer, Scheuchzer, Schüchzer, Scheuchzger,* nd. *Schauster; Schuchardt, Schuchert, Schubert, Schubart, Schuwert, Schober, Schuffert, Schaufert; Schu(h)macher, Schumach,* nd. *Schomaker(s), Schoemackers, Schaumäker; Schu(h)mann, Schuchmann, Schuckmann,* nd. *Schomann, Schaumann;* zu *sûtoere: Suter, Sauter, Sutter, Suttner, Süttner, Sütterlin, Suttermeister.* Die Hersteller von Holzschuhen heißen *Holzschuher, Hultscher, Helscher, Hölscher, Hilscher* u. ä.

Auf das Schneiderhandwerk weisen die Familiennamen *Schneider, Schneiders, Schneiderlin, Schneiderchen, Schneidermann,* nd. *Snyder(s),* schweiz. *Schnidrig,* ferner *Schnier,* lit. *Schneidereit, Schneidereiter, Schneiderat* und zahlreiche Zusammensetzungen mit *Schneider.* Dieselbe Bedeutung wie schneiden hatte aber auch mhd. *schröten,* mnd. *schraden,* nl. *schrôen.* Von diesen Verben sind die Familiennamen *Schröter, Schrötter, Schrödter, Schröder, Schroter, Schrader, Schräder, Schreder, Schraer, Schroer, Schrö(e)rs, Schraud(n)er, Schreu(d)er, Schreurs* abgeleitet.

274

Die zahlreichen einfachen und zusammengesetzten Formen, in denen die Familiennamen *Schmidt,* *Weber, Meier, Schulze* auftreten, brauchen hier wohl nicht mehr aufgeführt zu werden, das Bild entspricht durchaus dem bei den Namen *Müller, Schuster* und *Schneider.* Es soll noch darauf hingewiesen werden, daß der Familienname *Schmied* auf das älteste Handwerk zurückgeht, das unsere Vorfahren kannten, während *Meier* (aus lat. *maior villae* 'Gutsverwalter') wohl der älteste Familienname ist, der von der Tätigkeit des Bauern hergeleitet ist. Der Name *Schulze* geht auf ahd. *sculdheizo,* mhd. *sculteize* 'der Verpflichtungen und Leistungen heißt, d.i. befiehlt' zurück. Neben *Schultheiß, Schultheis, Schult(h)eß* stehen *Schultz(e), Schulz(e),* md. *Scholtz(e), Scholz(e), Scholzgen, Scholzmann, Schölzke, Schölzel, Schelzel,* nd. *Schult(e), Schulten(s), Schultge, Schuld(e), Scholt(is), Scholten, Schöltgen,* fries. *Scholtinga* u. a.

In den einschlägigen Familiennamen spiegelt sich das bunte Bild der s t ä d t i -   § 201 schen Gewerbe und Handwerke des Mittelalters. Ich nenne hier die Familiennamen: *Maurer* oder *Meurer,* im süddt. Sprachgebiet manchmal auch *Kleiber* oder *Kleber* (*kleiben* meint das Verbinden der Baustoffe); *Zimmerman; Decker* (Dachdecker), *Leyendecker, Schieferdecker; Ziegler,* nd. *Tegeler; Schindler; Tischler, Tischer,* nd. *Discher, Schreiner; Drechsler, Dressel; Wagner, Wagener, Wegener, Wegeler, Rademacher, Stellmacher; Schlosser, Schlösser; Glaser; Seiler; Färber; Gerber, Löher, Löhe; Lederer, Sattler, Riemenschneider; Lersner* und *Lerse* (= Lederhosenmacher); *Kürschner, Föchner, Fechner* (von mhd. *vêch* 'bunter Pelz'); *Keßler, Kesseler, Kanngießer; Spengler; Taschner, Teschner; Steinmetz, Steinhauer; Brauer, Bräuer, Breuer, Breyer, Preyer; Koch* u. v. a.

Manche dieser Familiennamen sind uns heute schwer verständlich, sei es, daß sie von Gewerben kommen, die längst untergegangen sind, sei es, daß sie alte, inzwischen u n g e w ö h n l i c h   g e w o r d e n e   W o r t s t ä m m e enthalten. So sind die *Breiser, Preser* (von mhd. *brîse[m]* 'Einschnürung an Kleidungsstücken') die Schnürriemmacher. In die Z u n f t   d e r   W a f f e n s c h m i e d e gehören: die *Armbruster, Armbröster, Armbriester, Armster;* die *Bardenheuer* (zu mhd. *barte* 'Beil, Streitaxt'), die die Streitäxte verfertigten; die *Böckler* und *Pückler* (zu mhd. *buckel* 'halbrund erhabener Metallbeschlag in der Mitte des Schildes'), die Hersteller von Schilden also; die *Bogner, Bögner, Böger* und *Beger* (Bogenmacher); die *Plattner* oder *Platter, Platterer, Blattner* u. ä. (zu mhd. *blate, plate* 'metallener Brustharnisch, Plattenpanzer'); die *Pfeilsticker, Pfeilstöcker,* nd. *Pielsticker,* und *Pfeilschifter,* die die Stöcke, die Schäfte für die Pfeile herstellten; die *Schilter, Schilder* und *Schiller*[1], die die Schilde anfertigten und wohl auch bemalten; die *Sporer* u. a. Andere M e t a l l h a n d w e r k e r waren die *Kugler, Nagler, Kettner, Spener* (zu mhd. *spënel* 'Stecknadel'; aus lat. *spinula*), *Nadler, Gabler, Löffler, Schüßler.* Die *Menger, Menge, Meng, Menk, Menke, Mengers, Pferdmenges* u. ä.

---

[1] Siehe auch S. 279.

(alle zu ahd. *mangâri* < lat. *mango* 'Händler') waren K a u f l e u t e u n d
H ä n d l e r, ebenso wie auch die *Winkler* und *Winkelmann,* die ihren Kleinhandel irgendwo in den Winkeln einer Stadt ausübten.

Die Namen *Bucher, Buchner, Büchner, Büchling, Buchmann, Büchmann* u. ä.
bezeichnen S c h r e i b e r; *Dunger* und *Dunker* können W e b e r bedeuten (zu
dunk 'Webkeller'), das letztere kann auch 'Tüncher' sein; *Krüdener, Krüttner,*
Krüttler waren S a m m l e r v o n H e i l k r ä u t e r n.

Zu den häufig ausgeübten Gewerben gehörte das der *Bader, Badstüber,*
Stüber, nd. *Stöber, Stieber, Stübner, Steuber,* auch *Scherer* oder *Scheer.* Sie betrieben die öffentlichen Badestuben und übten dabei die Tätigkeit des Friseurs
und Wundarztes aus. Namen von Musikanten waren *Fiedler, Pfeifer,* nd. *Pieper,*
Bungner, Büngner, Büngler, Bunger, Bünger (von mhd. *bunge* 'Trommel'),
Drommeter, Trompter, Trümpter, Trümper oder *Trümler.*

Manche Berufsnamen sind nur in bestimmten Landschaften verständlich, aus
deren M u n d a r t sie stammen. So heißen die T ö p f e r im süddt. Sprachgebiet
Hafner, Haffner, Häfner, Hefner u. ä., im westdt. Sprachgebiet *Euler, Eulner,*
Eiler(s), Auler (zu mhd. *ûle* < lat. *olla* 'Topf'), *Öllner, Üllner* u. ä., im niederdt.
Sprachgebiet *Potter, Pötter, Püttner, Püttmann* (zu *Pott*), am Rhein und an der
Mosel *Gröber, Kröber, Kröper.* Groß ist auch die Zahl der Familiennamen, die
auf den verschiedenen für den F l e i s c h e r gebräuchlichen Bezeichnungen beruhen: *Metzger, Metzler, Fleischmann, Fleischhauer, Fleischhacker, Knochenhauer, Schlachter, Schlächter, Sulzer, Selzer, Salzer* (Verkäufer von gesalzenem
Fleisch), *Selcher, Silcher* (von *selchen* = pökeln, räuchern), *Kuttler, Kittler, Kittel*
(*Kutteln* = Eingeweide). Auf den B ü t t n e r gehen *Püttner, Böttcher, Bötticher,*
Bödiker, Bädeker, Faßbinder, Faßbender, Bender, Binder, Bendemann, Faßhauer,
Küper, Küpper, Küfer, Küfner, Scheffler, Schöffler u. a.

Auf den Beruf des B a u e r n weisen die Familiennamen *Bauer, Neubauer,* nd.
Niebuhr, Neumann, nd. *Niemann,* md. *Naumann, Neuwöhner,* nd. *Niewöhner*
und *Lehmann* (= Lehnbauer). Hierher gehören auch *Ackermann, Drescher,*
Pflüger, nd. *Plöger, Hofer* und *Höfer* (Hofbesitzer), *Hübner, Hüfner, Hufner,*
Hüber, Huber, Hieber (Besitzer einer Hufe Ackerlandes). *Rubner, Rieber, Rumbauer* sind 'Rübenbauer'. *Höpfner* und *Höppner* bedeuten 'Hopfenbauer', *Wingerter* und *Wimmer,* Weingärtner'. Auf andere l ä n d l i c h e B e r u f e gehen die
Namen *Gärtner, Hirt, Herder* oder *Harder* (Herdenbesitzer), *Lämmerhirt, Schäfer, Schäffer, Schefer, Schaper* (nd.); ferner *Förster* und *Forster, Forstemann, Förstemann, Schützt(e), Weidmann, Jäger, Fischer, Fohmann* (= Fuchstreiber) u. a.
Einen G r ü t z m ü l l e r bezeichnen die Familiennamen *Grützner, Grützemann,*
Grütz(e)macher, Grötzner, Grötzmann, Grüttner, Grütter(s), Grü(t)zmüller,

276

Gritzmacher, Krüzner, Kritzmann, nd. *Gortemaker* u. a. *Graupner, Gräupner, Kraupner, Graubner* meinen wohl einen Graupenhändler. Von den Namen *Müller, Meier, Schmied und Schulze* war oben (§ 200) schon die Rede.

Auf Ämter, die häufig in einer Familie erblich waren, gehen Namen wie *Richter, Zöllner, Mautner, Münzer, Pförtner, Torwart, Strecker* (Folterer), *Schlüter* (nd. = Schließer, Gefängniswärter) zurück, ebenso *Stöcker, Stocker, Stöckl, Stockmann* (zu mhd. *stoc* 'Block, in den die Füße der Gefangenen gesteckt wurden, Gefängnis') und *Filler* (= Fellabzieher, Abdecker), *Glöckner, Küster,* nd. *Köster, Meßner, Kirchner, Kircher, Oppermann* (= Opfermann).

Einer großen Zahl von Familiennamen liegen Standesbezeichnungen zugrunde. Daß sie zu Familiennamen geworden sind, erklärt sich vielleicht daraus, daß ihre ersten Träger mit den betreffenden hochgestellten Persönlichkeiten zu tun hatten und sich wie diese gebärdeten, oder daß sie bei den im Mittelalter so beliebten dramatischen Spielen entsprechende Rollen gespielt hatten. Hierher gehören Familiennamen wie *Kaiser, König, Fürst, Prinz, Herzog, Graf, Graff, Graf, Greve, Grebe, Greb, Landgraf, Landgrebe, Pfalzgraf, Markgraf, Zentgraf, Burggraf, Ritter, Knappe, Knapp, Mundschenk, Junker, Marschall, Kämmerer, Markwart, Marquart, Markert, Merkel, Hofmann,* nd. *Hoffmann, Höfling, Bauermeister,* nd. *Burmester, Bürger, Burger,* nd. *Börger, Edelmann; Vogt, Papst, Bischof, Probst, Dechant, Pfaff,* nd. *Pape, Pastor, Abt, Priester, Mönch, Münch.*

§ 202

Eine Art Übergangsstellung zwischen den Berufsnamen und den im folgenden Kapitel behandelten Übernamen haben die mittelbaren Berufsnamen, die dadurch zustande kommen, daß man den Beruf eines Menschen mittelbar kennzeichnet. So kann als Name die Bezeichnung des bei der Arbeit verwendeten Stoffes (z. B. *Krumbholz* für den Wagner), des Werkzeuges (*Knieriem* für den Schuster), des Arbeitsganges (*Stich* für den Schneider), einer gelegentlichen, spöttisch verallgemeinerten Tätigkeit (*Sauerzapf* für den Wirt), der Arbeitskleidung (*Lohkittel* für den Gerber), der Ware (*Blutwurst* für den Fleischer) u. a. auftreten. Allerdings mögen solche Namen mitunter auch anders entstanden sein; so kann der Name *Blutwurst* auch auf die Lieblingsspeise seines ersten Trägers hinweisen.

Ich entnehme der Zusammenstellung mittelbarer Berufsnamen bei Max Gottschald einige Beispiele: Apotheker — *Wurmsam;* Bäcker — *Taig, Hebel, Sauerteig, Hippelein, Krengel, Hornoff, Stoll, Krapfl, Flad, Weck, Spitzweck;* Bader — *Stubenrauch, Queste, Reiber, Wasserzug, Schnepperli;* Bauer, Gärtner — *Drischel, Flegel, Fork, Pflug, Plogstert, Bindernagel, Käsbitzer;* Böttcher — *Schlegel, Faßnagel, Treibenreif, Scheffel, Sticht, Fäßle;* Fleischer — *Wursthorn, Hackebeil, Hackstock, Klopffleisch, Kuttelwascher, Sülzenfuß, Rindfleisch, Blutwurst, Schmalz, Speck;* Gerber — *Lohwasser, Fellhauer, Lohkittel, Leder, Rohleder;* Kaufleute — *Theuerkauf (Dürkop), Pfeffer, Peppersack;* Köche — *Schaumlöffel, Schaumkell, Wiegelmesser, Schmelzhaf, Bratspieß, Kessel(ring), Kettelhake, Schmeer-*

schneider, Küche, Schweinebraten, Pfannkuch; Müller — Kornrumpf, Schüttrumpf, Wellbaum, Mehl-sack, Kleyenstäuber, Fäsenstaub, Mehlstäubl, Mehlhose; Musikanten — Flöte, Geigg, Trummel, Lau-tensack, Giegengack; Schmiede, Schlosser, Hüttenarbeiter — Feuerstake, Schraub(e), Pinkepank, Pinkvoß, Hüttenrauch; Schneider — Nehnadel, Sperl, Spendelin, Fingerhut, Seidenfaden, Stich, Faul-stich, Sammet, Arras, Hose; Schuhmacher — Pfriem, Pech, Bech, Pechlöffel, Leder, Rohleder, Schemel, Knieriem, Knief, Kneipp, Zerrleder (weil sie das Leder mit den Zähnen langzerren), Flickschu, Alen-stich, Rist, Stiefel, Schuch, Schüle, Schiegl; Tischler — Nusholz, Leimpfann, Leimpinsel, Leimenstoll, Tischbein, Kastenbain; Wagner — Leichsenring, Nabholz, Krumbholz, Langwagen, Spannagel, Runge; Waldarbeiter — Keil, Keilhack, Keilholz, Kohlbaum, Schürbohm, Holzscheiter, Keimreucher; Weber — Schiffel, Zettel; Wirte — Litfaß, Leierzapf, Schreckengast, Gänswein, Dinnebier; Zimmerer, Maurer, Dachdecker — Beil, Axthelm, Zimmerhackl, Wetzstein, Schliepstein, Hornickel, Scharnagel, Schinna-gel, Zigldrum, Kalklösch. Unbedingt sicher ist die Zuweisung dieser Namen an die einzelnen Berufe freilich nicht; so können z. B. Sammet und Arras auch für den Weber oder Faulstich auch für den Schuster gelten.

§ 203   Eine weitere große Gruppe umfaßt alle jene **Familiennamen,** denen gewisse **Eigenheiten des ersten Namensträgers** zugrunde liegen. Man nennt diese Na-men auch Übernamen, was besagt, daß der betreffende Namensträger den Namen über seinen gewöhnlichen hinaus erhalten hat. Häufig ist bei der Na-mengebung dieser Art die Spottlust beteiligt, und sehr viele der Übernamen sind Spitznamen oder Schimpfnamen. Die Veranlassung für das Zustan-dekommen der Übernamen ist in den wenigsten Fällen bekannt; wir können sie meist nur nach ihrer begrifflichen Bedeutung erklären. Als Übernamen können Substantive und Adjektive, aber auch Wortgruppen und ganze Redensarten auftreten. Ich gebe im folgenden eine kleine Zusammenstellung aus der schier unerschöpflichen Zahl der Übernamen, um einen gewissen Überblick über die Gesichtspunkte zu bieten, unter denen sie zustande gekommen sind.

Da spiegeln sich einmal, als die augenfälligsten, körperliche Eigenschaften ihrer ersten Träger in den Namen wider: Groß, Grosse(r), Grote(n) (nd.), Großmann, Lang(e), Langer, Langemann, Kurz, Klein(e), Kleiner, Lüttmann (zu nd. lütt 'klein'), Luttmann, Lütkemann, Hoch, Hohmann; Dick, Dralle, Fett(e), Stark(e), Knoch(e), Knoke (nd.), Dürr, Dörr, Hager, Mager, Dünnemann, Blasse; Hübschmann, Schön(e), Schönherr, Schönemann, Säuberlich, Seiberlich, Blank, Planck; Knodt, Knauth, Knodel (alle drei für einen Menschen von plumper Gestalt); Alt, Jung, Jungmann, Knab(e), Kind, Jüngling, Jungblut, Mann(s).

Auf körperliche Plumpheit oder Grobheit weisen Übernamen wie Bengel, Block, Flegel, Klotz, Klump, Knebel, Knorr, Kolb, Stock, Storz, Strunk, Stump, Tremel, Zoch u. a.

Auf die Beschaffenheit von Haupt, Hals und Haar gehen Namen wie Breithaupt, Breitkopf, Großkopf, Dünnhaupt, Genshals, Kurzhals, Hartnack, Harnack, Rotermund, Kußmaul; Schwarz(e), Dunkel, Weiß(e), Weißer, Witte, Wett, Witt (nd.), Weißhaar, Wittkopf, Roth(e), Rother, Rohde, Fuchs, Voß (nd.), Voßhaar, Braun(e), Grau(e), Graumann, Griese (von mhd. grīs 'grau'), Gries-haar, Flashaar (= Flachshaar), Gelb, Gelbke, Geelhaar, Güldenzopf, Kraus(e), Krauß(e), Kruse (nd.), Kraushaar, Krauskopf, Krull, Kroll (von mhd. krol 'lockig'), Wulkop (= Wollkopf), Kahl(e), Kahler, Kähler, Siebenhaar, Strube, Struve; Straub(e), Straubel, Strobel, Strupp (von ungepflegtem Haar, vgl. Struwelpeter); Bart, Breitbart, Spitzbart, Rotbart u. a.

278

Auch Eigenheiten der Füße und Beine und die Art des Ganges haben Übernamen verursacht. So entstanden Namen wie *Langbein, Hohlbein, Krummbein, Schmalfuß, Breitfuß, Streck-fuß, Kuhfuß, Kalbfuß, Rehbein, Hühnerbein, Stolterfoth* (nd., 'der stolzen Fußes einhergeht'), *Lahmer, Schleicher, Renner(t), Schnell(e), Rasch, Queck* (von mhd. *quëc* 'lebendig, frisch, munter'). Übernamen, die von Benennungen der Glieder oder Teile des menschlichen Körpers hergenommen sind, weisen oft auf ein körperliches Gebrechen des ersten Namensträgers hin. Hierher gehören Namen wie *Bauch, Bein, Faust, Finger, Fuß, Dollfuß* (= Stelzfuß)[1], *Kaulfuß, Foth* (nd.), *Haupt, Kinnback, Leib, Rumpf, Zahn, Zeh* u. a. Der Name *Schiller* bedeutet *Schieler*[2]; die Herzogin Margarete von Tirol erhielt den Übernamen *Maultasch*, weil sie eine Hasenscharte hatte. Auf andere körperliche Gebrechen gehen *Blind, Huster, Stammler* u. a.

Neben körperlichen sind auch geistige und sittliche Eigenschaften und Gewohn-heiten bei der Namengebung bestimmend gewesen. So ergeben sich Familiennamen wie *Beß, Besser, Beste, Bange, Bangemann, Biedermann, Bös(e), Bösiger, Edel, Ehrlich(er), Ehrsam, Feige, Feine, Frech, Frick(e), Freundlich, Frischgesell, Fröhlich, Fromm(e), Frommer, Funk(e)* (= lebhafter Mensch), *Geist, Gleisner, Glück, Gnade, Greiner, Grimm(e), Gude, Gute, Guden, Gutermann, Guttmann, Gutge-sell, Gutsmuts, Gudewill, Hartleben, Herz, Höflich, Klug(e), Klüger, Klücher, Klauke, Klauker* (nd.), *Karsch* (von mnd. *karsch* 'frisch, munter'), *Krisch, Krische, Kregel, Kreger* (alle = 'frisch, munter'), *Kühn(e), Kühner, Kühnert, Kühnemann, Kiene, Liebe, Liebermann, Lustig, Mut, Mutwill, Sanftleben, Sauer, Sorge, Ohnesorge, Ansorg(e), Kleinsorge, Ungemach, Unglaube, Weise, Wißmann, Witzmann, Wolzogen* (= wohlerzogen), *Zorn, Zürn.*

Eine starke Gruppe unter den Übernamen bilden die Tiernamen. Vielen dieser Namen dürfte ein Vergleich der Namensträger mit den betreffenden Tieren zugrunde liegen, sie können aber auch für Besitzer oder Liebhaber dieser Tiere gewählt worden sein; außerdem kann es sich in manchen Fällen um Hausnamen handeln. Wir nennen folgendes Beispiel: *Löwe, Bär, Wolf, Fuchs, Hirsch, Roß, Ochs, Kalb, Hammel, Schöps, Schwein, Puttfarken, Feldigl, Mauß, Vogel, Adler, Falk, Storch, Fink, Sperling, Spatz, Rauchschwalbe, Strauß, Babian* (Papagei), *Fisch, Stockfisch, Hecht, Quappe, Kaul-barsch, Frosch, Molch, Käfer, Sonnenkalb* (Marienkäferchen), *Fliege, Mücke, Floh, Kohlhepp* (Heu-schrecke), *Schnegg, Wurm.* Dazu *Ossenkop, Roskopf, Berenhaut, Rehfuß, Rattenzagel, Pfauen-schwanz.*

§ 204

Familiennamen aus Pflanzennamen sind *Kornblum, Brennessel, Weinrank, Viol, Holzapfel* = *Höltje, Kienast, Hanebutt, Hanfstengel, Hiersekorn, Mohnkopf, Reifegerste, Haferstroh.* Besonders zahlreich sind die Gemüse und Gewürze: *Kohl, Kabis, Erbis, Linse, Pastinack, Kochrübe, Zwiebel, Knoblauch, Salat, Pfifferling, Merrettig, Petersilie, Majoran, Beyfuß, Kümmel; Pfeffer, Senf, Mostert, Zucker, Zimmeth, Muskat;* ferner die Apothekenkräuter: *Kraut, Wurz, Ahlbeer, Baldrian, Dost, Ei-bisch, Eisop, Fenchel, Fuhlbohm, Germer, Kamiller, Quentel, Sadebaum, Salbey, Timian, Wermut.*[3]

Manche Übernamen sind auf die Vorliebe für gewisse Ausrüstungs- und Kleidungs-stücke zurückzuführen; allerdings kann es sich dabei auch um mittelbare Berufsnamen (siehe § 202) handeln. Hierher gehören: *Blaurock, Gehrock, Kurzrock, Langrock, Simrock* (= Siebenrock, von einem, der viele Röcke hat), *Langemantel, Weißmantel, Lederhose, Leinhos, Langhut, Weißhut, Häublein, Mütze, Stiefel, Eisenhut, Harnisch, Degenkolb, Pfeil, Spieß, Hammer, Schlegel, Topf, Becher, Schaum-löffel, Pfannstiel, Ring, Rink(e).*

---

[1] Der Name könnte auch durch Aphärese aus latinisiertem *Adolphus* (= *Adolf*) entstanden sein, die hd. Form *Dolevot* zeigt aber, daß wir in dem ersten Bestandteil das Wort *Dolle* 'Pflock' vor uns haben, das als mnd. *dolle*, engl. *thole*, norw. *toll* 'Rinderpflock' bedeutet.

[2] Siehe aber auch S. 275.

[3] Nach Gottschald, a. a. O., S. 105.

Übernamen sind auch Münz- und Geldnamen. Wir finden: *Grosch(e), Gulden, Heller, Kreuzer, Örtel* (das *Ort* = 1/4 Gulden), *Pfennig, Pfund, Zehnpfund, Schilling, Schelling, Dreier, Vierling, Zehner, Zwanziger, Weißpfennig, Wucherpfennig, Schimmelpfennig* (für einen Geizhals) u. a.

Andere Übernamen verraten die Lieblingsspeisen oder -getränke ihrer ersten Träger; allerdings können manche dieser Namen auch mittelbare Berufsnamen sein: *Bohne, Bratfisch, Butterweck, Eigenbrod, Gansfleisch; Haberkorn, Habermalz, Hafermehl, Hasenbrädl, Käse, Keese, Kalbfleisch, Kohl, Krautwurst, Leberwurst, Nehrkorn, Rindfleisch, Sauerbrei, Sauerteig, Schmalz, Schweinebraten, Schweinefleisch, Speck, Speckmann, Weckesser, Weißbrodt, Wirsing, Truckenbrot, Zuckermann; Bier, Biermann, Buttermilch, Schlegelmilch,* zusammengezogen: *Schlemihl, Süßmilch, Dünnebier, Most, Brandwein, Sauerbier, Sauerwein, Frohwein, Kühlewein* u. a.

Zu den Übernamen gehören auch die Familiennamen nach dem Alter und der Verwandtschaft: *Kind, Elste* (= der Älteste), *Bruder, Sohn, Söhnlein, Knabe, Vater, Greis, Vetter, Trautvetter, Schwager, Schwer, Eidam, Ohm, Öhm(e), Neff, Bräutigam, Ehmann, Liebster, Zwingli* (= Zwilling), *Drilling, Vierling, Erbe.*

Auch von Naturerscheinungen und Zeitbegriffen werden Übernamen gebildet: *Stern, Morgenstern, Schönwetter, Sonnenschein, Nebel, Ungewitter, Brausewetter, Kiesewetter* (= Kieselwetter, Hagelwetter), *Regenbogen, Sturm, Storm, Wind, Schneidewind, Kühlewind, Donner; Lenz, Sommer, Herbst, Winter, Gutjahr, Hornung, Merz, Mai, Mittag, Montag, Donnerstag, Freitag, Sonntag, Ostertag, Osterloh* (= Osterfeuer), *Pfingsten.* Manche dieser Namen geben wohl den Tag oder Zeitpunkt der Geburt ihres Trägers an.

Ursprüngliche Befehlsformen sind Namen wie *Danz, Tanz, Kämpf, Schanz, Schramm* (von *schrammen* 'schlagen'; vgl. *Schramme*), *Streit* u. a.

§ 205   Zuletzt sollen hier noch die Satznamen[1] Erwähnung finden; mitunter nennt man sie auch imperativische Satznamen, denn viele von ihnen zeigen die Befehlsform *(Siehdichum),* andere lassen sich aber auch als ernsthafte oder scherzhafte Wahlsprüche in der ersten Person auffassen *(Kehrein),* wieder andere enthalten deutlich Redensarten *(Wieduwilt)* oder Charakterisierungen in der Form verkürzter Sätze *(Frühauf, Ohnefalsch).* Die Satznamen treten häufig als Personennamen auf, daneben aber auch als Orts- und Örtlichkeitsnamen, wie *Luginsland, Zwing-Uri, Siehdichfür* (Vogtland), *Kieköver* (Rügen), und für verschiedene andere Begriffe: *Vergißmeinnicht, Waghals, Stehaufmännchen, Kehraus* (der letzte Tanz), *Gottseibeiuns, Tunichtgut, Taugenichts* usw.

Die Satznamen tragen vorwiegend ironischen und satirischen Charakter, sie gehören also größtenteils zu den Spitznamen. Sie waren schon im Mittelalter sehr beliebt. So finden sich im „Meier Helmbrecht" des Wernher Gartenære Namen wie *Lemberslint* (= Lämmerschling), *Müschenkelch, Rütelschrîn, Slickenwidder* (= Schluck den Widder), *Slintezgeu* (= Verschling den Gau). Die Blütezeit der Satznamen fällt in das 15. und 16. Jh., sie finden sich

---

[1] Siehe auch § 64.

besonders häufig in der satirischen Dichtung (Brant, Murner, Fischart). Später treten sie wieder zurück, aber es entstehen auch heute noch solche Bildungen.

Familiennamen, die an die Zeiten der Raubritter und Landsknechte erinnern, sind *Haltaufderheide* (ein Raubritter, der Vorüberziehenden auflauert), *Schauinsland, Griepenkerl* (nd. = Greif den Kerl), *Hebenstreit, Hauenschild, Jagemann, Jagenteufel, Schlaginteufel* (= Schlag den Teufel), *Schlagintweit* (= Schlag entzwei), *Schüttenhelm, Schüttenspeer* (= engl. *Shakespeare*) u. a.

Fresser und Säufer erhielten Namen wie *Frißenstriezel, Füllbauch, Füllschüssel, Rämenap* (Räum den Napf), *Schlickenbraten, Schlindaus, Schüttewämbel* (von mhd. *wambe* 'Bauch'), *Drinkuth* (nd. = Trinkaus), *Trinksaus, Hauenkrug, Leerenbecher, Neigenbecher, Stürzenbecher*, nd. Störtebeker, *Schlindsbier, Schmatzenbier, Suchentrunk, Suppus* (Saufaus) u. ä. Auf Geizige gehen: *Küssenpfenning, Sultpenning* ('der den Pfennig einsalzt'), *Sperrenbeutel, Sperrensack, Trachtinsack, Sparbrot, Schabenkäse, Raffsauf, Nagenkamm, Wehrenpfennig* u. a.

Einige andere Namen dieser Art sind *Bleibtreu, Frühauf, Frischauf, Gottbehüt, Hassenpflug, Hebentanz* und *Lobedanz* (für Tanzlustige), *Schickedanz* ('der den Tanz ordnet'), *Nifergalt* und *Niebergall* (= Nievergelt, für einen Schuldenmacher), *Rührsichnicht* (ein Duckmäuser), *Schneidewind* (ein Landstreicher), *Setzepfand, Streckebein* (ein Beinleidender), *Wäghäuptel* (ein Bedächtiger).

Vereinzelt finden sich Satznamen auch als Vornamen: *Fürchtegott, Leberecht, Traugott* u. a.

Es kann hier nicht der Versuch gemacht werden, Anleitung zur Erklärung der fremden Namen zu geben, die im deutschen Sprachgebiet auf Grund seiner geographischen Lage, vor allem aber auch bedingt durch verschiedene politische und ökonomische Faktoren, recht häufig sind. Es soll also nicht auf die zahlreichen slawischen Familiennamen eingegangen werden, die besonders in den ehemals völlig und heute teilweise slawisch besiedelten Gebieten östlich der Elbe und Saale beheimatet sind oder von den Angehörigen der slawischen Nachbarvölker, von Polen, Tschechen und Russen, nach Deutschland gebracht wurden, ebensowenig wie ich die französischen und italienischen Familiennamen behandeln will, die vom Westen und Süden her eingedrungen sind.[1] In diesem Zusammenhang geht es nur um solche **Familiennamen, die in Deutschland eine fremde Gestalt erhalten haben.**

§ 206

Bekanntlich war in der Zeit der Entstehung der Familiennamen die Urkundensprache noch Lateinisch. Es kam also öfter vor, daß die Schreiber einen deutschen Namen ins Lateinische übersetzten. So konnten schon frühzeitig an die Stelle der Namen *Bäcker, Fischer, Jäger, Kaufmann, Müller, Schmied* und *Weber* die lat. Formen *Pistor, Piscator, Venator, Mercator, Molitor, Faber* und *Textor* treten, zumal man es auch in den Lateinschulen jener Zeit liebte, die deutschen Namen ins Lateinische zu übertragen.

---

[1] Zur Deutung slawischer oder romanischer Namen sind spezielle Kenntnisse aus der Slawistik und Romanistik notwendig, die hier weder vorausgesetzt noch vermittelt werden können.

Zur großen Mode wurden die lateinischen und griechischen Namensformen aber im 16. und 17. Jh. durch die Humanisten erhoben, und aus jener Zeit stammen die meisten unserer lateinischen und griechischen Familiennamen. Man ging dabei auf verschiedene Weise vor. Die deutschen Namen wurden entweder in eine der beiden klassischen Sprachen übersetzt, oder man schuf aus den Mitteln der fremden Sprache freie Nachbildungen der deutschen Namen. Oftmals machte man sich die Sache leicht, indem man den deutschen Namen lautlich so veränderte, daß er einen lateinischen oder griechischen Klang erhielt, oder indem man ihm einfach eine lateinische Endung anhängte. Es folgen einige Beispiele der auf diese Weise entstandenen Namen:

Übersetzungen sind (neben den obengenannten Namen): *Agricola* (Bauer, Schnitter), *Gallus* (Hahn), *Lavator* (Wäscher), *Magnus* (Groß), *Magirus* (Koch), *Melanchthon* (Schwarzerd), *Pastor* (Hirt), *Rex* (König), *Vietor* (Korbmacher); Nachbildungen: *Albinus* (Weiß), *Argyräus* (Silbermann), *Avenarius* (Habermann), *Dryander* (Eichmann), *Fabarius* (Bohnemann), *Gryphius* (Greif), *Mylius* (Müller), *Mesomylius* (Mittelmüller), *Neander* (Neumann), *Ökolampadius* (Hausschein), *Olearius* (Ölmann), *Osiander* (Hosemann), *Vulpius* (Fuchs), *Xylander* (Holzmann). Durch lautliche Angleichung wurden Fleck zu *Flaccus*, Grote zu *Grotius*, Lucke zu *Lucanus*, Luz zu *Lucius*, Klaus und Klose zu *Clusius*, Koch zu *Cocceius* oder *Cocceii*, Krause zu *Crusius*, Kurz zu *Curtius*, Schmieder zu *Fabricius* und Schulz zu *Scultetus;* Namen mit lateinischer Endung sind *Amerbachius, Gsellius, Hoffmannius, Platterus, Schusterus, Stieffelius, Zwingerus* u. a.

Deutsche Namen in französischem Gewande sind *Allaire* (Haller), *Chevalbé* (Schwalbe), *Dessoir* (Dessauer), *Fouclair* (Vogler), *Guericke* (Gehrke), *Suchard* (Schuchardt), *Nestlé, Schultsé, Wetterlé* u. a. Zahlreich sind die Angleichungen an das Englische oder Amerikanische: *Eisenhower* (Eisenhauer), *Ford* (Fürth), *Hoover* (Huber), *Pullmann* (aus Pulvermacher), *Richmann* (Reichmann), *Rockefeller* (aus dem Ortsnamen *Rockenfeld* bei Neuwied), *Sanger* (Sänger), *Snyder* (Schneider), *Steinway* (Steinweg) u. a. Deutsche Namen in polnischem Gewande sind u. a.: *Estraicher, Regier* (Reger), *Schnayder, Szraiber, Szulc, Szuman, Waltier* (Walter), *Wollszlegier* (Wollschläger) u. a., in tschechischem: *Oberpfalcer, Purkrabek* (Burggraf) u. a.

4. Unsere Ortsnamen

§ 207   Die zweite große Gruppe der Eigennamen sind die Ortsnamen. Dieses Fachwort steht hier im Sinn von Namen bewohnter Orte (Siedlungen). Daneben versteht man unter Ortsnamen im weiteren Sinn oder Örtlichkeitsnamen die Länder-, Berg-, Fluß-, Wald- und Flurnamen. Wir können uns hier auf die Ortsnamen im engeren Sinn beschränken, zumal die Prinzipien ihrer Bildung auch für die meisten Örtlichkeitsnamen Gültigkeit haben. Die Beschäftigung mit den Ortsnamen ist in zweifacher Hinsicht wertvoll: Einmal erhalten wir durch sie Aufschlüsse — vornehmlich kultur- und siedlungsgeschichtlicher Art — über die geschichtliche Entwicklung unserer Heimat, zum anderen gewährt uns die Ortsnamenforschung auch Einblicke in die Geschichte unserer Sprache, insbesondere in die lautliche und die Bedeutungsentwicklung.

In jedem Fall steht am Anfang der Beschäftigung mit einem Ortsnamen seine gründliche sprachliche Erforschung. Die Deutung der Ortsnamen stößt auf erhebliche Schwierigkeiten; denn ihre heutige Gestalt hat sich, was ihre Aussprache wie auch ihre Schreibung anbelangt, im Laufe der langen Zeit ihres Bestehens — viele von ihnen stammen aus germanischer oder gar vorgermanischer Zeit — meist bedeutend verändert. Wie stark diese Gestaltsveränderungen bei den Ortsnamen mitunter sind, zeigen die Namen der Orte *Schweinersdorf* oder *Herbstein,* die auf altes *Suanahiltadorf* (= Schwanhildsdorf) bzw. *Heriperthehusun* (= Heribertshausen) zurückgehen. Schon aus diesen beiden Beispielen ist es ersichtlich, daß jede Namendeutung von den ältesten erreichbaren schriftlichen Belegen ausgehen muß, denn die heutige Lautung der Namen führt die Erklärung oftmals auf einen falschen Weg. Neben den alten Belegen der Namen sind aber auch die mundartlichen Namensformen von großer Bedeutung. Sie geben nicht selten wichtige Anhaltspunkte für die Beurteilung eines Namens, dessen heutige offizielle Schriftform sonst leicht zu Fehldeutungen führen könnte. Trotzdem ist bei manchen Ortsnamen eine sichere Deutung nicht möglich, weil die schriftlichen Belege vielfach lückenhaft oder uneinheitlich sind und nicht weit genug zurückreichen.

Bei der Ortsnamengebung ist es grundsätzlich ebenso zugegangen wie § 208 bei der Namengebung für Personen: Gattungsnamen wurden zu Eigennamen. Die ersten Siedler benannten ihre Ansiedlungen entweder mit dem Gattungsnamen der Örtlichkeit, wie *Au, Berg, Tal, Werder, Bach, Brunn* u. ä., oder sie bezeichneten sie als das, was sie durch ihre Tätigkeit geworden waren, als *Feld, Haus, Hof, Heim, Dorf* u. a. Als sich infolge der Zunahme der Siedlungen das Bedürfnis der Unterscheidung einstellte, wurde solchen Ortsnamen, die die Art oder die Örtlichkeit der Siedlung bezeichneten, als Grundwörtern jeweils noch ein Bestimmungswort hinzugefügt, das sie genauer kennzeichnete. Als Bestimmungswörter konnten Adjektive und Substantive, besonders oft auch Personennamen, nämlich die Namen der Besitzer oder Gründer der Siedlungen, verwendet werden; so entstanden zusammengesetzte Ortsnamen wie

Schönau, Eichenberg, Ruppersdorf usw. Die zusammengesetzten Ortsnamen sind bei weitem in der Überzahl, doch gibt es neben ihnen und den schon genannten Grundwortnamen noch andere, die aus einfachen oder abgeleiteten Wörtern bestehen (siehe § 223).

Die Ortsnamen entstanden aus dem Bedürfnis, den Ort einer Siedlung zu bezeichnen. Die ide. Sprachen haben für Ortsangaben einen eigenen Kasus, den Lokativ. Dieser ist bereits in germanischer Zeit mit dem Dativ zusammengefallen. Im Althochdeutschen trat neben die Ortsangaben im Dativ in der Regel eine Präposition *(zu, in, auf, bei)*. So wird der jetzige Ort *Niedertann* in einer Urkunde des Jahres 825 mit den Worten *„za demo minnirin Tan"* bezeichnet, und im Nibelungenlied heißt es vom Burgunderland *„dâ zen Burgonden, sô was ir lant genant"*. Die Präpositionen sind freilich in mhd. Zeit bei Ortsnamen wieder geschwunden, und unsere heutigen Namen lassen oftmals auch keine Dativform mehr erkennen. Die präpositionalen Fügungen sind noch erhalten in Ortsnamen wie *Andermatt* (= an der Matt), *Zermatt* (= zer [< ze der] Matt). Mitunter ist die Präposition mit dem eigentlichen Namen verschmolzen; so sind die Namensformen *Zusenhofen* (< *ze Uzzenhofen*), *Züttlingen* (< *ze Uttlingen*), *Zettelsdorf* (< *ze Etlsdorf*) entstanden. Der Dativ ist noch erkennbar in Namen wie *Altenburg, Hohenstadt, Weißenfels* u. a., die nur aus präpositionalen Fügungen wie mhd. *ze der alten burc* u. ä. entstanden sein können. Dativformen liegen auch vor in Ortsnamen wie *Berge, Walde,* ferner in den Namen auf *-beuern, -beuren* und *-büren (Beuern* a. Rh., *Kaufbeuren, Altenbüren),* auf *-hausen* und *-hofen (Mühlhausen, Dudenhofen),* auf *-dorfen* und *-stetten (Dorfen, Wettstetten),* auf *-felden, -walden* und *-landen (Hochfelden, Churwalden, Bonlanden)* und in dem merkwürdigen württembergischen Ortsnamen *Weil der Stadt.* Der alte Dat. Sing. von Stadt (ahd. *steti*) ist erhalten in den Namen auf *-stätt, -stett, -städt, -stedt (Eichstätt, Althengstett, Dingelstädt, Küllstedt).* Von der Regel, daß die Ortsnamen ursprünglich Dativformen sind, machen Namen wie *Helmbrechts, Burkhards* nur scheinbar eine Ausnahme, denn diese Formen haben ursprünglich ein dativisches Grundwort *(Haus, Hof, Dorf* oder ähnliches) bei sich gehabt (siehe § 223).

Einiges muß noch über die lautlichen Veränderungen gesagt werden, die infolge des Verschmelzens der Präposition oder des Artikels mit dem Anlaut des eigentlichen Ortsnamens entstehen. Manchmal ist das Genitiv-*s* des Artikels durch unrichtige Setzung der Silbengrenze zum Namen geschlagen worden: das badische *Spreugelsbach* erklärt sich aus *(ze de)s bruhels pach*. Auf diese Weise konnte auch das Dativ-*m* des Singulars oder das *-n* des Plurals sekundär in Ortsnamen eindringen: *Merkenfritz ([ze de]m Erkenfredis), Meiches (zum Ei-*

284

ches 1342), *Mellnau* (früher *Elenhoc*), *Mohren (zem âhorne);* das badische Dorf *Orsingen* erscheint 1249 als *Norsingen (ze den Orsingen).* Die so entstandene Unsicherheit bei anlautendem *m* und *n* konnte dann mitunter dazu führen, daß die Schreiber auch ein ursprüngliches *m* oder *n* im Anlaut des Namens wegließen: der heutigen Form *Öschelbronn* steht der alte Beleg *Nessenbrunnen* gegenüber; dagegen heißt das unterelsässische *Niefern* in der Mundart *Ifere.*

Solche Veränderungen infolge falscher Silbentrennung kommen auch im Wortinneren vor; manche süddeutsche Ortsnamen auf *-schwang, -schweil* und *-spiel* sind aus *-s-wanc, -s-wîlre, -s-bühel* entstanden (z. B. *Landenspiel* in der Schweiz aus *Lantinespuhil*).

Die Ortsnamen haben natürlich ebenfalls an der l a u t l i c h e n E n t w i c k - l u n g der deutschen Sprache t e i l g e h a b t. So wurden auch bei ihnen, ebenso wie bei allen übrigen Wörtern, die vollklingenden Vokale in unbetonten Silben zu *e* abgeschwächt oder ausgestoßen (deshalb wurde z. B. *Franconofurt* zu *Frankenfurt* und später zu *Frankfurt*), mhd. *î, û, iu (ü)* wandelten sich auch in den Ortsnamen zu *ei, au, eu* (Ortsnamen auf *-wîler, -hûsen, -riute* > *-weiler, -hausen, -reute*) usw. Auch die Regel, daß bei Wortzusammensetzungen, deren erster Bestandteil selbst ein Kompositum ist, der zweite Teil dieses ersten Wortes wegfallen kann *(Obstbaumblüte > Obstblüte, Fernsprechamt > Fernamt)* hat für die Ortsnamen Gültigkeit. So entstanden die Ortsnamen *Heidelberg* aus *Heidelbeerberg, Kirnhalden* aus *Kirnbachhalden, Salzburg* aus *Salzachburg* u. a. Wenn das Bestimmungswort ein mehrsilbiger Personenname ist, kommen die mannigfachsten Zusammenziehungen vor: Die alten Lautungen *Albrechtsleiben, Hariulfisfeld, Ruommuoteshûson, Sigiboltesdorf* ergaben die heutigen Formen *Olbersleben, Hersfeld, Rommelshausen, Seubelsdorf;* mundartliche Kontraktionen sind z. B. *Ascheburg* für *Aschaffenburg, Rappschwiler* für *Rappoldsweiler.*

Neben den Bestimmungswörtern werden aber auch die G r u n d w ö r t e r der zusammengesetzten Ortsnamen von U m f o r m u n g e n betroffen. Ein Beispiel, wie stark diese Veränderungen mitunter sein können, bieten die schweizerischen Ortsnamen auf *-ikon (Pfäffikon, Wetzikon* u. a.). Zugrunde liegt *-inghofen,* wie die alten Belege (*Faffinkova,* 810; *Wezzinkoven,* 1268) zeigen. Das Grundwort *-heim* erscheint im Norden als *-um (Bochum* = Buchheim), im Westen, besonders an der Mosel, als *-em (Bachem, Dalem* = Bachheim, Talheim), im Süden, besonders in Bayern, als *-ham* oder *-kam,* vgl. *Moosham, Piesenkam* (alt *Mosaheim,* 8. Jh., und *Puosinchaim,* 11. Jh.), in Baden ist es oft abgeschwächt zu *-en,* z. B. *Aufen* (< *Uffheim*), *Bretten* (< *Bretheim*). Im Nordwesten ist altes *-husen* (*-hausen*) zu *-sen* verkürzt: *Bellersen* (< *Beldershusun,* 1015), *Lütmarsen* (< *Lutmereshusen,* 822). Bei unbetonten Grundwörtern ist in der mundartlichen

285

Aussprache häufig der Stammvokal ausgefallen, z. B. in *Buttelscht* (*Buttelstedt* in Thüringen) oder *Gerschbch* (*Gersbach* in Baden). Dieser Zustand hat mitunter bei der schriftlichen Fixierung der Namen zu irrtümlichen Vertauschungen der Grundwörter geführt. So ist *Brambach* (Oberpfalz), wie ein Beleg aus dem Jahre 1322 *(Prantpuch)* zeigt, eigentlich „Brandbuche"[1], *Lichtenberg* im Elsaß lautet mundartlich *Liechteburg,* und *Malsburg* in Baden hieß früher *Mahtolsperc.*

In Grundwörtern mit Vokalausfall entwickeln sich in der Regel nach den deutschen Aussprachegesetzen Sproßvokale, die oft hinter den Mitlaut treten, vor dem der Stammvokal ausgefallen ist. So wurden z. B. aus den ursprünglichen Formen *Hunberg* und *Stopberg* (Rheinprovinz) über die Formen *Hunbṛch* und *Stopbṛch* die heutigen Ortsnamen *Hümmerich* und *Stopperich,* aus älterem *Ordorf* entstand über *Ordṛf* die heutige Form *Ohrdruf* (Thür.). In vielen Gebieten werden Ortsnamen auf *-dorf* in der Mundart *-drof, -druf* ausgesprochen; entsprechend sind im norddt. Sprachgebiet die Namen auf *-torp* vielfach zu *-trop* oder *-trup* geworden, z. B. *Lastrup* (Oldenburg), *Oldentrup* und *Stentrop* (Westfalen).

Selbstverständlich spielt bei der Veränderung der Ortsnamen häufig auch die Volksetymologie eine Rolle, die immer dann wirkt, wenn Wörter oder Wortbestandteile unverständlich geworden sind.[2] Sie tritt bei Namen auf, die ein hohes Alter haben oder Bestandteile aufweisen, die längst aus dem Sprachgebrauch geschwunden sind.

So ist in dem Ortsnamen *Eschwege,* der auf *Eskîne wâg* beruht, das heute ausgestorbene Grundwort *wâg* (ahd. *wâg* 'tiefes, bewegtes Wasser', mhd. *wâc, wâge* 'See, Weiher') an *Weg* angelehnt worden. In den Namen der beiden hessischen Dörfer *Ober-* und *Unter-Schönmattenwag,* denen die Form *schûmihte wâc* (etwa: schaumiger Teich) zugrunde liegt, ist dagegen das Bestimmungswort volksetymologisch umgewandelt worden. *Hirschling* (bei Regensburg) ist aus altem *Erigisinga* (zu dem Personennamen *Argis*) umgestaltet, und der *Löwenberg* (Bruck) enthält eigentlich das alte Wort *hlêwir* 'Grabhügel'.

Ein weites Feld findet die Volksetymologie natürlich besonders in Ortsnamen fremden Ursprungs. So war der Ortsname *Wildschütz* (Dorf in Ostböhmen) durch Volksetymologie aus dem tschechischen *Vlčice* (zu tschech. *vlk* 'Wolf') entstanden.[3]

§ 210   Untersucht man die geographische Verteilung der besonders häufig vorkommenden Ortsnamen, so lassen sich für einzelne Formen bestimmte Verbreitungsgebiete feststellen:

---

[1] Vgl. E. Schwarz: Deutsche Namenforschung II. Göttingen 1950, S. 30.
[2] Siehe § 92.
[3] Vgl. E. Schwarz, a. a. O., S. 29 ff.

Schwäbisch-alemannisch ist *-ingen,* bayrisch *ing,* mitteldeutsch *ung(en).* Fränkisch ist *-heim,* bayrisch *-ham (-kam)* und niederdeutsch *-hum* (auch *-um, -em,* z. B. *Bochum, Bachem*). Dem hochdeutschen *-hausen* entspricht niederdeutsch *-husen* oder verkürzt *-sen,* z. B. *Dohnsen* aus *Dodonhusen;* dem hochdeutschen *-dorf* das niederdeutsche *-dorp* und *-trop,* auch *-drup* und *-trup,* z. B. *Hattrop, Gottorp.* Das schwäbisch-alemannische *-reut* tritt im Bairischen als *-ried,* im mitteldt. Sprachgebiet als *-rot, -rode* und im Rheinland als *-rat, -rade* auf, jedoch vermischen sich im Fränkischen die Formen auf *-roth* und *-reuth.* Oberdeutsche Formen sind die auf *-hor* (bzw. mit *hor*), *-au, -hurst, -wald, -berg, -tal;* niederdeutsch entsprechen die Formen auf *-har* bzw. mit *har (Harburg), -ey* und *-oog (Norderney, Wangeroog), -horst, -walde, -berge* und *-tale.* Die hochdeutschen Ortsbezeichnungen *Tal, Brunnen, Furt, Bach* und die mhd. Eigenschaftswörter *michel* und *lützel* lauten im Niederdeutschen *-dal (Stendal), -born, -ford* und *-förde, -beke, mecklen (Mecklenburg), lütt.* Die Ortsnamen auf *-ow* (= au), *-itz* und auf betontes *-in (Teltow, Oelsnitz, Schwerin)* finden sich östlich der Elbe und Saale (siehe auch S. 302).

Andere Grund- und Bestimmungswörter, die nur in bestimmten Landschaften auftreten, sind: das oberdeutsche *Bühl, Bol* und *Wand,* das bayrische *Leite* (= Abhang), das fränkische *Grün* (= durch Rodung entstandener Grasfleck, besonders verbreitet im Vogtland und im Fichtelgebirge), das thüringische *-leben* (= Erbe, Hinterlassenschaft), das mitteldeutsche *-mar* (= See, Sumpf) und die niederdeutschen *Marsch, Fleeth, Bruch, Brink* (= Hügel), *Kamp* (= eingehegtes Feld), *Büttel* (zu *bauen,* z. B. *Brunsbüttel*). Das oberdeutsche Wort für *Süden* ist *Sund* und bildet manche Ortsnamen in diesem Gebiet, wie *Sundheim, Sontheim, Sunt-* und *Sonthofen, Sund-* und *Sondershausen; der Sundgau* ist der *Südgau* und das *Sauerland* das *Südland.*

Wie die zahlreichsten *-heim-* und *-ingen*-Orte im deutschen Südwesten vorkommen, gehören diesem Gebiet und der Rheingegend auch die *-weiler*-Orte an, z. B. *Badenweiler, Rappoltsweiler.* Im Französischen entspricht in Ortsnamen *-villers* und auf deutschem Boden die Umformung zu *-weier* in *Appenweier* (1236 *Appenwilre*), *Ammerschweier* (869 *Amalricivillare*), auch in *Weiher* und *Weyher,* die gleich der Form *Weier* auch ohne Bestimmungswort vorkommen. Im Hochalemannischen entsteht daraus durch Angleichung von *r* an *l: -weil, -wil* und *-wyl,* z. B.: *Bollschweil* (1090 *Boleswiler*), *Rapperswil* (1180 *Raprechtswilare*) und *Seldwyl.*

Ich habe schon wiederholt auf den Zusammenhang zwischen der Geschichte der Sprache und der Geschichte des Sprachträgers hingewiesen. Es gibt wenige Gebiete, wo dieser Zusammenhang so deutlich zutage tritt wie gerade bei den

§ 211

Ortsnamen. Im Laufe der Geschichte haben sich zur Benennung von Siedlungen und anderen Örtlichkeiten eine große Zahl von **Grundwörtern** angesammelt, in der Weise, daß immer neue Gruppen davon in Gebrauch kamen. Wenn also einzelne Ortsnamentypen in bestimmten Landschaften gehäuft auftreten, so lassen sich daraus Schlüsse auf die Zeit der Besiedlung ziehen. Ich beginne deshalb die Übersicht über die deutschen Ortsnamen mit der Besprechung der Grundwörter in der chronologischen Reihenfolge ihres Auftretens. Entsprechend den drei Hauptperioden, in denen sich die Besiedlung des deutschen Sprachgebietes vollzog, können wir auch die Ortsnamen nach ihren Grundwörtern in drei Hauptgruppen gliedern:

1. Namen aus der Zeit der Wanderbewegung der Germanen. Die Siedlungen werden vorwiegend nach den Wanderverbänden der Siedler benannt. Hierher gehören in erster Linie die Siedlernamen auf *-ingen* (Suffix, kein Grundwort!), die im süddt. Sprachgebiet besonders stark verbreitet sind.

2. Namen aus der Zeit der merowingisch-fränkischen Eroberungen, in der Hauptsache bis etwa 800 u. Z. Für diese Gruppe unserer Ortsnamen ist es kennzeichnend, daß die Grundwörter die Art der Siedlung angeben (z. B. *Heim, Haus, Dorf, Stadt* u. ä.), während die Bestimmungswörter häufig den Namen des Grundherrn enthalten. Es sind die Ortsnamen des frühen Landausbaues.

3. Namen aus der Zeit des späteren Landausbaues. Nach der Aufteilung des eroberten Landes an die Feudalherren wurden die weniger fruchtbaren Gebiete, das Wald- und Gebirgsland, erschlossen. In dieser Periode der intensiven Auseinandersetzung mit der noch unberührten Naturlandschaft werden die Grundwörter hauptsächlich mit Bezug auf die Beschaffenheit oder Lage der Örtlichkeit gewählt (Stellenbezeichnungen). Diese Gruppe unserer Ortsnamen ist selbstverständlich die umfangreichste; hierher gehören die Namen auf *-berg, -feld, -bach, -see, -wald, -grün, -eiche, -reut, -furt* u. v. a.

Natürlich gibt diese Gliederung nur eine Einteilung im groben, denn manche Namensformen kommen gelegentlich auch schon früher in Anwendung, vor allem aber leben bestimmte ältere Formen in späterer Zeit wieder auf.

Zu der ältesten Schicht deutscher Namen gehören, wie schon gesagt, die Siedlerbezeichnungen. Sie sind zum größten Teil aus germanischen Personennamen in der Kurzform mit Hilfe des Suffixes **-ingen** gebildet. Diese Formen auf *-ingen* stellen den Dat. Plur. dar, sie enthalten das Wortbildungssuffix *-ing*, das eine Zugehörigkeit ausdrückt.[1] *Sigmaringen* (zu *Sigmaringi*) bedeutet also 'bei den Leuten des Sigmar', *Hechlingen* 'bei den Leuten des Hachilo'. Diese Namensformen erscheinen besonders häufig im schwäbisch-alemannischen Gebiet, in Bayern ist *-ingen* seit dem späten Mittelalter zu *-ing* geworden *(Freising, Pasing, Straubing)*. Das Suffix **-ing** und seine Ablautform **-ung** (in Thüringen und Mittelfranken) bildeten aber nicht nur Ableitungen von Personennamen, sondern sie traten auch an andere Wortstämme. So bedeutet *Heldrungen* 'bei den Leuten am Helderbach', *Salzungen* 'bei den Leuten an der Salzquelle', *Malching* (Oberbayern) 'die Leute an der Mahleiche'.

Weit verbreitet sind die Ortsnamen auf **-heim** (Namensformen auf *-um, -ham, -kam, -en;* siehe S. 285), die vornehmlich in der Zeit der fränkischen Machtentfaltung entstanden sind. Das Grundwort bedeutet ursprünglich 'Haus, Einzelgehöft'. Es kann aber sowohl die Einzelsiedlung wie den größeren Wohnplatz bezeichnen. Besonders häufig treten die Namen auf *-heim* im Südwesten auf *(Germersheim, Hildesheim, Schopfheim)*. Unter den *-heim*-Namen sind die älteren zu Personennamen gebildet (*Limersheim* < *Limaresheim*); es sind meistens Siedlungen fränkischer Herren und Kriegsleute, oft auch königliche Pfalzen. Eine zweite Gruppe, wie *Kirchheim, Bergheim, Westheim* u. ä., sind etwas später anzusetzen.

§ 212

Aus der Zeit des frühen Landausbaues stammen ferner die meisten Ortsnamen auf

-hausen (Dat. Plur.), nd. **-husen**, und **-haus**: *Adelzhausen* (zum Personennamen *Adalhelm*), *Mühlhausen, Kellinghusen*, einzeln: *Husum; -hausen* ist oft zu **-sen** zusammengeschrumpft, z. B. *Bellersen* (siehe auch S. 285);

-hofen (Dat. Plur.), **-hof**, nd. **-hoop**: *Königshofen, Oberhof, Ahrenshoop*, einzeln: *Hof, Hofen*, nd. *Hove, Hoven;*

-burg, -borg: *Quedlinburg* (zum Personennamen *Quidilo*), *Magdeburg, Göteborg* (Schweden), einzeln: *Burg;*

-stetten (Dat. Plur.), **-stadt, -städt, -stedt, -statt, -stätt, -stett**: *Dornstetten, Immenstadt, Höchstädt, Helmstedt, Rastatt, Eichstätt, Althengstett;*

-dorf, -druf, nd. **-trop, -trup** (siehe S. 286): *Düsseldorf, Ohrdruf, Hattrop, Heckentrup;*

-weiler (aus spätlat. *villare* 'Gehöft, Vorwerk'), Nebenformen **-weier, -weil, -wil**: *Rappoltsweiler, Appenweier, Bolschweil, Rapperswil*, einzeln: *Weiler, Weier* und *Weil;*

-gaden, -kammer, -kemnat, -stuben, -zimmer(n) (das alte Wort *Gaden* meint ein 'Haus von nur einem Zimmer'; *Kammer* bedeutet 'Schlafgemach, Vorratsraum', auch 'fürstliche Wohnung' und 'Gerichtsstube'; *Kemenate* und *Stube* bezeichnen einen heizbaren Raum; *Zimmer* wurde früher überhaupt für einen Holzbau verwendet): *Berchtesgaden, Stubbenkammer, Badstuben, Neckarzimmern;* einzeln: *Kamnath, Kamnathen, Kemmoden;*

---

[1] Siehe S. 112.

-beuren, -beuern, -büren (diese Formen enthalten alle ein ahd. *bûr* bzw. *bûri* 'Haus, Wohnung'): *Benediktbeuren, Grasbeuern, Amelsbüren,* einzeln: *Beuren, Beuern, Bü(h)ren;*

-borstel, -bostel (< *bûri-stal,* zu dem eben besprochenen *bûr[i]; stal* hat die Bedeutung von 'Stelle, Ort, Platz'): *Langenborstel, Fallingbostel,* einzeln: *Borstel, Bostel;*

-büttel (< germ. *+bupla-* 'Haus, Wohnung', ebenfalls zu *bauen* gehörig): *Wolfenbüttel,* einzeln: *Büttel;*

-kotten, -kot, -katen (zu nd. *kot[e],* nl. *kot* 'Hütte'[1]): *Hinterkotten, Meinkot, Bergkaten,* einzeln: *Kotten, Kötten, Kothen, Köthen, Käthen;*

-sasscn, -sessen, -saß, -säß, -seß, -sis, -soos, nd. -sat, -set (zu *sitzen*): *Waldsassen, Neusaß, Neusäß, Neuses, Nauses, Neusis, Ottensoos,* einzeln: *Sassen, Sessen, Saß.* Hierher gehören auch *Bexten* (< *Bekesete,* nd.), *Velsen* (Westf., alt *Velseton*);

-siedel(n), nd. -sel(l), -seel (zu mhd. *sêdel* 'Sitz'); *Wunsiedel, Einsiedeln, Bösensell* (bei Münster), *Lederseel* (Belgien);

-sitz: *Neusitz;*

-sal (ahd. *sala* 'Herrenhof'): *Bruchsal, Neuensaal;*

-wig, -wich, -wick, -weich, -wiek (zu ahd. *wîh* 'Flecken, Stadt', entlehnt aus lat. *vicus* 'Dorf, Häusergruppe'): *Kettwig, Katzwich, Osterwick, Sefferweich, Braunschweig* (< *Bruns Wik*), *Osterwick,* einzeln: *Weichs, Wieck;*

-lar (= Wohnung, Siedlung): *Goslar* (= Siedlung an der Gose), *Fritzlar* (= eingefriedigte Wohnstätte), *Dinklar* (= Thingstätte), *Wetzlar.*

§ 213   Auf kirchliche Gründungen und Besitzungen deuten die folgenden Grundwörter:

-zell, -zella (aus lat. *cella,* urspr. 'Vorratskammer', dann 'Kammer, Klause eines Mönchs'): *Radolfzell, Paulinzella,* einzeln: *Zell, Zella, Zelle, Zellen;*

-klause (von mlat. *clusa* 'Kloster'): *Bärenklause,* einzeln: *Klause, Klausen, Kluse, Klusen, Kluß, Klüß;*

-kloster (lat. *claustrum*), -münster (lat. *monasterium*), -pforte (lat. *porta*): *Neukloster,* einzeln: *Kloster, Klösterle; Kremsmünster,* einzeln: *Münster; Schulpforte, Seligenporten, Weißenportz,* einzeln: *Pforte, Pforten, Pforts, Pforzen;*

-kirch, -kirchen, -kapel(le) *Altkirch, Partenkirchen,* selten einzeln: *Kirche(n); Waldkappel,* einzeln: *Kappel(n), Keppe(ln), Kapell(e), Kapellen.*

Unter den Grundwörtern, die auf die Rechtsverhältnisse in der Zeit des frühen Landausbaues hinweisen, bedeuten -bünde, -point, -paint (von ahd. *piunta, biunda,* mhd. *biunte, biunde,* mnd. *biwende*) ursprünglich ein freies, besonderem Anbau vorbehaltenes, eingehegtes Grundstück; sie beziehen sich auf eine abgegrenzte Rodung in der Allmende (= Gemeindeland), die nach den damaligen Rechtsgrundsätzen Eigentum des Roders wurde: *Hemsbünde, Hochpoint, Linkersbeindt,* einzeln: *Bünte, Point, Pointen, Baindt, Paint, Painten;*

-kamp und -gard weisen ebenfalls auf eingefriedigte Landstücke hin: *Berkenkamp, Stuttgart* (= Fohlenhof);

-eigen und -hub(e) (von ahd. *huoba* 'Stück Land von gewisser Größe') bezeichnen das Eigentum: *Ruhmannsaigen,* einzeln: *Eigen, Aig(e)n; Hub, Hube, Huben,* nd. *Huf, Hufe, Hufen;*

-erbe und -leben (von ahd. -*leiba* 'Erbhinterlassenschaft') deuten auf ein Erbgut hin: *Sechserben,* einzeln: *Erb, Erbe, Erben, Erve; Aschersleben, Gardelegen* (< *Gardelewen*);

-mal (von ahd. *mahal* 'Gerichtsstätte') liegt in Namen wie *Detmold* (*Theotmalli,* 8. Jh. = Gerichtsplatz des Volkes), *Gesmold* vor.

---

[1] Wahrscheinlich verwandt mit tschech., poln. *chata* 'Hütte'.

Auf das Wirtschaftsleben der Siedlungen weisen hin

-mühl(e) und -kern (von ahd. *quirn*, mhd. *kürn* 'Mühle'): *Neumühl, Obermühle, Moselkern;*
-grub, -zeche, -stollen, -schacht, -schmelz, -ofen, -schmied, -hammer: *Tiefengrub, Amalienzeche, Leimstollen, Bleischacht, Altschmelz, Glasofen, Eckernschmied, Neuhammer;*
-hude (wohl: Stapelplatz), -mauth, -markt, -zoll, -brück(e), -wehr, -schleuse(n), -fähr(e): *Buxtehude, Irlmauth, Neumarkt, Hochzoll, Altenbrück, Langenbruck, Saarbrücken, Lachswehr, Rheinschleusen, Neufähr, Urfahr, Neufahr, Niffer* (< *Nuwenvar*), *Nievern.*

Im 9. Jh. beginnen der sog. Landausbau im ursprünglichen germa‑   § 214
nischen Siedlungsgebiet und die Ostexpansion in den Gebieten
östlich der Elbe und Saale, die zu dieser Zeit slawische Bewohner hatten.
Die Urbarmachung neuen Bodens begann von den inselartig im Wild- und
Waldland liegenden Siedlungsstätten her. Dabei ging man allmählich von den
leicht zu den dicht bewaldeten, von den niedriger zu den höher gelegenen Ge‑
bieten vor. Es liegt auf der Hand, daß die Namen der Siedlungen, die der Na‑
tur in hartem Kampf abgerungen werden mußten, gerade die Gestalt und Be‑
schaffenheit des Bodens, die Besonderheiten der Bewässerung und des Bewuch‑
ses und die Geländebehandlung, die zur Urbarmachung des Bodens notwendig
war, widerspiegeln. So vermögen uns die Ortsnamen aus den Jahrhunderten
des späteren Landausbaues (9. bis 14. Jh.) wichtige Einblicke in die Sied‑
lungsgeschichte unserer Heimat zu geben. Allerdings steht die Forschung hier
noch am Anfang eines recht schwierigen Weges.[1]

Die Namen nach der Bodengestalt enthalten u. a. die Grundwörter

-berg, -höhe, -höchte, -hügel, -pard, -bühel, -buhl, -bohl, -boll, -hübel (nd. -hövel), -buckel (diese ge‑
hen alle auf natürliche Erhebungen von größerer oder geringerer Höhe in der Landschaft): *Nürnberg,*
einzeln: *Berg, Berge* (Dat.-Form), *Bergen* (Plur.), *Berga; Friedrichshöhe, Sandhögte; Steinhügel; Bop‑
pard; Eichbühel, Steinbühl, Bechtersbohl, Homboll,* einzeln: *Bühl, Biehl, Bichl, Pichl, Boll; Krummhü‑
bel; Katzenbuckel;*

auf größere Erhebungen, strenggenommen nur auf deren obersten Teil, weisen

-kopf (eigentlich ein Bergname, dann aber auch als Ortsname für Siedlungen, die auf Bergen lie‑
gen): *Schneekopf, Ochsenkopf* (Bergnamen), *Biedenkopf* (Ortsname);
-haupt: *Breitenhaupt, Berghaupten, Bergeshövede* (nd., Westfalen); dieses Grundwort kann auch
den Ursprung oder den Oberteil eines fließenden oder stehenden Gewässers bezeichnen, das Bestim‑
mungswort ist dann immer der betreffende Gewässername: *Bachhaupten, Seeshaupt* (am oberen Ende
des Starnberger Sees);

---

[1] Es soll hier noch einmal betont werden, daß manche der unten aufgeführten Namen schon vor dem großen Landausbau
aufgetreten sein können, ebenso wie auch nachher. Die eindeutige Einordnung aller Namen ist, heute wenigstens, noch nicht
möglich.

-first, -spitz(e), -brink (= Erhebungsrand), -eck, -stauf [1], -rück(en), -scheid und -schede (für Wasser-scheiden oder Stammesgrenzen), -hang, -halde(n), -leite(n) [2] (= Abhang, zu *lehnen*): *Schillingsfirst* (Bayern, die amtliche Schreibung ist fälschlich *Schillingsfürst*); *Hainspitz; Schwarzenbrink*, einzeln: *Brincke; Saaleck; Donaustauf; Ziegenrück; Remscheid, Herschede; Reilhäng, Berganger* (< *Perhhanga*, 778), einzeln: *Heng; Ellhalde, Sonnhalden; Schafleiten*, einzeln: *Leiten, Leithe, Leithen, Leuten, Leuthen.*

Andere Namen, die auf die B o d e n g e s t a l t Bezug haben, sind gebildet mit

-ort (für Siedlungen, die in dem spitzen Winkel zwischen zwei Flußmündungen liegen), -horn (für Siedlungen auf Halbinseln oder Landstücken, die sich auffallend in das übrige Gebiet vorschieben), -gehr(en) (keilförmiges Landstück), -winkel (für abgelegene Orte), -end(e), -rain, -fluh (alemannisch, für schiefe Felswände), -tal, -tobel und -dobel (obd.), -grund (für ein enges Tal mit kleiner Wasserader), -eben, -feld(e), -land(en), -gau, -au (für vom Wasser durchflossenes oder bespültes Gelände)[3], -werth, -werder u. a.: *Ruhrort; Aichhorn*, einzeln: *Horn, Hörn, Hörne; Buchengehren, Lippeldsgeren, Hippen-gehr*, einzeln: *Gehren; Bärwinkel*, einzeln: *Winkel; Ostende, Lechsend*, einzeln: *End, Ende; Langenrain*, einzeln: *Rain; Heidenfluh*, einzeln: *Fluh; Georgenthal, Inntobel*, einzeln: *Tal, Thal, Thale, Tobel, Dobel; Nesselgrund*, einzeln: *Grund, Grunden, Gründen; Frohneben*, einzeln: *Ebnet(h), Ebnit, Ebnat(h)* (< ahd. *ëbanôti* 'Ebene'); *Kranichfeld, Lichterfelde*, einzeln: *Feld, Felde, Felden; Friedland, Hirschlanden; Oberammergau; Ilmenau*, einzeln: *Au, Aue*, auch *Aub, Ob, Ohe, Eyb; Keiserswerth, Donauwörth*, einzeln: *Werth, Wörth; Finkenwerder*, einzeln: *Werder.*

Andere Ortsnamen beziehen sich auf die B e s c h a f f e n h e i t d e s B o d e n s, die für die Siedler von großer Bedeutung war. Hierher gehören u. a. die Namen auf

-fels, -stein, -erd(en), -molte (von ahd. *molta*, mhd. *molte* 'Staub, Erde, Erdboden'), -lehm (von mhd. *leime*), -letten, -sand: *Weißenfels; Königstein; Schwarzerden, Schwarzerd*, einzeln: *Erda; Bimolten* und auch *Römhild* (< *Rotemulte*, 8. Jh.); *Rotenlehm, Rötteln* (alt *Raudinleim*), auch *Haarlem* (Holland), einzeln: *Lehme, Lehmen, Leimen; Lette, Letten; Rothensand*, einzeln: *Sand, Sande, Sanden.*

§ 215   Die wichtigste Rolle bei der Wahl einer Siedelstelle spielte die B e w ä s s e r u n g. Ich führe im fol-genden die verbreitetsten Grundwörter an, die auf fließendes und stehendes Wasser und auf sumpfige und feuchte Niederungen hinweisen. F l i e ß e n d e s W a s s e r bezeichnen

-ach, -ache, -a (ahd. *aha*[4]); -bach, nd. -beck, bek(e); -ader(n) (kleiner Wasserlauf), -lauf(en) (Strom-schnelle, Wasserfall); -siepen, -siefen, -seifen, -seif (erzführendes Wasser); -fließ, nd. -fleet, -fliet (kleiner Wasserlauf); -brunn(en), -bronn, -born; -spring(en) (Ursprung des Wassers, Quelle); -bad(en), -münde, -gemünd: *Kirnach, Berka a. d. Werra* (urkundlich: *Berkaho* = Birkenwasser), einzeln: *Ach, Aach, Aa-chen; Ansbach* (alt *Onoldsbach*), *Hardenbeck, Wandsbek*, einzeln: *Beck, Becke, Beeck, Beek, Beeke; Brunnadern*, einzeln: *Odern; Braunlauf*, einzeln: *Lauf, Laufen, Lauffen; Heusiepen, Herkensiefen, Bockseifen*, einzeln: *Seifen; Altenfließ, Depenfleeth, Bützfleeth*, einzeln: *Fleeth, Flieth; Reinhardsbrunn, Heilbronn, Paderborn*, auch in *Simmern* (Rheinprovinz, alt *Sibinbrunnun*, 1200), einzeln: *Brunn, Brunnen, Bronn, Bronnen, Born; Ursprung, Ursprung, Ursprungen, Lippspringe*, einzeln: *Spring, Sprin-*

---

[1] *Stauf* bezeichnet ursprünglich einen Becher ohne Fuß und dementsprechend einen breiten, konisch geformten Berg bzw. die darauf oder daran gelegene Siedlung.

[2] Das Wort ist im Norden untergegangen und tritt heute meist nur noch in den Alpenländern auf.

[3] Östlich von Elbe und Saale geht -*au* oft auch auf die slaw. Suffixe -*ow*, -*owa*, -*owo*, - *aw* zurück.

[4] Bei den Namen auf -*ach* ist stets zu beachten, daß sie auch das kelt. Suffix -*ācum* (siehe § 224) oder das Kollektivsuffix -*ahi* (siehe S. 294) enthalten können.

ge; Schlangenbad, Wiesbaden, einzeln: *Baden; Orlamünde, Neckargemünd,* einzeln: *Münden, Gemünd, Gemünden.*

Auf s t e h e n d e s W a s s e r weisen hin

-see, -wag, -wiek, -wyk (Bucht), **-so(h)l** (Kotlache), **-lache(n), -maar** (kreisrundes, mit Wasser gefülltes Kesseltal), **-teich, -weiher, -pfuhl:** *Weißensee,* einzeln: *Seeon* (Bayern), *Sewen* (Elsaß); *Kaltenwag, Eschwege* (siehe S. 286), *Burleswagen,* einzeln: *Wag, Waag; Schleswig, Herrenwyk,* einzeln: *Wieck, Wyk; Dattensohl, Wintersoln, Hamansöhlen,* auch *Rotzel* (älter *Rotsol),* einzeln: *Sohl, Suhl; Berlachen,* einzeln: *Lach, Lache, Lachen; Wismar,* einzeln: *Maar; Altenteich, Tiefendick* (nd.); *Ochsenweiher*[1]; *Krotenpfuhl, Poggenpohl* (nd.), einzeln: *Pfuhl.*

Auf s u m p f i g e und f e u c h t e N i e d e r u n g e n gehen

-bruch, -brock, -brook, -broich, -fehn, -venn, -siek, -brühl, -briel, -moor, -moos, -marsch[2]: *Breitenbruch, Herzebrock, Klingenbrook, Diepenbroich,* einzeln: *Bruch, Brock* (nd.), *Broich* (ndrhein.; spr. Bruch oder Brooch); *Großefehn, Breitefenn,* einzeln: *Venn, Venne; Bannensiek, Fallengesick* (Kollektivform *-gesick),* einzeln: *Siek, Siecke; Bergerbrühl, Menzenpriel, Neuprüll,* einzeln: *Brühl, Briel, Priel, Prühl, Prüll; Lichtenmoor,* einzeln: *Moor; Todtmoos,* einzeln: *Moos; Ostermarsch, Hommerschen,* einzeln: *Mersch.*

Sehr viele Grundwörter beziehen sich auf den B e w u c h s d e r S i e d l u n g s s t e l l e. Auf w a l d b e s t a n d e n e s G e l ä n d e weisen

§ 216

-wald(e), -forst, -hart (Bergwald), **-schachen** (Waldzunge, Waldstück), **-holz, -wede** und **-weeden** (von ahd. *witu* 'Holz'): *Greifswald, Eberswalde, Ahrenswohlde, Kokenwahlde, Grönwohld,* auch *Finsterwahl* (Oberbayern; 1017 *Vinsterwalde),* einzeln: *Wald, Wahld, Wahlde,* nd. *Wold(e), Wohld(e); Kammerforst,* einzeln: *Forst; Dürnhart, Steinshardt,* auch *Faistenhaar* (Oberbayern, 11. Jh. *Vaestenhard),* einzeln: *Hard, Hardt, Hart; Holzschachen, Buchschechen, Rorschach,* einzeln: *Schachen; Schönholz, Kleinholzen,* einzeln: *Holz, Holze, Holzen,* nd. *Holt, Holte, Holten; Worpswede, Großweeden,* einzeln: *Weede.*

Auf N i e d e r w a l d, B u s c h w e r k und G e s t r ä u c h deuten

-horst, -busch, -loh(e) (ahd. *lôh,* mhd. *lôch* 'Gebüsch, Gehölz'), **-hain, -strut(h)** (mit Gebüsch bewachsenes Gelände), **-stauden** (Buschwerk), **-strauch, -strock, -struck, -dorn, -rohr, -schlatt** (mhd. *slâte* 'Schilfrohr'), **-ried** ('Schilfrohr', dann 'sumpfiges Gelände')[3]: *Elmenhorst, Breithorst* einzeln: *Horst, Horsten, Hörsten, Hurst; Eichbusch,* einzeln: *Busch; Eschenlohe, Gütersloh, Wiesloch* (Baden, 800: *Wezzinloch* 'Wald des Wezzo'), *Iserlohn,* einzeln: *Loch, Loh, Lohe, Lohen; Lichtenhain,* einzeln: *Hain; Erlenstruth,* einzeln: *Struth, Strüth,* nd. *Stroth, Strothe; Haselstauden,* einzeln: *Stauden; Birkenstrauch,* häufig einzeln: *Strauch, Strock, Struck, Strüch, Strück, Strücken; Hagedorn,* einzeln: *Dorn; Rohr, Rohren, Röhren; Bauschlott, Degerschlacht* (urkundlich *Tegirslath),* einzeln: *Schlatt; Auried, Auriedern,* einzeln: *Ried, Riede, Rieden, Rieder, Riedern, Riet, Rieth.*

---

[1] Zu beachten ist, daß die *-weier*-Orte im Elsaß wohl ausschließlich auf *-weiler* (siehe S. 287) zurückgehen.
[2] Urspr. 'sumpfiges Gelände', dann 'fruchtbare Niederung', im Gegensatz zur *Geest.*
[3] Ortsnamen auf *-ried* können aber auch mit mhd. *riute,* ahd. *riuti* 'durch Rodung urbar gemachtes Stück Land' zusammenhängen (siehe S. 295). Die Entscheidung, welche Form vorliegt, ist oft trotz der urkundlichen Belege nicht leicht zu fällen. Ist das Bestimmungswort ein Personenname, kann man an Rodung denken.

Krautbewachsene Flächen, wie Steppenweiden, offene, mit Heide bewachsene Flächen in spät erfaßtem Wald u. ä., spiegeln sich in Namen auf

-heid(e), -wies(e), -wiesen, -matt(e), -grün¹, -anger (Grasland, Wiese), **-wang(en)** (blumige Wiese), **-wunn** (ahd. *wunnja*, mhd. *wünne* 'Weide'), **-weide²**: *Hohenheide, Wiesentheid, Oberhaid*, einzeln: *Haid, Heide, Heiden; Metzerwiese, Herrenwies, Langenwiesen, Warwisch* (nd.), einzeln: *Wies, Wiese, Wiesen; Schwaigmatt, Zaismatte*, einzeln: *Matt, Matten; Herlasgrün* einzeln: *Grün, Grüne; Moosanger*, einzeln: *Anger, Angern; Furtwangen, Ochsenwang*, auch *Ausnang, Erlangen, Wiesendangen*, einzeln: *Wang, Wangen, Wengen*. Mitunter ist das alte, unverständliche *-wang* in *Bank* umgedeutet worden, z. B.: *Holderbank* (Schweiz), oder in *-ingen* übergegangen, z. B. *Schneisingen* (Schweiz, alt: *Sneisanwang*, 9. Jh.); *Schlettwein*, einzeln: *Winn, Winne, Wunn, Wünne; Viehweid, Viehweide*, einzeln: *Weide, Weiden*.

Interessante Hinweise auf die Verteilung der Baumarten im Landschaftsbild unserer Heimat in der Zeit des großen Landausbaus und der Ostexpansion geben die zahlreichen mit Baumnamen gebildeten Ortsnamen auf

-birk(e), -buch(e), -eich(e), -lind(e), -esch(e), -espe, -weid(e)³, -hasel, -tann(e), -ficht(e) u. a.: *Hohenbirken, Unterpirk*, einzeln: *Birk, Birke, Birken, Pirk, Pirken; Altenbuch, Schönbuchen, Schönbüch*, einzeln: *Buch, Buchen, Büch, Puch, Puchen*, nd. *Bochen, Böken; Hoheneiche(n), Dürreich*, einzeln: *Eich, Eiche, Eichen, Aich; Kirchlinde, Schönlind*, einzeln: *Lind, Linde, Linden; Hohenesch*, einzeln: *Esch, Esche*, obd. *Asch, Aesch, Aschen*⁴; *Hohenaspe*, einzeln: *Espe, Aspe, Aspen, Aspern*⁵; *Weiden* (Oberpfalz)⁶; *Kirchhasel*, einzeln: *Hasel, Haseln; Altenthann, Hohentann*, auch *Beiertheim* (Baden, früher: *Burtan*), einzeln: *Tann, Thann, T(h)annen; Hohenfichte(n), Schönficht, Waldfeucht*, einzeln: *Ficht, Fichte, Fichten, Feichten, Feucht, Feuchten, Viecht*.

Hier soll auch auf einige Ortsnamen hingewiesen werden, die als ursprüngliche Wald- und Buschnamen von Baum- und Strauchnamen vermittels des Kollektivsuffixes *-ahi* (siehe S. 119) abgeleitet sind. Das alte Suffix hat sich im Laufe der Zeit in verschiedene Formen gespalten, so daß heute folgende Gruppen auftreten:

-ach: *Affalltrach* (= Apfelbaumgarten, zu ahd. *apholtra* 'Apfelbaum'), *Aschach* (Eschenwald), *Aspach* (zu *Aspe, Espe*), *Birkach, Buchach, Eichach, Eschach, Haslach* (Haselwald), *Lindach, Tannach* u. a.⁷;
-ich, -ig: *Aspich, Föhrich, Lindich, Weidich, Birkig, Büchig, Lindig, Tännig;*
-icht, -igt: *Eichicht, Erlicht, Häslicht, Tannicht, Birkigt, Lindigt, Tannigt, Weidigt;*
obd. **-at, -et**: *Aichat, Aichet, Eichet, Birket, Buchet, Tannet, Ulmet, Weidet;*
hessisch **-es, -is**: *Buches, Neßles* u. ä.

---

¹ Das Grundwort *Grün* ist eigentlich unter die Rodungsnamen zu zählen, denn es weist auf das grüne Landschaftsbild hin, das das Ergebnis der Rodung ist.

² Das Grundwort *Weide* kann sowohl die Viehweide als auch den Baum meinen. Den Ausschlag geben die alten Formen. Die von der Viehweide hergeleiteten Ortsnamen weisen in mhd. Zeit *-ei-* oder *-ai-* auf, die anderen haben *-i-*.

³ Siehe Fußnote 2.

⁴ In diesen Namen kann auch mhd. *ezzisch , esch* 'Saatfeld' enthalten sein; siehe S. 296.

⁵ Namen wie *Espen, Aspen* können auch mit mhd. *esban, espan, aspan* u. ä., die aus *ezzisch-ban* 'Viehweide' kontrahiert sind, zusammenhängen.

⁶ 1151 *Widen*.

⁷ Ortsnamen auf *-ach* können freilich auch auf das Grundwort *aha* 'fließendes Wasser' (siehe S. 292) oder auf das kelt. Suffix *-ācum* (siehe S. 301) zurückgehen.

Unter den Ortsnamen, die von der Geländebehandlung ausgehen, sind die R o d u n g s n a m e n die häufigsten. Je nach dem Bewuchs des für die Siedlung ausersehenen Geländes konnten verschiedene Verfahren angewendet werden; sie spiegeln sich in den Grundwörtern der folgenden Ortsnamen:

-hag, -hagen (zu ahd., mhd. *hac, hages* 'Umzäunung, umzäuntes Grundstück; Hain, Dornstrauch'; der erste Schritt bei der Kultivierung eines Landstückes bestand darin, daß man es einhegte):[1] *Grünhag, Lichtenhaag, Schwarzenhagen,* einzeln: *Hag, Hage, Haag(e), Hagen;*

-schwend(e), -schwenden, -schwand (ahd., mhd. *swẹnden* = schwinden machen, vertilgen; von Bäumen: umhauen; vom Wald: ausroden): *Molmerschwende, Wolpertswende, Kleingeschwenda, Feuerschwenden, Ottoschwanden, Höhenschwand, Weltenschwann,* einzeln: *Schwand(e), Schwanden, Schwende(n), Geschwend;*

-brand, -brunst, -seng, -sang (sie deuten auf Brandrodung, die besonders in gebüschreichem Gebiet angewendet wurde): *Neuenbrand, Oberbränd, Vorderbrunst, Hinterbrünst, Vogelsang,* einzeln: *Brand, Brande(n), Brend(en), Brunst, Brünst, Sang(e), Seng;*

-schlag, -hau, -stock[2]: *Oberschlag, Altenhau,* einzeln: *Schlag, Schlage(n) Hau, Haue(n), Stock(en), Stöcken;*

-reut, -kreut, -ried(t)[3], -rod,- rode, -rad, -rath (ahd. *riuti,* mhd. *riute* 'durch Roden urbar gemachtes Stück Land'): *Bayreuth, Wiggenreute, Bernried, Buchenrod, Wernigerode, Friedrichroda, Stockenroth, Nesselröden, Niederrad, Neuenrade, Benrath,* einzeln: *Reut(h), Reut(h)e, Reut(h)en, Gereut(e), Gereuth,* alemann.: *Rüti, Rütli* (Schweiz), *Grit, Grütt, Krüt* (Elsaß), *Ried, Rieden, Rod(e), Roda, Roden, Rohde(n), Rade, Raden.*

Zur Geländebehandlung gehören auch die Erschließung des Siedellandes durch Wegebau und Verkehr, im Küstengebiet die Sicherung gegen das Meer und die Formen der Bodenbearbeitung.

Auf W e g e b a u und V e r k e h r s a n l a g e n weisen die Namen auf

-straß, -weg, -steig, -stieg(e), -pfad, -stalden (Stalde = steiler Weg): *Hochstraß, Altweg, Altensteig, Jungfernstieg* (Rügen), *Bockstiege, Rennpfad, Oberstalden,* einzeln: *Straß, Straße(n), Weg(en), Weeg, Steig(e), Steigen, Stieg(e);*

-furt, -ford, -förde, -fürth, -wat, -wedel (beide zu anord. *vaδ,* ahd., mnd. *wat* 'Furt'), -steg: *Erfurt, Herford, Leinförde, Wipperfürth, Wammeratswatt, Langwaden* (8. Jh., *Langwata*), *Salzwedel, Mürzsteg,* einzeln: *Furt(h), Fürth, Watt, Ste(e)g, Ste(e)gen.*

Auf k ü n s t l i c h a n g e l e g t e W a s s e r g r ä b e n gehen

-siel, -graben, -gracht, -kanal: *Altensiel, Sulzgraben, Coppengrave, Friedrichsgracht,* einzel: *Siele(n), Graben, Gräben,* nd. *Grave, Gracht, Kracht, Kehl, Kiel*[4].

S c h u t z b a u t e n g e g e n d a s M e e r bezeichnen die Namen auf

-deich, -damm, -wall, -werb (= Wasserdamm), -koog, -polder (die letzten beiden Wörter bedeuten eingedeichtes und entwässertes Marschland): *Norderdeich, Altendamm, Brunsbüttelkoog, Charlot-*

---

[1] Nicht alle mit *Hag* und *Hagen* gebildeten Ortsnamen bedeuten 'umzäuntes, abgesondertes Land'; sie können auch auf einen mit Dorngebüsch bewachsenen Platz hinweisen.
[2] Gemeint sind die Wurzelstöcke, die nach dem Fällen der Bäume ausgegraben werden müssen.
[3] Siehe auch S. 293.
[4] Beide zu abd. *kanali,* mhd. *kẹnel,* die als alte Entlehnung aus dem tat. *canalis* 'Rinne, Wasserlauf' mit dem neuen Fremdwort *Kanal* zusammengehören.

tenpolder (junger Name), einzeln: *Damm(e), Dammen, Tamm, Thamm, Wall(e), Wallen, Werben, Warfen.*

Dem A c k e r b a u entstammen die Ortsnamen auf

-acker, -breite[1], -brache, -brak[2], -esch (mhd. *ẹzzisch, ẹsch* 'Saatfeld')[3]: *Langenacker, Rottebreite, Gro-ßenbreden, Hohenbrach, Altenbrak, Farrenbracken, Varenesch, Schildesche, Ternsche* (Westfalen, 889 *Ternezca*), einzeln: *Acker, Breit(e), Breidt, Breiten, Bra(a)ch, Brachen, Brächen, Braak, Brake.*

§ 218   Die meisten deutschen Ortsnamen sind, wie wir bereits gesehen haben, Determinativkomposita und bestehen demzufolge aus Grundwort und Bestimmungswort. **Die Bestimmungswörter** dienen zur näheren Charakterisierung der Namen. Sie lassen sich im wesentlichen in folgende Gruppen zusammenfassen:

1. Personennamen, Völkernamen, Standesbezeichnungen u. ä.,
2. Wörter, die den Ort nach ihm selbst innewohnenden Merkmalen näher bestimmen,
3. Wörter, die außerhalb des Ortes liegende Merkmale angeben,
4. sonstige Bestimmungswörter.

Grundsätzlich kann jedes Grundwort auch als Bestimmungswort auftreten. Ich gebe im folgenden eine knappe Übersicht der gebräuchlichsten Bestimmungswörter.

Zu 1. Bei den ältesten Ortsnamen aus der Landnahmezeit treten P e r s o n e n n a m e n besonders häufig als Bestimmungswörter auf. Es handelt sich in den meisten Fällen um den Namen des Gründers oder des Grundherren der Siedlung. Oftmals sind uns in solchen Ortsnamen alte, längst ungebräuchlich gewordene Personennamen erhalten, freilich nicht selten in einer Form, die die ursprüngliche Lautung kaum noch erkennen läßt, z. B.: *Albertshofen* (< *Albolteshofen*), *Ammerschweier* (< *Amelrichswilere*), *Ansbach* (< *Onoldsbach*), *Aschersleben* (< *Ascegeresleba*), *Ehrenbreitstein* (< *Erembrechtstein*) u. a.
Sehr häufig erscheinen als Bestimmungswörter e i n s t ä m m i g e P e r s o n e n n a m e n oder die K u r z f o r m e n z w e i s t ä m m i g e r N a m e n: *Hausbergen* (älter *Hugesbergen, Hug*), *Gersbach* (*Ger*), *Braunschweig* (alt *Bruns Wik, Brun*), *Poppenhausen* (*Poppo*), *Roggenhausen* (*Roggo*), *Sitzendorf* (*Sizzo*) u. a. In neuerer Zeit entstandene Ortsnamen dieser Art sind z. B. *Karlsruhe,* das 1745 von dem Markgrafen Karl Wilhelm von Baden-Durlach gegründet und nach ihm benannt wurde, *Karlshafen, Leopoldshafen, Ludwigsburg, Ludwigshafen, Charlottenburg* u. a., die meistens nach bekannten Fürsten benannt wurden, ohne daß diese immer ihre Gründer waren.
Sehr oft treten H e i l i g e n n a m e n als Bestimmungswörter auf: *Annaberg, Clausthal, Georgenthal, Johanneskirchen, Kiliansroda, Marienthal, Martinskirchen, Mergentheim* u. v. a. Freilich kann des öfteren nur aus der Geschichte des Ortes entschieden werden, ob es sich um einen Heiligennamen

---

[1] *Breite* bezeichnet eine schmal- und langstreifige Ackerform.
[2] Den Namen mit *-k-* kann auch nd. *Brake* 'Deichbruch, Wasserloch' zugrunde liegen.
[3] Siehe auch S. 294.

handelt, es sei denn, daß diese Frage durch ein vorgesetztes *Sankt* (z. B.: *St. Joachimsthal*) schon entschieden ist.

Die Namen germanischer Gottheiten kommen nur selten vor, immerhin erscheint der Name *Wotan* im Bestimmungswort der Ortsnamen *Godesberg* a. Rh. (947 *Wodenesberg*), *Gudensberg* (1189 *Wodenesberg*) und *Gutenswegen* (973 *Wodenesweg*). Der Name des aus dem zweiten Merseburger Zauberspruch bekannten Gottes *Phol* ist vielleicht in dem Ortsnamen *Pfuhlsborn* (Thür., alt *Pholesbrunnen*) und der des Gottes *Od* in dem Namen *Oldesloe* (alt *Odeslo*) enthalten, während *Hollenstedt* die Göttin *Holda* nennt.

Auch Ausdrücke für 'Volk' und Stammes- oder Völkernamen finden sich als Bestimmungswörter: *Dietfurt, Detmold, Tieffenbach* (Elsaß, 1299 *Dietbach*; alle zu ahd. *thiot,* mhd. *diet* 'Volk'); *Volkstedt, Volksdorf; Leutkirch* (*Leute* bezeichnet hier die Laien gegenüber den Mönchen). Namen von Volksstämmen, die in der Regel auf Niederlassungen von Angehörigen der betreffenden Stämme unter stammesfremder Bevölkerung, mitunter aber auch auf besondere geschichtliche Ereignisse hinweisen, liegen vor in: *Baierthal* (Baden), *Frankenhausen* (Thüringen), *Friesenheim* (Baden und Elsaß), *Schwabhausen* (Thüringen), *Dänischenhagen, Frankfurt* u. a. Da die Namen von Volksstämmen und Völkern aber auch als Personennamen auftreten, ist es nicht ausgeschlossen, daß es sich bei manchen derartigen Bestimmungswörtern auch um Personennamen handelt.

Standes- und Berufsbezeichnungen sind als Bestimmungswörter ziemlich häufig zu finden: *Kaiserslautern, Königstein, Fürstenstein, Herzogenweiler, Grafenhausen, Gräfenthal, Gravenhorst, Grebenstein, Vogtsdorf, Fronhausen* (ahd. *frô* 'Herr'), *Herrenstein; Bischofsheim* (oft als *Bischheim* auftretend), *Abtsdorf, Probstzella, Pfaffenhofen, Mönchsweiler, Münchhausen, Nonnenweier, Frauenbreitungen* (gemeint sind „geistliche Frauen" = Nonnen); *Bürgerwalde, Hirtendorf, Schweinsberg* (Hessen-Nassau, um 1200 *Sueinsberg*, zu mhd. *swein* 'Knecht', nicht zu *swîn* 'Schwein'), *Schalkhausen* (zu mhd. *schalc* 'Leibeigener, Knecht'); *Müllersdorf, Schreibersdorf, Schreinermühle* u. a. meist jüngere Namen.

Zu 2. Bestimmungswörter nach der äußeren Gestaltung, Ausdehnung usw.: § 219 *Groß(en)dorf, Kleinburg, Michelstadt* (zu mhd. *michel* 'groß'), *Lützelhausen* (mhd. *lützel,* nd. *lütt* 'klein'), *Langhennersdorf, Breitenbach, Grünberg, Rothenburg, Weißenfels, Schönhausen;*

nach dem Alter: *Althausen, Neumarkt, Neustadt;*

nach der Entstehung oder der Art der Siedlung, so von der Einfriedung des Platzes: *Austwil* (Schweiz, 872 *Owistwilare,* zu ahd. *awist, owist* 'Schafhürde'), *Beundehof, Bündheim, Pointmühle*[1], *Gartenberg, Heckenbach, Hofstätt, Schweighausen*[2], *Zaumberg, Zaunröden, Tungendorf* (Schleswig-Holstein, 1141 *Tuenthorp,* zu nd. *tun* = Zaun), *Tinst* (12. Jh. *Tunsteden*);

von eigentlichen Behausungen: *Budenheim, Baierthal* (Baden, alt *'Bûrtal*), *Gadendorf, Hallstadt, Hausdorf, Hausenried, Husberg* (Schleswig-Holstein), *Hoßkirch* (Württ., 1098 *Husekirche*), *Hüttenheim*[3]*, Kammerhof, Kämmerzell, Kathendorf, Kellerhaus, Kotthausen, Stubendorf, Weilbach, Zimmerbach;*

von Kultstätten: *Kapellendorf, Kirchberg, Kirweiler, Klosterberg, Münsterdorf, Zellhausen;*

von Herrenhäusern und dem, was damit zusammenhängt: *Burgstall, Kastelhof, Portenhagen, Schloßborn, Thurndorf, Turmhof, Wartburg;*

von gewerblichen Anlagen u. ä.: *Kirnach, Kürnach* (zu ahd. *quirn,* mhd. *kürn* 'Mühle'), *Mühlhausen, Scheuerfeld, Schopfheim, Stallhofen, Stadelhofen, Stollhofen* (1212 *Stadelhoven*), *Stellfel-*

---

[1] Siehe S. 291.

[2] Das obd. *Schweig(e), Schwaig(e)* bedeutet einen Bauernhof, der wegen seiner Höhenlage nur Viehwirtschaft, aber keinen Getreideanbau mehr hat. Der Ausdruck kommt auch als Grundwort vor: *Bockschwaig.*

[3] In solchen Namen kann auch ein Personenname wie *Hiddo* o. ä. enthalten sein.

de, Grubenhagen, Zechendorf, Stollenberg, Schachtberg, Schmelzwasen, Ofenwinkel, Schmiedefeld, Hammerstein, Krughütte;

von Zollhäusern: *Mauthausen, Zollbruck;*

von Siedlungsbezeichnungen: *Dorfham, Dörpfeld, Heimbach, Stadthagen, Stettfurt, Weilerbach;*

von Ausdrücken für den Besitz und seine Begrenzung: *Eigenrieden, Erbmühle, Grenzach, Marksuhl, Waibstadt* (zu ahd. *+weiba* 'Gau, Gerichtsbezirk').

Bestimmungswörter nach der Lage der Siedlung, und zwar

von der Lage gegenüber anderen Plätzen oder einem anderen zentralen Ort: *Hohenheim, Honau* (= Hohenau), *Homburg* (= Hohenburg), *Hannover* (= zum hohen Ufer), *Aufheim, Aufkirchen, Ober-, Unter-, Mittel-, Niederhausen, Vorder-, Hinterburg, Ostheim, Nordhausen, Westhofen, Sundhausen, Sonthofen* (*sund, sont* = Süd);

von der Lage am Wasser: *Bachhausen, Bornefeld, Brunnthal, Seehausen, Seesen* (973 *Sehuson*), *Bruchsal,* nd. *Brockhausen, Murbach* (zu *Moor*);

von der Lage an Flüssen: *Donaueschingen, Mainroth, Rheinau, Salz(ach)burg;*

von der Lage auf festem Land: *Bergheim, Felsberg, Sandberg, Steinbach;*

von der Lage in Gebirgen: *Harzgerode, Rhönhof;*

von der Lage an Heide, Wiese, Wald und Busch: *Heidhausen, Wiesenbronn, Wangenburg* (*wang* = blumige Wiese); *Wenkheim* (urkundl. *Wancheim*), *Waldhausen, Buschhausen, Hardheim, Riedheim, Rohrbach;*

von der Lage an Wegen, Straßen, Gräben, bei Rodungen, Ackerfeldern, Flußbauten u.a.: *Wegscheid, Straßburg, Grabenstätt, Sielhorst, Dammheim, Walldorf, Weiherdorf, Radeberg, Reutenhalden, Riedfeld, Rodheim, Röderhof, Schlagberg, Schwendreut, Brandeck, Brambach* (1322 *Prantpuch,* siehe S. 286), *Großbrembach* (8. Jh. *Brantbach*), *Sengbusch, Sengenbühl, Ackerfelde, Brückenau, Bruckberg, Werberg, Schleusenau, Fährhof.*

§ 220   Zu 3. Hierher gehören die Ortsnamen mit Bestimmungswörtern, die Bezeichnungen für die verschiedensten Naturerscheinungen enthalten, welche mit dem Ort in irgendeiner Beziehung stehen oder früher gestanden haben, z. B.

Mineralien: *Eisenach, Erzbach, Goldberg, Griesbach* (mhd. *griez* = Sand), *Kalkreuth, Kieselbach, Kupferberg, Silberhausen;*

Bäume: *Baumgarten, Ahornberg, Apfelbach, Birnbach, Buchheim, Eichstädt, Erlenbach, Forchheim* (Föhre), *Heisterberg* (Heister = junge Buche), *Kirschgrund, Lindenhammer, Mespelbrunn, Mispelsee, Pflaumheim;*

Getreidearten: *Dinkelsbühl, Haberloh, Haferfeld, Hirsau, Hirschland* (zu Hirse), *Korntal*[1], *Weizenbach,* vielleicht auch *Ammerthal* (zu ahd. *amar* 'Sommerdinkel') und *Rockensußra* (zu Roggen);

Gemüsepflanzen und Futterkräuter: *Arbesthal, Arbisbichel, Erbishofen* (Erbse), *Krauthofen, Ampferbach, Grasbeuren, Heudorf, Kleeberg;*

Blumen (fast nur in jungen Ortsnamen, da sich die Blumenzucht erst im Mittelalter bei uns ausbreitete): *Rosenberg, Veilchenthal;*

andere Pflanzen: *Binsförth, Binzwangen* (Binse), *Brambach, Brombach* (zu mhd. *brâme* 'Dorn-, Brombeerstrauch'), *Flachslanden, Holderbank, Hollerbach, Hopfgarten, Hopfenberg, Mistelbrunn, Nesselried, Schlehdorf, Schlehenmühle, Weinberg;*

---

[1] Ortsnamen mit *Korn-* können auch zu ahd. *quirn,* mhd. *kürn* 'Mühle' gehören, siehe S. 291.

Haustiere: *Rinderfeld, Rimbach* (1567 *Rindtbach*), *Stierstadt, Kuhbach, Kälberfeld, Schaffhausen, Schafau, Ziegenhain, Geisleden, Gaisbach, Schweinfurt, Roßbach, Pferdsfeld, Hundshaupten, Hundham, Katzhütte, Katzensteig;*

andere Vierfüßler: *Auerbach, Urach, Bachenau* (*Bache* = Wildsau), *Bärenbach, Bernburg, Biberach, Bebra, Dachswangen, Eberbach, Elchesheim, Elbach* (urkundl. *Elichpach*), *Fuchsmühl, Vohburg* (zu mhd. *vohe* 'Fuchs, Füchsin'), *Hirschberg, Hirzbach* (mhd. *hirz[e]* 'Hirsch'), *Hintfeld, Himbach* (1057 *Hintbach*); *Hinterbach* (731 *Hintunpoh*), alle zu mhd. *hinde, hinte* 'Hirschkuh'; *Rehwalde, Rechberg, Wiesenthau* (1062 *Wisentouwa*), *Wolfshagen;*

Vögel: *Vogelsberg, Arnstadt* (zu *Aar*), *Adlershof* (meist jüngere Namen), *Entenberg, Falkenhagen, Gansau, Gänseberg,* nd. *Gaushorn, Gosdorf* (nd. *Gaus, Gos* = Gans), *Geiersthal, Habichhorst, Hahnenberg*[1], *Hennenbach, Kranichfeld, Krähenberg, Rabenau, Rappendorf* (obd. *Rappe* = Rabe, in solchen Namen kann auch der Personenname *Rappo* enthalten sein), *Schwansee, Sperberbächel, Sperlingsdorf, Spessart* (Gebirgs- und Dorfname, aus *Spёhteshart* = Spechtswald), *Taubendorf;*

andere Tiere: *Froschgrün, Poggenhagen* (nd. *Pogge* = Frosch), *Krebsfelde, Schlangenbad.*

§ 221 Zu 4. Damit sind die Möglichkeiten für Bestimmungswörter noch nicht erschöpft. So treten in jüngeren Namen sogar Ausdrücke für abstrakte Begriffe auf: *Freudenstadt, Hungerberg, Lustheim, Leidendorf, Liebenstein* u. a. Die Ortsnamen, deren Bestimmungswörter ausländische oder Fabeltiere nennen, hängen in den meisten Fällen mit Sagen oder mit Wappentieren der Herrschaft zusammen: *Drachenbronn, Greifenstein, Löwenberg, Lauenstein* (= Löwenstein, md.). Freilich können so auch Ortsnamen zu erklären sein, deren Bestimmungswörter einheimische Tiere angeben, die Wappentiere sind (z. B. *Adler, Bär, Wolf*).

§ 222 Treten gleichnamige Orte in ein und derselben Gegend auf, erweist es sich oft als notwendig, sie durch einen Unterscheidungszusatz auseinanderzuhalten. Diese Zusätze treten als Bestimmungswörter oder bei Komposita als zweite Bestimmungswörter vor den Namen. Sie betreffen in der Regel die Ausdehnung, die Höhenlage, die geographische Lage, das Klima oder das Alter der Siedlung, die Farbe des Bodens, die Beschaffenheit der Umgebung, die Bewohner oder Rechtsverhältnisse.

So finden wir nebeneinander: *Groß*-und *Kleinbreitenbach, Kleinhessellohe* und *Hessellohe, Großsachsen* und *Lützelsachsen, Michelwinnaden* und *Kleinwinnaden, Minderoffingen* und *Offingen; Bergsulza* und *Badsulza, Thalbürgel* und *Bürgel, Thallichtenberg* und *Burglichtenberg, Vorderlengenberg* und *Hinterlengenberg; Norder-* und *Süderwilstrup, Oster-* und *Westermarkelsdorf; Kaltennordheim* und *Nordheim, Dürrengleina* und *Schöngleina; Neubrandenburg* und *Brandenburg, Weißen-* und *Rothenschirmbach; Waldlaubersheim* und *Freilaubersheim, Holzbernsdorf* und *Wasserbernsdorf, Rheinzabern* und *Bergzabern; Mönchen-Gladbach* und *Gladbach, Herrenchiemsee* und *Frauenchiemsee* (nämlich: Klosterfrauen); *Stadt-* und *Dorfprozelten; Markt-* und *Dorfschellenberg.*

§ 223 Neben den Grundwortnamen gibt es verschiedene Arten von Ortsnamen ohne Grundwörter.

---

[1] In solchen Namen kann mitunter auch *Hagen, Hain* vorliegen.

Hierher gehören zunächst die sog. Siedlerbezeichnungen, von denen wir bereits die Bildungen auf *-ingen (-ing)* und *-ungen* besprochen haben.

Grundwortlose Ortsnamen entstanden auch dadurch, daß die Ansiedlungen von Angehörigen eines bestimmten Volksstammes unter stammesfremder Bevölkerung einfach mit dem Dat. Plur. des betreffenden Stammesnamens und vorgesetztem *zen* (= zu den) bezeichnet wurden, z. B. *zen Swâben*. So entstanden Ortsnamen wie *Schwaben* (mehrfach in Bayern und Sachsen), *Friesen* (Elsaß), *Saasen* (Hessen-Nassau, 1100 *Sahson*), *Sachsen* (Mittelfranken), *Hessen* (Lothringen). In ähnlicher Weise konnte eine Mönchssiedlung *München* (*zen München*), eine Siedlung von Waldbewohnern *Waldsassen*, nd. *Holtsaten* (> *Holsten* > *Holstein*) genannt werden. Hierher gehören auch Ortsnamen wie *Bergern, Forstern* (für Leute, die am Berg, im Forst wohnen).

Eine weitere Gruppe bilden die sog. elliptischen Ortsnamen. Sie heißen deshalb so, weil sie nur aus der Genitivform eines Personennamens bestehen, zu der früher ein Grundwort gehört hat oder, wenn es in den ältesten Belegen fehlt, wenigstens zu ergänzen ist. Solche Namen sind z. B. *Burkhards, Helmbrechts* u. a., zu ergänzen ist *Haus, Hof, Dorf* u. ä. Sie finden sich besonders häufig in der Gegend von Fulda, westlich davon in Oberhessen und östlich bis nach Meiningen. Sie treten aber auch in Bayern, Österreich, Tirol und am Niederrhein auf. Selbstverständlich sind auch die Namen dieser Art oft entstellt, so ist ursprüngliches *-hards* mitunter zu *-harz* geworden: *Engelharz; Opperz* gehört zum Personennamen *Otbert;* altes *Engelheris* (Gen.) hat sich zu *Engelhirsch* gewandelt. *Merkenfritz* und *Sterbfritz* sind aus älteren *Erkenfredis* und *Starcfrides* entstanden. *Batten, Götzen, Motten, Rüeggen* sind elliptische Ortsnamen, die zu den Personennamen *Batto, Götz, Muoto* und *Rüegg* (Kurzform zu *Ruodger*) gehören. Von Heiligennamen gebildet sind *St. Blasien* (948 *locus Sancti Blasii*), *St. Gilgen* (1808 *domus Sancti Egidii*) u. a.

Schließlich sind hier noch die Satznamen zu nennen, die mitunter als Ortsnamen auftreten: *Siehdichfür* (Sachsen), *Schauinsland* (Baden), *Kehrwieder* u. a. (siehe § 205). Meist waren es ursprünglich Namen von Wirtshäusern, auch von Bergwerken *(Glückauf)*.

§ 224 Neben den deutschen Ortsnamen gibt es in deutschsprachigen Gebieten noch eine Schicht älterer, **vordeutscher Namen.** Eine größere Anzahl von ihnen stammt von den Kelten, die vor den Germanen in großen Teilen dieser Gebiete saßen, andere, besonders im west- und süddt. Sprachgebiet, gehen auf die Römer zurück, eine dritte Gruppe, vornehmlich in den Gebieten östlich von Elbe und Saale, ist slawischer Herkunft. Es ist hier nicht möglich, diese Namen ausführlicher zu besprechen, es sollen nur einige wenige Beispiele angeführt werden. Zu beachten ist, daß uns die keltischen Namen nur in latinisierter Form (in lateinischen Urkunden) vorliegen.

Das kelt. Grundwort *briga* 'Berg' liegt vor in *Boppard (Baudobriga)* und *Bregenz (Brigantion)*, das kelt. *dūnum* 'Kreis, Festung, Burg' (verwandt mit germ. *tūn* 'Zaun') erscheint in *Kempten (Kambodunum,* zu kelt. *cambos* 'krumm'), *Thun (Dunum), Zarten (Tarodunum,* zum kelt. Personennamen *Taros)* und *Ladenburg* (8. Jh. *Lobodenburg < Lupodunum,* zu dem kelt. Personennamen *(Lupos). Solothurn (Salodurum)* und *Winterthur (Vitodurum)* enthalten das kelt. Wort *durum* 'Festung, Schloß'. Kelt. *magus* 'Feld' findet sich in *Dormagen (Durnomagus), Marmagen (Marcomagus), Neumagen (Noviomagus), Remagen (Rigomagus,* zu kelt. *rīg-* 'König') und *Worms (Bormito < Borbetomagus).* Ein seiner Bedeutung nach unklares kelt. *bona* liegt vor in *Vindobona* (zu kelt. *vindos* 'weiß') an der Stelle des heutigen Wien.

Häufig ist das kelt. besitzanzeigende Suffix *-ācum,* das gewöhnlich mit einem Personennamen verbunden ist: *Andernach (Antunnacum,* zum kelt. Personennamen *Antunnus), Conz (Contionacum,* zum kelt. Personennamen *Contio), Zülpich (Tolbiacum,* zum kelt. Personennamen *Tulpius), Epfach (Abudiacum), Lorch (Lauriacum).* Mit lat. Personennamen verbunden ist dieses Suffix in *Jülich (Juliacum,* nach *Julius Caesar), Zieverich (Tiberiacum,* zu *Tiberius).*

Umstritten sind die sog. *apa*-Namen; es handelt sich dabei wahrscheinlich um ein kelt. Wort mit der Bedeutung 'Fluß'. Hierher gehören: *Aschaff, Aschaffenburg, Honnef, Lennep* u. a.

Aus der Zeit der Römerherrschaft stammen viele lateinische Ortsnamen. Es sind meist Namen von festen Plätzen, Kastellen der Römer und Soldatenkolonien: *Augsburg (Augusta Vindelicorum), Augst* bei Basel *(Augusta Rauracorum), Castel* bei Mainz *(Castellum),* verschiedene *Kastel* an der Mosel und im Schwarzwald, *Koblenz (Confluentes,* am Zusammenfluß von Mosel und Rhein), *Köln (Colonia Claudia Augusta Agrippinensis), Konstanz (Constantia), Passau (Castro Batava), Trier (Colonia Augusta Treverorum); Tawern, Tewern* und *Zabern* gehen auf lat. *taberna* 'Schenke' zurück. *Xanten* ist *Ad Sanctos* (zu den Heiligen), *Pfyn* im Thurgau entstand aus *Ad Fines* (= an der Grenze).

Die Ortsnamen slawischen Ursprungs, die in vielen Fällen leicht an ihren fremden Wortstämmen und an bestimmten Wortausgängen zu erkennen sind, zeigen in ihrer Bildung den deutschen gegenüber bedeutende Unterschiede, auf die hier nicht weiter eingegangen werden kann. Natürlich haben sich diese Namen lautlich verändert, und es gibt nicht wenige, die schon weitgehend eingedeutscht worden sind, wie z. B.: *Dresden* (osorb. *Drježdźany* = Waldleute), *Leipzig* (osorb. *Lipsk,* tschech. *Lipsko* = Lindenort), *Lübeck* (< *Liubice,* zu slaw.

ljub- 'lieb'), *Plauen* (osorb. *Plawno,* tschech. *Plavno* = Stelle, wo geflößt wird), *Schlagenthin* (< *Slaventin,* zu dem Personennamen *Slaventa* = Ort des Slaventa). Besonders weit fortgeschritten ist die Eindeutschung in Namen wie *Gadebusch, Kottbus* und *Kuhschwanz* (sämtlich zu dem Personennamen *Chotěbud*), *Mühlrose* (zu dem Personennamen *Milorad*), *Rothwurst* (zu dem Personennamen *Ratibor*), *Weißig* (aus osorb. *Wysoka* 'Anhöhe') u. a., deren richtige Erklärung nur auf Grund alter Belege möglich ist. Auf slaw. Namen weisen die Ausgänge *-ow, -au, -in, -itz, -itzsch* (*Bukow, Muskau, Schwerin, Görlitz, Delitzsch*).[1]

5. Eigennamen als Gattungsnamen

§ 225   Es kommt häufig vor, daß Personennamen zu Gattungsnamen werden, indem man sie allgemein auf Menschen bezieht, die eine besonders hervorstechende Eigenschaft des ursprünglichen Namensträgers aufweisen, die Gewohnheiten haben oder Tätigkeiten ausüben, welche für diesen Namensträger charakteristisch sind. Gleiches gilt für Völker-, Länder- und Ortsnamen, die häufig als Gattungsnamen für besondere Erzeugnisse Verwendung finden, durch die sie in der übrigen Welt bekannt geworden sind.

    Von unseren einheimischen Rufnamen wurde *Hans* als Gattungsbezeichnung für Menschen mit nicht gerade schätzenswerten Eigenschaften verwendet: *Hans Wurst, Hans Narr, Hans Liederlich, Hans Dampf (in allen Gassen)* u. ä. Dies ging so weit, daß der Name geradezu zum Wortbildungssuffix geworden ist (*Faselhans, Prahlhans, Schmalhans* u. ä.) und sogar ein Zeitwort *hänseln* 'jemanden wie einen (dummen) Hans behandeln' gebildet hat. In ähnlicher Verwendung treten *Liese (alberne Liese), Trine* (aus Katharine, *dumme Trine*), *Stoffel* oder *Toffel* (aus Christoph, für einen ungeschickten Menschen), *Rüpel* (aus Ruprecht, für einen flegelhaften Menschen), *Kasper* (für einen unernsten Menschen), *Hinz und Kunz* (= alle beliebigen Leute) u. a. auf. Sehr verbreitete Familiennamen, wie *Meier, Huber, Schulze,* können ebenfalls zu Gattungsnamen mit der Bedeutung 'jedermann, jeder beliebige' werden, sie dienen gleichfalls häufig als Ableitungsmittel: *Angst-, Bieder-, Kraft-, Schwindel-, Vereins-Meier, Gschaftlhuber* u. ä. (siehe S. 113, Fußnote 1).

---

[1] Die Deutung slawischer Ortsnamen ist natürlich nur dem Fachmann möglich. Trotzdem wird es in vielen Fällen mit Hilfe der im Russischunterricht erworbenen Kenntnisse gelingen, wenigstens die slawische Herkunft eines Ortsnamens festzustellen.

Besonders zahlreich sind Namen historischer oder sagenhafter Persönlichkeiten aller Zeiten und Völker in der Funktion von Gattungsnamen. So nannte man einen Reichen *Krösus* oder *Rothschild* (nach dem griechenfreundlichen Lyderkönig bzw. dem Inhaber des internationalen Bankhauses), einen Weisen *Salomo* oder *Solon* (nach dem König von Israel-Juda bzw. dem Gesetzgeber von Athen), einen großen Jäger *Nimrod* (nach dem sagenhaften Erbauer von Ninive aus dem Alten Testament), einen erfahrenen Greis *Nestor* (nach dem ältesten Fürsten unter den Belagerern von Troja), einen Hochbetagten *Methusalem* (nach dem sagenhaften biblischen Urvater, der 969 Jahre alt geworden sein soll), einen einflußreichen Gönner von Künstlern und Gelehrten *Mäzén* (nach dem reichen und kunstsinnigen römischen Ritter *Maecenas,* dem Gönner der Dichter Vergil und Horaz), einen Verräter *Judas,* einen Eifersüchtigen *Othello,* einen schmachtenden Liebhaber *Seladon* (nach einer Figur in einem französischen Schäferspiel), einen Herzensbrecher *Don Juan,* einen weltfremden, tragikomisch wirkenden Menschen *Don Quichotte* (nach dem Titelhelden des bekannten Romans von Cervantes), und für Geliebte setzte man scherzhaft *Dulzinea* (nach der Geliebten Don Quichottes).

Noch zahlreicher sind die aus Personennamen gebildeten Gattungsnamen, die nicht wiederum Personen, sondern Gegenstände und Einrichtungen bezeichnen: *Batist* (= feinfädiges, durchscheinendes leinwandbindiges Gewebe; vielleicht nach dem Weber Baptiste aus Cambrai, 13. Jh.), *Boykott* (= Verrufserklärung; irischer Gutsverwalter, über den die Landliga im Jahr 1880 den Verruf aussprach), *Gobelin* (= Bildteppich; Pariser Färber im 15. Jh.), *Grog* (= Getränk aus Rum oder Arrak mit Zucker und heißem Wasser; Spitzname des englischen Admirals Vernon, der den Matrosen den Rum mit Wasser verdünnen ließ), *Guillotine* (= Fallbeil; nach dem französischen Arzt Guillotin, der irrtümlich für den Erfinder gehalten wurde), *Mansarde* (= Dachgeschoß mit vorspringenden Fenstern; nach dem französischen Baumeister Mansard, 17. Jh.), *Nikotin* (= Gift aus den Blättern der Tabakpflanze; nach Jean Nicot, französischer Gesandter am portugiesischen Hof, der 1560 die Tabakpflanze in Frankreich eingeführt haben soll), *Silhouette* (= Schattenriß, der ohne viel Kosten herzustellen ist; nach dem sparsamen französischen Minister Silhouet im 18. Jh.), *Vertikow* (= Schränkchen mit konsolenartigem Aufsatz; Berliner Tischler).

Personennamen mit appellativischer Geltung treten auch in vielen Zusammensetzungen auf: *Achillesferse* (verwundbare Stelle), *Argusaugen* (scharfe, wachsame, immer offene Augen; nach dem hundertäugigen Riesen der griechischen Sage), *Augiasstall* (für verrottete Einrichtungen oder

§ 226

Zustände; der völlig verschmutzte Rinderstall des sagenhaften altgriechischen Königs wurde von Herkules gereinigt), *Damoklesschwert* (stets drohende Gefahr; nach dem Günstling des Tyrannen von Syrakus), *Danaidenfaß* (Gegenstand vergeblichen Mühens; von dem Faß ohne Boden, das nach der griech. Sage die Töchter des Danaos mit Wasser füllen sollten), *Hiobspost* oder *-botschaft* (Unglücksbotschaft; nach der biblischen Gestalt Hiob), *Ikarusflug* (glänzender Aufstieg mit schlimmem Ende; von der Sagengestalt Ikarus, der mit Flügeln aus Federn und Wachs der Sonne zu nahe kam und ins Meer stürzte), *Kainszeichen,* *-mal* (Schandmal; nach der biblischen Gestalt Kain), *Pyrrhussieg* (zu teuer erkaufter Sieg; nach dem König Pyrrhus von Epirus), *Sisyphusarbeit* (schwere, nie ans Ziel führende Arbeit; nach der griech. Sagengestalt des Königs Sisyphus, der in der Unterwelt einen stets wieder zurückrollenden Felsblock bergauf wälzen mußte), *Tantalusqualen* (qualvolles Verlangen nach Unerreichbarem; nach dem phrygischen König aus der griech. Sage, der in der Unterwelt unter ständigem Durst und Hunger litt, da das Wasser und die Früchte, die ihn umgaben, vor seinen Berührungen zurückwichen), *Uriasbrief* (Brief, der dem Überbringer Unheil bringt; nach der biblischen Gestalt Urias) u. a.

Auch Ableitungen von Personennamen mit appellativischer Geltung treten auf, z. B. die Substantive und Adjektive *Alexandrinismus, alexandrinisch* (nach Alexander d. Großen), *Chauvinismus, chauvinistisch* (nach dem napoleonischen Grenadier Chauvin), *Darwinismus, darwinistisch, Marxismus-Leninismus, marxistisch-leninistisch* usw.

Viele solcher Adjektive kommen in stehenden Verbindungen vor: *drakonische Strenge* (nach den strengen Gesetzen des griech. Gesetzgebers Drako), *herkulische Kräfte* (Herkules), *hermetischer Verschluß* (luft- und wasserdichter Verschluß; nach dem ägypt.-spätgriech. Gott Hermes Trismegistos, dessen Anhänger die Alchimie begründeten), *homerisches Gelächter* (schallendes, lautes Gelächter; so wird bei Homer häufig das Gelächter der Götter beschrieben), *joviales Benehmen* (leutselig, gönnerhaft, launig, munter; nach dem römischen Gott Jupiter, Gen. Jovis), *lukullisches Mahl* (nach dem römischen Schlemmer Lucullus), *martialisches Aussehen* (kriegerisch, wild; nach dem römischen Kriegsgott Mars, Gen. Martis), *panischer Schrecken* (nach dem griech. Wald- und Hirtengott Pan, dessen plötzliches Auftauchen den Menschen lähmenden Schrecken eingejagt haben soll), *platonische Liebe* (geistig-unsinnliche Liebesbeziehungen zwischen Mann und Frau; nach dem griech. Philosophen Plato).

Von Personennamen abgeleitete Verben sind: *lynchen* (nach dem durch seine Grausamkeit gegen flüchtige Sklaven berüchtigten Richter John Lynch aus dem nordamerikanischen Staate Carolina, um 1700), *röntgen* (nach dem Physiker Wilh. Conrad Röntgen, der 1895 die nach ihm benannten Röntgenstrahlen entdeckte), *verballhornen* (= etwas verschlechtern, in der Absicht, es zu verbessern; nach dem Lübecker Buchdrucker Balhorn, der um 1600 neue Buchauflagen verschlechterte) u. a.

Länder- und Völkernamen finden wir als Gattungsnamen u. a. in § 227 folgenden Beispielen: *Apfelsine* (eigentlich: Apfel aus China, das im Mittelalter allgemein Sina hieß; der Süden Chinas ist die Heimat dieser Frucht, von dort wurde sie um 1500 durch die Portugiesen nach Europa gebracht), *Pfirsich* (aus lat. *malum Persicum* = persischer Apfel, nach seiner Heimat so genannt; lat. *persicum* > dt. *pfersich, Pfirsich*), *Magnet* (nach der thessalischen Landschaft Magnesia), *Kupfer* (volkslat. *cuprum*, aus *aes Cyprium* = Erz von der Insel Cypern, griech. Kypros), *Grünspan* (mhd. *grüenspân* und *spângrüen*, beides Lehnübersetzungen des mlat. *viride Hispanicum* = spanisches Grün), *Indigo* (= indisches Blau; nach span. *indigo*), *Majolika* (bemaltes, feines Tongeschirr; nach der Insel Majorka oder Mallorka), *Champagner* (nach der frz. Landschaft Champagne), *Sardine* (nach der Insel Sardinien), *Krawatte* (die kroatischen Landsknechte fielen im Dreißigjährigen Krieg durch ihre Halstücher auf; nach dem Volksnamen Kroate, frz. Cravate, wurde die Halsbinde benannt), *Sklave* (aus dem mittelgriech. *sklábos* 'Unfreier von slawischer Herkunft', das zum mittelgriech. Volksnamen der Slaven *Sklabēnoí*, urslaw. *Slověne*, gebildet ist).

Viele Naturerzeugnisse und Handelswaren werden nach ihrem § 228 Herkunfts- bzw. Herstellungsort benannt. Hierher gehören *Damast* (Damaskus), *Gaze* (Gaza), *Musselin* (Mossul), *Trikot* (Tricot in Nordfrankreich), *Tüll* (Tulle in Frankreich), *Baldachin* (die Trag- und Thronhimmel haben ihren Namen von der Stadt Bagdad, mlat. *Baldac*, it. *Baldacco;* die Grundbedeutung ist 'golddurchwirkter Seidenstoff aus Bagdad'), *Gamasche* (aus arab. *gadāmasī*, d.i. Leder aus Gadames in Tripolis), *Korinthe* (nach dem Ausfuhrhafen Korinth), *Zwetschke* (über ein mhd. *⁺dwaske, ⁺tweske* aus mgriech. *damáskēnon* 'Frucht aus Damaskus', vgl. dazu die Erwähnung Sebastian Francks: Pflomen zu Damasco), *Kognak* (Cognac in Frankreich), *Sherry* (Xeres oder Jeres in Spanien), *Bock* (Bier, das zuerst in der hannoverschen Stadt Einbeck gebraut wurde), *Selterswasser* (aus Selters, einem Kurort am Taunus), *Pergament* (Pergamon in Kleinasien), *Kolophonium* (Kolophon in Kleinasien), *Fasan* (Phasis, Stadt und Fluß am Ostufer des Schwarzen Meeres), *Tarantel* (Tarent), *Fayence* (Faenza in der Romagna, das schon im Mittelalter Steingut lieferte), *Bajonett* (Bayonne in Südfrankreich), *Tesching* (Teschen in der Tschechoslowakei), *Landauer* (nach der Stadt Landau in der Rheinpfalz, bei deren Belagerung Joseph I. zum erstenmal

[1702] einen solchen Wagen benutzt haben soll), *Kutsche* (nach der Stadt Kocs in Ungarn) u. v. a.

§ 229   Schließlich will ich hier noch auf die Monats- und Wochentagsnamen eingehen, die aus Personen- oder Götternamen entstanden sind. Der *Januar* oder *Jänner* (süddeutsche Form) hat seinen Namen von Ianus, dem altitalischen Gott des Jahresanfangs, der *März* ist nach dem römischen Kriegsgott Mars benannt, der *Mai* nach dem Gott des Wachstums, Maius, der *Juni* nach der Göttin Juno, der *Juli* nach dem römischen Feldherrn, Staatsmann und Schriftsteller Julius Cäsar[1], der in diesem Monat geboren war, und der *August* hat seinen Namen von dem römischen Kaiser Augustus.

Unsere Wochentagsnamen sind ebenfalls unter römischem Einfluß entstanden. Im 3.-5. Jh. übernahmen die Germanen die Siebentagewoche. Sie ist orientalischen Ursprungs und steht in Zusammenhang mit der babylonischen Sternkunde. Bei den Griechen und Römern wurde sie im 2. und 3. Jh. u. Z. eingeführt. Dabei wurden die Wochentage mit den Namen der Planeten bezeichnet (dies Solis, Lunae, Martis, Mercurii, Jovis, Veneris, Saturni). Die germanischen Wochentagsnamen sind zum größten Teil Lehnübersetzungen dieser Namen.

So entsprechen unser *Sonntag* (und das engl. *Sunday*) dem lat. Solis dies (= Tag der Sonne), der *Montag* (engl. *Monday*) dem lat. Lunae dies (= Tag des Mondes). Den Martis dies (den Tag des Mars) benannten die Germanen entsprechend nach ihrem Kriegsgott *⁺Tīwaz*, ags. *Tīw*, ahd. *Zîu*. So erklärt sich die engl. Form *Tuesday*. Unser *Dienstag* geht auf den niederrheinischen Beinamen des Kriegsgottes, *Thingsus*, zurück. Der *Mittwoch* heißt bei den Engländern *Wednesday*, bei den Dänen *Onsdag*. Diese Formen, die den Namen *Wodan, Odin* enthalten, entsprechen dem lat. Mercurii dies (Tag des Merkur). Bei uns ist der alte Name untergegangen, er hat sich aber noch in einigen Mundarten gehalten (bergisch *Guodestag* = Wodanstag, ndrhein. *Gusdach*, auch *Wunsdich*, westfälisch *Gunsdach*). Aus dem lat. Jovis dies (= Jupiters Tag) entstand unser *Donnerstag* (engl. *Thursday*, dän. und schwed. *Torsdag*, nach dem germ. Gott *Donar*, nord. *Thor*), der lat. Veneris dies (Tag der Venus, vgl. frz. *vendredi*) wurde durch Einsetzung des Namens der Gattin Wodans, der *Freia* (nord. *Frigg*), zu unserem *Freitag* (engl. *Friday*, dän. *Fredag*). Lat. Saturni dies (= Saturns Tag) hat seine Entsprechung im engl. *Saturday* und dem holl. *Zaterdag*. In Ostfriesland sagt man auch heute noch *Saterdag*, sonst wird dieser Tag als Vorabend des Sonntags, *Sonnabend* (norddeutsche Form) bezeichnet, oder man nennt ihn

---

[1] Der Name Cäsars wurde von seinen Nachfolgern als Titel vor ihren eigenen Namen gesetzt; so wurde er bei den Völkern, die mit den Römern zusammenstießen, schließlich zum Gattungsnamen: *Kaiser, Zar.*

Samstag, ahd. *sambaztag*, das über ein vulgär-griech. *sámbaton* auf hebr. *schabbath* 'Sabbat, Ruhetag' zurückgeht (siehe auch S. 101 und 153).

XI. Anhang - Sprachkundlicher Unterricht

1. Stellung und Aufgaben der Sprachkunde im muttersprachlichen Unterricht

Die Sprachkunde ist Prinzip des muttersprachlichen Unterrichts unserer allgemeinbildenden Schule; in einigen Unterrichtsstunden werden sprachkundliche Stoffe auch systematisch behandelt. In engem Zusammenwirken mit den übrigen Disziplinen trägt sie zur Erfüllung des Erziehungs- und Bildungsauftrages des Deutschunterrichts bei, indem sie bestimmte Teilaufgaben selbständig löst und daneben die Arbeit der anderen Disziplinen planvoll unterstützt.

Der Standort der Sprachkunde ist am besten durch eine Abgrenzung gegenüber der Sprachlehre und der Arbeit am mündlichen und schriftlichen Ausdruck zu bestimmen. Jede Disziplin trägt auf spezifische Weise zur Erfüllung der Hauptaufgabe des muttersprachlichen Unterrichts bei, die Schüler zur aktiven Beherrschung der Muttersprache zu führen. Dieser Gesichtspunkt bestimmt auch Ziel und Umfang des Sprachlehre- sowie des Sprachkundeunterrichts. Während die Sprachlehre den Schülern die Formen und Fügungsgesetze der Sprache bewußtmacht, befaßt sich die Sprachkunde mit dem „Baumaterial" der Sprache, mit ihrem Wortbestand.

Die Sprachkunde behandelt die Wörter nicht nur nach ihrer lautlichen Gestalt, sondern auch — und zwar vornehmlich — nach ihrer Funktion. Neben der Beschreibung der lexischen Mittel unserer Sprache, die ihr Hauptanliegen ist, hat sie das Ziel, den gegenwärtigen Sprachzustand als Produkt der gesellschaftlichen und sprachlichen Entwicklung und der Geschichte des Sprachträgers sichtbar zu machen. So vermittelt sie nicht nur Wissen von der Gegenwartssprache, sondern ist gleichzeitig auch lebendige und angewandte Sprachgeschichte. In Zeiten, in denen der muttersprachliche Unterricht von formalen Gesichtspunkten bestimmt ist, spielt sie naturgemäß nur eine untergeordnete oder überhaupt keine Rolle; in dem Maße, wie er sich auf die Sprachinhalte orientiert, gewinnt sie an Gewicht.

Der Sprachunterricht kann sich bereits auf die Auffassung Joh. Gottfried Herders berufen, der, ohne selbst speziell sprachwissenschaftlich gearbeitet zu haben, die Wege der Sprachwissenschaft weitgehend beeinflußt hat. Er sagt in seinen „Fragmenten zur deutschen Literatur"[1]: „Wenn Wörter nicht bloß Zeichen, sondern gleichsam die Hüllen sind, in welchen wir die Gedanken sehen, so betrachte ich eine ganze Sprache als einen großen Umfang von sichtbar gewordenen Gedanken, als ein unermeßliches Land von Begriffen." Diese Auffassung rechtfertigt und verlangt bereits die Betrachtung und Behandlung der Muttersprache im Unterricht, wie sie von der Sprachkunde vollzogen wird.

Der Vater des sprachkundlichen Unterrichts wurde Rudolf Hildebrand, dessen Auffassungen vom deutschen Sprachunterricht, allerdings erst nach seinem Tode, programmatische Bedeutung erhielten. R. Hildebrand ging es darum, den formal-logischen Charakter des analysierend-grammatischen Sprachunterrichts durch die Erfassung des ursprünglichen Bild- und Sinngehalts der Wörter und Wendungen zu überwinden. An die Stelle des formalen analysierenden Grammatikunterrichts sollte ein Sprachunterricht treten, der „mit der Sprache zugleich den Inhalt der Sprache, ihren Lebensgehalt voll und frisch und warm" erfaßt.[2]

Die Ideen Hildebrands wurden erst zu Beginn des 20. Jh. in der Schule verwirklicht. Die Schulreformer stellten die Sprachkunde in den Vordergrund der muttersprachlichen Erziehung; sie erschien als das geeignete Mittel, den muttersprachlichen Unterricht aus den Fesseln der grammatischen Analyse zu befreien. Lehrpläne und Lehrbücher nahmen sprachkundliche Stoffe in reicher Fülle auf[3], die Sprache wurde als „Spiegel der Nation" betrachtet, und der Deutschunterricht erhielt — besonders in der höheren Schule — schließlich den Charakter einer Kultur- oder „Deutschkunde". So berechtigt auch die Opposition der Vertreter der Sprachkunde gegen den formal-logischen Grammatikbetrieb der Vergangenheit war, die Überbetonung der kulturkundlichen Belehrung erwies sich doch, vor allem in der Volksschule, bald als eine Belastung des muttersprachlichen Unterrichts, zumal man sie vielfach als Selbstzweck betrachtete und ihretwegen seine Hauptaufgabe, die aktive Sprachgestaltung, vernachlässigte.

Die sog. Deutschkunde hat aber vor allem deshalb einen verhängnisvollen Einfluß auf die Jugend gehabt, weil sie in zunehmendem Maße in den Dienst einer chauvinistischen, deutschnationalen „Erziehung" trat. Diese nahm ihren Anfang bei der völlig unwissenschaftlichen Verherrlichung der germanischen Vergangenheit, förderte in vielfältiger Weise nationalen Dünkel und Überheb-

---

[1] Cottasche Gesamtausgabe, 18. Bd., 1801, Seite 27.
[2] Rudolf Hildebrand: Vom deutschen Sprachunterricht. Berlin 1952, Seite 9.
[3] Führende Vertreter des sprachkundlichen Unterrichts in dieser Zeit sind Susanne Engelmann, Lotte Müller, Karl Reumuth u.a.

lichkeit gegenüber anderen Völkern und bereitete so den Boden für den aufkommenden Faschismus.

Nach der Befreiung unserer Heimat im Jahre 1945 bedurfte es einiger Zeit und mancher Vorarbeit, bis die Sprachkunde in geeigneter Weise in den muttersprachlichen Unterricht einbezogen werden konnte. Heute besteht Einigkeit darüber, daß die sozialistische Schule nicht auf die Sprachkunde verzichten kann. Sowohl die planmäßige Behandlung bestimmter sprachkundlicher Stoffe als auch die grundsätzliche Beachtung des sprachkundlichen Prinzips im gesamten Deutschunterricht sind notwendig im Sinne der Heranbildung des allseitig gebildeten sozialistischen Staatsbürgers.

Welche Aufgaben hat die Sprachkunde in der sozialistischen Schule zu erfüllen? Es muß zunächst darauf hingewiesen werden, daß sich ihre Funktion auf den einzelnen Stufen der allgemeinbildenden Schule ändert. Überall steht sie jedoch in erster Linie im Dienste der aktiven Sprachgestaltung. Eine gründliche Sprachbeherrschung ist ohne sprachkundlichen Unterricht gar nicht zu erzielen. Es ist ein heute kaum noch bestrittener Grundsatz des muttersprachlichen Unterrichts, daß er von den Sprachinhalten auszugehen hat. Die Begründung dafür entnehmen wir der marxistisch-leninistischen Sprachtheorie, die die Sprache als die materielle Hülle des Denkens und als Mittel des Verkehrs und der Verständigung der Menschen untereinander, als Instrument zur Ingangsetzung und Inganghaltung der gesellschaftlichen Produktion und der gesellschaftlichen Entwicklung betrachtet. Es kann kein Zweifel darüber bestehen, daß die Sprachinhalte, deren Bausteine die Wörter (bzw. die Morpheme) als Bedeutungsträger sind, Ausgangs- und Mittelpunkt des muttersprachlichen Unterrichts sein müssen.

Die Sprachkunde macht den Schüler mit den Ausdrucksmöglichkeiten des lexikalischen Systems der Muttersprache vertraut; sie erschließt ihm den Ausdruckswert der Wörter und Wendungen, indem sie ihm ihren vollen Bedeutungsgehalt enthüllt; sie macht ihm Zusammenhänge zwischen der Wortgestalt und dem Wortgehalt (z. B. die Bedeutung der Affixe der Wortbildung) verständlich; sie lehrt ihn, die ständigen Veränderungen im Wortbestand der Sprache zu begreifen, die als Folge ihrer gesellschaftlichen Funktion in der Form von Wortbildung, Wortentlehnung und Bedeutungsveränderung auftreten, und sie befähigt ihn, die lexikalischen Mittel in seinem eigenen Sprachgebrauch richtig anzuwenden.

In den oberen Klassen der Oberschule erhält der sprachkundliche Unterricht noch eine weitere Aufgabe: die Vermittlung eines bescheidenen Maßes von theoretischem Wissen über die Sprache. Die Schüler lernen allmählich,

die wichtigsten sprachlichen Erscheinungen und Veränderungen mit Bewußtheit zu betrachten und ihre Zusammenhänge zu erkennen. Der sprachkundliche
Unterricht führt ihnen die weitgehende Abhängigkeit der Veränderungen des
Wortbestandes von der gesellschaftlichen Entwicklung vor Augen und lehrt sie,
diese Vorgänge in ihrer historischen Bedeutung zu erfassen.

Darauf beruht zu einem großen Teil die erzieherische Wirkung des
muttersprachlichen Unterrichts. Schon in der Unterstufe dient gerade auch die
Sprachkunde der Erziehung zur Heimatliebe und Naturverbundenheit. Die
erzieherische Wirkung der sprachkundlichen Belehrung steigert sich jedoch
noch, sobald bei den Schülern die geschichtlichen Kenntnisse und die größere
Reife vorhanden sind, die es ermöglichen, daß die Sprachkunde systematisch in
den Dienst der sozialistischen Persönlichkeitsentwicklung gestellt wird. So wird
es mit ihrer Hilfe möglich, den Schülern eine bewußte Sprachhaltung anzuerzie-
hen und sie über die Aufgeschlossenheit für ihre Muttersprache in ein inniges
und fruchtbares Verhältnis zu unserer sozialistischen Kultur in ihren vielfältigen
Beziehungen zu unserem nationalen Erbe zu bringen.

Im vollen Bewußtsein der Tatsache, daß Erziehung und Bildung nicht voneinander zu trennen sind und die einzelnen Erziehungs- und Bildungsaufgaben
nicht isoliert, eine nach der anderen, in Angriff genommen und gelöst werden
können, müssen sie hier doch, der Übersichtlichkeit der Darstellung halber,
getrennt voneinander aufgeführt werden. Es muß auch noch darauf hingewiesen werden, daß der sprachkundliche Unterricht manche seiner Aufgaben mit
anderen Disziplinen des muttersprachlichen Unterrichts gemein hat. In diesem
Falle nehmen die einzelnen Disziplinen die gemeinsame Aufgabe von verschiedenen Seiten her in Angriff.

Der sprachkundliche Unterricht im Dienste der Persönlichkeitsentwicklung der Schüler

Der sprachkundliche Unterricht ist in hohem Maße geeignet, in den Schülern
die Liebe zur Sprache zu wecken. Es ist eine bekannte Tatsache, daß
sprachkundliche Hinweise und Belehrungen bereits bei den Schülern der mittleren Klassen sehr beliebt sind. Wer einmal erlebt hat, mit welcher Aufgeschlossenheit und Aufmerksamkeit die Schüler der Erklärung des Namens ihres
Wohnortes, einiger Flurnamen, des Namens eines Flusses oder Berges ihrer
näheren Heimat lauschen und wie sie bei der Sache sind, wenn ihnen Namen,
Wörter und Wendungen zu sprechenden Zeugen der Geschichte und des ge-

genwärtigen gesellschaftlichen Lebens werden, der weiß, daß er in der Sprachkunde ein wirksames Mittel zur Belebung des muttersprachlichen Unterrichts besitzt. Liebe zur Muttersprache kann man am ehesten mit Hilfe der richtig eingesetzten und maßvoll dosierten sprachkundlichen Betrachtungsweise erzielen, denn die Liebe zur Sprache erwächst nur aus dem Interesse für ihre Erscheinungen und aus der Freude an ihrer Beherrschung. Es gibt wohl keine bessere Möglichkeit, die Schüler mit der Farbenfrische und Ausdruckskraft unserer Sprache bekannt zu machen, als ihnen die Bilder zu enthüllen, die in den volkstümlichen Pflanzen- und Tiernamen (*Fingerhut, Tausendschönchen, Tausendgüldenkraut, Vergißmeinnicht; Trauermantel, Seidenschwanz, Wasserjungfer, Dompfaff* usw.) enthalten sind, oder ihr Verständnis für die Anschaulichkeit und die Treffsicherheit der Diktion vieler Sprichwörter, sprichwörtlicher Wendungen, Sprüche usw. zu wecken (*Ein gutes Gewissen ist ein sanftes Ruhekissen; Er steht wie der Ochs vorm neuen Tor; Die Freundschaft, die der Wein gemacht, währt, wie der Wein, nur eine Nacht* [Logau]). Besonders die vielfältigen Kenntnisse und Erkenntnisse, die aus der Betrachtung des Bedeutungswandels, der lexisch-semantischen Mittel des volkstümlichen Ausdrucks (Mundart der Heimat, Umgangssprache, Sonderwortschatz verschiedener sozialer Gruppen usw.) und des Werdens und Vergehens im Wortbestand unserer Sprache zu gewinnen sind, tragen dazu bei, das Interesse der Jugendlichen an der Muttersprache hervorzurufen und die Liebe zu ihr zu wecken.

Hand in Hand mit der Erziehung zur Aufgeschlossenheit und Liebe gegenüber der Muttersprache geht auch die Entwicklung einer lebendigen Beziehung zu unserem nationalen Erbe. Die Aufdeckung des historischen Gehaltes vieler Sprichwörter und sprichwörtlicher Redewendungen, der Wendungen und Bilder aus den Sonderwortschätzen der verschiedenen sozialen Gruppen, der Örtlichkeits- und Personennamen, des Bedeutungswandels einer großen Zahl von Wörtern, der Tatsache und des Umfanges der Übernahme fremden Wortgutes in unsere Sprache u. a. m. ist geeignet, in den Jugendlichen Achtung vor dem großen Schatz zu erwecken, den unsere Muttersprache darstellt. Die einzelnen Etappen unserer geschichtlichen Entwicklung seit den ältesten Zeiten, die Mühe und Arbeit von Jahrhunderten und Jahrtausenden, die Leistungen des werktätigen Volkes, sein immerwährender Kampf um ein besseres und schöneres Leben haben in unserer Sprache ihren unvergänglichen Niederschlag gefunden. Über dieses Wissen gelangt die Jugend auch von der Sprachkunde her zum Bewußtsein ihrer Verpflichtung, die Muttersprache zu schützen und zu pflegen und alle Kräfte für die friedliche Zukunft der sozialistischen deutschen Nation einzusetzen.

Doch ist diese erzieherische Wirksamkeit des Sprachkundeunterrichts keineswegs auf die oberen Klassen beschränkt. So wird schon bei den Schülern der mittleren Klassen durch die Behandlung der wichtigsten Örtlichkeitsnamen der engeren und weiteren Heimat das Gefühl der Verbundenheit mit der Heimat geweckt. Die Beschäftigung mit den Personennamen, besonders mit den Familiennamen, aber auch mit den Namen von Straßen, Plätzen und Institutionen, bietet aufschlußreiche Einblicke in die geschichtliche Entwicklung der Heimat bis in die Gegenwart und knüpft das Band zwischen ihr und den Schülern fester. Wichtig sind die volkstümlichen Pflanzen- und Tiernamen, denn sie eignen sich sehr dazu, bei der Erziehung der Kinder zur Natur- und Tierliebe zu helfen. Auch die Beschäftigung mit Sprüchen, Bauernregeln, Hausinschriften, mit volkstümlichen Dichtungen, insbesondere mit den Sprüchen und Liedern, die das werktätige Volk bei seiner Arbeit im Kampf gegen seine Unterdrücker geschaffen hat, tragen wesentlich zur Erhöhung der Heimatverbundenheit der Kinder bei. Das innige Verhältnis zur Natur, zur Arbeit und zu den Leistungen und Errungenschaften des werktätigen Volkes ist die Grundlage, auf der die Erziehung zur Einsatz- und Verteidigungsbereitschaft für unser sozialistisches Vaterland aufbaut.

Der sprachkundliche Unterricht lehrt den Schüler, die Sprache, insbesondere den Wortbestand, als Spiegel der gesellschaftlichen Entwicklung anzusehen. Diese Erkenntnis ist sehr geeignet, die Aufmerksamkeit des jungen Menschen für die Sprache der Gegenwart und ihre Veränderungen zu erwecken. Wenn ihm aus dem Wissen um die gesellschaftliche Funktion der Sprache ihre lebenswichtige Rolle klar geworden ist, kann man ihn auch leicht zu der Einsicht bringen, daß sichere Sprachbeherrschung und verantwortungsbewußte Sprachpflege notwendig sind. Von einer solchen Einstellung haben aber nicht nur die einzelnen Disziplinen des Deutschunterrichts, darunter in erster Linie die Grammatik und die Ausdrucksschulung, einen unmittelbaren Gewinn, sondern sie führt zu einer Haltung der Sprache gegenüber, die sich auf die gesamte Persönlichkeit positiv auswirkt. Die Gleichgültigkeit mancher junger Menschen gegenüber der Frage, was in der Sprache richtig oder falsch ist, läßt sich am besten von dieser Seite her bekämpfen, und auf diesem Wege kann man auch am erfolgreichsten gegen jede Art von Sprachschluderei, gegen Sprachunsitten und Sprachschnitzer und die alles entwertende Phrase vorgehen.

Da Sprache und Denken eng miteinander verbunden sind und sprachliche Schulung immer gleichzeitig auch Denkschulung ist, haben die hier dargestellten Vorgänge der Sprachbildung auch unmittelbaren Einfluß auf die Charakterbildung. So erziehen wir die Schüler mit Hilfe des sprachkundlichen Unterrichts nicht nur zur Sauberkeit und Klarheit im Ausdruck, sondern gleichzeitig auch zur Bescheidenheit und Wahrhaftigkeit im Charakter. Damit tritt uns die Sprachkunde auch als ein Mittel der Persönlichkeitsbildung entgegen.

Der sprachkundliche Unterricht dient auch der ästhetischen Erziehung. Er trägt, wie erwähnt, nicht wenig dazu bei, daß die Schüler am muttersprachlichen Unterricht Gefallen finden, und er erfüllt seine Aufgabe besonders gut, wenn es ihm gelingt, in ihnen Verständnis für sprachliche Schönheit und ein ausgeprägtes Formgefühl zu entwickeln. Am besten eignet sich für diesen Zweck die Arbeit an der Diktion der mannigfachen Formen unserer volkstümlichen Dichtung. Diese Dichtung (Volkslied, politisches Kampflied, Sage, Märchen, Sprichwort, sprichwörtliche Redensart usw.) wird durch volksverbundene Sprachgestaltung charakterisiert. Für die ästhetische Erziehung sind auf anderer Ebene die besten Werke unserer großen Sprachmeister besonders geeignet. Indem der Sprachkundeunterricht ständig daran arbeitet, den Schülern den vollen Ausdruckswert der sprachlichen Mittel bewußtzumachen und sie zu befähigen, Dichtung auch als sprachliches Kunstwerk zu erleben, entwickelt er nicht nur ihre Fähigkeit, tiefe und erhabene Gefühle nachzuempfinden, sondern macht sie auch empfänglich für die Schönheit der sprachlichen Form. Hier sei noch darauf verwiesen, daß von dem Erfolg dieser Arbeit auch die Wirkung des Literaturunterrichts abhängt, denn da die Dichtung durch das Wort auf den Leser einwirkt, kommt es darauf an, eben das Wort in seiner vollen Wirkung erlebbar zu machen.

So wird schließlich auch die ideologisch-erzieherische Wirksamkeit des Literaturunterrichts zu einem Teil von der Leistung des sprachkundlichen Unterrichts beeinflußt.

Von den vielfältigen Bildungsaufgaben des sprachkundlichen Unterrichts sollen hier zunächst die der Sprachbildung vor jenen der Allgemeinbildung besprochen werden.

Oben wurde bereits betont, daß der sprachkundliche Unterricht auf allen Stufen der allgemeinbildenden Schule, ganz besonders aber in den mittleren Klassen, der aktiven Sprachbeherrschung zu dienen hat. Dies geschieht vornehmlich dadurch, daß er von Anfang an auf die Mehrung des aktiven Wortschatzes der Schüler hinarbeitet. Dadurch, daß er den Schülern den vollen Bedeutungsgehalt der Wörter und Wendungen erschließt, versetzt er sie in die Lage, die Gegenstände und Erscheinungen der Umwelt genau und treffend zu bezeichnen. Diese Befähigung der Schüler zur bewußten und sicheren Anwendung der reichen Möglichkeiten unseres Wortschatzes bedeutet eine systematische Steigerung ihres gesamten sprachlichen Darstellungsvermögens und ist mit

314

wertvoller Denkschulung und der Erweiterung ihres Wissens und ihrer Fähigkeiten verbunden. Denn jede Vertiefung des Einblickes der Schüler in das Bedeutungssystem ihrer Muttersprache geht im Zusammenhang mit der Steigerung ihrer Fähigkeit zur sorgfältigen Unterscheidung und begrifflichen Klärung der Dinge und Vorgänge der Wirklichkeit vor sich. Ich nenne hier zur Illustration nur ein Beispiel: So erhalten die Schüler der mittleren Klassen bei der Behandlung der Wortbildung an Hand des Beispiels der zu *Seide* gehörigen abgeleiteten Adjektive *seiden* (aus Seide) und *seidig* (seidenartig, seidenähnlich) erst die Möglichkeit, derartige Wörter in ihren aktiven Wortschatz aufzunehmen, indem sie es lernen, ihren begrifflichen Inhalt mit Hilfe des Wortbildungssuffixes zu unterscheiden.

Eine besondere Bedeutung erhält die sprachkundliche Arbeit als Mittel zur Verhinderung bzw. Bekämpfung der Sprachschluderei und der Phrase. Es kommt ihr, wie schon erwähnt, in erster Linie darauf an, den Schülern den vollen Anschauungs- und Erlebnisgehalt der Wörter zu vermitteln. Einmal gilt es also, bei der Erweiterung des Wortschatzes der Schüler möglichst alle ihre Sinne zu beteiligen, d. h. dafür zu sorgen, daß sich Sprechen und Erleben gegenseitig durchdringen, daß die Kinder selbst zum anschauungserfüllten Sprechen gelangen, und zum anderen müssen sie den Aussagewert der Wörter und Wendungen richtig kennenlernen und dazu erzogen werden, daß sie die sprachlichen Mittel überlegt einsetzen. Es ist eine in allen Sprachen zu beobachtende gesetzmäßige Erscheinung, daß sich die sprachlichen Bilder, die dem konkret-anschaulichen Denken zugrunde liegen und besonders in der volkstümlichen und der poetischen Ausdrucksweise eine große Rolle spielen, sehr bald abnützen und verblassen. Mit dieser „progressiven Verzeichlichung"[1] der lexikalischen Mittel geht natürlich ihre Anschaulichkeit und ein Teil ihrer Ausdruckskraft verloren. Die Folge davon ist, daß die nicht mehr lebendig empfundenen Bilder unangemessen verwendet oder miteinander vermischt werden können. Von unseren Durchschnittssprechern haben gewiß die wenigsten noch das ursprüngliche Bild vor Augen, wenn sie die Wendung *etwas aufziehen* oder das Wort *entfalten* gebrauchen; sonst wären die unschönen Formulierungen *eine Veranstaltung aufziehen, frohes Jugendleben entfalten* nicht erklärlich. Es hat nun freilich wenig Sinn, das Verblassen der sprachlichen Bilder zu beklagen, eben weil es gesetzmäßig ist. Der muttersprachliche Unterricht muß diese Erscheinung aber berücksichtigen und in geeigneter Weise darauf reagieren. Es ist notwendig, den Schülern die Augen für die oft schon verborgene Bildlichkeit der Wörter und Wendungen zu öffnen, und sie müssen dabei lernen, schiefe

---

[1] Vgl. § 163.

Bilder und häßliche Redensarten sowie oberflächliche und phrasenhafte Ausdrucksweisen zu vermeiden.

Bei der Erörterung der besonderen Funktion des Sprachkundeunterrichts in unserer Schule habe ich bereits darauf hingewiesen, daß er den Schülern — namentlich in den oberen Klassen — neben der Förderung ihres Sprachkönnens auch ein gewisses Maß von theoretischem Sprachwissen zu vermitteln hat, das ein Bestandteil des geforderten Allgemeinwissens ist. Es geht dabei um die Kenntnis der wichtigsten sprachlichen Zusammenhänge und Gesetzmäßigkeiten und vor allem um die Erkenntnis des Zusammenhanges zwischen sprachlicher Entwicklung und Geschichte des Sprachträgers. So bemüht sich der sprachkundliche Unterricht z. B. bei der Besprechung des Bedeutungswandels um die Aufdeckung der wirkenden Faktoren und um den Nachweis, daß diese Erscheinung in erster Linie als die Widerspiegelung der gesellschaftlichen Entwicklung in der Sprache zu verstehen ist. Das Werden und Vergehen im Wortbestand unserer Sprache wird im Zusammenhang mit der Geschichte der Produktion und des Lebens der Gesellschaft behandelt, die Übernahme fremden Wortgutes aus den wirtschaftlichen, politischen und kulturellen Beziehungen zu anderen Völkern erklärt usw. Dadurch lernen die Schüler die gesellschaftliche Bedingtheit und die gesellschaftliche Rolle unserer Sprache begreifen. Dieses Wissen fördert nicht nur die Ausbildung einer bewußten Sprachhaltung und damit die Erhöhung des Sprachkönnens, sondern es ist auch bedeutsam für die Bewußtseins- und Charakterbildung der jungen Menschen.

Neben der speziell sprachbildenden Funktion des Sprachkundeunterrichts darf man auch seine allgemeinbildende Wirkung nicht unterschätzen. So ist die sprachkundliche Betrachtungsweise im Deutschunterricht geeignet, Kenntnisse und Erkenntnisse zu vermitteln, die in keinem Lehrplan eines anderen Faches erfaßt werden. Es sei hier nur auf die wertvollen kulturhistorischen Einsichten und das vielfältige Einzelwissen verwiesen, die sich bei der Behandlung ausgewählter Fälle von Bedeutungswandel gewissermaßen als begrüßenswertes Nebenergebnis einstellen. So vermittelt die Besprechung der Bedeutungsveränderung verschiedener alter Geld- und Münzbezeichnungen interessante Kenntnisse aus der Wirtschaftsgeschichte unseres Landes (siehe S. 215 f.), die Bedeutungsgeschichte des Wortes *dreschen* gibt einen Überblick über die Entwicklung der Technik dieses Arbeitsvorganges (siehe S. 195 f.).

Besonders ergiebig für die Allgemeinbildung ist die Beschäftigung mit dem Sonderwortschatz der verschiedenen sozialen Gruppen. Ich verweise hier nur auf die wertvollen Einblicke in die Geschichte der Produktion, des gesellschaftlichen Lebens und der Beziehungen zu anderen Völkern, die sich bei der Behandlung der Eigennamen (Personennamen: Vor- und Familiennamen; Örtlichkeitsnamen: Orts-, Flur-, Berg-, Fluß- und Forstortsnamen, Straßennamen), der Entwicklung innerhalb unseres Wortbestandes (Erb-, Lehn- und Fremdwörter, Internationalismen) und anderer sprachkundlicher Stoffe ergeben.

Doch das sprachkundliche Prinzip hat nicht nur im Deutschunterricht Bedeutung. Auch die übrigen Unterrichtsfächer der allgemeinbildenden Schule sollten es im eigenen Interesse verwirklichen. Wenn es im Geschichtsunterricht darum geht, anschauliche Bilder von der Arbeit und dem Kampf der Werktätigen um ein besseres Leben zu vermitteln, wenn die Auffassungen, die Sitten und Gebräuche vergangener Generationen vor den Augen der Schüler lebendig werden sollen, dann tun unsere Sprichwörter und sprichwörtlichen Redensarten, die Sprüche und Inschriften, die oftmals das Sinnen und Trachten, die Lebensweisheit und Lebenserfahrung des Volkes in meisterhaft klarer und anschaulicher Form zum Ausdruck bringen, ausgezeichnete Dienste.

Viele Sprichwörter sind internationales Gut, und nicht immer sind wir berechtigt, ihr Zeugnis nur auf unsere eigene Geschichte, unsere eigenen Verhältnisse zu beziehen. In den meisten Fällen enthalten sie Gedanken und Erfahrungen von allgemeiner Gültigkeit.

Bei der Auswahl von folkloristischem Sprachgut ist immer zu beachten, ob es den Standpunkt der herrschenden oder der beherrschten Klassen zum Ausdruck bringt. Sprichwörter wie *Salz und Brot macht Wangen rot* (1), *Mit dem Hute in der Hand kommt man durch das ganze Land* (2), *Schuster bleib bei deinem Leisten* (3) können auch in unserer Gesellschaftsordnung durchaus am Platze sein, etwa gegenüber Menschen, die unmäßig und vor allem üppig zu essen lieben (1), die ein ungehobeltes oder anmaßendes Benehmen an den Tag legen (2), die leichtfertig bereit sind, Aufgaben zu übernehmen, für die ihnen das erforderliche Wissen und Können fehlt (3); aber sie können unter kapitalistischen Verhältnissen auch sehr leicht mißbraucht und in fortschritthemmender Absicht eingesetzt werden, etwa zur Ablenkung von der sozialen Ungerechtigkeit der kapitalistischen Klassengesellschaft (1), zur Erhaltung einer Untertanengesinnung bei der werktätigen Bevölkerung (2) und zur Aufrechterhaltung und moralischen Stützung des Bildungsprivilegs der Reichen (3).

Es ist daher notwendig, an die Arbeit mit Sprichwörtern kritisch und vom Klassenstandpunkt aus heranzugehen. Die Schüler müssen lernen, die Aussage eines Sprichwortes in ihrer Abhängigkeit von den gesellschaftlichen Verhältnissen zu erfassen, unter denen es geschaffen worden ist. So stellen die folgenden Sprichwörter gesellschaftliche Verhältnisse der Ausbeuterordnung aus der Sicht der Unterdrückten dar: *Es ist kein Ämtlein so klein, es ist hängenswert* (Haß gegen Beamte, die die Leute schinden); *Lange zu Hofe, lange zur Hölle* (Kritik am hohen Feudaladel und seiner Lebensweise); *Armer Leute Sache gilt nichts; Armut selten recht tut; Kleine Diebe hängt man, große läßt man laufen; Wäre eine Sache noch so krumm, man biegt mit Geld sie um und um; Wo Gold redet, da gilt alle andere Rede nicht* (von der Rechtlosigkeit des Armen). Vom Leben und der gesellschaftlichen Stellung des Bauern in der Klassengesellschaft berichten: *Wenn sich die Herren raufen, müssen die Bauern Haare lassen; Der Bauer wird am meisten geschoren* u. v. a. m.[1] Dagegen lassen Losungen wie *Keiner zu klein, ein Helfer zu sein* oder *Wie wir heute arbeiten, werden wir morgen leben* deutlich Ansätze für die Entstehung neuen volkstümlichen Sprachgutes in unserer sozialistischen Gesellschaftsordnung erkennen. Im Unterricht kommt es natürlich vor allem darauf an, das alte und auch das neu entstehende Gut unter dem Gesichtspunkt seiner Funktion in der Literatur und den modernen Mitteln der politischen Meinungsbildung (Presse, Film, Rundfunk, Fernsehen) zu betrachten.

Unabdingbares Prinzip ist die sprachkundliche Betrachtungsweise im Heimatkundeunterricht, soweit Örtlichkeitsnamen, landschaftlich gebundene Tier- und Pflanzennamen, verschiedene Schöpfungen der volkstümlichen Poesie, wie Sprüche, Rätsel und Reime, Lieder von der Arbeit und dem sozialen Kampf der Bauern und Arbeiter, ferner Redewendungen aus den Sonderwortschätzen der für die Heimat typischen sozialen Gruppen (aus den sogenannten Berufssprachen usw.) und die charakteristischen Erscheinungen der Mundart behandelt werden. Soweit es sich hier nicht ausgesprochen um Stoffe des Heimatkundeunterrichts handelt, kann ihre Heranziehung doch wesentlich zu seiner Belebung und zur Erhöhung seiner Anschaulichkeit beitragen.

Ähnliches gilt für die Unterrichtsfächer Erdkunde (Örtlichkeitsnamen) und Biologie (volkstümliche Tier- und Pflanzennamen); aber auch die übrigen naturwissenschaftlichen Fächer können auf das sprachkundliche Prinzip nicht verzichten, wenn sie Wert darauf legen, daß sich die Schüler ihre Fachausdrücke gründlich aneignen und mit anschauungserfülltem Wissen verbinden. So wird also auch der Physiklehrer seinen Schülern die Grundbedeutung und den Bildgehalt solcher Fachausdrücke wie *schiefe Ebene, Hebel, Schwerpunkt, Spannung, Widerstand, Überdruck* usw. klarmachen und es nicht dabei bewenden lassen, daß sie sich diese Termini etwa wie Wörter einer fremden Sprache nur rein mechanisch einprägen. Besondere Bedeutung erhält das sprachkundliche Prinzip für den gesamten polytechnischen Unterricht. Hier ist es vor allem notwendig, die Fachausdrücke, mit denen die Schüler vertraut

---

[1] Die hier angeführten Sprichwörter sind zitiert nach Friedrich Seiler, a. a. O., S. 325 ff.

werden, so einzuführen, daß sie vom Inhalt und von der sprachlichen Form her dem bereits bekannten Wortschatz der Schüler organisch eingefügt werden. Die neuen Wörter müssen, soweit es sich um deutsche Bezeichnungen handelt, in den Zusammenhang ihrer Wortfamilie gestellt werden; Fremdwörter sind in ihre Bestandteile zu zerlegen und von deren Bedeutung her verständlich zu machen. Dabei ist immer auch die richtige Schreibung der Wörter zu sichern.

2. Prinzipien und Arbeitsformen des sprachkundlichen Unterrichts

Grundsätzliches

Zunächst soll noch einmal an den wichtigsten Grundsatz erinnert werden, der oben bereits dargelegt wurde: Der sprachkundliche Unterricht dient auf allen Stufen der allgemeinbildenden Schule der aktiven Sprachgestaltung. Das Sprachkönnen steht überall vor dem Sprachwissen. Auch in den oberen Klassen, wo die sprachkundliche Belehrung zum Teil Kenntnisse und Erkenntnisse vermittelt, die sich nicht immer in Sprachkönnen umsetzen, darf nicht aus dem Auge gelassen werden, daß der Deutschunterricht nicht Sprachwissenschaftler auszubilden hat, sondern Menschen, die in der praktischen Beherrschung ihrer Muttersprache einen möglichst hohen Grad von Vollkommenheit erreichen sollen.

Die Sprachkunde knüpft — ebenso wie die Sprachlehre — grundsätzlich an Sach- und Lebensgebiete an und geht von dem Anschauungskreis der Schüler aus. Sie sollte die gesamte Schularbeit als Unterrichtsprinzip durchdringen, denn fast in jeder Unterrichtsstunde stoßen wir auf Wörter und Wortgruppen, deren Bedeutung und begrifflicher Inhalt aus dem Sinnzusammenhang, in dem sie den Schülern zum erstenmal entgegentreten, erarbeitet werden müssen. Diese Aufgabe erhält bereits in der Unterstufe Gewicht, da schon hier die Kinder entscheidende Schritte zur sprachlich-geistigen Bewältigung der objektiven Realität tun. Für die Gestaltung ihrer gesamten geistigen Struktur ist es von großer Bedeutung, daß ihnen die Wörter von Anfang an mit Leben und Anschauung erfüllt werden.

Die oberste methodische Maxime jedes sprachkundlichen Unterrichts ist es deshalb, daß die sprachliche Erscheinung niemals nur nach ihrer Form, sondern immer und in erster Linie nach ihrem Inhalt betrachtet werden muß. Wir sprechen beispielsweise bei der Behandlung der Wortbildung nicht nur abstrakt von der Wortzusammensetzung als einem wichtigen Mittel der Bereicherung unserer Sprache und „üben" sie, indem wir zusammengesetzte Wörter mechanisch in ihre Bestandteile zerlegen und neue Zusammensetzungen auf eine ebenso mechanische Weise bilden lassen. Die sprachkundliche Note der Arbeit an diesem Stoff besteht darin, daß wir die Schüler den ursprünglichen sinnlichen Gehalt solcher Komposita erleben lassen. Wir spüren also hinter der heutigen meist sehr stark verblaßten Bedeutung der Zusammensetzung das eigentliche sprachliche Bild auf, das ihr bei ihrer Bildung zugrunde lag, und machen seine ursprüngliche Frische und Anschaulichkeit wieder lebendig: *Mutter-sprache, Wort-schatz, auf-spüren, vor-stellen, um-garnen, selb-ständig, wunder-voll* usw.

Die sprachliche Schulung geht immer Hand in Hand mit einer allgemeinen Schulung der Sinne und der geistigen Fähigkeiten der Schüler. Diese Verbindung ermöglicht es uns, an der sprachkundlichen Arbeit nicht nur den I n t e l l e k t, sondern auch das G e f ü h l der Schüler zu beteiligen. Echte Sprachbildung ist nämlich nicht nur eine Angelegenheit des Verstandes, sondern ebenso des Gefühls, darum ist sie Persönlichkeitsbildung.

Ein weiterer allgemeiner Grundsatz der sprachkundlichen Arbeit ist die systematische Erziehung der Schüler zum S p r a c h d e n k e n. Sie beginnt bereits auf der Unterstufe damit, daß die Kinder daran gewöhnt werden, nach der Bedeutung neuer Wörter, die ihnen im Unterricht und außerhalb der Schule entgegentreten, zu fragen. Aus dieser Gewöhnung erwächst im Laufe der Jahre eine bewußte Einstellung zur Sprache, die sich darin äußert, daß die Schüler die sprachlichen Erscheinungen beobachten und über sie nachdenken. Diese bewußte Sprachhaltung bildet eine Voraussetzung für das Entstehen des S p r a c h g e f ü h l s, das ein wichtiger Faktor der Sprachbeherrschung ist.

Arbeitsformen des sprachkundlichen Unterrichts

Auf der Unterstufe tritt die Sprachkunde nur als Unterrichtsprinzip auf. Die sprachkundliche Betrachtung ist auf dieser Stufe unmittelbar an die E r w e i t e r u n g d e s W o r t s c h a t z e s der Schüler im Zusammenhang mit der Bildung neuer Begriffe gebunden, sie ist also angebracht, wenn im Unterricht neue Wörter auftauchen, die einer Erklärung bedürfen.

Nehmen wir an, daß etwa in der 3. oder 4. Klasse in einem Lesestück oder Unterrichtsgespräch von einer Glocke (z. B. Schiffsglocke, Signalglocke, Schulglocke) die Rede ist und das Wort *Klöppel* neu auftritt. Dann ist die Gele-

320

genheit und die Notwendigkeit zu sprachkundlicher Belehrung gegeben. Das neue, den Schülern fremde Wort muß mit den bereits im Wortschatz der Kinder vorhandenen Gliedern seiner Wortfamilie anschaulich verbunden werden. Der Lehrer wird, im günstigsten Fall an einer (kleinen) Glocke, sonst aber durch eine einfache Zeichnung an der Tafel oder mit Worten deutlichmachen, daß dieses „Ding in der Glocke" an die Glockenwand klopft. Durch den Hinweis auf mundartliches *kloppen* wird der sprachliche Zusammenhang zwischen *klopfen* und *Klöppel* hergestellt.

In den Oberklassen, etwa in der 7., könnte das Auftauchen und die Erklärung des Wortes *Klöppel* zu einem kurzen Ausblick auf die Wortbildung benutzt werden, indem der Lehrer einige andere mit *-el* aus Verben abgeleitete Gerätenamen nennen und ihre Bildung erklären läßt (z. B. *Deckel* zu *decken*, *Hebel* zu *heben*, *Bügel* zu *biegen*, *Schlüssel* zu *schließen*, *Schwengel* zu *schwingen*, *Stachel* zu *stechen* usw.). In den Oberklassen wäre bei dieser Gelegenheit noch die Erklärung der Lautformen mit *-pf-* und *-pp-* (zweite Lautverschiebung) und eine Abgrenzung des Suffixes *-el*, das zur Bildung von Gerätenamen dient, von dem Diminutivsuffix *-el* (*Bündel* zu *Bund*, *Ärmel* zu *Arm*, *Knöchel* zu *Knochen* usw.) sowie die Gegenüberstellung mit Lehnwörtern auf *-el* (*Insel* < lat. *insula*, *Schüssel* < lat. *scutella*, *Zirkel* < lat. *circulus* usw.) möglich.

Da die systematische Erweiterung des Wortschatzes der Schüler grundsätzlich von Sach- und Lebensgebieten ausgeht, kann auch die sprachkundliche Betrachtung jeweils unmittelbar an ihre Beobachtungen und Vorstellungen anschließen. So ließe sich bei dem Gespräch über die Glocke schon auf der Unterstufe zwanglos ein erster Einblick in das Wesen der Klangmalerei und ihre Rolle bei der Wortbildung vermitteln: Die Glocke sagt *bimm — bamm, bimm — bamm — bumm*, vom Amboß des Schmiedes tönt es *kling — klang, ping — pang*, unsere Uhr macht *tick — tack* usw. Dieses erste Erlebnis kann sofort in aktive Tätigkeit umgesetzt werden, indem die Schüler nun selbständig derlei lautmalende Bildungen suchen *(klitsch — klatsch, pitsch — patsch, ritz — ratz, piff — paff — puff)* und in kleinen Gestaltungszusammenhängen anwenden (sie finden sich oft in den Abzählversen der Kinder: *Ri -ra- rutsch, wir fahren mit der Kutsch* u. a.). Unter Umständen werden die Schüler sogar solche Wörter zusammenstellen wie *bimmeln — bammeln — baumeln — bummeln, knittern — knattern, ballern — bullern*, deren Zusammengehörigkeit und Bedeutungsunterschiede wiederum in einer kleinen sprachkundlichen Betrachtung geklärt werden können. Diese einfachen Betrachtungen sprachkundlicher Art sind die Vorbereitung auf eine spätere Behandlung, bei der die vorliegenden sprachlichen Gegebenheiten und Zusammenhänge voll bewußtgemacht werden

(Klangmalerei als Mittel der Wortbildung, als stilistisches Mittel; Ablaut als Mittel der Wort- und Formenbildung usw.).

Eine andere Form der Arbeit am aktiven Wortschatz der Schüler unter sprachkundlichem Aspekt sind die Übungen zur Wortbedeutung im Anschluß an ein Lesestück oder ein Unterrichtsgespräch. Sie gehen so vor sich, daß der volle Sinngehalt der betreffenden Wörter unter Anwendung. verschiedener Mittel der veranschaulichenden Worterklärung (sprachliche Umschreibung, Gestik, mimische Darstellung, veranschaulichendes Zeichnen usw.) erarbeitet wird. Eine andere Möglichkeit ist die, daß die Schüler neue Wörter in einen Sinnzusammenhang einordnen und auf diese Weise zeigen, wieweit sie ihre volle Bedeutung auszuschöpfen vermögen.

Eine weitere Arbeitsform des sprachkundlichen Unterrichts in der Unterstufe ist die Einkleidung sprachkundlicher Gegenstände (Namen, Redewendungen usw.) in Erzählungen bzw. ins Unterrichtsgespräch. So ist es durchaus angebracht, Sprichwörter, sprichwörtliche Redensarten oder bildhafte Tier- und Pflanzennamen in einem geeigneten Redezusammenhang vorzuführen und so verständlich zu machen.

Alle Formen der sprachkundlichen Arbeit müssen jedoch die Anwendung des betrachteten Wortgutes in Gestaltungsübungen einschließen, da immer der Schritt von der sprachkundlichen Betrachtung zur Anwendung getan werden muß. Wir können also zusammenfassend sagen, daß die sprachkundliche Arbeit gewöhnlich in den folgenden Schritten abläuft: 1. Veranlassung aus der Unterrichtssituation, 2. sprachkundliche Betrachtung, 3. Anwendung des betrachteten Wortgutes in Gestaltungsübungen.

In den Klassen 5 bis 8 wird die Sprachkunde als Unterrichtsprinzip fortgeführt. Die Anlässe für gelegentliche sprachkundliche Hinweise und Betrachtungen bleiben zunächst im wesentlichen dieselben wie auf der Unterstufe, und auch ihr Ablauf vollzieht sich im allgemeinen in den bereits gezeigten einfachen Formen, allerdings ändern sich ihr Umfang und die Anforderungen an die Schüler, wie oben bei dem Beispiel *Klöppel* angedeutet wurde. Von der 7. Klasse an tritt dann auch die systematische sprachkundliche Arbeit auf. Während wir vorher nur gelegentlich sprachkundliche Hinweise zur Klärung und Erweiterung des Wortschatzes der Schüler an geeigneten Stellen in den Unterricht einstreuen, werden der Sprachkunde nunmehr außerdem besondere Unterrichtsstunden oder Teile von Unterrichtsstunden eingeräumt. Die Zielsetzung ist jedoch grundsätzlich die gleiche wie in den vorausgegangenen Klassen: In erster Linie dient die Sprachkunde auch hier der aktiven Sprachgestaltung.

Selbstverständlich können die sprachkundlichen Arbeitsformen in besonderen sprachkundlichen Stunden oder in geschlossenen Stundenabschnitten andere sein als bei der gelegentlichen sprachkundlichen Betrachtung. Sie knüpfen jedoch ebenfalls grundsätzlich an eine Unterrichtssituation an, d. h., die ausgedehntere und systematische sprachkundliche Beschäftigung geht von einem Einzelbeispiel aus, das im Unterrichtsgespräch, im Lesestoff, in einer Schülererzählung u. ä. auftaucht, oder sie schließt an ein besonders dafür geeignetes Märchen, eine Sage u. dgl. bzw. an einen eigens für diesen Zweck bearbeiteten Übungstext an. Eine andere Möglichkeit ist die, daß ein geeignetes Sachgebiet durch Schüler und Lehrer gemeinsam erarbeitet wird oder daß die Arbeit an die Stoffdarbietung durch den Lehrer (Erzählung u. a.) anknüpft. Auch der Anschluß an einen Stoff einer anderen Disziplin bzw. eines anderen Unterrichtsfaches (Heimatkunde, Geschichte, Geographie, Biologie, Werkunterricht, Produktive Arbeit) ist möglich. Die Arbeitsformen der sprachkundlichen Unterrichtsstunden bzw. Stundenabschnitte richten sich im einzelnen nach dem zu behandelnden Stoffgebiet und der Reife der Schüler. Auch in den Oberklassen bleibt die Sprachkunde Unterrichtsprinzip.

Neue Formen der sprachkundlichen Arbeit ergeben sich bei der Lektüre älterer Sprachtexte und dadurch, daß in der Darbietung des Stoffes durch den Lehrer (Lehrervortrag) und das Sprachlehrbuch die Elemente der theoretischen Darlegung unter fachwissenschaftlichem Aspekt hervortreten können. So wird also beispielsweise die Behandlung der Bedeutungsveränderung von älteren Sprachtexten ausgehen, die deutsche Wortbildung läßt sich in ihrem System darstellen, und das Werden und Vergehen im Wortbestand unserer Sprache kann in höherem Maße als in den mittleren Klassen aus seiner Abhängigkeit von der gesellschaftlichen Entwicklung abgeleitet und begründet werden.

Entscheidende Bedeutung erhält in den Oberklassen die Selbsttätigkeit der Schüler. Wenn in den vorausgegangenen Schuljahren ein erfolgreicher Sprachkundeunterricht erteilt worden ist, wird mit Hilfe der eigenen Initiative der Schüler und ihrer Gewöhnung an selbständige Arbeit die Bewältigung größerer Arbeitsvorhaben möglich sein. Ich denke dabei an die Mithilfe bei der namenkundlichen oder mundartkundlichen Aufnahme des Schulortes oder eines Nachbardorfes, die Sammlung, Sichtung und Auswertung mundartlichen Sprachgutes, mundartlicher Dichtung u. ä., die Untersuchung des heutigen Sonderwortschatzes bestimmter Berufsgruppen, die Aufnahme der wichtigsten Fremdwörter und Internationalismen, die im Zusammenhang mit der Entwicklung bestimmter Gebiete der Technik und Wissenschaft gegenwärtig in unsere Gemeinsprache eindringen, u. a. m. Besonders geeignetes Material bieten der polytechnische Unterricht, der berufsvorbereitende Unterricht und die Berufsausbildung.[1]

3. Zur Behandlung der sprachkundlichen Stoffe in der Oberschule

Der Bildgehalt der Sprache

Eines der wichtigsten Stoffgebiete der Sprachkunde ist der bildliche Ausdruck. Seine Bedeutung ergibt sich einmal aus der Rolle, die die Verbildlichung als elementare Denkform und unentbehrliches Mittel unserer sprachlichen Darstellung spielt, und zum anderen aus dem Umstand, daß die Sprachbilder einer ständigen Abnützung unterliegen. Im Unterricht ist es zunächst notwendig, die sprachlichen Bilder sichtbar zu machen. Man sollte sich keineswegs der Täuschung hingeben, daß die Schüler immer den Bildgehalt der Wendungen und Ausdrücke *auf den Busch klopfen, in der Klemme sitzen, Pechvogel, Grünschnabel* u. a. durchschauen! Erst wenn sie einen Blick für Sprachbilder erworben haben, können sie allmählich dazu befähigt werden, sich solcher anschaulicher und plastischer Ausdrucksmittel bewußt zu bedienen.

Viele sprachliche Bilder sind, wie schon angedeutet wurde, im Laufe der Zeit, etwa weil der zugrunde liegende Vorgang heute nicht mehr lebendig ist (z. B. *jemanden im Stich lassen*) oder weil das Bild sprachlich unklar geworden ist (z. B. *zu Paaren treiben*), unanschaulich oder gar unverständlich geworden (z. B. *wissen, wo Barthel den Most holt*)[2]. Darum müssen solche Sprachbilder im Unterricht erläutert werden, weil nur so ihre Ausdruckskraft wirksam bleiben kann. Aber nicht nur das Bestreben, den Sinn für die Bildhaftigkeit der sprachlichen Darstellung zu erhalten und so einer Verflachung des Ausdrucks entgegenzuwirken, veranlaßt uns dazu, den Schülern den Anschauungsgehalt der bildlichen Ausdrücke und Wendungen bewußtzumachen, sondern auch die Absicht, damit der unzulässigen Vermischung und Verzerrung von Sprachbildern („Bildbruch") vorzubeugen. Selbstverständlich ist diese Aufgabe nicht in einigen wenigen sprachkundlichen Unterrichtsstunden zu lösen; die Aufhellung

---

[1] Eine wertvolle Hilfe für den Lehrer ist die Artikelserie von M. S i e b e n b r o d t „Versuch einer Auswahl und Erklärung polytechnischer Fachwörter zum Gebrauch im Deutschunterricht" in der Zeitschrift „Sprachpflege", 10. Jg. (1961), Heft 1-7.
[2] Vgl. § 173 ff.

des Bildgehaltes der Sprache muß vielmehr ständig, als Unterrichtsprinzip, betrieben werden.

Die systematische Behandlung des Stoffes kann mit großem Nutzen von
Übungsstücken ausgehen, in denen Sprachbilder aus verschiedenen Lebens-
und Sachgebieten, in Gruppen geordnet, zusammengestellt sind. Daneben kann
man an geeigneten Erzählungen und Schilderungen arbeiten, die sprachliche
Bilder aus verschiedenen Bereichen des gesellschaftlichen Lebens der Vergangenheit und der Gegenwart enthalten. Es geht dabei keineswegs bloß darum,
sprachliche Bilder zu erläutern, die aus früheren Zeiten stammen und verdunkelt sind, weil die Vorgänge und Verhältnisse, auf die sie zurückgehen, nicht
mehr lebendig sind, sondern es kommt vor allem darauf an, daß die Schüler
unsere heute gebräuchlichen Ausdrucksmittel richtig verwenden lernen. Bekanntlich liefern gerade die Gebiete der modernen Technik und Wissenschaft
unserer Sprache sehr viele bildliche Ausdrücke und Wendungen, z. B. *auf Tou-
ren kommen* oder *bringen* (vom Auto), *auf die Tube drücken* (von einer geistigen oder auch körperlichen Leistung, die besonderen Kraftaufwand verlangt),
eine Ansicht untermauern, eine Arbeit oder *einen Gedanken ausbauen; Raupenschlepper* (Kettenfahrzeug), *Storchschnabel* (Gerät des technischen Zeichners),
Förderschnecke, Schallmauer, Grüngürtel, Materialfluß usw. Die bildlichen
Ausdrucksmittel werden im Unterricht erläutert und in sprachlichen Gestaltungsübungen verwendet.

Eine andere Arbeitsweise läßt die Schüler von sich aus möglichst viele sprachliche Bilder, die in ein bestimmtes Sachgebiet gehören, sammeln und ordnen.
Das können z. B. sprachliche Bilder sein, die dadurch zustande kommen, daß
leblose Dinge als handelnde Wesen dargestellt, Zustände sprachlich als Handlungen aufgefaßt, leblose Gegenstände nach Teilen des menschlichen Körpers
benannt werden usw. (Beispiele siehe § 164). Eine andere Übung könnte metaphorische Redewendungen zum Gegenstand haben, die ihre Bilder vom
menschlichen Körper herleiten u. ä. Wenn die Schüler das Material gesammelt
haben (in der Schule oder außerhalb des Unterrichts, in Gruppen oder einzeln),
ist zunächst unbedingt eine inhaltliche Klärung der Sprachbilder vorzunehmen,
eben weil sie für die Schüler keineswegs immer verständlich und durchschaubar
sind.[1]

Bei der Klärung des Bedeutungsgehaltes der gesammelten sprachlichen Bilder
ist es zweckmäßig, daß der Lehrer zunächst einmal feststellt, welche Schüler den
Ausdruck oder die Wendung schon kennen, in welchem Zusammenhang sie sie

---

[1] Es sei in diesem Zusammenhang darauf verwiesen, daß der Lehrer bei der Erklärung sehr gewissenhaft verfahren muß.
Nicht alle naheliegend erscheinenden Deutungen sind richtig. Es ist deshalb dringend zu empfehlen, einschlägige Fachbücher
zu Rate zu ziehen (siehe Literaturnachweis).

angetroffen haben und was sie sich dabei vorstellen. Es ist vor allem wichtig, die wörtliche und übertragene Bedeutung der Sprachbilder auseinanderzuhalten. Zu diesem Zwecke werden Kontexte gegenübergestellt, die die betreffenden bildlichen Ausdrücke in beiden Bedeutungen enthalten. Selbstverständlich darf es bei solchen einmaligen Übungen nicht bleiben, sondern die Schüler müssen durch kontinuierliche Anleitung dazu gebracht werden, daß sie in ihrem mündlichen und schriftlichen Ausdruck bildliche Darstellungsformen in angemessener Weise verwenden.

In das Gebiet des sprachlichen Bildes gehören auch viele Sprichwörter, sprichwörtliche Redensarten, Sprüche, Rätsel, Bauernregeln und Hausinschriften. Für sie gelten sinngemäß die obigen Ausführungen über die unterrichtliche Behandlung des bildlichen Ausdrucks. Eine spezielle Form der Arbeit mit diesen sprachkundlichen Stoffen ist ihre Darbietung im Rahmen eines Lesestückes oder im Lehrervortrag. Selbstverständlich kann dabei jeweils gleichzeitig noch anderes sprachkundliches Material erfaßt werden, wie besonders charakteristische Fälle von Bedeutungswandel, aufschlußreiche Familien- und Ortsnamen usw.

Solche Stoffe sind hervorragend geeignet, die Selbsttätigkeit der Schüler zu mobilisieren. Diese werden dazu angehalten, nach Hausinschriften zu forschen, Abzählreime und Rätsel zu sammeln, die bei den Kindern ihres Ortes oder der Nachbarorte in Umlauf sind, in Kalendern und ähnlichen Büchern nach Bauernregeln[1] und Sprüchen zu suchen, bei der produktiven Arbeit und bei der beruflichen Ausbildung die mündliche Rede der Erwachsenen auf den Gebrauch von Sprichwörtern und sprichwörtlichen Redensarten zu beobachten, Lieder, die von der Arbeit und dem Leben der werktätigen Menschen berichten, aufzuzeichnen u. a. m. Diese Beschäftigung mit der Sprache macht den Schülern sehr viel Freude, sie weckt in ihnen frühzeitig den Sinn für die Frische des volkssprachlichen Ausdrucks und ist ein wertvolles Mittel der Erziehung zur Heimatliebe. Die Sammeltätigkeit, die nicht nur einzelnen Schülern aufgetragen wird, sondern auch durch kleine Forschungsaufträge an Arbeitsgruppen und Interessenzirkel der Freien Deutschen Jugend angeregt werden kann, bietet das Material für die sprachkundliche Bearbeitung des Stoffes in der Klasse. Am besten läßt man die Sprichwörter und sprichwörtlichen Redensarten geordnet nach bestimmten Lebensgebieten sammeln (Sprichwörter und sprichwörtliche Redensarten aus dem Leben der Bauern, der Handwerker usw.). So kann die schulische mit der außerschulischen Arbeit verbunden werden, und der Ge-

---

[1] Bei der Behandlung von Bauernregeln ist dasselbe kritische Herangehen notwendig wie bei den Sprichwörtern. Wohl liegen manchen Regeln Erfahrungen zugrunde, andere wiederum beruhen aber auf altem Aberglauben, auf volksetymologischer Ausdeutung der Namen von Kalenderheiligen u. ä.

winn, den beide Teile, Schule und Jugendorganisation, von ihr haben, ist bedeutend.

Es ist klar, daß auch hier wie immer der letzte Schritt in der gestaltenden Anwendung der erarbeiteten Stoffe durch die Schüler besteht. Diese können die Aufgabe erhalten, von Fällen zu berichten, auf die ein Sprichwort oder eine bildliche Redensart zutrifft u. ä. Die Behandlung von Sprichwörtern im Aufsatz ist für die mittleren Klassen jedoch nur nach sorgfältiger Vorbereitung zu empfehlen.

Natürlich wird der Lehrer selbst im Unterricht gern von geeigneten Sprichwörtern und sprichwörtlichen Redensarten Gebrauch machen und auch die Schüler dazu erziehen. Es muß jedoch vor zu starker Verbrämung der Rede und des schriftlichen Ausdrucks mit Sprichwörtern und sprichwörtlichen Redensarten gewarnt werden. Nur ihre maßvolle und ungesuchte Verwendung ist eine Bereicherung des individuellen Ausdrucks; was zuviel ist, ist vom Übel!

Ein sehr ergiebiger Stoff sind die volkstümlichen Tier- und Pflanzennamen. Voraussetzung für die sprachkundliche Auswertung solcher Namen ist es allerdings, daß die Schüler die betreffenden Tiere und Pflanzen kennen und das erforderliche naturkundliche Wissen besitzen, das die Grundlage für das Verständnis der Namen ist. An einer Zusammenstellung von Tiernamen aus der sog. Kindersprache kann man schon in der Unterstufe die wortbildende Kraft der Lautmalerei klarmachen. In Ausdrücken wie *Pieppiep* für das Küken, *Puttputt* für das Huhn, *Wauwau* für den Hund usw. wird das Prinzip der Namengebung begreiflich, das auch vielen Tiernamen aus dem Wortschatz der Erwachsenen zugrunde liegt (*Glucke, Rabe, Fink, Uhu, Kiebitz, Krähe* usw.). Andere Grundsätze der Namengebung für Tiere (Gestalt, Farbe, Bewegungsart, besondere Tätigkeit, Aufenthaltsort usw.) werden am besten an Hand von Stoffsammlungen erarbeitet, die vom Lehrer bzw. vom Sprachbuch oder Lesebuch (in Form von geeigneten Tiergeschichten) bereitgestellt werden. Namen, die nur mit Hilfe etymologischer Fachkenntnisse zu deuten sind, sollten in den mittleren Klassen nur gelegentlich, frühestens in der 7. und 8. Klasse, vom Lehrer erklärt werden (z. B. *Nachtigall* = Nachtsängerin, zu *gellen,* ahd. *galan* = singen; *Heuschrecke* = Heuspringer, zu mhd. *schrëcken* = springen, vgl. nhd. *aufschrecken:* man springt vor Schreck auf; *Fledermaus* = flatternde Maus, zu ahd. *flëdarôn,* mhd. *vlëdern,* eine Ablautform zu *flattern).*

Auch die Beschäftigung mit Tier- und Pflanzennamen gibt Gelegenheit, die Schüler zur eigenen Sammeltätigkeit und zum Ordnen des gesammelten Materials heranzuziehen. In den oberen Klassen wird in vielen Fällen eine Erklärung der Namen durch die Schüler selbst möglich sein. Die Arbeit mit Tier- und

Pflanzennamen kann auch dadurch fortgesetzt und belebt werden, daß einzelne Schüler oder Arbeitsgruppen alle ihnen erreichbaren Sprichwörter und sprichwörtlichen Redensarten sammeln, in denen der Name eines bestimmten Tieres oder einer Pflanze (*Kuckuck, Katze, Rose* usw.) vorkommt, und feststellen, welche Sachverhalte durch die Sprachbilder mit den betreffenden Tier- oder Pflanzennamen vorzugsweise veranschaulicht werden.

Hier könnte auch die Arbeit mit dem Sonderwortschatz bestimmter Berufsgruppen (Bauern, Jäger, Fischer, Vogelsteller) anschließen; nur mit größter Behutsamkeit darf jedoch die Verwendung von Tiernamen zur Bezeichnung von Menschen (*Er ist ein Fuchs* usw.) besprochen werden. Die Gefahr, daß die Schüler dabei entgleisen und sich darin gefallen, grobe Schimpfnamen anzuführen, läßt es ratsam erscheinen, lieber auf diese Möglichkeit zu verzichten.

Bei der Behandlung der volkstümlichen Blumen- und Pflanzennamen sollten geeignete Schöpfungen der Volksdichtung (Märchen und Sagen aus der Pflanzen- und Tierwelt) herangezogen werden.

Die Eigennamen

Ein sprachkundlich sehr ergiebiges Stoffgebiet ist das der Eigennamen. Die sprachkundliche Beschäftigung mit den verschiedenen Gruppen der Eigennamen ist von hohem Bildungs- und Erziehungswert; sie kann schon sehr früh beginnen. Es darf aber niemals außer acht gelassen werden, daß die allgemeinbildende Schule besonders in den mittleren Klassen immer nur das Nötigste und Nächstliegende behandeln kann.

Der natürlichste Anknüpfungspunkt für die Beschäftigung mit den Personennamen sind die Namen der Schüler selbst. Man beginnt zunächst mit den Vornamen, in der Regel auf die Weise, daß man von den in der Klasse vertretenen Namen ausgeht. Man kann in den mittleren Klassen bereits die Bedeutung der wichtigsten Wortstämme erklären, aus denen die germanischen Vornamen gebildet sind. Natürlich darf das nicht schematisch und etwa in Form großer Übersichtstabellen geschehen. Diese Arbeit läßt sich auch an die Behandlung germanischer Sagen (Siegfriedsage, Dietrichsage usw.) anschließen. Es kann gezeigt werden, daß die Namengebung ursprünglich ein Akt individueller Namenschöpfung gewesen ist, wobei der Name oft den Charakter eines Segenswunsches oder Leitwortes für den jungen Menschen hatte, aus dem wir auf die Lebensauffassung und die Ideale unserer Vorfahren schließen können. Allerdings können solche Hinweise in den mittleren Klassen nur sehr summarischen

Charakter haben, und es muß dabei sorgfältig vermieden werden, daß durch eine unsachgemäße Idealisierung und Verherrlichung der germanischen Frühzeit falsche Vorstellungen entstehen. Neben den germanischen werden selbstverständlich auch die häufigsten der durch das Christentum eingeführten Namen hebräischer, griechischer, lateinischer und anderer Herkunft besprochen.

Ergiebiger und wichtiger als die Behandlung der Vornamen ist die Beschäftigung mit den Familiennamen. Auch hier geht man am besten von den in der Klasse vertretenen Namen aus; dieser Stoff läßt sich freilich auch an geeignete Lesestücke oder an die Behandlung bestimmter historischer Epochen im Geschichtsunterricht anknüpfen. An den Geschichtsunterricht oder an Lesestoffe sind am besten die Handwerkernamen anzuschließen, wobei man sich nicht mit *Müller, Beck(er)* und *Schmidt* begnügen soll, sondern in erster Linie auch solche Namen erwähnen muß, die an heute nicht mehr ausgeübte Handwerke *(Gäbler, Löffler, Heftler, Nestler, Bogner, Sporer, Plattner, Helmer)* oder heute nicht mehr übliche ländliche Beschäftigungen *(Rübner, Grützner, Hechler)* erinnern. Familiennamen, die auf Hauszeichen[1] zurückgehen, lassen sich sehr zweckmäßig in einer Geschichtserzählung (Lehrervortrag oder Lesestück) im Anschluß an den Geschichtsunterricht darbieten. Hierher gehören Familiennamen wie *Fisch, Hirsch, Krebs, Adler, Storch, Rose, Lilie, Stern, Hammer, Krug, Palme, Engel* usw.

Mit dem Geschichtsunterricht verbindet man am besten auch die Namen, die auf die Siedelbewegung im Mittelalter und auf die Ostexpansion hinweisen: *Frank(e), Schwab(e), Hess(e), Döring* und *Dormann* (Thüringer), *Westfal, Friese; Pol(e), Pol(l)ak, Böhm(e), Zech, Wende, Windisch, Ruß, Kos(s)ak* usw.

Bei der Behandlung der Familiennamen sollte auch einmal gezeigt werden, wie ganze Reihen besonders solcher Familiennamen, die auf Vornamen zurückgehen, als sogenannte Sproßformen auf eine Grundform zurückgeführt werden können (Beispiele § 197). Soweit der Lehrer dazu in der Lage ist, ohne gegen das Prinzip der Wissenschaftlichkeit zu verstoßen, wird er dem natürlichen Verlangen der Schüler, über die Bedeutung ihrer Namen aufgeklärt zu werden, nachgeben; es muß jedoch nachdrücklich vor leichtfertigen Deutungsversuchen gewarnt werden. Ohne zuverlässige Hilfsmittel ist es in der Regel unmöglich, alle in einer Klasse vorkommenden Vor- und Familiennamen zu erklären.

Ein Stoffgebiet, das vielfältige Beziehungen zur Heimatkunde, Erdkunde und Geschichte aufweist, sind die Örtlichkeitsnamen (Ortsnamen, Flurnamen, Berg- und Flußnamen, Straßennamen). Die Arbeit mit den Örtlichkeitsnamen

---

[1] Bis zum 18. Jahrhundert unterschied man in Deutschland die Häuser nicht nach Hausnummern, sondern nach Zeichen und Namen.

geht in der Regel von der nächsten Umgebung der Schüler aus: Die Namen des Heimatortes, der Nachbarorte, der wichtigsten Orte der näheren und weiterer Heimat, die charakteristischen Flurnamen des Heimatortes, die Namen des Baches, des Flusses, eines in der Nähe gelegenen Berges, einiger Straßen der Stadt werden mit der Hilfe des Lehrers erklärt. Es bedarf keines besonderen Hinweises, daß dieses Stoffgebiet von den Schülern bei richtiger Anleitung mit großem Eifer bearbeitet wird. Die Arbeitsverfahren richten sich nach der Reife der Schüler; Ortsnamenforschung kann natürlich in der Schule auf keiner Stufe betrieben werden. In den Oberklassen kann man bereits mit Nutzen so verfahren, daß die von den Schülern gesammelten Örtlichkeitsnamen in bestimmte Gruppen zusammengefaßt werden, die sich aus ihrer Bedeutung, Bildungsweise oder Herkunft ergeben. So erhalten die Schüler einen Einblick in die Prinzipien, die für die Namengebung ausschlaggebend gewesen sind.

Die Arbeit mit den Orts- und Flurnamen darf sich natürlich nicht in der Sammlung und Einteilung des Namengutes in Gruppen erschöpfen. Sie ist eine wichtige und anschauliche Ergänzung und Illustration zum Heimatkunde- und Geschichtsunterricht, denn sie ermöglicht oft sehr aufschlußreiche Einblicke in die Kultur- und Wirtschaftsgeschichte des Heimatortes und seiner Umgebung bzw. des ganzen Landes. Selbstverständlich ist in unserem Deutschunterricht gar nicht genügend Zeit, um den Bildungs- und Erziehungsgehalt dieses umfangreichen Stoffgebietes voll auszunutzen; dazu müssen Heimatkunde, Erdkunde und Geschichte mit dem Deutschunterricht eng zusammenarbeiten.

Die Sammlung der Orts- und Flurnamen kann man weitgehend der selbständigen Arbeit der Schüler überlassen. Sie können sich dabei auf Flurpläne, Dorfbücher und Chroniken, Heimatsagen und andere Überlieferungen stützen; eine Methode ihrer Arbeit kann auch das Erfragen bei alten Ortseinwohnern sein. Neben den bereits erwähnten Formen der außerschulischen Arbeit der Schüler eignen sich besonders Schulwanderungen und Exkursionen dafür. Die Erklärung und Ordnung der gesammelten Namen geht in den mittleren Klassen mit starker Hilfe des Lehrers vor sich. Die Schüler der Oberklassen können auf diesem Gebiet bereits mit größerer Selbständigkeit arbeiten.

Bei der Beschäftigung mit Ortsnamen und Flurnamen ist besonderes Augenmerk auf die Belege aus der Mundart zu richten. Die mundartlichen Formen sind die ursprünglichen, und sie geben in vielen Fällen Aufschluß, wo uns die offiziellen schriftsprachlichen Formen im Stich lassen. Den Schülern aber macht es erfahrungsgemäß viel Freude, ihre eigene Mundart einmal als so wichtig betrachtet zu sehen, und sie sind sehr interessiert daran, auch mundartliche Formen anderer Landschaften kennenzulernen. Bemerkenswert und sehr in-

330

struktiv sind meist auch die volkstümlichen Formen, die neben den amtlichen Ortsnamen anzutreffen sind (Spottnamen, nachbarliche Schelten, charakterisierende Attribuierungen) und auf örtliche Gegebenheiten, Ereignisse aus der Ortsgeschichte u. ä. hinweisen; sie zeichnen sich oft durch treffenden Witz und volkstümliche Ausdruckskraft aus.

Als Ersatz für die Flurnamen können in den Stadtschulen die Straßennamen sowie die Namen von Stadtteilen und alten Gebäuden gesammelt und gedeutet werden. Auch sie geben, genauso wie die Flurnamen auf dem Lande, ein lebendiges Bild von der wirtschaftlichen und kulturgeschichtlichen Entwicklung des Heimatortes; die neueren Straßennamen und die Namen öffentlicher Gebäude und Einrichtungen stehen fast immer in enger Beziehung zu der örtlichen und überörtlichen Geschichte der Arbeiterbewegung und des antifaschistischen Widerstandskampfes.

Wie bei den Personennamen muß auch bei den Örtlichkeitsnamen darauf verwiesen werden, daß die Schule nur das Wichtigste und Nächstliegende aus diesem gewaltigen Stoffgebiet herausgreifen kann. Die Deutung der Örtlichkeitsnamen ist vielfach sehr schwierig und nur auf Grund spezieller Untersuchungen möglich. Der Lehrer darf sich bei diesem Unterricht nur auf wissenschaftlich gesichertes Material stützen und muß auch die Schüler auf diese Schwierigkeiten hinweisen. Aller Dilettantismus ist sorgfältig zu vermeiden.

Die Wortbildung

Die Beschäftigung mit der Wortbildung beginnt bereits im Grammatikunterricht der Unterstufe, der Stoff wird später wiederholt, ergänzt und vertieft. Die Arbeit an der Wortbildung muß von Anfang an auch unter sprachkundlichem Aspekt stehen, wenn sie nicht in Schematismus und Formalismus enden soll. Die Kinder müssen die Wortbildung als ein Mittel begreifen lernen, mit dessen Hilfe die Ausdrucksmöglichkeiten der Sprache ständig erweitert und verfeinert werden. Die Formen der Wortbildung (Zusammensetzung, Ableitung) dürfen also nicht nur schematisch dargestellt und geübt werden, sondern sie werden jeweils in ihrer speziellen Wirksamkeit vorgeführt, d. h., es muß sichtbar werden, worin der besondere Beitrag der betreffenden Wortbildungsform zur Sprachbereicherung besteht.

Bei den Übungen zur Wortbildung darf nicht isoliert am einzelnen Wort gearbeitet werden, sondern die Arbeit muß immer ein Sprachganzes zum Ausgangspunkt und zum Ziel haben. Wenn in der 5. und 6. Klasse die Ableitung von Substantiven durch Vor- und Nachsilben behandelt und in der 7. Klasse wiederholt und ergänzt wird, werden also nicht einfach Substantive mit verschiedenen Vor- und Nachsilben gesucht, registriert und geordnet, sondern die Schüler erhalten z. B. die Aufgabe, Substantive auf *-heit* zu Eigenschaften oder auf *-ung* zu Tätigkeiten zu suchen und die Wörter im Redezusammenhang gegenüberzustellen, z. B. *Die Mutter beklagt sich darüber, daß Karl ungezogen ist — die Mutter beklagt sich über die Ungezogenheit Karls; Wir wollen dir einige Bücher senden — morgen erhältst du unsere Sendung* usw. In ähnlicher Weise lassen wir die Schüler Substantive auf *-e* zu Tätigkeiten und Eigenschaften suchen (*bitten — Bitte, eilen — Eile, reden — Rede, schleppen — Schleppe; hart — Härte, groß — Größe, gut — Güte, tief — Tiefe* u. a. m.). Um die Stammverwandtschaft derartiger Wortpaare eindringlich klarzustellen, kann man Übungen nach folgender Art durchführen: *Gefäße, die einen Bauch haben, sind bauchig; eine Landschaft mit vielen Bergen nennen wir bergig* usw.

Will man die Abhängigkeit der Bedeutung von bestimmten Wortbildungssilben deutlichmachen, arbeitet man am besten an einer Gruppe von Sätzen, die Wörter mit gleichem Bau enthalten (z. B. Eigenschaftswörter mit den Ableitungssilben *-en* oder *-ern*, etwa: *eichen, irden, wollen; hölzern, steinern, ledern*). Die Schüler erkennen, daß die Ableitungssilben *-en* bzw. *-ern* Eigenschaftswörter bilden, die angeben, aus welchem Stoff ein Gegenstand ist. Umgekehrt kann man den Schülern auch eine Reihe von Wörtern gleichen Baues geben, damit sie daraus Sätze bilden und so die semantische Funktion bestimmter Wortbildungsmittel erkennen. Aus der Reihe *ballern, erschüttern, glitzern, knattern, plappern, plätschern, schlenkern, stottern, zittern* finden sie selbst ohne große Mühe heraus, daß viele Verben auf *-ern* eine wiederholte Bewegung oder ein wiederholtes Geräusch bezeichnen.

Zahlreiche Übungen sind zur Wortzusammensetzung möglich. Wir vermeiden auch hier jede nur formale Erarbeitung der Zusammensetzung, etwa in der Weise, daß wir die Schüler lediglich Zusammensetzungen aus Substantiv + Substantiv, Adjektiv + Substantiv, Substantiv + Adjektiv, Verb + Substantiv, Pronomen, Numerale oder unflektierbarem Wort + Substantiv bilden lassen, sondern wir stellen jeweils fest, wie das Grundwort durch das Bestimmungswort näher erläutert wird, und führen die Schüler so zu der Erkenntnis, daß die Zusammensetzung ein Mittel ist, mit dessen Hilfe wir Beziehungen und Abhängigkeitsverhältnisse der Gegenstände und Erscheinungen der Wirklichkeit auf eine sehr einfache Weise darzustellen vermögen. Diese Erkenntnisse dürfen natürlich nicht theoretisch vermittelt werden, sondern die Schüler müssen sie unter der Anleitung des Lehrers bei der Gestaltung sprachlicher Darstellungsaufgaben mit Hilfe der Zusammensetzung selbst gewinnen.

Zur Systematisierung der Kenntnisse auf dem Gebiet der Wortbildung ist die Arbeit an Wortfamilien zu empfehlen. Dabei erhalten die Schüler einen Einblick in die Verwandtschaftsverhältnisse zusammengehöriger Wörter und erkennen die Wirkung der einzelnen Wortbildungsmittel. Außerdem ist diese Arbeit auch für den Orthographieunterricht von Wert. Nachdem die Bedeutung des Kernwortes, dessen Wortfamilie erarbeitet werden soll, von der Klasse ermittelt ist, beginnt das Zusammentragen von Ableitungen und Zusammensetzungen, deren Beziehungen zu dem Kernwort hinsichtlich ihres Baues, ihrer Bedeutung und ihrer Schreibung untersucht werden. Besonders interessant ist es für die Schüler, wenn vom Lehrer Wörter beigebracht und erklärt werden, die nicht ohne weiteres als Glieder der Wortfamilie zu erkennen sind. Die gesammelten Wörter können zunächst nach der Wortart gruppiert werden; jede dieser Gruppen wird dann weiter in einfache, zusammengesetzte und abgeleitete Wörter gegliedert. Die Bedeutung schwieriger Wörter darf jedoch nicht in der Form begrifflicher Definitionen erläutert werden. Die Schüler müssen den Sinn des Wortes im Kontext erfassen; es muß also mit allen herangezogenen Gliedern der Wortfamilie im sprachlichen Zusammenhang gearbeitet werden.

Die Aufstellung von Wortfamilien verlangt vom Lehrer viel Sorgfalt, denn die lautliche Übereinstimmung moderner Wortformen ist keineswegs immer ein Beweis für sprachliche Verwandtschaft. So hat beispielsweise *Hagestolz* nichts mit *hager* und *stolz* zu tun (siehe S. 142), und das Wort *Gefahr* gehört nicht zur Wortfamilie *fahren,* sondern es geht auf ahd. *fara,* mhd. *vare* zurück, das 'Nachstellung, Hinterlist, Falschheit' bedeutete. Da die Entscheidung etymologischer Fragen ohne gründliche wissenschaftliche Schulung nicht möglich ist, ist es immer geboten, ein etymologisches Wörterbuch zu Rate zu ziehen.

Die Wortbedeutung und ihre Veränderungen

Die Arbeit an der Bedeutung der Wörter ist eines der Hauptanliegen der Sprachkunde. Wohl beherrschen die Schüler ihre Muttersprache bereits bis zu einem gewissen Grade, wenn sie in die Schule eintreten; sie kennen die Bedeutung vieler Wörter und wenden diese richtig an. Aber es dauert noch eine geraume Zeit, bis sie imstande sind, die Wörter bewußt zu setzen, ja bis es ihnen überhaupt zum Bewußtsein kommt, daß diese etwas „bedeuten". Es genügt aber nicht, ihnen die Wörter begrifflich zu erklären; sie müssen lernen, ihren vollen Sinngehalt zu ergründen. Diese „Durchleuchtung" der Wörter unserer Sprache ist eine Aufgabe nicht nur des muttersprachlichen Unterrichts, der sich ihrer natürlich in erster Linie annehmen muß, sondern aller Unterrichtsfächer.

Die Sprachkunde beschäftigt sich also ständig mit der Bedeutung der Wörter, ob sie sich nun mit der Wortbildung, dem eigenen und fremden Wortgut in der Sprache, den Namen, dem Sonderwortschatz sozialer Gruppen, dem bildhaften Ausdruck, der Mundart oder dem Bedeutungswandel befaßt. Sie kennt aber spezielle Arbeitsformen, die besonders geeignet sind, den Bedeutungsgehalt der Wörter aufzuschließen. Im folgenden sollen die wichtigsten davon angeführt werden.

Ein beliebtes Verfahren zur Bereicherung des Wortschatzes der Schüler und zur Klärung der Bedeutung der Wörter ist die Arbeit mit Sachgruppen und den entsprechenden Wortreihen. Das sind Reihen sinnverwandter (nicht stammverwandter) Wörter, mit deren Hilfe wir bestimmte Lebens- und Sachgebiete sprachlich erfassen und gestalten.[1] Die Arbeit mit Wortreihen ist sehr wichtig für die Schulung des begrifflichen Denkens, und sie gibt den Schülern einen Einblick in die Art und Weise, wie wir die Wirklichkeit sprachlich aufgliedern. Dabei ist selbstverständlich das Prinzip streng zu beachten, daß nur Sachgebiete herangezogen werden können, die den Schülern auf Grund ihrer Erfahrung zugänglich sind.

Die Bearbeitung von Wortreihen kann schon sehr frühzeitig beginnen. Man läßt beispielsweise von den Kindern Wörter suchen, die die verschiedenen Arten der Fortbewegung zu Fuß bezeichnen (*gehen, laufen, rennen, schreiten, stolzieren, tänzeln, hüpfen, springen, schleichen, hinken, humpeln, watscheln, stolpern, torkeln* usw.). Nach der Sammlung der Ausdrücke beginnt ihre Sichtung und Ordnung unter Anwendung aller bereits besprochenen Formen der Worterklärung. Um die Unterscheidung und die Abgrenzung des Sinngehaltes der Glieder einer Wortfamilie völlig deutlich zu machen, bedarf es freilich der Betrachtung der Wörter im Sinnzusammenhang. Es ist nicht richtig, ihre Bedeutung isoliert, nur auf dem Wege der Umschreibung, klären zu wollen. Mit der Aufhellung der Bedeutungsunterschiede der Wörter einer Reihe ist die sprachkundliche Aufgabe jedoch noch nicht gelöst, sie verlangt noch die Anwendung des bearbeiteten Sprachmaterials in der eigenen sprachgestaltenden Tätigkeit der Schüler.

Die Stichwörter, nach denen Wortreihen aufgestellt werden, richten sich nach dem Erfahrungs- und Wissenskreis der Schüler und den Unterrichtsvorhaben (z. B. allerlei Gebäude, Musikinstrumente, Berufe, Farben, Geräusche usw.). Die

---

[1] Die Sprachwissenschaft gebraucht dafür den Terminus Wortfeld.

334

Sprachkunde kann also bei der Beschäftigung mit den Wortreihen der Ausdruckspflege unmittelbar in die Hände arbeiten, indem sie die Wortreihen aus den Sachgebieten nimmt, die in der Ausdruckspflege auftreten sollen.

Man kann auch Einordnungsübungen durchführen, die darin bestehen, daß eine ungeordnete „Wortreihe" von den Schülern unter bestimmte gegebene Oberbegriffe zu ordnen ist. So könnte bei der Besprechung der abstrakten Substantive z. B. folgende „Wortreihe" unter den Oberbegriffen *Verstand* und *Gefühl* geordnet werden: *Behagen — Betrübnis — Einsicht — Entzücken — Erkenntnis — Freude — Heiterkeit — Intelligenz — Kenntnis — Klugheit — Leid — Lust — Schlauheit — Schmerz — Trauer — Vergnügen — Verständnis — Weisheit — Wissen — Wohlgefallen.* Auch diese Wortschatzübungen dienen jeweils als Vorbereitung auf eine bestimmte Gestaltungsaufgabe, d. h., der Lehrer geht bei der Unterrichtsplanung von dem Thema der Gestaltungsübungen aus; dieses bestimmt auch die Auswahl des Wortgutes, das den Schülern zur Sichtung und Ordnung vorgelegt wird.[1]

In das Stoffgebiet Wortbedeutung gehört auch die Erscheinung der Bedeutungsveränderung. Die sprachlichen Vorgänge, die wir gewöhnlich unter dem Terminus Bedeutungswandel zusammenfassen, sind sehr vielgestaltig und kompliziert, ihre Ursachen sind noch nicht in allen Einzelheiten geklärt, und für ihr Verständnis bedarf es gewisser sprachgeschichtlicher Kenntnisse, die in den Oberklassen nur zum Teil gegeben sind, in den mittleren aber noch fast ganz fehlen. Trotzdem müssen auch die Schüler der mittleren Klassen mit dieser Erscheinung bekannt gemacht werden, denn sie tritt ihnen in der Sprachwirklichkeit immer wieder entgegen. Das Ziel der Behandlung des Bedeutungswandels in der Schule kann freilich nicht eine systematische Darstellung der einschlägigen Erscheinungen sein, die Schüler können aber zu der Erkenntnis geführt werden, daß der Bedeutungsgehalt der Wörter nichts Starres und durch alle Zeiten Unveränderliches ist, sondern daß sich die Veränderungen in der Produktion und auf allen übrigen Gebieten des gesellschaftlichen Lebens sehr häufig in der Veränderung der Wortbedeutungen widerspiegeln.

Wenn der muttersprachliche Unterricht oder gar alle Unterrichtsfächer das sprachkundliche Prinzip erfolgreich verwirklichen, wenn also die Schüler daran gewöhnt werden, die Wörter auf ihre Bedeutung hin anzuschauen, kann es nicht ausbleiben, daß sie die Erscheinung der Bedeutungsveränderung ganz von selbst bemerken und Auskunft darüber verlangen. Aufmerksamen Schülern kann es nicht entgehen, daß die Bezeichnungen *Feder* (für ein Schreibwerkzeug

---

[1] Das Wortmaterial für solche Übungen kann der Lehrer ohne Mühe aus dem Werk von Franz Dornseiff „Der deutsche Wortschatz nach Sachgruppen", 5. Aufl., Berlin 1959, oder aus anderen synonymischen Wörterbüchern zusammenstellen.

aus Stahl oder Kunststoff) oder *Bleistift* (für ein Schreib- oder Zeicheninstrument aus Graphit und Holz oder Kunststoff) genau genommen auf die Dinge, für die sie stehen, gar nicht zutreffen. Von derlei ganz ungezwungen auftretenden Anlässen aus können die Schüler den Zugang zum Verständnis der Bedeutungsveränderung finden. Den Schülern der Mittelklassen könnte man die Erscheinung der Bedeutungsveränderung z. B. so verständlich machen, daß man mit ihnen den heutigen Bedeutungsinhalt der Wörter *Reise* und *reisen* erarbeitet, indem man dabei auf die Benutzung der modernen Verkehrsmittel wie Eisenbahn, Kraftwagen, Hochseeschiff, Flugzeug usw. eingeht und sie dann gegenüberstellen läßt, welchen Inhalt die Wörter vor 150 bis 200 Jahren, in der Zeit der Postkutsche und des Segelschiffes, hatten. Solche Erklärungen öffnen den Schülern die Augen für den Zusammenhang zwischen gesellschaftlicher und sprachlicher Entwicklung.

Anlaß zur Beschäftigung mit der Bedeutungsveränderung geben auch Wörter, die neben einer neueren, allgemeingebräuchlichen auch noch eine ältere, nur noch selten auftretende Bedeutung aufweisen, z. B. *fahren* in *fahrender Schüler* oder in der Wendung *auf Fahrt gehen*. An Hand solcher Beispiele können die Schüler auch mit dem Tatbestand der B e d e u t u n g s v e r e n g u n g und B e d e u t u n g s e r w e i t e r u n g bekannt gemacht werden. Die Begriffe Bedeutungsverengung und Bedeutungserweiterung lassen sich ohne Schwierigkeit in der Weise erarbeiten, daß auf der Tafel den Bedeutungen, die ein Wort früher hatte, seine heutigen gegenübergestellt werden. Die Schüler erkennen dann sofort, ob sich der Bedeutungsumfang verengt oder erweitert hat.

Selbstverständlich darf man in den mittleren Klassen nicht darauf ausgehen, die verschiedenen Arten der Bedeutungsveränderung systematisch darzustellen, indem man für jede Art eine Reihe von Beispielen angibt. Der Bedeutungswandel wird zunächst nur von Fall zu Fall besprochen, wenn die Arbeit mit einem Wort, das eine Bedeutungsveränderung erfahren hat, dies erfordert. Da diese Anlässe nicht allzu selten sind, treten mit der Zeit Beispiele für alle Arten der Bedeutungsveränderung in das Blickfeld der Schüler. Gelegentlich kann dann in den oberen Klassen auch einmal eine Systematisierung der Kenntnisse über die Bedeutungsveränderung versucht werden. Viel wichtiger aber als die Erarbeitung eines Schemas, etwa mit den Rubriken Bedeutungsverengung, Bedeutungserweiterung u. a., ist es, die Aufmerksamkeit der Schüler darauf zu lenken, daß die Vorgänge der Bedeutungsveränderung auch in der Sprache der Gegenwart zu beobachten sind. Nicht die Kenntnis einiger Beispiele, die auswendig gemerkt werden müssen und allzubald wieder in Vergessenheit geraten, sondern ein offenes Auge für die gegenwärtig vor sich gehenden Bedeutungsveränderungen im Wortbestand unserer Sprache sind wichtig. Darum muß der Lehrer seine Unterrichtsbeispiele möglichst unter diesem Gesichtspunkt auswählen. Ich denke hier z. B. an die Wörter, deren Bedeutungswandel unsere gesellschaftliche Entwicklung nach 1945 deutlich widerspiegelt (*Arbeiter, Patriot, Demokratie* u. a.).

Die Entwicklung des Wortbestandes

Die systematische Behandlung der historischen Entwicklung des Wortbestandes unserer Sprache ist in den Klassen 5 bis 8 nur in beschränktem Umfang möglich, da die erforderlichen Voraussetzungen (besonders geschichtliche und sprachgeschichtliche Kenntnisse; Bekanntschaft mit den wichtigsten Kultursprachen, aus denen Entlehnung in das Deutsche stattgefunden hat) fehlen. Die Arbeit an diesem Stoff wird also in erster Linie vom Einzelwort ausgehen, das im Unterricht gerade auftritt. Neben und nach vielen derartigen vereinzelten Hinweisen und Erklärungen ist dann auch einmal eine systematisierende Behandlung des Stoffes am Platze.

Besondere Bedeutung kommt der Beschäftigung mit dem f r e m d e n W o r t - g u t in unserer Sprache zu. Sie läßt sich sehr gut an die Stoffe des Geschichtsunterrichts anschließen. Wenn im Fach Geschichte das Zusammentreffen unserer germanischen Vorfahren mit den Römern behandelt wird, ergibt sich im Deutschunterricht die Behandlung der Lehnwörter unserer Sprache, die damals aus dem Lateinischen übernommen wurden, ganz organisch. Behandelt der Geschichtsunterricht den wirtschaftlichen und kulturellen Niedergang Deutschlands im Zeitalter des Dreißigjährigen Krieges und seine starke politische Abhängigkeit von auswärtigen Mächten, besprechen wir auch im Deutschunterricht, daß in jener Zeit eine Flut von Fremdwörtern aus dem Französischen, Italienischen, Spanischen und anderen Sprachen Deutschland überschwemmte und die deutsche Sprache zu ersticken drohte. Wenn aber der Lehrplan eine derartige Verteilung des Stoffes aus zeitlichen Gründen nicht zuläßt, muß wenigstens in einer der oberen Klassen einmal eine übersichtliche Darstellung der Übernahme fremden Wortgutes aus den Sprachen der Nachbarvölker gegeben werden. Dabei werden so wichtige Fragen erörtert wie die Ursachen und Wege der sprachlichen Entlehnung und unsere Stellung zum Gebrauch der Fremdwörter. Wir halten an der üblichen Unterscheidung zwischen Lehnwort und Fremdwort fest, obwohl sie vom wissenschaftlichen Standpunkt nicht immer reinlich durchzuführen ist (vgl. § 44).

Die systematische Arbeit am Fremdwort wird zweckmäßig von einer Stoffsammlung ausgehen. Dieses Material kann vom Lehrer oder vom Sprachbuch geboten werden, es ist aber auch möglich, die Schüler zu beauftragen, bereits bekannte Fremdwörter aufzuschreiben oder aus einem Lesestück bzw. einem Zeitungsartikel die Wörter herauszusuchen, die ihnen nach Gestalt und Inhalt fremd erscheinen. (Bei diesem Verfahren ist es selbstverständlich notwendig, die eventuell in der Sammlung der Schüler auftretenden deutschen Wörter auszusondern.) Das zunächst noch ungeordnete Material kann unter verschiedenen Gesichtspunkten (Sachgebiet, Herkunft usw.) geordnet werden. In der Anwendung bei der eigenen sprachgestaltenden Tätigkeit der Schüler wird sein Bedeutungsinhalt befestigt. Bei dieser Arbeit sollen die kulturgeschichtlichen Hintergründe der Übernahme der betreffenden fremden Wörter sichtbar gemacht werden.

Treten unter den Fremdwörtern Internationalismen auf, so kann immer wieder gezeigt werden, wie sich die internationale Zusammenarbeit in Wissenschaft und Technik im Wortschatz widerspiegelt.

Ich verweise hier noch darauf, daß die sprachkundliche Behandlung von Fremdwörtern und Internationalismen auch immer mit orthographischen Übungen verknüpft werden sollte. Diese Verbindung der sprachkundlichen Arbeit mit dem Orthographieunterricht bietet sich vor allem in Klasse 8 an, in der die Schreibung von Fremdwörtern und Internationalismen ausführlich behandelt wird. Auf diese Weise kann der Orthographieunterricht belebt und das Verständnis der Schüler für die Schreibung der Wörter wesentlich gefördert verden.

Eine wichtige Aufgabe hat der Unterricht bei der Behandlung der Fremdwörter gewissermaßen am Rande zu lösen, und er findet dabei gleichzeitig eine sehr geeignete Arbeitsform für diesen Stoff: Die Kinder müssen bereits in der Schule lernen, mit dem Fremdwörterbuch umzugehen. In einer Klasse, die zum Sprachdenken erzogen ist, wird die Arbeit mit dem Fremdwörterbuch zu einem Höhepunkt in der Selbsttätigkeit der Schüler; sie entnehmen ihm viele interessante Angaben über die einzelnen Wörter, wie über die Herkunft, Bedeutung, Schreibung, das Geschlecht u. a. Das Fremdwörterbuch bietet wie jedes Wörterbuch nicht nur sehr gute Arbeitsmöglichkeiten in der Unterrichtsstunde, sondern es kann auch in mannigfacher Weise in die Hausaufgabenstellung eingebaut werden. Derlei Übungen wären z. B. die Feststellung der Bedeutung solcher häufig auftretender Wortbestandteile wie *ad-, ana-, anti-, auto, bio-, de-, dia-, dis-, epi-, hekto-, hyper-, hypo-, in-, inter-, kata-, kilo-, kon-* oder *kom-, mono-, pan-, para-, per-, poly-, prä-, pro-, re-, sub-, super-, syn-, tele-, trans-; -and,*

-ant, -ent, -graph, -ist, -meter usw. oder die vergleichende Gegenüberstellung von Fremdwörtern mit den Bestandteilen -logie und -nomie. Eine andere Aufgabe könnte darin bestehen, daß die Schüler versuchen, in einem Lesetext oder einem Zeitungsausschnitt mit Hilfe des Fremdwörterbuches alle Fremdwörter durch deutsche zu ersetzen und dabei zu prüfen, wieweit das überhaupt möglich ist. Interessante und für die Sprachgestaltung wichtige Aufschlüsse ergeben sich auch aus der Beobachtung der Bedeutungsabschattungen, die manche Fremdwörter gegenüber den ihnen entsprechenden deutschen Ausdrücken besitzen *(Courage — Mut, Bravour — Tapferkeit, Malheur — Unglück).*

Besonders wichtig ist es natürlich, daß in erster Linie solche Fremdwörter und Internationalismen im Unterricht behandelt werden, die innerhalb der gegenwärtigen gesellschaftlichen Entwicklung eine wesentliche Rolle spielen, wie *Automatisierung, Mechanisierung, Turbine, Sputnik, Aktivist, Dispatcher, Pionier, Sozialismus, Kommunismus* usw.

Während sich die Fremdwörter und Internationalismen im Wortbestand unserer Sprache deutlich vom einheimischen Wortgut abheben, ist dies bei den Lehnwörtern nicht der Fall. Diese haben vom Standpunkt der Gegenwartssprache nichts Besonderes an sich, sie sind für den Betrachter ohne sprachgeschichtliche Kenntnisse nicht als ehemals fremdes Wortgut zu erkennen. Es ist deshalb auch nicht angebracht, ihnen in den Klassen 5 bis 8 allzuviel Zeit zu widmen; in den obersten Klassen werden sie allerdings gründlicher behandelt.

Was oben von der Anknüpfung der Behandlung der Fremdwörter an den Geschichtsunterricht und über die kulturhistorische Auswertung dieses sprachkundlichen Stoffes gesagt wurde, gilt auch für die Lehnwörter. Da jedoch die Schüler, wie schon erwähnt, die Lehnwörter nicht selbst zu erkennen vermögen, ist es auch nicht möglich, sie selbständig einschlägiges Wortmaterial sammeln zu lassen. Es muß vom Lehrer, vom Sprachbuch oder vom Lesebuch geboten werden. In den oberen Klassen werden die wichtigsten Lautveränderungen besprochen, die an solchen Wortpaaren wie *panna — Pfanne, scutella — Schüssel, bicarium — Becher, speculum — Spiegel* usw. abzulesen sind. Dabei können den Schülern die Gesichtspunkte klargemacht werden, nach denen wir das fremde Wortgut in unserer Sprache in Fremdwörter und Lehnwörter einteilen (Angleichung der fremden Wörter nach Aussprache, Betonung, Beugung und Schreibung an die Gesetze der deutschen Sprache).

Wenn die geschichtliche Entwicklung des Wortbestandes unserer Sprache behandelt wird, müssen nach Möglichkeit auch die gesellschaftlichen Faktoren dargestellt werden, die hinter diesen Erscheinungen stehen. Das Hauptaugenmerk richten wir dabei auf die Entwicklung des Wortbestandes in der Gegenwart. So sind sehr aufschlußreiche und wertvolle Übungen zum Ausbau des Wortbestandes der Gegenwartssprache möglich: Man gibt den Schülern beispielsweise den Auftrag, Wörter zusammenzustellen, die in Zusammenhang mit Erscheinungen des Fortschritts in verschiedenen Bereichen des gesellschaftlichen Lebens in unsere Sprache gekommen sind. Die Zahl der Sachgebiete, an denen in dieser Weise geübt werden kann, ist praktisch unbegrenzt. Derlei Übungen sind eine gute Möglichkeit, die Schüler mit allen Formen der Bereicherung des Wortbestandes bekannt zu machen (Wortschöpfung, die verschiedenen Arten der Wortbildung, Übernahme fremden Wortgutes, Bedeutungsentwicklung). Sehr viele Anregungen bieten die produktive Arbeit und die Berufsausbildung.

Die Mundart

Die Rolle der Mundart im Schulunterricht ist naturgemäß sehr beschränkt. Abgesehen davon, daß es die Aufgabe der Schule ist, die neuhochdeutsche Schriftsprache zu lehren und zu gebrauchen, ist heute durch die Umsiedlung großer Teile der Bevölkerung während des zweiten Weltkriegs und danach die frühere Geschlossenheit der Mundartlandschaften weitgehend aufgehoben. In den wenigsten Orten gibt es also noch für alle Schüler die einheitliche „Volkssprache oder Haussprache", von der der muttersprachliche Unterricht nach Rudolf Hildebrand ausgehen soll. Dazu kommt, daß heute der Lehrer nur selten in der Mundart seines Schulortes verwurzelt ist.

Trotzdem wird die Mundart in Schulorten, wo sie noch lebendig ist, hie und da im Unterricht auftreten, und auch die Sprachkunde wird auf sie zurückgreifen. So betrachtet sie gelegentlich die treffenden bildlichen Ausdrücke und Wendungen der Mundart und zieht bei der Behandlung der Örtlichkeitsnamen oder der volkstümlichen Tier- und Pflanzennamen die mundartlichen Formen heran. Bei der Arbeit mit Wortfamilien und Wortreihen können mundartliche Ausdrücke berücksichtigt werden. Meistens enthalten die Lesebücher einige Mundartproben, der Lehrer wird aber nach Möglichkeit auch Schallplatten und Tonbänder verwenden. In den oberen Klassen spielt die Betrachtung des Laut- und Wortbestandes der Mundarten eine nicht unbedeutende Rolle, wenn die Erscheinungsformen des Sprachwandels (Lautwandel, Bedeutungswandel) behandelt werden. So muß besonders bei der Besprechung der zweiten Lautverschiebung immer wieder mit der Gegenüberstellung niederdeutscher und hochdeutscher Formen gearbeitet werden.

340

Die Sprachkunde wird den Schülern auch zeigen können, daß der mundartliche Sprachstand (Laute und Formen) oft eine ältere Entwicklungsstufe darstellt und deshalb besonders für die Sprachwissenschaft von Interesse ist. Auf diese Weise wird erreicht, daß die Schüler die Mundart nicht als etwas Minderwertiges oder Lächerliches ansehen. Die Beschäftigung mit der Mundart im Unterricht darf jedoch nie in der Absicht erfolgen, sie zu lehren. Ein solcher Versuch wäre widersinnig und aussichtslos.

Neben den obengenannten Arbeitsformen ist noch die Sammlung charakteristischer mundartlicher Ausdrücke und vor allem die Aufnahme mundartlicher Lieder, Sagen und Sprüche der Heimat zu nennen. Die Anregung zu dieser Sammeltätigkeit sollte vom Unterricht ausgehen, dort erfolgt auch die Auswertung ihrer Ergebnisse. Das Sammeln selbst ist eine wertvolle Form der außerschulischen Arbeit, die unter Leitung des Lehrers oder in der Verantwortlichkeit der Jugendorganisation durchgeführt wird. Schulwanderungen und Exkursionen können ebenfalls dazu benutzt werden. Es ist auch zu empfehlen, die Schüler zu veranlassen, die Menschen ihrer Umgebung — und das ganz besonders bei Ferienreisen in andere Dialektgebiete — auf ihre mundartlichen Spracheigentümlichkeiten hin zu beobachten. Dabei kann das besondere Augenmerk auch auf Unterschiede in der Sprechweise (Lautstand, grammatische Formen, Wortschatz) der älteren und jüngeren Generation gelenkt werden, um so das Zurücktreten der Mundarten gegenüber Erscheinungsformen der Sprache mit größerer Reichweite (Umgangssprache, Hoch- und Schriftsprache) am örtlichen Material zu verfolgen. Eine Möglichkeit, die Mundart zu verwenden, ergibt sich in der Arbeit der Laienspielgruppen. Diese können gelegentlich ein Mundartstück aufführen oder, z. B. beim Stegreifspiel, einzelne Personen die Mundart gebrauchen lassen.

Abkürzungen

abg.	= altbulgarisch	it.	= italienisch
Adj.	= Adjektiv	Kap.	= Kapitel
ae.	= altenglisch	kelt.	= keltisch
afries.	= altfriesisch	lat.	= lateinisch
afrz.	= altfranzösisch	lit.	= litauisch
ags.	= angelsächsisch	M	= Maskulinum
ahd.	= althochdeutsch	md.	= mitteldeutsch
aind.	= altindisch	mfr.	= mittelfränkisch
air.	= altirisch	mhd.	= mittelhochdeutsch
Akk.	= Akkusativ	mlat.	= mittellateinisch
alb.	= albanisch	mnd.	= mittelniederdeutsch
alemann.	= alemannisch	mnl.	= mittelniederländisch
amerik.	= amerikanisch	nd.	= niederdeutsch
and.	= altniederdeutsch	nl.	= niederländisch
anord.	= altnordisch	ndrhein.	= niederrheinisch
aobd.	= altoberdeutsch	nhd.	= neuhochdeutsch
arab.	= arabisch	nord.	= nordisch
asä.	= altsächsisch	norddt.	= norddeutsch
avest.	= avestisch	norw.	= norwegisch
dän.	= dänisch	obd.	= oberdeutsch
Dat.	= Dativ	osorb.	= obersorbisch
dt.	= deutsch	ostmd.	= ostmitteldeutsch
engl.	= englisch	Part.	= Partizipium
F	= Femininum	Perf.	= Perfekt
frz.	= französisch	pers.	= persisch
frühnhd.	= frühneuhochdeutsch	Plur.	= Plural
gemeinrom.	= gemeinromanisch	poln.	= polnisch
Gen.	= Genitiv	port.	= portugiesisch
germ.	= germanisch	Präp.	= Präposition
got.	= gotisch	präp.	= präpositional
griech.	= griechisch	Präs.	= Präsens
hd.	= hochdeutsch	Prät.	= Präteritum
hebr.	= hebräisch	rom.	= romanisch
ide.	= indoeuropäisch	russ.	= russisch
Impf.	= Imperfekt	schwed.	= schwedisch
Inf.	= Infinitiv	serbokr.	= serbokroatisch

Sing.	= Singular	tschech.	= tschechisch
span.	= spanisch	türk.	= türkisch
spätmhd.	= spätmittelhoch-deutsch	uride.	= urindoeuropäisch
spr.	= sprich	urkundl.	= urkundlich
sth.	= stimmhaft	urnord.	= urnordisch
stl.	= stimmlos	urslaw.	= urslawisch
Subst.	= Substantiv	urspr.	= ursprünglich
süddt.	= süddeutsch	vulgärlat.	= vulgärlateinisch
toch.	= tocharisch	westgerm.	= westgermanisch

Erklärung der Zeichen

< = entstanden aus

> = geworden zu, wird zu

⁺ = erschlossene, nicht überlieferte Form

‾~ über einem Vokal bezeichnen seine Länge *(ā, â, ã)*

˘ über einem Vokal bezeichnet seine Kürze *(ă)*

´ über einem Vokal bezeichnet den Haupton *(á)*

° unter sth. Konsonanten (l̥, m̥, n̥, r̥) bezeichnet seinen silbischen Wert

˛ unter einem baltoslaw. Vokal bezeichnet seine Nasalierung (ǫ́) sonst offene Aussprache

’ hinter einem Konsonanten (t’) bezeichnet seine Palatalisation (Erweichung)

˘ ´ ˙ über einem Konsonanten (ř, ś, ż) bezeichnen seine Palatalisation (Erweichung)

ę = kurzes, geschlossenes e (Umlaut von a)

ë = kurzes, offenes e

ə = kurzes, gemurmeltes e (wie in fragte)

æ = langes ä

œ = langes ö

ƀ = sth. labiler Reibelaut (w)

č = tsch

ð = sth. Lispellaut (wie in engl. that)

Þ = stl. Lispellaut (wie in engl. thing)

g = sth. velarer Reibelaut (sth. Ach-Laut, wie in md. Tage)

ƕ = h + w, ch + w (got.)

χ = stl. velarer Reibelaut (stl. Ach-Laut)

š = stl. sch (wie in Schule)

ž = sth. sch (wie in Journal)

z, zz = stl. s (mhd. wazzer)

ъ = harter Halbvokal

ь = weicher Halbvokal

Wortregister

Es konnte nur ein Teil des sprachlichen Materials in das Register aufgenommen werden, und zwar verzeichnet dieses nur wichtigere Wörter und Morpheme, die im Text erklärt wurden. Beim Aufsuchen des Fehlenden können das Sachregister und das Inhaltsverzeichnis Anhaltspunkte geben; so sind z.B. das Wort *lispeln* unter dem Stichwort „Lautnachahmung" und der Rufname *Ludmila* unter dem Stichwort „Fremde Rufnamen" ausfindig zu machen.

Mit Hilfe von Präfixen oder Suffixen abgeleitete Wörter findet man unter den betreffenden Affixen.

Aus den behandelten Wortsippen sind nur die wichtigsten Kernwörter angeführt, die als Wegweiser zu den übrigen Bildungen dienen.

Die Zahlen geben die Seiten an. Seitenangaben in Kursivdruck verweisen darauf, daß die betreffenden Wörter in festen Wortgruppen oder Wendungen auftreten.

344

347

352

-stätt 289
Stätte 65
stattlich 65
Staub 247
-stauden 293
-stauf 292
stecken 249
-stedt 289
-steg 295
Stegreif 248
stehen 65
stehlen 211
-steig 295
Seil 127
Stein 214, 248
-stein 292
stellen 65, 217
Stempel 89, 238
stet 65
-stett(en) 289
Steuber 276
Steueramt 237
Steven 90
Stich 248
Stichprobe 245
Sticht 277
Stiefel 156
-stieg(e) 295
Stiege 72
Stieglitz 157
stiernackig 85
still 65
stillen 146
stinken 211
Stöber 276
Stock 226
-stock 295
Stöcker 277
Stoffel 302
Stolle(n) 65, 233
-stollen 291
Stolz 136
Störtebeker 102
strack 65
stracks 65
Strahl 234

-straß 295
Straße 150
Straßenbahn 70
sträuben 239
-strauch 293
Strecke 85, 244
strecken 65
Streik 81
streng 179
Strippe 89
-strock 293
Strom 127
-struck 293
Strumpf 214
-strut(h) 293
Stube 204
-stuben 289
Stubenrauch 277
Stuhl 65, 237
Stunde 65
Stute 66
stutzen 135, 239
subtil 124, 156
suchen 85
-sucht 138
Süden 190
Suhl 293
Sultpenning 281
Sund 287
Sündflut 107, 144
Sundgau 89, 190, 287
super- 130
Suppus 281
Suter 274
Sütterlin 274
Szepter 154

-t 118
Tafel 154
Tafelrunde 237
Tagesordnung 164
-tal(e) 287, 292
Taler 215
Tamburin 119
-tann(e) 294
Tantalusqualen 304

Tante 79
Tapferkeit 79
Tarantel 305
Taschenspieler 217
Tassenkopf 232
-tät 119
tätlich 202
taub 135
-teich 293
Teppich 154
Tesching 305
Teufel 153
Text 251
Textor 160
Theo 141
Thronrede 164
Tier 67
Tiger 80
Tingeltangel 90
Tinte 154, 192
-tion 119
Tischtuch 250
Titel 154
-tlo 127
-to- 127
-tobel 292
Toffel 302
Tölpel 89, 220
Topp 90
töricht 69, 120
tot 77
(t)r- 126
Trabant 160
Traber 66
Tracht 187
Tram(way) 70
Träne 71
tränken 135
Trappe 157
traun 88
treiben 55
Treppe 72
treu 71
Trier 301
Trift 187
Trikot 305

359

Sachregister

Nicht Berücksichtigtes dürfte sich an Hand des Inhaltsverzeichnisses oder des Wortregisters (nach einschlägigen Beispielen) ermitteln lassen.
Die Zahlen geben die Seiten an.

362